Valentin Falin, 1926 in Leningrad geboren, Ausbildung im Institut für internationale Beziehungen in Moskau. Danach fast drei Jahrzehnte im sowjetischen Außendienst tätig, u.a. als Leiter verschiedener europäischer Abteilungen des Außenministeriums. 1968/69 Mitgestaltung der neuen sowjetischen Deutschlandpolitik. 1970/71 arbeitete er mit Egon Bahr die Grundzüge des Moskauer Abkommens und des Berliner Abkommens aus. 1971 bis 1978 Botschafter in Bonn. 1986–88 Direktor der Presseagentur *Nowosti*, 1988–91 Leiter der internationalen Abteilung des ZK. Zuletzt erschien von ihm »Zweite Front. Die Interessenkonflikte in der Anti-Hitler-Koalition«.

Dieses Buch wurde auf chlor- und säurefreiem Papier gedruckt.

Mit einem aktuellen Vorwort versehene Taschenbuchausgabe
September 1995
Droemersche Verlagsanstalt Th. Knaur Nachf., München
© 1993 für die deutschsprachige Ausgabe
Droemersche Verlagsanstalt Th. Knaur Nachf., München
Das Werk einschließlich aller seiner Teile ist urheberrechtlich
geschützt. Jede Verwertung außerhalb der engen Grenzen des
Urheberrechtsgesetzes ist ohne Zustimmung des Verlages
unzulässig und strafbar.
Das gilt insbesondere für Vervielfältigungen, Übersetzungen,
Mikroverfilmungen und die Einspeicherung und Verarbeitung
in elektronischen Systemen.
Umschlaggestaltung: Agentur ZERO, München
Umschlagfoto: Privatarchiv Falin
Satz: Compusatz GmbH, München
Druck und Bindung: Ebner Ulm
Printed in Germany
ISBN 3-426-80061-6

2 4 5 3 1

VALENTIN FALIN

POLITISCHE ERINNERUNGEN

Aus dem Russischen von
Heddy Pross-Weerth

*Nina, meiner Frau, gewidmet.
Ihr verdanke ich das Leben.*

*Sie, verehrte Leser, verdanken ihr,
daß dieses Buch geschrieben wurde.*

Inhalt

Vorwort zur Taschenbuchausgabe I

Statt einer Einführung 9

Über mich selbst 17

Sieben Jahre im Siebengebirge 47

Bevor es zu den Moskauer Verhandlungen kam 51

Erst Verhandlungen mit sich selbst 71

Es ist soweit – der Moskauer Vertrag wird Realität 102

Jede Initiative soll bestraft werden 125

Einige Bemerkungen in eigener Sache 154

Das »große Kapital« – die Kehrseite der Medaille 161

Berliner Verhandlungen am Rhein 165

Etwas über den »weisen Lehrer« und seinen »Lieblingsschüler« . 179

Leidensweg der Ratifizierung 188

Wenn man auf schneefreiem Feld einen Schneeball aufrollt 209

Meine Kollegen, die Journalisten 224

»Der Augenblick ist Ewigkeit.« Goethe, Vermächtnis 234

Wie man über sich selbst stolpert 244

Ein paar Bemerkungen zum NATO-Doppelbeschluß 274

Berlin und weiter mit Aufenthalten und Umsteigen 293

Poststalinismus – eine Herausforderung für Ost und West 314

Einiges könnte doch anders werden 324

Dornen des politischen Lebens.
Ein Diplomat wider Willen 333

Zweimal an der Schwelle zur Katastrophe 343

Neuer Verantwortungsbereich.
Nahostkrieg und Prager Frühling 358

Moskau am Ende des Jahrhunderts
Dienst am Olymp 387

Perestroika – Absicht, Verwirklichung, Ergebnis 419

Stalinismus oder Sozialismus – was stand zur Disposition? 420

Ökonomische Wirren und der Zerfall des Staates 450

Über die Außenpolitik der Perestroika 466

Vae Victis! 500

Ein paar Worte zum Schluß 505

Vorwort
zur Taschenbuchausgabe

Verehrte Leser,

vor bald zwei Jahren sind die *Politischen Erinnerungen* ins Rampenlicht der Öffentlichkeit getreten. In unserer stürmischen Zeit ist das ein langer Zeitraum, und in bezug auf Rußland und die anderen Republiken der früheren Sowjetunion ist er sogar mehr als lang.

Wenn auch vielleicht widerstrebend, so sind wir doch alle herausgefordert, in uns zu gehen und vor uns selbst immer aufs neue mit absoluter Ehrlichkeit Rechenschaft abzulegen. Gerade politische Autoren dürfen unbequemen Fragen nicht ausweichen: Inwieweit wurde ihr persönliches Erleben der Zeitgeschichte und ihr Kommentieren der Ereignisse durch Resignation oder eine begrenzte Sicht auf die Sachverhalte bestimmt? Wo haben sie in der Einschätzung der Perspektiven versagt beziehungsweise sich geirrt?

Wahrscheinlich würde ich aus heutiger Sicht die *Erinnerungen* anders strukturieren und aufbauen. Die aktuelle Situation in meinem Lande verlangt danach, die eigene Position zu den Schlüsselfragen der Gegenwart offenzulegen. Geschehnisse von gestern werden mit jedem neuen Tag durch die Flut neuer Nöte in den Hintergrund gedrängt. Unter dem Druck der Ereignisse sind die Machthaber in Moskau und vor Ort in den GUS-Staaten gezwungen, ihre Interpretation der Reformphilosophie ebenso wie deren Umsetzung kontinuierlich zu korrigieren. Statt konstruktiver Taten kommt es meist nur zu weiteren Vorhaben und Versprechen, so daß ein Ausweg aus dem jetzigen desolaten Zustand immer schwieriger zu finden sein wird.

Was mich anbetrifft, so kann und will ich vor allem eines tun: immer wieder mit dem größten Nachdruck betonen und dafür eintreten, daß für die Erben und Nachfolger der Sowjetunion kein Weg an der Demontage des autoritären Einmannsystems, hin zu einer kreativen demokratischen Umgestaltung vorbeigeht.

Solange nicht das Gesetz regiert, sondern einzelne Personen nach Gutdünken schalten und walten, wird weder eine russische noch sonst eine Demokratie entstehen. Solange die Macht nur sich selbst dient und höher im Wert steht als nationale Interessen, ist es verfrüht, von einer qualitativen Wende in der politischen Kultur Rußlands zu sprechen. Solange nicht der Mensch zum Maß der Erneuerungen erhoben ist, sondern im Gegenteil zur billigsten Ware in der sogenannten »freien Marktwirtschaft« degradiert wird, gibt es kaum Hoffnung auf eine Konsolidierung der russischen Gesellschaft und auf die Herbeiführung eines nationalen Konsenses.

Im übrigen stehe ich voll und ganz zu dem, was ich hier 1993 zu Papier gebracht habe. Hinsichtlich der historischen Abschnitte meiner *Erinnerungen* habe ich sogar Anlaß zu einer gewissen Genugtuung, weil jüngste Publikationen einiger unabhängiger Wissenschaftler die Wahrhaftigkeit und Stimmigkeit meiner Darstellung der Ereignisse bestätigen (zum Beispiel W. Subok: *Diplomatic History*, 1994). Diese Feststellung ist für mich um so wichtiger, als diese Forscher Zugang zu Dokumenten aus russischen Archiven hatten, während ich mich meistens nur auf mein Gedächtnis stützen konnte.

Ich bin sicher, daß auch meine kritische Analyse der Perestroika-Politik gleichermaßen einer Überprüfung standhalten wird, selbst manchen Versuchen früher hochgestellter Akteure zum Trotz, die Tatsachen und Zusammenhänge in ihr Gegenteil zu verkehren. Das gilt unter anderem auch für die Schlußphase der sowjetischen Deutschland-Politik und speziell für Behauptungen, daß es zur Gorbatschow-Haltung in Archys keine konstruktiven Alternativen gegeben hätte. Andere Optionen waren durchaus vorhanden. Man brauchte nur den fundamentalen Interessen aller Seiten gleichermaßen Rechnung zu tragen, ohne dabei eigene vertragliche Verpflichtungen zu mißachten.

Last not least möchte ich die Gelegenheit nutzen, um allen mir bekannten und unbekannten Lesern der *Politischen Erinnerungen* meinen Dank abzustatten. Wir können nicht alle einer Meinung sein. In dieser bunten, vielfältigen Welt ist das ausgeschlossen. So mag es genügen, wenn wir in der Verarbeitung dessen, was sich vor unseren Augen im 20. Jahrhundert vollzog, als gemeinsame Schlußfolgerung die Einsicht miteinander teilen: Eine bessere Welt wird und kann nicht das Produkt von Gewalt sein. Eine freundschaftliche Welt kann nur als gemeinschaftliche Schöpfung aller Nationen entstehen, die ihren gemeinsamen Interessen Geltung verschaffen – und zwar nicht nur in theoretischen Absichtserklärungen, sondern unentwegt auch in der Praxis. Das Prinzip der Gleichberechtigung allein reicht dafür nicht aus. Ohne Gleichheit der Prinzipien ist es nur ein Krug ohne Wein.

Valentin Falin
im April 1995

»Du hättest dem Weg der Menschheit folgen sollen, und nicht dem der Kaste. Als ihr Mitglied konntest du ihren Gesetzen den Gehorsam nicht mehr verweigern.«

Aus dem Tagebuch des Schriftstellers und Zensors A.N. Nikitenko, der eine posthume Ausgabe der Werke Alexander Puschkins edierte. Die Aufzeichnung ist mit dem Todestag des Dichters datiert (10. Februar 1837).

Statt einer Einführung

»Wie es war, darfst du nicht schreiben, und schreiben, wie es nicht war, lohnt die Mühe nicht.« Ein rundes Dutzend Jahre habe ich mit dieser Antwort Freunde und Verleger abgewiesen, die mich dazu bewegen wollten, zur Feder zu greifen und die Leser hinter die Kulissen von Ereignissen zu führen, deren Zeuge oder Teilnehmer ich gewesen bin. Ich war fest entschlossen zu schweigen, und um Versuchungen zu widerstehen, führte ich kein Tagebuch, fertigte keine Kopien von internen Dokumenten an, sammelte nicht einmal Zeitungs-, Zeitschriften- und Buchausschnitte. Die einzige Ausnahme, die ich mir erlaubte, um mich unter Daten und Namen, die sich im Laufe der Jahre zu Tausenden ansammelten, nicht zu verirren, war mein Terminkalender. Auf die Frage, wann dieses oder jenes gewesen und wer dabei anwesend war, hätte ich die Antwort zur Hand gehabt.
Warum habe ich dennoch das mir selbst auferlegte Schweigegebot gebrochen? Formell hatte ich ja auch früher kein Schloß vor dem Mund gehabt. In nichtöffentlichen Diskussionen, bei Begegnungen mit Kollegen aus Wissenschaft und Presse, habe ich mich keineswegs an den rettenden Spruch gehalten: »Je kürzer die Zunge, desto heiler die Zähne.« Und das nicht nur zur Zeit des Herumschwatzens, das man des Wohlklangs halber »Glasnost« nannte, sondern auch in der langen Polarnacht der Enthaltsamkeit, als die Zungen zusammen mit den Köpfen abgeschnitten wurden. Es gab Ursachen und Gründe, manche grellen Vorbilder nicht nachzuahmen, die Derniers cris der Mode, wie unsere Witzbolde sich ausdrücken. Meine Gesprächspartner, heimische wie ausländische, gingen davon aus, daß ich ihr Vertrauen nicht mißbrauchte, daß sie keine Konsumartikel für mich waren, die man nach Gebrauch wegwirft. Unzeitgemäß – gewiß. Mit Unannehmlichkeiten verbunden – natürlich. Aber »Der Mohr hat seine Schuldigkeit getan, der Mohr kann gehen«, das ist meine Moral nicht und wird es nie sein.

Fehlende Kautschukprinzipien machen den Weg steiniger, privat und dienstlich. Aber ich habe sie mir nicht angeeignet, den vier Jahrzehnten am Fuß und später in verschiedenen Etagen des sowjetischen Olymps zum Trotz. Für das Papier, auf das ich analytische Berichte, Noten und Memoranden, Vertrags- und Deklarationsentwürfe, Sendschreiben und Telegramme, Reden, Interviews, Artikel, Bücher unter den Pseudonymen von Nikita Chruschtschow bis zu Michail Gorbatschow, von dem offiziösen I. Alexandrow bis zum Inkognito W. Kapralow schrieb, wurde wahrscheinlich ein ganzer Hektar Wald abgeholzt. Ich schrieb, ohne vor jemandem zu scharwenzeln, nur der Heimat dienend, ohne Kotau vor Generalsekretären und Premierministern.

Daher hielt mich mancher für hochmütig, für zu unabhängig in Anbetracht meines Dienstgrades. Also mußte ich erzogen werden; und das geschah so, daß mein Ehrgefühl manchmal gestreift, manchmal verletzt wurde.

Zusammen mit einem anderen Diplomaten war ich für einen hohen Orden vorgeschlagen worden, doch Michail Suslow und noch ein Greis »von ganz oben« meinten: »Es ist unpädagogisch, ihm gleich diesen hochkarätigen Orden zu verleihen, er ist ja kaum in den Vierzigern.«

1966 war ich als Kandidat für den Botschafterposten in Großbritannien im Gespräch, der Vorschlag wurde aber zurückgezogen: »Er neigt zu Eigensinn, kann im Zentrum von größerem Nutzen sein.« Dann überlegte man, ob ich mich wohl zum Stellvertretenden Außenminister eigne. Formulare rascheln, alte Dossiers werden durchstöbert. Man will sicher sein, daß in meiner Verwandtschaft keine *Karbonari* versteckt sind, daß ich selbst nicht aus dem Kreis der *im Krieg Verschollenen* aufgetaucht bin. Sie grübeln und grübeln, schließlich fällt ihnen das Richtige ein: »Er besitzt keine Erfahrung mit selbständiger Arbeit als Botschafter.«

Seltsame Käuze! Es kam ihnen gar nicht in den Sinn, daß meine Gleichgültigkeit gegenüber Karriere, Orden und Ehrenzeichen keine Pose war. Ich habe niemals irgend jemanden darum gebeten, mir diese oder jene Stelle im Staats- oder Parteiapparat zu verschaffen. Man hat mich aufgefordert beziehungsweise mir angeboten, eine bestimmte Arbeit unter mir zusagenden oder von mir genannten Bedingungen zu übernehmen. Entscheidend dabei war immer, daß mein Anspruch auf die eigene Meinung akzeptiert wurde. Wenn meine Vorgesetzten mir das Wort erteilten, wußten sie im voraus, daß sie keine bestellte, dem Ohr schmeichelnde

Musik zu hören bekämen, sondern mitunter etwas recht Widerborstiges. Sie runzelten die Stirn, und allmählich überzeugten sie sich, daß sie mir auf dem Jahrmarkt der Eitelkeiten nicht begegnen würden.

»Der Welt nicht sichtbare Tränen«, hätte Anton Tschechow gesagt. Sie wären für einen heutigen Zyniker »Schnee von gestern«. Nicht das eine und nicht das andere. Ich möchte nur wahrheitsgetreu erklären, wie ich in allen Bedrängnissen mein Credo bewahren konnte. Doch ehe ich gegen die Schallmauer anrenne, sollte ich noch ein Wort dazu sagen, wie ich zur derzeitigen Mikro- und Makroabwertung stehe.

Die ehemalige Sowjetunion ist zu einem Trödelmarkt verkommen. Für jämmerliche Silberlinge oder zum Nulltarif werden Würde und Ehre verhökert. Begriffe wie Achtung vor dem Volkserbe und Dankbarkeit den Vätern gegenüber lösen brüllendes Hohngelächter aus. Die Geschichte verwandelt sich wieder einmal in ein Königreich der Zerrspiegel. Und je kärglicher die Kenntnisse, desto kreischender das Wortgeklingel. Je schrankenloser die Macht, desto weißer die Glut des Brandmals.

Schaut man auf jene, die auf den Ruinen des Vaterlandes tanzen, fragt man sich unwillkürlich, wie viele potentielle Helden oder gar Seher hatten wir denn gehabt, die sich, ihre Zeit abwartend, im Gebüsch verbargen? Und zahllos sind jene, die sich wahllos nahe jeder Futterkrippe hielten und halten.

Ein schändliches Bild. Der Dichter stellt fest: »Barbarei, Gemeinheit und Unwissenheit ehren die Vergangenheit nicht, sie kriechen nur vor der Gegenwart.«

Sind wir wirklich noch jene Heiden, die wir am Vorabend der russischen Staatlichkeit waren? Auch wir tragen die Lebenden und unschätzbare Reichtümer zum Scheiterhaufen. Früher zum Ruhm des Verstorbenen, heute zur Rache, früher für die Seelenruhe eines Menschen, heute für die des Systems. Vielleicht ist das der ganze Unterschied?

Alles ist relativer und provisorischer geworden, das gilt heute mehr als je zuvor. Selbst das Leben wird gegen einen hohen Zins geliehen. Nicht nur das Leben des einzelnen, auch das der Nationen, der Menschheit insgesamt. Die Favoriten, das werden Sie zugeben, sind in jeder Epoche und unter jedem Regime in der Regel Räuber und Wucherer. Sie sind versessen darauf, alles in die Kategorien des Barprofits einzuordnen und komplizierte Probleme so lange und gründlich zu simplifizieren, bis

die ganzheitliche Welt für alle zu einer in sich abgeschlossenen Interessensphäre des einzelnen zusammenschrumpft. Der eingefleischte Egoist will nichts davon wissen, daß sein Heute dem Gestern entstammt und daß er nicht das Recht hat, ein fremdes Morgen zu gefährden. Das eigene Wohl geht ihm über alles. Selbst der Gedanke, daß nicht so sehr die Nachbarschaft wie die Verbindung der Zeiten Zivilisation schafft, ist ihm lästig.
Alles wird mehr und mehr relativ und provisorisch, sagte ich und stockte. Es kommt ja nicht von selbst. Unsere Verantwortungslosigkeit und unsere maßlosen Launen haben die Erdkugel weniger lebensfreundlich gemacht. Die Regierungen kümmerten sich im zwanzigsten Jahrhundert hauptsächlich darum, unseren Planeten den Forderungen der Geopolitik verschiedener Spielarten und Kaliber anzupassen, den heißen und kalten Kriegen, den begrenzten und den totalen. Niemand kann, ohne die Wahrheit zu vergewaltigen, behaupten, er sei auf diesem Schützenfest nur Zuschauer gewesen.
Man sagt, die Zeit heilt alles. Aus zeitlicher Distanz fällt es leichter, den rechten Maßstab für vergangene Ereignisse zu finden. Selbst den Göttern aber ist es versagt, Geschehenes ungeschehen zu machen, sagten die alten Griechen und warnten auf diese Weise davor, etwas zu unternehmen, das später zu bereuen wäre.
Die Geschichte hat sich nicht nach einer ideologischen Rangordnung oder nach graphischen Darstellungen der Stubenpolitologen vollzogen. In unserem Jahrhundert zeigte sie ihren äußerst schroffen Charakter. Die Laster haben die Tugenden so lange und so hart bedrängt, daß von dem Jubel, mit dem das »goldene zwanzigste Jahrhundert« willkommen geheißen wurde, keine Spur mehr geblieben ist. Und wir, deprimiert von Enttäuschungen und Sorgen, schleppen uns dem eigenen Gerichtstag, dem dritten Jahrtausend entgegen.
Jean de La Bruyère* hat wohl jeden unserer Zeitgenossen gemeint, als er schrieb: »Die meisten Menschen verwenden den besten Teil ihrer Lebenszeit darauf, den schlimmsten noch trauriger zu gestalten.« Und ich darf hinzufügen, nicht nur darauf, den Abend der eigenen Biographie zu verfinstern, sondern auch das Los derjenigen, die unsere zurückgelassenen Problemberge wegzuschaufeln haben.

---

* Jean de La Bruyère, Verfasser der »Charaktere und Sitten des gegenwärtigen Jahrhunderts«. Erste Auflage 1688.

Wenn schon erinnern, dann um die Vergangenheit nicht weniger voraussagbar, sondern transparenter zu machen. Ich möchte vermeiden, daß der Kummer um die Gegenwart und die Sorge um die Zukunft Rußlands mich auf den Pfad des Opportunismus führen. Natürlich müßte man sich selbst und die Leser vor anderen Extremen bewahren, die uns ins Alte Ägypten mit seinen unerschütterlichen Bekenntnissen versetzen. Denken Sie an die Erzählung der Krieger von Thutmosis I. über das »verkehrte Wasser« (gemeint Euphratos), das nach unten fließt, wo der richtige Strom doch wie der Nil seine Wasser »nach oben« bringen sollte.

Um zu erkennen, muß man verstehen. Um zu verstehen, muß man erfahren. Nur Kenntnisse ermöglichen es uns, Vorurteile mit ihrer dämonischen Kraft abzubauen. Aber Sie besitzen nur sehr geringe Möglichkeiten, sich zu wehren, wenn Ihr Name angetastet wird. Das Gesetz verbietet es, den Beleidiger zum Duell zu fordern. Was bleibt? Die Wahrheit sagen. Die Wahrheit kann niederdrücken, aber sie kann niemanden erniedrigen, solange sie die reine Wahrheit ist, die ganze Wahrheit und nichts als die Wahrheit. Der Mensch, davon bin ich überzeugt, vergibt sich nichts, wenn er der Wahrheit treu bleibt.

Das Negieren von Fakten verändert die Umstände nicht, erschwert aber ihre Folgen. In diesem Sinne sind die meisten der gegenwärtigen Probleme der echte Preis für die gestern nicht vollendete Arbeit und für die nicht rechtzeitig erkannten Imperative, für die Unfähigkeit oder die Unlust, sich nach seinem Gewissen zu richten. Hier steckt die Lehre für die Zukunft.

Erinnern ist eine Wanderung durch ein Gebiet, das allen gemeinsam und keinem einzelnen gehört. Es gehört nicht dir allein, und du hast kein Recht, allein darüber zu verfügen. In der Politik kann es persönliche Erinnerungen überhaupt kaum geben. Für mich sind es Erinnerungen an mein eigenes Land, an die Tragödie meines Volkes und meiner Generation, an die in Dunkelheit versunkene tausendjährige russische Geschichte.

Nimmt man Erinnerungen ernst, ohne neuesten Einsichten rückwirkende Kraft zu verleihen, ohne nur die hellen und leuchtenden Streifen des Spektrums herauszuheben, sind sie ein kompliziertes und widerspruchsvolles Genre. Man erlebt und empfindet alles aufs neue, fügt das, was an der Oberfläche liegt, mit dem zusammen, worüber längst Gras gewachsen ist. Man muß auferstehen lassen, was die Seele einst gepeinigt, zur

Verzweiflung gebracht hat, was man als bösen Traum hatte vergessen wollen.

Erinnern als Besinnen oder Erinnern als Fluch? Was geht draußen vor? Ist es das Ende des Lichts oder das Licht des Beginns? Wenn wir einmal zur Vernunft kommen sollten, werden wir dann einsehen, daß aus Haß nur Haß, aus Bösem nur Böses wachsen kann? Geduld ist die Grundlage jeder Weisheit und Duldung der einzige Weg zu Eintracht. Und gäbe es auch nur eine Andeutung von Duldung und Geduld, sie brächte Hoffnung. Wo ist sie?

Wie flink und gewandt reden wir alle über die natürlichen Menschenrechte! Kaum einer attackiert mit offenem Visier die Gerechtigkeit. Warum hat sie früher gefehlt, und warum gibt es sie auch heute nicht? Seit Aristoteles weiß man, daß sie erreichbar ist. Unter bestimmten Voraussetzungen. »Gerechtigkeit ist möglich«, lehrte der Philosoph, doch »nur unter freien und gleichberechtigten Bürgern, und ein Bürger ist derjenige, der die Macht ebenso besitzt, wie er sich ihr auch unterordnet.« Bitte merken Sie sich das. Ich werde es auch beherzigen.

Und schließlich noch etwas: Ich habe mir keinen Knoten als Gedächtnisstütze ins Taschentuch geknüpft. Sollte mich aber die Gier zu »künftigen Entlarvungen« überkommen, dann würde dieses Knallgas bestimmt das gleiche Schicksal erleiden wie mein Terminkalender. In ihm, ich wiederhole, sind die Daten meiner Treffen mit Ausländern und Landsleuten eingetragen, Tausende im Laufe von dreißig Jahren, Namen und Daten. Sonst nichts. Der Kalender verschwand während der Augustereignisse des Jahres 1991. Einem Fremden kann er wenig verraten, für mich aber sind die Eintragungen wie Notenzeichen in der Partitur eines Musikers. Wo ist er, dieser Terminkalender, was wird mit ihm gespielt?

Sehr beschnitten sind die Möglichkeiten, jene Texte von Telegrammen, Briefen und schriftlichen Berichten zu rekonstruieren, die mir helfen könnten, den Faden meiner Überlegungen in Zeiten der präsumtiven Strafbarkeit für alles zu veranschaulichen. Ich habe keine allzu hohe Meinung von Memoiren, die aus dokumentarischen Lappen und Fetzen zurechtgeschneidert werden, sorgfältig nach Muster und Farbe abgestimmt. Nicht selten dem Tagesinteresse zuliebe verkehrt herum genäht. Doch für die Überprüfung der Metamorphosen eigener Urteile, die ja selbstverständlich nicht im Nu ein System bildeten, wären sie immerhin brauchbar.

Ich muß mich also hauptsächlich auf mein Gedächtnis stützen. Bei allen Unvollkommenheiten hat dieses Instrument auch gewisse Vorzüge. Letzten Endes ist das Gedächtnis aufrichtiger, als zum Beispiel Protokollaufzeichnungen es sind, die einen mehrstündigen Dialog in ein paar trockene Zeilen zusammenpressen. Irgendein Bereich, der zum Zeitpunkt des Gesprächs wichtig scheint, wird im Protokoll herausgehoben, die Details geraten ins Hintertreffen. Aber vielleicht hatte gerade in ihnen der Teufel gesteckt.
Wie kann man Größen verschiedener Ordnung in Einklang bringen, ohne die Farben zu einem trüben, konturlosen Fleck zu verrühren, oder der Versuchung widerstehen, eine politische Wiederholung des »Schwarzen Quadrats« von Kasimir Malewitsch, nur noch düsterer, zu malen?
»Die einzige Form, in der wir unsere Achtung vor dem Leser ausdrücken können, ist der Glaube an seinen Verstand und seinen inneren Edelmut«, hat Bertolt Brecht gesagt.
Ich möchte diesem Rat folgen, so gut ich kann.

Über mich selbst

Wie soll meine Saga beginnen? Mir zucken die Finger, Puschkin zu zitieren: »... und mit Verachtung lese ich mein Leben.«
Wofür habe ich unwiederbringliche Kräfte und Jahre verbraucht? Nicht immer hing alles von mir ab. Richtig. Manchmal waren Umstände, in die ich geriet oder in die ich mich selbst manövriert hatte, stärker. Auch das ist ein Faktum.
Aber: Hand aufs Herz, hattest du wirklich nicht die geringste Möglichkeit, dem System einen Riesenskandal zu machen, als es den gesunden Menschenverstand und die Moral mit Füßen trat? Warum hast du dich mit Widerworten gegen seine Apostel begnügt und gemeint, du könntest, ohne deine eigene Meinung aufzugeben, deine Pflicht erfüllen?
Leo Tolstojs Dreisatz: »Wer bist du, was bist du, wozu bist du da?« hat mich immer wieder beschäftigt, mir keine Ruhe gelassen. Die Politik habe ich nicht als meine Berufung empfunden. Sie hat mich vielmehr bedrückt. Könnte ich mein Leben von vorn beginnen, würde ich großen Abstand von dieser Zunft halten, die sich ihres usurpierten Rechts rühmt, über viele Millionen Menschen zu gebieten, für sie zu entscheiden, worin ihr Glück und ihr Unglück zu bestehen habe.
Es ist sehr gut möglich, daß ich auf dem Gebiet der Wissenschaft oder der Kunst, die mich beide innerlich anzogen, unter den Kollegen verlorengegangen wäre. Doch außerhalb der Politik ist es unendlich viel einfacher, mit seinem Gewissen in Einklang zu leben und an der Neige des Lebens nicht nach Rechtfertigungen suchen zu müssen, wenn du dich fragst: Weswegen bist du in diese Welt gekommen? Wem hast du absichtlich oder zufällig den Weg verbaut?
Meine Freunde werden es bestätigen, sie kennen diese Gedanken von jeher, die kein Reflex auf Ereignisse der letzten Jahre sind. Diese Jahre, die mein eigenes Dasein schroff gewendet haben. Ich kann nur bedauern, daß meine Bedenken und Überlegungen nicht rechtzeitig in den Ent-

schluß mündeten, einen Strich unter das bisherige Leben zu ziehen und ein anderes zu beginnen. Doch meine Hoffnungen, allen Enttäuschungen zum Trotz, daß eine Gesellschaft in sozialer, nationaler, menschlicher Gerechtigkeit sich innerhalb der Milchstraße etablieren lasse, daß der Mensch dem Menschen ohne Zwang, nach dem Gebot der Vernunft, ein guter Nachbar, sogar Freund sein könne, ohne sein eigenes Gesicht zu verlieren, veranlaßten mich zu immer neuen Anläufen gegen die Dogmen. Zur eigenen Entschuldigung (oder Beruhigung) sagt man bei uns: »Ein Mann allein auf dem Schlachtfeld ist kein Krieger« oder »Eine Schwalbe macht noch keinen Sommer«. Möglich, aber man kann es auch anders sehen. Ohne eine Schwalbe gibt es keinen Sommer, und ein einziger Soldat kann den ganzen Feldzug entscheiden, wenn seine Energie, sein Opfermut den letzten Tropfen bilden, der die Waagschale sich neigen läßt. Abzuwarten, daß ein anderer sich abmüht oder das Risiko auf sich nimmt, um dann rechtzeitig zur Einbringung der Ernte fremder Gedanken und Anstrengungen zur Stelle zu sein, das ist eine sehr weit verbreitete Gewohnheit. Sie gehört auch ins Arsenal derer, die keine Gelegenheit versäumen, sich auf Immanuel Kant und seinen kategorischen Imperativ zu berufen, daß jeder so handeln müsse, als sei er für die ganze Menschheit verantwortlich.

Überfluß an Illusionen hatte ich nicht. Die Lebenserfahrung trug nicht dazu bei, den bitteren Sarkasmus von Alexander Koni zu vergessen: »In unserem Vaterland, reich an Möglichkeiten und arm an Wirklichkeit...« Höchstens in der ersten Phase der Perestroika wurde ich mir selbst untreu.

Meine Mutter mochte Michail Gorbatschow gar nicht. Ich versuchte erfolglos, sie umzustimmen, wollte ihr beweisen, daß der neue führende Mann fähig ist, Rußlands Wiedergeburt einzuleiten. Meine Mutter starb fast am selben Tag, an dem die Sowjetunion zusammenbrach. Sie hat vieles gesehen, vieles erlebt, meinen Irrtum hat sie mir nicht übelgenommen, eher verziehen.

Die Umstände führen uns immer wieder gegen unseren Willen an einen Prüfstein: »Wenn Ihre Gefühle nicht aufrichtig sind, erweist sich Ihr ganzer Verstand als falsch.« Diese lateinische Maxime umschließt eine ganze, unerschöpfliche Welt. Wer mit zwiespältiger Seele an eine Sache herangeht, wird schließlich die Sache wie sich selbst verraten.

Warum habe ich 1987 oder Anfang 1988 diese Maxime in einer Denkschrift an Michail Gorbatschow zitiert? Der Form nach, um die Schärfe meiner Urteile über die Verschwommenheit seiner Linie zu entschuldigen. Aber nicht nur deswegen. Ich hielt es auch für angebracht, ein Warnsignal zu geben, den Rand zu markieren, bis zu dem ich bereit war, mit ihm zu gehen.

Keiner von uns ist innerlich so frei, daß er sich über die Umwelt und mehr noch über sich selbst erheben könnte. Wahrheit im herkömmlichen Sinn ist meistens das, woran man glauben will. Oder das, was man uns gelehrt hat, als Wahrheit zu respektieren. In der Politik zeigt sich das besonders kontrastreich. Jeder, der das politische Parkett betritt, spaltet sein Leben auf. Es gewinnt Facetten mit verschiedenen Konfigurationen und unterschiedlicher Refraktion. Diese jeder Politik und jedem Politiker eigene Besonderheit ist hundertmal aktueller für die Mentalität, die einzig und allein auf das persönliche Interesse schwört und die Antwort auf jede Frage in sich selbst aufspürt.

Echte Politiker sind, ebenso wie seriöse Wissenschaftler, voller Widersprüche. Sie zweifeln und widerlegen ständig, nicht zuletzt sich selbst; sie lassen Alternativen zu und bieten Alternativen an. Vor allem in der Politik werden die besten Ideen illegitim geboren – Ideen, die vor den sogenannten Klassikern nicht in Ehrfurcht ersterben oder auf britische Manier* sich nicht vor »Autoritäten« verneigen. Ein oft wiederholter Gedanke kann nach und nach zur Überzeugung werden. Das geschah bei uns in den siebziger und achtziger Jahren. Allerdings versäumte man damals dem vorzubeugen, daß Überzeugungen aus Mangel an Taten in Worte ausarteten.

»Wir versprechen nach Maßgabe unserer Berechnungen und erfüllen das Versprochene nach Maßgabe unserer Befürchtungen.« Das ist kein Nebenprodukt des Kalten Krieges und keine übriggebliebene Schlacke der West-Ost-Konfrontation. Diese treffende Erkenntnis fand das achtzehnte Jahrhundert. Unsere Zeit hat ihr eine andere qualitative Dimension verliehen: Sie erklärt, warum der Weg zur Verständigung so gewunden und der zu ihrer Verwirklichung so steinig ist.

Die Menschen verhalten sich öfter als Glaubensgenossen denn als Gesinnungsgenossen. Der gemeinsame Glaube setzt nicht unbedingt gemeinsames Handeln voraus, sonst hätte es keine Konflikte zwischen Gemein-

---

* Nach britischer Tradition gelten als Autoritäten nur die Verstorbenen.

schaften derselben Konfession geben können. Regierungen, Parteien, Politiker verkünden gemeinsame Ziele in gemeinsamen Kommuniqués und Deklarationen, und das hindert niemanden, bei seiner Meinung und bei seinen Interessen zu bleiben.

1964 begleitete ich Außenminister Andrej Gromyko nach Italien. Den Schlußakkord der Begegnungen mit italienischen Staatsmännern, Politikern und Geschäftsleuten sollte unbedingt eine bilaterale Erklärung bilden. Um sie zu verfassen, waren langwierige, bis weit über Mitternacht dauernde Sitzungen nötig. Wir zogen Wörterbücher und Dossiers heran, in denen die in solchen Fällen in West und Ost verwendeten Formulierungen zu finden waren. Unter dem frischen Eindruck dieser Sisyphusarbeit entwarf ich ein Epigramm:

»Soviel Kräfte sind verbraucht, um den Text zu schleifen, auf daß Härte klang, wie Granit klingt, auf daß Zärtlichkeit zutage tritt, Lüge als Wahrheit sich erweist.«

Derartige diplomatische Opera schrieb ich in über dreißig Jahren mehr als reichlich. Oft waren sie voller Pathos, seltener voller Zorn, manche waren kurz, andere lang wie ein Güterzug. Sie sind vollkommen in Vergessenheit geraten, wie es sich für Auslassungen dieser Art gehört, die einem vorübergehenden Bedürfnis gedient haben.

In chaotischen Zeiten ist man geneigt, die Epoche anzuflehen. Ich will mich doch mit Verallgemeinerungen nicht beeilen. Erinnern wir uns daran, daß in den vierziger und fünfziger Jahren Begriffe wie Entmilitarisierung internationaler Beziehungen ebenso wie Neutralität als »amoralisch« (John Foster Dulles), als Ränke Moskaus galten. Begegnungen westlicher Staatsmänner mit ihren östlichen Kollegen hatten in erster Linie das Ziel, die Unmöglichkeit friedlicher Koexistenz zu untermauern und zu beweisen, wie notwendig es war, das Wettrüsten voranzutreiben.

In dieser Atmosphäre war es nur verständlich, wenigstens verbal den objektiven Wert des Friedens und die Bereitschaft, ihn als Leitstern anzuerkennen, zu bestätigen. Wie übrigens auch zwanzig bis dreißig Jahre später: »Abrüstung und Pazifismus sind heute im Aufstieg, das könnte einen unheilvollen Einfluß auf das Schicksal des Westens haben.« Richard Nixon schrieb dies nicht nach einer Katzbalgerei mit Nikita Chruschtschow, auch nicht unter der Last des Watergate-Skandals, sondern in dem Augenblick, als sich in den USA und in der UdSSR der Durchbruch zur Vereinbarung über die Mittelstreckenraketen abzeichnete.

Descartes stellte fest: »Ich denke, also bin ich.« In unserer Zeit wurde die Reihenfolge vertauscht: »Ich bin, weil ich denke.« Spätestens morgen müßte man unbedingt hinzufügen: »Ich denke nicht überhaupt, sondern ausschließlich in den Kategorien gegenseitiger Verständigung und gegenseitigen Einvernehmens.«

Ich habe noch nicht erklärt, was mich in jene Umlaufbahn trug, aus der man vierzig Jahre lang die Kader für die Außenpolitik herausholte.

Der Zweite Weltkrieg zwang jeden Menschen in der Sowjetunion, Flagge zu zeigen. Niemand konnte sich aus dem Drama heraushalten. Die Nazi-Aggression traf meine Familie mit voller Wucht und in aller Grausamkeit. Meine Großmutter und meines Vaters Schwester mit fünf Kindern fielen ihr zum Opfer, auch drei von vier Kindern seiner anderen Schwester, ihre Ehemänner, nahe und entfernte Verwandte mütterlicherseits, die in Leningrad und Umgebung wohnten. Zählt man die Angehörigen meiner Frau hinzu, ergibt sich, daß von den 27 Millionen sowjetischer Bürger, die der Hitler-Invasion zum Opfer fielen, 27 Menschen mit mir verwandt oder verschwägert waren.

Was sollte ich denken, was sollte ich empfinden, als die Kanonen schwiegen und der Abgrund der Verluste sich auftat? Knapp ein halbes Jahrhundert ist seitdem verstrichen, doch noch immer schnürt es mir die Kehle zu, wenn ich an den Frühling 1945 denke, mit seinem verschwenderischen Blühen auf den von Blut und Schweiß durchtränkten Weiten.

Es war unbegreiflich: Eine Nation, die bei uns als Vorbild der Kultur, guter Organisation, der Ordnung geachtet worden war, ein Volk, das große Philosophen und Gelehrte, Dichter und Komponisten hervorgebracht hatte, schuf einen Ozean des Bösen und des Leids. Was kennzeichnet das Wesen dieses Volkes genauer – der hohe Geist oder der eisenbeschlagene Stiefel? Man mochte es nicht glauben, daß durch die diabolische Verführung des Nazismus die Erfahrung zweier Jahrtausende in eine alles verschlingende Gier nach Weltherrschaft entartete, daß ein halbes Dutzend Jahre genügt hatten, Deutsche in Hunnen zu verwandeln.

»Die Hitler kommen und gehen, das deutsche Volk, der deutsche Staat bleiben bestehen.« Die hohe Politik, die in diesem Wort zum Ausdruck kam und von Großmachtdenken diktiert war, hat mich 1945 wenig berührt. Sie versprach etwas für die Zukunft, gab jedoch keine Antwort auf drängende Gegenwartsfragen: Wer sind diese Deutschen? Werwölfe oder selbst Opfer? Und wenn Opfer, wessen Opfer und wofür?

Es darf keine Kriege mehr geben. Keine. Weder kleine noch große, weder atomare noch konventionelle. Das ist klar. Doch was man will und wünscht, wird nicht von selbst Wirklichkeit. Was muß am Beispiel des deutschen Aggressors so deutlich gemacht werden, daß niemand mehr Lust verspürt, ein Schwert in die Hand zu nehmen? Die Antwort wurzelt irgendwo in der Vergangenheit. Man muß bis zu den Quellen graben, sonst bleibt der Henker meines kaum fünfjährigen Vetters unbekannt und auch der meiner siebzigjährigen Großmutter.

Das Unglück, das meine Familie betroffen hatte, wurde zum Impuls, mich ernsthaft mit dem deutschen Problem in seinen vielfältigen Erscheinungsformen zu befassen. Im Institut für Internationale Beziehungen, meiner Alma mater, wählte ich deutsche Sprache und Germanistik als Hauptfächer. Wie besessen stürzte ich mich auf die Bibliothek, die aus einem Beutefonds Bücher über Kultur, Politik, Wirtschaft und Geschichte Deutschlands vom achtzehnten bis zum zwanzigsten Jahrhundert bekommen hatte.

Das Zufallselement spielte natürlich auch hier eine Rolle; doch nach dem Gesetz der großen Zahl oder kraft anderer Gesetzmäßigkeiten war mir fast jedes Buch nützlich, jede nicht formal ausgeführte Forschungsarbeit, so zum Beispiel eine Untersuchung über die Braunkohleindustrie in Deutschland. Ich fühlte mich bereichert, sei es auch mit zusätzlichen Unklarheiten und Zweifeln darüber, daß jemand alles vorausgedacht haben könnte und uns einen dickleibigen Band mit Patentrezepten für alle Fälle und für alle Zeiten als Geschenk hinterlassen hätte.

Studenten neigen dazu, Heiligtümer zu stürzen. Das noch nicht abgestumpfte, nicht korrumpierte Streben – das im Keim der Mehrheit innewohnt –, geistige Höhen zu erklimmen und nicht nach einem Stall mit einer gesicherten Ration Bequemlichkeit zu suchen, wurde nicht ausgemerzt, trotz aller Bemühungen der Obrigkeit, die sowjetische Hochschule mittelalterlichen Vorbildern anzupassen.

Für die weltanschauliche Reinheit sorgten nicht nur die »Onkelchen« – die Kursleiter. Von 1946 bis 1948 geriet das Moskauer Staatliche Institut in den Sog der damaligen »Säuberungen«. Die verschiedensten Gerüchte schlichen herum. Jemand sollte »Fühler zu den Volksfeinden« ausgestreckt und das bei seiner Anstellung verschwiegen haben. Andere wurden bezichtigt, während des Krieges reale Feindverbindung gehabt zu haben. Wieder andere, so auch meinen Kommilitonen Alexander Tarassow, hatte man als einer »Geheimgruppe« angehörend »entlarvt«, die nachts Bücher von Leo Trotzki, Nikolaj Bucharin und anderen Stalin-Gegnern las.

Wie dem auch gewesen sein mag, jedenfalls konnte man nicht wissen, ob am nächsten Morgen der Stuhl des Nachbarn, eines nach persönlichem Eindruck durchaus anständigen jungen Mannes, nicht leer blieb. Nach einer oder zwei Wochen würde dann auf Umwegen bekannt werden, daß der Student Soundso aus der Partei oder aus dem Komsomol ausgeschlossen worden war. Als Begründung verwendete man die an Tausenden und Abertausenden abgeschliffene Formel: »Wegen einer Tätigkeit, die mit der Mitgliedschaft in ihren (seinen) Reihen unvereinbar ist.«

Man konnte sich über die Vorgänge nicht hinwegsetzen, konnte die Realitäten nicht ignorieren. Und dennoch: Selbst in der erstickenden Atmosphäre der Verdächtigungen und des Denunziantentums brauchte man vor den Verdummern nicht zu scharwenzeln, man mußte sich auch nicht als Miniführer oder als Schleppenträger des Idiotismus aufspielen, mit seinen Kampagnen gegen »Formalismus in der Kunst«, gegen »Kosmopolitismus«, »Weißmannismus-Morganismus« und so weiter.

Wenn in den Seminaren über Politökonomie oder über Marxismus-Leninismus mein Freund Beloussow und ich zum Schrecken des Dozenten Tjapkin oder des Oberlehrers Makaschow mit Unschuldsmienen um eine Erklärung baten, wie sich das Vorhandensein von Geld in der Sowjetunion mit dem Fehlen eines Marktes vereinbaren lasse, kamen wir glimpflich davon. Ebenso, als wir wissen wollten, wie die These aus dem Lehrbuch *Geschichte der KPdSU (B) – Kurzer Abriß* zu verstehen sei, wonach der russische Arbeiter zur Zarenzeit in bitterster Armut lebte, er aber, wie es einige Seiten später hieß, pro Tag einen Rubel verdiente; nach der damaligen Kaufkraft war das wesentlich mehr, als ein sowjetischer Arbeiter verdiente.

1950 machte ich mich sogar der Ketzerei schuldig, als ich den groß aufgemachten Film *Der Fall von Berlin* kritisierte. Ich hatte gesagt: »Der Film ist schädlich und antihistorisch, weil er die ganze Zukunft des Landes mit dem Leben und der Tätigkeit des Genossen Stalin verknüpft.« Zum Glück hatten meine Worte keine Konsequenzen.

Ich schließe nicht aus, daß mir eine Blitzreaktion deshalb erspart geblieben ist, weil ein nachdenklicher Mitarbeiter des Sicherheitsdienstes möglicherweise erst klären wollte, was für ein Früchtchen dieser Student ist, der täglich zwölf bis vierzehn Stunden über den Büchern hockt, in den fünf Studienjahren keinen einzigen geselligen Abend besucht hat, alle Sommer- und Winterferien in Bibliotheken verbringt, nur an sein Stipendium gebunden ist, und wenn er gar kein Geld mehr hat, zu Fuß ins Institut kommt und von Brot allein lebt. Heute würde eine derartige Askese über meine Kraft gehen. Doch in den ersten Nachkriegsjahren hatten wir sehr niedrig angesetzte Vorstellungen vom Lebensnotwendigen, aber auch eine andere Auffassung von den eigenen Pflichten.

Juni 1950. Der Direktor des Instituts für Internationale Beziehungen überreicht mir mein Diplom mit Auszeichnung. »Völkerrechtler, Referent-Dolmetscher für die Länder Osteuropas«. Das war nun meine Berufsbezeichnung. Wie aber sollte es weitergehen? Man hatte mir vorgeschlagen, das Studium an der wissenschaftlichen Aspirantur des Instituts fortzusetzen. Das war sehr verlockend – dann brauchte ich auch den gewohnten Rhythmus und die Lebensweise nicht zu ändern –, aber leider ganz unmöglich. Der Vater ist krank, es wird Zeit, den Eltern zu helfen. Dies vor allem und zudem persönliche Erlebnisse veranlaßten mich, nach Berlin zu gehen. Hier sollte ich im Apparat der Sowjetischen Kontrollkommission für Deutschland arbeiten, die seit der Gründung der DDR unsere Militäradministration ersetzte.

Ich kam in eine Abteilung der Kontrollkommission, die Material über Westdeutschland sammelte und analysierte. Vom Fleck weg hatte ich an sehr verschiedenen Veranstaltungen teilzunehmen. Sie betrafen die Problematik der deutsch-deutschen Beziehungen, ferner die Politik einzelner Parteien sowie die Kontakte mit der Öffentlichkeit, mit Geschäftskreisen beider Republiken und die Begegnungen namhafter Vertreter aus Ost und West.

Wenn der Platz reicht, werde ich später von einigen meiner Meinung nach wichtigen Episoden jener Zeit erzählen.

Im Sommer 1951 wurde ich, nach Moskau zurückgekehrt, krank. Herbst und Winter hindurch quälte ich mich in Krankenhausbetten; und als die Ärzte ihren Segen zur Arbeitsfähigkeit gaben, stand ich wieder vor der Frage: wohin nun?

Mein Vater unterstützte meinen Plan, in die Aspirantur zu gehen. Ich hatte mich schon für ein Gebiet entschieden: Politökonomie. Sie liefert den Schlüssel zum Verständnis der Peripetien des Daseins. Die Aufnahmeprüfungen waren abgelegt. Der wissenschaftliche Leiter stand fest, und das Thema der Dissertation war gegeben.

Da hieß es plötzlich, der Aspirant müsse sich einem »Gespräch« im Bezirkskomitee der KPdSU unterziehen. Politökonomie gehörte in jenen Bereich, den die Partei besonders bevormundete. Das Komitee hatte aber zunächst vordringlichere Sorgen. Wie alle anderen Parteiorganisationen auch bereitete es sich auf den XIX. Parteikongreß vor. Das bedeutete, lange Wartezeiten in Kauf zu nehmen.

Wie lange? Ein Monat verging, ein zweiter, ein dritter. Am Ende des fünften Monats waren meine Geduld und meine finanziellen Mittel erschöpft, um wissenschaftliche Experimente fortzusetzen. Ich nahm daher ein Arbeitsangebot im Informationskomitee am Außenministerium der UdSSR an. Und wie zum Tort teilte mir ausgerechnet jetzt das Bezirkskomitee mit, es »gestatte« mir den Zutritt zur Politökonomie. Nun blieb mir nur noch die Möglichkeit des Fernstudiums, die ich auch nutzte.

Das Informationskomitee (IK) war dem Schoß des analytischen Diensts der vereinigten Aufklärungszentrale entsprungen, die nach Kriegsende auf der Basis des Hauptaufklärungsdiensts des Generalstabs und der Ersten Hauptverwaltung des Ministeriums für Staatssicherheit entstanden war. Verschiedenartige Interessen überwogen bald die Idee der Koordinierung beider Dienste. Aus dem »Großen Komitee«, das in den Gebäuden der ehemaligen Kommunistischen Internationale hauste (jemand hatte solche grotesken Ideen!) und anfänglich von Molotow geleitet wurde, schieden die operativen Einheiten mit Dokumenten und Personalbestand aus. Sie waren in das Sicherheits- bzw. Verteidigungsministerium integriert. Im IK verblieben insgesamt etwa hundertfünfzig Mitarbeiter. Das Komitee besaß das Recht, nicht nur diplomatische Post, sondern auch »spezielle« Berichte von politischem Wert zu empfangen (bis in die Mitte der fünfziger Jahre wurde dieses Recht respektiert).

Bei meinem Eintritt war der umsichtige Iwan Tugarinow der eigentliche Leiter des Informationskomitees, das mehr oder weniger formell dem Außenministerium unterstand. Unsere Ausarbeitungen wurden direkt an Stalin, an sein Sekretariat geschickt. Die Kopien durften an die Mitglieder des Politbüros und an einzelne, in Listen verzeichnete Minister gegeben werden, nach vorheriger Abstimmung mit dem Stalin-Büro (»kleine« und »große« Markierung).

Die Themen, zu denen Informationen gesammelt werden sollten, richteten sich, soweit sie nicht von oben gestellt waren, nach den jeweiligen Entwicklungstendenzen. Besonders hohe Anforderungen wurden an die Glaubwürdigkeit der direkt mitgeteilten Nachrichten und an die daraus gezogenen Schlußfolgerungen gestellt. Dafür hatten die Analytiker und deren Vorgesetzte mit ihrer Unterschrift persönlich zu bürgen.

Das Komitee hatte hinsichtlich der Bearbeitung von Problemen und der Analyse diplomatischer und sonstiger Dokumente kein Monopol. Es gab weitere Institutionen, die ihre Untersuchungen parallel betrieben und keinen Zugang zu den Ergebnissen der anderen hatten. Den Vertrauten des Diktators blieb es überlassen, die Informationen zu vergleichen und zu bewerten.

Nach Stalins Tod erfuhr die analytische Arbeit beträchtliche Veränderungen. Nicht unbedingt zum Besseren. Nach und nach verwandelte sich das IK aus einer überbehördlichen Institution in eine Abteilung des Außenministeriums der UdSSR. Dadurch wurde es zu einem Splitter im Auge des Sicherheitsdienstes und des Verteidigungsministeriums. Anfang 1958 wurde das Komitee auf Betreiben Iwan Serows (damals Innenminister der UdSSR) aufgehoben.

Gemeinsam mit zwei Kollegen wandte ich mich an das Zentralkomitee der Partei und protestierte mit gut belegten Argumenten gegen die Abschaffung eines unabhängigen Informationszentrums. Unser Einspruch hatte Erfolg. Im Ergebnis entstand die Informationsabteilung des ZK der KPdSU mit Georgij Puschkin als Leiter. Die Abteilung hatte politische Berichte der Aufklärungsdienste auszuwerten, insbesondere etwaige darin enthaltene Desinformation aufzudecken, ferner konstruktive Überlegungen zum gesamten Spektrum der außenpolitischen Interessen des Landes vorzubereiten und die Sitzungen des Politbüros informativ zu betreuen.

Georgij Puschkin forderte mich auf, in den Apparat des ZK überzuwechseln. Damit begann meine Parteikarriere, die allerdings schnell wieder endete: Wir erwiesen uns als begriffsstutzig, oder schlimmer noch, wir bewerteten aus Tatsachen gezogene Schlußfolgerungen höher als die Meinung eines schrankenlos Mächtigen.

Warum berichte ich so weitläufig über das Informationskomitee und Puschkins Abteilung im ZK? Ich öffne damit die Tür zu Laboratorien, von deren Existenz die meisten Menschen gar nichts wissen, in denen aber überwiegend ehrliche Arbeit geleistet wurde. Hier gab man sich nicht mit Chimären ab, sondern mit Primärquellen, aus denen Information entsteht. Sie war und ist das tägliche Brot der Politik und der Bürge für ihre Qualität.

Nicht in Klammern möchte ich hinzufügen: Hätten die Mächtigen dieser Welt öfter die Berichte von Fachleuten berücksichtigt und sich weniger auf ihre Bauchstimme verlassen, wäre der Zivilisation so manche Erschütterung erspart geblieben. Gerade in unserer Zeit können Glaube und Wissen wie feindlich geladene Pole aufeinanderstoßen. Nur Wissen im gesunden Verhältnis zur Moral kann der Menschheit den Rettungsanker zuwerfen. Einseitigkeit, das schrieb schon Alexander Puschkin, bedeutet Verfall des Denkvermögens. Einseitigkeit bedeutet Verfall von Moral, Gerechtigkeit und Recht, sie führt schließlich zur Negation von Humanität und Freiheit.

Die Erfahrung, die ich in den Informationsinstitutionen gesammelt habe, war für mich äußerst wertvoll. Ich lernte, mit Tatsachen umzugehen, die Wahrheit zu verteidigen, wo man sie biegen und verkrümmen wollte, und ich erhielt ein festes Fundament an Kenntnissen, die mir jahrzehntelang nützlich waren.

Im Februar 1959 wurde die Informationsabteilung des ZK aufgelöst. Ich bereitete mich darauf vor, an die Akademie für Gesellschaftswissenschaften zu gehen. Timofej Kuprikow, der stellvertretende Abteilungsleiter, sorgte dafür, daß ich »ausnahmsweise« mitten im Studienjahr immatrikuliert werden konnte. Das war keine schwerwiegende Abweichung vom Reglement: 1957 hatte ich schon alle notwendigen Prüfungen abgelegt. Es war nur noch gesammeltes Material zusammenzufassen und dann meine Dissertation vor dem Wissenschaftsrat zu verteidigen.

Da hatte ich mich schön verrechnet! Andrej Gromyko, eben Außenminister geworden, wollte mich in einen Diplomaten umschmieden. Leonid Orlow, Abteilungsleiter für die Auslandskader des ZK, der den Posten des Stellvertretenden Außenministers anstrebte, hielt es für angebracht, sich als besonders behende zu profilieren. Dreimal ließ er mich kommen. Das dritte Mal wurden mir in Anwesenheit einer großen Kommission Strafen angedroht: Man würde mir den Weg in die Wissenschaft versperren, dagegen den ins »Neuland« eröffnen. Ich blieb bei meinem Nein.

Georgij Puschkin rief mich zu Hause an:

»Wozu brauchst du einen Skandal? Der kommt doch auf dich zu. An meiner Sympathie für dich zweifelst du hoffentlich nicht. Ich hatte dich Gromyko empfohlen und ihm heute auf seine verdutzte Frage: ›Soll das Außenministerium vielleicht auf Falin verzichten?‹ meine Empfehlung bestätigt. Einigen wir uns doch so: Du brauchst deine Einstellung nicht zu ändern, wirst dich aber dem Beschluß nicht länger widersetzen, den ich freundschaftlich vorbringe.«

Der kluge und feinfühlige Georgij Puschkin. Er starb sehr jung. Die ständigen Überbelastungen fanden eine schwache Stelle bei ihm – das Herz. Dieses Herz, so voller Anteilnahme an allem, was ringsum geschah, versagte.

Im Außenministerium kam ich in die 3. Europa-Abteilung. Als Strafe für meine Widerspenstigkeit erhielt ich den niedrigsten Posten und den niedrigsten diplomatischen Rang im Gegensatz zu anderen Mitarbeitern der ehemaligen Informationsabteilung, die vom Staraja Ploschtschad, dem Sitz des ZK der KPdSU, zum Smolenskaja-Sennaja-Platz (dem Sitz des Außenministeriums der UdSSR) übergewechselt waren. So oder so, in die Diplomatie wurde ich immerhin gebracht, für ganze zwei Jahrzehnte. Ende der fünfziger, Anfang der sechziger Jahre rückte das deutsche Problem ins Zentrum der Europapolitik der UdSSR und ihrer internationalen Beziehungen überhaupt. Im Sommer 1959 begleitete ich Andrej Gromyko als Experte zur Außenministerkonferenz in Genf. Damals und während des Jahres 1960 kam ich dem Minister des öfteren unter die Augen, und nachdem einige meiner Arbeiten ein Lob von »oben« erhalten hatten, konnte ich mich vor Aufträgen unter anderem zum Abfassen von öffentlichen Reden kaum retten.

Mein Debüt im Außenministerium geriet allmählich in Vergessenheit. Die Umstände führten mich in den inneren Kreis der siebten Etage des Hochhauses, in dem die Dienstzimmer des Ministers und seiner Stellvertreter lagen. Besondere Annehmlichkeiten brachte mir die Zugehörigkeit zu diesem Kreis nicht. Kein einziges Mal weilte ich in dem zum Ministerium gehörenden Erholungsheim. Davon, daß das Ministerium ein Jagdrevier besitzt, habe ich erst nach meiner Rückkehr aus Bonn erfahren. Auch andere materielle Stimuli flossen irgendwie an mir vorbei. Ich hätte wendiger sein müssen, jemandem Honig um den Mund schmieren und mich einschmeicheln müssen. Das habe ich weder damals noch später gelernt.

An Arbeit kannte ich dagegen keinen Mangel. Der Minister hatte sich zur

Regel gemacht, mit kleinem Stab zu arbeiten. Er gewöhnte sich schwer an neue Gesichter und zog es vor, seinen »Lieblingen« so viel aufzuladen, bis sie vor Erschöpfung stolperten. 1961 wurde mir ein außerordentliches »Glück« beschert: Nach dem Wiener Treffen zwischen Chruschtschow und Kennedy wurde ich dem Vorsitzenden des Ministerrats der UdSSR als Experte für deutsche Angelegenheiten und als Entwerfer seiner Reden zugeteilt. Bedenkt man, wie oft Chruschtschow auftrat und welch intensive Korrespondenz er später zum deutschen Problem führte, wie oft er mit ausländischen Spitzenpolitikern diskutierte, kann man sich leicht vorstellen, wie lang und hart mein Arbeitstag war.

Doch gerade diese Zeit führte mich an das heran, was man »Große Politik« nennt oder was Chruschtschow mit Feuer aus »Geschützen großen Kalibers« bezeichnete. Er mochte Gromyko und das Außenministerium insgesamt nicht. Wladimir Semjonow nannte er »unseren gefährlichen Mann«; damit spielte er auf dessen Situationsberichte über die DDR am Vorabend und nach den Ereignissen vom Juni 1953 an. Über den Minister äußerte er sich folgendermaßen:

»Man kann sich darauf verlassen, daß Gromyko (Chruschtschow nannte Gromyko in meiner Anwesenheit niemals mit Vor- und Vatersnamen) die ihm gegebenen Instruktionen buchstäblich ausführt. Er wird sich alle Mühe geben, aus seinem Gegenüber ein Maximum herauszupressen, ohne selbst bis an die Grenze der erlaubten Zugeständnisse zu gehen. Erwarten Sie von Gromyko aber keine eigene Initiative und keine Lösungen in eigener Verantwortung. Ein typischer Beamter.«

In den Korridoren des Außenministeriums kursierte das Gerücht, Chruschtschow habe bei seiner Reise in die USA dem Botschafter Anatolij Dobrynin vorgeschlagen, Gromyko auf dem Posten des Außenministers abzulösen. Dobrynin gelang es, dieser Zarengnade auszuweichen. Das brachte ihm einerseits das Wohlwollen Gromykos ein und führte andererseits dazu, daß der Botschafter ein Vierteljahrhundert in Washington residierte.

Andrej Gromyko fürchtete sich vor Nikita Chruschtschow bis zur Selbsterniedrigung. Chruschtschow brauchte nur die Stimme zu heben, schon verschlug es dem Minister die Sprache. Als Antwort auf Chruschtschows Redefluß kam ein gestottertes »Ja-ja-ja«, »verstanden« oder »wird gemacht«. Selbst bei einem Telefongespräch geriet Gromyko ins Schwitzen und saß anschließend noch eine Weile regungslos: Die Augen auf irgendeinen Punkt gerichtet, die Lippen lautlos bewegend – ein Bild tiefster Schwermut und Niedergeschlagenheit.

Im Herbst 1964 quälte Chruschtschow seinen Minister regelrecht. Sein Widerwille gegen Gromyko war schon nicht nur der Reflex allein auf die Verschiedenheit ihrer Temperamente. Ihm lag am Herzen, seinen Schwiegersohn Alexej Adshubej zum Chefdiplomaten aufrücken zu lassen.

Menschen sind nun einmal Menschen. Die Mitarbeiter des Außenministeriums hatten als Blitzableiter zu fungieren, wenn der gekränkte Gromyko Entladung für seine Gereiztheit brauchte. Die Donnerwetter gingen naturgemäß auf jene nieder, die sich in seiner Nähe befanden. Es waren schroffe, ungerechte und beleidigende Ausbrüche. Dadurch verlor der Minister erst Andrej Alexandrow-Agentow, dann Anatolij Blatow und einige andere verdienstvolle Diplomaten, die zu anderen Staats- und Parteiämtern wechselten.

Auch mich trafen Querschläger, was im Frühjahr 1962 zu einer heftigen »männlichen« Auseinandersetzung führte.

Bei der Ausführung eines Auftrags von Nikita Chruschtschow unterlief mir ein Lapsus. Beim wiederholten Abschreiben eines Briefentwurfs an Präsident Kennedy war ein Absatz abhanden gekommen und mit ihm eine zweifellos wesentliche Überlegung, die das Diktat des Vorsitzenden enthalten hatte. Sein Berater Oleg Trojanowskij entdeckte die Lücke, er rief Gromyko an und wollte wissen:

»Wie ist das zu verstehen, ist das Außenministerium mit dem Gedanken Nikita Sergejewitschs nicht einverstanden...?«

Der Minister klagte über die Untüchtigkeit der Mitarbeiter, dankte Trojanowskij für seine Wachsamkeit und ließ mich sofort kommen, aber aus unerfindlichen Gründen zusammen mit Alexander Bondarenko. In dieser Zeit war Bondarenko der Botschaftsrat in der 3. Europa-Abteilung. Was wir zu hören bekamen, machte dem Minister keine Ehre. Fertig mit seiner Philippika, ließ er sich in seinem Sessel nieder. Drückende Pause.

»Was das Wesen des Vorfalls anbelangt, bin ich bereit, Kritik anzunehmen. Wenn sich daraus das Fazit ergibt, mich vom sowjetisch-amerikanischen Dialog abzuziehen, halte ich das für eine adäquate Reaktion.«

Ich sagte es völlig kühl, ohne jede Akzentuierung.

Das ist doch wohl die Höhe! Kein Funken Reue, keine Selbstgeißelung. Und die Walze des obrigkeitlichen Zorns rollt zum zweitenmal los.

Ich bitte Andrej Gromyko darum, Bondarenko von dieser peinlichen

Veranstaltung zu dispensieren, da ihn in dieser Sache ja keinerlei Schuld treffe.
Ein Kopfnicken erlaubt Bondarenko, sich zu entfernen, und kaum hat die Tür sich hinter ihm geschlossen, stößt Gromyko zwischen den Zähnen heraus:
»Was haben Sie noch?«
Ich artikuliere ganz langsam, fast nach Silben getrennt:
»Ich entschuldige mich dafür, daß ich Ihnen Ungelegenheiten bereitet habe, doch die von Ihnen gewählte Form der Kritik weise ich ganz entschieden zurück. Noch nie habe ich jemandem erlaubt, mich zu beleidigen, und ich werde es auch in Zukunft nicht dulden. Zur Arbeit im Außenministerium habe ich mich nicht gedrängt. Wenn das Ministerium meine Dienste nicht mehr braucht, hinterlasse ich im Vorzimmer meine Kündigung. Trojanowskij werde ich über dieses Gespräch informieren, damit es keine Spekulationen wegen meines plötzlichen Ausscheidens gibt.«
Gromyko sieht vor sich hin. Der Gesichtsausdruck undurchdringlich und hart. Die Lippen zu seinem erstarrten, schiefen Lächeln verzogen. (Im engen Kreis witzelten wir: »Gromyko lächelt wie Mona Lisa.«) Die Finger der rechten Hand spielen auf der Sessellehne eine nur ihm bekannte Tonleiter. Und dann folgen zwei Sätze:
»Sie können gehen. Setzen Sie sich wieder an Ihre Arbeit.«
Ich weiß nicht, mit welchen Gedanken und Gefühlen Gromyko in dieser unangenehmen Minute zu kämpfen hatte. Doch ich muß feststellen, daß er in den folgenden sechzehn Jahren nie mehr seine Stimme gegen mich erhoben hat, obwohl es genug Gelegenheiten gab, die ihn dazu hätten provozieren können. Ich muß sogar konstatieren, daß nach dieser für das Außenministerium ungewöhnlichen Auseinandersetzung Gromyko mir mehr menschliches Wohlwollen als bisher bezeigte.
Das äußerte sich in der für ihn charakteristischen Weise. Wie aus einem Füllhorn ergossen sich Aufträge auf mich. Geographische, landeskundliche und politische Bedingtheiten spielten keine Rolle. Europa, Amerika, der Nahe und der Ferne Osten, militärpolitische Bündnisse, Dritte Welt, die sozialistische Gemeinschaft. Man händigt Ihnen verschiedene Aktenordner mit Telegrammen und dokumentarischen Dossiers aus und setzt Ihnen einen Termin, und niemand interessiert sich dafür, ob Sie nach der vergangene Nacht beendeten Arbeit noch Kräfte für die neue besitzen.

Im Januar 1965 wird mir die Leitung der »Beratergruppe beim Außenminister« anvertraut. Ich habe nun sämtliche Informationen, die ins Außenministerium kommen, durchzusehen, zu analysieren und zweimal täglich ausschließlich Gromyko Bericht zu erstatten. Der Minister konnte Anweisung geben, über dieses oder jenes Dokument seine Stellvertreter mündlich zu informieren. Und ganz selten, in besonders geheimen Angelegenheiten, wurden Abteilungsleiter eingeweiht.

Rasch merkte ich, daß es bei allem Fleiß unmöglich ist, die etwa tausend Seiten Text, die täglich auf den Schreibtisch kommen, auch nur flüchtig zu lesen. Die Qualität der Berichterstattung würde bei einer Arbeitsteilung erheblich gewinnen. Daraufhin erhielten zwei Mitarbeiter unserer Gruppe das Recht, Gromyko selbständig vorzutragen. Es waren die künftigen Botschafter Rostislaw Sergejew und Anatolij Kaplin. Ich hatte weiterhin die Morgenübersicht zu geben und die gesamte Arbeit zu koordinieren.

Leider konnte ich der Beratergruppe nicht mehr als ein Drittel meiner Arbeitszeit widmen. Den »Rest« verschlangen die vom oder über den Minister aus dem Kreml oder vom Staraja Ploschtschad kommenden Aufträge, dazu noch die wenig angenehmen und arbeitsaufwendigen Gutachten über die in den Abteilungen und von stellvertretenden Ministern verfaßten Entwürfe, ehe sie Gromyko vorgelegt wurden. Unangenehm, weil ich gegen meinen Willen in die Lage des Zensors geriet. Zeitaufwendig, weil ich aufgrund meiner mündlichen oder schriftlichen Bemerkungen selbst Korrekturen vorzunehmen hatte.

Es war schwierig, den Minister zu überzeugen, daß die Entwürfe in Übereinstimmung mit Primärangaben gebracht werden müßten, über die weder die Abteilungsleiter noch die Stellvertreter verfügten. Nur in einem Punkt kam er mir entgegen: Meine Beteiligung beim Redigieren fremder Entwürfe blieb anonym.

Die unangenehmste aller Pflichten war die Vorbereitung von Reden des Ministers sowie einiger Mitglieder der politischen Führung. Bisweilen hätte man die Wände hochgehen können. Stellen Sie sich bitte vor: Die Rede Gromykos auf dem XXIII. Parteikongreß der KPdSU wurde in siebzehn Varianten verfaßt. Der Minister war verstört, konnte sich nicht entschließen, welchen Themen und Gedanken er den Vorzug geben sollte. Als die Zahl der Entwürfe zweistellig wurde, empfand er selbst das Tragikomische an der Sache und fragte: »Unter welcher Nummer tragen wir den neuesten Entwurf ins Register ein?«

Ich antwortete im gleichen Ton: »Wir haben Leo Tolstoj bei seinen Entwürfen zu *Anna Karenina* schon übertroffen, sind aber noch weit hinter seinen Autorkorrekturen zu *Auferstehung* zurück.«

Gewiß, eine winzige Episode, die aber veranschaulicht, wieviel Kraft und Zeit für Tintenkleckserei verbraucht wurde. Und doch war sie vielleicht in gewissem Sinne nützlich, wenn man bedenkt, daß in der Sowjetunion Reden, Interviews und Artikel die wichtigste Methode darstellten, Theorien zu entwickeln und Erkenntnisse in die Praxis umzusetzen. Trotzdem, die Unkosten waren unverhältnismäßig hoch. Konkrete Angelegenheiten wurden auf die lange Bank geschoben, weil für sie einfach weder Zeit noch Kraft übrigblieben. Vollbrachtes oder sich Vollziehendes kritisch zu durchdenken war nur ausnahmsweise möglich.

Das bewegte Leben bescherte immer wieder explosives Material. Nachdem ein streng geheimer Bericht über die Äußerungen von Nikolaj Pegow, damals Botschafter in Algerien, beim Sturz Ben Bellas vorgetragen worden war, ordnete der Minister an:

»Greifen Sie dieses Thema nicht mehr auf.«

Am nächsten Tag erreichten uns zusätzliche besorgniserregende Meldungen: Unser Botschafter geriet in Opposition zum neuen Regime. Ich machte Gromyko auf die Gefahr von Komplikationen in den sowjetisch-algerischen Beziehungen aufmerksam.

Der Minister nahm die Brille ab und fragte streng:

»Genügt Ihnen meine mündliche Anordnung nicht? Rühren Sie Pegow nicht an. Sie sind wirklich ein merkwürdiger Mensch. Mein Wort gilt für alle Mitarbeiter im Außenministerium als Befehl, und Sie...«

Meine Reaktion verblüffte ihn:

»Solange es Ihnen gutgeht, sind die meisten darauf erpicht, Ihnen nach dem Munde zu reden. Wenn Sie aber, was Gott verhüte, in Ungnade fallen sollten, werde ich möglicherweise unter den wenigen sein, die Sie nicht steinigen.«

Andrej Gromyko sagt kaum hörbar:

»Interessant, interessant.«

Am selben oder am nächsten Tag liegt mir eine weitere Meldung vor, die einer sofortigen Reaktion bedarf. Ich begebe mich zum Minister. Mir ist der Zutritt zu ihm jederzeit gestattet, es sei denn, er hat Ausländerbesuch oder er telefoniert. Ich überreiche Gromyko den Text:

»Sie haben verboten, über dieses Problem zu berichten. Ich lasse Ihnen die

Meldung hier, die meines Erachtens mindestens zur Kenntnis genommen werden muß.«

Gromyko liest den Text und wirft abgehackt hin:

»Muß mich mit den Mitgliedern des Politbüros beraten.«

Einige Stunden später teilt der Minister mir mit, es sei beschlossen worden, Botschafter Pegow nach Indien zu versetzen. Es wurde ihm befohlen, die Amtsgeschäfte in Algerien unverzüglich niederzulegen und sich nach Moskau zu begeben.

Sie haben sicher bemerkt, daß ich in puncto »interne« Diplomatie keine Höhen erklommen habe. Ich hatte tatsächlich nicht gewußt, daß Michail Suslow, Nummer zwei in der Parteihierarchie und Schlüsselfigur bei Umbesetzungen und Beförderungen, mit Pegow verschwägert war.

Im Sommer 1966 weilte der Minister zur Erholung in Sossny. Das Sanatorium Barwicha, sein traditioneller Ferienort, wurde restauriert. Einmal wöchentlich besuchte ich Gromyko, um ihm die wichtigsten Ereignisse und Probleme vorzutragen. Bei einem dieser Besuche verabschiedete er mich nicht wie gewöhnlich in seinem Appartement, sondern begleitete mich bis zum Wagen.

Unterwegs fragte er:

»Was halten Sie von dem Vorschlag, die Pflichten des Ersten Stellvertretenden Leiters des außenpolitischen Planungsamtes zu übernehmen? Ich erwarte von Ihnen keine sofortige Antwort. Wenn Sie der Vorschlag nicht interessiert, können Sie sich auf ein Nein beschränken, ohne die Motive zu erklären.«

Anstandshalber bedankte ich mich für das Vertrauen. Ausgeschlossen – Alexander Soldatow, der formelle Leiter des Planungsamtes, ist ein Diplomat alter Schule, überaus sensibel gegenüber »hoher Meinung«, der er sich bereitwillig jederzeit beugt. Mit ihm zusammenzuarbeiten wäre für mich eine schwere Prüfung. Vielleicht will der Minister nur prüfen, wieweit ich für Karriereversuchungen anfällig bin: Schließlich erhielte ich die Chance, jüngstes Mitglied des Außenamtskollegiums zu werden.

Die nächste Begegnung mit Andrej Gromyko ließ nicht lange auf sich warten. Der Minister wollte mit Anatolij Kowaljow, dem Leiter der 1. Europa-Abteilung, und mir das Konzept seiner Rede auf der UN-Vollversammlung durchsprechen. Nach dem Gespräch zu dritt nahm Gromyko mich beiseite und beauftragte mich, Wassilij Kusnezow mit einigen Informationen bekanntzumachen. Ein passender Augenblick,

über das Angebot des Ministers zu sprechen. Ich hatte kaum begonnen, meine wohltemperierte Erklärung vorzubringen, als er mich unterbrach: »Wir haben abgemacht, daß Sie ja oder nein sagen, nichts sonst. Konzentrieren Sie sich auf den Redeentwurf für die UNO, das ist jetzt wichtiger.«
Auf der Rückfahrt erzählte ich Kowaljow von Gromykos Angebot und meiner Reaktion. Der scharfsinnige und durch Hoferfahrungen gewitzte Kollege rechnete mir vor:
»Andrej Andrejewitsch sieht, daß du die Flügel ausbreitest. Er zöge es vor, dich im Planungsamt zu haben, das als Großer Rat beim Minister konzipiert ist. Da das nicht geklappt hat, wird er dir bald etwas anderes vorschlagen.«
So kam es auch. Eine Woche darauf fuhr ich mit einem Routinebericht nach Sossny. Der Minister war guter Stimmung. Das Ausruhen bekam ihm gut. Ich habe oft über seine Fähigkeit gestaunt, sich rasch zu regenerieren. Am Schluß unseres Gesprächs fragte Gromyko:
»Was würden Sie dazu sagen, wenn wir Ihnen vorschlagen, die 2. Europa-Abteilung zu übernehmen? Wladimir Lawrow schicken wir ins Ausland. Das Außenministerium wird ordnungsgemäß die Initiative ergreifen, um Sie zum Mitglied des Kollegiums zu ernennen. Damit werden wir Großbritannien, Kanada, Australien und anderen Ländern zu verstehen geben, daß wir der Entwicklung der Beziehungen zu ihnen Priorität einräumen.«*
Der Minister erwartet, daß dieses Mal nicht nein gesagt wird, und verspricht im voraus, mir erfahrene Diplomaten zuzuordnen, falls dies notwendig werden sollte.
Ich hatte Zweifel, ob der Wechsel des Arbeitsgebiets zweckmäßig sein würde, und verbarg dies nicht. Seriöse Kenntnisse vom British Commonwealth habe ich nicht. Mein Englisch ist äußerst passiv geworden. Mitarbeiter anzuleiten, die auf dem Feld der klassischen Diplomatie aufgewachsen sind, kann peinlich werden.
»Großartig«, bemerkt der Minister mit dem Humor, der ihm in Zeiten innerer Ausgeglichenheit eigen war, »Sie legen sich Rechenschaft über Ihre Schwächen ab. Das ist die Voraussetzung zu ihrer Überwindung.«
Herrgott, unergründlich sind deine Wege! Unversehens fiel ich in ein

---

* Traditionsgemäß wurden die Belange der früheren Dominions Großbritanniens und Irland von der 2. Europa-Abteilung des Außenministeriums betreut.

Meer ungewohnter Sorgen, hatte mit neuen Personen, mit einem umfangreichen Kodex von Formalitäten zu tun, über die ich mich nicht immer hinwegsetzen durfte. Lebt wohl, meine Träume von der Wissenschaft, von der Möglichkeit, mich in Büchern und Archiven zu vergraben.

Unbeantwortet blieb für mich die Frage: Warum verzichtet Gromyko auf meine Dienste als Leiter seiner Geheimkanzlei? Hatte jemand die Besorgnis geäußert, ich sei zu gut informiert? Zu diesem Verdacht hatte ich nicht den geringsten Anlaß gegeben. Oder war der Minister eifersüchtig, weil man mir übermäßigen Einfluß auf die Formierung der Positionen des Außenministeriums und auf die Stilistik der Dokumente zuschrieb?

Es stimmt allerdings, daß von 1964 bis 1966 ein Viertel oder gar ein Drittel aller wichtigen Dokumente des Außenministeriums unter meiner Beteiligung geschrieben oder gründlich redigiert worden war. Das paßte bei weitem nicht jedem. Dabei mißfiel diese Galeerenarbeit mir selbst am meisten.

Die Versetzung in die 2. Europa-Abteilung bedeutete keine Entlastung von den »Saisonarbeiten«. Ich blieb in den ersten drei oder vier Monaten verschont. Dann aber – bis zum Mittag in meiner Abteilung, danach anderswo. Von Mai 1967 an war überhaupt nicht mehr klar, wo mein Arbeitsplatz eigentlich lag.

Gromyko hatte mich in einen Bevollmächtigten für Nahostangelegenheiten verwandelt. Von dieser Erfahrung möchte ich später erzählen, da sie mir die Augen für sehr vieles geöffnet hat; ebenso von den Ereignissen des nächsten Jahres, 1968, die sich um die Tschechoslowakei entwickelten. Ich möchte als Augenzeuge detailliert darüber berichten, ohne etwas auszulassen oder hinzuzufügen.

Der August 1968 brachte wieder eine Wende in meinem Arbeitsleben. Andrej Gromyko bestand darauf, daß ich die 3. Europa-Abteilung übernahm, die nach Anatolij Blatows Wechsel ins ZK der KPdSU verwaist war.

Neigung zu häufiger Arbeitsumstellung hatte ich nicht. Es war auch klar, daß eine radikale Erneuerung des britischen Rasens noch nicht gelungen war. Wir hatten etwas nachsäen, stellenweise stutzen und Unkraut jäten können. Für mehr reichte die Zeit nicht, zudem trauten viele Mitarbeiter ihren eigenen Kräften nicht genug.

Könnte es sein, daß die 3. Europa-Abteilung* mich von den Nebenpflichten und Verpflichtungen befreite? Dem Minister erklärte ich:
»Wenn die deutsche Richtung mein einziges Arbeitsgebiet wird, nehme ich den Vorschlag an. Die gleichzeitige Betreuung verschiedener Bereiche würde besonders hier der Sache einen schlechten Dienst erweisen.«
Einer festen Zusicherung wich Gromyko aus:
»Wir werden uns bemühen, uns in die Lage des Abteilungsleiters zu versetzen, soweit dies möglich ist.«
Bis zu den ersten Dezembertagen des Jahres 1968 hielten mich die tschechoslowakischen Angelegenheiten in Atem. Erst kurz vor Neujahr gelang es mir nach einigen Anläufen, mich auf die kritische Erfassung unserer deutschen Politik zu konzentrieren. Damit begann wohl die fruchtbarste Periode meiner diplomatischen Tätigkeit.
Von dieser Odyssee werde ich ausführlich erzählen und mich streng an das Gewebe der realen Ereignisse und der Beziehungen zwischen den handelnden Personen halten. Von außen wird vieles spannend und unterhaltsam erscheinen. In der zeitlichen Distanz empfinde auch ich die meisten damaligen Intrigen und Leidenschaften als kleinlich, die keine schlechte Laune lohnen. Doch damals faßte man alles anders auf.
Mit ausländischen Partnern umzugehen war oft leichter als mit den Beamten des Außenministeriums und vieler anderer heimatlicher Behörden. Statt auf Koordinationsbereitschaft stieß man hin und wieder auf Obstruktion und dumpfe Mißgunst. Jurij Andropow sagte im Herbst 1971:
»Wenn ich deine Bonner Telegramme lese, spüre ich förmlich, wie du kochst. Ich kenne das von mir selbst. Als ich Botschafter war, versuchte ich auch, mit dem Kopf bürokratische Wände einzurennen. Der Kopf bekam Beulen. Die Wände blieben stehen.«
Im September 1978 rief Leonid Breschnew, wie er versprochen hatte, mich nach Moskau zurück und bestimmte meinen künftigen Arbeitsplatz: Abteilung für internationale Information des ZK der KPdSU. Das war bei weitem nicht die »Eremitage«, die einst als helle Sonne an meinem Horizont aufgestiegen war, auch nicht das Institut der Akademie der Wissenschaften der UdSSR, aber ich hatte einige Distanz zum Außenministerium. Schon das war gut.

---

* Zum Aufgabenbereich der 3. Europa-Abteilung gehörten die DDR, die Bundesrepublik Deutschland, West-Berlin und Österreich.

Entwickelte sich die Abteilung so, wie man sie konzipiert hatte? Eher nein. Fand ich mich im Apparat des ZK zurecht? Leonid Samjatin, mein unmittelbarer Vorgesetzter, erinnerte mich an eine Gleichung mit drei Unbekannten. Ende 1982 entstand durch seine Ränke mein Konflikt mit Jurij Andropow, der inzwischen Generalsekretär des ZK der Partei geworden war.

Aus der Parteizentrale gefeuert, bekam ich nicht sofort die Stelle des politischen Kommentators der Zeitung *Iswestija*. Vorher hatte ich dem massiven Druck der Sekretäre des ZK standzuhalten, die Andropow zu Willen sein wollten. Der Generalsekretär hatte mich schon als Ersten Stellvertreter von Sergej Lapin, dem Vorsitzenden des Komitees für Funk und Fernsehen, eingesetzt. Als ich dann doch für die *Iswestija* arbeiten konnte, hatte ich zum erstenmal seit dreißig Jahren das Recht, über meine Zeit zu disponieren, unter meinem Namen mit meiner eigenen Meinung hervorzutreten. Und ich konnte lesen, alles lesen, was mich interessierte und nicht dienstlich verordnet war.

In den knapp dreieinhalb Jahren bei der *Iswestija* bereitete ich meine Doktorarbeit und meine Habilitationsschrift vor. Endlich konnte ich vollenden, was ich 1952 begonnen hatte. Allerdings war es nicht ganz das Thema, das mich damals gefesselt hatte (»Auswärtige Investitionssphären des westdeutschen Kapitals«). Aus dem Politökonomen war mit freundlicher Unterstützung von Georgij Arbatow[*] ein Historiker geworden.

Die journalistische Arbeit verknüpfte ich 1985 mit der wissenschaftlichen Tätigkeit. Ich beabsichtigte, später die Wissenschaft zu meinem Hauptarbeitsfeld zu machen, und ehrlich gesagt, betrachte ich meinen Entschluß, noch einmal in die große Politik zurückzukehren, als Fehlentscheidung.

Das kam so: Am 5. Dezember 1985 wurde meine Habilitationsschrift fertig und sollte zur ersten Lesung dem Wissenschaftsrat des Instituts für USA und Kanada vorgelegt werden. Mehr als vierhundert Schreibmaschinenseiten, getippt von Nina, meiner Frau, die mir gegen alle Schikanen tapfer beistand, bildeten vier akkurate Stapel. Es war schon nach ein Uhr nachts. In der Früh würde ich das Manuskript dem wissen-

---

[*] Mitglied der Akademie der Wissenschaften der UdSSR und Direktor des Instituts für USA und Kanada

schaftlichen Sekretär aushändigen und dann sofort ins Erholungsheim fahren. Das war dringend nötig, die Arbeit hatte alle Kräfte verzehrt.
Wir nahmen uns vor, soviel wie möglich im Freien zu sein. Keine Politik, gleichgültig was für bedeutende Gesprächspartner uns auch zu Erinnerungen an frühere oder zu Erörterungen gegenwärtiger Probleme verlokken würden. In der Bibliothek suchten wir zur Ergänzung der mitgenommenen, noch nicht gelesenen Nummern der Zeitschriften *Nowyj mir*, *Snamja*, *Oktjabr* nur schöngeistige Literatur aus. Filme würden wir uns nach sorgfältiger Wahl ansehen, keine lauten und keine zu schwermütigen.
Die erste Woche ist noch nicht zu Ende – Anruf aus Moskau. Eine Männerstimme vergewissert sich, daß ich am Apparat bin, und kommt gleich zur Sache: Der Außenminister möchte sich mit mir in den nächsten Tagen treffen. Ich muß zugeben, daß ich widerborstig reagierte:
»Ich habe keine Fragen an Eduard Schewardnadse. Mit Mühe und Not konnte ich mir einen Urlaub herausschinden, und ich habe nicht vor, ihn zu unterbrechen.«
Am anderen Ende der Leitung Schweigen. Man hatte offenbar eine ganz andere Antwort erwartet. Der Mitarbeiter des Ministers setzt noch einmal an, Eduard Awrossijewitsch bittet mich zu einem Gespräch, er habe einige Fragen an mich. Den Termin stelle er mir anheim.
Meine Frau hält mich von weiteren Schroffheiten zurück:
»Warum redest du so? Schewardnadse hat dir doch nichts getan.«
Ich lenke ein.
»Wenn Sie mir einen Wagen schicken, kann ich morgen früh oder übermorgen ins Außenministerium kommen.«
Ungewißheit ist das Schlimmste. Solange ich nicht erfahre, was und wie, fühle ich mich nicht mehr wohl in meiner Haut. Die erhoffte Ablenkung von täglichen Aufregungen ist mißlungen. Man muß retten, was vom Urlaub noch zu retten ist.
Zur angegebenen Zeit bin ich bei Schewardnadse. Er hat sich nicht schlecht in das mir bekannte Interieur eingefügt. Seine samtweiche Art zu sprechen und die gedämpfte Deckenbeleuchtung vermitteln eine gewisse intime Atmosphäre.
Der Kernpunkt der Einführungsworte des neuen Hausherrn bestand in folgendem: Die Lage des Landes ist äußerst kompliziert. Das Schicksal des Sozialismus steht auf dem Spiel. Der Erfolg des jetzigen Beginns hängt

davon ab, ob es gelingt, auf der Plattform der neuen Politik genügend Menschen zu vereinen, die imstande und bereit sind zu handeln.

»Ich habe Sie seit langem mit Interesse beobachtet und es sehr bedauert, daß Ihre Tätigkeit eine so abrupte Wendung erfuhr. Ich kann Ihnen mitteilen, daß zwei Kommissionen im Auftrag des Politbüros alle Signale überprüft haben, die Jurij Andropows Vertrauen zu Ihnen ins Wanken gebracht haben sollen. Die Kommissionen haben festgestellt, daß Verdachtsmomente konstruiert worden waren. Der diplomatische Dienst und ich würden es sehr begrüßen, wenn Sie zur Diplomatie zurückkehrten. Konkret möchte ich Ihnen vorschlagen, das Planungsamt des Ministeriums zu übernehmen, mit breitesten Vollmachten, versteht sich.«

Schewardnadse bestellt Tee, erkundigt sich nach meiner Gesundheit, fragt, wie der Urlaub verläuft, entschuldigt sich für die Störung. Kurz: betonte Fürsorglichkeit.

»Alles, was 1982 passiert ist, habe ich längst hinter mir. Nach Ihrer Mitteilung, daß es keine Verdachtsmomente mehr gibt, kann ich in Ruhe sterben. Aus Ihren Worten entnehme ich aber, daß der eigentliche Grund der Verstimmung zwischen Jurij Andropow und mir nicht ins Blickfeld der Kommissionen gelangt ist.«

Weiter erklärte ich dem Minister, daß die Arbeit in der *Iswestija* mich zufriedenstellt. Sie ließe mir Zeit für die Wissenschaft und für die Familie. Wieder in den Staatsdienst zu gehen würde bedeuten (zum wievielten Mal?), die Arbeit an der Habilitation aufzugeben, diesmal für immer.

»Was das Planungsamt betrifft, kann ich Ihnen das sagen, was ich für Andrej Gromyko als Antwort auf einen ähnlichen Vorschlag vor zwanzig Jahren vorbereitet hatte. In seiner gegenwärtigen Gestalt ist das Amt handlungsunfähig und daher überflüssig. Es ist kein Arbeitsorgan, sondern eine Kläranlage, wo verdienstvolle und nicht verdienstvolle Diplomaten die Pause vor der nächsten Auslandsmission abwarten. Sinnvoll wäre es, eine Abteilung von zwölf bis fünfzehn Fachleuten einzurichten, die nicht nur über gründliche Kenntnisse, sondern auch über eine eigene Meinung verfügen und diese Meinung in Diskussionen auf jeder Ebene zu vertreten verstehen. Eine derartige Arbeitsgruppe zusammenzustellen ist kompliziert. Ich habe weder Zeit noch Sehnsucht danach, mich damit zu befassen.«

Schewardnadse unterbrach mich. Er selbst sähe mich gern auf dem Posten des Stellvertretenden Außenministers. Doch einige Politbüromitglieder verhielten sich diesem Vorschlag gegenüber reserviert.

»Na, sehen Sie«, greife ich diesen Hinweis auf. »Wozu die Skeptiker in der obersten Leitung enttäuschen und auch noch den Philistern Anlaß zu Spekulationen geben? Überdies ist die Arbeit als politischer Kommentator nicht schlechter; allerdings auch bemerkbarer als die unsichtbaren Früchte der Plackerei im Außenministerium.«

Der Minister spielt seinen Trumpf aus:

»Sie vermuten sicherlich, daß unser Gespräch mit Wissen und im Auftrag von Michail Gorbatschow stattfindet. Was darf ich ihm vortragen?«

»Tragen Sie ihm vor, daß ich dem Generalsekretär aufrichtig Erfolg wünsche. Unsere Gesellschaft befindet sich in einem beklagenswerten Zustand. Es ist sehr schade, daß diese Erkenntnis so spät kommt. Ich danke Gorbatschow, daß er sich an mich erinnert, doch die hohen Ämter interessieren mich nicht. Vom Gesichtspunkt meines intellektuellen Selbstverständnisses aus befriedigen mich meine jetzigen Tätigkeiten mehr als alles, was ich bisher tun konnte, daher habe ich kein Bedürfnis nach Veränderungen.«

Schewardnadse ist sichtlich enttäuscht. Er fragt, wann etwa ich mit der Verteidigung meiner Habilitationsschrift rechne, und meint, ich solle noch nicht das Tüpfelchen aufs i setzen, sondern ein paar Tage überlegen, danach sollten wir noch einmal miteinander reden.

Wenn dies Schewardnadse lieber ist, wäre es taktlos, ihm sofort abzusagen. Ich verspreche, ihn recht bald anzurufen. Dem Minister ist nicht entgangen, daß ich mich mit einem Telefonat aus der Affäre ziehen will, und er besteht darauf, daß ich ihn noch einmal hier im Ministerium besuche.

Eine knappe Woche später kam ich diesem Wunsch nach. Etwa eine Stunde lang lief das Gespräch auf eine Wiederholung des bereits Gesagten hinaus, doch dann entschlüpfte dem Minister die Vokabel »Rehabilitierung«. Darauf konnte ich nur erwidern:

»Genausowenig wie man einen Abgrund mit zwei Sprüngen überwinden kann, läßt sich die Ehre in Raten wiedergeben. Ihre Kollegen im Politbüro haben Bedenken. Man muß sich gedulden, bis sie sich zerstreut haben. Mich lockt die Politik nicht.«

Wir trennten uns kühl:

»Sollten Sie Ihre Meinung doch noch ändern und sich zur Rückkehr ins Außenministerium entschließen, teilen Sie es mir bitte mit. Mein Angebot bleibt in Kraft, doch die Initiative liegt jetzt bei Ihnen.«

Alexander Jakowlew, der Mitgestalter und Ideologe der Perestroika-Politik, erzählte mir, was Schewardnadse dem Generalsekretär über unsere Begegnung berichtet hatte: »Die Kränkung sitzt zu tief in Falin, er ist zu gütlicher Einigung nicht bereit.«

Gegen die Gedanken und Gefühle, die Schewardnadse in mir geweckt hatte, konnte ich mich nicht wehren; sie wurden nolens volens meine Begleiter. Es genügte, unter den Gästen des Erholungsheims Botschafter Lew Mendelewitsch, meinen Kollegen aus dem Informationskomitee, oder Anatolij Tschernjajew, Gorbatschows Berater, zu sehen oder gar mit ihnen zu sprechen, und schon überkamen mich Fragen, auf die ich keine Antwort fand.

Die Arbeit wird es leichter machen, das Gleichgewicht wiederzugewinnen, also Schluß mit dem Urlaub.

Doch es kam anders. Bald nach Neujahr rief Jakowlew an und bat mich, nach Wolynskoje zu kommen. Dort, in den Villen der Geschäftsführung des ZK, wurden Fachleute einquartiert, die Materialien für Konferenzen, Plenarsitzungen und Parteikongresse vorbereiteten.

»Wir müssen miteinander reden, uns beratschlagen«, begründete er seine Bitte.

Villa Nummer drei. Im ersten Stock befindet sich das provisorische Arbeitszimmer von Alexander Jakowlew. Daneben ist ein Konferenzraum, den zur Hälfte ein langer Tisch einnimmt.

»Bist du nicht schlapp geworden bei der langen Erholung? Schließlich hast du lange genug im stillen Hafen vor Anker gelegen.«

Und dann ernsthaft:

»Ich habe eine persönliche Bitte an dich. Es geht um den Entwurf für Gorbatschows Rede auf dem XXVII. Parteikongreß. Skizzen zum außenpolitischen Abschnitt liegen vor. Eine Reihe von Momenten zeichnet sich ab. Aber sie entsprechen weder inhaltlich noch stilistisch der Konzeption des neuen Denkens. Machst du mit?«

Ich werde nicht Zeit und Raum verschwenden, um unser verbales Florettgefecht nachzuerzählen. Wir einigten uns schließlich so: Unter Berücksichtigung der Erstentwürfe schreibe ich meine Variante. Wenn die als Grundlage akzeptiert wird, bereite ich den Text für den Auftraggeber vor.

Mein Arbeitsplatz bleibt die *Iswestija*, nicht Wolynskoje, nur das Abtippen kann das Sekretariat von Jakowlew übernehmen.

Die technischen Umstände zwangen mich dann doch, ein paar Tage in Wolynskoje zu verbringen. Dort erwartete mich eine Überraschung. Zur Vorbereitung des außenpolitischen Abschnitts waren auch das Akademiemitglied Georgij Arbatow und der Dichter Anatolij Kowaljow, inzwischen stellvertretender Außenminister, herangezogen worden.

Den Kontakt mit Gorbatschow unterhielt Jakowlew. Er teilte mir eine Woche später vertraulich und ein wenig triumphierend mit, die Früchte unserer Arbeit seien angenommen. Der Generalsekretär habe die anderen Berichtsabschnitte als unbrauchbar abgelehnt. Zu unserem Material äußerte er nur zwei Wünsche: Der Umfang müsse etwas reduziert werden und die Sprache etwas trockener sein.

Und nun verblüfft Jakowlew mich:

»Ich möchte, daß du Vorstandsvorsitzender der Presseagentur *Nowosti* wirst. Wie stellst du dich dazu?«

»Negativ. Ein Haufen administrativer Verpflichtungen und minimale Möglichkeiten zu produktiver Arbeit.«

Ich mache Jakowlew darauf aufmerksam, daß ich eben erst Schewardnadses Angebot abgelehnt habe. Es wäre unlogisch und ungerechtfertigt, wenn ich meinen Standpunkt zugunsten von *Nowosti* änderte.

Jakowlew gibt nicht nach:

»Ins Außenministerium ginge ich an deiner Stelle auch nicht mehr, nicht einmal als stellvertretender Minister. Du hast lange genug die Rollen von Stellvertretern und Untergebenen gespielt. Versuch mal, dich in einem großen selbständigen Bereich zu verwirklichen. Dort kannst du die Arbeit delegieren, kannst dir deinen eigenen Zeitplan aufstellen. Mach die Habilitation fertig, dann sehen wir weiter.«

»Ihre Argumente überzeugen mich nicht. Von sonstigen Erwägungen ganz abgesehen, ist es einfach zu spät, mit sechzig Jahren die Kutsche und den Platz darin zu wechseln.«

Damit trennten wir uns, um uns in die Redaktion von Gorbatschows Rede zu vertiefen. Ich will mich nicht verstellen, die Arbeit an dem außenpolitischen Abschnitt der Gorbatschow-Rede erfüllte mich mit Genugtuung, denn ich hatte einige schon lange in mir ausgereifte Überlegungen niederschreiben können. Im Licht der Begleitdiskussionen erschienen die Hoffnungen auf eine Wende im Bereich der Außenpolitik nicht illusorisch.

Jakowlews Aufgeschlossenheit für den frischen Wind neuer Ideen bedeutete mir viel. Damals gab es bei ihm noch kein Hin- und Herschleudern und keine Selbstkasteiung.

Meine Intuition warnte mich: Du betrittst dünnes Eis. Was ist darunter? Ein Abgrund? Riffe? Das Schiff ist altersschwach, schwer zu manövrieren; gerät es auf falschen Kurs, ist es kaum zu retten. Die damalige Euphorie, anders gesagt, die Massenpsychose trug den Sieg davon. Ich stimmte schließlich dem Eintritt in *Nowosti* zu.

Dreieinhalb Jahre saß ich in dem futuristischen Gebäude der Presseagentur *Nowosti* und versuchte, das Perestroikakonzept Gorbatschows und Jakowlews nach außen verständlich zu machen. Im November 1988 wurde ich, von Jakowlew empfohlen, Leiter der Internationalen Abteilung des ZK der KPdSU und auf Gorbatschows Vorschlag, um »die Nachfolge« zu sichern, am XXVIII. Parteikongreß ins Sekretariat des ZK gewählt. In dem Moment, als ein respektverdienender Anfang verkam. Ebenso wie seine Väter.

Vor unseren Augen, vor Augen der ganzen Welt, versank eine Großmacht, ihre Wirtschaft brach zusammen; Ideen, die noch vor kurzem ganze Völker begeisterten, waren nichts mehr wert.

Jeder Verfall hat seine Gesetzmäßigkeiten. Dies läßt sich mit Goethes Worten umreißen: »Prinzipienlosigkeit endet früher oder später mit dem Bankrott.« Man kann nicht Demokrat sein und gleichzeitig die Demokratie fürchten. Man darf nicht auf Gedankenfreiheit schwören und unduldsam gegenüber anderer Meinung sein. Man kann nicht mit einer Hand den Totalitarismus abschaffen und mit der anderen einen eigenen autoritären Führungsstil behaupten. Und schließlich darf man nicht zahllose Versprechungen machen, ohne Zeit und Mühe aufzuwenden, sich mit den Dingen ernsthaft zu beschäftigen.

Es steht mir nicht zu, mich in den Richtertalar zu hüllen. Mögen die Tatsachen für sich sprechen. Nur darf man dabei nicht den Splitter im Auge des Bruders entdecken und den Balken im eigenen nicht bemerken. Das hat noch nie etwas Gutes gebracht.

Oft häuft man Binsenweisheiten und untergeordnete Wahrheiten an. Man macht aus minus plus oder umgekehrt und meint, das Ergebnis werde schon stimmen. Der Antrieb zum Nachdenken geht leicht verloren, wenn alles ausgesprochen werden darf und Machtkämpfe von Gruppen und Fraktionen den bürgerlichen Freiheiten gleichgesetzt werden.

Nein, die meisten Politiker sind keine Pioniere. Pioniere irren sich nur einmal. Die Politiker aber experimentieren weiter. Sie werden nicht einmal nach einem halben Dutzend Fehlstarts zurückgepfiffen. Sie meinen, ihnen sei alles erlaubt, und wie ein bekannter amerikanischer Staatsmann sagte, ihre Worte bedürfen »keiner juristischen Begründung«. Sie glauben es, oder es scheint ihnen so, basta. Und je öfter ihnen etwas »so scheint«, desto schwankender wird der Boden unter ihren Füßen, desto stärker wird der Trieb, den gesunden Menschenverstand zu unterdrücken.

Wir dürfen uns nicht selbst täuschen; die Palette der Vorurteile ist viel reichhaltiger als die der »-ismen« ideologischen Ursprungs. Die Konfrontation West – Ost hat man zu lange als Achse aufgefaßt, um die sich alles drehte. Nun ist sie verschwunden. Hat die Welt einen besseren Zustand erreicht? Ist man den Versprechungen, alle mit Myrrhe zu salben, näher gekommen? Es fehlt immer ein Minimum, um das Maximum zu erreichen. Die historische Mißernte, die Rußland, das sich vierundsiebzig Jahre lang sowjetisch nannte, heimgesucht hat, wird dauerhafte Folgen haben. Dem Volk fehlt es nicht an Talenten, und was Geduld anbelangt, so kann es mit jedem anderen Volk wetteifern. Schwieriger ist es, auf die Frage zu antworten: »Haben die Regierenden diese Geduld nicht längst bis zum Extrem ausgenutzt?« Trägheit, Gleichgültigkeit, Nihilismus haben nichts mit Geduld zu tun, sie sind schlimmer als Verzweiflung. Es bleibt nur übrig, auf das berühmte russische »awosj« (aufs Geratewohl) zu bauen.

Einst lebte in unseren Weiten ein großes Volk, die Skythen. Knapp tausend Jahre lebten sie hier und verschwanden. Zum Andenken hinterließen sie Hügelgräber. Königsgräber, gewaltig in ihren Ausmaßen, und kleinere, die die Zeit fast zur Unkenntlichkeit eingeebnet hat. Warum geschah das? Wohin ist ein ganzes Volk verschwunden? Wo sind seine Nachkommen? Manche Ethnologen halten die Alanen für die Nachfahren der Skythen, andere ziehen eine Verbindung zu den Osseten, den dritten souffliert ihr Instinkt, die Spuren der Skythen in den Kalmückensteppen zu suchen.

Eine Wiederholung des skythischen Wunders beziehungsweise der skythischen Tragödie wird es nicht geben. Dazu müßte man die Russen in eine Diaspora versetzen, ohne einen nationalen Herd und vor allem ohne Selbstbewußtsein und Selbstverständnis. Diese Gefahr besteht wohl vorläufig nicht. Fast siebzig Prozent der Russen möchten nirgendwo anders als in Rußland geboren sein, und trotz aller akuten Schwierigkeiten wollen sie ihr Vaterland nicht gegen ein anderes tauschen, solange dieses Vaterland besteht. Es ist daher zu früh, ihm ein Requiem zu komponieren. Allerdings ist für Optimisten gegenwärtig nicht die beste Zeit.

Aus den nächsten Seiten, lieber Leser, können Sie entnehmen, daß ich mit einer Hartnäckigkeit, die vielleicht einer besseren Sache würdig war, mich abgerackert und mir den Glauben an die Einsichtsfähigkeit bewahrt habe. Ein weiser Araber hat gesagt: »Alles, was sein muß, wird sein, selbst wenn es anders sein wird.« Nennen Sie es meinetwegen optimistischen Fatalismus. Ohne ihn wäre es schwer, durchzuhalten, sich in der Finsternis nicht aufzulösen, die sich übrigens auch mit Lichtgeschwindigkeit ausbreitet.

Sieben Jahre im Siebengebirge

Am 3. Mai 1971 kam ich mit Flugzeugwechsel in Paris – das Abkommen über direkten Flugverkehr zwischen unseren Ländern wurde erst ein halbes Jahr später abgeschlossen – auf dem Flugplatz Köln-Bonn an. Wie die Tradition es gebot, empfingen den neuen Botschafter Protokollbeamte des Auswärtigen Amtes der Bundesrepublik und Mitarbeiter der sowjetischen Botschaft. Um sich den Nachfolger Semjon Zarapkins anzusehen, hatten sich auch einige Journalisten eingefunden. Journalisten waren auch die ersten, die auf rheinischem Boden mit mir in einen Dialog kamen.

Ich wurde gebeten, ein paar Begrüßungsworte an die bundesdeutsche Öffentlichkeit zu richten, und machte dabei einen ärgerlichen Schnitzer: »Ich *habe* gekommen, mein Bestes zu tun im Interesse der Verständigung und der guten Nachbarschaft zwischen unseren Völkern.«

Fehler wird es noch reichlich geben. Fehlgriffe und Fehltritte, alle möglichen und ganz verschiedene. Aber so ist der Mensch beschaffen: Alles, was das Heben oder Senken eines Vorhangs begleitet, prägt sich dem Gedächtnis besonders fest ein.

Eine Dreiviertelstunde Fahrt, erst Autobahn und dann über die damals von Abgasen gesättigte Bundesstraße 9, und schon erreichten wir die Villa Henzen. Die meisten von den der Residenz zugeteilten Mitarbeitern hatte ich schon bei meinem Blitzbesuch im vergangenen Dezember kennengelernt. Als Gast aber werden Sie anders gesehen und sehen Sie sich selbst anders. Von nun an werden wir tagtäglich und recht eng miteinander zu tun haben.

Die Residenz war ein typisches Beispiel für die Architektur des frühen zwanzigsten Jahrhunderts, als man weder große Räume noch enorme Ausgaben scheute. Das Haus stand mitten in einem Park, unmittelbar am Rhein. Wenn der Rhein zornig wurde, überflutete er das ganze Gelände. Die Fundamente des Hauses hatte er schon unterspült, die Wände waren

mit Rissen übersät. Eine Hausecke drohte einzustürzen. Die Besitzer der Villa und deren Pächter schauten den zerstörenden Attacken des Elements hilflos zu und überdeckten den Ansturm der Zeit mit Puder und Schminke.
Die festliche Tafel, die der Gesandte Bondarenko arrangiert hatte, reduzierte ich auf einen Junggesellenimbiß. Anschließend bat ich die Mitarbeiter in die Botschaft zum Sachgespräch. Außerdem mußte ich Moskau meine Ankunft offiziell mitteilen. Dann war Kontakt mit dem Kanzleramt, sollte Staatssekretär Egon Bahr dort anwesend sein, mit ihm selbst aufzunehmen. Bei unserem letzten Treffen in West-Berlin hatten wir verabredet, den Dialog unverzüglich wiederaufzunehmen.
Die Standortwahl des Hauses für die Unterbringung der sowjetischen Botschaft verblüffte jeden, der hierherkam. Auf der einen Seite brummt eine endlose Karawane schwerer Lastwagen. Auf der anderen, etwa zwölf bis fünfzehn Meter entfernt, fährt die Eisenbahn. Die Personenzüge scheinen die Fortsetzung der Güterzüge zu sein. Sie rasen in kurzen Abständen vorüber und erschüttern die Umgebung.
Als in beiden Hauptstädten die Botschaften eingerichtet wurden, lag den Bundesbehörden herzlich wenig daran, unseren Vertretern bei der Suche nach einer anständigen Unterkunft behilflich zu sein. Damals ließ man Sowjetbürger nur ungern auf die Rheinbrücken, denn den »Sowjets« wurde die Heimtücke unterstellt, zusätzlich zu den »freundlichen« Sprengstoffladungen, die in Erwartung »der baldigen Aggression vom Osten« bereits gelegt waren, feindliche Minen installieren zu wollen.
Jedenfalls hatte man nichts Besseres gefunden als einen Gasthof in Rolandseck, der in Rheinland-Pfalz, nicht in Nordrhein-Westfalen lag. Über diesen Gasthof soll schon Otto von Bismarck geäußert haben: »Das Gebäude ist alt und morsch.«
Böse Zungen setzten die Unterbringung der sowjetischen Botschaft in Rolandseck auf das Konto von Michail Senin. Unser erster Gesandter am Rhein habe, indem er aus den miserablen Angeboten das miserabelste wählte, besondere Wachsamkeit bewiesen, denn das wie eine Insel zwischen Eisenbahn und Verkehrsstraße plazierte Gebäude war vor illegalem Eindringen und Abhören geschützt. Wenn Senin, mehr gelehrter Didaktiker als praktischer Diplomat, den Vorzug seiner Wahl darin gesehen hatte, daß die Mitarbeiter, in diesem Lärm- und Vibrations-

raum zusammengepfercht, immer munter bleiben, könnte man seinen Fund irgendwie entschuldigen.

Botschafter Andrej Smirnow bemühte sich sehr darum, ein anderes Gebäude zu bekommen. Erfolg war ihm nicht beschieden, seinem Nachfolger und meinem Vorgänger, Semjon Zarapkin, gleichermaßen. Nein, wichtige Angelegenheiten dürfen nicht als Vorwand für die Verlängerung eines Zustands dienen, der das Prestige und die Staatsinteressen der Sowjetunion verletzt. Der Status eines Verschmähten war keineswegs harmlos. Er hinderte die Botschaft daran, ihre Funktion als Bindeglied zu Menschen zu erfüllen, die sich für unser Land interessieren, aber nicht immer Zeit und Mittel hatten, Dutzende von Kilometern in beiden Richtungen zurückzulegen.

Dies nur nebenbei, um zu zeigen, daß ich bei meiner Ankunft nicht alles gut eingerichtet vorfand. Bummle du nur auf Empfängen herum, gib selber Festessen, und schreib in den freien Minuten fix ein paar Rechenschaftsdepeschen nach Moskau.

Mein Leben in Bonn drehte sich von Anfang an gegen den Uhrzeigersinn. Selten einmal gab ich die Schlüssel meines Arbeitszimmers vor Mitternacht dem Diensthabenden ab. Die Chiffrierer – sie hatten am meisten zu leiden – murrten: Der Botschafter jagt sich selbst und uns in den Tod.

Nach der Ankunft in Bonn erfuhr ich zu meiner Verblüffung, daß Semjon Zarapkin die Kopien von Berichten über Verhandlungen mit Delegationen der Bundesrepublik, über den Moskauer Vertrag, über Konsularfragen und so weiter in seinem persönlichen Panzerschrank methodisch abgelegt hatte. Er selbst, das ist anzunehmen, dürfte sie wohl gelesen haben, doch niemand sonst, nicht einmal der Gesandte Bondarenko, hat sie zu Gesicht bekommen. Aus welchem Grund? War es Vorsicht, fehlende Instruktion, die zu erwartende Abberufung? Liegt hier die Lösung des Rätsels, warum die Bonner Botschaft unser Außenministerium nicht mit Analysen verwöhnte, als sich im Eis des Kalten Krieges Risse zeigten?

Wer gute Information haben will, muß viel herumlaufen, ins Schwitzen kommen. Er muß tonnenweise mündliches Erz um- und umschaufeln. Er darf niemandem aus dem Weg gehen. Denn jeder zweite, der dir begegnet, sagt man im Osten, kann dein Lehrer sein. Das ist sehr gut möglich. Heranwachsende Kinder wissen oft mehr als wieder kindisch werdende Erwachsene.

Meine Ernennung zum Botschafter in Bonn war nur zum Teil die Anerkennung dafür, daß meine Beteiligung am Prozeß der Gesundung unserer Beziehungen zur Bundesrepublik von Nutzen war. Klarer als viele andere drückte dies Nikolaj Podgornyi aus, als er in meiner Gegenwart mein Beglaubigungsschreiben unterzeichnete: »Du hast den Brei gerührt, jetzt sieh zu, daß er gar wird. Sorg für die Ratifizierung des Moskauer Vertrags, dann hängen wir dir einen hohen Orden ans Revers.«

Für mich war es kein Geheimnis, warum dem Vorsitzenden des Präsidiums des Obersten Sowjet der UdSSR keine anderen Assoziationen einfielen. Im Frühjahr 1971 war klar geworden, daß der Moskauer Vertrag sich im Bundestag durch dichtes Dornengestrüpp würde zwängen müssen. Meine auch von Jurij Andropow geteilte Prognose, daß Gromykos Launen ihre Konsequenzen haben würden, bestätigte sich leider. Die Passivität auf beiden Seiten nach dem August 1970 und das schleppende Tempo der Berlin-Verhandlungen erwiesen sich für die sozial-liberale Koalition als schwere Belastung, die ihr fast die Sauerstoffzufuhr abdrosselte.

In Bonn spürte man noch krasser, daß der Moskauer Vertrag mehr war als drei Bogen Stempelpapier, daß der Einsatz wirklich hoch war und der entscheidende Kampf erst bevorstand.

Meine Lage war ziemlich schief: Ich mußte die Unkosten fremden Starrsinns, dem ich zu Hause Widerstand geleistet und dabei eine Schlappe erlitten hatte, auf meine Kappe nehmen. Und wenn die Ratifizierung des Moskauer Vertrags scheiterte, mußte ich bereit sein, ins Fell des Sündenbocks zu schlüpfen.

Was unter anderen Umständen als Vertrauensbeweis mit breitesten Vollmachten – ich hatte keinerlei Direktiven mitbekommen – ausgesehen hätte, glich in der gegebenen Situation dem Bestreben, das Risiko der Ungewißheit auf den Botschafter abzuwälzen.

Durch Arbeit gewinnt man Erfahrung, nicht aber, indem man tatenlos auf sie wartet. Die Erfahrung stellt sich leider erst mit den so rasch verfließenden Jahren ein. Und wie oft werden die durchlebten Jahre zum Vorwurf statt zu Reichtum. Das trifft besonders für die Politik zu.

Bevor es zu den Moskauer Verhandlungen kam

Als dramatischer Gipfel der Ostpolitik gilt die Pattkonstellation im Bundestag kurz vor dem »Finish«. Nicht ohne Grund. Davon wurden viele Ereignisse überschattet oder zurückgedrängt, die je nach ihrer Wendung zu einer ganz anderen Kräfteverteilung hätten führen können – und zu ganz anderen Ergebnissen.

Deswegen möchte ich zum Ende des Jahres 1968 zurückgehen. Bis zu dieser Zeit reichen unsere Initiativen zurück, die für die spätere Entwicklung die Weichen stellten. Erinnern wir uns: Am Rhein regiert die Große Koalition. Moskau hat nicht die Absicht, eine Partei gegen die andere auszuspielen. Die sowjetische Führung hat eigene Sorgen.

Nach außen demonstriert man wie beim Pokern Seelenruhe und den verbissenen Willen, die Bank zu sprengen. Im stillen aber sucht man nach einem wenigstens provisorischen Brettersteg als Ersatz für die bei der Zerschlagung des Prager Frühlings verbrannten Brücken. Irgend etwas glomm in Kontakten mit Paris. Auch die Italiener hatten die Tür nicht ganz verschlossen. Aber wie kann man den Bundesdeutschen klarmachen, daß die Sowjetunion nichts Böses gegen sie im Schilde führt, daß man sich auf der Basis von Gegenseitigkeit gewichtige entgegenkommende Schritte erlauben kann?

Im Oktober 1968 hatte sich der sowjetische Außenminister Andrej Gromyko mit dem Außenminister der Bundesrepublik, Willy Brandt, in New York getroffen. Die Gesprächspartner vertraten beide die Meinung: Das Thema Gewaltverzicht gehört nach wie vor auf die Tagesordnung. Der Notenwechsel zu diesem Problem schleppt sich, wenn auch nicht übermäßig formalistisch, seit Konrad Adenauer durch die Jahre hin. Wäre es nicht an der Zeit, in Anbetracht der gegenwärtigen und zukünftigen Probleme, vom epistolarischen Genre zur flexibleren Methode der Verhandlungen überzugehen? Unser Minister ist dafür. Und wie es scheint, ist auch Willy Brandt dieser Gedanke nicht fremd.

Man könnte also auf frischen Wind im Ost-West-Dialog hoffen? In der Großen Koalition fehlte es leider an einem Konsens über die künftige Ostpolitik. Während Außenminister Brandt und die führenden Sozialdemokraten – zwar nicht übermäßig konsequent, im Endeffekt aber doch – die Notwendigkeit unterstrichen, mit der Sowjetunion, der DDR und den anderen osteuropäischen Staaten zu einem Arrangement zu kommen, forderte Bundeskanzler Kiesinger eine Revision der bundesdeutschen Ostpolitik. Im Sinne verschärfter Konfrontation wurde das »Berlin-Programm« der CDU (November 1968) durchgeführt. Und der von Eugen Gerstenmaier am 18. Dezember 1968 verkündete Beschluß, die Bundesversammlung im März 1969 zur Wahl des neuen Bundespräsidenten nach West-Berlin einzuberufen, verhieß einen langen Winter mit starkem Frost.

Andrej Gromyko beauftragte mich, das Tauziehen in der Gewaltverzichtsfrage zu überdenken und soweit wie möglich Klarheit zu gewinnen, welche Winde am Rhein wehen.

»Wohin das Wasser fließt«, meinte er nicht ohne Humor, »das wissen wir. Aber die Winde geben Rätsel auf. Es wäre gut, wenn Sie sich selbst an die Analyse machen. Wir werden dann im Politbüro berichten.«

Mehrmals fragte Gromyko, ob es etwas Neues von Semjon Zarapkin aus Bonn gebe. Unser Botschafter hatte telegraphisch von einem Gespräch mit Willy Brandt berichtet. Man durfte es so verstehen, daß der Bundesaußenminister zu seinen in New York geäußerten Worten stand, aber wann und wie sie sich realisieren lassen würden, war jenseits aller Sichtweite.

»Das ist einigermaßen merkwürdig«, der Minister war befremdet und besorgt. »Das Ja zu Verhandlungen verpflichtet doch zu nichts.«

Seine Lagebeurteilung entsprach im wesentlichen meinen Beobachtungen. Aber es gab auch Unterschiede. Ich bezweifelte, daß es in absehbarer Zeit zu Sachverhandlungen zwischen Bonn und Moskau käme. Bundestagswahlen standen bevor. Es sah so aus, als seien die Positionen in Bewegung geraten, gemeinsame Nenner gingen verloren. Und die Rivalität der Parteien beim Stimmenfang wird die Große Koalition weiter entzweien.

Gromyko wirft mir vor, ich trüge die Farben zu dick auf:

»Eilen Sie den Ereignissen nicht voraus. Bei den Deutschen kann man sein blaues Wunder erleben. Wir brauchen eine komplexe Analyse der Lage in der Großen Koalition und der Kräfteverteilung in der Führung der Bundesrepublik im weitesten Sinne. Beraten Sie sich mit Semjonow. Er ist ein großer Wirrkopf wie alle Philosophen, aber man muß zugeben, an der deutschen Frage hat er sich die Zähne ausgebissen.«

Den letzten Schliff erhielt die Analyse in Semjonows Datscha. Hier hatten wir uns vor ministerieller Hast versteckt. Wir diskutierten eigentlich nur noch um Akzente. Wladimir Semjonow war vorsichtiger bei Prognosen, aber begierig, Parallelen zur Vergangenheit herauszufinden. Von Bagatellen abgesehen klappte die Arbeit gut. Bald lag das umfangreiche Material Gromyko vor. Es löste »oben« Debatten aus.

Unsere entscheidende Schlußfolgerung lautete: Die Große Koalition wird die Bundestagswahlen nicht überleben. Es besteht die Möglichkeit – realer als je seit 1949 –, daß in Bonn jene Kräfte an die Macht kommen, die fähig sind, essentielle Korrekturen am politischen Kurs der Bundesrepublik gegenüber der Sowjetunion, der DDR sowie allen osteuropäischen Staaten vorzunehmen. Die Freien Demokraten, bisher von den Christdemokraten an den Rand gedrängt, werden sich einem Bündnis mit der SPD nicht versagen. Die Sowjetunion kann indirekt die Anhänger einer größeren außenpolitischen Ausgewogenheit unterstützen, indem sie Festigkeit in der Wahrnehmung eigener Interessen mit Flexibilität vereint und die Möglichkeiten nachbarlicher Zusammenarbeit anvisiert.

Sollen wir uns vielleicht an den Sozialdemokraten orientieren, sie am Ende noch unterstützen? Wie oft haben wir uns an den britischen Labour-Leuten die Finger verbrannt, ebenso an den Sozialisten in Italien, in Finnland und so weiter. Und jetzt, in Deutschland, sollen wir uns freiwillig ins Joch begeben? Die internationale Abteilung des ZK ist dagegen. Der Sekretär des ZK und ihr Leiter, Boris Ponomarjow, verbirgt im Gespräch mit Hermann Axen* seine Besorgtheit nicht, sicherlich in der Berechnung, daß dessen deutsche Freunde nicht untätig bleiben.

Der Außenminister stand zu Ponomarjow in gespanntem Verhältnis. Ehe Gromyko Politbüromitglied wurde, konnten sich beide nicht darüber klarwerden, wer von ihnen der Wichtigere sei, wodurch die Sache allerdings auch nichts gewonnen hat.

Bei der Erörterung der künftigen Deutschlandpolitik fürchtete Gromyko sich nicht vor Etiketten, die man ihm aufkleben könnte. Er war nicht leicht in Bewegung zu bringen oder in irgendeine neue Richtung zu lenken, doch wenn das gelang, konnte er einen bemerkenswerten Charakter zeigen. Jedenfalls erlebte ich ihn so, freilich vorwiegend in der Nach-Chruschtschow-Ära.

Der Minister stellte eindeutig fest, daß wir der DDR ebenso wie uns schaden würden, wenn wir die Augen vor den Realitäten verschlössen. Eine sozialdemokratische Regierung würde die Aufgaben der SED gewiß

---

* Im Politbüro SED für die internationale Politik zuständig

nicht erleichtern. Genauso klar war es, daß die gesamte Entspannungspolitik in Europa sich als hohle Nuß erweisen würde, wenn man darauf abzielte, die deutsch-deutschen Beziehungen stagnieren zu lassen und die Normalisierung der Beziehungen zwischen der Sowjetunion und der Bundesrepublik künstlich aufzuhalten.

Die Argumente des Außenministeriums setzten sich durch. Glaubt man den Beratern Breschnews und Kossygins – ich habe keinen Grund, dies nicht zu tun –, kam der Konsens im Politbüro nicht von selbst zustande. Jurij Andropow unterstützte Andrej Gromyko tatkräftig. Mit seinen Überlegungen und gewichtigen Informationen neutralisierte er die Skepsis Michail Suslows*, der ukrainischen und manch anderer Mitglieder des Politbüros.

Im Resultat profilierte sich die Linie der Sowjetunion so: Die Wachablösung am Rhein wurde als wahrscheinlich eingestuft; zumindest werde es zu einer Stärkung jener Kreise kommen, die Alternativen vor ihrer Prüfung nicht ablehnen. Diese Linie wurde ausschlaggebend für alles, was bis zum Herbst 1969 auf außenpolitischem Gebiet unternommen wurde, auch während des neuen Krisenanlaufs um West-Berlin. Ich sage absichtlich nicht »trotz« der Berlin-Krise, denn sie war als politische Stärkedemonstration konzipiert worden.

Es floß ein Strom starker Worte und Warnungen, die harten Regelungen des Kontrollrates wieder aufleben zu lassen und sich auf sie zu stützen. Immer begleitet von dem Refrain, eine konstruktive Regelung aufgrund eines Interessenausgleichs sei erreichbar. Formell war der Appell, guten Willen an den Tag zu legen, an die drei Westmächte gerichtet, denn man wollte den Eindruck einer Einmischung in die Wahlkampagne der Bundesrepublik vermeiden. Doch gemünzt war der Appell, den Pfad der Konfrontation zu verlassen und den Weg eines sachlichen Dialogs einzuschlagen, vor allem auf die bundesdeutsche Öffentlichkeit.

Die Vorstellungen der Diplomaten über die zweckdienlichen Grenzen einer Eskalation der Berlin-Krise waren in einigen Fällen radikaler als die des Sicherheitsdienstes. Das ist ja nun Vergangenheit, doch ein paar Illustrationen dazu könnten Ihre Kenntnisse, verehrte Leser, bereichern. Ausgehend von dem Prinzip der Gleichberechtigung der vier Mächte, schlug unsere Abteilung vor, die Sowjetunion solle ihr Recht auf Flüge in

---

* Hauptideologe und zweiter Mann in der Parteihierarchie unter Breschnew

den Luftkorridoren nach Hamburg und nach Frankfurt am Main in Anspruch nehmen. Unbequemlichkeiten wie das Auftauchen sowjetischer Militärtransportflugzeuge über der Bundesrepublik würden den Westen aufgeschlossener gegenüber unseren Besorgnissen machen. Andrej Gromyko begrüßte diesen Gedanken. Jurij Andropow war anderer Ansicht, seine Sachverständigen hielten die Sicherheit der sowjetischen Flugzeuge im bundesdeutschen Luftraum für nicht gewährleistet. Der Vorschlag des Außenamtes wurde verworfen.

Andropows Mitarbeiter und das Ministerium für Verteidigung legten bei der Verkehrskontrolle nach West-Berlin keinen besonderen Eifer an den Tag. Schikanen oder gar eine überpenible Auslegung der Normen des Kontrollrates waren nicht zu beobachten. Und niemand warf den Beamten Nachlässigkeit vor, die Strenge lediglich vortäuschten.

Eine regelrechte Krise hatte man nicht gesucht. Sie paßte nicht in den strategischen Kontext, der mit seinem Licht-und-Schatten-Spiel bei den Deutschen die Hoffnung wecken sollte, daß Versöhnung, Eintracht und Zusammenarbeit mit dem Osten Befreiung von drückenden Ängsten und von der Unsicherheit bringen könnten, während bei einer Eskalation des Konflikts das Gegenteil drohte. Je näher die Bundestagswahlen rückten, desto anschaulicher und gewichtiger sollte die Bereitschaft der Sowjetunion zu einem Neubeginn zum Ausdruck gebracht werden. Die Alternative Feindschaft oder gute Nachbarschaft mit den sozialistischen Ländern sollte ins Zentrum der Diskussionen rücken.

Unsere Botschaft in Bonn wurde angewiesen, in Begegnungen mit Politikern und Industriellen der Bundesrepublik die konstruktiven Momente der sowjetischen Position herauszustellen. Ähnlich war der Tenor zahlreicher Gespräche mit den Repräsentanten verschiedener bundesdeutscher Kreise in Moskau.

Die Delegation der FDP – Walter Scheel, Wolfgang Mischnik, Hans-Dietrich Genscher – brachte gute Laune in mein Dienstzimmer im Außenministerium. Scheel war gelöst, scherzte, wechselte leicht das Thema, verlor aber das, was ihn wirklich beschäftigte, nicht aus den Augen. Er betonte, daß Diskussionen über Konzepte nicht die Notwendigkeit, praktische Fragen in Angriff zu nehmen, zunichte machen dürften.

Walter Scheel hatte »Berührungspunkte« in der Rede Gromykos vor dem Obersten Sowjet (10. Juli 1969) entdeckt. In dieser Rede war die Bereitschaft der sowjetischen Regierung ausgesprochen worden, den Meinungsaustausch mit der Bundesregierung über Gewaltverzicht »bis zum Abschluß eines entsprechenden Abkommens« fortzusetzen, desgleichen den Meinungsaustausch über alle anderen Fragen der sowjetisch-westdeutschen Beziehungen und die dazu notwendigen Kontakte herzustellen. Es wäre schade, wenn diese Absichtserklärung im täglichen kritischen Wortgeklingel verlorenginge.

Der sowjetische Ministerpräsident Alexej Kossygin entwickelte diese Ideen. Er hob beim Empfang der FDP-Delegation hervor, wie notwendig es sei, aus den Schützengräben und Unterständen des Kalten Krieges herauszukriechen.

Hans-Dietrich Genscher hätte als Schweiger gelten können, doch seine Augen und die gelegentlichen Einwürfe zeugten von einem ausgesprochenen Sinn für Humor und ein Sensorium für Nuancen.

Mit den Freien Demokraten hatte ich mich schon 1950 näher beschäftigt, doch bisher war mir keine Gelegenheit geboten, die Führer dieser Partei kennenzulernen. Ich stellte fest, daß Liberale in Fleisch und Blut viel geistvoller sind als ihre Konterfeis auf dem Papier.

Einen Monat später (Ende August 1969) reiste eine Delegation der SPD mit Helmut Schmidt nach Moskau. Im Gegensatz zu Schmidt waren mir Alex Möller und Egon Franke nur vom Hörensagen her ein Begriff.

Anders als die Liberalen gehörten die Sozialdemokraten damals zur Regierung der Bundesrepublik. Das änderte aber nichts an der offenkundigen Tatsache, daß die Partner der Großen Koalition den Wählern verschiedene Programme verkündeten. Die Sozialdemokraten hoben die Notwendigkeit einer neuen Ostpolitik hervor, um zu gegenseitigem Verständnis mit der UdSSR und ihren Verbündeten zu gelangen. Die Christdemokraten dagegen erhärteten und erweiterten die Liste der Vorleistungen, die die sowjetische Seite zu erbringen hätte, um das Wohlwollen Bonns zu gewinnen.

Unsere massive Kritik an Bonn ließ auch kaum nach, doch der sowjetische diplomatische Wortschatz wurde durch neue Schattierungen bereichert. Die verspätete Antwort der Bundesregierung auf die sowjetische Denkschrift vom 5. Juli 1968 gab Anlaß zum Schlußakkord.

Zunächst, wie ich schon erwähnte, nutzte Gromyko im Juli 1969 die Rednertribüne des Obersten Sowjet der UdSSR, um die Bedeutung des Gewaltverzichts zu unterstreichen. Er sprach nicht nur über den Austausch von Deklarationen, sondern über den Abschluß eines entsprechenden Abkommens, das in das gemeinsame Gittergewebe der Versöhnung eingefügt werden sollte.

Zwei Wochen später sagte Alexej Kossygin im Gespräch mit Walter Scheel, Wolfgang Mischnik und Hans-Dietrich Genscher sogar noch etwas mehr. Der sowjetische Außenminister wiederholte gegenüber Helmut Schmidt, Alex Möller und Egon Franke seinen Appell zu gemeinsamen Anstrengungen bei der Erneuerung der sowjetisch-deutschen Beziehungen.

Schließlich händigte am 12. September 1969 der Stellvertretende Außenminister Wladimir Semjonow dem Geschäftsträger der Bundesrepublik, von Stempel, die sowjetische Antwort auf die Note der Bundesregierung vom 3. Juli 1969 aus: Die sowjetische Regierung schlug vor, in Moskau Verhandlungen zum Thema Gewaltverzicht einzuleiten.

Als wir den Text dieser Denkschrift ausfeilten und den Termin für ihre Überreichung festlegten, gingen wir davon aus, daß der Boden für politische Verhandlungen, die nicht durch Vorbedingungen belastet waren und ein breites Spektrum von Fragen betrafen, gut gelockert war. Sie sollten keinesfalls jene Kreise verletzen, denen die Einseitigkeit der Bonner Politik nicht gerade als ihr ausgesprochener Vorzug erschien.

Buchstäblich am Vorabend der Übergabe der sowjetischen Denkschrift wäre unser Vorhaben beinahe gescheitert. In einer seiner letzten Wahlreden war Kurt Georg Kiesinger nichts Besseres eingefallen, als der Sowjetunion ein Ultimatum zu stellen: »Unsere Beziehungen zur Sowjetunion müssen wir an ihrer Haltung zur deutschen Frage messen, und ich werde von einer Normalisierung unserer Beziehungen mit der Sowjetunion erst dann sprechen ...« Weiter wollte Gromyko nichts mehr hören. Wir hatten unsere liebe Not, ihn davon abzubringen, unsere Denkschrift mit Metall anzureichern. Schließlich gab sich der Minister mit der Möglichkeit zufrieden, Emotionen in seiner Rede auf der UN-Vollversammlung loszuwerden.

Ebenfalls am 12. September beantwortete die sowjetische Regierung die sogenannte Berliner Demarche der drei Westmächte (6./7. August 1969). Unsere Regierung stimmte einem Meinungsaustausch zu mit dem Ziel, beiderseitig annehmbare Regelungen auszuarbeiten. Sie irren sich nicht, wenn Sie vermuten, daß diese Koinzidenz der Daten kein Zufall war. Wie übrigens auch nicht der Beginn der Verhandlungen zwischen der Bundesregierung und der DDR über die Koordinierung des Autobahnbaus, des Transitverkehrs zu Lande und zu Wasser und des Postverkehrs.

Die Bundestagswahlen erlebte Andrej Gromyko in New York. Die Ereignisse folgten einander so dicht wie in einem Politthriller. Nimm alles so, wie es war, und bring es auf die Bühne oder auf die Leinwand.

Der Cadillac des Ministers verließ die sowjetische Residenz in Glennkow. Für den Abend des 28. September 1969 war in der ständigen Vertretung der UdSSR (67. Straße in New York) ein Treffen mit dem amerikanischen Außenminister William Rodgers anberaumt. Gromyko fragt, wie spät es nach Greenwich sei. Der Zeitunterschied beträgt fünf Stunden.

»Dann ist ja dort schon Abend. Die Wahlen in der Bundesrepublik sind beendet. Schalten Sie das Radio ein. Bestimmt kommentieren die Amerikaner die vorläufigen Wahlergebnisse.«

Die prachtvolle Limousine hat ein schlechtes Radiogerät. Oder atmosphärische Störungen verderben den Empfang auf UKW. Allenfalls ist der Satzanfang verständlich, die Fortsetzung geht unter. Bruchstücke eines Interviews, aber mit wem? Aufgeregte Stimmen. Vermutlich stehen Überraschungen bevor. Was für welche?

Gromyko ärgert sich. Er schilt den Fahrer und Berater, auch ich bekomme was ab.

»Wozu taugt ihr denn alle, wenn ihr nicht mal für einen anständigen Rundfunkempfang sorgen könnt?«

So etwa kollerte er los. Es fehlte nicht viel, und der Minister hätte die Hälfte seiner Begleiter aus dem Wagen gescheucht, oder er wäre selbst in den zweiten umgestiegen, der uns wie ein Schatten folgte. Aber da wird ganz plötzlich die Stimme des Nachrichtensprechers deutlich – die CDU verliert Stimmen, die SPD hat Gewinne, die FDP wird wahrscheinlich die Fünfprozentklausel überwinden.

»Was sagen Sie dazu?« fragt der Minister.

»Es scheint, als bewahrheiteten sich unsere Prognosen. CDU/CSU hatten ebensowenig Chancen, die absolute Mehrheit zu bekommen, wie die SPD. Dafür hätte die FDP schwere Verluste einstecken müssen. Da sie aber in den Bundestag gelangt, werden persönliche Momente eine nicht untergeordnete Rolle spielen. Die Christdemokraten hatten die Freien Demokraten aus der politischen Landschaft auslöschen wollen. Daß Walter Scheel dies am nächsten Tag vergißt und auf den Vorschlag, mit

der CDU zu koalieren, eingeht, ist wenig wahrscheinlich. Die Basis der kurzzeitigen Großen Koalition von SPD und CDU/CSU ist von der Entwicklung in der Außen- wie in der Innenpolitik so beschädigt, daß eine neuerliche Zusammenarbeit sehr schwierig würde.«
Andrej Gromyko findet meine Analyse nicht besonders deutlich.
»Hören wir lieber den Radiostimmen zu. Journalisten führen manchmal Überlegungen an, die die Experten vorsichtshalber umschiffen.«
Die Nachrichten widersprechen einander. Die Christdemokraten beglückwünschen sich selbst zum Erfolg, sie bleiben die stärkste Partei im Bundestag. Gleichzeitig wird von einem erheblichen Kräftezuwachs der SPD gesprochen. Im Zentrum des Interesses stehen die Liberalen. Mit ihren 5,8 Prozent sind ausgerechnet sie die Herren der Lage. Die Korrespondenten bestürmen Herbert Wehner und Wolfgang Mischnik, wollen deren Meinung hören.
Der Minister läßt jetzt das Gerät abschalten. Er will sich konzentrieren. Bei dem Gespräch mit Rodgers wird Deutschland nicht das einzige Thema sein.
»Wenn Sie keine anderen unaufschiebbaren Dinge zu erledigen haben«, wendet er sich an mich, »versuchen Sie sich in unserer Vertretung ein genaueres Bild von der Situation in der Bundesrepublik zu verschaffen. Etwa fünf bis zehn Minuten vor der Ankunft der Amerikaner werden wir unsere Meinungen austauschen.«
Wesentlich Neues konnte ich nicht in Erfahrung bringen, was Gromyko durchaus keine Freude bereitete.
»Das State Department ist sicher besser informiert als wir. Wir werden Rodgers bitten, seine Datenbank für uns ein bißchen zu öffnen«, beschloß Andrej Andrejewitsch.
In Gesicht und Stimme keine Spur mehr von der Entrüstung, die noch vor einer Stunde in ihm getobt hatte. Der Minister ist gesammelt, schon ganz auf das Gespräch mit den Amerikanern eingestellt.
Außenminister William Rodgers erschien mit großer Suite. Bei derartigen Begegnungen wurde nicht im voraus eine Tagesordnung festgelegt. Jeder Minister konnte jedes Thema zur Sprache bringen. Zu Beginn wurde darüber abgestimmt, wie die Diskussion organisiert werden sollte. Die Zusammensetzung der Begleitung war ein spezifischer Interessenindikator. Daß auch Martin Hillenbrand hier war, sprach für sich.
Wer das deutsche Thema als erster aufs Tapet brachte, Gromyko oder

Rodgers, weiß ich nicht mehr. Bei Begegnungen auf sowjetischem Territorium wurde gewöhnlich dem Gast das erste Wort erteilt. Jedenfalls begann der Meinungsaustausch mit einer Gegenüberstellung der Ansichten über die Bundestagswahlen.
Der USA-Außenminister enthielt sich eines eigenen Kommentars.
»Unter uns sind Kenner der deutschen Szene, wir wollen ihr Urteil hören. Mister Hillenbrand, bitte Ihre Eindrücke.«
Mit diesen Worten forderte Rodgers den Leiter der Europa-Abteilung des State Department auf, sich zu äußern. Hillenbrand war vorsichtig:
»Endgültige Ergebnisse werden in vier bis fünf Stunden bekanntgegeben. Die Zwischenergebnisse besagen, daß CDU/CSU die relative Mehrheit haben und anscheinend weiterhin die Regierungsverantwortung tragen werden.«
Möglicherweise klang Hillenbrands Satz auf englisch etwas profilierter: CDU und CSU werden als Parteien der relativen Mehrheit das Recht erhalten, eine neue Regierung zu bilden.
Gromyko schlägt vor, den sowjetischen Sachverständigen anzuhören. Das war zwar nicht verabredet, aber ausweichen konnte ich nicht.
»In der Tat, die vorläufigen Ergebnisse lassen Schlußfolgerungen noch kaum zu. Doch wenn man die zutage getretenen Tendenzen beachtet und dazu einige andere Faktoren, kann man bedeutende Veränderungen nicht ausschließen.«
Das sagte ich in einem Atemzug. Hillenbrand möchte präzisieren. Anscheinend haben ihn meine Worte beunruhigt. Der sowjetische Minister aber hat keine Lust, sich jetzt eingehender mit der deutschen Materie zu befassen. Er möchte nicht oberflächlich erscheinen oder, was noch schlimmer wäre, sich irren. Das Gespräch wird auf einen anderen Wellenbereich umgeschaltet.
In der Pause bedrängt Hillenbrand mich mit Fragen nach dem Grund, der sowjetische Experten an kommende Veränderungen denken läßt. Das State Department und andere amerikanische Behörden hätten die Peripetien des Wahlkampfes genauestens verfolgt und keine Anzeichen für das Entstehen neuer politischer Konstellationen registriert. Für ein personelles Revirement sei die Zeit allerdings reif. Ob ich etwa derartiges mit dem Terminus »bedeutende Veränderungen« gemeint hätte?
Hillenbrands Beharrlichkeit und der für ihn ungewöhnliche Eifer soufflierten mir Zurückhaltung.

»Wir wissen«, versicherte Hillenbrand, »was in jeder Zelle des westdeutschen Organismus vorgeht. Es kann gar keine Überraschungen geben.«
»Handlungen kann man kontrollieren, viel schwieriger ist es, das Denken der Menschen zu beherrschen, selbst im eigenen Land«, versuche ich, dem Gespräch einen philosophischen Anstrich zu geben.
Wenige Tage später enthüllte sich mir das unmittelbare Motiv für Hillenbrands Verhalten: Richard Nixon war voreilig gewesen und hatte als erster Kurt Georg Kiesinger zum »Wahlsieg« gratuliert. Natürlich war mit dem Glückwunsch auch die Genugtuung darüber ausgesprochen worden, daß die enge Zusammenarbeit fortgesetzt werden könnte. »Fischläuten« sagt man bei uns, wenn die Farbe stimmt. Und wenn nicht?
Der Präsident hatte sich natürlich auf die Berichte des State Department, des CIA und der Botschaft der USA in Bonn verlassen. Und da gossen die Russen Wasser in ihren Wein. Und wie hätte man Nixon die Information über das Gespräch mit Gromyko zuleiten sollen? Steckst du im Beamtenhabit, sind ungeschriebene Zeilen und unausgesprochene Worte die zuverlässigsten.
Am nächsten Tag erschien Gromyko richtig vergnügt zum Frühstück, erwähnte aber weder Rodgers noch Hillenbrand. Im »kleinen Eßzimmer« wurden keine ernsthaften Gespräche geführt. Die Ohren der amerikanischen Spezialdienste fingen jedes Komma auf. Doch der Minister wollte sich das Vergnügen nicht versagen, festzustellen, daß die Dimensionen des Informationsnetzes nicht unbedingt die Qualität des Fangs garantieren.
Gromyko hatte sich mit der strategischen Analyse des sowjetischen Außenministeriums identifiziert, deren Richtigkeit nun offenbar geworden war. Der Neubeginn der sowjetisch-bundesdeutschen Beziehungen gewann konkrete Gestalt. Das war wichtig. Sehr wichtig. Die deutsche Richtung fügte sich den Plänen des Ministers ein. Er wurde zugänglich für die operative Regelung der sogenannten Kleinigkeiten, ohne die große Anfänge verpuffen.
Nach dem Frühstück fordert Gromyko mich auf, mit ihm in den abhörsicheren Raum hinüberzugehen. Kühl und mit aller Distanz, die ihn von gewöhnlichen Sterblichen trennt –, oder wollte er bloß die Sachlichkeit unterstreichen? – umreißt er den Aufgabenkreis.
»Mobilisieren Sie die Abteilung. Unsere Botschaften sind lahm geworden, sie müssen aufgerüttelt werden. Nutzen Sie jede freie Minute hier und

dann in Kanada, um ein Konzept für die nächsten Monate zu entwickeln. Auf dem Rückweg nach Moskau werden wir darüber sprechen.«
Gromyko hört auf, im Zimmer auf und ab zu gehen, und nimmt in einem Sessel Platz. »Was muß als erstes und sofort getan werden?«
Ich antworte:
»Der Vorschlag, Verhandlungen einzuleiten, mit dem Ziel, eine juristische Basis für die sowjetisch-deutschen Beziehungen zu schaffen, kam zur rechten Zeit und wurde in dem Gespräch, das Sie kürzlich mit Willy Brandt hatten, wiederholt. Wenn der SPD-Vorsitzende sich an die Spitze der neuen Bonner Regierung stellt, darf man damit rechnen, daß Verhandlungen vor der Tür stehen. Neben den sachlichen Vorbereitungen dazu sollte man auf die Veränderungen mit spürbaren Korrekturen wenigstens im Umgangsstil reagieren. Es ist auch eine gewisse Koordinierung mit der DDR erforderlich. Ohne sie wird nichts Gescheites aus der ganzen Sache. Die Vorgänge verdienen auf einer Sondersitzung des Politischen Beratenden Ausschusses der Warschauer Paktstaaten erörtert zu werden.«
Der Minister ist einverstanden.
»Schieben Sie alles übrige beiseite. Schließen Sie sich ein, und fassen Sie diese Überlegungen in Form von Thesen für mich persönlich zusammen.«
Im Klartext heißt das, daß unser Gespräch ausschließlich unter uns zu bleiben hat und alles, was sich daraus ergibt, in Gromykos geistiges Eigentum übergeht. Das kränkt mich nicht. Gewinnt der Vorschlag kraft ministerieller Autorität größere Lebensfähigkeit, wird mich das nur freuen. Daß der Minister eitel ist, schadet gar nichts, solange eine bestimmte Grenze nicht überschritten wird.
Zurück in Moskau, wartete ein Berg von Arbeit auf mich. »Der Kluge steigt nicht auf den Berg, der Kluge geht drum rum«, spottet man über die Alpinisten. In der guten alten Zeit setzten sich auch Politiker an den Fuß des Berges und warteten darauf, daß eine Maus geboren würde. Übrigens nicht nur in der guten alten Zeit. Auch in der sowjetischen Ära war Fabiertum keine Seltenheit.
Meine eigene Auffassung von Zeit spiegelt ein anderes Extrem. Ich hielt es mit der Formel der alten Griechen: »Die Zeit ist das Maß der Bewegung«. Gibt es keine Bewegung, geht die Zeit verloren. Für immer und unwiederbringlich. Auch dann, wenn das Verlorene dem Anschein nach wieder eingeholt oder kompensiert werden kann.

Willy Brandts Regierungserklärung bereitete die Bundesrepublik Deutschland auf ein neues Koordinatensystem vor. Die unangenehme Gegebenheit der DDR, die Peinlichkeit ihrer Existenz kann nur durch ihre Anerkennung, durch juristische und faktische Regelung jener Probleme gemildert werden, von denen Millionen Deutsche unmittelbar und schmerzhaft betroffen sind. Die Beziehungen zu Polen, zur Sowjetunion und zur Tschechoslowakei sind unlöslich mit der Anerkennung des Prinzips der Unantastbarkeit der Nachkriegsgrenzen verknüpft. Dem ist nicht zu entkommen, doch die Verpflichtungen gesetzlich zu regeln ist eine Aufgabe für sich.
Die meisten außenpolitischen Neuerungen im Programm der sozial-liberalen Koalition waren einstweilen nur angedeutet. Die Verfasser der Regierungserklärung hatten kunstvoll mit Halbtönen gearbeitet. Wenn auf der anderen Seite sich keinerlei Entgegenkommen zeigt, kann die Bundesregierung, ohne ihr Gesicht zu verlieren, den traditionellen Kurs fortsetzen.
In Moskau gefiel dies nicht allen. Man hatte erwartet, jemand würde uns in einer Opferschale den Doppelkopf des »deutschen Militarismus und Revanchismus« darbringen.
Gromyko fühlte sich unbehaglich. Er zeigte es nicht direkt, doch einige Anzeichen ließen erkennen, wie schwierig es für ihn war, sich gegen die Maximalisten zu wehren. In Gesprächen mit mir überprüfte er, wieviel Gewicht das Neue in der einen oder anderen Position der Regierung Brandt/Scheel besaß. Werden die Sozialdemokraten uns nicht übers Ohr hauen? Steht hinter den Versicherungen von SPD und FDP, eine ausgewogene Ostpolitik einleiten zu wollen, nicht im Grunde doch die Absicht, die DDR zu destabilisieren? Die Fragen selbst sind mit einer zählebigen Hefe vermischt, Michail Suslow und Boris Ponomarjow verstehen ihr Handwerk.
Nein, von einer Wendung kann noch keine Rede sein. Es geht darum, die Theorie von der friedlichen Koexistenz in die Alltagspraxis umzusetzen; nicht um die Koexistenz abstrakter Systeme, sondern um gutnachbarliche Verständigung von Menschen, die ohne Rücksicht auf ihre Wünsche durch Umstände und Ideologien getrennt worden sind. Die Frage, ob eine Verständigung möglich oder illusorisch ist, müssen die DDR und die Bundesrepublik beantworten. Die Antwort wird weit über die Grenzen der nationalen Interessen der Deutschen Bedeutung haben.

Vier Jahre später sagte ich im Gespräch mit dem amerikanischen Botschafter Stoessel jun.: »Die sowjetisch-amerikanischen Beziehungen waren und bleiben eine Kombination von Zusammenarbeit und Rivalität. Der Tonus der Beziehungen ergibt sich aus den Proportionen, in denen diese beiden Bestandteile zusammenwirken.« Diese Erkenntnis gewann ich bei der Analyse der Vor- und Nachteile, der Möglichkeiten und Grenzen der Annäherung beider deutscher Staaten, die verschiedenen militärisch-politischen Blöcken angehören. Mich beschäftigten die Perspektiven einer möglichen Einstellung des Wettrüstens auf deutschem Boden.

Im Licht der Erfahrungen der späteren Jahre kann man sich fragen, ob die Zeit, die der DDR-Führung für die soziale und politische Identifizierung zur Verfügung gestanden hatte, nicht damals schon abgelaufen war. Doch zu Beginn der siebziger Jahre war ich der Meinung, es seien Reserven vorhanden, um die anstehenden Probleme zu lösen und begangene Fehler zu korrigieren. Freilich, alles hing an seidenem Faden.

Die ostdeutschen Obrigkeiten waren der Situation nicht gewachsen. Die Begegnung von Bundeskanzler Willy Brandt mit dem Ministerratsvorsitzenden der DDR, Willi Stoph, in Erfurt war mehr als symptomatisch. Sie eröffnete eine zwanzig Jahre währende Etappe auf dem Weg zur politischen, gewaltlosen Vereinigung Deutschlands. Dieser Prozeß konnte nicht zum Stillstand gebracht werden, blieb aber auf lange Zeit lenkbar. Unter gewissen Bedingungen, genauer gesagt, unter einer Reihe unerläßlicher Voraussetzungen, die von der Führung der DDR ignoriert und in Moskau nicht verstanden wurden.

Zu einem Stein des Anstoßes in den sowjetisch-deutschen Beziehungen war Ende der sechziger Jahre die Frage der Beteiligung der Bundesrepublik am nuklearen Wettrüsten geworden. Es reichte offenbar nicht, daß das Territorium der Bundesrepublik zum Hauptlager amerikanischer taktischer, operativer und strategischer Waffen außerhalb der USA wurde. Regierungen, Parlamente, die öffentliche Meinung Westeuropas wurden systematisch bearbeitet, der Bundesrepublik einen Anteil in der »europäischen Atomgemeinschaft« oder den »atlantischen Atomkräften« zuzugestehen.

Bis heute kreisen um derartige Projekte (nicht alle sind veröffentlicht) viele Legenden. Die einen trugen zu dick auf, andere versuchten aus dem Drama einen Varieté-Sketch zu machen. NATO-Dokumente, die mir in die Hand kamen, bezeugen eine weit gefährlichere Tendenz der USA und der Bundesrepublik.

Eine seltsame Lage. Einen Friedensvertrag mit Deutschland oder seinen Nachfolgestaaten gab es nicht. Die Viermächteverantwortung »für Deutschland als Ganzes« stand nicht zur Disposition. Die in der UNO-Charta festgelegten Artikel über Feindstaaten blieben in Kraft. In der Realität aber war aus sowjetischer Sicht das westdeutsche Territorium zum Sammelplatz aller möglichen Gefahren geworden.

Gewaltverzicht – wie läßt er sich mit den atomaren Ansprüchen der Bundesrepublik vereinen? Und wie steht die NATO zum nuklearen Erstschlag, zu Präventivaktionen vom Boden der Bundesrepublik aus? Die Bonner Forderungen nach voller militärischer Gleichheit ohne Rücksicht auf die Beschlüsse der Antihitlerkoalition lieferten Stoff für neues Mißtrauen.*

Das offizielle Bonn anerkannte nur jene Abschnitte des Völkerrechts, an deren Entstehung es selbst beteiligt gewesen war. Die Ergebnisse des Zweiten Weltkrieges wurden den Folgen des Kalten Krieges untergeordnet. Klassische Rezepte des Interessenausgleichs aufgrund historischer Kontinuität wollte man nicht angewandt wissen.

Der Abschluß des Atomwaffensperrvertrags (1968) leitete eine neue Phase ein. Ein hochwichtiger Vertrag. Um so bedauerlicher ist es, daß die UdSSR, die USA und Großbritannien, seine Initiatoren, die daraus resultierenden Verpflichtungen in den ersten zwanzig Jahren seines Bestehens nicht übermäßig genau nahmen. Doch das ist ein Thema für sich. Uns beschäftigt der deutsche Aspekt.

Nach Moskauer Beurteilung hätte ein Wahlsieg von CDU/CSU 1969 den Anschluß der Bundesrepublik an den Atomwaffensperrvertrag problematisch gemacht. Ein Circulus vitiosus: Ohne Befriedigung der Bonner Forderungen, was die deutsche Frage anbelangt, hätte die Bundesrepublik den Sperrvertrag von 1968 nicht unterzeichnet, ohne Beitritt zu

---

* Man denke an die Äußerungen des Außenministers Gerhard Schröder, die dann in das Gewebe der diplomatischen Noten der Bundesrepublik von 1965 eingeflochten wurden: »Verpflichtungen aus der Kapitulation von 1945 und aus den Kontrollratsgesetzen ... sind seit dem Deutschlandvertrag in der Bundesrepublik aufgehoben.« Oder: »Das deutsche Volk hat mit der Kapitulation der deutschen Wehrmacht [nicht Deutschlands, sondern seiner Streitkräfte!] im Jahre 1945 keineswegs für alle Zeiten auf das Recht der Selbstverteidigung verzichtet.« (Note der Bundesregierung vom 23. April 1965)

diesem Vertrag wäre eine Verständigung über Gewaltverzicht nicht erreichbar, ohne Gewaltverzicht wäre in den meisten Abschnitten jedweder deutschen Ostpolitik, ob alt oder neu, ein Fortschritt versagt geblieben.
Willy Brandts Erklärung vom 28. Oktober 1969, in der er den Beitritt zum Atomwaffensperrvertrag ankündigte, und die Unterzeichnung des Vertrags einen Monat später in Moskau, Washington und London – den Hauptstädten der Depositarstaaten – hat man als gewichtige Zeichen des Verständigungswillens gewertet. Der Weg für die Moskauer Verhandlungen war geebnet.
Der Beschluß der sozial-liberalen Koalition, dem Atomwaffensperrvertrag beizutreten, war von der Opposition massiv angegriffen worden. Franz Josef Strauß sollte die Bundesregierung eines »atomaren Versailles« bezichtigen. Den Erzkonservativen kam es gar nicht in den Sinn (beziehungsweise sie wollten es nicht wahrhaben), daß die Atomspaltung Deutschland gespalten hatte.
Am 3. und 4. Dezember 1969 tagten in Moskau die Partei- und Regierungschefs der Warschauer-Pakt-Staaten, um über die vollzogenen und bevorstehenden Veränderungen zu beraten. Dem Anhören und dem Vergleich der Vorstellungen der Bündnispartner waren Diskussionen in der sowjetischen Führungsspitze vorangegangen.
Ich hatte die Federführung bei der Abfassung eines Gutachtens, das die Veränderungen in der Bundesrepublik unter dem Aspekt möglicher Folgen für Mittel- und Osteuropa sowie der West-Ost-Konfrontation im ganzen analysierte. Meiner Ansicht nach rechtfertigte und bedingte die Materie eine komplizierte Berichtsstruktur und keine eindeutigen Einschätzungen.
Mit Rücksicht auf die bevorstehende Tagung der Warschauer-Pakt-Staaten hatte Gromyko das Gutachten gemeinsam mit Konstantin Russakow, dem Leiter der ZK-Abteilung, und – ich bin nicht sicher – Boris Ponomarjow vorzutragen. Jedenfalls war ein Mitarbeiter der Internationalen Abteilung des ZK unserem Team zugeteilt worden.
Wir befanden uns am Staraja Ploschtschad im Arbeitszimmer Blatows, damals Erster Stellvertreter Russakows. Unser Entwurf war im großen und ganzen fertig und dem Minister und seinen Partnern bereits zugeschickt worden. Da kam ein Telefonanruf Gromykos. Er wünschte den Leiter der 3. Europa-Abteilung zu sprechen. Schon an den ersten Lauten erkenne ich – ein angenehmes Gespräch wird das nicht werden.

»Ihnen ist anscheinend nichts Besseres eingefallen, als Monographien zu verfassen«, kommt es aus dem Hörer. »Ihr habt wohl mit eurer Gelehrsamkeit prahlen und alles, was ihr wißt, auspacken wollen. Fassen Sie das Ganze auf zwanzig Seiten zusammen, und machen Sie den Leser nicht konfus, verstanden?«

»Nicht ganz. Mit Simplifizierungen kann man hier niemanden überzeugen. Außerdem ist uns selbst vieles unklar, wie vermutlich auch den neuen Männern in Bonn. Eine überlegte Aufbereitung des Materials braucht Platz.«

»Tun Sie, was man Ihnen gesagt hat. Ihre Überlegungen behalten Sie für sich.«

»Die Berater des Generalsekretärs, die dessen Rede konzipieren, haben inoffiziell um den Entwurf gebeten. Was sie mit dem Entwurf tun, weiß ich nicht. Das zu Ihrer Information.«

In Wirklichkeit war es etwas anders gewesen. Breschnew hatte von Andrej Alexandrow (seit etwa sieben Jahren schon ein Berater von Leonid Breschnew) erfahren, daß wir einen »nicht üblen Bericht« verfaßt hätten, und forderte ihn an. Der Umfang sowie die unbürokratische Sprache stießen den Generalsekretär nicht ab. Er empfahl, den Text als Grundlage der sowjetischen Ausführungen auf der Tagung der Warschauer-Pakt-Staaten zu nehmen. Dieser spontan geborene Präzedenzfall wird uns künftig noch des öfteren helfen.

Gromyko erkannte sofort die Kehrseite meiner »Information«, konnte aber sich selbst nicht bändigen.

»Ihr Papier enthält eine Menge Überflüssiges und Strittiges. Ich habe in meinem Exemplar die zweifelhaften Stellen angestrichen. Waren Sie und Blatow die Hauptautoren? Dann kümmern Sie sich gemeinsam um meine Anmerkungen.«

Anatolij Blatow und andere Kollegen verfolgten mit zunehmender Spannung das Gespräch mit dem Minister. Alle fühlten sich gekränkt, meinten aber, man sollte sich die Nörgelei nicht zu Herzen nehmen. Nachdem der Ärger sich gelegt hatte, fiel es nicht schwer, Gromykos Reaktion nachzuempfinden.

Der Mangel an deutlichen Signalen aus Bonn rief die Konservativen in der sowjetischen Führung auf den Plan. Der Minister zog es daher vor, sich mit banalen, aber gut gestützten Prämissen zu distanzieren. Weniger Konkretes und mehr Interjektionen, war seine übliche Devise. Unzählige

Dokumente, die dem blauen Bleistift Gromykos nicht entgehen konnten, wurden auf diese Weise kastriert.

Es endete tragikomisch. Als die sowjetischen Delegierten vor der Eröffnung der Tagung zusammengetreten waren, bedankte Breschnew sich bei den Verfassern der Analyse. »Ein langer Text, doch die Zeit, ihn zu verlesen, ist nicht geudet.« Der Generalsekretär meinte, das Gros unserer Beurteilungen könnte den Verbündeten zur Kenntnis gebracht werden. Über die Taktik für die nächsten und mittelfristigen Perspektiven sei mit Vorsicht zu sprechen. Einige Verallgemeinerungen sollten lieber ausgelassen werden. Da wir aber wissen wollen, was die Freunde denken, müssen wir ihnen wahrheitsgetreu sagen, wie uns zumute sei.

Ich kann mich nicht genug über den Minister wundern. Jeden Satz Breschnews begleitet er mit zustimmendem Nicken. Auf der Stirn kein Hauch des Zweifels. Als wäre der Mensch, der gestern abend Blitz und Donner schleuderte, ausgetauscht worden. Man hätte den Anwesenden viele Wellenlinien und kräftige Fragezeichen, mit denen er sein Textexemplar verziert hatte, zeigen mögen.

Mir fällt ein Gespräch mit Nikolaj Patolitschew ein. Wir hatten gemeinsam vergeblich versucht, Gromyko dazu zu bewegen, bei Verhandlungen mit dem britischen Außenminister George Brown sich nicht in Positur zu setzen. Patolitschew, Außenhandelsminister und mein alter Bekannter, war entrüstet: »In der Regierung mag man deinen Gromyko nicht. Die Kollegen achten ihn nicht. Das sollst du wissen, Valentin.« Er fing meinen Blick auf und fügte hinzu: »Der Karriere wegen ... Hätte bloß Saltykow-Schtschedrin* das gesehen!«

Patolitschew hatte mir damit keine Neuigkeit verraten. Aber warum warnte er mich? Damit ich Gromyko nicht zu sehr vertraue, nicht sein Echo werde?

Lieber Nikolaj Semjonowitsch. Er gehörte zu den wenigen, die Macht und Posten nicht in Monster verwandelt haben. Natürlich hat auch er dem System seinen Tribut zollen müssen, doch etwas sehr Wichtiges kann man ihm nicht abstreiten: Als Stalin noch lebte, Berija wütete, hat Patolitschew als Erster Sekretär des ZK der KP Weißrußlands Zanawas Aktionen zum Scheitern gebracht. Dieser Zanawa war von Berija in Minsk eingesetzt worden, um namhafte Partisanen und Untergrundkämpfer des

---

* Gemeint war der berühmte russische Satiriker des 19. Jahrhunderts Michail Saltykow-Schtschedrin

Krieges zu liquidieren und in der Republik für Friedhofsruhe zu sorgen. Als Patolitschew nach Stalins Tod nach Moskau berufen wurde, protestierten die weißrussischen Genossen – damals etwas Unerhörtes –: »Lassen Sie uns Patolitschew!« Sie ahnten wohl, daß Patolitschew von der Politik abgedrängt und dort beschäftigt werden sollte, wo man eine eigene Meinung so nötig braucht wie der Fisch den Regenschirm.

Mir sind viele verschiedene Parteisekretäre begegnet. Von den meisten, das gebe ich zu, habe ich nur einen rein äußerlichen Eindruck gewonnen. Und doch machte mich eine gewisse Gesetzmäßigkeit stutzig: Menschen mit klugen Gesichtern, aus denen lebhaftes Interesse an der Sache sprach, wurden bald aus dem Verkehr gezogen. Funktionäre mit Bulldoggenvisage, die sich über fremde Schicksale grob hinwegsetzten, gediehen dagegen. Aus Patolitschew wäre wahrscheinlich ein soliderer Generalsekretär geworden, als Chruschtschow es war, und natürlich ein interessanterer als Breschnew. Offenbar deshalb wurde Patolitschew im Ministerium für Außenhandel abgestellt.

Die Tagung der Warschauer-Pakt-Staaten brachte keine Überraschungen. Die Ersten Sekretäre stellten einmütig fest, daß wir in eine neue Entwicklung eintreten. Es gibt keine Einwände dagegen, daß die Sowjetunion die Initiative zu einer genaueren Sondierung der Positionen und Absichten der sozial-liberalen Koalition ergreift. Man hält einen regulären Meinungs- und Informationsaustausch für wünschenswert. Damit erschöpfte sich im wesentlichen die Übereinstimmung. Man konnte allerdings auch nicht sagen, daß die Vorstellungen über die Zukunft allzusehr auseinandergingen, man ließ sich auf Details nicht näher ein. »Kommt Zeit, kommt Rat.«

Nicolae Ceaușescu bleibt distanziert. In Vorahnung der Änderungen, betont er, hätten die Rumänen schon längst ihre Politik korrigiert und bräuchten das Begonnene nur fortzusetzen. Ceaușescus Begleiter kratzen eifrig mit den Federn und halten jedes im Saal gesprochene Wort fest.

Es folgen noch bilaterale Treffen. Sie sind inhaltsreicher. Schön dumm hätten wir ausgesehen, wenn Breschnews Rede sich auf Gemeinplätze und Rhetorik beschränkt hätte, wenn wir uns nur versammelt, brüderlich geküßt, bei Tische gescherzt und wieder nach Hause gefahren wären.

Wladyslaw Gomulka zählt die Bedingungen auf, ohne deren Erfüllung die Polen sich keine Normalisierung der Beziehungen zu Westdeutschland vorstellen können. Wenn Bonn diese Bedingungen nicht akzeptiert, wird Warschau sich Zeit lassen.

Die Vertreter der DDR sprechen über ihre Eindrücke vom Machtantritt der Sozialdemokraten. Bis zum Treffen Willy Brandts mit Willi Stoph in Erfurt sind es noch drei Monate. Da schon dieses kleine Terrain schlecht zu überschauen ist, wie kann man sich dann für die Stabilität der gesamten Deutschen Demokratischen Republik verbürgen, wenn man die international gebräuchlichen Normen menschlicher Kommunikation einführen würde? Die Existenz in der Isolation hat den Minderwertigkeitskomplex verstärkt, das führt unwillkürlich zu schroffen Äußerungen.

Breschnew versichert Walter Ulbricht, unsere Seite werde jeden ernsthaften Schritt mit den Freunden besprechen. Die Grenzen und Möglichkeiten, die Beziehungen zwischen der Sowjetunion und der Bundesrepublik zu verbessern, hängen mit den Grenzen und Möglichkeiten einer Gesundung der Beziehungen zwischen der Bundesrepublik und der DDR zusammen. Abgesehen davon bedarf es nicht erst des Beweises, daß Brücken zwischen beiden deutschen Staaten in gemeinsamen Anstrengungen gebaut werden müssen. Ohne ein Minimum an Einvernehmen wird es nicht gelingen, der Deutschen Demokratischen Republik Eingang in die internationale Völkergemeinschaft als vollberechtigtes Mitglied zu verschaffen.

Die DDR-Delegation zeigt keinerlei Enthusiasmus. Die Zukunft liegt in nebelhafter Ungewißheit. Wie alles werden soll und werden wird, weiß niemand. Will die Sowjetunion weiterhin ihre Mobilität zugunsten der Bedürfnisse der DDR einschränken? Vielleicht hat die SED-Führung nicht zufällig die Absetzung Chruschtschows kühl aufgenommen? Nach der Zankerei mit den Labour-Leuten in London konnte Chruschtschow keine Sozialdemokraten mehr leiden.

Mit János Kádár, Todor Schiwkow und Gustáv Husák gab es, soweit ich mich erinnere, keine Meinungsverschiedenheiten. Nur der kühne Wagemut Kádárs fiel aus dem Rahmen, er forderte, vorwärts zu blicken.

Die Tagung der Warschauer-Pakt-Staaten gab für die sowjetisch-bundesdeutschen Verhandlungen in Moskau grünes Licht. Es blieb nur noch eine »Kleinigkeit« zu bewältigen: nicht in allgemeinen Zügen, sondern ganz praktisch für uns selbst den Verhandlungsgegenstand und dessen Ziel festzulegen. Sollte man Teillösungen suchen und die fundamentalen auf später verschieben? Das wird nicht gehen und ist auch nicht nötig. Wer entgegen aller Erfahrung die Hoffnung hegt, generell politische Probleme abstrahieren zu können, muß diese Hoffnung an der Schwelle des Verhandlungsraums abgeben. Das gilt für beide Seiten. Es geht um fundamentale Regelungen, da kann man sich nicht mit dem Austausch von Bekenntnissen begnügen. Es wird ein bilateraler Vertrag angestrebt. Wie muß er aussehen, damit die von beiden Seiten übernommenen Verpflichtungen dem Völkerrecht nicht widersprechen?

Erst Verhandlungen mit sich selbst?

Am Sonntag, dem 7. Dezember 1969, bat Botschafter Semjon Zarapkin den Staatssekretär Georg Ferdinand Duckwitz um eine Audienz, um ihm mitzuteilen, daß die Sowjetunion mit dem von der Bundesregierung vorgeschlagenen Termin zum Meinungsaustausch über Gewaltverzicht einverstanden ist. Die Gespräche können am nächsten Tag in Moskau beginnen.

In der Meldung des Presse- und Informationsamtes wurde im Namen der Bundesregierung Befriedigung anläßlich »des vereinbarten Beginns der deutsch-sowjetischen Verhandlungen als ein Zeichen der möglichen Normalisierung unserer Beziehungen mit dem europäischen Osten« zum Ausdruck gebracht. »Die Tatsache, daß die Sowjetunion den Vorschlag der Bundesregierung für Datum, Ort und Verhandlungsebene für den Beginn der Gespräche aufgegriffen hat, vermittelt den Eindruck«, hieß es in der Meldung weiter, »daß es auch der sowjetischen Regierung um einen baldigen Beginn der Sachberatungen geht. Die Botschaft der Bundesregierung in Moskau ist mit den Instruktionen für die erste Verhandlungsphase versehen worden. Die Bundesregierung erklärt im übrigen ihre Bereitschaft, mit allen anderen Mitgliedstaaten des Warschauer Paktes Abkommen über Gewaltverzicht abzuschließen.«

Ich bitte um Entschuldigung für das ausführliche Zitat. Aber es ermöglicht, vieles auf den rechten Platz zu rücken.

In der Praxis zwischenstaatlicher Beziehungen lassen sich nur ganz wenige Beispiele finden, in denen die Zustimmung zu seriösen Verhandlungen erst einige Stunden vor ihrem Beginn erteilt wurde. Motive

dafür schien es nicht zu geben, schließlich hatte die sowjetische Seite selbst am 12. September Moskau als Ort des Dialogs vorgeschlagen.
Dieses »fünf Minuten vor zwölf« war ein Produkt unserer Bürokratie. Am 3. und 4. Dezember fand die Tagung der Warschauer Paktstaaten statt. Am Freitag, dem 5. Dezember, wurden die Ergebnisse dieses Meinungsaustausches unter den Politbüromitgliedern besprochen. Der Beschluß dazu wurde am Sonnabend verabschiedet. Spät abends erhielt Zarapkin den Auftrag, das Auswärtige Amt aufzusuchen.
1962 hatten uns amerikanische Diplomaten halb im Scherz empfohlen, den Terminplan der führenden Organe des ZK der KPdSU zu revidieren. »Sehen Sie«, sagten sie, »Dienstags tagt das Sekretariat, Donnerstags das Politbüro. Am Freitag werden die verabschiedeten Beschlüsse formalisiert. Die meisten Ihrer Noten treffen im State Department und in der amerikanischen Botschaft in Moskau Freitag nachmittag oder sogar erst am Sonnabend ein. Dem Beamten, der eine kurze Inhaltsangabe verfassen und sachliche Schlußfolgerungen ziehen muß, verderben Sie das Wochenende. Erwarten Sie daher keine begeisterte Reaktion auf Ihre Papiere. Der finstere Blick des Beamten wird nicht auf Nuancen und Allegorien achten, sie werden ihn zu dem schwungvollen Statement anregen: ›Nichts Beachtenswertes. Tautologie.‹ Von dem, was der verärgerte Mann festgestellt hat, wird er auch nicht abgehen, wenn er wieder besserer Laune ist. Und Sie in Moskau zerbrechen sich die Köpfe darüber, ob denn die Leute im Weißen Haus wirklich durch nichts zu erschüttern sind.«
Von diesem Gespräch haben wir erst Gromyko, später Breschnew berichtet. Die Reaktion war verschieden, doch blieb alles wie zuvor. Nur von Zeit zu Zeit, unter Berücksichtigung »psychologischer Momente«, wurde die Ausführung der Beschlüsse auf die ersten Tage der folgenden Woche verlegt.
In unserem Fall, dem Beginn der Verhandlungen mit der Bundesrepublik, erschöpfte sich die Sache nicht mit Formalien. Das Modell des Gewaltverzichts mumifizierte die Idee einer Friedensregelung, die ein Vierteljahrhundert zum Arsenal der sowjetischen Politik gehört hatte. Rechtfertigt der erwartete Gewinn die deutlich spürbaren Verluste? Wir kommen der Wahrheit nicht näher, wenn wir so tun, als sei Ende der sechziger Jahre und danach allen alles im voraus bekannt gewesen.
Le Monde konstatierte in seinem dem Beginn des sowjetisch-westdeutschen Dialogs gewidmeten Leitartikel nicht ohne Grund, die Sowjetunion

habe, als sie in letzter Sekunde die Vorschläge von Zeit, Ort und Ebene des Meinungsaustauschs annahm, dem neuen Bundeskanzler Willy Brandt eine Reverenz erwiesen, die über die Grenzen der offiziellen Ziele der Verhandlungen hinausginge; der Kreml war auf die »kleine Koalition« zugegangen; das hatte er früheren Bonner Regierungen verweigert. Richtig. Und denkwürdig. Die Franzosen hatten sofort gewittert, was manchen Deutschen sehr langsam ins Bewußtsein drang.

Was geschah am 8. Dezember? War es der Beginn von Verhandlungen oder der Anfang ihrer langwierigen Vorbereitung? Verhandlungen worüber – über einen Austausch von Gewaltverzichtserklärungen oder über den Abschluß eines Abkommens größerer Dimension? Schließt man letzteres nicht aus, wie groß konnte diese Dimension werden?

Fragen, Fragen ... und durchaus nicht sekundäre. Einige unterschiedliche Auffassungen im Anfangsstadium blieben nicht unbemerkt. Die Regierungsinstanzen in Bonn und die bundesdeutsche Botschaft in Moskau benutzten, wie Sie sicher bemerkt haben, den Terminus »Verhandlungen«, den zu verwenden die sowjetische Seite sorgfältig vermied. Auf den Dezembertreffen Andrej Gromykos mit Botschafter Helmut Allardt (es gab insgesamt drei) einigte man sich schließlich auf die Bezeichnung »vorbereitender Meinungsaustausch«. Manchmal wurde hinzugefügt »zum Thema Gewaltverzicht«. Wir ließen in unseren Meldungen diese Präzisierung oft aus, weil sie auch als unnötige Einschränkung verstanden werden konnte.

Am 13. August 1970 wird Alexej Kossygin am Ende eines Gesprächs mit mir in seinem geräumigen Arbeitszimmer im Kreml sagen:

»Ich danke Ihnen für die Organisation der Arbeit am Moskauer Vertrag. Die laufende Information war gescheit und erfolgte stets rechtzeitig. Wir wußten ständig, was vorging. Zugleich zeigte das Außenministerium keine Hast und klopfte nicht wegen jeder Silbe beim Politbüro an. So sollte es immer sein.«

»Ich halte es für meine Pflicht zu bemerken, daß Andrej Andrejewitsch Gromyko von Anfang bis zum Schluß den Verhandlungsverlauf leitete. Ihr Lob der Organisation hat vor allem er verdient. Trotzdem bin ich überaus bewegt von Ihren anerkennenden Worten. Bisher haben die Mitarbeiter unserer Abteilung von niemandem aus den oberen Etagen einschließlich des Ministers ein Dankeschön zu hören bekommen. Gestatten Sie, Alexej Nikolajewitsch, dies nun in Ihrem Namen zu tun?«

»Ich bitte Sie sogar darum, meine Worte jedem zu wiederholen, der den Dank verdient hat.«

Bis es zu diesem Gespräch mit dem Vorsitzenden des Ministerrats der UdSSR kommen konnte, hatte ein langer, siebeneinhalb Monate währender Weg zurückgelegt werden müssen. Und was für Monate! Es gab Tage, die die Energie von Jahren in sich konzentrierten.

Tastend und vorsichtig suchte Europa sich einen neuen, nicht mehr kriegerischen Raum, der aber noch immer kein Friedensraum war. Alle mußten umlernen. Manchen fiel dies leichter, anderen schwerer. Es traten auch Unverbesserliche mit ihrer Voreingenommenheit auf, die sich die Zukunft als frisierte oder zerzauste Vergangenheit vorstellten. Von ihnen gab es im Osten etwa ebenso viele wie im Westen.

Als Chefdelegierter der Bundesrepublik begann Botschafter Allardt den Dialog. Ein erfahrener Diplomat, auf vielen Gebieten bewandert, von unterschiedlichen Winden umweht. Er verstand sein Handwerk. Die deutschen Interessen faßte er großangelegt auf und verteidigte sie mit Aplomb. Seine Natur und sein Charakter schienen nicht ganz zu dem etwas schwerfälligen Äußeren zu passen. Ein zweideutiger Witz konnte den Botschafter in Verlegenheit bringen. Ihm lag zweifellos mehr an kulturellen Themen, besonders interessierten ihn Kunst und Archäologie. Seinen persönlichen Geschmack spiegelte seine Kunstsammlung wider, die, ungleichgewichtig im Bestand, nicht wenige Raritäten von der Antike bis in die Goethezeit enthielt.

Zwischen dem bundesdeutschen Botschafter und mir bahnten sich partnerschaftliche, genauer kollegiale Beziehungen an. Unsere Dispute um die heikelsten Probleme verliefen gewöhnlich in ruhigem Ton. Keinem von uns beiden lag daran, den anderen in eine peinliche Lage zu versetzen. Das Klima eines gewissen Vertrauens bedeutete mehr als vorübergehende Schadenfreude.

Helmut Allardt wollte – ich weiß nicht, warum – aus mir den Sohn eines Archäologen und Kunsthistorikers machen. Als ich davon aus Zeitungsberichten erfuhr, sagte ich ihm, daß sich hier eine Ungenauigkeit eingeschlichen habe. Er fand das nicht weiter wichtig, und ich hielt es nicht für nötig, zu insistieren. Der »Sohn eines Archäologen« und der Archäologieliebhaber werden sich gemeinsam mit Ausgrabungen befassen.

Zu graben gab es genug. Allerlei abgeschmacktes Zeug, durch menschliche Tätigkeit angehäuft, wird als »Kulturschicht« bezeichnet. Durch

diese kulturelle Kulturlosigkeit gehen architektonische Denkmäler zugrunde, die von ihren Schöpfern für Jahrhunderte errichtet worden waren. In der Politik überdecken neue »Kulturschichten« ganze Zivilisationen. In direktem und übertragenem Sinn entging kein Kontinent diesem Schicksal. Europa leerte diesen Kelch wiederholt bis zur Neige.
Der Zweite Weltkrieg. Was die Sowjetunion, Deutschland und Europa als Ganzes betrifft, so hat ihn praktisch der Kalte Krieg ohne Pause fortgesetzt. Der ehemalige Alliierte wurde für die drei Westmächte zum Feind, der Feind zum Verbündeten. Und für die Deutschen? Wie können sie feststellen, wer im Recht und wer im Unrecht ist? Oder soll man vielleicht doch das einst Angezettelte fortsetzen? Warum schließlich nicht, wenn die Vereinigten Staaten fast bereit sind zuzugeben: Die Amerikaner haben im Jahre 1941 einen Bock geschossen und möchten nun den Fehler wiedergutmachen?
Wir werden lernen müssen, uns in dieser ägyptischen Finsternis zurechtzufinden, indem wir von den Fakten ausgehen und nicht von dem Prinzip »Eigenes – Fremdes«, wie es fast ein halbes Jahrhundert der Fall war.
Alle mir bekannten Einzelheiten der Machtphilosophie, in deren Magnetfeld auch ich mehrfach geriet, zu schildern, würde zu viel Platz beanspruchen, und es käme doch nur eine Schlußfolgerung dabei heraus: Das größte Übel, die Pest des zwanzigsten Jahrhunderts, heißt Militarismus. Einerlei, welcher Abkunft und welchen Schlages, von was für Theorien abgesegnet. Der Militarismus, der den größten Teil der Menschheit knechtet und in erster Linie die schon Verelendeten vollends ausplündert, hat seine Kommandohöhen nicht aufgegeben. Auch jetzt hält er ohne Eile genüßlich Ausschau nach den nächsten Opfern.
Wie wir den Kalten Krieg auch betrachten – seinem Maßstab nach hat er den ganzen Planeten umfaßt; oder gehen wir von der Mobilisierung an Menschen und Material aus – der Kalte Krieg hat mehr Ressourcen verschlungen als beide Weltkriege zusammen; oder die Opfer – auch hier hat der Kalte Krieg die Katastrophe von 1914–1918 übertroffen. Er muß als Dritter Weltkrieg bezeichnet werden, den zumindest eine Seite bis zum Endsieg geführt hat. Diese Behauptung erhebt keinen Anspruch auf Originalität. Harry S. Truman erklärte mit der ihm eigenen Offenheit: »Der Kalte Krieg ist derselbe Krieg, er wird nur auf andere Weise geführt.«
Aber ich bin abgeschweift. Der Tisch der Moskauer Verhandlungen (der

Begriff wird hier in seiner Sammelbedeutung gebraucht) bog sich nicht unter der Last von Speisen und frischen Gedanken darüber, wie die bilateralen Beziehungen umgebaut werden könnten. Auch zum Nutzen Europas. Dagegen brach er fast zusammen unter der Last der in Jahrzehnten angehäuften gegenseitigen Ansprüche und Beschuldigungen, die in zahllosen Dossiers abgeheftet sind.

Mehrmals hatte Gromyko den Auftakt und die erste Etappe des Meinungsaustauschs geprobt und dabei von mir verlangt, mich in Allardt zu versetzen und mit seiner Stimme zu sprechen. Mag sein, daß ich dabei ein bißchen übertrieben habe, jedenfalls meinte der Minister bald, keineswegs scherzhaft:

»Hoffentlich geht es mit dem leibhaftigen Allardt leichter.«

Später stellte er allerdings schmunzelnd fest:

»Wir haben uns in unseren Erwartungen nicht getäuscht und unserer Führung nicht zuviel versprochen. Schade um die Zeit, die unnütz davonläuft.«

Für meine These, die Deutschen führten einstweilen den Dialog überwiegend mit sich selbst, und solange sie sich nicht über sich selbst klarwürden, sei kaum zu erwarten, daß sie den Stier bei den Hörnern packen, hatte Gromyko kein Verständnis.

»Verteidigen Sie deren Verschleppungstaktik nicht. Alle wollen, daß wir uns in ihre Lage versetzen, unsere Interessen aber beachten sie nicht.«

»Der Status einer Großmacht bringt eine Menge Unbequemlichkeiten mit sich«, versuchte ich den Mißmut des Ministers zu besänftigen. »Die Regierung Brandt/Scheel hat es aber noch schwerer. Wir bestehen darauf, daß die Westdeutschen sich unserer Interpretation der Realitäten nähern. Für Bonn ist das gleichbedeutend mit einem Wechsel der Markteine.«

»Denken Sie sich für Brandt und Scheel was Treffenderes aus. Wollen Sie sie nicht Revolutionäre nennen?«

Doch aus den Fragen, die er aufwarf, ging hervor, daß meine Argumente ihn doch zum Nachdenken bewogen hatten, und seine Notizen, die er mit schwungvoller Handschrift wie immer schräg aufs Papier warf, verhießen, daß einige davon in seinen Bericht nach »oben« gelangen würden.

Gromyko hatte einen Rat gegeben, der aber als Anweisung aufzufassen war: Gespräche am Verhandlungstisch schließen inoffizielle Kontakte nicht aus, im Gegenteil, sie verlangen sie sogar. Für die bundesdeutsche Delegation sind protokollgerechte Veranstaltungen durchzuführen, den

Einladungen des deutschen Botschafters ist Folge zu leisten. »[...] Gromyko kann nicht anders, »jeder Mitarbeiter muß sorgfältig instruier[t] werden. Von Ihnen persönlich«, betonte er. Ich wartete, ob er hinzufüg[e]: »Und in Ihrer Verantwortung.« Nein, diesmal verzichtete er auf die sakramentale Formel.

»Arbeitskontakte« – damit wird Diplomaten die Erlaubnis erteilt, zu normalen Menschen zu werden. Der ein wenig prüde Allardt fühlte sich unbehaglich in der gelockerten Atmosphäre. Es ist ja auch unerhört, daß sowjetische und bundesdeutsche Vertreter, statt offizielle Texte wiederzugeben, Witze reißen, über die man »vor Chruschtschows Geburt« bitterböse aufgelacht hätte. Etwa: Es wird ein Wettbewerb für den besten politischen Witz ausgeschrieben: erster Preis – fünf Jahre, zweiter – drei Jahre und drei Förderpreise zu je einem Jahr Gefängnis.

Auf unergründlichen Wegen – ich glaube, nicht durch die sowjetischen Gesprächspartner – gelangte einiges von unserem geselligen Treiben an die Presse, hier vor allem in den *Spiegel*. Daß dieses Nachrichtenmagazin nicht nur von Liebhabern der schönen Literatur gelesen wird, davon konnte ich mich bald überzeugen.

Eines Tages interessierte Gromyko sich dafür, ob wir nicht zu »ausgelassen« wären. Nicht jeder habe Sinn für Humor, und dann solche Perlen: »Was macht Amerika? Es rast in den Abgrund. Was macht die Sowjetunion? Sie versucht, Amerika einzuholen und zu überholen.«

Ich dankte Gromyko für das Signal ... und konnte nur Bertolt Brecht zitieren:

»Es ist unmöglich, in einem Land zu leben, in dem es keinen Humor gibt, aber noch schwieriger ist es, dort zu leben, wo Humor zum Bedürfnis wird.«

Und ich fügte hinzu: Um das Eis des Mißtrauens zu schmelzen, kann man bisweilen Selbstverbrennung nicht umgehen.

Die Ansichten Allardts über die Lösungsmethoden der behandelten Probleme und das eigentliche Wesen des Dialogs paßten schlecht zusammen. Allardt setzte auf die »klassische« Diplomatie, als deren Exponent er sich zu Recht verstand. Ihn schreckte es nicht, wenn Verhandlungen Jahre verschlucken. Sie sind ein Nichts gegenüber der Ewigkeit. Ohne politische Entscheidung kommt die Sache nicht vom toten Punkt.

Ich plädiere dafür, daß Gromyko den vorbereitenden Teil des Dialogs beschleunigen möge, der erlaubte, den Kreis der Aufgaben konkreter zu

...en, und damit seine Bestimmung erfüllt hat. Spätestens mit der Eröffnung der nächsten Etappe werden wir erfahren, worin die Essenz der Deklarationen und Versprechungen der sozial-liberalen Koalition besteht. Bonn muß klären, inwieweit die »neue Ostpolitik« wirklich neu ist. Botschafter Allardt ist nur die ausführende Person. Von ihm hängen Akzentverteilung und Tempo ab, Dinge, die auch von Bedeutung, aber nicht entscheidend sind.

Der Minister deutet an, daß ich Botschafter Allardt unterschätze, hinter ihm stünden einflußreiche Fraktionen des diplomatischen Dienstes. Wahrscheinlich stützte sich Gromyko auf eine breitere Informationsbasis, die mir nicht zugänglich war. Ich vermute, worum es sich handelt, aber es ist nicht üblich, sich über Konventionen hinwegzusetzen.

Allardt darf nicht ins Feuer unserer Kritik geraten. Zweckmäßig ist es, den Eindruck zu festigen, daß der Botschafter an Weisungen gebunden und der unzureichende Fortschritt eben durch diese Weisungen bedingt ist.

Auf meine Frage, ob es sich nicht lohne, die sowjetische Botschaft in Bonn einzubeziehen, reagiert Gromyko ablehnend. Es ist viel besser, daß Zarapkin hier nicht dreinzureden hat. Zwei Botschafter bei einer Verhandlung sind zuviel des Guten.

Mir schien, daß der Minister dem Botschafter Zarapkin wohlgesinnt war, ebenso wie er eine Schwäche für eine Reihe von Diplomaten hatte, die 1939/40 ins Außenministerium berufen worden waren, das heißt noch in der Zeit der Großen Säuberung: Fjodor Gussew, Jakow Malik, Alexej Sobolew, Kyrill Nowikow, Wladimir Semjonow. Sie blieben trotz aller Verschiedenheiten für Gromyko Weggefährten. Er bemutterte sie, duldete ihre Schrullen, die er bei anderen mitunter grob unterband, und sorgte dafür, daß seine Gefährten in ihrem Wohlbefinden nicht beeinträchtigt wurden.

Zickzackwege, nahm ich zu Beginn der Verhandlungen an, sind nicht ausgeschlossen; es wird daher nicht schaden, die sowjetische Botschaft in Bonn in alle Nuancen einzuweihen. Semjon Zarapkin bekommt in Kopien die Aufzeichnungen von allen Gesprächen. Sollte der Minister damit unzufrieden sein, habe ich eine Ausrede parat: Die Markierung, nach der die Dokumente verschickt werden, steht schwarz auf weiß auf den für Gromyko bestimmten Exemplaren, die sich auf seinem Arbeitstisch stapeln.

Im Rahmen der Vorbereitungsetappe fand am 23. Dezember 1969 das

letzte Gespräch des Ministers mit Botschafter Allardt statt. Gromy[ko]
zeigte sich souverän und sachlich. Er raschelte nicht mit Papieren, wa[r]
flexibel genug. Wie er sich in die deutsche Materie eingearbeitet ha[tte]
und frei mit Einzelheiten operierte, erweckte Respekt. Der Minister
vergaß nicht, daß sein Status sich von dem des Botschafters unterschied, betonte dies aber nicht über Gebühr. Gromykos ruhige und gelassene Verfassung ermutigte den Partner, sich zu öffnen. Er ließ Allardt spüren, daß unsere Seite in jedem Moment bereit war, die einführenden Abstraktionen zu beenden und sich mit der konkreten Materie zu befassen.

Nach einer der Sitzungen scherzte ich:
»Damit der Botschafter endlich aufhört, wie die Katze um den heißen Brei herumzuschleichen, bleibt Ihnen, Andrej Andrejewitsch, nichts anderes übrig, als deutsch zu sprechen.«
»Eben, eben. Eine gute Idee. Sie haben da ja so einen Lieblingsausdruck: ›Den Stier bei den Hörnern packen‹.«

Ein paarmal versuchte Gromyko, eine ihm vorgelegte Übersetzung zu artikulieren, doch dann winkte er ab und meinte, am Ende des ersten Verhandlungsjahres werde ihm die deutsche Lexik schon vertrauter sein.

Am Mittag des 23. oder 24. Januar 1970 wurde ich durch einen Anruf des Ministers auf der direkten Leitung in irgendeiner Arbeit unterbrochen. Ich nutzte die Verhandlungspause, um mich mit anstehenden Angelegenheiten zu befassen, die unsere Beziehungen zur DDR und zu Österreich betrafen.

Diese Pause war wirklich nötig, um mich selbst ein wenig in Ordnung zu bringen. Am 10. Januar war mein Vater gestorben. Andrej Gromyko nahm Anteil an meinem Schmerz. Er ordnete an, mich in den Tagen, die ich für die Erfüllung der Sohnespflichten benötigte, mit keinerlei Arbeit zu belasten. Der österreichische Botschafter, der kluge, scharfsinnige Dr. Wodack, sandte mir einen persönlichen Brief mit der Versicherung seiner Anteilnahme. Helmut Allardt und der Botschafter der DDR, Bittner, schrieben mein abgemagertes gelbgrünes Gesicht der maßlosen Arbeitsüberlastung zu.

Also, Anruf vom Minister.
»Bonn hat vor, einen neuen Delegierten für die Verhandlungen mit uns zu ernennen. Wissen Sie was davon?«

habe gehört, daß die bundesdeutsche Botschaft eine Verstärkung wartet. Das berichtete ich Ihnen schon. Doch Namen oder andere Einzelheiten sind uns nicht bekannt.«
»Zu Ihrer Kenntnis: Als künftiger Leiter der Delegation der Bundesrepublik wird Staatssekretär Egon Bahr genannt. Kennen Sie ihn?«
»Nein, persönlich nicht. Aber ich habe gehört, daß Bahr das Vertrauen des Bundeskanzlers genießt. Brandt hat schon als Außenminister eng mit ihm zusammengearbeitet. Leute, die Bahr kennen, charakterisieren ihn als Mann von hoher Intelligenz mit weitem Horizont.«
Ich erkläre mich bereit, über unsere Botschaften in Bonn und Berlin nähere Auskünfte einzuholen. Der Minister ist jedoch der Meinung, Zarapkin müsse selber darauf kommen, einen Bericht zu schicken, wann und wenn etwas über die Ernennung Bahrs verlautet.
»Vorläufig bleibt das Gespräch unter uns, ebenso die Überlegung, ob es angebracht ist, die Akzente bei der Eröffnung der nächsten Etappe etwas anzureichern, wenn Ihr Bahr so einen weiten Horizont hat.«
Aha! Noch vor der Ankunft des neuen bundesdeutschen Vertreters in Moskau verband Gromyko mich vorausschauend mit ihm. Wenn er »meiner« ist, dann hat es doch Sinn, sich Klarheit zu verschaffen, was für einer er ist.
Ich rufe Pjotr Abrassimow* an:
»Ich habe gehört, daß Viktor Beletzkij und noch jemand von unseren Diplomaten mit Egon Bahr zusammengetroffen sind. Er bekleidet einen wichtigen Posten in Bonn, und man möchte erfahren, welchen Eindruck er bei unseren Leuten hinterlassen hat.«
Abrassimow feuert kein vorschnelles, vages Urteil ab:
»Da muß ich im Archiv nachsehen und Mitarbeiter befragen. Spätestens morgen früh telefonieren wir.«
Ich erinnere mich, daß Walerij Lednew, ein bekannter Journalist, den ich aus dem Institut für Internationale Beziehungen kenne, Egon Bahr begegnet ist. Sicher kann er mir ein Porträt entwerfen, wenn er gestern nicht allzu lange mit seinen Bohemiens zusammengesessen hat. Walerij war begabt, aber wie so viele Menschen, denen vieles ohne Mühe gelingt und an denen kein Ehrgeiz zehrt, vermied er es, in der Tiefe zu schürfen. Ab und zu schrieb er flüchtige Kommentare und war im übrigen bestrebt,

---

* seit geraumer Zeit Botschafter der UdSSR in der DDR

ein Maximum von den Freuden des Lebens zu genießen. Genauso leicht wie sein Leben war sein Tod. Unerwartet für ihn selbst und für uns alle. Lednew ist nicht gleich zu finden. Erst spät am Abend erreiche ich ihn telefonisch. Walerij ist redselig. Offenbar habe ich ihn vom Tisch geholt: »Egon ist einer der originellen Köpfe in der Sozialdemokratie. Seine Urteile sind vielleicht etwas zu subjektiv, dafür sind sie aufrichtig. Er ist dünnhäutig wie fast alle, die sich ihres Wertes bewußt sind. Und woher das Interesse für Bahrs Eigenschaften? Soll jemand zu ihm fahren, oder wird er hier erwartet?«

»Kein Thema fürs Telefon«, antworte ich. »Wenn Sie morgen oder übermorgen Zeit haben, kommen Sie ins Außenministerium, dort stecke ich ständig, und da können wir reden.«

Wie versprochen, ruft Abrassimow am frühen Morgen an. Er hat offenbar tief geschürft.

»Ich kann mir ungefähr denken, weshalb Sie sich für Bahr interessieren.« Ohne meine Reaktion abzuwarten, fährt der Botschafter fort:

»Eine komplizierte Persönlichkeit. War Mitarbeiter beim RIAS, wurde in Amerika dafür geschult. Im Gespräch mit unseren Diplomaten hielt er sich an bekannte westliche Richtlinien.« Und so weiter.

»Ist das alles?«

»Die Freunde verhalten sich ihm gegenüber vorsichtig, sogar mißtrauisch.«

Und als habe er sich plötzlich eines Besseren besonnen, fügt er dem Bild noch einen Pinselstrich hinzu:

»Keiner bezweifelt seine Klugheit und seine umfangreichen Kenntnisse.« Gott sei Dank, in einem Punkt wenigstens stimmen die Urteile überein. Es gibt nichts Schlimmeres, als einen Dummkopf zum politisch-ideologischen Gegner zu haben.

Am nächsten oder übernächsten Tag ist Egon Bahrs Reise nach Moskau kein Geheimnis mehr. In seinen Diplomatenpaß wird das sowjetische Visum eingetragen, das zu mehr als einem flüchtigen Besuch berechtigt. In Allardts Umgebung weht eine bemerkenswerte Brise. Einerseits desavouiert niemand den Botschafter. Dafür gibt es keinen Grund. Andererseits – wie man es auch dreht und wendet – muß Allardt seinen Sessel einem neuen Delegationschef abtreten und die zweite Geige spielen ...

Egon Bahr wird der sowjetischen Seite als »provisorischer Führer der Delegation der Bundesrepublik« vorgestellt, der neue Chefdelegierte personifiziere das Bonner Bestreben, das Dialogniveau zu heben. Gleichzeitig hieß es einschränkend, Bahr besäße einstweilen keine Vollmachten für die Durchführung der Verhandlungen. Sie würden »nachgereicht«, sobald sich das Terrain der Verhandlungen klar umreißen lasse, was in den Vorverhandlungen im Dezember noch nicht geschehen sei.

Eine einigermaßen ungewöhnliche Komposition. Solange nicht in aller Form verhandelt wird, sind die Gesprächsteilnehmer frei, beliebige Entwürfe einander gegenüberzustellen, sie können die gewagtesten Argumente zur Erhärtung ihrer Vorschläge vorbringen, können sich in unerforschten Gefilden tummeln, mögliche Konsequenzen erörtern. Nicht ein Wort darf auf die Goldwaage gelegt und später zu willkürlicher Interpretation der Vereinbarungen mißbraucht werden, falls solche überhaupt erreicht werden. Überdies ist Vertrauen notwendig. Ohne die Annahme, daß Vertrauen entstehen könnte, lohnt sich die Mühe des Anfangens gar nicht.

Andrej Gromyko begrüßte seinen neuen Gesprächspartner sehr liebenswürdig. Aus seiner Sparbüchse fiel auch Helmut Allardt eine genau abgezählte Dosis von Komplimenten zu. Die Teilnehmer der neuen Gesprächsrunde verfolgten gespannt die Prozedur der Stafettenübergabe durch Botschafter Allardt. Er gab sich Mühe, gelassen zu erscheinen, und richtete seinen Blick strikt auf das vor ihm liegende Blatt Papier. Gromykos taktvolle Begrüßungsworte sorgten für eine gute Atmosphäre.

Die Methode, praktische Lösungen zu indizieren, die ungeachtet und trotz unterschiedlicher Ansicht über Vergangenheit, Gegenwart und Zukunft möglich sind, versprach produktiver zu sein. Eintracht bestand auch im Verständnis dafür, daß in der jetzigen Phase der Skizzen und Entwürfe keine formalisierten Versprechen gegeben und keine Verpflichtungen übernommen werden. Die Verhandlungen beginnen, sowie es gelingt, ihren Gegenstand und ihren Rahmen herauszufiltern. Doch nicht in einem Zug widerstanden beide Seiten der Versuchung, die Geschichte mit dem uralten »Wer ist schuld?« zu vergewaltigen.

Die erste Runde der neuen Etappe mit ihren fünf Gesprächen, die in verschiedener Zusammensetzung zwischen dem 30. Januar und dem 17. Februar stattfanden, stellte uns, und wahrscheinlich auch die Regierung der Sozial-Liberalen, vor dasselbe Dilemma – entweder die eingefahrenen Geleise zu verlassen oder die Hoffnung auf eine Gesundung unserer Beziehungen aufzugeben. Für ungewöhnliche Situationen gibt es keine

Patentrezepte. Das mußte man akzeptieren, wenn Wunsch und Wille vorhanden sind, unsere Staaten zu versöhnen.

Schriftliche Entwürfe tauschten die beiden Seiten nicht aus. Jede Delegation vermerkte für sich Gebiete und Punkte, wo sich eine Annäherung oder ein Zusammenfallen der Ansichten andeutete. Derartige Vermerke und Aufzeichnungen waren unverbindlich und lieferten keinen Grund, jemanden der »Nachgiebigkeit« oder umgekehrt der »Zanksucht« zu bezichtigen oder gar zu behaupten, man treibe Handel mit »lebenswichtigen Interessen« oder Prinzipien.

Gründliches Nachdenken verlangte nach wie vor der Begriff »Gewaltverzicht«. Was folgt aus der Nichtbeachtung oder der Verletzung der geltenden Normen des internationalen Rechts? Das Bedürfnis, bessere Verträge abzuschließen. Stimmt. Eine Bestätigung des Gewaltverzichts wäre nicht abträglich, wenn ... Sie verstehen, was ich meine.

Wo gibt es da eine Zuflucht? Roß und Gazelle kann man nicht vor einen Karren spannen, sagt der Dichter. Doch Dichter haben Politikern nichts zu befehlen. Sie lockt die opportune Formel: »Die neue Regelung berührt keine früheren Vereinbarungen der beiden Seiten.« In Ermangelung eines besseren Weges ist auch dies ein Ausweg. Vom Standpunkt der proatlantischen Fraktionen der Bundesrepublik ist ihm der Vorzug zu geben. Im Unterschied zu den drei Westmächten muß die Sowjetunion nach dem Gegenseitigkeitsprinzip eigene Rechte opfern. Das heißt, damit gewisse Realitäten respektiert werden, muß sie auf einige andere verzichten.

Beide Seiten hatten sich so sehr in Extreme verfangen, ihre maximalistischen Forderungen so sehr in Nationalheiligtümer verwandelt, daß sie selbst beim aufrichtigen Wunsch, auf die Interessen des Partners einzugehen, nur über verminderte Freiheit verfügten. Präzedenzfälle konnten kaum etwas erhellen, höchstens eines zeigen: Das entscheidende Wort muß der gesunde Menschenverstand sprechen. Die alte Leier des Machtdenkens konnte hier nicht voranbringen, die Pfade sind längst durchstreift und bis zum Ekel bekannt.

Ungewöhnliche Situation: gesunder Menschenverstand. Man erinnere sich an Thomas Paine, den amerikanischen Aufklärer des achtzehnten Jahrhunderts: »Jedesmal, wenn die Erfahrung der Vergangenheit nicht weiterhilft, müssen wir uns erneut den Grundursachen zuwenden und sie so bedenken, als seien wir die ersten denkenden Wesen auf Erden.« Nur, das läßt sich leichter sagen, als zu wagen, Unerforschtes zu betreten und damit das gnadenlose Feuer der Hüter und Besitzer »unerschütterlicher Wahrheiten« auf sich zu ziehen, die bei uns und bei Ihnen im Kirchenkalender verzeichnet sind.

Die erste Verhandlungsrunde endete mit einer konstruktiven Note. Der Minister informierte unsere politische Führung über die Ergebnisse in zumeist hoffnungsvollen Äußerungen: Es deuten sich Bewegungen an, hier und da konnte Ballast beiseite geräumt werden, man kann zum Kern der Sache vordringen. Alles in allem bedarf es erheblicher Anstrengungen, um feste Stützpfeiler unter die Brücken rammen zu können, die die Sowjetunion mit der Bundesrepublik verbinden. Aber es gibt Grund für Optimismus.

Wie Andrej Alexandrow und Konstantin Russakow mir erzählten, löste dieser Bericht Gromykos im Politbüro keine lebhafte Diskussion aus. Man räumte dem Außenministerium Kredit ein zur Beseitigung von Unklarheiten und wünschte ihm Ausdauer bei der Erstürmung des Ziels, dessen Bedeutung – die Normalisierung der Beziehungen zur Bundesrepublik bei notwendiger Respektierung der europäischen Realitäten – niemand bezweifelte.

Inzwischen erwarteten Gromyko komplizierte Aussprachen in Ost-Berlin und nicht sehr angenehme in Warschau.

Die DDR-Spitze hatte sich mittlerweile (Gromyko traf in Ost-Berlin Ende Februar 1970 ein) damit abgefunden, daß aus der völkerrechtlichen Anerkennung der Deutschen Demokratischen Republik nichts werden würde. Doch eine im völkerrechtlichen Sinne verpflichtende Anerkennung der Existenz eines zweiten deutschen Staates war erreichbar. »Vermenschlichung« innerdeutscher Beziehungen? Irgendwann einmal, wenn überhaupt. Einstweilen aber Abgrenzung, Betonung der Andersartigkeit, die eine gegensätzliche Zukunft programmiert. Auf diese Weise sollte die Bundesrepublik zum regulären Ausland gemacht werden.

Die sowjetische Seite sollte so klare Verpflichtungen von der BRD verlangen und durchsetzen, daß damit jeglicher Anspruch Bonns auf die Souveränität der DDR hinfällig würde. Unter dieser Bedingung wurde die Zustimmung zu den Verhandlungen insgesamt erteilt.

Das Gespräch mit Wladyslaw Gomulka am 25. Februar 1970 nahm einen unvorhergesehenen Lauf. Gromyko konnte selbstverständlich den Gang der Gespräche mit Allardt und Bahr wiedergeben und erläutern. Der

Minister beschönigte nichts, betonte aber bei der Sachdarstellung positive Momente, auch das war verständlich.
Ich beobachtete unterdessen den Hausherrn. Wohl jedem ist der Zustand vertraut, in dem ein Gesprächspartner die Worte des anderen nicht wahrnimmt. Gromyko sprach, und Gomulka dachte an seine Angelegenheiten. Wie sahen die aus?
Gomulka bedankte sich bei Gromyko für seinen Konsultationsbesuch und erklärte dann, er bezweifle nicht, daß viel Arbeit geleistet sei. Vorwärtsbewegungen seien nicht zu verkennen. Es hatte den Anschein, als wären Gomulkas Besorgnisse, von denen die sowjetischen Vertreter dem Minister sofort nach seiner Ankunft in Warschau berichtet hatten, beseitigt. Doch dann fuhr Gomulka fort:
»Wenn die sowjetische Seite der Ansicht ist, das Erreichte könne als Grundlage für eine Verständigung dienen, dann werden die Polen dies zur Kenntnis nehmen. Vom Standpunkt Warschaus aus ist es jedoch verfrüht anzunehmen, daß eine Lösung der für Polen lebenswichtigen Fragen bereits herangereift sei.«
Eine Pause trat ein. Gromyko erklärte, wie schwierig es sei, jedes politische Mikron zu bewältigen, und fragte, wie man vorgehen solle, wenn die Fronten erstarrten. Gomulka antwortete direkt und treuherzig: »Die Polen ziehen es vor, abzuwarten, bis die Deutschen für eine Lösung reif sind.«
Nachdem der verhängnisvolle Satz ausgesprochen war, zog sich das Gespräch noch eine Weile matt dahin. Die Sowjetunion hat ihre Aufgabe, den Dialog nicht nur im eigenen Namen zu führen, nur mit der Note »vier« erfüllt. Nur gut, daß wir mit den Bundesdeutschen in das Arrangement der Melodie vertieft waren und noch nicht mit dem Singen der Texte begonnen hatten. Eine Annäherung an die Bundesrepublik auf Kosten schwerer Divergenzen mit dem verbündeten Polen? Davon konnte keine Rede sein.
Auf dem Rückweg nach Moskau verhielt Gromyko sich vollkommen sachlich. Niemandem warf er irgend etwas vor. Die Normalisierung im Zentrum Europas zu erreichen empfand er als seine Bestimmung, Errungenschaften wie Fehlschläge auf diesem dornenvollen Weg nahm er auf sein eigenes Konto. Das war durchaus nicht selbstverständlich für die sowjetische politische Moral und soll daher hervorgehoben werden.
Der Minister muß nun über die Konsultationen in Berlin und Warschau

Bericht erstatten. Gerade eben hat er noch versichern können, die bundesdeutsche Zitrone sei bis zum letzten ausgepreßt, und nun finden die Polen, unser Maximum liege noch unter ihrem Minimum. Man kann sich leicht vorstellen, wie Suslow frohlocken wird.

Ich erinnere Gromyko daran, daß es zu wirklichen Verhandlungen mit der Bundesrepublik noch gar nicht so bald kommen wird. Im jetzigen Stadium des intensiven Meinungsaustauschs werden nur die Gebiete ausgelotet, auf denen ein Einvernehmen möglich ist, die Qualität dieses Einvernehmens läßt sich noch nicht einschätzen. Wir sollten die Auffassung Gomulkas als Mahnung mit auf den Weg nehmen. Überdies ist zu bezweifeln, daß ein so erfahrener und kluger Politiker wie Gomulka sich Illusionen überläßt und glaubt, er könne in direkten Kontakten mit der Bundesrepublik mehr erreichen.

Gromyko bedauerte, daß er in den Gesprächen mit Bahr deren sondierenden Charakter nicht immer klar genug herausgestellt habe. Nach der Wiederaufnahme der Gespräche werde er unbedingt mehr Tatkraft entfalten, offensiver agieren und deutlicher die Interessen der Sowjetunion und ihrer Verbündeten umreißen.

Die zweite (3. – 21. März) und die dritte (12. – 22. Mai 1970) Gesprächsrunde mit Egon Bahr brachte, wie erwartet, Aufschwünge und Rückschläge. Hier wirkte sich nicht nur die objektive Entwicklung der Positionen beider Seiten aus, sondern auch die von ihnen angewandte Technik der Verteidigung ihrer Ansichten.

Das war nicht von heute auf morgen geschehen. Zu Anfang wich Gromyko nur wenig von der im voraus festgelegten Marschroute ab. Es gab zwar einzelne, zum Teil erklärbare Abstriche. Später jedoch begann der Minister mehr und mehr zusammenzuscharren, ohne auf jemanden zu hören. Zeitweise glich er einem aus der Vergangenheit gut bekannten »Mister Njet«, der von Alternativen nichts hören will.

Andrej Gromyko ignorierte auch die Warnsignale von Egon Bahr: Wenn das Wesen der neuen Ostpolitik die sowjetische Seite nicht zufriedenstellt, ist sie frei, andere Partner unter den Deutschen zu suchen. Unberührt von den Sticheleien auf den Plenarsitzungen oder bei Begegnungen im engeren Kreis, gab der Minister nur ganz wenig nach, ohne seinen Draht reißen zu lassen.

Es mußte etwas unternommen werden. Sind wir wirklich nicht imstande hinzuzulernen? Wie oft erschlugen schreiende Wünsche die Sprößlinge der

Realität! Wie viele Möglichkeiten wurden versäumt wegen des törichten Hanges der Kontrahenten, sich in jeder beliebigen Situation die Toga des Siegers zuzuschneiden! Theoretisch wurde bei uns anerkannt, daß Freiwilligkeit und beiderseitiger Vorteil Vertragsvereinbarungen Dauer verleihen. Und wie sollte man das auch bezweifeln? Schließlich hat Lenin es gesagt. Aber in der Praxis! Besser gar nicht dran erinnern.
Bestandsaufnahme mit Andrej Alexandrow und Anatolij Blatow. Sie vergewissern sich der Stichhaltigkeit meiner Argumente, indem sie sich mit Jurij Andropow beraten. Die eindeutige Schlußfolgerung: Es besteht die Gefahr, daß die Neuerungen in der bundesdeutschen Ostpolitik mißdeutet werden. Man will die Schranke, die das innere westdeutsche Kräfteverhältnis der sozial-liberalen Koalition setzt, nicht berücksichtigen. Zweckmäßig wäre ein Absicherungsmechanismus, und zwar so, daß Gromyko ihn als unanfechtbar akzeptiert, damit Versuche zu einer konstruktiven Wendung in den Beziehungen zwischen der Sowjetunion und der Bundesrepublik nicht fehllaufen.
Breschnews Berater werden einen zusammenfassenden Bericht für den Generalsekretär aufsetzen. Darin wird betont, daß der Dialog jetzt substantiell in die entscheidende Phase eintritt und daher der konzentrierten Aufmerksamkeit der obersten politischen Etage bedarf.
Um flächendeckende Berichterstattung zu sichern, vereinbarten wir, alle in Frage kommenden Informationspotentiale zu aktivieren und eine ständige Leitung zu legen – nennen wir sie kurz »Alexandrow-Falin-Kanal«* –, über die Meldungen, die aus persönlichen Kontakten mit westdeutschen Vertretern herrührten, direkt zu Breschnew gelangten, ebenso meine Überlegungen zum Meinungsaustausch mit Westdeutschen. Dabei war dafür Sorge zu tragen, daß meine Berichte an Breschnew denen an den Außenminister um ein oder zwei Tempi vorauseilten.
Der Generalsekretär spielte bei dieser »Verschwörung« mit. Später hatte er manchmal seinen Spaß daran, wenn Gromyko ihm von der Hitzigkeit am Verhandlungstisch erzählte und dabei der »Einfachheit halber« Details ausließ. Doch ohne sie glich die Position der Bundesrepublik einem auf ein Prokrustesbett gespannten Torso. Breschnew gab nicht preis, daß er von uns in das Wesen der Angelegenheit eingeweiht war. Er tat, als wäre ihm das listenreiche Flechtwerk der Diplomatie fremd, stellte geziel-

---

* In Alexandrows Abwesenheit sollte Jewgenij Samotejkin einspringen.

te Fragen, als habe sie ihm die Intuition zugeweht, und empfahl dem Minister nachdrücklich, nicht zu übertreiben.
Im ganzen genommen: Absicherung oder Rückversicherung. Sie half, wie Sie sich im weiteren Verlauf der Darstellung überzeugen können, in kritischen Situationen, die durch Anpassungsschwierigkeiten der Partner oder der Charaktere bei den sich vollziehenden Veränderungen in der Welt entstehen.
Ob Andrej Gromyko sich Rechenschaft darüber gab, daß kompromißlose Forderungen unrealistisch sind? Mir scheint, er wurde die Erdenschwere nicht vollständig los. Von Zeit zu Zeit mimte er fürs Protokoll oder für die Geschichte den Gestrengen.
Die Besprechungen in der Ministeretage wurden nach und nach mit Ad-hoc-Arbeitsgruppen ergänzt, in denen wir einzelne Positionen zuspitzten. An Materialmangel, auch für unsere Kontakte mit Egon Bahr, litten wir nicht. Meistens durchforschten wir Versionen, wie man sich aus den Sackgassen, die während der Plenarsitzungen entstanden, herausschlängeln könnte. Ich war nicht bevollmächtigt, für den Leiter der sowjetischen Delegation zu sprechen. Aber Denken ist nicht verboten. Die Spannweite vom Nachdenken im stillen bis zum »Lautdenken« bestimmt Ihre zivile Courage, Ihre Entschlossenheit zu helfen, die Atmosphäre der Verhandlungen zu erhellen.
Dick verkleistert waren die Zugänge zu den territorialen Problemen. Gromyko war ihretwegen ständig in Hochspannung. Sollte hier kein Durchbruch gelingen, wäre die ganze solide Arbeit, die auf den übrigen Gebieten schon geleistet worden war, beim Teufel.
Anruf meines Ministers. In aller Herrgottsfrühe.
»Sie philosophieren da mit Bahr über tausenderlei, nur nicht über die Anerkennung der Grenzen«, hörte ich die mir in verschiedenen Registern bekannte Stimme. »Versuchen Sie herauszukriegen, aber ohne Zeugen, was den Deutschen Atemnot macht. Sorgen Sie dafür, daß die Begegnung nicht auffällt. Und trödeln Sie nicht. Haben Sie mich verstanden?«
Was wäre hier wohl nicht zu verstehen gewesen? Wenn Gromyko am frühen Morgen Philosophie und Philosophen auffährt, hängt bei ihm entweder der Haussegen schief, oder er hatte mit Breschnew ein »herzerfrischendes« Gespräch.
Der Vorwurf, Bahr und ich suchten nur leichte Themen aus, war gänzlich unverdient. Der Minister wußte, daß der Bonner Delegierte und ich das

Thema »neue Grenzen« schon einige Male abgetastet hatten. Und kein anderer als Andrej Gromyko hatte mir untersagt, dieses Thema aus eigener Initiative zu verfolgen. Ich durfte nur zuhören, wenn Bahr darüber zu sprechen wünschte. Der Minister war offenbar darum besorgt, daß keiner ihm sein niemandem im Zusammenhang bekanntes Szenario verdarb.

Mit Bahr verabredete ich ein Arbeitsfrühstück und bat ihn, sich genügend Zeit für ein Gespräch beim Kaffee unter vier Augen zu nehmen. Das war durchaus angebracht, falls uns Diplomaten von nicht allerhöchstem Rang begleiten sollten.

Ungefähr eine Dreiviertelstunde verging mit protokollarischen Zeremonien und dem Meinungsaustausch über die morgige Plenarsitzung. Danach begaben Egon Bahr und ich uns in den angrenzenden Salon.

Der Architekt von Sawwa Morosows Villa, Fjodor Schechtel, hatte es verstanden, Nützlichkeit und Behaglichkeit zu verbinden. Ob Sie zu zweit sind oder in großer Gesellschaft, der Raum nimmt alle Gäste gleich freundlich in seine Arme. Und jeder Gegenstand der alten Möblierung, die Landschaftsbilder an den Wänden – sie stammen von Michail Klodt, Alexander Kisseljow, Nikolaj Swertschkow und anderen – laden zu vertraulichem Gespräch ein.

Werden wir gemeinsame Worte finden, um das Notwendige auszudrücken, ohne Scylla oder Charybdis zu rammen? Wir hatten damals schon einiges hinter uns: informelle Sondierungen, Klärung einzelner Kerngedanken, Begleitkommentare zur Einführung neuer Termini, die gelegentlich ihre Parameter verlieren oder bei der Übersetzung völlig untergehen; unsere freien Gespräche hatten dazu beigetragen, negative Emotionen abzubauen, die sich zu Bergen türmen, wenn am Verhandlungstisch stundenlang leeres Stroh gedroschen wird und jede Silbe, jede stumme Frage, jedes Kopfnicken registriert werden. Doch Dividenden fließen nur, wenn die Praxis Sie davon überzeugt hat, daß Ihre Aufrichtigkeit ein Echo findet, daß übereinstimmendes Interesse vorhanden ist, möglicherweise aus unterschiedlichen Beweggründen.

Was werden wir machen? Konstatieren wir die Unfähigkeit beider Seiten, aus den öden Stereotypen herauszuklettern, und bestätigen damit ungewollt die Triftigkeit und Statthaftigkeit früherer Verirrungen, Fehler und Versäumnisse? Oder wechseln wir für ein paar Minuten die Plätze? Sie versetzen sich in die Lage von Andrej Gromyko, und ich versuche in die Sorgen und Gefühle einzudringen, die zur Mentalität der Bundesrepublik gehören. Dann zaubern wir am Aufknoten des Territorialproblems herum. Fast alle notwendigen Elemente, um eine realitätsbezogene Verpflichtung zum Ausdruck zu bringen, stehen uns seit geraumer Zeit zur Verfügung. Man muß sie einzeln ausbreiten, aber es darf nicht auf Steuerbord oder auf Backbord Schlagseite geben. Wollen wir's probieren?«

Egon Bahr äußert seine Unzufriedenheit und sein Unverständnis über den Druck, den unser Minister unentwegt auf ihn ausübt.

»Andrej Gromyko sollte begreifen, daß, wenn er vor allem auf den Plenarsitzungen auf extremen Ansichten beharrt, er zur Antwort nur die harten Gegenpositionen unserer Seite hören kann.«

»Was für die Protokolle und für die Ohren der Alliierten zu sagen nötig ist, wurde vom Minister und von Ihnen wiederholt mit raffinierten Saucen serviert, die jeden Diplomaten-Gourmet befriedigen würden. Hier hört uns keiner, niemand schreibt mit. Ich schlage vor, keine Zeit mit Emotionen zu vertun, inventarisieren wir, ob die bereits zur Durchsicht vorhandenen Konstruktionen für einen Erfolg ausreichen. Wenn nicht, müssen wir überprüfen, ob wir irgend etwas aus unseren Vorratsschränken abstauben können.«

Mein Gesprächspartner ist einverstanden. Er systematisiert alles, was in Bonn und Moskau über die Grenzen in Europa seit Bestehen der sozialliberalen Koalition erklärt worden ist. Damit demonstriert er aufs neue sein hervorragendes Gedächtnis, die Diszipliniertheit seines Intellekts und seine Fähigkeit, lapidar zu formulieren. Ich brauche nur noch die Konsultationen Gromykos mit Gomulka und Ulbricht zu erwähnen und hervorzuheben, daß die sowjetische Seite in einen bestimmten Rahmen gestellt ist, sowohl durch ihre eigenen Interessen als auch durch die Verpflichtungen den mit ihr verbündeten Staaten gegenüber.

Anderthalb Stunden vergingen mit höchst intensiver Arbeit. Ich werde die Aufmerksamkeit des Lesers nicht mit Einzelheiten dieser Arbeit an Formulierungen überstrapazieren. Sie gingen beinahe ohne Änderungen in den späteren Vertragstext ein. Von vornherein weise ich auch den Wunsch ab, herauszufinden, wem von uns beiden Wortanordnungen oder Wörter einfielen. Ein müßiges Unterfangen, wenn man berücksichtigt, daß wir uns nicht als Vertreter einander bekämpfender politischer Schulen betrachteten, sondern, wenn Sie erlauben, als Opponenten jener

Gruppierungen in unseren beiden Ländern, die sich dem Kalten Krieg verschrieben hatten und sehr erfolgreich bei der Eisfischerei im trüben Wasser fischten.

Der Begriff »Anerkennung« darf nicht vorkommen. Das ist klar. Aber es muß jede Zweideutigkeit, aus der bei beliebiger ungünstiger Wendung die Ahle der verschiedenen Lesart hervorsticht, ausgeschlossen sein. Auch hier verstanden wir uns. Ausweg? Den sahen wir im Vertragsneuland. Neue Termini nötigen dazu, den künftigen Vertrag aus ihm selbst heraus zu erläutern und nicht Präzedenzfällen nachzujagen. Darüber zu sprechen werden wir noch Gelegenheit haben.

Vor Bahr und mir liegen kaum benutzte Notizblöcke. Sie werden nur gegen Ende unseres Treffens benötigt, als mehrfach wiederholte Redewendungen nach schriftlicher Fixierung verlangen. Wir redigieren unseren Text. Eine, eine zweite, dann die Endfassung. Wieder prüfen wir uns nach Gehör. Es klingt ungewöhnlich, und doch hat jede Zeile Logik; die Balance der politischen und juristischen Begriffe ist eingehalten; Fugen zwischen den Betrachtungsweisen der Partner werden nur den krittelligsten Experten erkennbar.

»Machen wir einen Punkt? Wie werden wir den Text bezeichnen?«

»Als ›provisorischen Entwurf‹, gutgeheißen vom Chef der bundesdeutschen Delegation, der aber die Sanktion aus Bonn braucht«, sagt Bahr. »Ich fürchte, daß ich mich etwas übernommen habe. Natürlich werde ich Brandt und Scheel nahelegen, unsere Arbeitsergebnisse zu billigen unter der Bedingung, daß Gromyko den Kompromiß annimmt und aufhört, auf mir und der Delegation herumzuhacken.«

Egon Bahr gleicht in diesem Augenblick einem Musiker, der eben in einem klassischen Konzert seinen Solopart gespielt hat. Die Anspannung hat noch nicht nachgelassen. Der Applaus wird dem Maestro helfen, sich aus den Wolken wieder herniederzulassen. Ich versuche, den Übergang durch einen Scherz zu erleichtern:

»Im Unterschied zu Ihnen hatte ich keinerlei Instruktionen. Gromyko kann seinen Stellvertreter in der Delegation zur Aufmunterung verprügeln und ihm das Stimmrecht entziehen.«

Bahr kommt nicht sofort mit.

»Wenn Ihr Minister das tut«, hebt er zu einem Monolog an, »dann ...«

Ich setze für ihn fort:

»... soll er sich einen anderen Unterhändler suchen.«

Morgen ist Plenarsitzung. Die neuen Formulierungen, die bis jetzt nur in deutscher Sprache vorliegen, müssen exakt ins Russische übertragen werden. Auf juristischem und politischem Gebiet ist das eine besondere Kunst. Außerdem wartet Gromyko auf meine Meldung. Während Bahr und ich klügelten und tüftelten, hatte das Sekretariat des Ministers angefragt, wann mit meiner Rückkehr ins Außenministerium zu rechnen sei. Da zeigt sich, womit meine Ratgeber versuchten, in den Salon vorzudringen, und sie stießen auf Strenge:

»Stört uns hier nicht! Trinkt Tee oder was ihr wollt, aber sorgt dafür, daß niemand unsere Klausur verdirbt.«

Soll ich Gromyko anrufen? Erst einmal werde ich Breschnew berichten. Ich wählte Samotejkins Nummer:

»Bitte, Jewgenij, schreib den provisorischen Entwurf auf, und bring ihn sofort zum Generalsekretär. Dieser Entwurf wird vielleicht bei der nächsten offiziellen Zusammenkunft vorgelegt werden.«

Ich diktierte die russische Übersetzung. Für einige Termini gab ich Varianten zur Wahl.

»Die Bundesrepublik Deutschland und die Sowjetunion stimmen in der Erkenntnis überein, daß der Friede in Europa nur erhalten werden kann, wenn niemand die gegenwärtigen Grenzen antastet.

Sie verpflichten sich, die territoriale Integrität aller Staaten in Europa in ihren heutigen Grenzen uneingeschränkt zu achten.

Sie erklären, daß sie keine Gebietsansprüche gegen irgend jemanden haben und solche in Zukunft auch nicht erheben werden.

Sie betrachten heute und künftig die Grenzen aller Staaten als unverletzlich, wie sie am Tage der Unterzeichnung dieses Abkommens verlaufen, einschließlich der Oder-Neiße-Linie, die die Westgrenze der Volksrepublik Polen bildet, und der Grenze zwischen der BRD und der DDR.«

Ich bat Samotejkin darum, dem Generalsekretär gegenüber hervorzuheben, daß Bahr alle seine Vollmachten ausgeschöpft habe. Er sei infolgedessen nicht in der Lage, den Forderungen Gromykos noch weiter entgegenzukommen.

Samotejkin bemerkte, er sehe auch keinen Grund zu weitergehenden Forderungen. Die vorgetragenen Formulierungen erschienen ihm im wesentlichen überzeugend trotz einiger unüblicher Ausdrücke.

»Genau das sag bitte Leonid Iljitsch. Streng dich an, ihm klarzumachen, daß unsere Interessen und die unserer Verbündeten gewahrt werden, un wenn dies in einem für die Bundesrepublik respektvollen Stil vorgebracht wird, ist es ein Plus für uns selbst. In einer Stunde bin ich in meinem Büro und würde gern erfahren, wie der Generalsekretär reagiert hat.«

Danach lasse ich mich mit dem Außenminister verbinden:

»Gut gespeist und gebechert in der Villa? Deshalb hat es wohl so lange gedauert«, raunzt Andrej Gromyko. »Können Sie in einer Viertelstunde bei mir sein?«

Dann erkundigt er sich:

»War das Gespräch nützlich? Hat der geizige Ritter seine Schatulle geöffnet?«

»Es gibt Neuigkeiten, die ich für beachtenswert halte.«

»Ich erwarte Sie. Dann können wir unsere Gesichtspunkte vergleichen.«

Versteh es, wie du willst.

Gott sei Dank fand sich ein Auto, und zur befohlenen Zeit traf ich im Vorzimmer des Außenministers ein. Er telefonierte. Das kam mir sehr gelegen. Ich nutzte die paar Minuten, um besonders wichtige Passagen wörtlich zu übersetzen. Zur gründlichen Durcharbeitung des Textes blieb natürlich keine Zeit. Ich wurde zum Minister hineingebeten.

Wenn Gromyko in guter Verfassung war, begrüßte er mit: »Na, wie sieht's bei uns aus?« War er schlechter Stimmung, lautete die Frage: »Was habt ihr?«

»Die Hauptneuigkeit ist die Arbeitsvariante in der Formulierung bezüglich der Grenzen. Wenn Sie erlauben, fange ich damit an.«

»Ich höre.«

Ich verlese den Text, fixiere dabei die russische Fassung, da ich die skrupulöse Veranlagung des Ministers kenne. Gromyko fragt zurück, wie adäquat die Termini in den beiden Sprachen sind, ob die Zeitformen übereinstimmen. Er hält sich an dem Wort »unverletzlich« auf und will wissen, ob es andere russische Äquivalente zu dem entsprechenden deutschen Begriff gibt.

Gewiß, man kann sagen »unverbrüchlich«, auch »unantastbar«. Der letzte Terminus ist jedoch in der vorgeschlagenen Variante schon gebraucht worden. Die Anwendung sinnverwandter Ausdrücke kompensiert das Fehlen des Begriffs »Anerkennung«.

»›Unverletzlich‹ oder ›unverbrüchlich‹, was ist qualitativ besser? ›Unantastbar‹ ist ein stehender Begriff. Der neue Terminus ist meiner Meinung nach ansprechend und innerlich enger mit Gewaltverzicht verbunden. Dem ersten Eindruck nach.«

Gromyko überlegt ein Weilchen, wirft Bleistiftnotizen auf seinen großen Notizblock. Dann sagt er:

»Nein, ›unantastbar‹ klingt überzeugender als ›unverbrüchlich‹. Wir wollen abwägen, wem der Vorzug zu geben ist: ›unverletzlich‹ oder ›unantastbar‹.«

Erneut verweise ich darauf, daß der Begriff ›unantastbar‹ in der deutschen Redaktion bereits in einem umfassenderen Kontext verwendet wird.

»Ohne Verlust an Exaktheit läßt sich ›unverletzlich‹ dem Sinn nach durch ›unantastbar‹ wiedergeben. Wenn wir auf russisch den Terminus ›unantastbar‹ benutzen und im deutschen Text steht ›unverletzlich‹, können die Juristen des Auswärtigen Amtes der Bundesrepublik Einwände erheben. Und wenn sie es nicht tun, dann deshalb, weil ›unverletzlich‹ besser die strenge Verbindlichkeit hervorhebt. Außerdem entspricht das Vorhandensein beider Termini im deutschen Text dem Sinn der sowjetischen Forderungen über die Anerkennung der territorialen Nachkriegsordnung in Europa.«

Ich hätte den Minister nicht so penetrant darauf stoßen sollen, daß die Forderung nach der formalen »Anerkennung« an Aktualität verliert. Empört stieß er aus:

»Und wenn Sie zehnmal ›unantastbar‹ wiederholen, eine Anerkennung kommt trotzdem nicht dabei heraus. Sie und Bahr wissen das sehr genau.«

»Aber die Bundesregierung wird nicht in aller Form auf die Anerkennung der neuen deutschen Grenzen eingehen. Es ist unmöglich, schon weil Bonn nicht bereit ist, der völkerrechtlichen Anerkennung der DDR zuzustimmen. Wir werden kaum zurechtkommen, wenn wir einen Unterschied zwischen dem Status der innerdeutschen Grenzen und dem Status der äußeren Grenzen Deutschlands machen.«

»Was wahrscheinlich oder unmöglich ist, wird sich noch herausstellen. Hier ist eine politische Entscheidung erforderlich. Das unterliegt weder Ihrer noch meiner Kompetenz. Kümmern wir uns lieber um die russische Alternative. Welche Variante werden wir vortragen: ›unverletzlich‹ oder ›unantastbar‹? Sie neigen zur ersteren. Irgendwie imponiert sie mir auch. Machen wir's so: Sie diktieren beide Fassungen, inzwischen werde ich noch nachdenken. Aber im großen und ganzen haben Sie und Bahr gar nicht schlecht herumphilosophiert, habt euer Brot verdient. Wenn ich auch annehme, Ihr heutiger Gesprächspartner hat für die morgige Begegnung mit mir noch etwas im Versteck.«

Gromykos Auftrag führte ich natürlich aus. Doch die Absicht des Ministers, am nächsten Tag seine übliche Attacke gegen Bahr zu reiten, verdarb mir die Stimmung. Ehrlich gesagt, der Wunsch, weiter alle Kräfte einzusetzen, war erloschen. Müdigkeit überkam mich. Zum erstenmal in den letzten Monaten verließ ich mein Dienstzimmer vor Einbruch der Dunkelheit.

Es war noch nicht neun Uhr abends. Vorher hatte ich mit Samotejkin gesprochen und die Gelegenheit genutzt, Bahr zu bitten, er möge unbedingt vor Eröffnung der morgigen Sitzung sich mit mir in Verbindung setzen.

»Der Generalsekretär war sehr zufrieden mit eurem ›provisorischen Entwurf‹. Seiner Meinung nach ist das ein entscheidender Durchbruch«, sagte Samotejkin. »Er hofft, daß die Formulierungen Polen und die DDR zufriedenstellen werden. Leonid Iljitsch versuchte, Gromyko zu der Schlußfolgerung zu bewegen, überhöhte Forderungen zu streichen. Aber du kennst ja den Minister. Er versprach, Bonn zur ›Anerkennung‹ zu bringen. Eine Reihe von Anzeichen, glaubt er, verheiße Erfolg. Der Generalsekretär sagte nur: ›Na ja, Andrej, du siehst das besser.‹«

Am anderen Morgen kam ich zusammen mit der Delegation der BRD in den Verhandlungsraum. Ich warnte Bahr, daß der Minister vorhabe, ihm die Nerven zu kitzeln. Es wäre schade, wenn die im ganzen sachliche Atmosphäre, die die Gespräche bisher ausgezeichnet hatte, dadurch leiden würde.

Bahr verhehlte seine Erbitterung nicht:

»Mehr als ich gestern getan habe, kriegt er von mir nicht. Weniger vielleicht, wenn der Eindruck entsteht, ich hätte unter Druck gehandelt. Auch ohne Skandal wird Ihr Minister meine ganze Unzufriedenheit zu spüren bekommen.«

Er wollte noch etwas sagen, doch in diesem Augenblick erschien Gromyko. Er begrüßte Bahr und Allardt mit Handschlag und lud mit auffordernder Geste alle ein, am Tisch Platz zu nehmen. Prüfend schielte er zu mir herüber.

»Ich wollte Ihnen von Leonid Iljitschs Meinung über die gestrige Geschichte erzählen. Aber Sie sind, wer weiß, warum, an meiner Tür vorbeigegangen.«

Die üblichen Einführungsworte. Danach erging sich der Leiter der sowjetischen Delegation farbenreich über das nicht nutzlose Unterfangen, nach einer Lösung des territorialen und des Grenzproblems zu suchen, um schließlich von sich zu geben: Die Beschreibung einer ausgeprägten Situation bedeutet nicht ihre Anerkennung. Ohne Anerkennung jedoch verliert jede beliebige Vereinbarung über Gewaltverzicht viel von ihrer Aktualität und ihrer Bedeutung.

Ich habe nur den Sinn der Ministerworte wiedergegeben. Die Lexik war nicht herausfordernd, sondern sogar irgendwie elegant. Gromyko konnte, ohne sein Gewissen zu strapazieren, Breschnew berichten, er habe die Sitzung geleitet, ohne jemanden zu kränken.

Egon Bahr machte keine Szene. Er stellte lediglich fest, daß seine Delegation ihre Instruktionen zu diesem Thema ausgeschöpft habe.

Die Delegationsleiter redeten noch eine Weile hin und her. Fleißige Berater und Sekretäre verwandelten Laute in ordentliche Reihen von Buchstaben und Wörtern. Doch diese Wörter hatten keine Schwingen, sie sanken schlapp zu Boden wie das Laub der Bäume im Herbst.

Für alle am Tisch außer für Bahr und mich waren Gromykos Worte eine unterschiedlich aufgenommene Überraschung. Interessant war Allardts Verhalten. Er hatte scheinbar völlig unbeeindruckt zugehört, doch als der Minister die Einsätze zu erhöhen begann, sah er zu Bahr hinüber: Offenbar wollte er sich überzeugen, daß dieser die Contenance bewahrte. Der bundesdeutsche Botschafter hatte Bahr bestimmt darüber aufgeklärt, wie unser Außenminister es versteht, ein Eisloch zum Taufbecken zu bohren. Er behielt mit seiner Prognose recht. Bei uns sagt man in solchen Fällen: Nicht viel, aber der Mensch freut sich.

Am Abend, vielleicht aber auch erst am nächsten Morgen, kam ein Anruf aus dem Ministerium für Zivilluftfahrt: »Uns liegt ein Gesuch um Einflugerlaubnis eines Sonderflugzeugs für die Delegation aus der Bundesrepublik vor, die Gespräche mit Ihrem Minister führt. Liegt eine Empfehlung des Außenministeriums vor?«

»Außenministerium? Das ist Gromyko. Ich kann nur meine Meinung sagen: Bearbeiten Sie das Gesuch unverzüglich und wohlwollend.«

Schon wenige Stunden später ruft Gromyko an:

»Haben Sie gehört, daß dieser Bahr ein Flugzeug geordert hat?«

»Ja, es kam eine Meldung aus dem Ministerium für Zivilluftfahrt.«
»Bahr will den Meinungsaustausch unterbrechen und zu Konsultationen nach Bonn fliegen. Sie dagegen haben den Auftrag, sofort mit ihm Kontakt aufzunehmen und ihn zu überzeugen, daß es keine Unterbrechung der Gespräche geben darf. Sie sind verantwortlich: Bahr soll nicht in die Bundesrepublik fliegen. Haben Sie mich verstanden? Es ist ein Auftrag des Politbüros. Nach dem Gespräch mit Bahr rufen Sie mich an. In der Stadtwohnung.«
Der Außenminister hatte das Boot aufs Riff gesetzt. Es sicher herunterzuholen, bitte sehr, dafür sind andere da.
Ich versuche festzustellen, wo Bahr sich aufhält. Die deutsche Botschaft weigert sich, konkret zu antworten. Allardts Residenz schweigt. Schließlich erfahre ich, daß Bahr aus der Stadt herausgefahren ist. Er will im »Olenj« (Hirsch) in Archangelskoje die russische Küche probieren. Samstag hin oder her. Normale Menschen widmen sich längst ihrer Erholung.
Ich rufe das Restaurant an. Dorthin durchzudringen ist eine Heldentat. Das Telefon ist entweder besetzt, oder es schweigt. Endlich meldet ich der Geschäftsführer.
»Ja, ausländische Gäste sind da. Verschiedene ausländische Touristen. Wie soll ich da, ohne daß es Aufsehen gibt, herauskriegen, wo dieser Egon Bahr, den Sie brauchen, steckt?«
»Erstens handelt es sich nicht um Touristen, sondern um Geschäftsleute, wahrscheinlich eine Männergesellschaft. Zweitens hat dieser Gast einen sehr hohen Status, es wird also ein Mitarbeiter des Sicherheitsdienstes anwesend sein. Setzen Sie sich mit dem in Verbindung. Er wird Ihnen behilflich sein, dem Gast zu übermitteln, daß Botschafter Falin ihn dringend sprechen möchte. Geben Sie in der Notiz meine Telefonnummer an.«
Kaum hatte ich den Hörer aufgelegt, als Gromyko wieder anrief:
»Haben Sie Bahr gefunden?«
»Ich habe den Ort ausfindig gemacht, an dem er sich aufhält. Jetzt warte ich darauf, daß ihm das Interesse an seiner Person mitgeteilt wird.«
»Lächerliche Bagatelle, und Sie haben mehr als zwei Stunden gebraucht, um sie zu klären. Bahr soll nicht fliegen. Alles andere interessiert mich nicht.«

»Ob Bahr fliegt oder nicht, wird er selbst entscheiden. Ich kann ihn nur davon unterrichten, daß Sie vorschlagen, die Verhandlungen ohne Unterbrechung fortzusetzen.«
»Was soll das heißen, Bahr entscheidet selbst? Ich habe Sie gewarnt. Sie führen einen Auftrag des Politbüros durch, dieser Auftrag ist Ihnen persönlich erteilt worden.«
Bleib stehen oder fall hin, lache oder weine. Leonid Breschnew hat dem Außenminister wohl ordentlich eins draufgegeben, und dem fällt nichts Besseres ein, als die Verantwortung mir zuzuschieben, damit eine für die Außenwelt sichtbare Krise abgewendet wird.
Auf dem Hintergrund einer erzwungenen Gesprächspause, diktiert von Divergenzen in einem prinzipiell wichtigen Problem, könnte in vielen der Wunsch wach werden, nachzubohren, wer zurückgewichen ist, als die Stunde schlug, das Zerwürfnis beizulegen. Nachgeben müßten vor allem wir. Sollten wir in aller Öffentlichkeit einen politischen Striptease veranstalten? Gewöhnlich wog der Minister mit unerklärter Verspätung im Pro-und-Contra-Manöver ab, was uns sonst ein halber oder ein ganzer Schritt kosten würde. Doch in die Ecke gedrängt (oft durch sich selbst), hielt er es für nicht schimpflich, kapitale Werte zu opfern.
Wie auch immer, Bahr flog nicht. Seine Anforderung einer Sondermaschine hatte Gromyko stärker beeindruckt, als Sachargumente es vermochten. Dieser zügelte seinen Eigensinn und kam später wiederholt auf sein »großes« Zugeständnis zurück – den Verzicht auf die Forderung nach »Anerkennung« der neuen Grenzen in Europa. Beim Treffen mit Walter Scheel schilderte Gromyko den Verzicht auf die ursprüngliche sowjetische Forderung als einen »sehr komplizierten und für uns sehr schmerzlichen Prozeß«. Für dieses Zugeständnis will er Konzessionen deutscherseits haben, oder mindestens Verständnis der Bundesrepublik für die strenge Bedingtheit und gegenseitige Abhängigkeit der einzelnen Elemente der erreichten Vereinbarungen.
Die nach dem Fiasko mit Gomulka völlig erstarrte Linie Gromykos bezüglich des Territorialproblems führte in gewissem Maße zu Flexibilität im Meinungsaustausch auf anderen Teilgebieten.
Die Gespräche gingen nun zügig voran. Bauelemente gab es schon im Vorrat, mehr als die Vereinbarung über Gewaltverzicht erforderte. In den Besprechungen auf den Plenarsitzungen in voller oder eingeschränkter Besetzung und selbstverständlich im Meinungsaustausch zwischen

Alexej Kossygin und Egon Bahr (13.3.1970), den Reden Willy Brandts und Walter Scheels, Leonid Breschnews und anderer offizieller sowjetischer Personen wurde übergenug gesagt.

Jetzt kam es hauptsächlich darauf an zu systematisieren, das heißt ausgewogen Prioritäten und Akzente zu setzen. Ausgewogen – das bedingte die Benutzung gleicher Gewichte sowie Takt in der Bewertung der Positionen beider Seiten, überdies die Beseitigung von Unausgesprochenem und inneren Gegensätzen, aus denen, wie die Erfahrung lehrt, differierende Interpretationen und Konflikte geboren werden.

Die Ereignisse jener Tage fließen in der Erinnerung zu einigen scharf konturierten Blöcken zusammen. Nicht Daten prägten sich ein, sondern Diagramme, die unter Mitwirkung tektonischer Erscheinungen die Feder auf einem fatal sich hinziehenden Band ausgeführt hatte. Und offen gesagt, es erstaunte mich, als ich bei einem Blick ins *Archiv der Gegenwart* feststellte, daß ich mich zwischen dem 18. und 22. Mai fünfmal mit Egon Bahr getroffen habe, um den abschließenden Bericht zusammenzustellen. Er sollte, wenn die Regierungen ihn guthießen, den offiziellen Verhandlungen zwischen den Außenministern der UdSSR und der Bundesrepublik Deutschland zugrunde gelegt werden.

Am 22. Mai konnte unser Entwurf auf der letzten, der vierzehnten Begegnung Bahrs mit Gromyko im Rahmen des Drei-Runden-Gesprächs diskutiert werden. Es versteht sich von selbst, daß der Minister eingehend über alle meine Begegnungen mit Bahr laufend unterrichtet worden war. Und ich muß anmerken, daß Gromyko in dieser Phase sich ruhig und kreativ verhalten hatte wie selten davor und fast nie danach.

Die Frucht unserer zielstrebigen Bemühungen ist bekannt. Sie ging in die Annalen der Geschichte unter der Bezeichnung »Bahr-Papier« ein. Ein Dokument, wenn nicht einzigartig, so doch jedenfalls ungewöhnlich. Zehn Punkte, beinahe zehn Gebote, sollen die sowjetisch-bundesdeutschen Beziehungen in eine qualitativ neue Sphäre heben. Vier dieser Punkte bildeten die Eckpfeiler des Moskauer Vertrags. Die übrigen verwandelten sich in Absichtserklärungen, die der bundesdeutsche Botschaftsrat Peckert und ich mit unseren Sichtvermerken versahen.

Warum ausgerechnet Peckert, der bei dem Meinungsaustausch und später an den Verhandlungen kaum teilnahm, auch nicht an Egon Bahrs und meiner Arbeit am abschließenden Bericht? Gromyko dachte ein Weilchen über diese Frage nach.

»Habe ich diesen Herrn schon mal gesehen? Wie sieht er aus?«
Dann, mit einer eindrucksvollen Handbewegung:
»Wenn Bonn zur Formalisierung seiner Verpflichtungen einen Referenten der Botschaft bevollmächtigt, braucht uns das nicht zu kümmern. Für die sowjetische Seite werden Sie paraphieren ... Wenn Sie nichts gegen die Nachbarschaft mit Peckert haben. Kleinkrämer sind Ihre Deutschen, finden sich in großer Politik überhaupt nicht zurecht.«
Noch eine eigenartige Episode. Bahr führt Konsultationen am Rhein. Der Skandal um die Indiskretion mit dem Schlußbericht ist noch nicht ausgebrochen. Im sowjetischen Außenministerium sind die Aufzeichnungen der offiziellen und der Arbeitstreffen mit den Vertretern der Bundesrepublik, auch der mit der DDR, Polen und anderen Ländern, fertiggestellt. Ich halte es für richtig, die Grundzüge meines Gesprächs mit Bahr über das Territorial- und Grenzproblem festzuhalten. Für den Notfall sozusagen. Der Summer des direkten Ministerapparates.
»Ja bitte, guten Tag, Andrej Andrejewitsch.«
»Guten Tag. Wassilij Makarow (Chef des Ministerialsekretariats) hat mir die Niederschrift Ihres Gesprächs mit Bahr auf den Tisch gelegt. Etwas daran irritiert mich. Wenn ein Unkundiger den Text liest, könnte er annehmen, das Thema Grenzen sei nur in diesem Gespräch beraten worden und Sie beide hätten in einem Schwung die Lösung gefunden. Wir, Sie und ich, wissen, wie es wirklich gewesen ist, aber andere ...«
»Verstehe ich Sie richtig, daß Sie nichts dagegen einzuwenden haben, wenn die Niederschrift des Gesprächs mit Bahr nicht archiviert wird?«
»Vielleicht wäre das korrekt. Das Gespräch hat ja seine Rolle gespielt, aber eine besondere Notwendigkeit, es schriftlich festzuhalten, besteht nicht.«
»Gut. Ich vernichte mein Manuskript, und Makarow wird dafür sorgen, daß Ihr Exemplar nicht in Umlauf kommt.«
Damit leuchtete Gromyko eine für mich neue Facette seines Wesens aus. Seine Eitelkeit sah jeder mit bloßem Auge, aber daß sie so weit ging! Plötzlich findet der »arbeitsfrohe Mönch«, wie in Puschkins *Boris Godunow,* unser »mühevolles Werk, das namenlose, streicht von den Blättern den Jahrhundertstaub ...« und erkennt, daß Gromyko nicht im Alleingang den Karren aus dem Dreck gezogen hat, es gab auch andere, die ihm dabei geholfen haben. Blamage. Wie zäh klebt an uns Byzantinismus, und welch üppige Ernte hat er eingebracht!

Die Aussprache mit Gromyko war wie ein jäher Schnitt. Spitz die Ohren! Erzfreunde »geleiten dich eher zum Kloster als Todfeinde«.

Damals wußte ich aber nicht, ahnte es nicht, daß wir uns ein Jahr später auf diesem Pfad verfehlen würden. Ernsthaft und auf lange.

Großen Tumult verursachte in Moskau die Veröffentlichung des Schlußberichts über die Ergebnisse des Drei-Runden-Gesprächs zwischen Gromyko und Bahr (in Auszügen in der *Bildzeitung* am 12. Juni und vollständig in der *Quick* am 1. Juli 1970). Indiskretion ist in der Regel ein unfehlbares Zeichen für inneren Zwist. In den Fraktionen der Regierungskoalition verstärkte sich die Streuung der Meinungen. Die Beamtenschaft setzte der sozial-liberalen Politik wachsenden Widerstand entgegen. Sie griff zu einem erprobten Mittel: Man organisierte »Durchsickern« in die konservative Presse.

Der Außenminister fragte mich nörglerisch, ob die Deutschen uns nicht an der Nase herumführten. Bei der nächsten Begegnung wollte er wissen, welche Perspektiven im Lichte der Bonner Perturbationen die Verhandlungen hätten, speziell unter ihrem zeitlichen Aspekt. Er erklärte die Führer der Bonner Koalition für unseriös. Argumente, daß die neue Regierung den alten Apparat hatte übernehmen müssen, der in den Jahren des Kalten Krieges aufgebaut worden war, ließ er nicht gelten.

»Ich weiß sehr gut«, behauptete er, »wenn der Wunsch besteht, etwas geheimzuhalten, dann ›sickert‹ nichts durch. Nicht einmal in Washington, wo alle Geheimnisse Handelswert haben.«

Andrej Gromyko fand, der Vorgang habe ihn persönlich in eine anfechtbare Lage gebracht, und er verlangte mehr Blei in der Stimme und Strenge bei der Darlegung des sowjetischen Standpunkts am Verhandlungstisch.

Die Indiskretion um das Bahr-Papier wird die Regierung Brandt/Scheel teuer zu stehen kommen. Das ist natürlich, wenn man davon ausgeht, daß Sozialdemokraten und Liberale nicht pro forma eine »neue Ostpolitik« angekündigt hatten und die ersten Donnerschläge am Vorabend der Eröffnung der Verhandlungen über den Moskauer Vertrag nicht scheuten.

Es ist soweit – der Moskauer Vertrag wird Realität

Scheel befand sich in keiner beneidenswerten Lage. Bemerkungen und Ergänzungen, die im Auswärtigen Amt entstehen konnten, stimmten im wesentlichen überein mit der Kritik der konservativen und nationalistischen Gruppen.

Gromyko hatte Grund zu der Behauptung, das sowjetische Prestige stehe auf dem Spiel. Gestern lediglich Diskussionsbeiträge, stellten die Formulierungen jetzt kanonisierte Texte dar. Vielleicht kann man sich freuen – dehnt sich vor Ihnen eine gerade Strecke aus? In der Diplomatie führt Geradlinigkeit jedoch häufig zu Faselei. Eine ungeschickte Bemerkung kann in der nervösen Spannung schwieriger Verhandlungen einen politischen Kurzschluß bewirken.

Ein Schatten der Indiskretion machte sich bei fast jeder Begegnung auf Minister- und Repräsentantenebene bemerkbar.

»Wir ändern weder Wort noch Komma«, antwortete Gromyko barsch und beliebigen Widerspruch abwehrend bei Bemerkungen und Wünschen des westdeutschen Kollegen. Dieses Gespräch wurde, wie ich meine, am 4. August 1970 mit kleiner Zusammensetzung im Bogajewskij-Saal geführt, in der schon erwähnten Villa des Außenministeriums. Der Maler Konstantin Bogajewskij war Ende des neunzehnten, Anfang des zwanzigsten Jahrhunderts sehr in Mode, auch in der Villa Morosow hatte er einige Panneaus gemalt. Phantastische Gebirgslandschaften mit drohend geballten Wolken. Das Interieur – jedenfalls die Gemälde – und der Inhalt des Gesprächs der beiden Außenminister hätten gar nicht besser korrespondieren können.

Als Walter Scheel die Übersetzung des Satzes »weder Wort noch Komma« vernommen hatte, sah er mich erstaunt an. Ich saß rechts von dem bundesdeutschen Minister, konnte ihm aber nicht zu verstehen geben, daß Jurij Andropows und meine Bemühungen, Gromyko zu größerer Konzilianz zumindest gegenüber redaktionellen Korrekturen zu veranlassen, ein kompletter Fehlschlag waren. »Weder Wort noch Komma« war also zunächst auf uns gemünzt gewesen. Nicht einmal Breschnew war bei der Zähmung unseres Ministers übermäßig erfolgreich gewesen. »Sollen sie verschiedene Lesarten innerhalb ihrer Koalition in Bonn unter einen Hut bringen, aber nicht in Moskau«, war sein Argument. »Warum sollen wir unterstellen, daß die Sozialdemokraten die politische Situation in der Bundesrepublik schlechter spüren als die Liberalen?«

Ich bin geneigt anzunehmen, daß der unerschöpfliche Optimismus Walter Scheels und die Entschlossenheit der Führung der Bundesrepublik zur positiven Wendung in bezug auf die östlichen Nachbarn einschließlich der DDR die Situation retteten. Wenn an Scheels Stelle ein Politiker anderer Art verhandelt hätte, wäre vielleicht alles anders ausgegangen.

Geistesgegenwart noch in den kritischsten Augenblicken kommt nicht oft vor. Wahrscheinlich ist die Geschichte vom Steuermann Scheel gar nicht erfunden: Bei einem Luftangriff auf England wurde das Flugzeug getroffen, der Kapitän befahl der Besatzung, mit Fallschirmen abzuspringen. Scheel öffnete das Kontrollfenster und erwiderte: »Außenbord regnet's, müssen abwarten.« Und die Maschine erreichte tatsächlich noch einen deutschen Flugplatz.

Auf den ultimativen Ton unseres Ministers konnte und wollte Scheel nicht eingehen, ließ sich durch ihn auch nicht im mindesten entmutigen. Gromyko fühlte schließlich selbst, daß er zu weit gegangen war. Doch das Wort ist kein Spatz ...

Mich kostete es große Anstrengungen, einen moderaten Ton durchzuhalten. Meine Argumente in den Gesprächen mit Andrej Gromyko, direkt oder auf Umwegen von Leonid Breschnew autorisiert, erhielten in den Augen des Ministers desto größeres Gewicht, je strenger ich am Verhandlungstisch mit den Vertretern der Bundesrepublik die Linie des Ministers einhielt.

Die Kontroverse mit Paul Frank wegen meiner Ablehnung, einen umfangreichen Katalog, dick wie ein »Neckermann«, von Wünschen zu den vorher vereinbarten Texten anzunehmen, war nicht programmiert. Wir hatten nicht mit Varianten gerechnet, die den früher erreichten Resultaten ans Mark gingen. Ich wollte den mir sympathischen Staatssekretär keinesfalls kränken oder ihm gegenüber die Rolle des Falken spielen. Aber die Korrekturlisten entgegenzunehmen würde bedeuten, sie an die in sechsmonatiger Arbeit geschaffene gemeinsame Basis anzuhängen. Man müßte entweder diese gemeinsame Frucht in die sowjetische Ausgangsposition umwandeln oder mit einem noch umfangreicheren Katalog unserer Wünsche und Forderungen antworten. Die Folgen wären die gleichen: langwierige Ungewißheit.

Deshalb legte ich in meiner Antwort an Frank den Akzent auf die

Notwendigkeit für beide Seiten, mit sich selbst ins klare zu kommen. Die Bedingungen für einen Neuanfang mit eigenen Plänen und Möglichkeiten müßten zu Hause heranreifen. Vereinbarkeit von Prämissen ist die wahre Voraussetzung für einen Erfolg. Alles übrige sind Derivate.
Bis heute habe ich dieses Bild vor mir: Frank mehr als enttäuscht, gespannte Gesichter seiner und meiner Berater. Der große runde Tisch, an dem wir ungezwungen Platz genommen hatten, barst plötzlich auseinander mit scharfen Kanten. Er vereinte uns nicht mehr, ein Trennungsgraben durchschnitt seine polierte Oberfläche.
Ich erinnere mich an jedes Wort des Staatssekretärs, seinen vorwurfsvollen Blick. In unseren langjährigen Kontakten war dies der einzige ernste Zusammenstoß mit Frank. Ein gewisser Ausgleich für die ihm zuteil gewordenen unangenehmen Minuten könnte folgendes sein: Den Gedanken Franks, beide Seiten sollten aus den Verhandlungen mit dem Gefühl erfüllter Pflicht hervorgehen, ohne die Augen vor der Öffentlichkeit niederschlagen zu müssen, hatte ich bei internen Diskussionen mit dem Minister oder an höherer Stelle mehrmals wiedergegeben. Ich vermute, nicht ohne Konsequenzen.
Gerade während unserer unfrohen Polemik mit dem Bonner Staatssekretär war Gromyko erkrankt. Er war ein schwieriger Patient, zwang die Ärzte, eine Krankheit nur nach Temperatur und Puls zu diagnostizieren. Der Minister empfing uns zu Hause.
»Neuigkeiten?«
»Nicht sehr begeisternde. Die Delegation der Bundesrepublik brachte Korrekturen für Wochen oder sogar Monate neuer Verhandlungen. Paul Frank hat uns mit einer Liste von Veränderungen und Ergänzungen überrascht, die zum Teil den Gegenstand des Dialogs als solchen in Frage stellen. Ich war nicht bevollmächtigt, die bereits geleistete Arbeit faktisch zu desavouieren, und habe die Liste daher nicht entgegengenommen.«
Gromyko richtete sich im Kissen auf. Er empfing mich zusammen mit Anatolij Kowaljow fest zugedeckt im Bett und sah wirklich elend aus.
»Geht's nicht ausführlicher? Das ist in der Tat eine Überraschung. Bezog Frank sich bei seinen Korrekturen auf Scheel? Wie haben Sie ihn verstanden? Wird die mit Bahr erarbeitete Grundlage von der Bonner Regierung angenommen oder verworfen? Vielleicht hat sie selbst das Bahr-Papier in die Presse lanciert? Welchen Eindruck haben Sie, Kowaljow?«
Kowaljow verstand bestens, einer möglichen Überhitzung vorzubeugen.

Er solidarisierte sich mit meiner Handlungsweise, sie sei absolut richtig für das Arbeitsniveau der Verhandlungen gewesen.

»Walter Scheel ist kein Einfaltspinsel«, fährt Gromyko fort, »sie haben beschlossen, eine schwache Stelle zu suchen. Irgend etwas haben wir in unseren Analysen übersehen. Der Vertrauensbruch war das Signal.«

Und dann wieder:

»Wie haben Sie die Absage an Frank, das Papier anzunehmen, begründet? Ich glaube nicht, daß Scheel mich mit seinem Vorhaben belästigen wird. Aber wer weiß?«

Im Duett mit Kowaljow gebe ich die Nuancen des Meinungsaustauschs mit Frank wieder, wir charakterisieren die Atmosphäre, in der er stattfand, und vergessen nicht anzumerken, daß wir übereinkamen, die Leiter der Delegationen über die Situation zu informieren.

»Gehen Sie davon aus, Sie haben informiert, und der Chef der sowjetischen Delegation hat Ihre Linie gebilligt.«

Gromyko grinst und fügt hinzu:

»Im Grundsätzlichen und Wichtigsten... Nur könnten Sie sich eines weniger ausgesuchten Stils befleißigen. Aber, na ja, Sie sind beide Zöglinge des Instituts für Internationale Beziehungen.«

Wir legen den Ablaufplan für die weiteren Verhandlungen fest. Der Minister ist entschlossen, die Ratschläge der Ärzte und die Bitten seiner Frau zu mißachten. Das Sachinteresse rangiert höher als seine Temperaturschwankungen. Außerdem ist Arbeit – dieses Experiment hatte Gromyko ständig an sich und seinen Mitarbeitern erprobt – die beste Therapie und kennt fast keine Kontraindikation.

Am nächsten Tag, dem 29. Juli, sitzt unser Minister mit Scheel am Verhandlungstisch. Er wählt, meine ich, die für die Umstände optimale Methode: Er gibt konkrete Antworten auf Fragen Walter Scheels, die zu Protokoll genommen werden. Einzelne Themen führt Scheel neu ein. Sie sind keineswegs sekundär und betreffen im besonderen die Rechte und Verantwortlichkeiten der vier Mächte, den Status der Nachkriegsgrenzen und ihre eventuellen Änderungen mit politischen Mitteln sowie die Wiedervereinigung Deutschlands.

Die Verhandlungen verlaufen schwierig, in einigen Punkten sehr schwierig, aber sachlich. Berücksichtigt man die Materie, konnte es auch gar nicht anders sein.

Der Gluthitze am Verhandlungstisch konnte die Natur abhelfen. Gromyko lud seinen Gast ein, mit ihm einige Zeit im Haus des Außenministers außerhalb der Stadt zu verbringen. Früher hatte hier der Vorsitzende des Exekutivkomitees der Komintern, Georgij Dimitrow, gewohnt. Ein geräumiges, gänzlich gesichtsloses Gebäude, wie sie in den dreißiger Jahren für höchste Führer in der Nähe von Moskau gebaut worden waren. Der Park aber war schön, ließ nichts zu wünschen übrig. Weitläufig, maßvoll gepflegt, stieß er an das Naturschutzgebiet der »Leninhügel«. Geh hin, atme aus voller Brust, und gib dich wie Pierre Besuchow in Tolstojs *Krieg und Frieden* deinen Träumen hin. Erinnern Sie sich: »Pierre schaute zum Himmel empor, in die Tiefe der entschwindenden, spielenden Sterne. ›Und das alles ist meins, und all das ist in mir, und all das bin ich!‹ dachte Pierre.«

Gromyko wählte gängige Themen und Worte, um die Stimmung zu lockern, seinen Kollegen zu überzeugen, den Frank nach Meschtscherino begleitet hatte, um das gemeinsame Vorhaben in den Vordergrund zu stellen. Dieses gemeinsame Vorhaben erlaubte einem guten Fahrtwind, das Segel aufzublähen und wenn schon keine Perle, dann doch einen gemeinsamen Nenner zu fischen. Eine sanfte Sonne, wie wir sie gegen Sommerende in Moskaus Umgebung kennen, trug ihren Teil dazu bei.

Am Montag kamen beide Minister erfrischt und mit hellen Gesichtern zurück. Sehr zur rechten Zeit. An jenem Tag lagen nicht Fragmente von Vereinbarungen auf dem Tisch, sondern Konzepte, denen sowohl einander angepaßte Facetten als auch nicht überwundene Differenzen eigen waren.

Hellere Gesichter sind nicht immer identisch mit hellen Ideen. Scheel wurde nicht müde, aus den für Gromyko bereiteten Vorräten an Peinlichkeiten zu schöpfen, und er tat dies unbefangen mit spitzbübischer Miene. Die Finger der rechten Hand meines Ministers wurden steif, und aus seinen fest zusammengepreßten Lippen wich die Farbe. Er sah nicht zu Scheel hinüber, schien ganz in sich selbst versunken zu sein. Ihn beschäftigte der Gedanke, wie das Gespräch abzurunden sei, damit der »Geist von Meschtscherino« sich nicht verflüchtige wie aus einem angestochenen Luftballon.

Die einfachste Methode ist – die Stellvertreter in Verlegenheit zu bringen. Sollen die doch an den Texten der Vereinbarungen entlangspazieren. Streitigkeiten auf ihrer Ebene lassen sich leichter schlichten. Wenn hohes Interesse dies verlangt, kann man Stellvertreter immer ein bißchen korrigieren.

Am 4. August gelangten die Minister an den Schlüsselartikel über die Nachkriegsgrenzen. Es schien, als sei das früher Gesagte vergessen, als gebe es die Erläuterungen nicht, die Scheel so brennend gern von Gromyko hören wollte, auch gehört und protokolliert hatte. Der sowjetische Minister ließ sich hinreißen. Die Stimme – sonor, die Pose – ganz demonstrative Entschlossenheit, um zu zeigen, daß er auch heiklere Situationen schon gemeistert hat.

Es beschwichtigte nur wenig, daß Franks und meine Arbeit vom Vortag Billigung gefunden hatte. Warum können Politiker sich selbst nicht anders sehen als in den Harnisch von Prinzipien geschmiedet? Und je höher der Rang, desto strahlender müssen die Harnische blitzen.

»Man soll den Tag nicht vor dem Abend loben«, meinte Scheel, als er eine Stunde später den sowjetischen Minister beim Frühstück im »Rossija« begrüßte. In acht Verhandlungstagen hatte es dreizehn Treffen gegeben. Sie hatten neunundzwanzig Stunden verschlungen, aber der Abend war noch nicht in Sicht. Würde er überhaupt kommen? Die Antwort hing in gewissem Grade von einem Gespräch ab, das Frank und ich nach dem Essen zu führen hatten.

Scheel hatte darauf bestanden, daß die sowjetische Seite sich im voraus mit dem Text seines Briefes zur »deutschen Einheit« vertraut mache, den er am Tag der Vertragsunterzeichnung über Gewaltverzicht dem Außenministerium der UdSSR offiziell zur Kenntnis bringen wollte. Gromyko meinte, der Himmel werde nicht einstürzen, wenn er diesem Wunsch willfahre. Er arrangierte die Prozedur der Sichtung so, daß kein Schatten von Offizialität aufscheinen und kein Junktim mit dem Moskauer Vertrag als solchem abgeleitet werden konnte.

Frank und mir stand eine Villa auf den Lenin-Bergen neben der Residenz Walter Scheels zur Verfügung, damit Besprechungen außerhalb des Verhandlungsgeländes stattfinden konnten. Ich bekam Anweisung, zuzuhören, aber keinerlei Papier entgegenzunehmen. Vor riskanten Präzisierungen hielt ich mich zurück. Durfte ich mir trotzdem ein eigenes Urteil erlauben?

Zu unserer Unterredung hatte der Staatssekretär Bernd von Staden mitgebracht, mich begleitete Awrelij Tokowinin*.

Nach ein paar einführenden Sätzen ging Frank zum Verlesen des Papiers

---

* Mein Vize in der 3. Europa-Abteilung

über, das er in Händen hielt. Es wehte ein kräftiger Hauch der Vergangenheit. Für den Moskauer Vertrag paßte so ein Brief wie ein Sattel für die Kuh.

Frank verliest den Text in beinahe melancholischem Ton. Ich überlege, ob es genügt, mein Befremden zum Ausdruck zu bringen oder ob ich etwas zur Sache sagen soll. Gromyko wird das zwar nicht billigen. Aber die Angelegenheit sich selbst zu überlassen hieße, wertvolle Zeit zu vergeuden. Sei es, wie es sei. Wenn mein Partner fragt, ob ich außer Kritik noch etwas auf dem Herzen hätte, werde ich ihm meine Überlegungen mitteilen.

Wie lange braucht man zum Verlesen von fünfundvierzig bis fünfzig Zeilen? Vier Minuten, nicht mehr. Danach Schweigen, das der Staatssekretär mit dem Satz unterbricht:

»Ihr Eindruck, bitte.«

»Wenn Sie meine ganz persönliche Meinung interessiert – nicht fürs Protokoll –, formuliere ich so: Der vernommene Text steht nicht im Einklang mit dem neuen Kapitel unserer Beziehungen, das wir uns anschicken zu beginnen.«

»Wie sehen Sie die Themenstellung der Einheit im erwähnten neuen Kapitel?«

Ich schlage vor, gemeinsam zu überlegen. Selbstverständlich sollte der Brief ganz kurz und frei von rhetorischen Floskeln sein. Ein einiges friedliches Europa als Ziel widerspricht nicht der gemeinsamen Auffassung; das ist leicht mit den Erklärungen der Führer unserer Länder in den letzten drei bis vier Jahren zu belegen. Gegen Bestrebungen, das Problem der deutschen Einheit so oder anders im Rahmen einer europäischen Friedensordnung zu lösen, wird kaum etwas einzuwenden sein. Der Kern des Briefes könnte in der Feststellung liegen, daß der Moskauer Vertrag die Idee der deutschen Einheit nicht negiert.

Ich flechte die genannten Elemente in einen Zopf. Es kommt eine ganz stattliche Formulierung heraus. Frank berät sich mit Bernd von Staden und fragt dann, ob ich nicht eine schriftliche Notiz im Vorrat hätte. Nein, und das ist nur gut, denn sonst müßte ich sie dem Minister vortragen, und die würde sicherlich verworfen werden.

Beim Abschied verabreden wir, daß Frank noch einmal nachdenkt und ich dem Minister melde, mir seien einige Gedanken vorgetragen worden, die sich in konstruktiver Form im Brief der einen Seite niederschlagen und von uns keine Reaktion verlangen.

Ich muß dafür sorgen, daß das Gespräch mit Frank ganz bescheiden und knapp niedergeschrieben wird. Die Frage, deretwegen wir uns getroffen haben, darf nicht unter den Tisch fallen, doch meine Überlegungen dazu kann man ruhig beiseite lassen. Später, als um den Brief viel Lärm geschlagen wurde, teilte Tokowinin als Augenzeuge seine Beobachtungen einem ihm nahestehenden Kollegen mit. Ende der siebziger Jahre versuchte er, unzufrieden mit seiner Abberufung aus Bonn, mich unter Druck zu setzen, indem er drohte, das Geheimnis der Geburt des Briefes über die »deutsche Einheit« zu enthüllen; mir blieb nichts anderes übrig, als mich unverzüglich von dem Gesandten zu trennen.

Jahrzehnte später erzählte ich Bahr von diesem Gespräch mit Frank und erfuhr von ihm, daß der Staatssekretär sich mir gegenüber beispielhaft loyal verhalten hat. In Erinnerung an die heißen Augusttage 1970 stellten wir fest, daß Telepathie in der Politik kein seltener Gast ist. Bahrs und meine Ideen, die den Brief betrafen, kamen damals einander sehr nahe. Doch die Gedanken meines Freundes wurden im Auswärtigen Amt anfänglich äußerst reserviert aufgenommen.

Ein weiteres Moment verdient Erwähnung. Die Moskauer Verhandlungen hatten das Ziel, eine triftige Gewaltverzichtsformel auszuarbeiten. Aus dem anfänglichen Plan, Erklärungen auszutauschen, erwuchs eine Vereinbarung, die schließlich zu einem Vertrag führte, doch als Benennung wurde stets der Begriff Gewaltverzicht geführt.

Am 5. oder 6. August fragte Gromyko Scheel, ob es nicht zweckmäßig sei, den Bezug auf Gewaltverzicht im Titel herauszunehmen. Der Vertragskomplex übersteige den Ausgangsrahmen, es wäre angebracht, dem Rechnung zu tragen. Gromykos Vorstoß überrumpelte alle. Auch für mich kam er unerwartet. Bis zu dieser Minute hatte der Minister seinen Wunsch, die Vereinbarungen zu generalisieren, nicht geäußert.

Wohin zielte er? Das wurde mir ein Jahr später klar, wenn man auch mit geduldiger Synthese einzelner seiner Bemerkungen und Intonationen schon früher hätte erraten können, was Gromyko vorschwebte.

Walter Scheel beriet sich mit seiner Delegation und erklärte sich mit der Idee des sowjetischen Kollegen einverstanden. Objektiv hatte sie ihre Motivierung in der gesamten Struktur des Vertrags, im spezifischen Gewicht der sowjetisch-bundesdeutschen Beziehungen, in der Europa- und in der Weltpolitik, in dem Bedürfnis, einen qualitativen Durchbruch in eine bessere Zukunft zu erreichen.

Gromyko hatte den Augenblick vortrefflich gewählt: ein sonniger, freigebig Hoffnung spendender Morgen. Die Delegierten und ihre Berater waren in gehobener Stimmung. Innerlich bereiteten sich die Delegierten darauf vor, einander zum Erfolg zu gratulieren, einem beiderseitigen, der dank großer Geduld und der mit Mühe errungenen Duldsamkeit erreicht worden war. Bei allem Reiz der Verhandlungen verspürte niemand den Wunsch, sie ins Endlose fortzusetzen. Die bis zur Unverständlichkeit einfache Wahrheit, daß echte Partnerschaft nur unter Ländern möglich ist, die es fertigbringen, einander manche Mängel zu verzeihen, war nahegerückt.

7. August 1970 in der Villa des Außenministeriums. Die Zeremonie der Paraphierung des Moskauer Vertrags. Gromyko widmete sich dem Gedanken über die Bedeutung, welche die Normalisierung der Beziehungen zwischen der Sowjetunion und der Bundesrepublik Deutschland für eine friedliche Zukunft habe. Scheel griff die These auf. Er betonte, der Vertrag diene der Entspannung und könne zu einer der Voraussetzungen für dauerhaften Frieden in Europa werden.

Komplimente für das außerordentliche Ereignis gab es in Menge; doch sie wurden nicht als konventionelle Lobsprüche oder Lobhudelei aufgefaßt. Viele Visionen konnten in praktischer Entwicklung realisiert werden. Nicht auf einmal, es gab Rückschläge, man mußte sich durch Sperren des Mißtrauens, durch Pfahlzäune von Feindseligkeit und Ignoranz hindurchzwängen.

Hier Walter Scheels Erklärung auf dem Flughafen Köln-Bonn bei seiner Rückkehr aus Moskau:

»Ich komme mit einem Ergebnis zurück, das die Wahrung nationaler Interessen des deutschen Volkes sichert, den Frieden in Europa festigen hilft, die künftigen Beziehungen der Bundesrepublik zur Sowjetunion auf eine neue Grundlage stellt und unserer Bevölkerung mehr Sicherheit bringt.«

Wo ist Scheels Prognose von der Wirklichkeit abgewichen? Alles kam zustande, wenn auch nicht immer so, wie von uns erträumt.

Vorbereitung des Akts der Unterzeichnung des Moskauer Vertrags in unglaublicher Hast. Informierung der Verbündeten. Sie müssen überzeugt werden, daß ein Optimum im Interesse der UdSSR wie auch im Interesse des Warschauer Pakts im ganzen erreicht worden ist. Energisch müssen die Parteiorganisationen und ihre Leiter in unserem Land aufgeklärt werden. Das Ausland war festen Glaubens, daß die Funktionäre strammstanden, wenn die Stimme der Obrigkeit erklang. Im Leben ging es bunter zu.

Sitzung des Politbüros des ZK der KPdSU. Gromykos Bericht über die Beendigung der Verhandlungen mit Walter Scheel. Die Debatten beginnen schon, ehe alle ihre Plätze eingenommen haben.

Der weißrussische Parteisekretär, Pjotr Mascherow, war im Krieg Partisan, ein anständiger Mensch, keineswegs der schlechteste in der damaligen Führung. Er fragt mich:

»Werden uns die Deutschen nicht wieder reinlegen?«

»Die Situation ist grundlegend anders. Selbst wenn die Deutschen es wollten, können sie es nicht.«

»In ihrer Heimtücke sind sie imstande, sich mit dem nuklearen Teufel zu verschwägern.«

Der Erste Sekretär der Ukraine, Wladimir Schtscherbitzkij, ist auch weit von dem Glauben entfernt, daß die Deutschen sich umgeschmiedet hätten.

»Soll ich es grob direkt sagen? Nicht einmal mit jedem zweiten Freund aus der DDR würde ich mich gern an eine riskante Sache machen. Die Deutschen sind nicht aus Reue, sondern aus Angst für eine Versöhnung mit uns. Sie lassen nicht zu, daß es für all das Böse, das sie auf unserer Erde angerichtet haben, Verzeihung geben kann.«

Der Generalsekretär fordert zum Sitzungsbeginn auf.

Gromyko referiert stilvoll den Verhandlungsverlauf und dessen Ergebnisse. Gekonnt weist er darauf hin, welche Schwierigkeiten überwunden werden mußten, ehe der Vertrag unterschriftsreif war. Die Fragen der Sitzungsteilnehmer betreffen die Zuverlässigkeit der erreichten Regelungen, die Pläne Bonns hinsichtlich seiner Beziehungen zur DDR und zu anderen mit uns verbündeten Staaten. Der Minister gibt sich zuversichtlich, sogar selbstbewußt. Sieh mal an: Das Außenministerium befaßt sich mit Selbstreklame.

Jurij Andropow ergreift zur rechten Zeit das Wort. Er stützt sich darauf, daß der Moskauer Vertrag nur der erste Schritt auf dem langen Weg zur Normalisierung ist. Die Trennung von der Vergangenheit wird widerspruchsvoll und schmerzhaft sein. Die Positionen sind in Bewegung. Davon zeugen die Entwicklungen im Herangehen der Westdeutschen an eine Reihe wichtiger Probleme schon während der Verhandlungen. In unserem Interesse liegt es, die positiven Veränderungen zu unterstützen und eine juristische Basis für ihre Festigung und ihr Wachstum zu schaffen.

Daß die Gesundung der sowjetisch-westdeutschen Beziehungen wünschenswert ist, unterliegt keinem Zweifel. Doch nicht nur Ukrainer und Weißrussen beschäftigt die nicht immer offen gestellte Frage: Verknappen wir uns mit dem Vertrag nicht die eigenen Möglichkeiten? Würden wir nicht behaglicher leben mit den unumschränkten Rechten des Siegers bei einem Minimum an Verpflichtungen Deutschland gegenüber? Und immer wieder: Wie werden sich die Beziehungen zwischen West- und Ostdeutschland gestalten, nachdem die Nichtanerkennung der DDR entfällt? Über den Prager Frühling ist noch kein Gras gewachsen. Und wenn dessen Saat aufgeht?

Im Blickfeld der Anwesenden: Wie beurteilt der Westen den Vertrag? Ist es wahr, daß man in Paris, London und Washington Beunruhigung über die sowjetisch-deutsche Annäherung zur Schau trägt? Finden wir uns am Ende in der Position des Angeschmierten?

Andropow und Gromyko führen Belege an, aus denen hervorgeht, daß die Bundesrepublik genug souverän gehandelt hat; doch es wäre naiv anzunehmen, die Regierung Brandt/Scheel würde ihre Beziehungen zu uns verbessern, wenn dies Einbußen im Konsens mit ihren eigenen Verbündeten mit sich brächte. Die Sowjetunion selbst dringt zum gegenseitigen Verständnis mit den Westmächten vor, das ebenfalls nicht auf fremde Rechnung geht.

Im ganzen gab es keinen »stürmischen, nicht endenwollenden Applaus« für den Moskauer Vertrag. Leonid Breschnew sagte ein paar anerkennende Worte an die Adresse des Außenministeriums und an Gromyko persönlich; er empfahl, die geleistete Arbeit gutzuheißen und den Ministerpräsidenten Kossygin zu beauftragen, zusammen mit dem Außenminister im Namen der UdSSR unterschriftlich den Vertragstext zu bestätigen. So wurde es beschlossen.

Danach war der Zeitplan des Brandt-Besuchs festzulegen. Der Bundeskanzler wünschte keine Koinzidenz der Daten bei zwei in Geist und Wesen einander ausschließenden Ereignissen: Jahrestag des Mauerbaus in Berlin und Wendung der Bundesrepublik nach Osten. Folgender »Fahrplan« wurde aufgestellt: Ankunft am Abend des 11. August. Am folgenden Tag alle offiziellen Zeremonien. Am 13. August Rückflug nach Bonn. Der protokollarische Teil war in keiner Weise vorbesprochen. Tür und Tor für Eigeninitiative standen offen.

Willy Brandts Ankunft war die Premiere des eben erst ernannten Protokollchefs des Außenministeriums, Boris Kolokolow. Er beriet sich mit mir, wie am besten zu verfahren sei. Es ist ein Arbeitsbesuch. Gewöhnlich tritt dann keine Ehrenwache an, und die Trasse vom Flughafen bis zur Residenz des Gasts wird nicht mit Fahnen dekoriert.

Wir beschlossen, ohne uns noch mit jemandem zu beraten, bei der Ankunft nur auf dem Flughafen und vor dem Gebäude, in dem der Gast sich aufhalten wird, die Fahnen der Bundesrepublik zu hissen. Inzwischen lassen wir genügend bundesdeutsche Fahnen nähen, die den Weg bei der Abreise schmücken werden. Damit wird betont: Mit der Unterzeichnung des Moskauer Vertrags wird ein neues Kapitel in den Annalen unserer Beziehungen aufgeschlagen werden.

Zur Begrüßung des Bundeskanzlers erschienen auf dem Flughafen Wnukowo-2 Alexej Kossygin, Andrej Gromyko und andere offizielle Persönlichkeiten. Der Außenminister war mit der Organisation des Empfangs zufrieden. Doch der Vorsitzende des Ministerrats fuhr beim Aussteigen aus dem Auto Kolokolow scharf an:

»Warum sind keine Fahnen an der Trasse?«

»Es ist doch ein Arbeitsbesuch«, verteidigte sich der Protokollchef. »Außerdem konnten in der kurzen Zeit nicht genügend Staatsfahnen der BRD beschafft werden.«

»Sie fangen schlecht an«, rügte Kossygin ärgerlich und machte auch zu Gromyko eine tadelnde Bemerkung. Im Außenministerium legte ich zwei bis drei Stunden später Gromyko das Programm für den 12. August vor. Er überprüft, ob Merkblätter und Listen Breschnew und Kossygin zugeleitet wurden. Nach der bestätigenden Antwort fragt er:

»Und was war mit den Fahnen?«

Ich erläutere ihm ohne Ausflüchte Kolokolows und meine Motive, er ist im wesentlichen einverstanden, beschneidet aber sofort den Sinn der Verknüpfung von Politik und Protokoll. Doch:

»So etwas muß beraten werden. Nicht einmal ich kann in solchen Fragen eine Entscheidung auf meine Kappe nehmen.«

Der Empfang am Flughafen war ohne Holprigkeiten verlaufen. Als Kossygin die ihm unverständliche Aufschrift auf der zum Halteplatz rollenden Boeing 707 sah, fragte er, was sie bedeute. Ich übersetzte: »Luftwaffe.«

»Wieso Luftwaffe? Haben die nicht genug Zivilflugzeuge?«
»Es ist Tradition, daß die Führer der Bundesrepublik bei Staatsbesuchen sich einer Luftwaffenabteilung bedienen. Brandt schafft daher mit seinem Anflug kein Novum. Dies wurde zum Bestandteil des Protokolls der Bundesrepublik.«
»Dann kam also Konrad Adenauer auch mit einem Wehrmachtsflugzeug angeflogen?«
»Nicht Wehrmacht, Bundeswehr. Ich bin mir aber nicht sicher, ob es im Herbst 1955 unter Adenauer schon deutsche Luftstreitkräfte gab.«
»Wunderlich, diese Deutschen. Wie kommt es bloß, daß sie das Soldatenspielen so lieben?«
Der Vorsitzende des Ministerrats, der Außenminister und Botschafter Semjon Zarapkin, von Kolokolow begleitet, begrüßen Willy Brandt und Walter Scheel am Fuße der Flugzeugtreppe. Uns hat man in einer Reihe Aufstellung nehmen lassen, die der Bundeskanzler abschreitet.
Es ist unser zweiter Blickkontakt. Im September 1969 war ich anläßlich eines Treffens mit Gromyko in New York Brandt vorgestellt worden. Natürlich erinnerte er sich nicht an mich. Als ihm mein Name genannt wurde, drückte der Bundeskanzler mir kräftig die Hand und sagte:
»Ich freue mich, Sie zu sehen.«
Alexej Kossygin wartet geduldig das Ende der vielgliedrigen Begrüßungszeremonie ab. Brandt begrüßt die Mitarbeiter der bundesdeutschen Botschaft und deren Angehörige, auch eine Gruppe von Frauen und Männern, die symbolisch Moskaus Gesellschaft verkörpert.
Dann begibt er sich zu den Wagen. Ich fahre mit Paul Frank.
»Für die große Sache, die morgen vollzogen wird«, bemerkt er, »braucht die Bundesregierung außerordentlichen Mut.«
»Da bin ich ganz Ihrer Ansicht, mit einer Ergänzung: Mut und Nüchternheit in den Urteilen brauchen beide Seiten.«
»Versetzen Sie sich in unsere Lage«, fährt Frank fort, »die Einheit wird aus einer praktischen Aufgabe zu einem politischen Ziel, dessen Erreichung von allen Europäern abhängt. Deutschland verzichtet auf ein Drittel seines Territoriums. West-Berlin, obwohl nicht verloren, bleibt irgendwo im Nebulosen. Nehmen Sie Frankreich, wie würde es sich verhalten, vor die Notwendigkeit gestellt, den Verlust von jeder dritten seiner Provinzen zu akzeptieren? Nehmen wir nur das. Wie würden die französischen Bauern und Städter darauf reagieren?«

»Wir wissen, wie sie nach den Napoleonischen Kriegen reagiert haben und nach der Niederlage gegen Preußen 1871. Doch jene Kriege sind mit den Folgen der Nazi-Aggressionen nicht zu vergleichen. Bei aller Relativität historischer Vergleiche.«

Frank wechselt das Thema und erklärt, weshalb Brandt eine Gruppe von Parlamentariern und führenden Journalisten mitgebracht hat.

»Der Kampf um die Ratifizierung des Vertrags hat faktisch schon begonnen, noch vor der Unterzeichnung der Dokumente. Objekt der Streitigkeiten sind nicht so sehr konkrete Vertragsartikel, oder richtiger, nicht nur sie. Die Formulierungen können durchaus makellos sein, der Vertrag würde in der Bundesrepublik trotzdem auf den Widerstand mächtiger Kräfte stoßen. Sie sind prinzipiell gegen die ›neue Ostpolitik‹. Für sie ist die Anerkennung der DDR und der existierenden Grenzen eine zweite Kapitulation, wenn nicht etwas noch Schlimmeres. Sie wollen den Vertrag kippen und das sozial-liberale Kabinett stürzen.«

Leider hatten wir in diesem Augenblick die Residenz Brandts schon erreicht. Die Gedanken des Staatssekretärs interessierten mich sehr.

Am Morgen des 12. August war Willy Brandt bei Alexej Kossygin. Die beiden Regierungschefs führten ein ausgesprochen sachbezogenes Gespräch. Man hätte denken können, sie seien seit langem miteinander bekannt und sprächen nicht vor der Unterzeichnung eines Vertrags miteinander, vielmehr sei der Vertrag bereits in Kraft und verkörpere unsere Zusammenarbeit auf den Gebieten gemeinsamer Interessen in der internationalen Arena.

Im Katharinensaal des Kreml – große Versammlung. Der feierliche Akt der Unterzeichnung war auf 15 Uhr angesetzt. Hier werden Willy Brandt und Leonid Breschnew miteinander bekannt gemacht. Außerdem läßt sich der Bundeskanzler noch andere politische Führer der Sowjetunion vorstellen. Der Generalsekretär vereinbart mit Brandt ein Gespräch unter vier Augen.

Zunächst aber ergreifen die Zeremonienmeister und Rechtsexperten die Macht. Sie allein beherrschen in Vollkommenheit die Kunst, jede handelnde Person in den richtigen Sessel zu placieren, und setzen fest, in welcher Reihenfolge und wo jeder seine Unterschrift zu leisten hat.

Die Zeiger der Uhr im vergoldeten Bronzegehäuse bereiten sich zur Ankündigung einer neuen Zeit für Moskau und Bonn vor. Ja, es kann sein, daß sie beginnt.

Als erste unterzeichnen Kossygin und Brandt, nach ihnen die beiden Außenminister. Es herrscht Stille. Sie löst sich erst, nachdem die beiden Regierungshäupter aus ihren Sesseln aufgestanden sind und miteinander die Ledermappen ausgetauscht haben, die den Vertragstext enthalten, der sich vor unseren Augen in eine historische Tat verwandelt hat.

Die Anwesenden applaudieren. Botschafter Zarapkin gelingt es, sich die Feder, mit der Kossygin unterschrieben hat, vom Tisch zu klauen. Er ist Besitzer dieses wertvollen Souvenirs.

Champagner wird gereicht. Es ist interessant, sich etwas abseits zu halten und zu beobachten, wie Gesprächsgruppen sich bilden und wieder auseinanderfallen. Man reißt sich um die Dolmetscher. Worum sich die Gespräche drehen, ist gar nicht so wichtig. Wichtiger ist jetzt, daß dem Drang, persönliche Verbindung aufzunehmen, nachgegeben werden kann.

Unversehens tritt Gromyko zu mir:

»Was mimen Sie hier den Einsiedler? Setzen Sie sich mit Bahr in Verbindung, nein, besser mit Brandt direkt, und stellen Sie ihm die Frage, wieweit es gerechtfertigt ist, daß seine Partei sich Sozialdemokratische Partei Deutschlands nennt, da jetzt doch zwei Deutschlands anerkannte Tatsachen sind.«

Mich schauderte. Gibt sich der Minister keine Rechenschaft darüber, was er da aufreißt? Noch sind keine zwanzig Minuten seit der Vertragsunterzeichnung vergangen und schon, nun ja, Prätentionen, noch dazu händelsüchtige.

»Da könnte man doch wohl mit der Korrektur der Bezeichnung Deutsche Demokratische Republik anfangen. Sozialistische Einheitspartei Deutschlands? Sie gibt die Zeitung *Neues Deutschland* heraus. Dann kämen die anderen Parteien der DDR ins Gerede, Gewerkschaften und so weiter, kein Ende abzusehen.«

»Klügeln Sie nicht herum, erledigen Sie den Auftrag«, unterbricht Gromyko mich.

Abscheuliche Situation. Ich hatte auch bisher nicht versucht, zu Brandt durchzudringen, der sich in einem dichten Ring geladener Gäste befand. Jetzt hätte ich ihn am liebsten aus den Augen verloren.

Gromyko taucht wieder auf:

»Nun, mit Brandt gesprochen?«

»Es bestand noch keine Möglichkeit.«

Im Blick des Ministers stand alles zu lesen, was er von mir dachte. Festen

Schritts begab er sich in den Kreis um Brandt und gab zu verstehen, er wünsche allein mit dem Bundeskanzler zu sprechen. Einige Satzfetzen drangen bis zu mir herüber. Gromyko sprach englisch: »Sozialdemokratische Partei ... zwei Deutschlands ...«
Brandt richtete einen erstaunten und so verständnislosen Blick auf Gromyko, daß jeder Wunsch des Ministers fortzufahren im Keim erstickte. Um die Peinlichkeit zu verwischen, murmelte Gromyko etwas Nebensächliches. Dann erinnerte er daran, daß Brandt zu einem Spitzengespräch mit Breschnew erwartet werde, das dazu angetan sei, dem Prozeß der Erneuerung unserer Beziehungen die notwendige Dynamik zu verleihen.
Damit entfernte Gromyko sich. Auf die Idee, die SPD solle ihren Namen ändern, ist er nie wieder zurückgekommen. Jedenfalls nicht mir gegenüber. Wer dem Minister die Idee suggeriert hat oder ob es sein eigener Einfall war, blieb ein Geheimnis. Kurzschlüssen sind ab und zu selbst Minister unterworfen.
Ich setzte mich mit Andrej Alexandrow in Verbindung. Es könnte ja sein, daß Brandt in seinem Gespräch mit Breschnew die seltsame Demarche Gromykos erwähnt. Für den Fall wäre es gut, das Ganze als einen Scherz darzustellen.
Gegen 16 Uhr begann Brandts ausführliches Gespräch mit Breschnew. Ich war bei der Unterredung nicht zugegen, kann aber aufgrund von Alexandrows eingehenden Notizen und mündlichen Äußerungen darüber berichten. Der Meinungsaustausch der beiden Politiker erfüllte seine grundlegende Bestimmung. Es ergaben sich vertrauensvolle Kontakte, die mit der Effektivität des »roten Telefons« wetteiferten.
Abends gab es ein festliches Bankett im Facettenpalast mit langen Reden. Zum erstenmal seit vielen Jahren sprach ein Oberhaupt der sowjetischen Regierung respektvoll von der Bundesrepublik. Der lange Tag Willy Brandts endete im »Siebten Himmel«. Auf des Kanzlers Bitte hin begaben wir uns in kleiner Gesellschaft dorthin. Kossygin als Hausherr, ich als sein Berater und Dolmetscher. Brandt brachte einige seiner engsten Freunde mit. Durchsichtige Luft. In etwa 260 Meter Höhe bewegt sich eine Plattform um den Fernsehturm von Ostankino und bietet die seltene Möglichkeit, so weit das Auge reicht, auf das lichtüberflutete Moskau zu schauen.
Anscheinend fühlte auch Kossygin sich vom Bürokratismus angeödet.

Oder wollte er sich in der Nähe der verheißungsvoll begonnenen Wende in den Beziehungen zur Bundesrepublik halten?

Unendlichen Schaden hatte der Wettkampf zwischen Breschnew, Kossygin und Podgornyi dem Lande gebracht. Das Gegeneinander in den höchsten Sphären hatte Energien verbraucht, einen komplexen, umfassenden Zugang zu den die Gesellschaft in Fieber versetzenden Problemen unmöglich gemacht. Den Politiker Kossygin, der mit allerbesten Gaben zur Leitung der Staatsgeschäfte und der Wirtschaft ausgestattet war, hatte man in die zweite oder dritte Rolle gedrängt. Das Dreiergespann, das nach Chruschtschow an die Macht gekommen war, hatte bald klare Konturen eingebüßt.

Der schnelle Lift, nebenbei ein Bremer Fabrikat, hatte uns hoch hinauf getragen. Alle waren erschöpft. Besonders mitgenommen sah Willy Brandt aus, die Stimme gehorchte nicht recht. Gut, daß er die Ansprache an seine Mitbürger schon verlesen hatte. Sie war mit der technischen Hilfe des sowjetischen Fernsehens in die Bundesrepublik übertragen worden, daher nicht ohne Nervenkitzel. Anders können wir's nicht. Oder nehmen wir das sinnlose Spektakel bei der Zustellung von Scheels Brief über die »deutsche Einheit« ins Außenministerium, bei der Gromyko nicht genügend Format bewies. Der neue Partner hatte es fertiggebracht, sich vor Willy Brandt in verschiedenen Hypostasen zu präsentieren.

Mit Politik war es für heute genug. Kossygin erläutert das Panorama, das sich vom Fenster aus bietet. Der Gast hört höflich zu. Ihm scheint nicht ganz wohl zu sein.

Ich werde ans Telefon gerufen. Es ist Gromyko:

»Wie läuft die Veranstaltung? Sobald Sie frei sind, kommen Sie ins Außenministerium. Die Redakteure von *Prawda* und *Iswestija* brauchen Ihre Hilfe für die dem Moskauer Vertrag gewidmeten Leitartikel.«

Ehe ich an meinen Platz neben Kossygin zurückkehre, frage ich Brandt leise:

»Ist Ihnen nicht gut, brauchen Sie ärztliche Hilfe?«

Er antwortet ebenso leise, er sei ein wenig erkältet in Moskau angekommen. In seiner Residenz erwarte ihn ein deutscher Arzt.

Ich berichte Kossygin von dem Gespräch mit Gromyko und von den mit Brandt gewechselten Worten:

»Wir werden unseren Gast nicht mit ›Demjans Fischsuppe‹ traktieren«, sagt er, sich erhebend. »Es ist spät. Morgen sehen wir uns noch einmal und werden erörtern, wozu wir heute nicht mehr gekommen sind.«

Brandt bedankt sich für die ihm in Moskau erwiesene großzügige Aufmerksamkeit. Ihm gefällt Kossygin als Gesprächspartner, vor allem die Genauigkeit im Ausdruck seiner Gedanken und die Fähigkeit, ruhig Gegenargumente anzuhören. Der Kanzler wiederholt seine Einladung an das Regierungsoberhaupt, Bonn zu besuchen, und das ist keine höfliche Floskel.

Zum Gegenbesuch kam es nicht. Schuberts »Unvollendete« hat zwei Sätze. Der unvollendete Dialog Kossygin – Brandt kam nur bis zur Einleitung.

Am Morgen des 13. August fand das Schlußgespräch zwischen den beiden Regierungschefs statt. Die Begleitung zum Flughafen klappte tadellos. Um das Fehlen der Fahnen bei der Ankunft des Gastes wettzumachen, waren jetzt viel mehr aufgehängt als nötig. Zahlreiche Moskauer säumten die Straßen. Sie hatten sich aus eigenem Antrieb aufgemacht, um Willy Brandt zu begrüßen. Herzlicher Abschied. Fast alle waren gehobener Stimmung, wie es nach geglückter, mühevoller Arbeit sein soll.

Auf dem Weg ins Ministerium beschäftigten mich Kossygins Worte, die er unmittelbar nach der Begegnung mit Willy Brandt an mich gerichtet hatte. Der Vorsitzende des Ministerrats hatte mich zurückgehalten, um mir, wie ich schon erzählt habe, für die Organisation der Verhandlungen zum Moskauer Vertrag zu danken. Weiter sagte Kossygin:

»Der Bundeskanzler ist voll guten Willens und Verständnis für die Notwendigkeit konstruktiver Veränderungen. Aber wird er sein Programm realisieren können? Werden ihm die Reaktionäre zu Hause nicht die Hände binden? Ich bezweifle auch, daß alle im Westen die Verbesserungen der sowjetisch-westdeutschen Beziehungen begrüßen. Wie schätzen Sie die Situation ein?«

»Die Ausarbeitung der Verträge ist nicht der schwierigste Teil. Nicht selten behaupten wir, daß die Beziehungen der Bundesrepublik zu uns nicht besser sein können als die bundesdeutschen Beziehungen zur DDR. Aber in Bonn kann man anmerken, daß der Tonus der sowjetisch-westdeutschen Nachbarschaft mit dem Zustand der gegenseitigen Beziehungen UdSSR – USA verbunden ist, wenn auch wegen West-Berlin. Ich habe gewisse Vorstellungen, wenn Sie es wünschen, kann ich sie Ihnen referieren.«

»Kein Grund, das aufzuschieben.«

»Mein Gedanke ist vielleicht nicht originell, aber auch nicht leicht durchzusetzen. Erstens: Die Sowjetunion müßte buchstäblich vom heutigen Tage an in großen und kleinen Angelegenheiten, die mit der Bundesrepublik zusammenhängen und aus dem Rahmen der Beziehungen zu ihr hervorgehen, sich so verhalten, als wäre der Moskauer Vertrag nicht bloß unterzeichnet, sondern schon in Kraft. Einiges wird getan, speziell auf wirtschaftlichem Gebiet, doch das ist erst der Anfang vom Anfang. Zweitens und am wichtigsten: Mit der Anerkennung der DDR und der Anerkennung der Unverletzlichkeit der Nachkriegsgrenzen hat sich die Lage in Europa qualitativ verändert. Wozu braucht man in der DDR, in Polen, Ungarn, in der ČSSR Truppen, insgesamt eine halbe Million Mann, zu unterhalten? Um die amerikanische Militärdoktrin, die Pläne der NATO zu bedienen? Den USA paßt es, daß wir uns hier gebunden haben. Das Unangenehmste, was den ›Falken‹ widerfahren kann, ist das Verschwinden der sattsam bekannten Drohung aus dem Osten.«

Kossygin hörte mit unverhohlenem Interesse zu.

»Welcher Art könnte Ihrer Meinung nach unsere militärische Präsenz sein?«

»Ziffern zu nennen steht mir nicht zu. Ich kann nur die Kriterien umreißen: Die Sowjetunion muß an Zahl und Bewaffnung genügend Truppen unterhalten, die es erlauben, unsere Sicherheitsaufgaben und die unserer Verbündeten zuverlässig zu lösen. Zur Zeit sind die Truppen des Warschauer Pakts auf offensive Verteidigung eingestellt, das erfordert das Zweifache, wenn nicht mehr an Ressourcen und Personal, als für die einfache Verteidigung benötigt wird. Die Armeen unserer Verbündeten sind bei einem Atomkonflikt nicht handlungsfähig. Ihre Hauptfunktion sollte darin bestehen, für die innere Stabilität in einer Vorkonfliktsituation und in Ausnahmezuständen zu sorgen. Die eingesparten Mittel könnten im sozialen und wirtschaftlichen Bereich verwendet werden.«

»Interessant. Haben Sie über dieses Thema schon mit Leonid Iljitsch gesprochen? Er ist unser Oberbefehlshaber.«

»Leonid Iljitsch hat mich zu sich bestellt, um mir irgendeinen Auftrag zu erteilen. Ich werde die Gelegenheit nutzen, um ihm dasselbe vorzutragen. Im Prinzip habe ich hinsichtlich des Vorschubleistens der Pentagonstrategie, uns wirtschaftlich zu erschöpfen, schon Nikita Chruschtschow eine Angel zugeworfen. Er hat nicht mit einem Nein geantwortet, aber auch nicht ja getan. Wie auch immer – die neuen Beziehungen zur Bundesrepublik sind erneute Einladungen, sich aus dem Morast herauszuziehen, in dem wir stecken, und den Moskauer Vertrag in einen Faktor von Weltbedeutung umzuwandeln.«

Kossygin fragte, was der Außenminister dazu meine.

»Das weiß ich nicht. Mit ihm habe ich hierüber noch nicht detailliert gesprochen.«

Der Vorsitzende des Ministerrats hat seine eigene Ansicht über den Außenminister. Auch Kossygin selbst konnte sich nicht der Nachgiebigkeit rühmen. Wenn er Zugeständnisse machen mußte, wurde sein Gesicht ganz mager. Unser Minister, als er noch nicht, wie Anfang der siebziger Jahre, in vollem Saft stand, hütete sich, Kossygin offen anzugreifen, orientierte sich aber ganz an dem Generalsekretär und drängte den Regierungschef systematisch von der Außenpolitik ab.

Nach dem Parkinsonschen Gesetz: Wenn Sie sich nicht auf Ihrem Platz befinden, werden Sie dringend von jemandem gebraucht. Schon am Flughafen hatte Gromyko mich angefahren:

»Wohin sind Sie bloß verschwunden? Ein ganzer Haufen Papier soll erledigt werden. Information für die Freunde, Briefe an Parteimitglieder, Anweisungen an unsere Botschafter. Nicht eine Stunde darf vertrödelt werden.«

»Die Information für die sozialistischen Länder ist schon konzipiert. Der Brief an die Partei wurde zum Staraja Ploschtschad in Arbeit gegeben. Das Zirkularschreiben an unsere Botschafter wird gegen Abend vorgelegt.«

»Die Entwürfe nach Maßgabe ihrer Fertigstellung auf meinen Tisch, und zwar alles noch heute. Bei der nächsten Politbürositzung soll das Außenministerium nicht in der Kreide stehen.«

Aus irgendeinem Grund ist der Minister außerordentlich gereizt. Sehr gut möglich wegen der unüberschaubaren Arbeitslast. Er war selbst daran schuld, daß sich sein Leben in eine einzige Plackerei verwandelt hatte. Von Sonnenaufgang bis ein oder zwei Uhr nachts führte er Gespräche, schrieb, las, korrigierte Texte. Wenn die Papierberge abgetragen waren, goß er in einem Zug ein Glas sehr starken Tee hinunter und versank in einen totenähnlichen Schlaf, um am Morgen genauso weiterzumachen. Seinen Stellvertretern vertraute er nur Unwesentliches an. Er duldete nicht einmal, daß Wassilij Kusnezow, der Erste Stellvertreter, so unvor-

sichtig war, den Ausdruck »im Namen des Außenministeriums« zu gebrauchen. Sofort kam ein Anschnauzer: Ein Stellvertreter kann im Namen des Außenministeriums nur bekanntgeben, was in jedem einzelnen Fall der Außenminister ihm in Auftrag gegeben hat.
Als den fähigsten seiner Stellvertreter schätzte Gromyko Wladimir Semjonow ein: begabt, aber wenn er ins Philosophieren gerät, für irdische Dinge nicht mehr zu verwenden. Außerdem hat er kein Sitzfleisch. »Kusnezow ist ein Befehlsvollstrecker. Akkurat und zuverlässig. Disziplin in der Politik ist keineswegs überflüssig, aber allein mit Disziplin kann man keine Politik machen.«
Die Äußerung des Ministers über Kusnezow im Gespräch mit mir unter vier Augen deckte sich fast mit dem Urteil Chruschtschows über Gromyko. Als ich die Zeugnisnoten vernahm, die der Minister seinen Stellvertretern erteilte, konnte ich mein Lächeln nicht verbergen.
»Was gibt's über meine Worte zu grinsen?« fragte der Minister sofort.
Gromyko hatte mich bei meiner Rückkehr ins Ministerium zu sich kommen lassen:
»In welcher Stimmung war Brandt bei der Abreise, und was denken seine Begleiter über den gestrigen inhaltsreichen Tag?«
»Soweit ich es beurteilen kann, liegen bei den Westdeutschen Befriedigung und Sorge dicht nebeneinander. Walter Scheel befürchtet, daß unsere Vereinbarungen die Bereitschaft der Öffentlichkeit der Bundesrepublik, auf Vorurteile zu verzichten, überfordern. Daher ist er für schwierige Monate gewappnet. Unklar sind die Fristen für den Abschluß der Verhandlungen mit Polen und des Dialogbeginns mit der DDR. Zu ernsthaften Gesprächen mit den Ostdeutschen wird es nicht kommen, solange unser Meinungsaustausch mit den drei Westmächten über West-Berlin nicht in Bewegung gerät.«
»Gib den Deutschen einen Finger, und schon grabschen sie nach deiner Hand bis zum Ellbogen. Bahr wie auch Scheel haben gewußt, worauf ihre Zustimmung zu den Vertragsartikeln hinausläuft. Wir haben Bonn einen Dienst erwiesen, indem wir den Brief über die ›deutsche Einheit‹ nicht verwarfen. Wir hätten ihn auch zurückweisen können; sollen sie doch sich selbst erklären, was sie wollen. Ich habe von ihnen nicht verlangt, daß sie meinen Brief über die Anerkennung der Grenzen ihrem Dossier anheften.«
Das also war der Grund dafür, daß die Beamten in der Poststelle des

Außenministeriums dem Überbringer des Scheel-Briefes eine kalte Dusche bereitet hatten. Der Minister hatte es sich wohl selbst ausgedacht. Jedenfalls war unserer Abteilung nichts davon bekannt gewesen. Der einseitige Brief sollte eine einseitige Handlung bleiben. Mit seinem Einfall aber lenkte Gromyko übertriebene Aufmerksamkeit auf ihn. Aus diesem Lapsus zog ich keine Schlußfolgerung für mich für die Zukunft, wie Sie sich überzeugen werden. Leider.
»Der Moskauer Vertrag«, fuhr der Minister fort, »geht über den Rahmen bilateraler Beziehungen hinaus. Die richtige Bedeutung der in ihm fixierten Regelungen wird vielleicht erst im Laufe der Jahre erkennbar.«
Gegen diese These war nichts einzuwenden. Ich begründete meine Ansicht, daß zur Gesundung der sowjetisch-westdeutschen Beziehungen rasche Schritte notwendig seien, ohne die Ratifizierung des Moskauer Vertrags abzuwarten. Der Minister und ich hatten des öfteren über das Thema Militärdoktrin in Europa gesprochen, daran erinnerte ich ihn jetzt und unterstrich, daß es im Zusammenhang mit dem gestern unterzeichneten Vertrag an der Zeit sei, hier etwas in Bewegung zu setzen.
Gromyko unterstützte die Idee aktiver Entwicklung der Beziehungen zur Bundesrepublik.
»Machen Sie sich Gedanken über die Zusammenstellung eines kombinierten Plans. Was und in welcher Reihenfolge muß getan werden, ohne unsere Positionen zu unterspülen? Wir dürfen den Gegnern des Vertrags nicht das Argument schenken, normale Beziehungen seien auch ohne Rechtsgrundlage möglich.«
Der Minister notiert sich einiges auf seinem Notizblock, wechselt den Bleistift, dessen Spitze abgebrochen ist.
»Unsere Militärdoktrin – das ist ein besonderes Gebiet. Darüber muß man gründlich nachdenken. Doch die NATO ist nicht gleich Bundesrepublik, auch nicht nur Europa. Wir werden sehen.«
Vielleicht hatte ich mich undeutlich ausgedrückt, oder der Minister mochte sich nicht engagieren. Wahrscheinlicher war jedoch, daß er mir zu verstehen geben wollte, ich sei in verbotenen Sphären ein unwillkommener Gast. Wie auch immer, Gromyko reagierte nicht einmal auf mein Argument, daß die Ratifizierung viel leichter durchzusetzen sein werde, wenn die Deutschen positive Konsequenzen der Wendung in den Beziehungen zu uns auf dem Gebiet der Sicherheit spürten.
Gegen Abend wurde ich in Breschnews Vorzimmer gerufen, richtiger, ich

sollte zu Alexandrow kommen, der vorhatte, mich zum Generalsekretär zu begleiten. Das Gespräch mit Leonid Iljitsch kam dann nur telefonisch zustande. Irgend etwas hinderte ihn, mich zu empfangen:
»Was hast du da angestellt? Die Sekretäre rufen an. In drei Regionen – Smolensk, Weißrußland und Vorural – hamstern die Leute Salz, Seife und Streichhölzer: ›Mit den Deutschen wurde ein Vertrag geschlossen, also gibt's bald Krieg.‹ So tief sitzt in den Menschen die Tragödie von 1941.«
Breschnew erzählte von seinen Eindrücken über sein Gespräch mit Brandt.
»Der persönliche Kontakt ist ja wohl hergestellt. Brandt ist auch der Meinung, daß man ohne Formalitäten leichter zum Kern gelangt. Auf die Außenminister werden wir nicht verzichten, wollen aber auch unsere eigene Arbeit fortsetzen. Der Gedankenaustausch in der obersten Etage kann das Tempo des Vorankommens beschleunigen. Was sagst du dazu?«
»Ich sage, daß es in beiden Außenministerien mehr Bürobeamte als Politiker gibt. Vor allem fehlen Politiker der neuen Orientierung. Ohne Bestärkung von oben wird vieles vor bürokratischen Barrieren zum Stehen kommen.«
»Du hast kapiert, Andrej (Gromyko) ist ein erfahrener Diplomat, aber man muß ihm von Zeit zu Zeit unter die Arme greifen, damit er nicht stolpert.«
Es ist kein besonders gut gehütetes Geheimnis mehr, daß unser Außenministerium das Privileg eingebüßt hatte, den gesamten Verkehr mit der Bonner Regierungsspitze allein zu führen. Leonid Breschnew und Willy Brandt hatten ihre eigene Kommunikation. Auf sowjetischer Seite fungierte als informeller Vertreter des ersten Mannes Wjatscheslaw Keworkow, der politische Berater Andropows. Diese unkonventionelle Einrichtung spielte seinerzeit eine sehr konstruktive Rolle, solange Breschnew noch imstande war, die Geschehnisse zu verfolgen. Allerdings entstanden für mich nicht wenige Unbequemlichkeiten daraus. Der Botschafter erhielt keine offizielle Information über den mittels dieses »Kanals« geführten Meinungsaustausch. Nur dank meiner privaten Bindungen zu Keworkow konnte die Lücke, wenn auch nur dürftig, ausgefüllt werden.
»Wie sind Brandts Aussichten bei sich zu Hause? Die Angaben darüber sind nicht eindeutig.«
»Ohne Beschönigung: Wir waren übereifrig. Wendigkeit und Weite reichten nicht.«

»Jurij Andropow sagt mir fast das gleiche.«
»Durch die Ankettung des Moskauer Vertrags an West-Berlin hat Brandt sich selbst eingeengt. Wie ich schon zu Bahr sagte, die Westdeutschen haben eine dritte Kammer bei der Ratifizierung eingeführt. Indem sie die Kontakte mit uns hinsichtlich West-Berlin regeln, bekommen die USA, England und Frankreich mehr als nur beratende Stimme.«
»Was folgt daraus?«
»Ich werde die Pläne der drei Westmächte erforschen, ihre Reaktionen auf die gestrigen Ereignisse, und Ihnen dann Bericht erstatten. Erlauben Sie mir jetzt, eine Überlegung vorzubringen, die ich schon lange mit mir herumtrage?«
Ich wiederholte, was ich Kossygin und Gromyko bereits dargelegt hatte. Da der Außenminister dem militärischen Thema ausgewichen war, legte ich den Akzent auf die Notwendigkeit, die deutsche Karte zu neutralisieren, die Washington seit einem Vierteljahrhundert spielt.
»Nicht du allein machst dir Sorgen darüber, wohin uns das militärische Gegeneinander mit den USA führt. Da gibt es viele Fragen.«
Zum Schluß sagte der Generalsekretär:
»Halte Verbindung zu Alexandrow. Doch wenn irgendwas Eiliges oder besonders Wichtiges auftaucht, das ich wissen sollte, ruf mich an. Meine Vorzimmerjungens verbinden uns.«

Jede Initiative soll bestraft werden

In den folgenden Wochen und Monaten des Jahres 1970 ereignete sich nicht wenig. Wichtiges und Nebensächliches. Einiges wurde sofort vergessen, anderes blieb im Gedächtnis haften. Neue Reisen in die DDR. Erste Berührung mit der Bundesrepublik, richtiger mit dem im Bau befindlichen neuen Frankfurter Flughafen und dem überluxuriösen Schloß Kronberg, das an Russen vor Gromyko nur Zar Nikolai II. gesehen hatte, und der war ja ein Deutscher.
Nach der Politbürositzung im November, auf der Gromyko über die Ergebnisse seiner Reisen in die DDR und in die Bundesrepublik referierte (ich saß in der Eigenschaft des Sachverständigen dabei), forderte der Minister mich auf, ihn in seinem Wagen ins Außenministerium zu begleiten. Unterwegs fragte er:

»Wie würden Sie sich dazu stellen, als Botschafter in die Bundesrepublik zu gehen? Diese Richtung wird für uns nicht weniger wichtig werden als die Washingtoner.«

»Vor allem danke für das Vertrauen. Da Sie unterstreichen, welche Bedeutung Bonn erlangt hat, kann ich nicht verschweigen, daß ich in der Botschaftsroutinearbeit keine Erfahrung besitze. Ich habe daher volles Verständnis dafür, wenn Sie einen anderen Kandidaten vorziehen, der sich auf dem schlüpfrigen diplomatischen Parkett schon erprobt hat.«

»Zur Zeit steht glattes Parkett nicht im Vordergrund, steinige politische Pfade sind zu bewältigen. Ich verstehe Sie so, daß Sie grundsätzlich einverstanden sind.«

Etwa zwei Wochen später teilte der Minister mir so nebenbei mit:

»Die Führung ist mit Ihrer Entsendung nach Bonn einverstanden. Es gab einige Diskussionen, doch nun ist alles geregelt. Wir werden das Gesuch auf Agrément stellen. Semjon Zarapkin soll noch in Ruhe Neujahr feiern. Sie können sich unterdessen auf den neuen Arbeitsbereich vorbereiten. Und wen setzen wir auf Ihren Platz in der 3. Europa-Abteilung?«

»Aus dem bestehenden Stab würde sich am besten Alexandr Bondarenko eignen, aber der ist erst kürzlich als Gesandter nach Bonn versetzt worden.«

»Dann machen wir es so: Wenn wir an Bondarenko festhalten, werden Sie, sobald Sie die Botschaft übernommen haben, ihn nach Moskau entlassen. Und bis zu Ihrer Abreise in die Bundesrepublik bleiben Sie der Leiter der Abteilung.«

Ich drückte meinen Dank mit den in solchen Fällen üblichen Worten aus, war aber nicht überzeugt, daß sich mein Geschick durch diesen Wechsel zum Guten wenden würde. Gromyko verkürzte die Dankzeremonie auf ein Minimum und ging zu den laufenden Geschäften über.

»Sind die Drohungen der Opposition mit ihrem Kurs auf Zerrüttung der freidemokratischen Fraktion im Bundestag und Unterminierung der FDP bei den Landtagswahlen ernst zu nehmen?«

»Die Absichten der Opposition sind mehr als ernst. Prognosen anzustellen, wie groß die Reserven an Festigkeit bei den Liberalen sind, ist kompliziert. Abgesehen von den Dogmen – zum Einsatz kommen Millionen. Sollte es eine Wählerflucht traditioneller FDP-Wähler geben, dann gerät die Partei in eine langwierige Krise. Die Wahlergebnisse in Hessen sind symptomatisch. Die Liberalen sind fast unter die Fünfprozentklausel

gesunken. Ihr Treffen mit Scheel in Kronberg ist ihnen zugute gekommen. Aber wenn Zehntelprozente entscheiden, ist alles schwankend.«
»Was könnte unternommen werden?«
»Den besten Effekt versprechen sichtbare Bewegungen bei den Problemen, die für die Deutschen Symbolcharakter haben. Zum Beispiel würde jeder Schritt von uns und der DDR, der den Wünschen von Hunderttausenden Ost- und Westberlinern entgegenkommt, die seit fast zehn Jahren keine Möglichkeit haben, ihre Verwandten zu treffen, eine gute Resonanz haben.«
»Sind Sie nicht fähig, ›gut‹ und ›böse‹ aus dem Spiel zu lassen? In der Politik stehen Interessen im Vordergrund.«
»Wenn man unter Politik Regierungen und teilweise Parlamente versteht. Nacktes Interesse, das die Handlungen beider Seiten leitete, hat die derzeitige Anomalie verursacht. Solange Interesse nicht humanisiert wird, bleibt alles beim alten.«
»Was schlagen Sie denn vor?«
»Es ist angebracht zu fragen: Brennen die USA, England und Frankreich darauf, den Hebel ihrer Einwirkung auf die Bundesrepublik und damit auf ihre Beziehungen zu uns und die allgemeine Lage in Europa zu verkürzen? Den Hebel, den sie in Gestalt von West-Berlin besitzen? Ob es uns gefällt oder nicht, indem wir West-Berlin zur Geisel gemacht haben, sind wir selbst zu seiner Geisel geworden. Größere eigene Handlungsfreiheit ist nur zu erreichen, wenn man dem anderen Freiheit konzediert.«
»Was sollen solche Gemeinplätze?« brauste Gromyko auf. »Die Frage ist: Was und wie?«
»Ich denke so: Wenn die drei Westmächte an ihrem Monopol auf die Vertretung West-Berlins in den Kontakten mit uns festhalten, wird es Veränderungen zum Besseren so bald nicht geben. Unser Druck verhärtet die Fronten. Die Westmächte sind nicht in der Lage, lediglich der Bundesrepublik und der öffentlichen Meinung der Stadt eine Absage zu erteilen.«
»Schlagen Sie etwa vor, den Anspruch der Bundesrepublik auf das Recht, im Namen West-Berlins zu sprechen, zu befriedigen?«
»Nein. Die Befriedigung des Anspruchs Bonns ist nicht identisch mit dem Verzicht auf die Dienste der drei Westmächte. Sie bringen der Bundesregierung unsere Gesichtspunkte bezüglich Berlin zur Kenntnis; und sie teilen uns die ihren mit.«
»Dann drücken Sie sich klarer aus.«

Der Minister denkt über etwas nach, bewaffnet mit blauem Bleistift und Notizblock.
»Die Debatten mit den USA, England und Frankreich sind nicht inspirierend. Aber auch Verhandlungen zu fünft sind nicht für uns. Schon deswegen, weil in dieses Schema die DDR nichts eingetragen werden kann. Einstweilen verbleiben wir so: Sie wägen verschiedene Varianten ab. Es wäre auch angebracht, wenn Sie nach Bonn flögen und dort mit wichtigen Personen Kontakt aufnähmen. Nicht viel versprechen, sondern zuhören, wie sie sich die weiteren Etappen der Normalisierung denken. Gleichzeitig spornen Sie Bondarenko an, damit die Botschaft nicht in Winterschlaf versinkt. Vor Ihrer Abreise sprechen wir uns noch.«
Das nächste Gespräch ließ nicht auf sich warten, kam aber aus anderem Anlaß zustande. Immer wieder bringt es mich in Verlegenheit, daß mein Terminkalender im Chaos der Augusttage 1991 verschwand. Sonst könnte ich sofort mit Tag und Stunde angeben, wann der Minister mich zu sich rief und sagte:
»Morgen früh begeben Sie sich nach Berlin. Bahr lädt Sie zu einem wichtigen Gespräch ein. Wir halten es für zweckdienlich, die Reise zu genehmigen.«
»Wo soll das Treffen stattfinden? In der sowjetischen Botschaft oder an einem nichtoffiziellen Ort?«
»Für Bahr ist es kompliziert, ohne Aufmerksamkeit auf sich zu lenken, in Ost-Berlin zu erscheinen. Darum hat er West-Berlin als Treffpunkt gewählt. Man hat mir versichert, es handle sich um ein Haus, das keinen amtlichen Status hat. Die Genossen unserer Vertretung in der DDR werden Sie hinbringen.«
»Welchen Themenkreis möchte Bahr erörtern?«
»Wie mir mitgeteilt wurde, geht es um den Stand der Ratifizierung des Moskauer Vertrags.«
»Also auch um die Viermächteverhandlungen über Berlin.«
Schade, mein Gedächtnis hat das Datum unseres ersten Abendessens nicht bewahrt. Zwischen November 1970 und April 1971 – bis unmittelbar vor meiner Abreise nach Bonn – gab es so viele solcher und anderer Treffen, daß es aussah, als gondelte ich ununterbrochen nach Schönefeld und zurück. Zeitweise flog ich tatsächlich mehrmals in der Woche. Gespräche mit Egon Bahr, später unter Beteiligung des amerikanischen Botschafters Kenneth Rush, mit Walter Ulbricht, Willi Stoph und anderen

DDR-Politikern. Meistens nahm ich morgens die erste Maschine nach Berlin und flog mit der letzten am selben Tag nach Moskau zurück. Anfangs wunderte man sich in Scheremetjewo über den ungewohnten Passagier, dann gewöhnte man sich und stellte keine überflüssigen Fragen.

Ich bemerke in Klammern: Unsere Dienstreiseregeln waren auf Faulenzer zugeschnitten, die es verstehen, die Zeit wie ein Gummiband zu dehnen. Für meine Berlinreisen war keine Finanzierung vorgesehen. Ich habe daher Pjotr Abrassimow dafür zu danken, daß er mich fütterte und tränkte, für Transport und auch für Medikamente sorgte.

Als ich zum erstenmal die Schwelle der Residenz des Bundesbevollmächtigten in West-Berlin überschritt, war Egon Bahr nicht allein. Um das Ungewöhnliche meines Besuchs zu verwischen, hatte er Walerij Lednew eingeladen, mit uns zu essen. Walerij habe ich Ihnen ja schon vorgestellt. Mit ihm zusammenzutreffen war mir immer eine Freude. In Moskau sahen wir uns selten, nun also hier in Berlin.

Der Hausherr ist sehr gastfrei. Gewiß, dies ist nicht eine Villa in der Alexej-Tolstoj-Straße in Moskau, aber doch ein gediegener Bau und nicht ohne Tradition. Hier stieg früher Willy Brandt ab, wenn er in West-Berlin weilte; dann füllte sich das stille Haus mit bunten Gestalten und Diskussionen, die oft bis zum Morgengrauen währten. Die Gäste durften alles sagen, was sie wollten, außer notorischen Dummheiten.

Unser Abendessen wurde von Erinnerungen gewürzt. Es fielen ein paar Bemerkungen zur Lage in der Bundesrepublik und zur Weltlage im ganzen. Nichts Spektakuläres oder Spezifisches kam zur Sprache. Ein Außenstehender hätte denken können, hier säßen Freunde aus privatem Anlaß beieinander.

Nach einer Stunde bedankten wir uns beim Hausmeister und seiner Frau für das gute Mahl und ließen uns in bequemen Ledersesseln nieder. Das Gespräch würde lange dauern. Walerij Lednew holte sich ein paar Bücher aus dem Regal, vergaß nicht, vom Serviertisch eine Flasche Cognac mitzunehmen, und begab sich, nachdem er uns gesagt hatte, bei Bedarf stehe er jederzeit zur Verfügung, ins benachbarte Zimmer.

Auf die bekannte Moskauer Gewohnheit anspielend, lud Bahr mich zum Sprechen ein. Nein, entgegnete ich.

»Um die eigene Rolle zu spielen, muß man zumindest wissen, in was für einem Stück. *Der Barbier von Sevilla* oder *Figaros Hochzeit*, Rossini oder

Mozart? Vorläufig weiß ich nicht einmal, wem ich für dieses ungewöhnliche Wiedersehen verpflichtet bin, welche aktuellen Sorgen und brennenden Erwartungen vorliegen.«

Bahr stopfte seine Pfeife, rauchte sie langsam an. Ein minuziöses Ritual, für mich eingefleischten Nichtraucher höchst lehrreich.

»Wir hatten schon Gelegenheit zu konstatieren«, begann Bahr, »daß Berlin der meistversprechende, wenn nicht im Moment der einzige Schlüssel ist, der es erlaubt, die öffentliche Meinung in die notwendige Richtung zu steuern. Gut oder schlecht – es ist eine Realität. Berlin ist zum Prüfstein geworden, und jede der einander bekämpfenden Gruppierungen in Deutschland versucht, diese Realität für sich auszunutzen.«

Die Worte flossen langsam, fast wie ein Diktat ins Protokoll. Notizen hatte er nicht bei sich. Sorgfältig setzte er die Akzente, dicht folgte Argument auf Argument. Von westdeutschen Politikern, mit denen ich zusammentraf, verfügen vielleicht nur noch zwei oder drei über das Talent der Formulierung komplizierter Thesen in vollendeter Redaktion – Hans Friderichs, Carlo Schmid und Helmut Schmidt, wenn er in guter Form ist.

»Die Teilnehmer an den Viermächteverhandlungen«, fuhr Bahr fort, »haben ihre äußersten Positionen deklariert, sind mit sich zufrieden und werden lange auf ihnen versteinern. Die sowjetische Seite wünscht nicht, uns überhaupt anzuhören. Sie begnügt sich mit den Versionen, die sie von den drei Westmächten bekommt. Schattierungen in den Positionen entfallen, selbst wenn es sie gibt.«

»Kann man nicht aufdecken, von welchen Schattierungen unter dem Dach der ›Entente cordiale‹ die Rede ist?«

»Das ist einstweilen nicht die Hauptsache. Es ist vielmehr Zeit, festzulegen, welches Ziel wir uns stecken, was uns vor allem beschäftigt: Sollen wir das Prinzip feiern (jede Seite hat ihr eigenes), oder wird das Interesse realisiert? Wenn letzteres nicht a priori ausgeschlossen ist, sollte man sich Gedanken machen, wie die verschiedenen Interessen einander anzupassen sind. Bonn und Moskau könnten hier ohne Vermittler Klarheit schaffen und damit die Kernfrage beantworten, ob der Anfang vom August 1970 eine Fortsetzung erfährt.«

»Mir, und das ist wohl nicht schwer zu erraten, wurde aufgetragen, aufmerksam alles anzuhören, was Sie mir im Namen Ihrer Regierung mitteilen möchten. Inoffiziell kann ich sagen, der Minister macht Sie und Brandt verantwortlich für eine Lage, in der andere Mächte zum Arbiter

im bilateralen Prozeß der Normalisierung unserer Beziehungen werden. Im übrigen ist das keine Neuigkeit.«
Bahr nickte zustimmend.
»Welche Motive Willy Brandt auch leiten mögen, die Ratifizierung des Moskauer Vertrags juristisch mit der Berlin-Regelung zu verknüpfen, damit ordnet sich die Bundesrepublik, ich wiederhole es, einem fremden Willen unter und verpfändet einen Teil auch unserer Interessen. Wenn Gromyko keinen Protest einlegt, ist das als Bestätigung der Ernsthaftigkeit unseres Strebens nach der Regelung des gesamten Komplexes der Nachkriegsprobleme aufzufassen. Lassen Sie uns gemeinsam unsere Gehirne zermartern, wie die Sperre zu beseitigen ist, die bei einer ungünstigen Stauung nicht zum Zwischenhalt, sondern zur Endstation wird.«
Egon Bahr bittet mich, zu präzisieren, welchen Sinn ich dem Wort »gemeinsam« beilege. Die Antwort »unorthodox« befriedigt ihn. Die Interessenabstimmung soll höher rangieren als Formalitäten. Wir begreifen beide, wovon die Rede ist, doch die Bedeutung einer Verständigung zwischen der Sowjetunion und der Bundesrepublik wird nicht extra verbalisiert. Intuition souffliert, daß jede Übereilung die Situation verschlechtern kann.
Ich bemühe mich, Prestigeempfindlichkeiten und sonstige Fußangeln zu umgehen für den Fall, daß über unsere Unterredung etwas durchsickert. Man kann niemals sicher sein, daß Vertraulichkeit in vollem Umfang gewahrt bleibt, wenn zwei Leute ihre Meinungen nicht zum eigenen Vergnügen austauschen.
Unklar bleibt, ob den Westdeutschen unsere Überlegungen in ihrer originalen Form mitgeteilt werden oder in freier Bearbeitung – und das nicht nur wegen der zwei- bis dreifachen Übersetzung. Genauigkeit war nicht die hervorstechendste Sorge unserer ehemaligen Alliierten, wenn man danach urteilt, wie der sowjetischen Seite die Position der Bundesrepublik dargestellt wurde. Hier liegt eine Chance, die so genutzt werden kann, daß die Wölfe satt werden und die Schafe unversehrt bleiben.
Wahrscheinlich wird es niemand bekritteln, daß ich mich dafür interessierte, wie weit im Detail die drei Westmächte Bonn in Kenntnis über die Verhandlungen mit uns bezüglich West-Berlin gesetzt und in welcher optischen Verkürzung sie die sowjetische Position dargelegt haben. Bahrs Antwort: Die USA, England und Frankreich halten die Bundes-

republik bis in alle Einzelheiten auf dem laufenden. Sie sollte das Konto der sozial-liberalen Koalition nicht belasten.

Willy Brandt wäre imstande, seine Berliner Freunde aufzurütteln: Kann diese Stadt nicht eine produktivere Rolle spielen als die des »Speers im lebendigen Leibe der DDR« und so weiter? Es ist an der Zeit, weniger Feuer unter den Kessel der Bonner Küche zu legen, in dem appetitanregende Gewürze sieden. Überspitzung einer Seite kann Überschwappen auf der anderen provozieren. Es blieb dazu noch eine »Kleinigkeit«: Die drei Westmächte und die DDR waren zu überzeugen, daß ein normaler und stabiler Zustand in der Stadt und ringsum nicht ihren langfristigen Interessen entgegensteht.

»Irgendwelche neuen Ideen hat Gromyko nicht. Jedenfalls hat er mir nichts zur Weitergabe mitgeteilt. Daher müssen meine Überlegungen als meine eigenen betrachtet werden. Ihre mögliche oder sogar wahrscheinliche Nichtsanktionierung durch den Minister darf nicht den Eindruck erwecken, als spielte ich falsch. Wenn Sie diesen Vorbehalt akzeptieren, fahre ich gern fort. Wenn er Sie in irgendeiner Weise irritiert, sehe ich meine Mission als erfüllt an. Die Obrigkeit in Moskau werde ich über die von Ihnen geäußerten Besorgnisse in Kenntnis setzen.«

Bahr findet meinen Vorbehalt selbstverständlich. Garantien werden in unserer Sache leider nicht gegeben, denn das letzte Wort hängt nicht von uns ab.

»Dann machen wir's doch so: Vergessen wir auf Zeit, wer früher für was eingetreten ist. Verzichten wir auf Rhetorik, sie paßt nicht in die Atmosphäre dieses Hauses. Systematisieren wir die Fakten, auch die unbequemen, und dann rechnen wir mit gesundem Menschenverstand die Varianten nach. Das Ringen um Urprinzipien hat ein Vierteljahrhundert verschlungen. Zwei oder drei Lehren sollten wir inzwischen beherzigen, nämlich, daß Krisen nicht vom Himmel fallen, sondern als Produkt menschlicher Tätigkeit entstehen; von Menschen hängt es ab, ihnen vorzubeugen oder sie zu entschärfen; Politiker wärmen sich an ihnen die Hände, bezahlen müssen dafür die Volksmassen und einzelne Waghälse.«

Bahr unterbricht mich nicht, zündet sich nur die zweite Pfeife aus seiner Sammlung an.

»Man könnte davon neue Grundregeln ableiten, deren Respektierung erlauben würde, friedlich nebeneinander zu existieren, ohne den Nächsten lieben zu müssen. Zu diesen Regeln gehört insbesondere die Gleichbehandlung der Rechte und Interessen eines jeden im heutigen Gegeneinander. Versuche, die sowjetischen Positionen zu schmälern, stärken die Situation der drei Westmächte nicht. Die Bundesregierung hat die Rechte und Interessen der DDR anzuerkennen, um auf diese Weise Diskriminierungen der eigenen Rechte und Interessen zu vermeiden. Bei der Nutzung zum Beispiel der Verkehrswege ist es praktischer, sich auf die bestehenden internationalen Normen zu stützen. Schwierig ist die Frage der Präsenz der Bundesrepublik in West-Berlin. Es besteht der Konflikt zwischen der faktischen Situation und dem juristischen Status von West-Berlin, selbst noch unter dem Gesichtspunkt dreiseitiger Anordnung. Die Rechtspositionen der Westmächte sind, so seltsam es anmuten mag, denen der Sowjetunion und der DDR näher als denen der Bundesrepublik. Das kann man zwar nur schwer laut sagen, aber es ist so.«

Ich vergewisserte mich, ob mein Gedankengang klar genug ist. Bahr fand eine Reihe von Berührungspunkten in seinen und meinen Auffassungen und bat mich fortzufahren.

»Das Ziel der Regelungen sollte meines Erachtens sein, weitere große und kleine Komplikationen in und um West-Berlin zu verhüten. Die Bewohner der Stadt haben auch ihre Rechte, die nicht mißachtet werden dürfen. Niemand sollte noch vom ›verkümmernden Dorf‹ – Slogan der DDR – oder von der ›billigsten Atombombe im Zentrum Ostdeutschlands‹ – Losung der westlichen Politiker – sprechen. Die menschlichen Interessen können nicht solide geschützt werden ohne befriedigende Lösung der zivilen Kommunikation West-Berlin – Bundesrepublik und ohne Sicherung der menschlichen Kontakte in einer ehemals einheitlichen Stadt.«

Beim zweiten oder auch erst beim dritten Treffen bemerkte Bahr: »Wenn im Kontext West-Berlin – Bundesrepublik für den englischen Begriff ›ties‹ das Wort ›Bindungen‹ gebraucht wird, um die besondere Qualität der Beziehungen wiederzugeben, würde die Bestätigung der Tatsache, daß West-Berlin kein Bestandteil der Bundesrepublik ist, in Bonn keinen allzu heftigen Widerstand hervorrufen.«

Aus dieser Bemerkung schloß ich, daß in den Arbeitskladden der Deutschen wie in denen der drei Westmächte sich mehr regte, als man bei uns annahm. Gleichzeitig mahnte dieser Satz zur Vorsicht. Ich hatte mich immer tiefer auf diesen Dialog eingelassen, zu dem ich nur Erfahrungen in ihrer subjektiven Interpretation mitbrachte. Die Berge von Material, durch die ich mich hindurchschaufeln mußte, waren keine Bürgen für die Richtigkeit der Marschroute. Bei jeder beliebigen Improvisation ist es wichtig, rechtzeitig den Punkt zu setzen.

»Kurz gesagt: Als erstes müssen das Gewünschte und das Mögliche aussortiert werden. 1959 schilderte *Der Spiegel* sarkastisch, wie einige Diplomaten (es war während der Außenministerkonferenz in Genf) in den Gesprächen über das Unmögliche die Keime des Möglichen vernichteten. Diese Methode ist bis heute in Gebrauch. Wenn ich die Wahl hätte, zöge ich eine Übereinkunft mit strengen Verpflichtungen nach streng bestimmtem Fragenkreis amorphen Deklarationen auf unübersichtlichem Gebiet vor. Und noch etwas für heute. Eine ›technische Übereinkunft‹, die in herausfordernder Form Probleme, die die Sowjetunion und die DDR angehen, über Bord drängen soll, wird es nicht geben. Die Bundesrepublik muß dafür sorgen, daß die drei Westmächte sich nicht zu sehr zurückhalten und sich den Änderungen anpassen, die von der sozial-liberalen Koalition ins Leben gerufen worden sind.«

Noch etwa eine Viertelstunde wird aufgewendet zur Erörterung von Details. Der Hausherr macht sich Notizen, verhehlt nicht, daß das Gespräch den Rahmen seiner Erwartungen übersteigt, und äußert den Wunsch, es bald fortzusetzen. Wir verabreden die Art und Weise, Verbindung zu halten, und strengste Vertraulichkeit zu wahren.

Es ist nach Mitternacht. Ich muß noch einen telegraphischen Rapport nach Moskau schreiben, morgen früh mit Andrej Alexandrow telefonieren, um den Generalsekretär als ersten zu informieren. Dann erst kann ich eine Maschine nach Moskau nehmen und zwei Stunden mit mir allein sein.

Eine passende Gelegenheit für ein Bekenntnis. Jeder weiß, daß der Prophet im eigenen Land nichts gilt. In meinem ehemaligen Vaterland sollte der Prophet im Nebenberuf mindestens einen Sitz im Politbüro haben. Im diplomatischen Dienst wurde ich damit konfrontiert, kaum daß ich ins Außenministerium der UdSSR eingetreten war.

Wladimir Semjonow berichtet Gromyko von einem Gespräch mit Foy Kohler, dem amerikanischen Botschafter in der UdSSR, im Sommer 1959 in Genf. Der Minister ist ganz Ohr. Fast nach jedem Satz sagt er: »Nicht uninteressant.« Plötzlich fragt er dazwischen:

»Wer hat das gesagt?«

»Ich.«
Schluß. Mit einem Schlag war Gromykos Begierde, seinem Stellvertreter zuzuhören, erloschen. Er fragt nicht nach Kohlers Reaktion und nicht danach, was er überhaupt gesagt hat.
Von daher rührt das Bestreben vieler sowjetischer Vertreter, eigene Ideen durch ausländische Autorität zu heiligen. Wenn Sie die von Ihnen ausgesprochenen Worte einem Partner in den Mund legen, der sich mit Ihrem Gedankengang identifizieren läßt, oder wenn Sie Ihre Idee auf eine Art wiedergeben, daß die Autorschaft verhüllt bleibt, wird Ihre Mitteilung wenigstens gelesen. Entweder nehmen Sie die Sünde auf sich, oder Sie verlassen sich aufs Geratewohl.
Meine Berichte über die Begegnungen mit Egon Bahr und später die Dreiertreffen mit Kenneth Rush waren frei von Ichsucht und dem Anspruch, eine Spur in der Geschichte zu hinterlassen. Das widersprach nicht, davon bin ich überzeugt, der außerordentlichen Atmosphäre, die sich mit der Zeit herausgebildet hatte. Wir waren wie ein Ärzteteam, das nur ein Ziel bewegte: den Patienten auf die Beine zu bringen.
Details würden den Leser ermüden. Die Dokumente lagern in Archiven, die früher oder später geöffnet werden. Interessanter wird die Geschichte sein, die schriftlich beinahe gar nicht wiederzugeben ist.
Wie nahm Gromyko die Mitteilung von der Begegnung mit Bahr in West-Berlin auf? Ohne Begeisterung. Ihn beunruhigte, daß ein vierter Verhandlungsteilnehmer auf westlicher Seite indirekt den Ansprüchen der Bundesrepublik auf West-Berlin neues Gewicht verleihen könnte.
»Ich glaube nicht, daß Bonn für eine selbständigere Linie in bezug auf West-Berlin reif ist. Bringt es etwa Nutzen, wenn die Westdeutschen wiederholen, was uns schon aus den Worten der drei Westmächte bekannt ist? Aber tüchtig verlieren kann man, wenn wir die Bundesrepublik in diese Verhandlungen einbeziehen. Das ist alles nicht einfach, gar nicht einfach. Untersuchen Sie, ob man die vier Botschafter in der Sache nicht belehren kann. Reden Sie mit Abrassimow. Fassen Sie das vorhandene Material zusammen, dann sehen wir weiter.«
Mein Vortrag bei Breschnew verlief weniger polemisch. Kontakte mit Bonn wegen der Westberliner Thematik? Informierende und konsultierende Kontakte sind angebracht. Es ist ein Versäumnis, daß wir damit nicht schon früher angefangen haben. Bonn an den Verhandlungen beteiligen? Die Antwort auf diese Frage muß mit der Position der Bundesrepu-

blik zum Wesen der gesuchten Entscheidungen verknüpft werden und kann sich nicht allein aus formalen Merkmalen ergeben. Doch wie ist diese Einstellung zu erkennen?

Die Erwägungen Breschnews, unterstützt von Andropow, überwogen Gromykos Skepsis. Die Sanktion zur Fortsetzung des Dialogs wurde erteilt. Ich erhielt den Auftrag, die sowjetischen Interessen »aktiv zu vertreten« und die »Position der DDR zu verteidigen«. Wie und in welchen Grenzen? Breschnew gab die Direktive in einem Satz: »Du kennst unsere Interessen, und die Führung erwartet von dir eine gute Übereinkunft.«

An eigener Haut habe ich gespürt, daß es nichts Schwierigeres gibt als das einfachste Theorem.

Bald nach der zweiten Zusammenkunft mit Bahr sagte ein französischer Diplomat, der an den Viermächteverhandlungen teilnahm, schadenfroh zu unserem Mitarbeiter: »Ihr Freund hat uns empfohlen, Druck auf die Russen auszuüben. Wie er nicht ›grundlos‹ annimmt, haben die Sowjets noch irgend etwas in der Tasche.«

Entweder bezweifelte Bahr, daß ich keine Direktiven hatte, oder er argwöhnte, unsere Sitzungen könnten ins Gesichtsfeld der westlichen Nachrichtendienste geraten, oder er hatte aus anderen Motiven beschlossen, sich abzusichern. Das mußte geklärt werden, und zwar in aller Deutlichkeit.

Wir verabreden ein neues Treffen. Ich stimme es ab mit der Sitzung des Politischen Beratenden Ausschusses des Warschauer Pakts (PBA), auf der ich anwesend sein muß. Breschnew teile ich meine Zweifel mit und erhalte seine Zustimmung, Bahr auf den Zahn zu fühlen.

»Zeig's ihm, entweder Vertrauen oder... Nachher sag mir, wie er reagiert hat.«

Vielleicht wurde mit diesem bitteren Gespräch der Eckstein für unsere Freundschaft gelegt. Ich wollte nicht drum herumreden und schlug vor, ehe wir zu unserem eigentlichen Thema kämen, ein »Mißverständnis« auszuräumen.

»Wir haben strengste Vertraulichkeit vereinbart. Haben Sie Anlaß zu vermuten, daß unsere Seite die Vereinbarung verletzt?«

Egon Bahr bestätigt, daß wir uns an das gegebene Wort halten.

»Ich befinde mich in einer anderen Lage, das ist sehr betrüblich. Man kann sich vorstellen, daß Ihre Kontakte zu westlichen Diplomaten ebenfalls streng vertraulich sind. Das galt auch für Ihren Rat, ›auf die Russen

Druck auszuüben‹. Doch Geheimnisse fühlen sich in Safes nicht immer behaglich und kriechen heraus. In den unpassendsten Augenblicken.«
Der Hausherr pafft an seiner Pfeife, als ziehe er einen Dampfwolkenvorhang vor sein Gesicht. Er ist konsterniert, versichert, nicht von »Druck« gesprochen zu haben.
»Entweder Sie haben mir nicht aufs Wort geglaubt, daß ich nur meine persönlichen Überlegungen aussprach. Ob und in welcher Vollständigkeit sie zur offiziellen Position werden, muß man abwarten. Stimmt diese Prämisse, dann fehlt jenes Minimum an Vertrauen, das für die Aufrechterhaltung unseres irgendwie einzigartigen Unterfangens notwendig ist. Oder Sie vermuten, daß unsere Zusammenkünfte nicht länger vor den drei Westmächten geheimgehalten werden, und beeilen sich, sie auf diese Weise zu legalisieren. Doch dann muß die Sowjetunion als erste von dieser Wendung erfahren, damit wir die Führung der DDR in Kenntnis setzen können. Was soll ich Breschnew melden?«
Bahr hat sich von seiner Überraschung ein wenig erholt. Er versichert, daß er zu niemandem auch nur die leiseste Andeutung über meine Besuche bei ihm in West-Berlin gemacht habe. Davon wußte nur Willy Brandt. Bahr schloß aus, daß auswärtige Nachrichtendienste unser Geheimnis geknackt hätten. Die Räume, in denen wir uns treffen, sind regulär überwacht. Wenn Abhörgeräte installiert gewesen wären, hätte man sie entdeckt.*
Nur wenige Tage später erregte eine weitere Meldung meinen Argwohn. Bahr klagte über die Geschwätzigkeit mancher seiner westlichen Partner. Also kein Rauch ohne Feuer. Bahr hatte Gromyko oft mit dem Satz

---

* Bahrs Versicherungen entgegen ließ mich der Gedanke nicht los, die USA und ihre Freunde könnten oder sollten sogar im Bilde sein, daß im Haus des Bundesbevollmächtigten etwas Ungewöhnliches vorging. Sie konnten Bahrs Empfehlungen über die sowjetische Berlin-Politik in Verbindung mit regen Aktivitäten um das Haus herum bringen. Bei unserem Treffen – ich glaube im Februar – fragte ich daher, ob die Telefonapparate, die auf dem runden Tisch in der Ecke prangten, abhörsicher seien. Bahr war eine solche Möglichkeit noch nicht in den Sinn gekommen, er meinte aber, daß auch dieser Kanal gegen ein Leck geschützt sei.
»Meinung rettet in solchen Fällen nicht. Wenn es auch nur das kleinste Häkchen eines Zweifels gibt, ist es richtiger, der Entwicklung zuvorzukommen. Anscheinend ist es an der Zeit, die Amerikaner in die Tatsache unserer Treffen einzuweihen. Wir kommen ohnehin nicht um eine Zusammenarbeit mit ihnen herum. Wenn Sie im Prinzip nichts dagegen haben.«
Der Vorschlag (auch er war zwischen keinem der sowjetischen Führer und mir abgesprochen), Amerikaner in unseren Arbeitskreis aufzunehmen, erfreute ihn sichtlich. Ich möchte an dem Warum nicht herumrätseln, aber Bahr fühlte sich offenbar von einer Bürde befreit.

geärgert: »Wenn Ihnen die Sozialdemokraten nicht passen, suchen Sie sich andere Partner.« Etwas Ähnliches hätte ich jetzt zu ihm sagen können. Doch den Faden abzureißen wäre schade. Ihn jemand anderem weitergeben? Bitte, aber wem?
Nimm Bahr, wie er ist, und schreib ihm nicht die Vollkommenheit einer Galatea zu. Zumal er nicht dein Geschöpf ist.
Erste Ankunft in Bonn. Bisher war es mein Los gewesen, daß Länder, zu denen ich beruflich in Beziehung trat, mir lediglich Bekannte in Akten und Dokumenten blieben. Ich hatte sie vor Augen, konnte sie aber nicht betasten. Zum Beispiel gelangte ich nach Kanada erst im Herbst 1969, als dieser hochinteressante nördliche Nachbar längst an meinen Nachfolger in der 2. Europa-Abteilung, Jewgenij Makejew, abgetreten worden war. In Australien und Neuseeland bin ich überhaupt nicht gewesen, ebensowenig im Nahen Osten, den zu betreuen meine Aufgabe von Mai 1967 bis Juli 1968 gewesen war.
Der Dezember ist nicht der beste Monat für eine Reise nach Europa. Zu Heinrich Heines Zeit war Deutschland vielleicht ein *Wintermärchen*. Mir erschien es keineswegs märchenhaft. Gepflegt im Vergleich zu russischen Städten und Dörfern. Klar. Beinahe verschwenderisch im Glanz der Schaufenster – natürlich. Bunt, nicht nur die Autotypen, auch die Passanten, ihre Gesichter und ihre Kleidung. Das ist nicht zu bestreiten. Der Rhein gefiel mir mit seinem zielstrebigen Lauf ins Unendliche. So weit das Auge reicht, Karawanen von Schiffen unterschiedlicher Größe und Nationalität. Bonn machte Eindruck durch das Fehlen aller grellen hauptstädtischen Attribute. »Der lange Eugen«, ein paar Bauten im Bezirk Tulpenfeld und damals das Hotel »Steigenberger« – damit erschöpfte sich die Liste relativ hoher Häuser. Im übrigen der für eine Stadt mittlerer Größe typische Wechsel von Häusern, die, in vergangenen Epochen erbaut, sich nicht immer durch anspruchsvolle Individualität auszeichneten, und der unpersönlichen Architektur der Nachkriegsjahre. Das heißt, nicht nur wir haben es fertiggebracht, Kontinuität in der Städtebaukultur zu verlieren. Anlaß zur Freude über diese Erkenntnis besteht allerdings nicht.
Um meinen künftigen Arbeits- und Wohnsitz zu rekognoszieren, hatte ich drei Tage zur Verfügung. In der sowjetischen Botschaft gab es nicht wenige Bekannte. Gut, daß ein Teil von ihnen meine Mitarbeiter wurden. Zugleich fiel mir bei einigen Diplomaten der Mangel an konkreten

Vorstellungen über die verborgenen Tendenzen am Bonner Glockenturm und seiner Umgebung auf. Es fehlte an Substanz, um mit ihnen zu diskutieren.

Mit Egon Bahr kam es zu ausführlichen Gesprächen. Ich weihte ihn in den vorgesehenen Wechsel meiner Tätigkeit ein und verhehlte nicht, daß dies in mancher Hinsicht ein Minus für die praktische Erneuerung der sowjetisch-westdeutschen Beziehungen sein könnte. Von Bonn aus würde ich nicht so leicht den operativen Kontakt zu Breschnew und seiner unmittelbaren Umgebung halten können, ohne den die Sache zeitweilig und aus unerfindlichen Gründen stocken wird. Ich hielte es daher für wünschenswert, die nächsten Monate noch energischer auszunutzen, um Vorräte an klimabestimmenden Richtungen zu sammeln.

Der Staatssekretär gab zu verstehen, daß er und Brandt mit der Wahrscheinlichkeit meiner Berufung nach Bonn rechneten. Komme es dazu, werde der Bundeskanzler dem neuen Botschafter jede nur mögliche Unterstützung angedeihen lassen. Die sowjetische Botschaft am Rhein erlange für die sowjetische Führung einen anderen, zumindest informatorischen Wert.

Bahr und ich waren einer Meinung, daß die Verzögerung in der Erschließung des positiven Kapitals ein beträchtliches Risiko berge. Die Ratifizierung des Moskauer Vertrags begegne größeren Schwierigkeiten, als bisher angenommen worden war. Die Bundesrepublik als Staat und als Menschengemeinschaft befinde sich am Scheideweg. Ohne Übertreibung, ein neuer politischer Kurs sei im Stadium des Werdens. Die Anhänger des Alten würden nicht freiwillig ihre Positionen räumen. Hier sei die CDU/CSU-Fraktion im Bundestag sogar noch unbeweglicher als die Parteibasis. Wir verglichen die Modalitäten, überschlugen, wo Reserven, wo Bremsklötze lagen. Es bedurfte keines besonderen Scharfblicks, um zu erkennen, daß die Förderung wirtschaftlicher Zusammenarbeit von Nutzen sei. Nutzen – das ist wie ein Sternchen am verhangenen Himmel. Er ist in keinem Fall hinderlich, doch bei einem sowjetischen Anteil von weniger als zwei Prozent am Außenhandelsvolumen der Bundesrepublik hilft das leider nicht sehr viel.

Was noch? Der Gewaltverzicht verlangt, die Grundkonzeptionen und die Akzente der Militärpolitik neu zu lesen. Die Deutschen assoziieren jedoch den Begriff Gewalt in erster Linie mit den Krisen um West-Berlin und den fehlenden Lösungen für die in erster Linie menschlichen Aspekte der deutsch-deutschen Beziehungen. Von daher setzen sie andere Prioritäten. Übermilitarisierung macht keine Freude, doch von den vorhandenen Belastungen wird sie nicht als die schlimmste empfunden.

Den Durchbruch müssen die Westdeutschen und die Ostdeutschen selber schaffen. Die vier Mächte können da nur behilflich sein, doch tatsächliche Knoten können sie nicht lösen, weder für die Deutschen noch an ihrer Stelle.

Eine detaillierte Analyse des Berlin-Sujets. Wir selbst sollten unsere Bemühungen intensivieren, um zu einem Einvernehmen beizutragen. Man wird hier noch die Mechanismen der Viermächteverhandlungen in Anspruch nehmen. Deswegen wäre dafür zu sorgen, daß dort im Augenblick so selten wie möglich ein hartes Nein erklingt, gleichgültig von welcher Seite.

Zurück in Moskau, ging mein Bericht an zwei Adressen. Gromyko konzentrierte sich auf die Perspektiven der Ratifizierung des Moskauer Vertrags. Es war Ungewißheit aufgekommen, ob der Vertrag eine ausreichende Mehrheit erlangen werde. Haben wir einen Fehler begangen, indem wir den Austausch von Erklärungen oder den Abschluß von Abkommen, die keiner Bestätigung des Parlaments bedürfen, dem Vertragsmodell nicht vorgezogen haben, in der Annahme, die Aufgabe mit geringerem Kraftaufwand lösen zu können?

Da die Ratifizierung des Moskauer Vertrags und der Fortschritt der Berlinverhandlungen in gewisser Weise einander bedingten, konnte man entweder den Vertrag mit Polen vor dem unseren in den Bundestag bringen, oder bei den Viermächteverhandlungen Initiativen entwickeln, die unseren Kontrahenten keine Ausweichmanöver gestatteten. Die Ratifizierung des Warschauer Vertrags ist schwieriger in Abhängigkeit von anderen offenen Fragen zu bringen. Sein Inkrafttreten aber würde es erleichtern, die parlamentarischen Hürden, die dem Moskauer Vertrag im Wege stehen, zu überwinden.

Gromyko mißfiel meine Idee einer vorauseilenden Ratifizierung des polnisch-westdeutschen Vertrags.

»Was soll Ihrer Meinung nach dabei herauskommen? Wir haben angefangen und sollen nun hinter Warschau zurückstehen? Das Volk wird das nicht begreifen. Zwei Verträge gleichzeitig prüfen – einverstanden. Aber daß wir auf einen Seitenweg ausweichen und Polen den Vortritt lassen? Daraus wird nichts.«

»Die Bundesrepublik hat einen Freundschaftsvertrag mit Frankreich, aber nichts Analoges mit den USA. Und sie leben auch.«
»Die Frage ist erledigt. Was haben wir noch?«
»West-Berlin.«
»Ja, Brandt und Bahr waren hier gar zu listig. Die Westmächte können Bonns neue Ostpolitik zur Sterilität verdammen. Im schlimmsten Fall kehren wir auf die Ausgangspositionen zurück, und die sozial-liberale Koalition geht baden. Sollen die Westdeutschen sich doch selber aus der Patsche helfen.«
Breschnew war nicht so störrisch. »Getrennte Ratifizierung des Moskauer und des Warschauer Vertrags? Wie steht Bonn dazu?«
»Das haben Bahr und ich nicht getestet. Die Idee kam mir, als skeptische Prognosen ihre Bestätigung am Rhein gefunden hatten.«
»Im Prinzip nicht uninteressant, doch aller Wahrscheinlichkeit nach werden die Deutschen dagegen sein. Man muß andere Projekte forcieren, vor allem die Berlin-Regelung.«
Am 12. Januar 1971 gab die Regierung der Bundesrepublik »mit Genugtuung« ihr Agrément zu meiner Ernennung als Botschafter in Bonn. Der ungewöhnliche und für mich angenehme Zusatz zu der Standardformel verursachte einigen Lärm. Ist der neue Botschafter den Deutschen vielleicht zu angenehm? Vermischen sich da nicht offizielle Pflichten mit zu engen gegenseitigen Beziehungen zu den neuen Führern der Bundesrepublik? Dieser Art war der Unterton einiger Kommentare.
Ich weiß nicht, ob es richtig war oder nicht, jedenfalls beschloß ich, die Zähne zu wetzen. Wunschdenken, seit Gogol bei uns »Manilowschtschina« genannt, selbst als Reputation, gereicht mir zum Schaden.
Nach der Unterzeichnung des Moskauer Vertrags mehrten sich offizielle Besuche. Im September 1970 kamen Professor Karl Schiller und Hans Leussink. Anläßlich Leussinks Besuch wurde eine Vereinbarung zur Zusammenarbeit der Akademie der Wissenschaften mit der Deutschen Forschungsgemeinschaft unterzeichnet. Mitte Januar 1971 kam als Gast einer sowjetischen Parlamentsgruppe der Vorsitzende des Auslandskomitees des Bundestages, Gerhard Schröder. Die Bekanntschaft mit Schröder führte zu einer angenehmen und nutzbringenden Fortsetzung während meiner Arbeit in Bonn. Im Februar/März 1971 wurden Verhandlungen über den Luftverkehr geführt, und es fanden die ersten Erörterungen über Handelsabkommen zwischen unseren Ländern statt.

Schließlich bot sich eine passende Gelegenheit, mit Oppositionellen zu sprechen. Eine Delegation der Jungen Union, geführt von Jürgen Echternach, äußerte den Wunsch, sich mit mir im Außenministerium zu treffen. Zu der Gruppe gehörten die Vorstandsmitglieder Dirk Fischer und Volker Rühe, der künftige Generalsekretär der CDU und derzeitige Verteidigungsminister der Bundesrepublik. Entschlossene junge Leute, überzeugt von der Richtigkeit ihrer Ansichten und Argumente. Die Besucher stellten Fragen. Die Antworten lagen bei mir:

Der Moskauer Vertrag bereitet der westeuropäischen Integration keine Hindernisse. Er beseitigt nicht, macht aber die Bestimmungen in Artikel 53 und 107 des Statuts der Vereinten Nationen über feindliche Staaten inaktuell. Der Abschluß dieses Vertrags verlangte von der sowjetischen Führung bedeutende Anstrengungen, ihn der Bevölkerung in allen Einzelheiten verständlich zu machen. Seine Nichtratifizierung wäre ein schwerer Schlag für die sowjetisch-bundesdeutschen Beziehungen. Was West-Berlin betrifft, so ist bei Gegenseitigkeit eine ebenso umfassende wie auch ins einzelne gehende Regelung erreichbar. Natürlich, dem Transitverkehr nach West-Berlin müssen die normalen internationalen Regeln zugrunde gelegt werden, die niemanden diskriminieren und niemanden privilegieren. Die Frage der politischen Präsenz der Bundesrepublik in West-Berlin könnte auch entschieden werden, wenn die Viermächtevereinbarungen und die Klausel der drei Mächte zu Artikel 24 des Bonner Grundgesetzes respektiert werden.

Solcher Art waren die Akzente meiner Erläuterungen.

Überhöhte Hoffnungen, daß Echternach und seine Kollegen den Sinn sofort begreifen würden, hegte ich nicht. Und mein Monolog an diesem 17. März 1971 war nicht für sie allein bestimmt. Hätte ich jedoch geahnt, wie stürmisch die Reaktionen sein würden, hätte ich mir wahrscheinlich andere Gesprächspartner ausgesucht. Oder ich hätte es so gemacht wie Gromyko, der mich wegen meiner Unvorsichtigkeit tadelte und mir zu sagen riet: »Antworten auf Ihre Fragen finden Sie im Text des Vertrags.« Die Opposition beschäftigte damals nur eins: den Wall von Unzufriedenheit mit der Ostpolitik der sozial-liberalen Koalition höher und höher aufzutürmen. Mein Appell zur Überwindung der Stereotype und zu guter Nachbarschaft machte nur wütend.

Wenn einem das Eigene besser erscheint, ist das nicht so schlimm. Gefährlich wird es, wenn das Eigene zum einzig Wahren wird. Man darf

sich selbst nicht so sehr lieben und bedauern, daß dadurch Zugeständnisse der anderen Seite aus dem Gesichtsfeld entschwinden, wenn sie mit dem Strich unter die Vergangenheit verbunden sind.
Ich wollte zu verstehen geben, daß der Moskauer Vertrag einen Friedensvertrag nicht ersetze. Daher könne er auch beim besten Willen nicht die Aufhebung der Bestimmungen der Artikel 53 und 107 des UN-Statuts zur Folge haben. Hinsichtlich West-Berlins setzte ich, wie es mir vorkam, Wegzeichen künftiger Regelungen. Die meisten von ihnen wurden später von den USA und anderen Großmächten übernommen. Vergleichen Sie die Septemberdokumente (1971) der vier Mächte mit meinen Märzthesen, die Parallelen werden Ihnen nicht verborgen bleiben.
Doch die jungen Christdemokraten waren der Ansicht, Fortuna lächele ihnen zu, weil ein Botschafter sich ihnen stellte. Freilich, auch Außenminister Walter Scheel war mit einer Erklärung aufgetreten. Sie enthielt keineswegs das, was die Opposition sich wünschte. Er bekräftigte, daß die Form der bundesdeutschen Präsenz in Berlin (West) »nicht normal« sei. Im Bundestag gab es zu diesem Punkt spezielle Debatten, in denen sich der Minister ohne Portefeuille, Horst Ehmke, äußerte, Auftritte von CDU/CSU gab es etwa ein Dutzend, von Rainer Barzel bis Kurt Georg Kiesinger, von Johann Baptist Gradl bis zu Freiherr von und zu Guttenberg. Die »Jungen« hatten den Älteren nahegelegt, die Zurücknahme des mir erteilten Agréments zu verlangen.
Hätten sie damit Erfolg gehabt, wer weiß, dann wäre mir viel erspart geblieben. Denken Sie zum Beispiel an Sorin. Er hielt sich ein halbes Jahr in Bonn, dann fand man zu Hause eine andere Beschäftigung für ihn. Meine Anwesenheit in der Hauptstadt der Bundesrepublik hätte sich auf drei Dezembertage im Jahre 1970 beschränkt.
Die sowjetisch-bundesdeutschen Beziehungen, das versteht sich, wären dadurch nicht in Lethargie gefallen. Ihre Normalisierung war von den objektiven Bedürfnissen beider Staaten bestimmt. Vielleicht hätten sie – nicht ohne Zeitverlust – eine etwas abgewandelte Architektur erhalten. In bezug auf die Westberliner Vereinbarungen läßt sich das mit Bestimmtheit behaupten. Ob zum Wohl oder zum Schaden, kann heute niemand ausrechnen.
Mitte März 1971 war Egon Bahrs und mein Zauberkunststück um Berlin schon ziemlich weit gediehen. Nicht des schönen Wortes halber verglich ich unser Einsiedlertum mit Zauberei. Das Risiko, daß wir der Häresie

beschuldigt und der politischen Inquisition überantwortet werden würden, war groß. Weder Brandts Prognose, ausgedrückt in der Zwischenbilanz, daß ein Scheitern der Viermächteverhandlungen im jetzigen Stadium »wenig wahrscheinlich sei«, noch die Carte blanche, die Breschnew mir gegeben hatte, waren Versicherungspolicen. Wenn ich mich zu einem Treffen nach West-Berlin begab, wußte ich nie, was mich bei der Rückkehr erwartete, ob es mir gelingen würde, der Obrigkeit die Sinnfälligkeit der von mir entwickelten Ideen zu beweisen.

Das Treffen mit Rush wäre wegen eines ärgerlichen Versäumnisses fast gescheitert. Ich flog nach Berlin. Arbeitsfreier Tag. Jemand hatte vergessen, dem Sicherheitsoffizier, der mich nach West-Berlin zu begleiten hatte und auch die genaue Adresse kannte, mitzuteilen, daß für den Abend die »Operation« vorgesehen war. Zur festgesetzten Zeit stand der gewohnte Wagen, aber mit einem mir unbekannten Mitarbeiter besetzt, vor der Botschaft. Wir machen uns auf den Weg. Als wir schon im Westsektor sind, fragt mein Begleiter:

»Und wohin soll ich Sie bringen?«

»Das sollten Sie besser wissen. Ich merke mir Straßen und Hausnummern nicht.«

»Mir wurde befohlen, mich zu Ihrer Verfügung zu halten. Näheres ist mir nicht gesagt worden.«

Ich schaue auf die Uhr. Zum Umkehren ist keine Zeit mehr. Es bleibt nichts anderes übrig, als aus Gedächtnisbruchstücken mir ein annäherndes Panorama vorzustellen.

Also hier von der Hauptstraße aus sind wir in ein Labyrinth von Villen eingebogen. Die Gasse hat so ähnlich ausgesehen. Wir fahren durch. Vom Haus des Bevollmächtigten keine Spur. Eine zweite, eine dritte Probe – sinnlos. Wir kehren auf die Hauptstraße zurück. Richtig, wir sind hier ja irgendwo nach rechts gefahren. Wo kann das Haus hingeraten sein? Es dunkelt schon. In der Dämmerung sind alle Häuser grau, genau wie die Katzen. Letzter Versuch. Wieder die Hauptstraße. Nun sofort nach rechts. Und da ist er, der Gute! Am Tor steht der Hausmeister. Etwas weiter entfernt Autos, in denen stramme Burschen sitzen, das kann nur Rushs Leibwache sein.

Das traf sich nicht gut. Wir hatten geplant, daß ich ungefähr eine halbe Stunde vor Rush kommen sollte. Sein Sicherheitsdienst mußte mich nicht unbedingt sehen. Außerdem hatte Bahr mich vorher über seine Gespräche

mit dem Botschafter der USA informieren wollen. Und nun war es so gekommen, daß Rush mich erwartete und zusammen mit dem Hausherrn über mein Ausbleiben rätselte: Flugzeug entführt? Autounfall? Oder hat Moskau im letzten Augenblick umentschieden?
Seufzer der Erleichterung begrüßten mich. Wir lachten über die dumme Geschichte, die Aufregung bereitet hatte und, wenn wir das Haus nicht gefunden hätten, womöglich Spekulationen ausgelöst hätte. Wie vielen Zufälligkeiten, verhängnisvollen Inkongruenzen ist die Geschichte verpflichtet, dramatischen Brüchen, versäumten Chancen, Ränken auf höchsten und haltbarsten Ebenen!
Iwan IV. war es nicht vergönnt, die Antwort auf seinen Antrag – wegen der »großen Freundschaft« – auf Herz und Hand der Mary Hastings, einer Nichte von Königin Elisabeth von England, entgegenzunehmen, er starb während des Schachspiels mit Birkin. Peter I. gelang es nicht mehr, seinen letzten Willen zu Ende auszusprechen; vielleicht wäre Rußland dann im achtzehnten Jahrhundert der Überfluß an Kaiserinnen erspart geblieben. Um klägliche fünfzehn Minuten verspätete sich das Telegramm aus Helsinki, das vielleicht den ruhmlosen sowjetisch-finnischen Winterkrieg 1939/40 verhindert hätte. Und fast nie weiß man beizeiten, ob man überflüssig oder eine sehr nötige Speiche im Rad ist.
Das Treffen mit Rush ähnelte ein wenig einer Brautschau. Françoise Sagan hat eine treffende Beobachtung gemacht: Der erste Blicktausch sagt einem Mann und einer Frau, ob zwischen ihnen etwas entstehen kann oder nicht. Etwas Ähnliches gilt für Diplomaten und Politiker.
Wir hatten an jenem Abend nicht den Ehrgeiz, einander gefallen zu wollen. Und auch nicht den Wunsch, den Eindruck unbefangener Denkweise hervorzurufen. Offenherzigkeit ist ebensowenig am Platze wie Zimperlichkeit, wenn getestet wird, ob es einen gemeinsamen Boden gibt, auf dem wir mit unseren persönlichen Eigenarten zusammenkommen können. Sachkundigkeit, Urteilsvermögen, die Kunst zu hören und zuzuhören, waren meinem ersten Eindruck nach dem amerikanischen Kollegen nicht fremd. Wenn dieser Eindruck stimmt, kann man mit ernsthafter Gegenüberstellung der Gesichtspunkte rechnen.
Sie haben richtig geschlossen, Rush gefiel mir. Nicht eine Bemerkung, die zu Polemik herausgefordert hätte. Je länger eine Polemik sich hinzieht, desto weiter führt sie – im Unterschied zur Diskussion – vom Wesentlichen ab. Das Berlin-Problem bestätigte dies auf anschaulichste Weise.

Den präzisierenden Sätzen, bald an Bahr, bald an mich gerichtet, war zu entnehmen, daß Rush sich nicht selbstvergessen in ergraute Vorzeit eingrub. Ihn interessierten die heutigen Sorgen. Er scheute nicht die Mühe, sich zu vergewissern, was hinter dieser oder jener unserer Äußerungen steckte, und schob nicht aus eigener Bequemlichkeit, wie es auf Schritt und Tritt geschieht, Unverständliches von sich weg. Ich nahm dies als gutes Omen.

Wahrscheinlich haben sich in meinem Bewußtsein positive Züge festgesetzt und gespeichert, die vielleicht zum Teil einer nichtpolitischen Wurzel entstammten. Das Gespräch zu dritt wurde englisch geführt. Ich mußte mich erst daran gewöhnen. Die amerikanische Aussprache Rushs, mein ärmlicher aktiver Wortschatz machten es nicht leicht. Wenn die Sprachbarriere unüberwindlich wurde, half Bahr. Ich hatte mein Englisch vernachlässigt, dafür mußte ich nun zahlen.

Beim Abschied erkundigte Rush sich, wann ich die Botschaft in Bonn übernähme. Als er erfuhr, daß meine Mobilität durch die schwere Krankheit meiner Frau eingeschränkt sei, bedauerte er dies und fügte hinzu:

»Wir wollen unser heutiges Gespräch in Bonn fortsetzen. Sobald Sie dort sind, lassen Sie es mich bitte wissen, ohne unbedingt die Annahme der Beglaubigungsurkunde vom Bundespräsidenten abzuwarten.«

So wurde also Amerika in unsere Spitzenklöppelei einbezogen. Die Freunde in der DDR werden gekränkt sein, und das mit Recht, wenn sie von Moskau nichts über unsere Zusammenkünfte erfahren. Wahrscheinlich argwöhnen sie schon etwas. Erklärungen, weshalb ich so oft in Berlin bin, haben sie nicht bekommen. Meine Durchfahrten am Checkpoint Charlie sind sicher auch bemerkt worden. Und die Hauptsache, die Bedeutung jeder Art von Abmachungen mit den USA und der Bundesrepublik, ergibt sich aus ihrer Realisierung in der Praxis. Wenn die DDR bereit ist mitzuarbeiten, und das nicht nur formal, nicht schludrig, nicht widerwillig, dann wird Licht am Ende des Tunnels aufscheinen. Daher muß der Führung der DDR gezeigt und bewiesen werden, daß die Abmachungen der DDR selbst dienen werden. Sie erlauben, die Probleme ihrer internationalen Anerkennung universal zu lösen, und führen das deutsche Thema auf eine politische Ebene.

Leonid Breschnew und Andrej Gromyko waren derselben Ansicht, meinten sogar, wir hätten schon früher Walter Ulbricht die nötigen Erklärungen geben sollen. Der Generalsekretär hatte Informationen darüber, daß die SED-Leitung nervös geworden war. Das Anwachsen von Umfang und Qualität der sowjetischen Kontakte zur Bundesrepublik erschien ihnen ungerechtfertigt hastig, es überhole die Evolution der inneren westdeutschen Situation und die der deutsch-deutschen Beziehungen.

Wieder wird Initiative bestraft. Leonid Breschnew beauftragt Pjotr Abrassimow, sich mit Walter Ulbricht in Verbindung zu setzen und zu klären, wann er zu einem Gespräch unter vier Augen den Leiter der 3. Europa-Abteilung und künftigen sowjetischen Botschafter in der Bundesrepublik empfangen kann. Ein paar Stunden später nennt der Erste Sekretär des ZK der SED zwei mögliche Gesprächstermine. Gromyko trifft die Wahl für mich, je früher, desto besser. Er gibt mir eine Empfehlung, wie die Information für Ulbricht zu strukturieren sei. Das war das Vormärchen. Das Märchen sah so aus:

»Geben Sie sich Mühe, die Freunde zu überzeugen. Genieren Sie sich nicht; wenn nötig, streiten Sie. Zeigen Sie ihnen die Chance, Europa in friedliches Fahrwasser zu lenken. Die Chance zu versäumen hieße, sich mit einer schweren Verantwortung zu belasten. Walter Ulbricht kann Bedenkzeit verlangen und sich mit den Kollegen beraten. Verabreden Sie dann gleich ein neues Treffen. Wir brauchen das Okay der Freunde.«

Alles wurde auf die richtigen Plätze gestellt. Mit Bundesgenossen auf höchster Ebene zu diskutieren ist nicht der Brauch, für eine solch unangenehme Mission gibt es Emissäre. Wenn eine nicht vorherberechnete Überhitzung entsteht, kann man sie desavouieren.

In Schönefeld empfing mich Pjotr Abrassimow. Unverwüstlich energisch, er spricht in abgehacktem Ton, der den Gesprächspartner aufhorchen läßt. Der Botschafter hat sich in die Umstände gut eingelebt. Vor allem beschäftigen ihn Palastgeheimnisse. Er ist ein Born von Details. Ich erfahre, daß Ulbricht sich nicht ganz wohl fühlt und mich in seine Residenz außerhalb der Stadt einlädt; daß die Freunde über die Tatsache meiner Gespräche mit Egon Bahr im Bilde sind, wenn sie sich auch wohl nicht an den Inhalt heranpirschen konnten; daß man in der SED-Führung in den Beziehungen zur sozial-liberalen Koalition noch mißtrauischer geworden ist.

Pjotr Abrassimow empfiehlt, den Botschaftsdolmetscher mitzunehmen, »mit Rücksicht auf die Wichtigkeit des Gesprächs«. Ich danke dem Botschafter für seine Fürsorge, will aber gerade mit Rücksicht auf das Delikate des Meinungsaustauschs den Kreis der Teilnehmer nicht erweitern, es sollen keine Aufzeichnungen gemacht werden. Käme Andrej Tarassow*mit, müßte auf der Seite der Freunde ebenfalls ein Kenner der russischen Sprache anwesend sein. Die Vertraulichkeit gewinnt dadurch nicht.

Um zehn Uhr bin ich in Wandlitz. Es ist mein erster und einziger Besuch in der Siedlung der DDR-Prominenz. Alles unter dem Himmel, ich sage es noch einmal, ist relativ. Man kann Wandlitz nicht mit dem groß angelegten Camp David vergleichen, mit Chequers oder mit Fontainebleau oder mit unserer Praxis. Besonderes Interesse rief mein Hinweis auf Wandlitz beim Bericht zu Hause allerdings nicht hervor.

Mit Walter Ulbricht war ich seit 1950 bekannt. Besser gesagt, jeder wußte von der Existenz des anderen. Seit Beginn der sechziger Jahre wurden die Kontakte regelmäßiger, und im Sommer 1964 würdigte Ulbricht mich im Gespräch mit Chruschtschow eines Lobes für die gemeinsame Arbeit mit Michael Kohl** an den Texten der Dokumente, die im Ergebnis des Besuchs der Partei- und Regierungsdelegation der DDR unterzeichnet worden waren.

Das sage ich für den Fall, daß jemand mir vorwerfen möchte, ich strebte danach, meine Erinnerungen nach der jetzigen Mode zurechtzuschneidern. Im Wettkampf der Systeme war die Deutsche Demokratische Republik aus meiner Sicht nicht a priori der Verlierer. In zwei konkreten Fällen hatte der Sozialismus die Chance besessen, seine Stärke zu offenbaren: in der ČSSR, einem Staat, der im Vorkriegseuropa den höchsten Lebensstandard aufgewiesen hatte, und in der DDR.

Mein Standpunkt war nicht überkompliziert. Die BRD und die DDR, Teile eines Ganzen, hatten unter annähernd gleichen ökonomischen Bedingungen ein neues Leben begonnen. Natürlich, der eine Staat setzte fort und pflegte, was früher effektiv funktioniert hatte. Der andere hatte Neues zu erproben und zu verinnerlichen, was der deutschen Wirklichkeit bislang fern gewesen war. Doch auf der Seite des letzteren bestand die Möglichkeit, sich nicht nur auf die Elite zu stützen und dem Wahnsinn des Wettrüstens zu entgehen.

Bezüglich der Tschechoslowakei schwanden meine naiven Träume endgültig 1968 dahin. Für die DDR verblaßte die Sonne bereits im Juni 1953.

---

* Der erste Botschaftssekretär und Vertraute von Abrassimow

** Damals der Rechtsexperte der DDR-Führung.

Ich war kein Gegner der DDR, doch seit diesen Junitagen hatte das Experiment der sozialen Gerechtigkeit aus meiner Sicht nur im Rahmen einer Konföderation eine Chance. Und das nicht so sehr wegen der Stärke des westdeutschen Großkapitals, sondern wegen der Mängel unserer sowjetischen Praxis.

Friedrich Engels verdanken wir manche an Scharfsinn unübertroffene Prognose. Hier eine davon: »Unbestreitbar ist jedenfalls folgendes: Das siegreiche Proletariat kann keinem ausländischen Staat seine Methode aufzwingen, glücklich zu sein, ohne seinen eigenen Sieg zu begraben.«

Damit ist alles Nötige gesagt, wenn man dazu noch zur Kenntnis nimmt, daß in der Sowjetunion dem Proletariat sein Sieg entrissen und statt des Sozialismus eine Diktatur errichtet wurde.

Ulbricht begrüßte mich ohne Protokoll-Fisimatenten. Er hatte Willi Stophs Anwesenheit bei dem Gespräch gewünscht. Ich hielt das für sehr gut. Mit Stoph hatte ich gewöhnlich gemeinsame Nenner erreicht. Das Gespräch fand in einem geräumigen Zimmer statt, Tee und Kaffee wurden serviert. Der Hausherr ordnete an, alles zurechtzustellen und ohne Aufforderung nicht mehr hereinzukommen.

»Was hat Ihnen Ihr Freund Egon Bahr erzählt?«

Der Anfang war verheißungsvoll. Das Wort »Freund« – mit unverhüllter Ironie und nicht einfach in Ulbrichts vertrautem sächsischem Akzent ausgesprochen.

»Wie oft haben Sie sich in West-Berlin getroffen? Alle Probleme sind dann ja wohl erörtert und erledigt?«

»Von Erörterung um der Erörterung willen hat man nicht mehr Profit als davon, Wasser ohne Gewürze zu kochen. Die vier Mächte beschäftigen sich damit seit fünfundzwanzig Jahren.«

»Sie befassen sich also mit etwas anderem?«

»In gewissem Sinne ja. Das Ziel ist, vom toten Punkt wegzukommen, aber nicht der Propaganda zusätzliche Argumente zu liefern. Verschiedene Ziele verlangen verschiedene Technologien des Dialogs. Für endgültige Schlußfolgerungen ist es noch zu früh. Einige zwischenzeitliche Bewertungen verdienen jedoch Beachtung. Ich bin beauftragt, Genosse Ulbricht, Sie darüber zu informieren und Sie dann um Ihre Meinung zu bitten.«

Ich referierte den Inhalt meiner Unterredungen mit Bahr annähernd mit den Worten meiner Berichte an Breschnew und Gromyko.

Es zeichnet sich die Möglichkeit ab – einstweilen ist es nicht mehr als eine

Möglichkeit –, etwa nach folgendem Schema vorzugehen: generelle Bestätigung der Viermächteverantwortung für Deutschland im ganzen, einschließlich Berlins, als Hintergrund der Regelungen. Anerkennung der Jurisdiktion der DDR in allen Arten des zivilen Land- und Wasserverkehrs von seiten West-Berlins unter der Bedingung, daß die DDR ihre Ansprüche auf diese Stadt zurückstellt. Die Bundesrepublik erkennt die Kompetenzen der DDR in Ost-Berlin unter der Voraussetzung an, daß die DDR ihrerseits die nichtpolitische bundesrepublikanische Präsenz in West-Berlin zur Kenntnis nimmt. Dabei wird bestätigt, daß diese Stadt kein Bestandteil der Bundesrepublik ist.

Ulbricht hebt den Finger zum Zeichen, daß er etwas zu fragen oder einzuwenden hat. Stoph hält ihn zurück:

»Walter, laß Genosse Falin erst seine Mitteilung beenden.«

»Bitte, fahren Sie fort«, stimmt Ulbricht zu.

Ich spreche ausführlich über die Rechtsgrundlagen des Transitverkehrs durch das Territorium der DDR nach und von West-Berlin und erwähne dabei den Wunsch der Westdeutschen nach Gewährung menschlicher Kontakte in der geteilten Stadt. Dabei unterstreiche ich zwei Momente: a) Es muß anerkannt werden, daß die konkreten Nutzungsbedingungen der zivilen Kommunikationen, die sich auf das Territorium der DDR erstrecken, die Behörden der DDR festzulegen haben; in der Viermächtevereinbarung werden nur allgemeine Bestimmungen deklariert. Detailreglementierung ist Aufgabe der DDR, der Bundesrepublik und West-Berlins. b) Der Begriff »Transit« wird eingeführt mit Bezug auf die üblichen internationalen Regeln.

Willi Stoph erfaßte den Sinn von »Transit« sofort und sagte zum Ersten Sekretär:

»Hörst du, Walter, hör!«

Mir blieb nichts anderes übrig, als die Schlüsselfunktion West-Berlins zu kommentieren, die die Stadt für das Inkrafttreten der bereits unterzeichneten Verträge und die Ausarbeitung neuer Verträge innehat. Dazu gehört auch ein Vertragsdokument, das die Rechtsgrundlage für die Beziehungen DDR – BRD bilden soll.

»Ist das alles?« fragte Ulbricht. Als ich bejahte, meinte er: »Mit dem Ohr aufzunehmen, ziemlich verwickelt. Kompromisse ohne gegenseitige Konzessionen gibt es nicht. Das ist elementar. Aber die Konzessionen müssen gleichrangig sein. Von der DDR wird mehr verlangt als von der BRD, und

die drei Westmächte sind bereit, sich darauf einzulassen. So geht das nicht.«
»Worin sehen Sie die Disproportion, Genosse Ulbricht? Die DDR hat offiziell Prätentionen auf West-Berlin aufgegeben. Das ist in Form seiner Anerkennung als »gesonderte politische Einheit« geschehen. Die UdSSR tat desgleichen. Wenn es gelingen würde, eine überzeugende politisch-rechtliche Formel für die Nichtzugehörigkeit dieser Stadt zur BRD auszuarbeiten, könnte das Problem in unserem Sinne gelöst werden. Fragen des militärischen Zugangs müssen ausgeklammert werden. Unangenehm, um so mehr, da 1959 und 1962 hier eine Korrektur der Lage nicht ausgeschlossen zu sein schien. Nikita Chruschtschow hat eine Möglichkeit versäumt. Es irritiert Sie das Fehlen der Wörter »international-rechtliche Anerkennung« der DDR. Ich glaube nicht, daß sie auftauchen werden, auch wenn Sie und wir noch so fest darauf bestehen. Doch auch ohne diese Wörter gibt es Fakten der international-rechtlichen Anerkennung, bei deren Berücksichtigung die sich gestaltende Lage nicht hoffnungslos aussieht.«
Da ich damit rechnete, daß der Vorsitzende des Ministerrats mir beistehen würde, zergliederte ich die Bedeutung des Begriffs »Transit«, deklamierte einen ganzen Panegyrikus. Wieder und wieder wies ich auf die sich der DDR eröffnenden Möglichkeiten hin, ihre Vorstellungen zu realisieren, die Souveränität der Republik zum Ausdruck zu bringen. Das werde bei der Beurteilung der breiten Aspekte der deutsch-deutschen Beziehungen positive Folgen haben.
Willi Stoph schaltete sich ein:
»Walter, wenn das von Genosse Falin skizzierte Schema sich realisieren läßt, dann kommen wir auf dem Sektor des Zivilverkehrs und des Status von West-Berlin als besondere politische Einheit in die Nähe der Variante, die wir im kleinen Kreis schon besprochen haben. Mir macht aber etwas anderes Sorge: Wird es glücken, den Plan zu realisieren? Übermäßige Ruhe um West-Berlin könnte jemanden unruhig machen.«
Eine Weile bereden Ulbricht und Stoph etwas miteinander, dann wendet sich der Erste Sekretär an mich und sagt mit zusammengekniffenen Augen:
»Berichten Sie dem Genossen Breschnew, daß wir die Information über Ihre Zusammenkünfte mit Egon Bahr beifällig aufgenommen haben. Wir erwarten, daß die sowjetische Seite uns über die Vorgänge auf dem

laufenden halten wird. Wir müssen uns auf den Teil der Arbeit vorbereiten, den die DDR zu leisten haben wird.«

Ein Blick auf die Uhr – zweieinhalb Stunden sind verstrichen. Ich brauche also nicht über Nacht in Berlin zu bleiben, Gott sei Dank. Es sieht ganz so aus, als hätte Bahrs und mein Hinterland sich gefestigt, sogar ein Manövrierfeld ist in Sicht.

Nichts übereilen, aber sich freuen. Ulbricht erinnert sich angestrengt an etwas:

»Ja, Sie erwähnten die Wünsche der Westdeutschen bezüglich verwandtschaftlicher Beziehungen. Wohin kann das ausufern? Wie stellen Sie sich das vor? Ich hoffe, Ihnen ist begreiflich, daß die Verteidigungsmaßnahmen nicht abgeschafft werden können.«

»Der Wunsch ist übrigens in gehöriger Form von Egon Bahr ausgesprochen worden, und mir schien, die DDR müßte davon wissen. Ich habe meinen Gesprächspartner an Sie verwiesen. Aus Bahrs Worten geht nicht hervor, daß das Grenzregime auf der Tagesordnung steht. Ihm geht es um den humanen Aspekt. Der Zentralgedanke: Die Früchte der Entspannung sollen für Hunderttausende spürbar werden, andernfalls wäre diese Politik totgeboren.«

»Die DDR befindet sich in bedrohter Lage. Unsere Grenzen zur BRD und zu West-Berlin sind zugleich die Verteidigungsgrenze zwischen NATO und Warschauer Pakt. Seit 1961 hat sich hier nichts zum Besseren gewendet. Man kann von uns nicht erwarten, daß wir uns selbst zum Fraß vorwerfen.«

»Genosse Ulbricht, Ausnahmeregelung im Rahmen von Vereinbarungen ist die Bestätigung der Regel selbst. Wie sie aussehen soll, damit die Ausnahme nicht zur Regel wird, werden Sie entscheiden. Das fällt in die Kompetenz der DDR.«

Ulbricht und Stoph tragen Grüße an die sowjetischen Führer auf. Noch einmal Sujetwechsel. Der Hausherr fragt:

»Welchen Eindruck macht Bahr?«

»Ein bedächtiger Politiker, flexibel und kühn. Wenn er herausgefordert wird, rennt er nicht gleich weg. Ob er ein Mann ist, der sein Wort hält, wird die Zeit erweisen. Im ganzen läßt sich mit ihm arbeiten, wenn man weiß, daß er ein entwickeltes Gespür für Seriosität besitzt.«

»Ihre Meinung unterscheidet sich nicht von unserer Information. Sie sagen, er ist kühn. Da kann man hinzufügen: und gewandt. Er spricht gern über Europa und die Welt überhaupt, hat aber nur die Deutschen im Blick. Brandt steht er nahe, aber er hat sich nicht wenig Feinde gemacht, auch in der eigenen Partei.«

Wir nehmen Abschied, Ulbricht ist entspannter, sein Händedruck nicht mehr fischartig. Stoph begleitet mich zum Wagen, dankt mir für meinen Besuch.

»Es ist sehr gut, daß Sie gekommen sind und so direkt gesprochen haben. Ich konnte Sie nicht vorwarnen, daß unser Erster beabsichtigt hatte, tüchtig mit Ihnen zu streiten. Man hatte ihm einiges über Ihre Kontakte gesteckt. Doch das gehört nun der Vergangenheit an.«

Bei diesem oder bei dem nächsten Berlinaufenthalt arrangierte Pjotr Abrassimow ein Arbeitsfrühstück im – wer weiß, warum – blauen, das heißt dem »Damensalon« der Botschaft. Dazu waren Erich Honecker und einige andere DDR-Führer geladen. Der Botschafter beabsichtigte – wie er mir sagte –, ein besseres Klima für die Billigung des bevorstehenden Pakets an Vereinbarungen im Politbüro des ZK der SED zu schaffen. Mir kam nicht in den Sinn, daß man den Boden für ein Revirement in der Parteispitze präparierte.

Während dieses Frühstücks quälten mich Zweifel, ob es nicht doch irgendwo ein Leck gebe, das Bahrs und meinen Kanal belichtet und uns dazu zwingt, andere Umwege zur Verständigung zu suchen. Auch die Signale, daß nach dem Wechsel am Rhein unter den Funktionären der SED sich einerseits nationalistische, andererseits depressive Stimmungen häuften, ermutigten nicht. Erich Honecker erinnerte in saloppem Ton an mein Gespräch mit Echternach. Ich erkannte in seiner Bemerkung ein Symptom, daß er nicht versteht beziehungsweise verkehrt versteht.

Im April beschäftigten Bahr und ich uns mit Verbesserungen der gesamten Konstruktion und der Konkretisierung einzelner Formulierungen. Bis zum Klingen der Pokale mit schäumendem Champagner, mit dem nicht nur der Stapellauf eines Schiffes, sondern auch ein Vertragsabschluß gefeiert wird, würde es allerdings noch eine Weile dauern.

Ferne Hoffnung ist immer noch besser als nahe Hoffnungslosigkeit. Überdies, ob die Vereinbarung »sein oder nicht sein« würde, hing in gewissem Grade von uns ab. In den kommenden vier unendlich langen Monaten wurden Berlin-Angelegenheiten zu einem Schwerpunkt, der mir Schlaf und Ruhe raubte.

Einige Bemerkungen in eigener Sache

Am 3. Mai 1971 flog mein Telegramm durch den Äther nach Moskau: »Bin in Bonn. Habe Botschafteramt angetreten.« Der Gesandte Bondarenko stellte mir jeden einzelnen Diplomaten nach seinem offiziellen Rang vor. Das war ein bißchen komisch. Was konnte ich Neues über Iwan Sajzew, Michail Boronin, Alexandr Bogomolow oder Gennadij Schikin erfahren? Einiges – seit wann an der Botschaft, wie in die Liste des diplomatischen Korps eingetragen. Ohne diese und ein paar andere Angaben konnte man leicht in allerlei Fettnäpfchen treten.

Nicht jeder der hier ungenannten Mitarbeiter hätte ich mir ausgesucht, wenn ich bei ihrer Ernennung dabeigewesen wäre. Doch jemandem im voraus zu mißtrauen hatte ich ebenfalls keinen Grund. Gut, wenn ein solcher nicht auftaucht.

Ein seltsames Gefühl nistet sich in Ihnen ein, wenn Sie entdecken, daß keiner Ihrer Mitarbeiter einigermaßen Englisch spricht und nicht ein einziger des Französischen mächtig ist. Nun ja, Bonn war lange Zeit für Moskau diplomatische Provinz, Englisch und Französisch daher wohl ein überflüssiger Luxus, doch auch mit der deutschen Sprache stand es nicht glänzend. Es gab nur sehr wenige Mitarbeiter, die nicht lediglich dem Fragebogen nach als »Absolventen des vollständigen Kursus« geführt wurden, sondern fähig waren, das Notwendige einigermaßen anständig zu leisten.

Ich hatte keine Absicht, Mimikry zu ermuntern, unter anderem leere Geschäftigkeit nach Art der »Fünfminütchen« mit bis zum Mittag ausgedehntem Nacherzählen von Zeitungsartikeln. Packt man die Arbeit richtig an, gibt es in jeder Botschaft reichlich zu tun, da ist jeder Kopf unersetzlich. Vorausgesetzt, daß ein Kopf vorhanden ist.

Der erneuerte Arbeitsstil kam dem einen oder anderen sogar gelegen. Die Pflichtübungen wurden abgeschafft. Der Botschafter beanspruchte keinen Dolmetscher für seine Gespräche. Die Aufstellung der langweiligen Memoranden am Vortag jedes Treffens oder jeder Reise des Botschaftsleiters war nicht mehr erforderlich. Eine Unmenge Zeit stand zur Verfügung. Was mit ihr anfangen? Einige Mitarbeiter begannen, wie Studenten in der Uni, in Rolandseck zu erscheinen – mal nach dem Mittagessen oder kurz vor dem Abend, wenn überhaupt. In anderen erwachte das Bedürfnis, ihre Kenntnisse in Geographie aufzubessern, die dritten …

Wirklich nachlässig waren nur wenige. Doch damit das erworbene Trägheitssyndrom nicht um sich griff, waren Ermahnungen unerläßlich. Ich versuchte es erst auf die elegante Manier, indem ich der Kohorte von Botschaftsräten und Ersten Sekretären die französische Parabel erzählte: »Am Quai d'Orsay gibt es unendlich breite Treppen. Warum? Damit diejenigen, die zu spät zum Dienst kommen, nicht mit denen zusammenstoßen, die ihn zu früh verlassen.«

Das half, aber nicht sehr viel. Jetzt folgte die Anordnung: Die Arbeit der Botschaft beginnt um acht Uhr dreißig; die höheren Dienstgrade sorgen dafür, daß alle Mitarbeiter sich pünktlich im Dienstgebäude einfinden, ausgenommen jene, die konkrete Aufträge außerhalb der Botschaft wahrnehmen müssen. »Der ist ja kein Liberaler!«, flüsterten die in ihrer Freizügigkeit Behinderten.

Doch trotz der kranken Bäume verschwand nicht der gesunde Wald aus dem Blickfeld. An viele Diplomaten, die einen Löwenanteil der Lasten auf sich nahmen und mit mir Bürden und Freuden teilten, erinnere ich mich voller Dankbarkeit.

Meine Vorschläge, den Stab des Personals etwa um ein Drittel des Bestands zu verringern, den Verbleibenden entsprechend der Effektivität ihrer Arbeit die Gehälter zu erhöhen, hatten keinen Erfolg. Eine Reihe von Moskauer Behördenleitern betrachtete den Auslandsdienst als Sinekure.

Immerhin war es ein kleiner Trost, daß im Zentrum der Wunsch, in Bonn Angehörige und gute Freunde unterzubringen, rasch verdorrte. Was erwartete einen Diplomaten bei uns? Viel Arbeit und bei Beendigung der Tätigkeit ein nüchternes Dienstleistungszeugnis. Das erste erforderte ein Minimum an persönlichen Fähigkeiten, das zweite konnte einem die Karriere verhunzen.

Ich spreche schon gar nicht von solchen Aktionen des Botschafters, als er eine ganze Delegation an der Tür umkehren ließ. Auf dem Weg nach Köln schütteten die Leute ununterbrochen Schnaps in sich hinein, und nachdem sie im Hotel ihre Koffer abgestellt hatten, setzten sie diese Beschäftigung im nächsten Lokal fort. Bis zur Bewußtseinstrübung. Erst irgendwo hinter Frankfurt an der Oder kamen sie wieder zu sich, höchst verwundert, sich in einem nach Osten fahrenden Zug zu befinden. Sie meinten, der Lokführer habe die Richtung verwechselt.

Nein, die organisatorisch-personellen Höhen erklomm ich weder in meinem ersten noch in meinem letzten Botschafterjahr. An vielen Fehlgriffen war ich selbst schuld und hatte die Strafe dafür zu tragen. Heute wie vor zwanzig Jahren meine ich, es bringt weder Nutzen noch Genugtuung, Arbeit in Gschaftlhuberei zu verwandeln. Kurz gesagt, die sowjetischen Auslandsvertretungen lebten ihr buntscheckiges Leben. Und wie überall waren es nicht Systeme, sondern lebendige Menschen, die das Notwendige getan oder verdorben hatten.

Am zweiten oder dritten Tag nach meiner Ankunft in Bonn traf ich mich mit Egon Bahr. Wir hielten es beide für wichtig, die unverzügliche Wiederaufnahme unserer frommen Dienste nicht als Geringschätzung der örtlichen Traditionen zu werten. Wenn der Botschafter der USA den Wunsch erkennen läßt, sich uns anzuschließen, werden wir das sehr begrüßen. Als Tagungsort wählten wir die Villa Henzen. Sie lag außerhalb der Stadt, hatte praktisch keine Nachbarn, und die Zufahrt war nicht sehr belebt.

Ich setzte mich mit der amerikanischen Botschaft in Verbindung. Kenneth Rush wird mein Wunsch übermittelt, ihm den protokollgerechten Besuch abzustatten. Er lädt mich ein, ihn in seinem Amtsgebäude aufzusuchen, was nicht gerade üblich ist, besonders nicht bei einem Newcomer, der seine Beglaubigungsurkunde dem Präsidenten noch nicht ausgehändigt hat.

Offenbar wollte Rush sich mit mir nicht über die Schönheiten des Rheintals unterhalten. Zu meiner sprachlichen Unterstützung nahm ich den Ersten Sekretär Sarnizkij mit, der im Englischen einigermaßen bewandert war.

Doch der Botschafter wünschte ein Gespräch unter vier Augen. Mein Begleiter verkürzte sich die Wartezeit im Vorzimmer, Zeitschriften durchblätternd und daran herumrätselnd, was für Geheimnisse Rush und ich wohl haben könnten.

Einige hatten wir in der Tat. In der Botschaft wird außer den Chiffrierern niemand in bestimmte Vorgänge eingeweiht. Die Tatsache der Kontakte zwischen Bahr, Rush und mir erfuhren nur der Gesandte, mein Protokollchef und der Koch, der für uns Mittag- oder Abendessen zubereitete.

Rush hegte keinerlei Zweifel daran, wie delikat die Mission war, die er auf sich nahm, und wollte sichergehen, daß die Partner ihn nicht hereinlegten. Ebenso natürlich war sein Wunsch nach einer Bestätigung, daß der ungewöhnliche Mechanismus des Einschleifens der Positionen Vorrang vor den Viermächteverhandlungen hatte. Schließlich mußten wir noch unsere Terminpläne vergleichen und die Tage im voraus reservieren, die bei dem Kollegen nicht völlig ausgebucht waren.

Der Gedanke an die Villa Henzen als Tagungsort gefiel Rush nicht. Mir war nicht recht klar, warum. Waren irgendwelche Konventionen hinderlich? Von Bahr erfuhr ich dann, Rush befürchte, daß in diesem Haus, in dem wir die Pikeewesten auszögen, Abhörgeräte und versteckte Kameras installiert seien.

Wenn in der Villa etwas Derartiges angebracht ist, dann nicht von unseren Diensten. Der Bundesnachrichtendienst hat höchstwahrscheinlich irgendwas gemacht. Nicht zufällig tauchen abends im Gestrüpp hinter dem Park Antennen auf. Ehrenwort, unsere Dienste werden brave Kinder sein. Um die deutschen und die amerikanischen müssen Bahr und Rush sich kümmern.

Egon Bahr nahm meine Garantien an. Der amerikanische Botschafter blieb noch eine Weile vorsichtig, fing manchmal sogar zu flüstern an. Doch mit der Zeit rüttelte sich alles zurecht. Es stellten sich nach und nach Wohlwollen und Vertrauen ein.

Visite bei Vizekanzler Scheel. Von ihm bekomme ich den Termin für die Aushändigung meiner Beglaubigungsurkunde durch den Bundespräsidenten.

»Wir haben die Prozedur demokratisiert und vereinfacht, unter anderem den Austausch von Reden abgeschafft. Wenn der Bundespräsident und der Botschafter einander etwas zu sagen haben, ist dazu ein Gespräch nach der Urkundenübergabe vorgesehen.«

Schade, denke ich im stillen. Zum erstenmal in den letzten fünfzehn Jahren hatte ich etwas ganz Eigenes und Bemerkenswertes geschrieben: Die sowjetisch-bundesdeutschen Beziehungen dürfen und sollen nicht eine Insel der Finsternis und der Verdammnis im Meer der sich vollziehenden Veränderungen bleiben. Unsere Völker verdienen ein besseres Schicksal. Nun ja, etwas in dieser Art werde ich dem Bundespräsidenten sagen.

Das Protokollthema ist erschöpft. Wir wenden uns den aktuellen Problemen der internationalen Beziehungen zu. Das Zentrum möchte wissen, wie Scheel die Entwicklung in der Bundesrepublik und die Wirkung des sowjetischen Faktors auf die sich vollziehenden Prozesse prognostiziert.

Die sozial-liberale Koalition spiegelt herangereifte, objektive Bedürfnisse. Der CDU-Vorsitzende, Rainer Barzel, gestand dies ein mit seiner Losung: »So nicht!« Ja, Veränderungen sind notwendig, aber andere und anders.

Nebenbei: Mein Kontakt zum Fraktionsvorsitzenden der CDU wurde auf einem der Empfänge hergestellt. Barzel stichelte:

»Auf diese Weise werde ich für würdig befunden, dem neuen sowjetischen Botschafter vorgestellt zu werden. Er hat sich nicht beeilt, die CDU-Führung kennenzulernen. Unsere ›kleine‹ Partei rangiert wahrscheinlich ganz am Ende seiner langen Liste.«

»Sie waren auf Reisen. Und so, wie Sie aussehen, unter südlicher Sonne. Verbindung mit der CDU aufzunehmen in Abwesenheit ihres Vorsitzenden wäre nicht eben taktvoll gewesen. Das werden Sie mir zugeben.«

»Wo haben Sie Deutsch gelernt? Welche Sprachen haben Sie noch in Ihrem Arsenal? Außer Englisch und Französisch, die für sowjetische Diplomaten ja wohl obligatorisch sind.«

»Leider nein, Französisch habe ich überhaupt nicht gelernt, und mein Englisch habe ich vernachlässigt. Bleibt also nur noch Russisch.«

»Irgendwie glaube ich, daß Sie das Englische nicht anders vernachlässigt haben als Ihr Deutsch.«

Wir verabredeten eine Zusammenkunft »in den nächsten Wochen«.

Weshalb wollte Barzel herauskriegen, ob ich Englisch kann? Hatte der Bundesnachrichtendienst die Besuche von Bahr und Rush in der Villa Henzen gemeldet und eine Kopie der CDU/CSU zugestellt? Aber vielleicht beunruhige ich mich unnötig, und alles war nur konventionelles Geplauder?

Die Überreichung der Beglaubigungsurkunde ist dennoch ein Ereignis. Sie müssen in Gala erscheinen. Ich bekleide mich mit der Botschafteruniform zum ersten und vorletzten Mal, lege aber keine Orden an, obwohl unser Reglement dies vorschreibt. Auch ohne sie gibt es genügend jämmerliche Geschwollenheit. Meine offiziellen Begleiter von der sowjetischen Botschaft tragen strenge Cuts, sie werden aus gegebenem Anlaß bei einer Firma in Bad Godesberg geliehen, die für diesen Archaismus ganz nett kassierte.

Vom Protokoll des Auswärtigen Amts wird mir eine Limousine geschickt, die, mit den Flaggen beider Länder geschmückt, den Botschafter in die Villa Hammerschmidt bringt. Ehrenwache. Schritt für Schritt

die Treppe hinauf. Eintragung ins Besucherbuch und so weiter, und so weiter in großer Feierlichkeit. Ritual oder Theater? Das hängt vom Maß ab.
Als Gustav Heinemann das höchste Amt im Staat übernahm, blieb er Heinemann. Einundzwanzig Jahre sind vergangen, seit ich ihm unter völlig anderen Umständen zum erstenmal begegnet bin. Die beiden Jahrzehnte sind nicht spurlos an ihm vorübergegangen, haben seine Gesundheit nicht verbessert. Doch dieselben Augen blicken mich durch die Brillengläser an, die allerdings dicker geworden sind.
»Haben wir uns nicht schon einmal gesehen?« fragt der Bundespräsident. Ich lächele zur Antwort, weil ich nicht sicher bin, ob es ihm angenehm ist, wenn in Anwesenheit zahlreicher Journalisten und einer großen Anzahl offizieller Personen die heutige Zeremonie an seine Gedanken erinnert, die ihn zum demonstrativen Austritt aus der Regierung Adenauer bewogen hatten. Wie würde Europa aussehen, vor wie vielen Heimsuchungen wären die Deutschen bewahrt geblieben, wenn sie 1950 nicht in die Fahrrinne der West-Ost-Konfrontation geglitten wären? Leider kennt die Geschichte keinen Konjunktiv.
Ende Mai 1971 wurde ich in aller Form im diplomatischen Korps eingeführt. Damit ergaben sich zusätzliche Verbindlichkeiten und Sorgen. Der Botschafter hat eine Menge Verpflichtungen, die er unbedingt wahrnehmen muß, unabhängig von seinen Neigungen und seinem Zeithaushalt. Verdrießt es Sie, wenn an Ihrem Nationalfeiertag die geladenen Gäste nicht kommen? Wenn ja, dann machen Sie sich das Vergnügen, ein festliches Datum im politischen Kalender eines Staates, mit dem Ihre Regierung normale Beziehungen unterhält, mit Ihrer Anwesenheit zu beehren. Präsentation des diplomatischen Korps vor Präsidenten und Monarchen, die der Bundesrepublik einen Besuch abstatten. Diner-Einladungen, denen Sie sich nicht entziehen können und die Sie erwidern müssen. Unzählige Gäste aus dem eigenen Land. Steckt hinter der Delegation ein lohnendes Projekt, können Sie die nicht sich selbst überlassen. Besuche im Auswärtigen Amt, in anderen Ministerien, im Parlament und in dessen Komitees, Reisen durch die Bundesländer. Besuche bei Parteien, Gewerkschaften, anderen Organisationen und Institutionen, der Presse. Wollte ich alles aufzählen, käme ein Telefonbuch mittleren Formats zustande.
Nach meinem Antrittsbesuch bei Gustav Heinemann stand als erstes die

Visite beim Bundeskanzler Willy Brandt auf dem Terminkalender. Die Anmeldung hatte das Auswärtige Amt in aller Form vorgenommen, ich versäumte nicht, sie durch Egon Bahr und Horst Ehmke bestätigen zu lassen. Das Datum wurde festgelegt. Zwei oder drei Tage danach beabsichtigte ich, in Düsseldorf mit Kurt Bachmann und seinen Kollegen im DKP-Vorstand zusammenzukommen.

Willy Brandt verschob unsere Begegnung, ohne aber einen neuen Termin zu fixieren. Die Fahrt nach Düsseldorf vertagte ich nicht, obwohl ich wußte, daß Brandt dies nicht gefallen würde. Die nächsten Wochen waren bei mir voll verplant. Es stand ein Termin in Nürnberg bevor. Hier wurde unter der Schirmherrschaft und in Anwesenheit von Gustav Heinemann der fünfhundertste Geburtstag von Albrecht Dürer festlich begangen. Es folgte eine Kette von Zusammenkünften mit Vertretern politischer Parteien und im diplomatischen Korps in Bonn. Die Zeit für den Besuch beim Regierungschef wird sich immer auf Kosten anderer Verpflichtungen finden, dafür wird jeder Verständnis aufbringen. Doch versuch bloß mal, eine Rochade zugunsten von KP-Freunden zu machen, und schon erwirbst du dir einen Feind.

Wenn Pünktlichkeit die Höflichkeit der Könige ist, geziemt sich für die Untertanen Unhöflichkeit erst recht nicht. Auch dann nicht, wenn sie der König verschuldet hat.

»Was muß sein, da schick dich drein.«

Und es geschah folgendes: Willy Brandt begrüßte mich mit der Frage: »Wiederum besondere Beziehungen?«

In meinem Treffen mit der DKP-Spitze vor dem Antrittsbesuch bei ihm erblickte der Kanzler offenbar einen Mangel an gesundem Instinkt.

Ich erklärte, wieso und warum die zeitliche Reihenfolge sich so gestaltet hatte. Das Mißverständnis wurde formal ausgeräumt, doch sein Schatten wollte bis zum Ende des Gesprächs nicht weichen.

Mit strengem Gesicht nahm Brandt die Grüße Breschnews entgegen. Sorgfältig die passenden Worte wählend, formulierte er ein paar Antwortsätze. Sie bekundeten seine Entschlossenheit, die erklärten Positionen zu halten, das Begonnene konsequent fortzusetzen.

Mit Egon Bahr zusammen, der am Gespräch teilnahm, deutete ich ergänzende Möglichkeiten an, die Entstehung spezifischer Verhandlungsmechanismen, die den Meinungsaustausch über West-Berlin eröffnen könnten. Da der amerikanische Botschafter Kenneth Rush an unseren Bemü-

hungen rege Anteil nehme, werde es möglich, Klarheit darüber zu gewinnen, ob die Vereinigten Staaten positive Änderungen in dem längst antiquierten und potentiell gefährlichen Problem im Zentrum Europas wollen.
Der Bundeskanzler bekräftigte, er denke nicht an eine Regelung der Beziehungen zur Sowjetunion und zur DDR getrennt von einer Übereinkunft in der Berlin-Frage. Man könne diese Wechselwirkung verschieden umschreiben oder sie überhaupt außer acht lassen, aber sie existierte und stellte eine unumstößliche Realität dar.
Zum Schluß wünschte Brandt mir Erfolg auf dem neuen Posten. Er versicherte mich seines Beistands und erklärte, er werde, wenn die Umstände es erforderten, zu persönlichen Zusammenkünften bereit sein. Der sowjetische Botschafter werde ein willkommener Gast der Bundesminister sein. Die operative Verbindung könne durch Egon Bahr unterhalten werden. »Er hat, wie es scheint, nichts dagegen einzuwenden.« Jetzt schmunzelte der Kanzler zum erstenmal.
Dem Anschein nach war es ein sachbezogenes Gespräch gewesen. Doch es heißt nicht von ungefähr: Alles läßt sich durch Vergleichen erkennen. Von all unseren teils kurzen, teils mehrstündigen Gesprächen im Verlauf von zweiundzwanzig Jahren scheint mir dieses in seiner Stimmung das widersprüchlichste gewesen zu sein.
Die Georgier haben ein Sprichwort: Eine ungeliebte Ehefrau ist wie Fisch ohne Salz. Ich setze einen anderen Aphorismus dagegen: Fast jede feste Freundschaft beginnt mit kleinen Mißverständnissen.

Das »große Kapital« – die Kehrseite der Medaille

Von den Geschehnissen des – wörtlich und in übertragenem Sinne – heißen Sommers 1971 ist ein Frühstück mit bedeutenden Repräsentanten der Geschäftswelt im gastlichen Haus von Otto Wolff von Amerongen in Köln zu erwähnen. Ich hatte auch früher schon Gelegenheit gehabt, mit Geschäftsleuten großen Kalibers zusammenzutreffen. Doch unter einem Dach mit einer Gruppe von Businessmen zu speisen, hinter der zweihundert bis zweihundertfünfzig Milliarden Mark Umsatz stehen, das war für mich ein Novum.
Die Tischgespräche, die mir gestellten Fragen, einzelne Einwände mach-

ten deutlich, wie fest, nicht einmal im Unterbewußtsein, sondern irgendwo im tiefsten Inneren, gewisse Stereotype verwurzelt waren. Handel kann man treiben, wenn Profit zu erwarten ist. Der Begriff Profit wird nicht unbedingt zu eng interpretiert. Normale menschliche Emotionen sind in keiner Weise fremd. Eine Kluft tut sich auf, sobald die Frage, welchem System die Zukunft gehört, mit höherer Witterung aufgefaßt wird. Eigene Wertungen vertritt man energisch und mit Geschmack.
»Geschäft braucht Motivation, materielle und moralische«, sagte Hans-Günther Sohl, damals Präsident des Bundesverbandes der Deutschen Industrie. »Wir sind nicht abgeneigt, einen Teil unseres Vermögens zu verteilen. Mit Reichtum wächst auch die Verantwortung für das Wohl der Gesamtgesellschaft. Doch was gewinnt die Gesellschaft, wenn man der geschäftlichen Initiative ihr individuelles, sagen wir ruhig, ihr egoistisches Interesse nimmt? Zum Beispiel will ich«, entwickelte Sohl seine Gedanken, »daß meiner Familie die Früchte meiner Arbeit erhalten bleiben und in ihr der Sinn meines Lebens fortgesetzt wird. Die Ideologie Ihres Staates, Ihrer Partei und Ihrer Gesinnungsgenossen, auch die Ihrer deutschen, verlangt zuerst Expropriation der Resultate fremder Tätigkeit, danach erst wird die Vermehrung des Reichtums in Aussicht gestellt. In der Praxis bleibt es aber oft bei der Expropriation. Wie sich das Leben in hundert Jahren gestaltet haben wird, weiß niemand. Wir verlangen keine Versicherungspolice auf ewig. Doch wenn wir die Gewißheit hätten, daß unsere Söhne die Stafette von ihren Vätern übernehmen können – für die Enkel können die Söhne dann selber sorgen –, wäre das Business vom Zweifel befreit, wieweit es in seinem Interesse liegt, den Wirtschaftsplänen der Sowjetunion beizustehen.«
Hans-Günther Sohl hatte eins der Zentralprobleme entrollt, mit denen die Menschheit sich herumschlägt, seit der Zweifel an der Anständigkeit der Sklaverei aufgekommen ist. Später, im Christentum, begann man von sozialer, zum Teil auch von nationaler Gerechtigkeit zu sprechen. Nicht nur von politischer Freiheit und Gleichheit, sondern auch von der menschlichen. Vielleicht sind sie genauso schwer zu erkennen wie andere denkende Wesen im Universum?
Mit Sohl und seinen Kollegen gab es noch öfter Diskussionen über die Begriffe Gerechtigkeit und Demokratie. Es kam auch die Idee von der Konvergenz zur Sprache, die durch irgendeine soziale Gentechnik dazu angetan sein könnte, Kriege und Gewaltakte auszuschließen. Ich vertrat

die Meinung, ein Zusammenwachsen der Systeme sei unmöglich und sogar schädlich. Wenn sie nebeneinander bestehen, halten sie sich gegenseitig in Bewegung. Erstarrung ist gleichbedeutend mit Tod. Viel wichtiger als das Zusammenwachsen der Systeme ist die Konvergenz der Interessen. Je weiter, desto relevanter werden die Unterschiede, und die Gemeinsamkeit erhält imperative Bedeutung. Künftige Interessen können nur durch vereinte Anstrengungen gesichert werden. Ziele und nationale Bedürfnisse müssen im selben Maße von regionalen und globalen Interessen erzeugt werden, wie die letzteren nationale Interessen akkumulieren.

Das Frühstück bei Wolff von Amerongen, für das ich ihm, dem Präsidenten des Deutschen Industrie- und Handelstages, besonders verbunden bin, ermöglichte es mir, mit mehreren Geschäftsleuten Kontakte zu erneuern, zu festigen und neue zu knüpfen. Sie verhalfen zur Herstellung partnerschaftlicher Beziehungen mit den sowjetischen Außenhandelsorganisationen und -unternehmen sowie zur Entwicklung einer Reihe von Vorhaben, die bisher unausführbar erschienen.

Sie erwarten Beispiele. Bitte sehr. Ein paar Tage nach der Zusammenkunft bei Wolff von Amerongen ruft mich Herr Ulrich an, der Sprecher der Deutschen Bank:

»Ich würde Sie gern auf ein paar Minuten besuchen. Ginge das heute oder morgen?«

»Genügt Ihnen eine Stunde? Wenn ja, dann erwarte ich Sie um drei Uhr in der Villa Henzen.«

Ich erkläre ihm, wie die Residenz zu finden ist. Daß hier im Anschluß an seinen Besuch das dem Leser schon bekannte Trio tagen wird, behalte ich für mich.

Ein wolkenloser, recht schwüler Tag. Ich gehe Franz Heinrich Ulrich im Park entgegen. Der Gast verzichtet auf die im Haus vorbereitete Bewirtung. Vielleicht später. Einstweilen promenieren wir über die Parkpfade, nutzen das seltene Glück, am Rheinufer Luft schöpfen zu können.

Wir sprechen von der Flaute am Devisenmarkt. Der bundesdeutsche Bankier vermutet, daß es sich um eine Strukturkrise der Weltfinanzen handelt. Die USA stecken in Schulden, und, gestützt auf den Dollar als internationales Zahlungsmittel, packen sie einen Teil ihrer Sorgen auf die Schultern anderer.

Dann kommt der Gast zum Thema: »In Moskau werden Vertretungen verschiedener Firmen eingerichtet, darunter auch von Firmen aus der Bundesrepublik. Ein erfreuliches Zeichen, das die Bankiers begrüßen. Aber: Wer ist in der Lage, Räume zu mieten, einen Mitarbeiterstab in Moskau zu unterhalten und so weiter? Nur die Konzerne. Für kleinere und mittlere Unternehmen sind die Kosten zu hoch. Man müßte ihnen unter die Arme greifen. Die Deutsche Bank ist bereit, in der Sowjetunion ein Büro zu eröffnen. Nicht für operative Finanztätigkeit, sondern als Hilfsstelle bei der Anbahnung von Geschäftsverbindungen zwischen beiden Ländern und als Berater in finanzrechtlichen Fragen. Im Geist der jüngsten Gespräche im Hause von Wolff. Unsere Repräsentanz wird die Kontakte zu Ihren Banken nicht erschweren. Dazu ein psychologisches Moment. Es muß nicht erst bewiesen werden, daß das Vorhandensein einer soliden Bank in der westlichen ökonomischen Landschaft kein unwichtiges Detail ist. Eine Vertretung der Deutschen Bank in Moskau würde den Beginn einer neuen Etappe in unseren Beziehungen symbolisieren. Das wäre nicht unwichtig für Geschäfte, die Schwankungen unterworfen sind. Was halten Sie davon?«

»Zuallererst möchte ich Ihnen für diese interessante Idee danken. Sie hing schon in der Luft, viele befassen sich täglich mit ihr, doch nur in der Deutschen Bank hat man sich die Frage gestellt: Ist es nicht an der Zeit, die Braut unter die Haube zu bringen? Verbleiben wir so: Ich melde Ihren Vorschlag nach Moskau. Die Botschaft ihrerseits unterstützt ihn aufs wärmste.«

Herr Ulrich erzählte mir von seinen Mißgeschicken in sowjetischer Kriegsgefangenschaft. Wer von seinen Leidensgefährten schneidern, tischlern oder schlossern konnte, hatte es trotz allem leichter als er. Die schwersten und schmutzigsten Arbeiten hatten die Weißkragen zu verrichten. Daher war das erste, was Herr Ulrich nach seiner Entlassung aus der Gefangenschaft tat, eine Uhrmacherlehre zu absolvieren. Als dann seine Söhne heranwuchsen, ließ er auch sie ein Handwerk erlernen. Für alle Fälle.

»Woran denken Sie dabei, Krieg oder Revolution, auf die Herr Sohl ja neulich hinwies?« spöttelte ich.

»Für innere Ruhe ist äußerer Wohlstand keine Garantie. Auch ein Wechsel des Zeitvertreibs ist eine gute Erholung. Für mich jedenfalls.«

Ich sandte eine Depesche an die Zentrale, in der ich die Idee von Herrn Ulrich in der verlockendsten Weise wiedergab, darum bat, ohne Verzögerung zu entscheiden und dabei die wirtschaftliche wie die politische Resonanz zu berücksichtigen. Und was geschah? Genau das, was Sie argwöhnen: Beim ersten Anlauf geschah gar nichts. Fortsetzung folgt.

Berliner Verhandlungen am Rhein

Mehrmals schon machte ich Anstalten, von meinem Berliner Engagement zu erzählen. Stets wurde ich durch irgend etwas davon abgehalten. Entschuldigen Sie bitte. Doch jedes Böse hat sein Gutes. Ohne gelegentliches Ausdünnen würde meine Erzählung zu umfangreich; denn diese Geschichte, die ich Ihrer Aufmerksamkeit empfehlen möchte, blieb bis heute unter Schloß und Riegel. Außer in Henry Kissingers Memoiren drang sie in ihrem Wesentlichen oder Wahrheitsgemäßen nicht an die Öffentlichkeit.

Wie oft wir, das heißt Egon Bahr, Kenneth Rush und ich, uns in der Villa Henzen trafen, weiß ich nicht mehr. In meinem verschwundenen Terminkalender ist es verzeichnet, ebenso in meinen Telegrammen an das Außenministerium der UdSSR. Beide Zeugnisse sind mir nicht zugänglich. Abgesehen von unseren Konferenzen zu dritt gab es Besprechungen mit Willy Brandt, Walter Scheel, Hans-Dietrich Genscher, mit Parlamentariern.

Besonderer Aktivität befleißigten sich die Liberalen. Der sowjetische Botschafter weilte häufig bei ihnen zu Gast im Hause von Hans-Dietrich Genscher, auch im Gebäude des Bundestages oder in der Gesellschaft, die Heinz Herbert Karry um sich sammelte.

Meinen Gesprächspartnern das Verfahren der Verhandlungen zu erläutern, dazu war ich nicht berechtigt. Doch dem Wunsch der Freien Demokraten, Informationen darüber zu erhalten, wann ungefähr mit dem Abschluß der Vorarbeiten für das Abkommen gerechnet werden könne und welche grundlegenden Elemente es enthalten würde, durfte ich entgegenkommen.

Ihr intensives Interesse entsprang nicht müßiger Neugier. Die Partei litt unter schweren zentrifugalen Belastungen. Zusehends schwand die Koalitionsmehrheit dahin. Die Gefahr war akut, daß weitere Abgeordnete zu den Fraktionen von CDU/CSU überliefen oder sich bei Abstimmungen weigerten, die Parteidisziplin zu wahren.

Bei einer Begegnung mit den wichtigsten Personen aller Strömungen der FDP wagte ich die Prognose, daß man Ende August/Anfang September mit dem Abschluß der Berliner Verhandlungen rechnen könne und daß die Ergebnisse auch die mäkeligsten Kritiker nicht enttäuschen würden. Es waren Josef Ertl und Herr Achenbach sen., die auf meine Worte hin beabsichtigten, sich in ihrer Arbeit auf diese Prognose zu stützen. Ich würde also sie und mich selbst hereinlegen, wenn das Erwünschte von mir als Wirklichkeit vorgetäuscht würde.

Die Zunge ist mein Feind. Sollte ich einen Schritt zurückweichen, ein Sicherheitsseil anbringen? Nein, ich preschte vor:

»Wenn alles von der sowjetischen Seite und der DDR abhinge, könnte das Abkommen über West-Berlin schon früher unterschriftsreif sein. Da es aber sieben Verhandlungspartner sind und jeder siebenmal nachmißt, muß man mehr als einen Monat in Reserve halten.«

Zur Zeit dieser optimistischen Orientierung, wohl Ende Juli, hatte unser Trio einen großen Teil der Strecke hinter sich. Sie war gekennzeichnet von Aufschwüngen und Rückschlägen im Bemühen, die längst vergessene Fertigkeit der Zusammenarbeit wiederherzustellen. Schritt für Schritt entwickelte sich zwischen Rush und mir ein gegenseitiges Verständnis, von dem anfänglich keiner von uns beiden zu träumen gewagt hätte. Der amerikanische Botschafter überzeugte sich davon, daß mir das Streben nach irgendwelchen Formulierungen um der Formulierung willen fremd ist. Ich gab ihm auch keinen Anlaß zu vermuten, ihm werde ein Köder hingehalten, der übrigens wenig Chancen gehabt hätte, die Expertise zu passieren, angesichts der Präzedenzfälle, die Rush – Fachmann auf anderem Gebiet des Rechtswesens – nicht unbedingt geläufig waren.

Was war ein »Abkommen-Schmetterling« wert? Sollte man dazu beitragen, den Zaum, den jedem von uns die Hüter der Entzweiung übergeworfen hatten, fest anzuziehen? Ungewöhnliche Wendungen und Konstellationen, für die es keine Analogien gibt, erkennt man bei einer von Scheuklappen befreiten Suche. Gemeinsam verfaßte Entwürfe juristischer Formeln sandten wir nach Moskau, Washington und an das Bonner Kanzleramt. Sie brauchten Bestätigung von oben. In den Vordergrund stellten wir immer die erzielten Resultate und nicht die Mühen, die es gekostet hatte, sie zu erreichen. Die Kommentare sollten jene Facetten herauskristallisieren, die den Adressaten besonders wichtig waren, um dem ganzen Wagenzug die Bewältigung des Gebirgspasses zu erleichtern.

Man sagt nicht umsonst: Es genügt nicht, die Augen zu öffnen, man muß auch noch ein Licht anzünden.

Jeder von uns dreien geriet in Situationen, in denen der stumme Vorwurf oder die schroffe Frage angebracht waren: Bei diesem Dogma (Verkantung und so weiter) gestehen wir unsere Schwäche ein (waschen wir unsere Hände in Unschuld)? In Dutzenden von Anläufen aus verschiedenen Richtungen pirschten wir uns an das Streitobjekt heran. Die Anordnung der Worte konnte hilfreich sein; doch manchmal entzog sich das gesuchte, einzig richtige Wort so lange, daß man regelrecht verzweifeln konnte.

Rush und Bahr hörten von mir gelegentlich recht undiplomatische Wendungen:

»Was habt ihr davon, wenn ich eurem Drängen nachgebe? Gromyko wird den Entwurf ohnehin verwerfen und mich außerdem zum Krüppel schlagen.«

Mein Wortschatz in der englischen Umgangssprache war recht kärglich. Während Bahr half, dem amerikanischen Botschafter meine Zweifel verständlich zu machen, überlegte ich mir: Wo empfange ich die Rügen meines Ministers, und wie nutze ich meinen Kanal zum Generalsekretär, um die Trägheit des Außenministeriums aufzubrechen?

Rush erhielt seine Instruktionen unmittelbar im Präsidentencode von Kissinger. Den Apparat des State Department, jedenfalls beteuerte dies der Botschafter, hielt man in Unkenntnis über die parallelen Gespräche in Bonn. Einmal, als Rush den Vorrat an Argumenten für eine aus meiner Sicht zweifelhafte Position erschöpft hatte, streckte er mir ein Telegramm hin:

»Überzeugen Sie sich selbst. Ich darf hier nicht zurückweichen. Aus mir unbekannten Motiven willigt der Präsident nicht in einen Kompromiß ein.«

Der Kollege legte das Formular vor mich hin. Ich nahm es nicht in die Hand, um Rush nicht in eine zweideutige Lage zu bringen. Aus dem Augenwinkel konnte ich jedoch feststellen: Alles ist annähernd wie bei uns. Ort, Zeit der Absendung, Adressat. Nur etwas wurde in unserem Korrespondenzstil nicht praktiziert. Eingedruckt stand: Der Präsident hat befohlen: Erstens, zweitens, drittens...

Rush fuhr fort: »Ich kann melden, daß ich trotz der von mir wiederholt vorgetragenen Beweggründe Ihre Zweifel nicht zu zerstreuen vermochte.«

Bahr griff in die Diskussion ein und bat, dem Bericht des Botschafters hinzuzufügen:
»Die deutsche Seite hält diese sowjetischen Zweifel für berechtigt und ist bereit, eine Kompromißformel zu unterstützen.«
Ebenso konnte Bahr mir nahelegen, nach Moskau zu melden, daß die amerikanischen Vorstellungen bezüglich konkreter Fragen adäquat die Position der Bundesrepublik wiedergäben und als gemeinsamer Gesichtspunkt zu betrachten seien. Es kam auch vor, daß die sowjetischen und die amerikanischen Vorstellungen in ähnlicher Weise mit denen der Bundesrepublik dissonierten. Selten genug, doch es geschah.
Anders gesprochen, in unserem politischen Dreieck gab es weder zwei noch drei stumpfe Winkel. Wenn und wann immer Anzeichen einer Sackgassensituation sich bemerkbar machten, galt die Sorge eines jeden von uns, die andere Lesart nicht zu fixieren, nicht irgendwelche Prinzipien hochzustilisieren, sondern zu prüfen, ob ein Umgehungsweg aufzuspüren sei.
Der Text des Viermächteabkommens ist bekannt, jedenfalls zugänglich. Es wäre gewiß für einen kleinen Kreis von Spezialisten informativ, darüber hinaus aber langweilig, sich mit der Schilderung der Genesis seiner einzelnen Punkte zu befassen. Überdies würde jeder der drei Teilnehmer an den Besprechungen in der Villa Henzen vermutlich in Schwierigkeiten geraten, wenn er nach mehr als zwanzig Jahren rekonstruieren sollte, welcher von ihnen was zum ersten Mal vorgebracht hat. Es wäre keine Übertreibung festzustellen: Praktisch jede Formulierung wurde gemeinsam zu Papier gebracht.
Zu konstatieren ist weiter, daß die Wiege des Grundkonzepts des Berlin-Abkommens die baufällige Villa in einem Bonner Vorort war. Es ist schade, daß sie drei Jahre später abgerissen wurde und damit das Denkmal dessen verschwand, was Stein auf Stein einer der wirkungsvollsten Regelungen der Nachkriegszeit zum Leben verhalf.
In kleinem Kreis läßt sich vieles besprechen. Doch wie bugsieren wir die Früchte unserer Arbeit an den offiziellen Verhandlungstisch? Dort waren zwei Mächte vertreten, die, so wurde angenommen, von nichts eine Ahnung haben sollten.
Die erste Bedingung wurde schon genannt – Vertraulichkeit. Von sowjetischer Seite wurde sie in übertriebener Strenge gewahrt. Deshalb rief das erste Signal von Rush, daß Julij Kwizinskij im Gespräch mit dem ameri-

kanischen Gesandten Jonathan Dean in West-Berlin »erhöhte Informiertheit« hatte erkennen lassen, Alarm hervor.

Einer der begabten jungen Diplomaten, den ich unter Überspringung einiger Karrierestufen als meinen Stellvertreter für die 3. Europa-Abteilung eingesetzt und später Pjotr Abrassimow als Chefberater für die Berlinverhandlungen zugeordnet hatte, wurde stehenden Fußes nach Moskau zitiert. Aus seiner Erklärung ergab sich, daß der Gesandte Dean durch angedeutete oder durch direkte Fragen getestet hatte, in welchem Maße Kwizinskij über unsere Beratungen in der Villa Henzen im Bilde war. Genau wie in dem abgedroschenen Witz – im Prinzip ja, aber ... So wurde es mir wenigstens mitgeteilt. Manche pikante Einzelheiten, die Kwizinskij vor kurzem offenbart hat, waren mir damals unzugänglich. Angenommen, die Einzelheiten stimmen ...

Offenbar suchte Washington sich abzusichern. Wenn es zu einer Verstimmung käme und Paris und London Genugtuung verlangten, sollten Moskau und eventuell Bonn die Schuldigen sein. Man wollte nicht von der bekannten Regel abweichen, die lautet: Die Vereinigten Staaten entschuldigen sich für ihre Außenpolitik nicht.

Oder war die Verstimmung etwa schon eingetreten? Martin Hillenbrand hatte einen ärgerlichen Fauxpas begangen. Während der Pause in seiner Besprechung mit den britischen Kollegen ließ er, wie Dean mir erzählte, versehentlich die Kopie eines Telegramms von Rush auf dem Tisch liegen. Der Brite ließ sich die Gelegenheit nicht entgehen, und so kam die Tatsache der Dreiergespräche ans Licht. Es kostete große Mühe, die Querele zu glätten, damit nicht alles in den Tartarus sauste.

Die zweite Vorbedingung für einen erfolgreichen Ausgang mußte noch miteinander abgesprochen werden. Wie waren die Rollen am besten zu verteilen? Am natürlichsten sah folgendes Szenario aus: Pjotr Abrassimow signalisiert einige Beweglichkeit in der sowjetischen Position; den Franzosen und Engländern wird dies höchstwahrscheinlich als nicht ausreichend erscheinen, dann tritt der Amerikaner in der Rolle des Moderators auf. Oder Rush bringt den in Bonn vereinbarten Vorschlag mit einigen interpellierenden Ergänzungen vor; der sowjetische Vertreter nimmt ihn als Grundlage mit dem Vorbehalt der Bereitschaft der Westmächte zu positiver Reaktion auf unser Projekt. Ihnen ist sicher klar, daß auch dieses Projekt in Bonn schon erörtert und abgestimmt worden war, wo und welche Veränderungen vorgenommen werden sollten.

Nach einigen Inkonsequenzen der Amerikaner wollte Andrej Gromyko sich persönlich von der Solidität der ungewöhnlich verflochtenen Konstruktion und von der Zuverlässigkeit des Botschafters Rush als Partner vergewissern. Man muß eine Begegnung arrangieren. Aber wo? Der amerikanische Botschafter ist noch nie in Sanssouci und in Cäcilienhof gewesen. Diese Bildungslücke könnte er doch ausfüllen. Unterwegs dorthin wäre ein Halt in Potsdam möglich. Natürlich weder in einem Restaurant noch in einem offiziellen Gebäude; das würde nolens volens Neugierige anziehen. Wir brauchen ein unscheinbares, abgelegenes Haus.

Wo es dünn ist, da reißt's. Es stellte sich heraus, daß unsere Militärs längst alle von ihnen 1945 requirierten Villen und Einfamilienhäuser den deutschen Behörden zurückgegeben haben. Unseren Zivilinstitutionen haben diese Gebäude nie zur Verfügung gestanden. Unter großer Vorsicht wurde die Führung der DDR um Beihilfe gebeten. Wofür das Haus benötigt wird, wer dort untergebracht werden soll, wurde ausgeklammert. Es wird ein hochgestellter Repräsentant aus Moskau kommen, der einige Stunden in Potsdam verbringen will. Einzelheiten nach seiner Ankunft.

Ein unansehnliches Haus fand sich. Flüchtig geweißte Wände, frischer Lack auf dem schlecht abgezogenen Parkett, schäbige Möblierung. Das einzige, das die Ungemütlichkeit ein wenig verschleiert, ist ein gekonnt zusammengestelltes Blumenarrangement auf dem Tisch.

Andrej Gromyko in der Eigenschaft als Hausherr traf etwa eine Dreiviertelstunde vor der für das Treffen angesetzten Zeit ein. Er überprüfte die Ausführung seiner Anweisungen. Rush soll ohne Kontrolle den Checkpoint in Babelsberg – normalerweise gesperrt – passieren. Der Minister geht nicht ohne Grund ins Detail. Er selbst kennt die Heimtücke von »Kleinigkeiten«. Danach kam die Frage:

»Wem gehört dieser Tempel? Aha, den Freunden. Fast jeder zweite unserer Generale bewohnte nach dem Krieg so ein Einzelhaus, von den Intendanten gar nicht zu reden. Kein Zweifel, alles wurde für einen Pappenstiel verschleudert. Die Amerikaner halten ihr Beutegut fest, uns kann das egal sein.«

Dann die Frage an Abrassimow:

»Werden die Freunde nicht ungebetene Teilnehmer des Treffens sein?«

Abrassimow versichert energisch, alles sei genau kontrolliert. Eine Falle ist nicht zu erwarten. Komplizierte Geräte lassen sich nicht kurzfristig installieren, einfachere würden unsere Spezialisten zerhacken.

Der Minister hat seine eigenen Erkenntnisse. Er schreibt ein paar Zeilen in sein Notizbuch und gibt sie mir zu lesen:
»Bezugnahme auf Zusammenkunft mit Ihnen und Bahr – bei äußerster Notwendigkeit. Unseren Meinungsaustausch beziehen wir in den Kontext der Viermächteverhandlungen ein.«
Der amerikanische Botschafter ließ nicht auf sich warten. Das war ein guter Anfang. Das Begrüßungszeremoniell nahm nur wenig Zeit in Anspruch. Man kam rasch zur Sache.
Gromyko betonte die Wichtigkeit des Moments.
»Wenn die Vereinigten Staaten und die Sowjetunion einvernehmlich dem gemeinsamen Ziel zustreben, wird die Regelung unproblematischer werden. Natürlich entfällt die Aufgabe, England, Frankreich und die DDR zu überzeugen, nicht von selbst. Ich habe jedoch Grund anzunehmen, daß gemeinsame Bemühungen die Sache erleichtern könnten.«
Der Minister zeigt Spitzenklasse. Er sucht keine Händel. Das Notwendige wird in einem dem Botschafter verständlichen Vokabular ausgesprochen. Einem Uneingeweihten käme es nicht in den Sinn, daß die beiderseitigen Positionen schon seit Monaten miteinander verknüpft sind, jetzt geht es um den »Übergang über die Teufelsbrücke«.
Der amerikanische Botschafter ist wortkarg. Wie ich mich schon früher überzeugen konnte, paßt er sich nicht augenblicklich an. Rush unterstreicht das Interesse seiner Regierung am Erfolg der Berliner Verhandlungen und deren Bereitschaft, mit den sowjetischen Vertretern effektiv zusammenzuarbeiten, um den Ausgleich zu erweitern und noch verbleibende Unstimmigkeiten zu beseitigen.
Der Gast belebte sich, als das Gespräch auf das Szenario der bevorstehenden Sitzungen der vier Botschafter kam. Rush und Abrassimow besprachen die Details, die Reihenfolge ihrer Einleitung. Gromyko fühlte sich als Regisseur und Spielleiter.
Wäre doch eine Filmkamera da! Haargenau ein dramatisches Stück. Und zwar nicht im verächtlichen oder negativen Sinn. Das Außerordentliche lag darin, daß die Ziele übereinstimmten und die Exponenten verschiedener politischer Schulen, die sich über das Alltägliche erhoben hatten, das Vorgehen synchronisierten. Eine Episode? Ausnahme oder Entstehung einer neuen Tradition? Von Überzeugung geleitet oder von Pragmatismus? Das weiß niemand außer dem lebendigen Leben, es muß nur erst zustande kommen.

Rush ist als Schauspieler aus demselben Holz geschnitzt wie Abrassimow. Nur der feste Händedruck gibt mir zu verstehen, daß unsere Beziehungen etwas für ihn bedeuten. Für die übrigen Anwesenden ist es eine Zusammenkunft nach üblichem Protokoll. Gromyko bewertete die Haltung von Rush mit der Höchstnote. Nach der Verabschiedung des Gastes bemerkte er zu mir:

»Ich muß gestehen, ich habe nicht erwartet, daß der Botschafter soviel Gespür für Nuancen hat. Er hat es nicht nötig wiederzukäuen. Man merkt eine strenge Schule. Jetzt fühle ich mich ruhiger. Wir werden die Verhandlungen forcieren. Leonid Iljitsch drängt.«

Breschnew hatte Signale erhalten, daß sich über der sozial-liberalen Koalition Gewitterwolken zusammenzögen. Die drückende Atmosphäre von Unsicherheit und gegenseitigem Mißtrauen verdichtete sich. Die Regierung Brandt/Scheel hatte die Initiative verloren, eine Pattsituation oder Schlimmeres bahnte sich an.

West-Berlin hatte eine neue Dimension erlangt. Bisher war es als Regulativ für die Temperatur des Ost-West-Gegensatzes benutzt worden. Die Bundesrepublik hatte am meisten gelitten; dabei ist zu betonen: die Republik als ganze, denn die im Bundestag vertretenen Parteien hielten bezüglich West-Berlin fast immer dieselbe politische Linie und trugen die Kosten zu gleichen Teilen. Jetzt, in dem Augenblick, da der Weg zur Lösung der Spannungen gebahnt wurde, zu einer konstruktiven Zusammenarbeit mit dem Osten, durchzogen Risse den Eismonolith. CDU/CSU hielten eigensinnig an der Adenauer-Doktrin fest. Sie verurteilten West-Berlin, als letztes eine Kostprobe von gesundem Menschenverstand und Toleranz zu nehmen.

Es ist nicht notwendig, die sowjetische Position zu simplifizieren und unserer damaligen Führung vorzuwerfen, sie habe danach gestrebt, einen Keil zwischen Regierungsparteien und Opposition zu treiben. Das war nicht der Fall. Wenn der Moskauer Vertrag zur Sache aller Parteien geworden wäre, hätten die Führer der Sowjetunion dies nur begrüßt. West-Berlin konnte, und dessen wurde man sich in den oberen Etagen Schritt für Schritt bewußt, aus einem Streitobjekt zum Übungsplatz für Erprobungen von Initiativen werden, die dem Wohl der Massen dienten. West-Berlin, das Symbol des Kalten Krieges, verlangte danach, zum Symbol positiver Veränderungen zu werden.

Mitte Juli »soufflierte« der Generalsekretär seinem Außenminister Gro-

myko, die Zeit warte nicht. In der Jagd nach vollkommenen Worten kann der Kern einer außerordentlich wichtigen Sache verlorengehen. Gromyko ließ sich nicht hetzen. Anfang August, wenn ich nicht irre, kam es zu einer Auseinandersetzung. Breschnew räumte dem Außenminister zwei Wochen für alles zusammen ein.
Jetzt ging es rund.
Gromykos Residenz wurde nach Berlin verlegt. Man zog Reserven hierher. Der Minister nahm es auf sich, die zentralen Positionen der künftigen Vereinbarungen mit der DDR-Führung zu besprechen. In der Folge seiner Gespräche mit Honecker, der Ulbricht abgelöst hatte, beauftragte er mich und Wjatscheslaw Keworkow, Bahr aufzusuchen, um die Vorstellungen der jetzt zwei deutschen Staaten einander anzupassen. Ihnen stand bevor, zusammen mit West-Berlin aus generellen Artikeln, die von den vier Mächten modelliert worden waren, Fachparagraphen anzufertigen.
Vor jeder Fahrt ins Gebäude des Kontrollrates, in dem die Botschafter der Sowjetunion, der USA, Großbritanniens und Frankreichs tagten, wurde Abrassimow von Gromyko instruiert, was er zu sagen und wie er zu sprechen habe. In den Sitzungspausen erschien Abrassimow beim Minister und erstattete Bericht. Dann wurde im Licht neuer Nuancen, einschließlich der durch Bahr übermittelten Erwägungen der Bundesregierung und des Senats von West-Berlin, das Verhalten der sowjetischen Delegierten für die nächsten Stunden präzisiert.
In den Pausen durchforschte Gromyko immer wieder die Texte der vorbereiteten Artikel. Der Minister verstand ausgezeichnet Englisch. Zwar hatte er in der Aussprache den Oxford-Akzent nicht erreicht, konnte aber in den Bedeutungsfeinheiten und in der Sinngenauigkeit mit den besten Dolmetschern konkurrieren. Nichtsdestoweniger umgab er sich mit Wörterbüchern, befahl wohl auch, ihn mit Suchodrew oder Gwinzadse zu verbinden, den Assen in der Übersetzerabteilung des sowjetischen Außenministeriums. Er überprüfte seine eigene und unsere Interpretation einiger Begriffe und wog Möglichkeiten ab, die russische Fassung zu verstärken.
Besonders lange befaßte der Außenminister sich mit den Regelungen des Verhältnisses der BRD zu West-Berlin. Es war festgestellt worden, daß »Berlin (West) wie bisher kein Bestandteil der Bundesrepublik Deutschland ist und auch weiterhin nicht von ihr regiert wird«.
Erinnern Sie sich, wie bei Molière der Bürger als Edelmann bei der

Abfassung des Liebesbriefes steckenblieb? »Gräfin, Ihre schwarzen Augen.« »Ihre schwarzen Augen, Gräfin ...« Gromyko hätte den französischen Dramatiker glatt in die Tasche gesteckt. Der Minister brachte es auf ein halbes Dutzend Redaktionen, kaum weniger, und stellte dabei jedesmal unseren Mangel an Phantasie bloß. Er fügte irgendwo ein Wörtchen in die vereinbarte russische Alternative einer Formulierung ein, das den Sinn nicht änderte und keinen Widerspruch der anderen Verhandlungspartner wecken konnte, aber seinen Zweck erfüllte, denn es gab unserem Chef das Gefühl der Überlegenheit.

All das war uns nicht neu und zerrte wie immer an den Nerven. Um so mehr, als Wichtigeres darüber verlorenging (oder verworfen wurde). Ohne Bedauern. Ich machte den Minister beispielsweise darauf aufmerksam, daß die Formulierung des Bonner Trios vorteilhafter sei als die in der Sitzung der vier Botschafter entworfene; die Reihenfolge »DDR, Berlin (West), BRD ...« entsprach der sowjetischen Einstellung mehr als »DDR, BRD, Berlin (West) ...« Hier war die Wortanordnung politisch befrachtet. Gromyko überlegte einen Augenblick, fuhr mit der Hand durch die Luft: »Schon gut, haltet euch nicht mit Kleinkram auf. Die Zeit drängt. Man erwartet Resultate von uns.«

Mein eigener Part im Berliner Konzert ist offenbar beendet. Jeder für sich wird es zwar nicht ruhiger haben, doch wird seine Arbeit mehr Nutzen erbringen. Am selben oder am folgenden Tag fiel uns beiden, dem Minister und mir, ein, daß sich in Bonn unaufschiebbare Dinge häuften. Willy Brandts Besuch in der UdSSR stand auf der Tagesordnung, ihm wurde erhöhte Bedeutung beigemessen.

Der Rückflug von Tegel nach Köln-Wahn verging ohne Kommentare des Piloten. Ich fragte mich im stillen, wie werden von oben Veränderungen bemerkbar, die dazu ausersehen sind, den glücklichen Abschluß der Berliner Verhandlungen zu vollenden? Einstweilen fällt die Leere der Straßen auf, die von Berlin nach Westen führen – ein menschenfeindlicher Streifen durchschneidet Deutschland von Nord nach Süd.

Nur sollten die Deutschen sich jetzt nicht verzanken. Wenn sie nun ihrerseits anfangen abzuklären, wer mehr im Recht oder mehr im Unrecht ist – womit die Großmächte sich ein Vierteljahrhundert beschäftigt haben –, dann kann das für alle übel werden. Im Unterschied zu den Russen haben die Deutschen alles protokolliert, sortiert, numeriert. Ordnung muß auch noch in der Unordnung herrschen.

Am 3. September 1971 unterzeichneten Abrassimow sowie die Botschafter Rush, Jackling und Sauvagnargues, die in der Bundesrepublik die Vereinigten Staaten, Großbritannien und Frankreich repräsentierten, das vierseitige Abkommen. Durch die Weltpresse flog als geflügeltes Wort der Satz des sowjetischen Botschafters in der DDR: »Ende gut, alles gut!« Es gab Grund zum Jubel, und die parallelen Kontakte und Verhandlungen schmälern in keiner Weise die Arbeit und die Verdienste jener Diplomaten, die am offiziellen Verhandlungstisch im Haus des Kontrollrates saßen. Ihre Pflichten hätte niemand anderer erfüllen können, nur sie konnten ihren Teil des Weges zur Übereinkunft gehen, und nur sie zusammen.

Gesegnet sind die Unwissenden! Zweiundzwanzig Jahre später erzählte mir Jonathan Dean, daß in allerletzter Minute das gute Ende fast gescheitert wäre. Telegraphisch wurde Rush vom State Department verboten, das Abkommen zu unterzeichnen, wenn die »amerikanischen Klauseln über die Errichtung eines sowjetischen Generalkonsulats in West-Berlin nicht berücksichtigt würden«. Henry Kissinger war wie zum Tort nicht zu erreichen.

Was war zu tun? Wäre Rush Karrierediplomat gewesen, hätte er das Verbot nicht ignorieren dürfen. So aber fühlte er die Unterstützung des Präsidenten im Rücken und gab der politischen Raison den Vorrang über Beamtenmeinungen im State Department.

Für meine Partner kann ich nicht sprechen, doch ich selbst vernahm mit einem Seufzer der Erleichterung die Nachricht vom Finish des diplomatischen Marathons. Allerdings ganz zu Ende war es bestimmt noch nicht. Die Teilnehmer des Rennens hatten gewechselt: Delegierte der DDR, der BRD und West-Berlins waren an den Start gerufen worden. Sie hatten die Termini »Transit«, »maximale Erleichterung der Prozedur« zu erläutern und darüber zu beraten, wie die deutsch-deutschen Grenzen durchlässiger gemacht werden könnten, wenigstens die von West nach Ost. Aber vorher noch sollten die deutschen Diplomaten, Juristen, Linguisten eine leichtere Aufgabe bewältigen. Man erwartete von ihnen, die Arbeit an einer gesamtdeutschen Fassung des offiziellen Textes des Viermächteabkommens zu Ende zu führen.

Nimm erläuternde Wörterbücher – Grimm, Duden, Wahrig –, und mit einigem Fleiß reichen zwei Tage vollauf. Vorausgesetzt natürlich, daß den Diplomaten und Politikern die Sprache nicht deshalb gegeben wurde, damit sie Gedanken verbergen. Den vier Mächten sollte dies überhaupt keine Kopfschmerzen bereiten; die russischen, englischen, amerikanischen und französischen Alternativen waren ohnehin authentisch. In der Theorie durchaus korrekt. In der Praxis aber hatten ausgerechnet die Deutschen das neue Abkommen mit Inhalt zu füllen, mit konstruktivem oder destruktivem. Und es ist bei Gott keine Kleinigkeit, ob bei der Übertragung in die Handlungen die russische oder die französische Version ebenso wie die englische berücksichtigt wird.

Die Zeit fliegt. Streitigkeiten um die Begriffe »tie« (russisch voll identisch »swjasj«, gleich »Verbindung«), was die Bundesdeutschen unbedingt mit »Bindung« übersetzen wollten, und »constituent part« (russisch: »sostawnaja tschastj«), das mit zwei Termini wiedergegeben werden kann, »Bestandteil« wie auch als »konstitutiver Teil«.

Kein Ende in Sicht.

Die Einladung des deutschen Bundeskanzlers in die Sowjetunion war schon bekanntgegeben worden. Die linguistische Sackgasse konnte im Handumdrehen zu politischen Komplikationen führen.

Möglicherweise sind für den Leser die Peripetien in der Ausarbeitung des protokollarischen und des geographischen Rahmens dieses Kanzlerbesuchs nicht uninteressant. Ich wurde beauftragt, herauszufinden, ob für Brandt Jalta sich als Treffpunkt eigne. Ich diskutierte mit Moskau: Jalta geht nicht, schon die Erwähnung des Ortes würde Unmut und Befremden heraufbeschwören. Meine Empfehlung: Kaukasus. Hier verbringt ja auch Alexej Kossygin wie gewöhnlich seinen Urlaub.

Zum Höfling bin ich untauglich. In fast offenen Worten gibt mir die Zentrale zu verstehen, daß Willy Brandt von Leonid Breschnew empfangen wird und eine Nische für Alexej Kossygin in der beabsichtigten Kombination nicht vorgesehen ist. Daher also: Krim. Doch aus vielen Gründen (nicht zuletzt wegen meiner Sympathie für Kossygin) erschien mir dessen Nichtbeteiligung an den Gesprächen mit dem Haupt der deutschen Bundesregierung als ein Mangel.

Der Botschafter ist aber immer nur ein Botschafter. Es bleibt bei der Krim. Als Treffpunkt auf der Halbinsel wird jetzt Oreanda genannt.

Die erste Frage des Bundeskanzlers, als ich ihm die Mitteilung überbrachte: Ist das nicht ein Stadtteil von Jalta? Ich bekenne, daß ich selbst nie dort gewesen war, doch wenn ich meine Erdkundekenntnisse nicht völlig vergessen habe, liegen Jalta und Oreanda einige Kilometer voneinander entfernt. Brandt schlägt einen großen Atlas auf und lädt mich zu einem Spaziergang auf der Landkarte ein. Tatsächlich, Jalta und Oreanda sind verschiedene Siedlungspunkte.

Die Einzelheiten des Programms werden im Kanzleramt mit Moskauer Spezialemissären ausgehandelt; Prügel für meine Begriffsstutzigkeit und Verbohrtheit. Und eine Warnung.

Bis zur Abreise des Kanzlers waren es nur noch wenige Tage, als Bahr mich telefonisch bat, wenn irgend möglich sofort Brandt aufzusuchen. Dem Tonfall entnahm ich, daß etwas Unangenehmes vorgefallen war. Ist der Besuch in Frage gestellt? Was sonst könnte einem in den Sinn kommen?

Eine halbe Stunde später, schneller geht es nicht von Rolandseck aus, steige ich zur Kanzleretage hinauf. Egon Bahr erwartet mich im Vorzimmer.

Willy Brandt ist erregt und verbirgt es kaum.

»Kann ich Ihnen ohne Umschweife sagen, was ich auf dem Herzen habe?«

»Sie wissen, Herr Bundeskanzler, daß ich stets und unter allen Umständen für maximale Offenheit bin.«

»Für Sie ist es keine Neuigkeit, daß die Ausarbeitung der koordinierten deutschen Übersetzung des Viermächtedokuments über Berlin sich unendlich schwierig erwies. Gerade gestern waren die Verhandlungen beendet. Bezüglich des Schlüsselwortes »tie« war der Delegierte der DDR unserem Standpunkt entgegengekommen. Doch dann, nach der Bekanntgabe des Faktums – der gesamtdeutsche Text ist ausgeklügelt –, erhielt der Delegierte der Bundesrepublik die Mitteilung, der Vertreter der DDR sei »falsch verstanden« worden, die DDR bleibe bei ihrer bisherigen Interpretation. Infolgedessen differieren jetzt die Fassungen der DDR und der Bundesrepublik.«

»Das ist höchst bedauerlich, aber nicht lebensgefährlich. Bei aller Wichtigkeit einer genauen deutschen Übersetzung kann für den Fall von Differenzen zwischen beiden deutschen Staaten in der Interpretation der Regelungen nur der von den Botschaftern unterzeichnete Originaltext als Grundlage der Wahrheitsfindung dienen.«

»Ich wäre bereit, dieser These beizupflichten. Man könnte einräumen, daß es häufig charakteristisch für Menschen gleicher Zunge ist, einander mißzuverstehen. Besonders bei einem Defizit an gutem Willen. Doch hier stoßen wir auf etwas, das erheblich aus der Reihe fällt.«

Brandt ging zu seinem Schreibtisch hinüber und nahm etwas in die Hand, das der Spule eines Fernschreibens glich.

»Dies ist eine Morgenmeldung unserer Dienste. Darin heißt es, der Delegierte der DDR habe einen bewußten Betrug begangen. Das ›falsch verstanden‹ sei vorher geplant gewesen. Und das Betrüblichste: Dieser Betrug als eine Art Ausweg aus der Sackgasse wird Ihren Diplomaten zugeschrieben. Die Meldung entstammt einer Quelle, die unser volles Vertrauen genießt. Sie geben mir sicherlich zu, daß meine Kollegen und ich über vieles, was sich in den Korridoren der DDR-Obrigkeit abspielt, unterrichtet sind. Auch unser Bonner Haus, nehme ich an, ist transparent genug. Daher ist Heimtücke auf keiner der beiden Seiten gerechtfertigt.«

»Der Generalsekretär und der Außenminister erfahren von mir unverzüglich alles, was ich eben hörte. Ich werde sie darauf aufmerksam machen, daß aus Berlin eine präparierte Information nach Moskau gelangen wird, die eine kritische Durchleuchtung erfordert. Bei einem persönlichen Treffen mit dem Generalsekretär werde ich ihm in höchst direkten Ausdrücken sagen, daß, wer eine große Sache beginnt, sich von kleinen Intrigen distanzieren muß. Jedes Kapital, und das politische ganz besonders, besteht vor allem anderen aus Vertrauen. Man kann es nur einmal mißbrauchen. Wenn ich bei Breschnew nicht auf eine entsprechende Reaktion stoße, rechnen Sie damit, daß in Bonn der sowjetische Botschafter wechselt.«

»Ich wäre Ihnen sehr verbunden, wenn Sie mich der Notwendigkeit entheben könnten, den Meinungsaustausch mit diesem äußerst unangenehmen Thema zu eröffnen. Unsere Regierungen haben ohnehin Sorgen genug. Wir brauchen nicht selber noch neue zu erfinden.«

Der Bundeskanzler wandte sich nun den bevorstehenden Gesprächen mit dem sowjetischen Führer zu. Zum erstenmal tauchte in unseren Gesprächen als Kopula auf: Politische Entspannung ohne militärische Entspannung hat keine Zukunft. Noch waren dies erste Überlegungen, ein Herantasten an den Zugang zum Problem der Probleme, eine heimliche Vision. Die ungewöhnliche Art von Brandts Besuch macht zur Demontage von Schutzzonen geneigt, ohne von eigenen inneren Orientierungen und Wertungen abzuweichen. Dazu ist nur ganz wenig und doch fast Unmögliches erforderlich: Politiker sein und Mensch bleiben. Nicht der Statthalter des Schöpfers, kein Messias und kein Neffe des Teufels (erinnern Sie sich an das Vorwort zu Disraeli?), sondern nur einer jener Menschen, die das

Schicksal dazu auserkoren hat, andere Menschen zu führen. Vor allem und in erster Linie ein Mensch, nicht unbedingt zu seinem eigenen Wohl.

Etwas über den »weisen Lehrer« und seinen »Lieblingsschüler«

Brandt flog am 16. September auf die Krim. Ich war daher schon am 15. bei Breschnew. Wir fanden uns zu viert im Zimmer des Generalsekretärs ein, außer Breschnew waren es Andrej Gromyko, Jewgenij Samotejkin und ich.
Mein Vorgefühl hatte mich nicht getäuscht. Nach und nach hatten sich kleine Mißlichkeiten summiert. Das mußte eines Tages zum Überschwappen kommen. Von diesem Tage an verfolgten der Außenminister und ich verschiedene Wege. Sie konnten parallel laufen oder auf ausgedehnten Abschnitten auch zusammenfallen. Doch die Legende vom »weisen Lehrer« und seinem »Lieblingsschüler« blieb auf der Strecke. Schade. Dadurch hatte die Sache viel zu leiden.
Der Beginn des Gesprächs kündigte nichts Bedrohliches an. Breschnew straff und munter, in guter Stimmung.
»Brandt glaubt wahrscheinlich, daß ich heute schon im Schwarzen Meer bade. Dabei sitzen wir hier am Alten Platz. Wie fühlt der Kanzler sich? Was für Sorgen hat er? Was haben wir von der BRD zu erwarten? Wir bieten uns den Westdeutschen als Freunde an, und sie zieren sich.«
Mit jedem Wort verstärkte sich mein Gefühl, daß der Generalsekretär meine jüngste, wütende Depesche gar nicht zu Gesicht bekommen hatte. Nun ja, dann legen wir die Karten eben auf den Tisch.
»Ich weiß nicht, Leonid Iljitsch, ob meine Philippika als Ergebnis meiner Unterredung mit dem Bundeskanzler letzte Woche Sie erreicht hat. Brandt hatte mich zu sich gebeten, um dem Wesen nach Protest einzulegen ...«
»Was für ein Telegramm? Welches Datum? Andrej, weshalb ist es mir nicht vorgelegt worden?«
Gromyko warf mir einen ärgerlichen Blick zu und erwiderte:
»Ich habe dir den Inhalt telefonisch mitgeteilt, Leonid.«
»Darf ich fortfahren?«
Breschnew nickte.

»Der Protest betrifft eine formale Episode, deren es in der Geschichte der Diplomatie übergenug gibt. Doch unter den derzeitigen konkreten Bedingungen, da etwas Größeres als eine ›neue Ostpolitik‹ Bonns auf die Beine gestellt werden soll, gibt es keine Bagatellen. Die Abweichung von den Vereinbarungen um nur einen einzigen Millimeter kann unabsehbare Folgen haben.«

Ich führte aus, wie die Ausarbeitung der »gesamtdeutschen« Übersetzung des Textes der vierseitigen Übereinkunft mit einem abschließenden Salto mortale von seiten der DDR zustande kam. An diesem »Meisterwerk« diplomatischer Kunst waren, wie es scheint, die sowjetischen Vertreter nicht unbeteiligt.

Der Außenminister unterbricht mich:

»Sie glauben also mehr dem, was Bahr Ihnen einflüstert.«

Ich beachte Gromykos Einwurf nicht.

»In Deutschland ist es mit der Wahrung von Geheimnissen nicht gerade hervorragend bestellt. Die Deutschen verhalten sich oft wie Korbblütler. Das entscheidende Argument bei Streitigkeiten zwischen ihnen: ›Wir sind schließlich Deutsche.‹ Der Bundesnachrichtendienst informiert sowohl die Regierung wie die Opposition, wobei er gelegentlich die Reihenfolge verwechselt. Brandt schließt nicht aus, daß die Opposition noch das eine oder andere Zeugnis von Unaufrichtigkeit – besonders in den Aktivitäten der Sowjetunion – hat, das die Waagschale zugunsten der Gegner der sozial-liberalen Koalition senken kann.«

Wieder unterbricht Gromyko:

»Ihrer Meinung nach sagen nur die Westdeutschen die Wahrheit?«

»Leonid Iljitsch, gestatten Sie, daß ich meinen Vortrag zu Ende führe? Anschließend bin ich bereit, auf Fragen, die Andrej Andrejewitsch stellen möchte, einzugehen.«

»Machen Sie weiter.«

Gromykos Gesicht verdüsterte sich; er preßte die Lippen hart zusammen, ordnete die vor ihm liegenden Papiere, und noch ehe ich den Mund öffnete, stand er auf, ging zum Generalsekretär hinüber und sagte halblaut:

»Leonid, du weißt, ich habe einen Termin. Ich rufe dich später an.«

Damit entfernte er sich.

Die Farben meines Vortrags verblaßten in Gromykos Abwesenheit nicht. Ich zog Beispiele aus der Vergangenheit heran, wo verheißungsvolle Anfänge an Zweitrangigem scheiterten. Wenn wir bei der Bereinigung von Unfug und Kehricht in zwischenstaatlichen Beziehungen keine Fortschritte machen, werden wir Gefangene antiquierter Psychologie und Gewohnheit bleiben.

»Minister besuchen einander«, fahre ich fort. »Es gibt umfassende Versprechungen und Erklärungen, soviel Sie wollen. Aber Taten? Jeder Schritt muß erkämpft werden. Da ist zum Beispiel die Deutsche Bank. Sie möchte gerne in Moskau ein Büro eröffnen. Diesen Vorschlag sollten wir blitzschnell aufgreifen. Das größte private Bankinstitut setzt einen neuen Meilenstein. Zwei Monate sind nach meiner Depesche ins Land gegangen. Von dort kein Wink, kein Wort. Formal hat niemand widersprochen, aber es hat auch niemand nur den kleinsten Finger gerührt.«

»Wessen Kompetenz unterliegt die Prüfung dieses Angebots?«

»Dem Außenhandelsministerium und der Staatsbank.«

Breschnew drückt die Taste des Haustelefons:

»Verbinden Sie mich mit Nikolaj Patolitschew, anschließend soll mich der Vorsitzende der Staatsbank anrufen.«

Eine knappe Minute verging, und am Apparat war der Minister für Außenhandel.

»Guten Tag, Leonid Iljitsch, Patolitschew hier.«

»Nikolaj Semjonowitsch, hast du von dem Angebot der Deutschen Bank gehört, ein Büro in Moskau zu eröffnen?«

»Ja-a, ich bin unterrichtet.«

»Und was gedenkst du zu tun? Morgen treffe ich mich mit Willy Brandt. Das Thema kann plötzlich zur Sprache kommen.«

»Die Idee ist interessant. Man müßte sie gründlich sondieren.«

»Gibt es irgendwelche prinzipiellen Einwände dagegen? Sie wollen, wenn ich richtig verstanden habe, eine Vertretung, keine regelrechte Filiale.«

»Nein, gegen eine Vertretung haben wir keine Einwände.«

»Wenn ihr keine Einwände habt, weshalb, Satansbrut, sagt das Außenhandelsamt dann nicht Muh und kalbt nicht?«

»Vielleicht wurde die Angelegenheit ein klein bißchen in die Länge gezogen. Die Frage ist doch ganz neu, muß studiert, abgewogen, koordiniert werden.«

»Nimm zur Kenntnis, daß man sich mit mir schon koordiniert hat. Für das Bürokratische habt ihr eine Woche. Und daß mir dann ein gemeinsames Memorandum vom Außenhandelsministerium und von der Staatsbank auf dem Tisch liegt.«

Damit war das Gespräch zu Ende, Breschnew wandte sich mir zu und sagte:
»So ist das überall, mit allem! Keine Einwände, aber ein Ja auszusprechen – na, erlauben Sie mal! Das fehlte noch! Eine Entscheidung zieht doch Verantwortung nach sich.«
Der Vorsitzende der Staatsbank ruft an. Das Gespräch wiederholt sich, sogar mit verblüffenden Wiederholungen in den Schattierungen. Der Schluß ist etwas dramatischer:
»Patolitschew hat keine Einwände, Sie haben keine Einwände. Aber die Sache steht still. Wenn Sie darauf warten wollen, daß andere Ihre Pflichten erfüllen, wozu sind Sie dann überhaupt nötig? Beamte werden in rauhen Mengen gezüchtet, verantwortliche Leiter kann man an den Fingern einer Hand abzählen.«
Wenn Nikolaj Patolitschew und Mefodij Sweschnikow erfahren, daß der Generalsekretär aufgrund des Gesprächs mit mir ihnen so tüchtig die Sporen gegeben hat, habe ich es an einem einzigen Tag gleich mit drei Ministern verdorben. In der Tat, ich stehe nicht umsonst früh auf.
Breschnew raunzt Jewgenij Samotejkin an:
»Und Sie, meine Berater, wofür sind Sie da? Ich empfange nicht jede Stunde Botschafter und auch nicht aus allen Ländern. Behalten Sie wenigstens die wichtigsten Richtungen im Visier, und stellen Sie fest, wie die Dinge laufen. Für Bürokraten gibt es außer Paragraphen keine Politik.«
Er wandte sich wieder zu mir:
»Ich hätte dich gerne eingeladen, mit auf die Krim zu fliegen. Doch wenn du dort auftauchst, wird dein westdeutscher Kollege nachziehen. Ich habe aber mit Brandt Gespräche unter vier Augen vereinbart. Leider werden wir nicht ohne Dolmetscher auskommen. Du bist hoffentlich nicht gekränkt?«
Er verabschiedete mich herzlich und fügte hinzu, daß er mit Interesse meine Berichte aus Bonn lese.
»Manche deiner Meldungen werden mir vorenthalten. Wenn du mir persönlich und ausschließlich mir etwas mitteilen willst, benutze den erprobten Kanal. Und jetzt solltest du vielleicht zu Gromyko gehen und ihm beispielsweise von der Deutschen Bank erzählen.«
Ich verlasse Breschnews Arbeitszimmer und warte im Korridor auf Samotejkin.

»Dem Generalsekretär hat es Eindruck gemacht, daß du vor Gromyko nicht zitterst. Nebenbei ist er besorgt, was dich dieser Zwischenfall kosten wird.«

»Wenn der Minister meint, er könnte mit mir Schlitten fahren, dann wird meine nächste Depesche meine Rücktrittserklärung sein. Ich sehe keinen Sinn darin, in Bonn zu stecken, wenn das Außenministerium nicht mitmacht und noch dazu ständig stört. Die Arbeit darf nicht unter persönlichen Spannungen leiden. Gromykos Ambitionen sind mir fremd; seine krankhafte Eifersucht auf jedes gute Wort an eine andere als an seine Adresse ist mir unverständlich. Sucht einen Kandidaten für meine Nachfolge. Ich wäre dir sehr dankbar, wenn du Leonid Iljitsch meine Stimmung zur Kenntnis brächtest.«

»Mach halblang! Es wird alles wieder ins Lot kommen. Niemand wird dich vor der Ratifizierung der Verträge – in welcher Variante auch immer – aus Bonn abberufen.«

»Ich überlege ganz kühl. Emotionen spielen hier gar keine Rolle. Wir beide kennen Gromyko sehr gut. Er fühlte sich heute tödlich beleidigt, und Beleidigungen, auch wenn sie nur in seiner Phantasie existieren, vergißt er nie.«

Wie Breschnew mir nahegelegt hatte, begab ich mich ins Außenministerium. Im Vorzimmer des Ministers erwartete man mich. Offenbar hatte Gromyko mit dem Generalsekretär telefoniert.

Ich öffne die Tür zum Arbeitszimmer des Ministers. Er sitzt am Schreibtisch und beachtet mich nicht, ich gehe die fünfzehn Schritte bis zu dem kleinen quadratischen Tisch, an dem Besucher gewöhnlich Platz nehmen, und bleibe stehen.

»Setzen Sie sich.«

Er malträtiert mit blauem Bleistift irgendeinen Entwurf.

»Was bringen Sie?«

»Im Gespräch mit Leonid Iljitsch wurde eine Reihe praktischer Fragen erörtert.«

»Weiß ich. In der Angelegenheit mit der Deutschen Bank haben Sie sich nicht einwandfrei verhalten. Sie haben ein Telegramm geschickt und gemeint, alle würden sofort losstürzen und Ihre Anweisungen ausführen. Ein guter Botschafter muß es verstehen, seine Initiativen solide zu unterbauen.«

Kleine Blüten, die Beeren stehen noch bevor. Nicht nachtragend zu sein ist das Kennzeichen seelischer Eleganz, schrieb Honoré de Balzac. Meinen Minister hat er nicht unbedingt gemeint.

»Übrigens habe ich mit Abrassimow gesprochen. Er bestätigt Brandts Version nicht. Im Gegenteil, er bestreitet sie entschieden. Ich sehe keinen Grund, ihm weniger zu glauben als den Westdeutschen.«

»Und Ihnen ...« Das wurde zwar nicht ausgesprochen, mir aber deutlich zu verstehen gegeben.

Herausforderung zur Polemik. Jedes unvorsichtige Wort wird Öl ins Feuer gießen. Hüte deine Zunge. Leider geht das nicht. Der Geist des Widerspruchs ist rege.

»Ich beneide Abrassimow nicht. Was mir bekannt ist, wird in ein oder zwei Tagen objektiv bestätigt werden, noch dazu mit einigen pikanten Ergänzungen, die ich aus beruflicher Solidarität ausgelassen habe.«

Bis vor kurzem wußte ich nicht, daß Julij Kwizinskij seine Hand im »Spiel ohne Regeln«, wie er es nannte, hatte. Offengestanden wäre ich auf einen solchen Gedanken auch nie gekommen. Wahrscheinlich habe ich seine insbesondere ethischen Qualitäten doch überschätzt.

Der Außenminister und ich trennen uns kühl. Kühler geht es einfach nicht.

Morgen wird der Bundeskanzler in Oreanda eintreffen. Ich bin überzeugt, daß Andrej Gromyko dem Generalsekretär genüßlich von seinem Gespräch mit Abrassimow berichtet hat. Wer geht schon eine Wette ein, daß die Akzente unsererseits sich nicht verschieben? Bisweilen kann ein Fehler in der Übersetzung die Harmonie zwischen Partnern selbst dann zerstören, wenn sie schon einen Scheffel Salz miteinander gegessen haben. Unsere Beziehungen zur Bundesrepublik leben vom Kredit. Vertrauen muß sich erst noch ansammeln.

Später erzählte mir Samotejkin:

»Nach dem Frühstück in Oreanda am 16. September erhielt Breschnew die aktuellste Information. Die Papiere unserer Nachrichtendienste wurden vorgetragen. Die Meldung kam wie gerufen und wiederholte deine Information des Vortages. Leonid Iljitsch resümierte: ›Also hatte Falin doch recht‹.«

Die Verhandlungen in Oreanda bildeten eine wichtige Etappe in der Entwicklung der Europapolitik. Es ist keine Übertreibung zu behaupten, daß die Sowjetunion und die Bundesrepublik gemeinsam den Weg ebneten, den einzuschlagen sowohl ihre westlichen wie ihre östlichen Verbündeten, auch neutrale, nicht bündnisgebundene Staaten eingeladen wurden. Konsultationen wurden eingeleitet mit dem Ziel, eine Konferenz für Sicherheit und Zusammenarbeit in Europa einzuberufen.

Mich beschäftigte besonders der Gedanke einer ausbalancierten Verminderung der Truppenstärken und der Waffenarsenale auf dem europäischen Kontinent. Die UdSSR und die BRD konstatierten, wenn in diesem komplizierten Problem Übereinstimmung erreicht werden könnte, »werde dies die Basis des europäischen und des Weltfriedens festigen«.

Mit anderen Worten: Unsere beiden Staaten vergruben und verkapselten sich nicht in ihren bilateralen Angelegenheiten. Bei all ihrer Bedeutung sollten sie nicht den Horizont auf West-Berlin oder die Probleme der Bundesrepublik bei der Normalisierung ihrer Beziehungen zu anderen Ländern in Osteuropa einengen. Unsere Staaten machten sich Parameter zu eigen, die andere große Nationen als völlig normal empfanden.

Leonid Breschnew und Willy Brandt fanden die passenden Worte, die Bedeutung des Warschauer und des Moskauer Vertrags ins rechte Licht zu stellen. Sie verdeutlichten die Notwendigkeit, die Belastungen der Vergangenheit zu überwinden, die die Menschen bedrückt hatten. Der Bundeskanzler erklärte öffentlich seine Bereitschaft, die Beziehungen zur DDR auf der Basis völliger Gleichheit umzugestalten, keine Diskriminierung, Achtung der Unabhängigkeit und Selbständigkeit beider Staaten in allen Angelegenheiten, die in ihre innenpolitische Kompetenz fallen. Zum erstenmal wurde zum Beitritt beider deutscher Staaten in die Vereinten Nationen und deren Spezialorganisationen Stellung genommen. Für manche führenden Kreise der Bundesrepublik war dies keineswegs unproblematisch.

Die Opposition malte das Schreckgespenst »Rapallo« an die Wand. Sie warf dem Bundeskanzler vor, »der Wiedervereinigungspolitik ein Ende gesetzt zu haben«. Hinter dem Rücken der Westmächte zerstöre er die gesamte NATO-Strategie und löse die deutsche Frage aus den globalen Konzepten des Westens heraus.

Franz Josef Strauß und seine Freunde verkündeten, die Ratifizierung des Moskauer Vertrags wäre ein »nationales Unglück«. Um die »Gefahren« zu eliminieren, forderte die Opposition den Sturz der sozial-liberalen Regierung und eventuell neue Verhandlungen mit der Sowjetunion. Im Falle der Billigung des Vertrags durch das Parlament sollte die Bundesregierung nicht ausschließlich an den Vertragstext gebunden sein.

In diese Zeit fällt ein Ereignis, das auf Jahrzehnte die Beziehungen der DDR-Führung zu meiner Person festlegte. Lesen Sie die Presse aus jener Zeit, vor allem die ostdeutschen Periodika. Schon bei einem flüchtigen Blick auf die öffentlichen Verlautbarungen Erich Honeckers fällt ein Refrain auf: Abgrenzung, Abgrenzung, Abgrenzung. Der unausgesprochene Sinn ist leicht zu ermitteln: Wenn die Ostverträge in Kraft treten, werden wir zeigen, wie teuer ihnen das zu stehen kommen wird.

Die sowjetische Seite ruft dazu auf, Brücken über den Abgrund der Entfremdung zur Partnerschaft zu schlagen, damit die Völker endlich die Möglichkeit erhalten, die Früchte des Friedens zu genießen. Honecker dagegen sieht genau, wo der Hut nicht auf den Nagel paßt, daß nämlich die Trennlinie zwischen beiden deutschen Staaten nach seinem Geschmack nicht scharf genug gezogen ist.

Mit den mir zugängigen Mitteln versuchte ich, Honecker meine Zweifel an diesem Standpunkt nahezubringen. Ergebnis: Die Parole »Abgrenzung« wurde noch durchdringender herausgeschrien.

Na gut, es sei gewagt: Ich empfange in der Botschaft eine Gruppe von DDR-Politikern; einer von ihnen, so vermuten wir, wird Honecker über die Stimmung der sowjetischen Vertreter in Bonn informieren.

Ich schildere den Besuchern, wie mir die augenblickliche Situation in der BRD und ihre Entwicklung in nächster Zukunft unter dem Aspekt des Kampfes zwischen »für« und »wider« die Anerkennung der Realität erscheint. Es wird noch viel Schweiß kosten, bis ein Konsens errungen ist, der den Weg ins Morgen ebnet. Wörtlich sagte ich dann:

»In diesem Zusammenhang ist mir Erich Honeckers Standpunkt unverständlich. Er redet bei jeder Gelegenheit über die Abgrenzung. Honecker steht es frei zu denken, was er will, doch weshalb er sich bemüht, die Stimmung gegen die Verträge aufzuheizen, das ist mir ein Rätsel.«

Honecker war tief beleidigt, nachdem er den Bericht seines Informanten gelesen hatte. Er bat unseren neuen Botschafter in der DDR, den ehemaligen Stellvertretenden Vorsitzenden des Ministerrates, Michail Jefremow, um seinen Besuch und beklagte sich:

»Falin und ich, wir kennen uns seit Jahrzehnten. Wenn er mit mir nicht einverstanden ist, hätte er mir das persönlich sagen können. Indirekt, über zweitrangige Funktionäre – das finde ich ausgesprochen unkameradschaftlich.«

Was Kameradschaft »à la Honecker« beinhaltet, ersah ich aus seiner

Anordnung, mich von den Spezialdiensten der DDR beschatten zu lassen. Alle meine Auftritte – wo auch immer – wurden erfaßt und systematisiert. Iwan Fadejkin, mein guter Freund, Leiter der KGB-Vertretung in der DDR, warnte mich bei jeder Gelegenheit: »Sei vorsichtiger, denk dran, daß du ununterbrochen beobachtet wirst.«

Bei einem Routinebesuch in Moskau im Oktober 1971 kam es zu einem ausführlichen Gespräch zwischen mir und Jurij Andropow.

Ich fragte den Chef unserer Sicherheitszentrale:

»Jurij Wladimirowitsch, bei der Zusammenarbeit mit den Freunden gibt es Differenzierungen. Mit Ceaușescus Einstellung ist alles mehr oder weniger klar. Besteht aber auch die notwendige Klarheit bezüglich der politischen Position Honeckers?«

»Worauf willst du hinaus? Wo siehst du Anzweifelbares?«

»Darin, daß Honecker augenscheinlich die gemeinsamen Beschlüsse des Warschauer Vertrags vom Dezember 1969 nicht goutiert. Ist er bereit, die Ratifizierung des Moskauer Vertrags zu unterstützen, oder richtet er sich mehr auf ein negatives Votum ein?«

»Du sprichst doch wohl nicht im Ernst?! Was ist denn schon Honecker ohne uns? Nein, du übertreibst.«

»Erstens: Zu große Abhängigkeit ruft den Drang nach Befreiung hervor. Zweitens: Rationalen Nationalismus gibt es nicht. Drittens: Die DDR mit Honecker an der Spitze wird uns als Bundesgenosse verlorengehen. Ich kann mich irren und möchte es auch. Doch um das unparteiisch festzustellen, ist eine Systemanalyse der gesamten in Ihrem Hause zusammengetragenen Unterlagen erforderlich. Erteilen Sie den entsprechenden Auftrag; wenn der ausgeführt ist, können wir unsere Diskussion weiterführen.«

Die Analyse wurde erstellt. Soweit mir bekannt, war sie mehr als beunruhigend. Jedenfalls wurde sie einzig und allein dem Generalsekretär vorgelegt. In späteren Unterredungen mit mir sprach Jurij Andropow jedenfalls nicht mehr von »aufbauschen« und »übertreiben«. Mit der Zeit schätzte er die Perspektiven der DDR sogar noch düsterer ein, als ich es getan hatte. Und beim Besuch der Republik, ich glaube Anfang der achtziger Jahre, legte Andropow einen Kranz am Grab Walter Ulbrichts nieder, trotz aller Versuche Honeckers, so etwas nicht zuzulassen.

Leidensweg der Ratifizierung

Den Herbst 1971 und den darauf folgenden Winter verbrachte die sowjetische Botschaft am Rhein in Sorge um die Ratifizierung des Moskauer Vertrags. Es gelang mir nicht, die Bundesregierung davon zu überzeugen, die offiziellen Prozeduren der Lesung im Parlament möglichst früh zu eröffnen. Das hätte entweder gleich nach der Unterzeichnung des Viermächteabkommens im September 1971 geschehen können oder nach Abschluß der »innerdeutschen« Vereinbarungen zu diesem Abkommen (Dezember 1971). Nach meinem Dafürhalten wäre dies durchaus zweckmäßig gewesen. Wertvolle Zeit wurde sonst vertan.

Warum der Vertrag erst am 23. Februar 1972 dem Bundestag vorgelegt wurde? Zweifellos hatten die Parteien der Regierungskoalition ihre gewichtigen oder höheren Beweggründe, so und nicht anders zu verfahren und nichts ungenutzt zu lassen, um eine Spaltung in der Gesellschaft zu überwinden oder ihre Tiefe zu relativieren. Einer Erkenntnis konnten sich die Sozial-Liberalen jedoch nicht verschließen: Wer sich vom gesunden Menschenverstand leiten läßt, gibt gewöhnlich mehr ab als derjenige, der eine Pose einnimmt.

Ich werde von etwas anderem erzählen, das aus verständlichen Gründen bis heute wenig bekannt ist!

Zum Jahreswechsel 1971/72 sank die Zuversicht, daß der Moskauer Vertrag die Klippen des Bundestages mit nur kleinen Schrammen passieren werde. Zahlen regieren die Welt, behaupteten die Adepten der mathematischen Schule im alten Griechenland. In den siebziger Jahren hätte man diese Erkenntnis nicht auf die Bundesrepublik anwenden dürfen. Die Zahlen führten einen hier oft ganz schlicht an der Nase herum.

Die Landtagswahlen bereiteten Sorgen. Viele fragten sich, wohin die Bundesrepublik drifte, wenn der Engpaß mit der Ratifizierung der Ostverträge und die Handlungsunfähigkeit der Regierung zur Auflösung des Bundestages und zu vorgezogenen Bundeswahlen zwängen? Wahlen, bei denen der Erznationalismus Vollgas erhielte und das ganze Land zu seinem Tummelplatz werden würde? Nein, das würden keine Wahlen vom Ende 1972 sein. Ich wünschte so sehr, daß unsere ganze Arbeit nicht umsonst gewesen wäre und wir wieder von vorn anfangen müßten, noch dazu womöglich mit einer anderen Koalition.

Ende des Jahres 1971 hatte ich ausführliche Unterredungen mit Leonid

Breschnew und Andrej Gromyko. Auf meine Argumente, daß es für uns selbst ungünstig sei, einen Schatten über das Flechtwerk zu werfen und das Problem einer endgültigen Friedensregelung ad acta zu legen, reagierte der Generalsekretär lakonisch:
»Ich bin mit dir einverstanden. Versuch du, Andrej Gromyko zu überzeugen, und handele.«
Der Gang ins Außenministerium war wie ein Gang zum Schafott.
»Andrej Andrejewitsch, der Generalsekretär hat mich kommen lassen. Ihn beunruhigt natürlich die Angelegenheit mit der Ratifizierung. Unter anderem war im Gespräch, in welcher Relation der Moskauer Vertrag zur Friedensregelung steht. Die bundesdeutsche Opposition nutzt die hier vorhandene Unklarheit intensiv aus und leitet daraus die These von der Verfassungswidrigkeit der Regierungshandlungen ab. Leonid Iljitsch legt nahe, darüber nachzudenken.«
Irgendwie war der Außenminister von manchen seiner negativen Extreme abgerückt, wollte aber dennoch auf keinen Fall einräumen, daß der Moskauer Vertrag eine Friedensregelung nicht ersetzt.
»Denken ist nicht verboten, es ist sogar empfehlenswert. Aber wenn man mich fragt, dann werde ich mich kategorisch gegen diese ›Klarheit‹ aussprechen, der Sie zuneigen.«
Auf den Sitzungen des Politbüros galt es, in diesem Fragenkomplex scharfe Ecken zu umgehen: Man schonte den Generalsekretär, durch dessen Autorität jetzt die Normalisierung der Beziehungen zur Bundesrepublik geheiligt war. Wirklichem Unheil öffneten wir Tür und Tor, Unannehmlichkeiten ließen wir durch ein schmales Seitenpförtchen ein.
Ich wage nicht zu behaupten, daß gerade die Informationen der sowjetischen Botschaft sich immer durch Nüchternheit und akkurates Urteil auszeichneten. Die Ansicht, die von mir im Politbüro vorgebracht wurde, daß nämlich der Moskauer Vertrag auf die eine oder andere Weise die parlamentarischen Hürden überwinden werde, war offensichtlich zu kühn. Nein, ich versuchte keineswegs der Laune der Obrigkeit zu Willen zu sein, die in Rußland seit eh und je die Überbringer angenehmer Neuigkeiten willkommen heißt und den Boten unangenehmer Nachrichten straft.*

---

* Der Djak, in der modernen Sprachregelung der Staatssekretär, der dem Moskauer Großfürsten meldete, daß die Sonne sich am 23. Dezember dem Sommer zugewandt habe, erhielt zur Belohnung einen Silberrubel. Doch am 23. Juni wurde er für die unerfreuliche Nachricht, daß die Tage bald kürzer würden, für eine Weile in den Kerker geworfen.

Erbkrankheiten zu diagnostizieren und deren Urheber ins Kreuzfeuer zu nehmen war schon wenig produktiv. Und ich gebe zu, es hätte mir leid getan, wenn dem Kind, bei dessen Geburt ich mitgeholfen hatte, das Recht zum Leben, sei es auch nicht das glücklichste, abgesprochen worden wäre.

Die erste Lesung des Gesetzentwurfs zur Ratifizierung des Moskauer Vertrags im Bundestag gab den Diskussionen in der sowjetischen Führung neue Nahrung. Ich wurde beauftragt, Willy Brandt zu informieren, daß der Brief des bundesdeutschen Außenministers über »die deutsche Einheit« im Rahmen der Ratifizierung des Moskauer Vertrags von der sowjetischen Regierung dem Obersten Sowjet der UdSSR offiziell zur Kenntnis gebracht wird. Weswegen hat Gromyko im August 1970 den Wirrwarr um diesen Brief angerührt? Wäre das Leben sonst zu fade?

Das Gespräch mit dem Bundeskanzler am 13. März 1972 ging weit über diesen Brief hinaus. Wie würde sich die Ablehnung des Vertrags oder ein Einfrieren des Ratifizierungsverfahrens auf die bilateralen Beziehungen auswirken? Welche Folgen hätte dies für das Viermächteabkommen und die innerdeutschen Vereinbarungen über West-Berlin? Könnten weitere Verträge zwischen der Deutschen Demokratischen Republik und der Bundesrepublik Deutschland zustande kommen? Ein Handelsabkommen zwischen der UdSSR und der BRD war schon abschlußreif, aber wird es auf West-Berlin ausgedehnt, und unter welchen Bedingungen? Wie ist die Einstellung der Sowjetunion der Europäischen Gemeinschaft gegenüber? Und so weiter.

Je exakter Warnungen und Aufforderungen aus handfestem Material gemeißelt werden, desto besser. Am 20. März verlieh Breschnew meinem Gespräch mit Brandt zusätzliches Gewicht. Öffentlich und in starken Worten bekräftigte er die Erläuterungen, die durch den Botschafter übermittelt worden waren.

Wenige Tage später hielt Rainer Barzel es für notwendig, zu bemerken, die jüngsten Äußerungen von sowjetischer Seite seien selbstverständlich nicht überhört worden, könnten jedoch nicht als »ausreichend« betrachtet werden.

Unterdessen wurde das sowjetisch-deutsche Handels- und Kooperationsabkommen paraphiert. Im April tagte die kurz zuvor gegründete

gemeinsame Kommission für wirtschaftliche und wissenschaftlich-technische Zusammenarbeit. Es wurde die Anhörung des Moskauer Vertrags auf den Sitzungen der Komitees für auswärtige Angelegenheiten in beiden Kammern des Obersten Sowjets eröffnet.
Das Tempo wird forciert, alle Reserven kommen zum Einsatz. Doch die Zweifel am glücklichen Ausgang des neuen Anfangs mehren sich.
Telegramm des sowjetischen Außenministers an mich:
»Was tun wir, wenn die Ratifizierung des Moskauer Vertrags nicht zustande kommt? Ihre Meinung für diesen Fall.«
Gromyko vibrierte und überlegte, welche seiner heiligen Kühe zu opfern wären. Er erwartete aus Bonn Bekräftigung seines in Aussicht gestellten Schachzugs: Klappt die Nummer mit diesem Partner nicht, wechseln wir nicht die Nummer, sondern den Partner. Die berühmte britische Einstellung: Es gibt weder ewige Feinde noch ewige Freunde. Ich hatte in diesem Punkt eine eigene Ansicht. Und ich bringe sie zu Papier.
Wenn Warnungen in den Wind geschlagen werden, wird niemand mehr ernstlich mit uns rechnen. Fazit: Um auf die Sowjetunion zählen zu können, müssen erklärte Absichten im Falle des Inkrafttretens des Moskauer Vertrags ebenso eingehalten werden wie im Falle der Ablehnung. Ferner entwickelte ich ein ganzes Programm von Maßnahmen, die deutlich demonstrieren sollten, was den Bundesdeutschen, die den Schatten der Vergangenheit nachjagen, verlorengehen könnte.
Ich pflichte der Unterstellung nicht bei, daß ich mit Andrej Gromyko gleichsam die Rollen getauscht hätte. Jeder blieb, wie er war mit seinen eigenen Vorstellungen von der Ethik der Beziehungen.
In der Politik und in der Diplomatie ist meiner Überzeugung nach das Wort eine Verpflichtung; willkürlich damit umzugehen ist stets verlustreich. Das Ende der Sowjetunion stellt dafür ein klassisches Beispiel dar.
Das Telegramm aus Bonn machte dem Außenminister keine Freude. Wie mir Anatolij Kowaljow bezeugte, fand Gromyko meine Denkweise zu wenig »pragmatisch«. Die kurz darauf eingetroffene weitere Anfrage aus Moskau irritierte mich erheblich:
»Wie schätzen Sie folgende Variante ein: Annahme einer Erklärung – einer einseitigen, versteht sich – im Bundestag, welche die Billigung des Gesetzentwurfs zur Ratifizierung des Moskauer Vertrags begleiten soll?«
Die Möglichkeit einer besonderen Erklärung im Kontext der Ratifizie-

rung des Moskauer Vertrags zu den Prinzipien der Bonner Außenpolitik war zum erstenmal Mitte Oktober 1971 von Willy Brandt erwähnt worden. In dem verstrichenen halben Jahr war man auf die Idee nicht mehr zurückgekommen, sie entschwand dem Blickfeld.

Im April zuckte das Gerücht auf, Egon Bahr habe im Gespräch mit einem CDU-Mann den Gedanken einer gemeinsamen Entschließung erwogen, die beiden Kontrahenten einen Ausweg aus dem Morast, in den sie sich gegenseitig geschubst hatten, ohne Gesichtsverlust verheiße. Die Angaben entstammten oppositionsnahen Kreisen und waren begleitet vom Vorgenuß des »baldigen Bankrotts« des sozial-liberalen Experiments. Am Vorabend eines Frontalangriffs von CDU/CSU auf den Bundeskanzler überschüttete uns eine Menge ablenkender und verlockender »Informationen«. Man mußte nur lernen, die Spreu vom Weizen zu trennen.

Falls Egon Bahr im Sinne hatte, einen derartigen Vorbau zu den Verträgen zu errichten, hätte er, so war meine Vermutung, es mir sicherlich angedeutet. Kurz gesagt, ich beeilte mich nicht, die Glaubwürdigkeit dieser Entschließungsidee zu überprüfen.

Jetzt, nach Gromykos Anfrage – denk, was du willst. Die Flaute in unseren Kontakten während des Frühlings 1972 begründete Bahr mit Überlastung durch Aufträge des Bundeskanzlers. Ich hatte diese Erklärung für bare Münze genommen. Wie sich nun zeigte, hatte ich vergessen, daß, auch wenn die Noten vom selben Pult abgelesen werden, jede Geige ihren eigenen Part zu spielen hat.

So oder ähnlich erwiderte ich auf das Telegramm aus Moskau: »Erklärung könnte ein Ausweg sein«.

Die Logik meiner »Für« und »Gegen« war folgende: Wenn Zugeständnisse, die nicht beizeiten gemacht wurden, nun unvermeidlich werden, soll man lieber der sozial-liberalen Koalition entgegenkommen. Wir haben mit dieser Koalition eine große Sache begonnen, mit ihr wäre sie auch unter Dach und Fach zu bringen.

Hätte ich nein gesagt, würde mir in der Geschichte der Entschließung eine Beobachterrolle zufallen. Das wäre was Feines! Gerade in dieser Zeit gelang es durch die Vermittlung des Bonner Vertreters der Dresdner Bank, Dr. Wilhelm Beckers, die baufällige Villa Henzen mit einem bequemeren Haus zu vertauschen, das Frau Werth im Gebiet des Godesberger Stadtwalds hatte bauen lassen. So vielen Botschaftern schuldete ich protokollgerechte Erwiderungseinladungen, so vielen beruflichen Partnern und einfach guten Bekannten hatte ich bisher keine angemessene Gastfreundschaft bieten können. Welchen Vorteil hat man davon, daß man selbst wie einige Botschaftsmitarbeiter von der »großen Politik« gehetzt wird?

Durch eine Laune des Schicksals wäre mein Wohnungswechsel fast zum Prolog der Ablösung jener Regierung geworden, bei der ich akkreditiert war. Die Einzugsfeier verlief nicht nur ruhig, sie hatte etwas Mysteriöses. Die »Taufe« des neuen Domizils übernahmen Karl Wienand, der Geschäftsführer der SPD-Bundestagsfraktion, und der außenpolitische Fraktionsberater, Eugen Selbmann, am Tag vor der Abstimmung über das konstruktive Mißtrauensvotum gegen Willy Brandt. Uns beschäftigten verständlicherweise nicht konventionelle Späßchen und nicht der Liebreiz der sich hinter den Fenstern ausbreitenden Landschaft.

Was wird morgen sein? Wird es das politische Gestern verdrängen? Wienand war nicht in Panikstimmung. Er äußerte: Die aktuelle Arithmetik ist gegen die Koalition. Doch der gesunde Menschenverstand dürfte stärker sein. Der CDU/CSU könnte ihre Selbstgefälligkeit ein Schnippchen schlagen. Sie fühlt sich schon auf Nummer sicher, meint, die Sache könne gar nicht schiefgehen ... Man kann sich zwar nicht für jeden verbürgen, aber ... Die Sozialdemokraten konnten nicht umhin standzuhalten. Wenn sie die morgige Schlacht gewinnen, kehrt ihr Selbstvertrauen zurück.

An dieses Gespräch mit Wienand und Selbmann habe ich später noch oft gedacht. Hatten sie versucht, auch mir Optimismus einzuflößen, damit Moskau nicht außer Fassung geriete? Oder wußte Wienand etwas, das den übrigen unbekannt war? Vielleicht erlaubte ihm seine Nähe zu Herbert Wehner, mehr vom Scharfblick des Strategen zu profitieren. So oder anders, jedenfalls sah ich dem 27. April mit größerer Zuversicht entgegen. Was CDU/CSU in der Fraktion der Freien Demokraten an Stimmen abgeworben hatten, fehlte ihnen in den eigenen Reihen. Grab anderen keine Grube! Meinem Eindruck nach hat Rainer Barzel sich bis zum Ende seiner politischen Karriere nicht von dem Schock erholt, der ihn befiel, als Bundestagspräsident Kai-Uwe von Hassel das Ergebnis der Abstimmung über das konstruktive Mißtrauensvotum verkündete.

Diese Tage kennzeichneten die Grenzlinie im Widerstand gegen die Ostverträge. Rainer Barzel griff Brandts Vorschlag einer gemeinsamen Entschließung auf, die das Gesetz zur Ratifizierung begleiten sollte. Angepeilt wurde damit, den Verträgen ein Maximum parlamentarischer Mehrheit zu verschaffen. Gleichzeitig vereinbarten Regierung und Opposition, die zweite Lesung der Verträge auf ein späteres Datum zu verschieben, damit CDU und CSU anhand der Protokolle der bundesdeutschen Delegation sich mit den sie interessierenden Episoden der Verhandlungen in Moskau bekanntmachen könnten.

Der Bundeskanzler beauftragte Horst Ehmke, sich mit mir über die Komposition der Entschließung zu beraten. Beim Anruf des Ministers wußte ich das nicht. Ehmkes Wunsch, mich zu einem informellen Gespräch aufzusuchen, konnte mit dem allgemeinen Wirrwarr in der Koalition zusammenhängen. Zu dieser Zeit hatten zwei Liberale dem FDP-Vorsitzenden Wolfgang Mischnik mitgeteilt, sie würden zwar nicht aus der FDP-Fraktion ausscheiden, jedoch gegen die Ratifizierung des Moskauer Vertrags votieren. Die intensiven Versuche Walter Scheels und Hans-Dietrich Genschers, die beiden Liberalen umzustimmen, blieben ergebnislos.

Da es um ein informelles Gespräch mit Ehmke ging, war meine neue Residenz der richtige Ort. Ich zeigte dem Gast den von Frau Werth gepflegten Garten. Der Professor ließ sich die Gelegenheit nicht entgehen, eine Stichelei anzubringen bezüglich des Geschicks der Diplomaten aus sozialistischen Ländern, die Früchte vom welkenden Baum des Kapitalismus zu ernten.

»Lenin hat gelehrt, die besten Errungenschaften des Kapitalismus als Erbe zu übernehmen und sie zu vermehren«, gab ich dem Gast Kontra. »Wenn man jedoch die Gepflegtheit verdunkelt, kann man auf die Villa Henzen ausweichen, sie steht noch auf unserer Bilanz, und dort sind Verfall und das Gefühl der Nichtigkeit des Seins nicht nur bildlich zu nehmen. Darüber wollten Sie doch wohl mit mir sprechen.«

Auf dem Weg in den Salon setzten wir unsere Sticheleien noch ein wenig fort.

»Sie, Professor, sind einer der ersten Gäste in diesem Haus. Vielleicht ist das ein gutes Vorzeichen. Bitte, schießen Sie los!«

»Die Bemühungen des Kabinetts Brandt zur Korrektur der Kräfteverteilung im Parlament sind für Sie keine Neuigkeit. Doch wir haben eine Pattsituation, nicht nur speziell in bezug auf die Ratifizierung des Moskauer Vertrags, sondern auch in der breiteren Perspektive der sozialliberalen Koalition. Die vom Kanzler seinerzeit vorgebrachte Idee einer

Entschließung ist dazu bestimmt, aus den zwischenparteilichen Leidenschaften die hauptsächlichsten außenpolitischen Interessen der Bundesrepublik auszusondern. Die CDU ist im Prinzip nicht dagegen. Wenn wir nun an die Ausarbeitung des Entwurfs einer solchen Entschließung gehen, möchten wir vermeiden, daß aus dem Kompromiß mit der CDU ein Dissens mit der Sowjetunion entsteht.«

»Eine Erklärung oder eine Resolution des Bundestages ist als Schritt einer Seite gedacht. Es dürfen nur kein Widerspruch zu Geist und Buchstabe des Vertrags hineindringen und keine Prätentionen auf willkürliche Auslegung des Vertrags. Im übrigen wird die sowjetische Seite sich wenig damit befassen, was und wie Sie schreiben.«

»Aber Sie ertasten besser die Grenzen, die nicht überschritten werden dürfen. Darum erbitten wir Ihre Konsultation.«

»Ich habe den Auftrag, Sie anzuhören. Nichts sonst. Wenn Sie der Gesichtspunkt nicht des Botschafters, sondern eines Sachverständigen interessiert, könnte ich Ihnen vielleicht einiges sagen. Doch weder jetzt noch in Zukunft kann und darf meine persönliche Meinung als die der sowjetischen Seite ausgegeben werden.«

»Dieses Modell ist uns recht.«

Horst Ehmke referierte die grundlegenden Thesen des künftigen Entwurfs: Er soll dem ersten Eindruck nach eine Verschmelzung des Regierungsmemorandums vom 11. Dezember 1971 mit Erklärungen Rainer Barzels im Bundestag sein.

»Wo liegt der verborgene Sinn der Wiederholung von längst Bekanntem? Wie würde man sich in der Bundesrepublik verhalten, wenn Moskau eine Auswahl sowjetischer Noten aus den Jahren 1966 bis 1968 schicken würde oder Aussprüche von Skeptikern, die den Moskauer Vertrag mit der Erfahrung von 1941 bis 1945 lesen? Rufen Sie uns nicht zu einer neuen Verhandlungsrunde auf! Der Vertrag ist unterzeichnet. Die Verpflichtungen der Partner sind fixiert. Sie müssen erfüllt werden, und zwar ausgehend allein vom Vertrag; keinerlei Protokolle oder vorbeugende Projekte, auch keine neuen Ergänzungen – vor allem einseitige – entschuldigen Abweichungen in der Vertragserfüllung.«

Der Minister stimmt zu, daß es Verschiebungen der Werte und Begriffe nicht geben darf. Es sei auch nicht von Nachbesserungen des Vertragstextes die Rede. Der Moskauer Vertrag soll in vollem Umfang und in seiner originalen Fassung in Kraft treten.

»Vielleicht lassen sich Präzedenzfälle von Erklärungen zu Motiven bei Abstimmungen finden«, fahre ich fort. »Delegierte der Bundesregierung haben, ausgehend von der Verfassung und den geltenden Gesetzen Ihres Staates, Verhandlungen geführt. Das wurde zur Kenntnis genommen, und es bringt keinen Schaden, wenn so etwas wiederholt wird. Die Verpflichtungen des Moskauer Vertrags heben Verpflichtungen der Partner aufgrund anderer, früher geschlossener Verträge nicht auf. Angesichts der Bedeutung der gegebenen Situation könnte dies bekräftigt werden.«

Ehmke unterbrach meinen Monolog:

»Wenn ich nicht irre, haben Sie Ihre Überlegungen schriftlich formuliert. Würden Sie sie mir anvertrauen?«

»Ich habe keinerlei Entwurf. Wie Sie bemerkten, machte ich im Laufe unseres Gesprächs ein paar Notizen. Außer mir analysiert sie keiner ins reine.«

»Ihre Notizen, das verspreche ich, werden nirgendwo in Erscheinung treten.«

Ich hätte das nicht tun dürfen, weder als Privatmann noch als Botschafter, noch weniger durfte ich meine flüchtigen Notizen Ehmke übergeben. Auf ein Notizbuchblatt handschriftlich hingeworfen, ein paar Sätze. Keine Daten, keine Unterschrift. Im Diplomatenjargon ein »nonpaper«. Und doch ein Zeugnis dafür, daß ich mehr als nur Zuhörer gewesen war.

Zwei oder drei Tage später besuchte Horst Ehmke mich wieder. Er kam mit einem Entwurf. Heute ist es mir lieber, nur zuzuhören. Doch wie kann man schweigen, wenn die DDR als »Sowjetzone« bezeichnet wird und es um weitere derartige Perlen geht? Ich erinnere den Professor daran, daß neben dem Vertrag die Partner in Moskau Absichtserklärungen vereinbart und bekräftigt haben. Sie sind nicht Gegenstand der Bundestagsdebatte, bedürfen also keiner parlamentarischen Billigung. Dennoch darf man sie nicht mißachten.

Weder bei dieser noch bei der vorigen, noch bei späteren Unterredungen setzte ich den Moskauer und den Warschauer Vertrag in gleiche Klammern. Die Gespräche über eine Resolution im Bundestag schließen nur die Ratifizierung des Moskauer Vertrags ein. Mir war nicht bekannt, ob die Bundesdeutschen in dieser Frage auch mit den Polen Kontakt aufgenommen hatten, und ich hielt es für besser, dieses Thema in den Gesprächen mit Ehmke nicht anzuschneiden.

Ohne meine Depeschen nach Moskau mit Einzelheiten zu befrachten, meldete ich die Besuche von Minister Ehmke, und fast jedes Telegramm endete mit dem Satz: »Erbitte Anweisungen.« Das Zentrum gab keinen Laut von sich. Nach dem dritten oder vierten Mal kam eine Zeile als Antwort: »Verfahren Sie nach den vorliegenden Anweisungen.« Da mir keine vorlagen, sollte man das so verstehen: Handle der Situation entsprechend.

Die Situation war unterdessen noch komplizierter geworden. Interesse an mir als »Konsultant« bekundete auch die Opposition. Selbst wenn kein Verbot aus Moskau vorläge, würde ich einem unmittelbaren Kontakt mit CDU und CSU in dieser Frage ausweichen. Doch wie sollen Sie sich verhalten, wenn der Bundeskanzler Sie zu einer Besprechung einlädt und Ihnen nicht vorenthält, daß bei dieser Zusammenkunft Rainer Barzel anwesend sein wird?

Für den Fall eines Rüffels von Gromyko baue ich mir eine tief gestaffelte Verteidigung auf: Willy Brandt kann selbst entscheiden, wen er zu einem Gespräch mit dem sowjetischen Botschafter hinzuziehen will, er ist nicht verpflichtet, diesen vorher davon zu unterrichten. Tut er es doch, bekundet er Respekt und politischen Takt. Logisch? Für Sie, verehrter Leser, vielleicht, doch Leonid Breschnew schätzte es anders ein.

»Wie kann er sich unterstehen, mein Verbot zu mißachten?!« grollte der Generalsekretär. »Existiert bei uns Disziplin, oder ist jeder sich selbst die höchste Instanz?«

Gromyko machte sich den Zorn des Generalsekretärs zu eigen, schürte aber das Feuer nicht, was ihm möglich gewesen wäre. Zeugen der Szene erzählten mir, es hätte nicht viel gefehlt, und Breschnew hätte mich abberufen als einen Kerl, der ihm die Messe verdarb. Lange konnte er mir die ihm zugefügte »Kränkung« nicht vergessen.

Das verdeutlicht, warum die Botschaft und ihre Mitglieder nach Abschluß der Ratifizierung der Verträge nicht einmal des »Zaren Dank« für würdig befunden wurden. Hätte ich von der Sache sofort erfahren und nicht mit der üblichen Verspätung, würde ich mich nicht mit dem Hinweis auf die *Bursen-Skizzen* von Iwan Pomjalowskij begnügt haben: »Ausnahmslos alle wurden am Sonnabend mit Ruten gezüchtigt, die einen zur Strafe, die anderen zum Ansporn.«

Ahnungslos begab ich mich am 9. Mai 1972 zur Residenz von Willy Brandt am Venusberg in Begleitung meines Botschaftsrats Valentin Koptelzew.

Beim Kanzler erwartete uns, wie es später hieß, »die deutsche politische Elite«. Es waren erheblich mehr Politiker anwesend, als ich vermutet hatte – Scheel, Ehmke, Barzel, Stücklen und noch einige andere.

Kurze Zeit blieb Brandt mit mir allein.

»Dies ist der Text der Entschließung. Er wurde unter Beteiligung von CDU und CSU verfaßt. Bei Annahme der Resolution wird die Opposition die Ratifizierung des Vertrags nicht behindern, weder im Bundestag noch im Bundesrat. Wenn Sie hinsichtlich der einen oder anderen Passage Bedenken hegen, sagen Sie es bitte.«

Ich überflog diagonal zwei Seiten. Jeder zweite oder dritte Satz reizte zum Widerspruch. Vielleicht war das nicht einmal schlecht, kennzeichnete dies doch die Einseitigkeit des Dokuments. Hier ist weder die Zeit noch der Ort, sich redaktionell zu betätigen. Bei dieser Zusammenkunft trete ich als Botschafter auf, und meine Worte bekommen eine andere Qualität.

Dennoch war es notwendig, Paragraph 2 näher in Augenschein zu nehmen, vor allem seinen Schlußsatz, der praktisch die Rechtsgrundlagen der real existierenden Grenzen in Frage stellte. Wegen dieses Satzes schlug ich später tüchtig Lärm. Ich glaube, Brandt würde mich verstanden haben, hätte ich ihm sofort mein Befremden geäußert.

Doch ich las diagonal. Der Anfang des Paragraphen 2 war leidlich: »Die Bundesregierung nimmt Verpflichtungen nur im eigenen Namen an und geht von den Grenzen aus, wie sie heute existieren.« Ich sprang zu Paragraph 3 über, der sich mit dem Recht der Deutschen auf Selbstbestimmung befaßte. Und so verpaßte ich einen Elefanten, wie man bei uns sagen würde.

Daß der »Elefant« in Paragraph 2 Genschers Haus entstammte, erfuhr ich bei der Rückkehr in die Botschaft. Nicht Experten aus CDU/CSU hatten den Satz verfaßt, sondern Juristen aus dem Innenministerium. Das empörte mich und gab den Anlaß zu einer Kette von fragwürdigen, in jeder Variante überflüssigen Schritten meinerseits.

Kehren wir jedoch zum Venusberg zurück. Es war eine in ihrer Art einzigartige Veranstaltung. Der Botschafter eines fremden Staates fungiert als Bindeglied in einer innenpolitischen Bataille. Auf hochgespanntem Seil balancierend, durfte er nicht nach irgendeiner Seite erkennbar schwanken. Nur darin lag einiger Nutzen.

Gelang mir diese Rolle? Am Abend desselben Tages, an dem ich den am Venusberg erreichten Waffenstillstand erschüttert hatte, wurde mir das

Telegramm einer mir unbekannten Frau gebracht: »Halten Sie durch, Sie waren ein ehrlicher Makler.« Im übrigen schrieb ich mir selbst schlechte Noten.

Sämtliche Regelungen haben den Status des Modus vivendi. Wir selbst sind ja auch nur zeitweilige Bewohner dieser Erde. Auf einen derartigen philosophischen Kammerton hatte ich meine Bemerkungen abgestimmt. Natürlich ist der Moskauer Vertrag ein Kompromiß. Beide Seiten wurden von den Realitäten geleitet. Das erreichte Niveau des gegenseitigen Verständnisses gibt der Vertragstext wieder: Die gegenseitigen Verpflichtungen von Sowjetunion und Bundesrepublik dürfen nur aus den Verträgen selbst abgeleitet werden. Weder Protokolle noch einseitige Interventionen oder Dokumente bilden die Quelle der Rechte und Pflichten der Vertragspartner.

Barzel war nicht abgeneigt, einen Unterschied zwischen den Verhandlungsprotokollen und der Bundestagsresolution zu machen. Soweit die Entschließung die Ratifizierung begleite, würde sie quasi ein Teil des »Vertragswerks« werden.

Diesen Anspruch wies ich zurück. Ich wandte mich dem Entwurf des Dokuments zu und illustrierte, daß wir es mit einem einseitigen Akt zu tun haben. Die Sowjetunion ist natürlich imstande, die Ratifizierung des Moskauer Vertrags mit einer analogen Erklärung des Obersten Sowjet der UdSSR zu begleiten, doch hält sie dies nicht für zweckdienlich.

Meine Antwort befriedigte Richard Stücklen nicht. Ich mußte mit Variationen dasselbe noch einmal ausführen.

Nicht vergessen waren der Brief über die »deutsche Einheit«, West-Berlin, Gemeinsamer Markt, NATO. Jemand zog das Thema Menschenrechte heran. Das gab Brandt den Anlaß, jenen Teil der Besprechung abzuschließen, der die Anwesenheit und Beteiligung des sowjetischen Botschafters vorausgesetzt hatte.

Doch ehe ich mich verabschiedete, war noch ein »Detail« zu präzisieren: Wie soll die Entschließung nach ihrer Annahme im Bundestag übermittelt werden? Die Anwesenden gaben sich den Anschein, als sähen sie keinen Unterschied zwischen »annehmen« und »zur Kenntnis nehmen«. Es lag ihnen sehr viel daran, daß der Botschafter nicht einfach als Briefträger auftrat.

Brandts Residenz war von Journalisten umringt. Dieser Ring war kaum leichter zu durchbrechen als die Blockade von Leningrad. Der Wagen schob sich langsam an einem Dutzend auf mich gerichteter Mikrophone vorbei. Die Journalisten wollten unbedingt, und sei es nur ein halbes Wort, etwas über die Atmosphäre der Zusammenkunft hören. Ich löste mich mit allgemeinen Bemerkungen über den positiven Sinn des Treffens und fuhr mit Volldampf in die Botschaft.

In meinem Arbeitszimmer befanden sich der Gesandte Anatolij Kaplin, Botschaftsrat Michail Boronin, der Erste Sekretär Gennadij Schikin. Koptelzew und ich teilten den Mitarbeitern unsere Eindrücke vom Treffen mit der »politischen Elite« mit. Schikin konzentrierte sich auf den Entwurf der Entschließung; er sollte den Text übersetzen und stieß sich sofort an Paragraph 2.

»Sehr üble Stelle. Die Zentrale wird uns nicht verstehen, wenn wir dazu schweigen.«

Die spontane Reaktion des sonst so ausgewogenen Schikin paßte mit dem Signal zusammen, daß wir dieses »Geschenk« dem Amt Genscher zu verdanken hätten. Was am Venusberg versäumt worden war, mußte nun schleunigst nachgeholt werden. Ich brauchte unbedingt von der Regierung Brandt/Scheel eine offizielle Bestätigung, daß die Verpflichtungen der Bundesrepublik im Moskauer Vertrag vollständig in Kraft bleiben und von der Entschließung nicht tangiert werden. Alles andere, die unvermeidliche Unzufriedenheit in Moskau eingeschlossen, war zweitrangig.

Ich telefonierte mit Ehmke und teilte ihm mit, daß die sowjetische Regierung Einwände erheben werde. Damit Paragraph 2 sich allein nicht langweilte, fügte ich meinen Zweifeln noch den Schluß von Paragraph 5 hinzu (»Die deutsche Frage ist offen ...«). Ich beauftragte Michail Boronin Barzel anzurufen und ihm dasselbe mitzuteilen. Moskau stellte ich vor vollendete Tatsachen. Dann begab ich mich zum anderen Rheinufer hinüber zum Empfang bei einem Kollegen anläßlich seines nationalen Feiertags.

Der österreichische Botschafter Dr. Gredler verließ andere Gäste, um mir zu sagen:

»Ich habe nach Wien die Nachricht depeschiert, daß die Bonner Koalition sich um ein Mitglied vermehrt hat. Bislang nannte sie sich sozial-liberale Koalition. Wie soll man sie künftig betiteln?«

Ich erzählte ihm weniger von dem, was sich bei dem Treffen mit Brandt abgespielt hatte, als von dem Nachspiel. Gredler war der Ansicht, alles werde sich einrenken. Man könne wohl ohne Demarche auskommen. Die Entschließung hat international-rechtlich keine Konsequenzen. Sie ist der Abschiedsgruß an Vergangenes. Wirksam wird nur der Vertrag sein. Nichts als Telefonate und Rennereien folgten. Der polnische Botschafter Piatkowski kam. Ich hatte Verständnis für sein Befremden über die Bundestagsentschließung. Er beruhigte sich ein wenig, als er von mir hörte, daß der Warschauer Vertrag nicht mit der Entschließung in Verbindung gebracht werden könne und der Text der Entschließung als westdeutsches Produkt zu verstehen sei.

Den französischen Botschafter Sauvagnargues beschäftigte das Venusberg-Phänomen. Was haben bei Brandt stattfindende Konsultationen zu bedeuten? Entsteht hier etwa ein Präzedenzfall?

Vorher jedoch hatte ich einen Besuch im Kanzleramt gemacht. Brandt nahm meinen Vorschlag an und erklärte sich bereit, in seiner Bundestagsrede am 10. Mai hervorzuheben: a) Die Verträge können nur ausgehend von den Vereinbarungen zwischen den Partnern, die das Vertragswerk bilden, erläutert werden, b) die Resolution des Bundestages ändert nichts an den Rechten und Pflichten, die aus den Verträgen entstehen, darunter die Verpflichtungen bezüglich der existierenden Grenzen.

Danach hatte ich ein Treffen mit Scheel. Der Minister bestätigte seinerseits, daß der einseitige Entwurf, der dem Bundestag vorgelegt werden wird, nicht die Qualität der Verpflichtungen, darunter die Frage der Grenzen, beeinträchtigen kann. Diese Auffassung wird den Fraktionen von CDU und CSU als Koautoren der Entschließung zur Kenntnis gebracht werden.

Rainer Barzel setzte ein Treffen um acht Uhr morgens am 10. Mai fest. Dieses Mal mißachtete ich Moskaus Instruktion offen. Sieben Nöte – eine Antwort. Wenn das Ratifizierungsgesetz zum Vertrag am selben Tag im Bundestag verabschiedet wird, würde niemand daran Anstoß nehmen. Doch Barzel brennt darauf, sich für die Demütigung vom 28. April zu rächen.

Das Gespräch verlief erbärmlich. Barzel gab mir zu verstehen, daß ich ihm gestern die Karten durcheinandergebracht hätte und er Zeit brauche zur Bändigung der Fraktion. Stücklen kam hinzu.

»Wenn Sie selber erklärt oder unsere Erklärung nicht verworfen hätten, daß die Entschließung des Bundestages auch den Gesichtspunkt der sowjetischen Seite wiedergibt, dann könnte vielleicht ...«

»Ich habe Ihnen gestern unzweideutig vorgetragen, daß der vorgelegte Entwurf ausgesprochen einseitig und in einigen Punkten von unausgeglichenem Charakter ist. Einen anderen Standpunkt zu vertreten würde bedeuten, mit den Fakten in Konflikt zu geraten.«

Stücklen wollte etwas erwidern, doch Barzel hielt ihn zurück, und beide Parlamentarier entfernten sich.

Wieder in der Botschaft. Hier erwartete mich ein Telegramm von Gromyko:

»Keine Diskussionen mit den Westdeutschen über ihre Erklärung.«

Ich drahtete sofort zurück:

»Ich habe den Text der Erklärung nicht diskutiert und beabsichtige auch nicht, es zu tun.«

Eine oder zwei Stunden später rief der Außenminister mich ans offene Telefon.

»Valentin Michajlowitsch (zum erstenmal in fünfzehn Jahren redete er mich so an), wie meinen Sie, könnten positive Ergebnisse heute erleichtern, wenn ...«

In Schnellsprache zählte der Minister die im Grunde nur kosmetischen Verbesserungen unserer Position auf. Noch vor zwei Jahren oder wenigstens zwei Monaten wäre ihm die jetzige Position als Offenbarung erschienen. Kein Zweifel, der Generalsekretär hatte ihm wieder »soufflé«.

Nachgiebigkeit wäre in diesem Moment fehl am Platz, daher antwortete ich betont ruhig:

»Ihre Überlegungen sind zweifellos von Bedeutung. Doch heute sind CDU/CSU wohl nicht imstande, nein zu sagen, und noch nicht geneigt, ja auszusprechen. Die Ratifizierungsprozedur im Bundestag wird sich im Laufe einer Woche vollziehen, und es besteht Grund zu der Annahme, daß sie positiv verlaufen wird.«

Ich hatte noch Brandt aufzusuchen und ihm eine mündliche Mitteilung von Breschnew zu übermitteln. Danach galt es, mit Scheel und Frank die Technik der Übersendung der Bundestagsentschließung nach Moskau abzusprechen. Mit Mühe verhinderte ich die Wendung »zur Kenntnisnahme« oder gar »Annahme« allgemein. Das eine wie das andere setzt Beziehungen zum Inhalt des übergebenen Dokuments voraus. Um dies möglichst zu begrenzen, blieb nur: Das Auswärtige Amt der Bundesrepublik Deutschland übergibt mir im Konvolut den Text der Resolution. Ich sende ihn nach Moskau.

Ein besonderes Sujet für das Gespräch im Auswärtigen Amt bildeten die durch die Presse bekanntgewordenen Kommentare Scheels zu unserer Position. Mir blieb nichts anderes übrig, als mein Mißbehagen auszudrükken. Scheel war schockiert, daß ein Teil seiner »vertraulichen Korrespondenz« mit den Fraktionsführungen von CDU und CSU in eine Zeitung gelangt war. Sie war nicht für unsere Ohren bestimmt gewesen. Mich belehrte diese Episode, daß nicht jedes Wort Silber ist.
Genau eine Woche später (am 17. Mai) fand die entscheidende Abstimmung im Bundestag über den Moskauer und den Warschauer Vertrag statt. Unser Vertrag wurde mit 248 Stimmen bei 10 Neinstimmen und 238 Enthaltungen angenommen. Der Warschauer Vertrag erhielt entsprechend 248 Jastimmen, 17 Neinstimmen, 230 Enthaltungen. Die Entschließung bekam 491 Stimmen und 5 Enthaltungen.
Professor Ehmke rief in der Botschaft an, um zum Abschluß dieses Kapitels zu gratulieren.
»Gibt es denn Grund zum Jubeln?« fragte ich. »Wo ist die breite parlamentarische Mehrheit, die man von der Entschließung erhofft hatte? Man kann sich nicht einmal dafür verbürgen, daß der Vertrag nun auch bald den Bundesrat passiert. Es geht sogar das Gerücht, die CSU wolle ans Verfassungsgericht appellieren. Strauß reiche die Entschließung dreier Fraktionen nicht, er möchte noch eine eigene hinzufügen.«
»Im Bundesrat wird alles glattgehen. Diese Hürde wird innerhalb von zwei Tagen genommen sein. Das können Sie Ihren Leuten melden. Daß die Verträge nur mit relativer Mehrheit bestätigt worden sind, ist keine Tragödie, schon morgen haben das alle vergessen. Es steht nicht dafür, sich deswegen graue Haare wachsen zu lassen.«
Auch in Moskau ließ man sich keine grauen Haare wachsen. Am selben Tag, dem 17. Mai, tagte das Plenum des ZK der KPdSU. Der Vorsitzende wich von der Tagesordnung ab und verkündete:
»Soeben traf die Nachricht ein, daß der deutsche Bundestag den Moskauer Vertrag gebilligt hat.«
Die Anwesenden begrüßten die Nachricht mit Applaus.
Meine Begeisterung jedoch wurde nicht größer, als ich die Ergebnisse der Vertragsprüfung im Bundesrat vernahm. Im Länderparlament wurden zwanzig Stimmen »pro« abgegeben. Einundzwanzig Vertreter enthielten sich der Stimme.
Gewiß, mir war eine Last von den Schultern gefallen, nachdem Bundes-

präsident Heinemann durch seine Unterschrift die Gesetze über die Ratifizierung bestätigt hatte. Zufällig oder absichtlich hatte er dies am 23. Mai 1972 getan, dem Jahrestag der Annahme des Bonner Grundgesetzes. Nun konnte die sowjetische Seite ihre Prozeduren zur Einführung des Moskauer Vertrags beenden, er trat in Kraft.

Auf der Sitzung des Obersten Sowjet der UdSSR würdigten die Redner Andrej Gromyko, Michail Suslow, Pjotr Mascherow, Nikolaj Podgornyi und andere die begleitende Bundestagsentschließung mit keiner Silbe. Die Versuche von Teilen der CDU/CSU, die Ratifizierung der Verträge zu Fall zu bringen, wurden als revanchistische und entspannungsfeindliche Aktivitäten in der Bundesrepublik qualifiziert. Zugleich wurde hervorgehoben, daß eine »beträchtliche Mehrheit der CDU/CSU-Fraktion sich von der Taktik der pauschalen Ablehnung des Vertrags distanziert hat«.

Die Bundesrepublik ist zur strikten Einhaltung ihrer Vertragsverpflichtungen aufgefordert worden. Kommt sie dieser Aufforderung nach, wird ihr gutnachbarliche Partnerschaft und Europa »eine kapitale Sanierung der Situation« verheißen.

Ein Jahr später sagte mir Herbert Wehner, die Entschließung habe die Ostpolitik stark belastet. Aus seiner Sicht haben CDU/CSU gebluftt. Im Mai 1972 würden sie nicht gewagt haben, den Moskauer und den Warschauer Vertrag zu sprengen. Die Nixon-Administration hatte sie eindringlich davor gewarnt, die Schicksalslinie zu überschreiten. Und, so meinte der Vorsitzende der SPD-Fraktion, Rainer Barzel würde sie nicht überschritten haben.

Nach unseren Informationen übte die politische Führung der USA tatsächlich einen mäßigenden Einfluß auf die CDU aus. Im Unterschied zu 1970, als Washington es darauf anlegte, dem Kabinett Brandt/Scheel die Flügel zu stutzen und seine Aktivitäten auf die von der NATO vorgegebene Strategie und Taktik zu beschränken. Der Präsident und seine außenpolitische rechte Hand, Henry Kissinger, entdeckten für sich nicht wenige Pluspunkte im relativen Schrumpfen der Konfrontation zwischen der BRD und den Ländern Osteuropas. Dank des Viermächteabkommens schalteten sich die Vereinigten Staaten direkt in den Prozeß ein. Ohne Inkrafttreten des Moskauer Vertrags wäre an die Einführung des Berlin-Abkommens nicht zu denken gewesen.

Doch die Verteilung der Kräfte, wie sie im Frühjahr und Sommer 1972 sichtbar wurde, regte nicht zum Risiko an. Rainer Barzel konnte, wenn er wollte, Klarheit darüber schaffen, ob seine Parteifreunde blufften oder nicht. Meinem Gefühl nach hätte die sozial-liberale Koalition damals zwei Möglichkeiten gehabt: einen Kompromiß mit der CDU/CSU einzugehen, vielleicht durch eine etwas flexiblere Entschließung des Bundestages, oder Auflösung des Parlaments und Neuwahlen.

Dichte Undurchschaubarkeit. Schwankende Abgeordnete in den Fraktionen von FDP und CDU, die aus einander ausschließenden Motiven um ihre Mandate zitterten, konnten der Regierung Brandt/Scheel die Luft nehmen. Bei der Abstimmung über den Moskauer Vertrag hatte ein Liberaler mit Nein gestimmt, ein anderer sein Ja zu siebenfacher Größe aufgeblasen. Wenn Auflösung des Bundestages, dann entweder sofort nach dem 28. April oder erst nach der Ratifizierung. Wenn alles an einem Fädchen hängt und keiner weiß, über wessen Mühle im nächsten Augenblick das Wasser laufen wird, ist es äußerst schwierig, Pläne zu schmieden.

Boxer kennen den Groggy-Zustand. Der Boxer ist noch nicht knockout, taumelt aber schon. Ihn beherrscht nur ein Gedanke: Wenn doch nur der rettende Gongschlag ertönen würde. Nicht selten ist es so auch in der Politik. Nur Verzweifelte geben einem schrecklichen Ende den Vorzug vor einem Schrecken ohne Ende.

Die Bundestagsentschließung vom 17. Mai 1972 lieferte der Opposition auf lange Zeit Diskussionsstoff. Sie beabsichtigte sogar, sich den Austausch der Ratifizierungsurkunden mit zusätzlichen Forderungen auszubedingen. Im Moment der Prüfung ihrer entsprechenden Anfrage im Parlament am 12. Juni 1972 hatte dieses Manöver seine Aktualität bereits eingebüßt.

Das nächste Plätschern um die Entschließung war im Januar 1973 zu registrieren. Die Opposition in Gestalt von Alois Mertes, Graf Stauffenberg, Professor Mikat und Leisler Kiep wollte der Entschließung internationale Rechtsbedeutung beigelegt wissen. Der SPD-Fraktionsvorsitzende Herbert Wehner wies sie barsch zurück:

»Sie können jetzt – nach den Wahlen – nicht alle erdenklichen Entschließungen früherer Perioden als gültig den jetzigen Verhältnissen anhängen.«

Scheel solidarisierte sich mit Wehner. Unverhofft wurden beide von Brandt korrigiert. Er erklärte:

Es darf »kein Zweifel daran sein, daß, obwohl vom vorigen Bundestag beschlossen, die Entschließung des vorigen Bundestags für die Bundesregierung bindend ist. Sie ist nicht Vertragsinstrument, worauf Herr Kollege Wehner eben hingewiesen hat. Sie ist politisch für die Bundesregierung bindend, und ich möchte das nicht relativieren ... Sie ist gemacht worden als eine politische Willenskundgebung, um die Verträge zustande zu bringen, und sie muß für diejenigen, die die Verträge abgelehnt haben und sie heute weiter ablehnen, zwangsläufig etwas anderes bedeuten als für jene, die sie angenommen haben oder haben passieren lassen ...«

Was hatte den Bundeskanzler dazu bewogen? Die Hoffnung auf Schrumpfung des Abgrunds, der die Koalition von CDU/CSU trennte? Oder blickte er auf Jahre voraus, wobei er Veränderungen in der politischen Landschaft nicht ausschloß und dafür sorgen wollte, daß es nicht zu einem Rückfall käme, der für die außenpolitischen Interessen erschwerend sein würde?

Ich hatte Gelegenheit, Willy Brandt danach zu fragen. Er antwortete so: In seiner Eigenschaft als Parteivorsitzender hätte er auch schweigen können; als Regierungschef aber sei er verpflichtet gewesen, höher zu stehen, nicht Abrechnung zu halten, Freunden und Gegnern klarzumachen, daß ihm, Brandt, Folgerichtigkeit nicht fremd ist.

Mir scheint jedoch, daß im Resultat das Tandem Brandt – Wehner aus dem Tritt gekommen war. Der Fraktionsvorsitzende arbeitete auf eine deutlichere Profilierung der Sozialdemokraten hin, auch in außenpolitischen Angelegenheiten. Dem Parteivorsitzenden dagegen schien es, die SPD habe sich übernommen, sei zu weit gegangen, und jetzt gelte es, die Zeit arbeiten zu lassen, das großartige Ergebnis der Bundestagswahlen bedeutete auf vier Jahre eine stabile parlamentarische Basis.

Nachdem die Liberalen 1982 den Koalitionspartner gewechselt hatten und das Kabinett Kohl gebildet worden war, konnte die gemeinsame Entschließung aus lethargischem Schlaf geweckt werden. Hans-Dietrich Genscher sorgte jedoch dafür, daß die Bundesrepublik sich nicht zu einer weiteren Drehung hinreißen ließ. Rückstrahlungen der Entschließung wurden nach der Vereinigung Deutschlands erkennbar, als man Mittel abtastete, ob und wie von den Verpflichtungen der beiden deutschen Staaten loszukommen sei, speziell hinsichtlich der Grenzen in Europa.

Ich möchte hoffen, daß die Biographie der »gemeinsamen Entschließung« damit abgeschlossen ist und sie nun endgültig der Geschichte angehört. Vielleicht hat der Wunsch, keine weißen Flecken übrigzulassen, die lange

Erzählung über die nicht gerade allerbeste Seite meiner Tätigkeit im Siebengebirge gerechtfertigt.

Es ist nur noch hinzuzufügen, daß aus einer Laune der Akteure heraus der Austausch der Ratifizierungsurkunden und die offizielle Einführung des Moskauer Vertrags in den Schatten jener Prozeduren gerieten, durch die am selben 3. Juni 1972 das Abschlußprotokoll des Viermächteabkommens unterzeichnet wurde. Man konnte den Eindruck gewinnen, die Taufe des Westberliner Abkommens sei das Hauptereignis gewesen, der Moskauer Vertrag nur seine Garnierung. Die Massenmedien der UdSSR waren in dieser Hinsicht übereifrig.

Schlagen Sie die *Prawda* vom 4. Juni auf. Unter beeindruckenden Überschriften wird eine Reportage aus Berlin gebracht. Der Außenminister der Sowjetunion unterzeichnet das Protokoll. Fotos. Gromyko hält eine Rede. Abdruck des Textes. Die Mitteilung über den am selben Tag, zur selben Stunde vollzogenen Austausch der Ratifikationsurkunden der Verträge erscheint in Petit gedruckt. Was in diesem Zusammenhang Paul Frank und der sowjetische Botschafter sagten, wird verschwiegen. Wenn trotzdem ein Neugieriger danach fragen sollte, wird man ihn ins Archiv des Außenministeriums der UdSSR schicken, das seine Pforten erst nach dreißig bis fünfzig Jahren öffnet, oder zu den westdeutschen Quellen.

Hätte jener Teil der bundesdeutschen Presse, der ständig den Moskauer Vertrag und den Warschauer Vertrag diskreditierte, auf diese Weise reagiert, würde man sagen – na, soll sie doch! Aber daß unsere Leute in Liebedienerei vor der Dienststelle sich soweit vergessen?

»Mit bloßem Verstand ist Rußland nicht zu verstehen, mit schlichtem Maß ist es nicht zu messen.« (Fjodor Tjutschew)

In der zweiten Tageshälfte des 3. Juni flog Gromyko von Berlin nach Bonn als Gast seines bundesdeutschen Kollegen. Der Besuch war dazu angetan, Bitternisse zu versüßen, die Zweifel der letzten Monate auszuräumen, Fragen der Entwicklung der Beziehungen zwischen unseren Ländern wie auch die Probleme der Friedenssicherung in Europa zu erörtern. Ein enormes Programm.

Trotzdem begab sich der Minister nachdenklich nach Hause. Er hatte ein klein bißchen seiner Zeit der Kontaktaufnahme zu seinem Botschafter geopfert. Da ich noch nicht wußte, wie gründlich Gromyko was aufs Dach bekommen hatte, unter anderem auch meinetwegen, führte ich seine Kühle auf vorjährige Mißverständnisse zurück. Doch als der Minister es ablehnte, die Botschaftsmitglieder zu begrüßen, erwachte in mir wieder der Rebellengeist. Jeden würde es empören, wenn er auf seine Bitte, den Diplomaten ein paar freundliche Worte zu sagen, die Antwort erhält: »Mir ist nicht danach, bei anderer Gelegenheit.« Wird es eine solche Gelegenheit geben? Und wann?

Machen Sie sich die Mühe, Herr Minister, in so einem Fall die kursiv gesetzten Bewertungen der Lage wahrzunehmen, damit Ihre Vorstellungen von Bonn als einem Kurort sich verflüchtigen. Ich sage Gromyko, daß die kritische Phase der Entwicklung der Bundesrepublik nicht hinter uns liegt. Das Parlament ist handlungsunfähig, die Regierung ist nur imstande, ihre laufenden Verpflichtungen zu erfüllen. Sehr wahrscheinlich wird die Krise sich in den vorgezogenen Wahlen entladen. Die Auflösung des Parlaments und der Beginn des Wahlkampfs behindern nicht zuletzt, wie paradox dies auch scheinen mag, die Olympischen Spiele in München. Vor dem Hintergrund der Wahlen hebt sich von Tag zu Tag der Bodensatz. Was für einen Partner oder Kontrahenten wir zum Jahresende erhalten, kann niemand wissen.

Gromyko blickte düster. So viele üble Prophezeiungen verdarben ihm offenbar die Stimmung, oder die Prognose, die er schon eilfertig der obersten Führung unterbreitet hatte.

»Finsterer Pessimismus. Die Deutschen sind in den beiden letzten Jahren verständiger geworden. Uns hat das nicht allzuviel gekostet. Um die Ratifizierung des Moskauer Vertrags zu kriegen«, dies sagte er im Flüsterton, »wäre selbst die Übergabe von West-Berlin an die BRD kein zu hoher Preis gewesen.«

Hielt Gromyko tatsächlich eine derartige Variante tief verborgen, oder war es eine Übertreibung? Die Worte des Ministers habe ich nicht vergessen können und sie hier wörtlich wiedergegeben. Wenn Breschnew und seine Kollegen im Politbüro ähnlich dachten, weshalb kämpfen wir dann bis aufs Blut um Krimskrams? Mir verschlug es sogar die Sprache.

Elf Jahre später kam ich auf die kühne Idee des Ministers zurück. In anderer Verbindung zwar, aber auch sie war nicht ohne Gromykos Beteiligung entstanden. Doch alles an richtiger Stelle.

Wenn man auf schneefreiem Feld
einen Schneeball aufrollt

Um nach Möglichkeit Längen und Wiederholungen zu vermeiden, schlage ich vor, die Chronologie der Problembehandlung unterzuordnen. Ereignisse von europäischer, gar globaler Geltung können, wie es in der Bühnensprache heißt, mit dem Kammerton wechseln. Vielleicht ist das auch gut so. Ernstes Genre in zu großen Portionen ist geeignet, jegliches Interesse zu erschlagen.

Wenn ich einige Momente auslasse, etwa meine Gespräche mit Helmut Allardt über die Einrichtung von Generalkonsulaten in Leningrad und Hamburg, was aus dem Blickwinkel des Botschafters auch in allzu hohem Tempo geschah, oder Staatssekretär Paul Franks und meine Bemühungen, die zur »Frank-Falin-Formel« führten, zu jenem Handelsabkommen, das für die meisten späteren Abkommen zum Präzedenzfall wurde, so nur, um Ihre Geduld nicht über Gebühr zu belasten, verehrter Leser.

Unser heimatliches Ministerium hielt die sowjetischen diplomatischen Vertreter in den meisten Ländern der Welt sehr kurz. In den sieben Jahren meiner Stationierung in Bonn erhielt ich von der Zentrale ganze zwei Informationen zur Lage in der DDR und zur Problematik unserer Beziehungen zu diesem Staat. Die eine von ihnen ergab sich zufällig: Ich sandte meinen Jahresbericht an Pjotr Abrassimow nach Berlin, und er den seinen als Gegenleistung an mich. Die Botschaft bekam ungenügende oder gar keine Kenntnisse von den Gesprächen, die Gromyko beispielsweise mit dem Botschafter der Bundesrepublik in Moskau geführt hatte. Über Kontakte von anderen Mitarbeitern des sowjetischen Außenministeriums, von Leitern verschiedener Ämter zu bundesdeutschen Diplomaten, Parlamentariern, Geschäftsleuten, Parteifunktionären wurde überhaupt nichts an uns berichtet.

Ich versuchte, diese schädliche Praxis zu ändern. Mehrmals wandte ich mich an Gromyko. Vergeblich. Dann wies ich Breschnew darauf hin, wie viele Möglichkeiten, Kraft und Zeit dadurch verlorengingen. Der Generalsekretär erteilte Gromyko Verweise, brachte diese Frage sogar bei Politbürositzungen aufs Tapet. Bis Anfang 1975, solange Breschnew noch einigermaßen in Form war, half dies für kürzere Perioden. Der Minister warf den Botschaftern Informationsknochen hin, seien sie auch noch so abgenagt. Doch nach der Schewtschenko-Affäre* und der Entlarvung des CIA-Agenten Ogorodnik im Außenministerium wurde der Vorhang hermetisch geschlossen.

Als Gromyko Mitglied des Politbüros geworden war, vielleicht sogar schon etwas vorher, als er sich auf diese Beförderung vorbereitete, schickte er den Botschaftern ein Zirkularschreiben, das ihnen verbot, eigene Depeschen direkt an, sagen wir mal, das Oberhaupt der Regierung oder den Vorsitzenden des Präsidiums des Obersten Sowjets oder an Leonid Breschnew zu adressieren. Aus Repräsentanten der Sowjetunion im Ausland wurden die Botschafter in Beauftragte und Untergebene des Außenministeriums verwandelt. Wie soll sich einer verhalten, dem die Möglichkeit genommen ist, in unmittelbaren Kontakt mit der politischen Führung zu treten? Wieviel geht durch solche Willkür verloren?

Glauben Sie nicht, daß Gromykos Aufstieg im Zusammenhang mit Breschnews und Kossygins Erschlaffen in unserer Mitte bloß Angst und Schrecken hervorgerufen hätte. Nachdem ich mehrfach in eine dumme Lage geraten war, weil mir notwendige Daten aus Moskau gefehlt hatten, schickte ich dem Außenminister ein höchst undiplomatisches Telegramm: »Wenn Sie uns nicht auf dem laufenden halten, kann die Botschaft Ihre Aufträge nicht ausführen.«

Dieser Fall berührte die Vorbereitungsarbeiten zur Konferenz für Sicherheit und Zusammenarbeit in Europa (KSZE). Sie werden fragen: Trug es Früchte? Ja, in der Tat: Ich erhielt keine Aufträge mehr, die im Zusammenhang mit der Konferenz standen, und Informationen auch nicht.

Was ist ein Diplomat ohne eine solide Datenbank? Eine unnütze Marionette. Deshalb, nachdem ich von den »Wohltaten« des Außenministeriums und einiger Mitarbeiter der 3. Europa-Abteilung gekostet hatte, die schleunigst die Ergebnisse meiner Bemühungen zur Anbahnung partnerschaftlicher Beziehungen mit den auswärtigen Vertretern zunichte machten, befaßte ich mich ernstlich mit dem Anknüpfen und der Erweiterung von geschäftlichen Kontakten, die mir verheißungsvoll erschienen. Nicht alle Lücken ließen sich schließen, längst nicht alle, zu meinem Ärger. Doch im fischlosen Wasser ist auch der Krebs ein Fisch.

---

* Arkadij Schewtschenko war in seiner letzten offiziellen Position der Stellvertreter des Generalsekretärs der UNO. Er stand der Familie Gromyko sehr nahe. Sein Überwechseln zum amerikanischen Geheimdienst war für den Minister ein harter Schlag.

Zwei- bis dreimal im Jahr fuhr ich nach Berlin. Formal, um mit dem sowjetischen Botschafter zu konferieren. Mit den offiziellen Personen der DDR vereinbarte ich keine Zusammenkünfte. Nur im Herbst 1977, als ich Abrassimow zuhörte, der auf seinen Posten in der Hauptstadt der DDR zurückgekehrt war, machte ich eine »Versöhnungsvisite« bei Honecker. Der Beweggrund zu den Berliner Reisen war ein anderer: die Notwendigkeit, meine Erkenntnisse zu überprüfen, die mir das sowjetische Militärkommando und Iwan Fadejkin, den ich Ihnen schon vorgestellt habe, vermittelt hatten.

Das Kriegsende erlebte Fadejkin als sechsundzwanzigjähriger Oberst, einer der beiden jüngsten Divisionskommandeure in der Roten Armee. Ein richtiger Mann. Jede Sache prüfte er von A bis Z, redete kein Wort in den Wind. Wir lernten uns 1950 kennen, während meines ersten Berlinaufenthalts, und bis zu seiner kurzen Abkommandierung in den Iran Ende 1979 oder auch erst 1980, wo er erkrankte und bald starb, verloren wir einander nicht aus den Augen. Egal wie unsere dienstlichen oder privaten Umstände sich gestalteten. Fadejkins geradliniges Wesen, das der Vetternwirtschaft im System des KGB zuwiderlief, schadete ihm sehr. Um seine Beziehungen zum Generalsekretär nicht zu trüben, opferte Jurij Andropow seine besten Kader.

Ein paar Stunden intensiven Gesprächs, eine vergleichende Analyse der Situation beider deutschen Staaten, Nachdenken über heimatliche Umstände gaben mir Munition für einige Monate. Hinzu kam noch Fadejkins rührende kameradschaftliche Sorge um meine Sicherheit. Dies alles entschädigte für manche Enttäuschungen. Ohne Fadejkins Unterstützung hätte ich die sieben Bonner Jahre bestimmt nicht ausgehalten.

Ich mag nicht ohne ersichtlichen Grund Schlechtes von anderen Menschen denken. Selbst wenn Veranlassung dazu besteht, beeile ich mich nicht, über jemanden den Stab zu brechen. Ich wußte, daß mehrere Mitarbeiter der ständigen Vertretung der DDR in Bonn mit einem Eifer, der einer besseren Sache würdig war, nach »kompromittierendem Material« gegen unsere Botschaft suchten. Bei Begegnungen mit Dr. Michael Kohl brannte es mir auf der Zunge zu fragen: Wieso greifen Sie wahllos nach fast jeder Lockspeise? Aber ich beherrschte mich, um ihm nicht offen die Laune und hinter seinem Rücken die Reputation zu verderben.

Apropos die Kollegen Botschafter. Der Meinungsaustausch mit anderen Botschaftern, vorausgesetzt Sie verstehen zuzuhören, vermittelt Information und Eindrücke, die bei der Systematisierung der bei uns einlaufenden Nachrichten nützlich sind. Das gilt für die meisten auswärtigen Vertreter. Hier kommt es in erster Linie auf die Persönlichkeit an, nicht nur auf das Land und den Dienstrang.

Nachdem ich in Bonn akkreditiert worden war, hielt ich es für richtig und nützlich, den diplomatischen Missionschefs fast aller Länder, die am Rhein vertreten waren, und solchen, mit denen wir keine offiziellen Kontakte unterhielten, Höflichkeitsbesuche abzustatten. Das hatte manchmal ungewöhnliche Folgen. So gab der Besuch beim Botschafter von Liberia den Anstoß zur Herstellung diplomatischer Beziehungen zwischen Monrovia und Moskau. Etwas Ähnliches hätte sogar zwischen Panama und meinem Land zustande kommen können, doch auf sowjetischer Seite hatten »höhere Überlegungen« Vorrang. Einfacher gesagt: Man wollte Washington nicht verärgern.

Und in den späteren Jahren, vorausgesetzt, es waren keine eindeutigen Einschränkungen vom Zentrum verhängt, bemühte ich mich, hinter aussichtsreichen Strömungen nicht zurückzubleiben. Man konnte mir beim Botschafter der Vereinigten Arabischen Emirate, mit denen die Sowjetunion damals keine direkten Beziehungen pflegte, begegnen oder beim Botschafter der Volksrepublik China, obwohl Maos Kulturrevolution noch nicht abgeflaut war.

Doch mit dem israelischen Botschafter in Kontakt zu kommen glückte nicht, obwohl Heinz Karry, führendes Mitglied der FDP, sich darum bemühte. Wie man mir zu verstehen gab, besaß mein israelischer Kollege weitgehende Vollmachten. Ich beging die Unvorsichtigkeit, in Moskau anzufragen. Weniger um festzustellen, ob es dort als gut oder schlecht betrachtet werden würde, wenn ich mit dem Vertreter von Israel zusammenträfe, sondern um zu erfahren, wie auf die Frage nach Modellen zur Aufnahme von diplomatischen Beziehungen reagiert würde. Antwort: Von einem Treffen ist Abstand zu nehmen.

Ich registrierte: Nicht immer ist Gehorsam vernünftig, und wenn du ohne »Briefe aus der Ferne« auskommen kannst, dann bettele nicht drum.

Einmal rief Hans-Jürgen Wischnewski mich aus eiligem Anlaß an:

»Der Führer der portugiesischen Sozialisten, Mário Soáres, ist in Bonn eingetroffen. Im Gespräch mit Willy Brandt hat er den Wunsch geäußert, Sie kennenzulernen. Es gibt jedoch zwei Schwierigkeiten: Der Gast weilt nur bis zum Abend in der Bundeshauptstadt, und der einzige noch freie

Termin wäre um 16 Uhr. Außerdem spricht er weder deutsch noch englisch, und Sie, wie mir einfällt, sprechen nicht französisch.«
In Portugal war eben erst die Salazar-Diktatur gestürzt worden. Ich besaß keinerlei Angaben darüber, was Moskau auf die neuen Führer gab. Bis zu dem von Wischnewski genannten Termin blieben noch fünfzig Minuten. In Moskau nachzufragen war sinnlos. Das heißt, ich mußte mich selbst fragen.
Also lud ich Soáres in meine Residenz ein und bat Wischnewski um Dolmetscherhilfe. Uns fehlten in der Botschaft Kenner der französischen Sprache, von solchen der portugiesischen ganz zu schweigen. Wischnewski empfahl, die Dienste einer Dolmetscherin der Friedrich-Ebert-Stiftung in Anspruch zu nehmen.
Das war eine Kombination! Mário Soáres verhandelt mit dem sowjetischen Botschafter über die Anerkennung des neuen Regimes in Lissabon und die Aufnahme diplomatischer Beziehungen zwischen Portugal und der UdSSR, und dabei erweisen die Bundesdeutschen sich als ehrliche Makler. Sicherlich haben die Deutschen ein Memorandum dieses ungewöhnlichen Dialogs für die Geschichte aufbewahrt, mir und auch dem portugiesischen Gast war nicht nach Notizen während der Unterredung zumute, die Zeit war zu knapp, und es gab viel zu fragen und viel zu hören.
Zwei oder drei Tage später erhielt ich aus Moskau die Mitteilung, meine Information sei zur Kenntnis genommen, mit der Wahrnehmung weiterer Kontakte sei der Botschafter der Sowjetunion in London, Nikolaj Lunjkow, beauftragt worden. Verstehen Sie's, wie Sie wollen: Es soll nicht nach Rüge aussehen, ist aber auch kein Lob. Auch das wird man überleben.
Der einzige Fall, in dem Andrej Gromyko meine Aktivitäten in der Bundesrepublik eines Lobes würdigte, hing mit dem öden Streit über die Lokalisierung der Bundesbehörde für Umweltschutz in West-Berlin zusammen. Während eines Gesprächs im Auswärtigen Amt zu diesem Thema betonte ich, daß protokollarische Bedingtheiten im internationalen Verkehr keine Bagatellen seien, ihretwegen habe man in früheren Zeiten unzählige Kriege geführt. Der Satz gefiel so gut, daß der Minister es für zweckmäßig hielt, mir in einem diplomatischen Chiffretelegramm zu bescheinigen:
»Sie nehmen eine absolut richtige Position ein.«

Weihnachten 1971 erhielt ich ein Telegramm:
»Dem Gescheitesten von allen Russen, denen er begegnet ist, wünscht alles Gute Felix!«
Wir, der Presseattaché Alexandr Bogomolow und ich, zerbrachen uns die Köpfe und kamen zu dem Schluß, daß der Autor dieses ungewöhnlichen Kompliments mit vollem Namen Felix von Eckardt heißen mußte, langjähriger Pressesprecher von Konrad Adenauer. Wir wurden zufällig bekannt. Herr von Eckardt wollte sich von seinem Landhaus trennen, und mir lag viel daran, die Villa Henzen zu verlassen. Doch unsere Interessen stimmten nicht überein. Das Haus des Barons lag zu weit draußen, und die Anfahrt war unbequem. Doch dem Kontakt zu von Eckardt verdanke ich eine wichtige Begegnung mit Mitgliedern des »Industrie-Klubs« im Jägerschloß in Düsseldorf.
Hans-Günther Sohl, Otto Wolff von Amerongen, führende Männer aus verschiedenen Branchen – Maschinenbau, Chemie, Elektronik – insgesamt wohl an die zwanzig Herren. Einen Teil der Industriegewaltigen hatte ich anläßlich eines Frühstücks beim Präsidenten des Deutschen Industrie- und Handelstags vor einem halben Jahr kennengelernt. Die neuerliche Zusammenkunft konnte als Anzeichen für das gegenseitige Bedürfnis aufgefaßt werden, einzelne Fragen detaillierter zu besprechen. Mir war es wichtig, klarzustellen, welche ökonomischen und wissenschaftlich-technischen Gebiete für eine bilaterale Zusammenarbeit aussichtsreich sein könnten. Die Gastgeber interessierten sich in der Anfangsphase des Gesprächs mehr für die politische Problematik.
Was ist in praxi vom Inkrafttreten des Moskauer Vertrags zu erwarten? Die Beziehungen zwischen der Bundesrepublik und der UdSSR werden davon profitieren. Was heißt das konkret? Wie gestalten sich künftig die gegenseitigen Beziehungen BRD – DDR? Welche Zukunft hat West-Berlin? Kann die Anerkennung der Realitäten nicht dazu führen, daß die Barrieren zwischen Deutschen und Deutschen noch fester und noch höher werden?
Aus den vielen Fragen und ihren Motivierungen läßt sich unschwer entnehmen, daß die Geschäftswelt keineswegs apolitisch ist. Die Argumentation von SPD und FDP überzeugt sie nicht durchweg. Das bedeutet jedoch nicht, daß den Argumenten der CDU unkritisch Glauben geschenkt wird. Das Leben steht nicht still. Doch wie weit muß man den Tatsachen des Lebens entgegenkommen? Inwieweit sind die Tatsachen

selbst unumkehrbar und endgültig? Stoff für ein ganzes Universitätssemester, wir aber haben nur einen Abend zur Verfügung. Selbst wenn man einen Teil der Nacht hinzunimmt, lassen sich die Themen nicht ausschöpfen.

Wodurch war das Gespräch für mich erkenntnisreich? Mir wurde anschaulich vor Augen geführt, wie bedingt und antihistorisch das Bild von der omnipotenten Oligarchie ist; ich konnte ein wenig tiefer in das Geheimnis eindringen, warum das Großkapital nicht alles weiß und nicht alles kann. Frühere Beobachtungen bestätigten sich, daß Kapital nicht gleichbedeutend mit politischer Reaktion, sozialer Unduldsamkeit und Diktatur ist. Wie ja auch der arme Schlucker nicht unbedingt die Verkörperung von Menschenliebe, Ehrenhaftigkeit und Demokratie ist. Die Umstände formen die Menschen, doch die Menschen sind zu Metamorphosen fähig, die in keine Theorie passen, sie können den Kapitalismus humanisieren und den Sozialismus entmenschlichen.

Hier im Jägerschloß führte ich einen Disput nicht mit Dutzenden und Hunderten von Milliarden Mark, nicht mit einem ungeheuren Wirtschaftspotential, sondern mit konkreten Personen, die dieses Ungeheuer leiten und natürlich auch von ihm angezogen werden. Sie sind miteinander verbunden und bilden in den Grundzügen eine Interessengemeinschaft, die keine Beschwörungsformeln und Überzeugungen braucht. Diese Gemeinschaft versteht sich als Gegebenheit; individuelle Besonderheiten, Neigungen, selbst Leidenschaften bringen sie nicht ins Wanken – im Gegensatz zu politischen Vereinigungen, ideologischem Sektierertum und Dogmatismus, die jede Innovation, jedes Abweichen vom Buchstaben bestrafen.

Mir erschien es notwendig, die Kapitäne der westdeutschen Industrie aufzufordern, über Alternativen der Entwicklung in den nächsten ein bis zwei Jahrzehnten nachzudenken. Wie sie sich gestalten werden, hängt von allen Seiten ab, ob durch unsere koordinierte unverbrüchliche Wahl die Entspannung zu gutnachbarlicher Zusammenarbeit führen wird oder ob sie zur Zwischenstation in der Strategie des Kampfes gegeneinander bestimmt ist. Die Logik der Partnerschaft und die Logik des gegenseitigen Ausrottens setzen unterschiedliche Projektionen voraus. Ein Fehler in der Prognose für die nächste oder mittelfristige Zukunft wird folgenschwer durch die Entwertung gigantischer Kapitalinvestitionen und die Bezahlung für die versäumte Chance, beizeiten

Disproportionen zu beseitigen, zum Beispiel schrumpfende nationale Konkurrenzfähigkeit.

Die Anwesenden verfolgten interessiert, aber auch nicht ohne Skepsis meine Überlegungen, die eine Normalisierung der deutsch-deutschen Beziehungen beinhalteten. Es war leichter, äußere Grenzen anzuerkennen als die Unantastbarkeit der Grenze zwischen der Bundesrepublik und der DDR. Doch ganz abwegig erschien den Industriellen die Mitgliedschaft beider Staaten in den Vereinten Nationen. Wolff von Amerongen schüttelte den Kopf:

»Nein, nein, dazu wird es nicht kommen«, und seine Kollegen mit einem Blick umfassend, »wir sind dagegen.«

Der Meinungsaustausch wurde während des Essens fortgesetzt. Lüde ich die Herren in meine Residenz ein, könnte ich den Tisch nicht mit Meißner Porzellan aus den dreißiger Jahren des achtzehnten Jahrhunderts decken lassen. Dr. Schneider, der die Rolle des Gastgebers im Jägerschloß übernommen hatte, war hier außer jeder Konkurrenz. Davon überzeugte ich mich endgültig bei einem Besuch von Schloß Lustheim bei München, wo Dr. Schneider eine Ausstellung speziell von Meißner Manufaktur aufgebaut hatte mit Stücken, die nach Anzahl und Auswahl wohl nur vom Dresdner Zwinger und von der Eremitage in St. Petersburg übertroffen werden.

Nicht jedem ist es vergönnt, sich selbst ein Denkmal zu setzen. Dr. Schneider war dazu befähigt durch seine grenzenlose Liebe zur Kunst. Sie war sein Lebenselement. In diesem Sinne schrieb ich auch in sein Gästebuch, das der Sammler mir mit der Bitte um mein Autogramm vorlegte.

Leider konnten wir nur einen Teil der grandiosen Sammlung in Augenschein nehmen. Die Kollektion von altem europäischem Silber verschwand im Nichts zusammen mit dem alten Dresden in jener entsetzlichen Nacht vom 12. zum 13. Februar 1945. In der Annahme, daß der Verlust nicht mehr zu ersetzen sei, hat Dr. Schneider die Suche nach wertvollem Silbergerät nicht wieder aufgenommen. Er erzählte es mir voll Kummer, aber ohne Bitterkeit und vergaß nicht hinzuzufügen, daß durch Krieg und Gewalt am meisten das Zarte, Schöne leidet: die Kinder, die Kultur und die Wahrheit.

Ich weiß nicht, ob er seine Idee verwirklichen konnte, die Herstellung eines vollständigen Katalogs der Meißner Porzellanmanufaktur des achtzehnten Jahrhunderts in die Wege zu leiten. Dr. Schneider rechnete damit, daß das reich illustrierte Werk ungefähr zwölf Bände umfassen werde.

Die persönliche Bekanntschaft mit bedeutenden Geschäftsleuten war mir eine große Stütze bei der Organisation von Reisen unserer Delegationen in die Bundesrepublik, bei der Sicherung langfristiger und einiger einmaliger Kontrakte, bei der Orientierung meiner Regierung über die Entwicklungstendenzen der westdeutschen Technologie. Ich überließ diese Arbeit nicht dem für Wissenschaft und Technik zuständigen Botschaftsrat oder unserer Handelsvertretung allein, da ihr Interesse an technischem Fortschritt etwas einseitig war. Zu meinem Bedauern gelang es mir nur selten, Begonnenes zum Erfolg zu führen.

Ich lenkte die Aufmerksamkeit der Zentrale auf den Prozeß der hochofenlosen Eisengewinnung. Wladimir Nowikow, der stellvertretende Vorsitzende des Ministerrats der UdSSR, war begeistert von der Neuigkeit, und im Jahre 1972 wurde ein Vertrag mit Willy Korf abgeschlossen. Es vergingen jedoch Jahre, ehe der erste symbolische Spatenstich in Nowooskol gemacht werden konnte. Diese Verzögerung hatten wir teuer zu bezahlen.

Wladimir Nowikow und der stellvertretende Vorsitzende des Staatsplans, Wladimir Lebedew, flogen zur Hannover-Messe. Ich zeigte ihnen sofort Bauausrüstungen und größere Turbinen, denn ich hatte erst kürzlich das Unternehmen »Kraftwerk Union AG« besucht. Sowjetische Experten hielten es für gefährlich, für Atomkraftwerke Turbinen mit einer Leistung von einer Million Kilowatt zu bauen, aber die westdeutschen Firmen fertigen sie in Serienproduktion und stellen sie aus.

Zunächst begaben sich Nowikow und Lebedew zu den Baggern. Ich versuchte, ihr Interesse auch an Autokränen von Liebherr und Krupp zu wecken. Aber meine Schützlinge stießen sich gegenseitig an:

»Guck hier, keine einzige Maschine mit ›Strickchen‹, alles mit Hydraulik. Wir müssen noch heute nach Moskau telegraphieren, damit das neueste Projekt im Baggerwerk Kowrow nicht vor unserer Rückkehr bestätigt wird.«

Das Thema der Ausrüstung von Atomkraftwerken fand seine Fortsetzung. Nowikow, der in der Regierung für diesen Zweig zuständig war, teilte mir im Vertrauen mit, daß die Werke in Leningrad, Charkow und Swerdlowsk den Bedarf nicht decken. Bis genügend Kapazitäten zur

Verfügung stehen, konnte zunächst eine ausländische Firma beauftragt werden, ein komplettes Atomkraftwerk in der Sowjetunion zu bauen.
Meine Empfehlungen wurden zur Prüfung akzeptiert. Aus technischen und finanziellen Gründen erhielt Kraftwerk Union den Vorzug, damals ein Tochterunternehmen von Siemens und AEG. Die Bundesregierung (Wolf von Mommsen) unterstützte das Projekt, stellte aber die Bedingung, daß ein Teil der erzeugten Energie West-Berlin zugute kommen sollte. Meiner Meinung nach war dies sogar gut. Auf diese Weise wurde sichergestellt, daß Ersatzteillieferung, technische Betreuung und Modernisierung nicht auf bürokratische Hindernisse stoßen. Und die Hauptsache, wie mir schien: Es entsteht eine reale Verkoppelung der westlichen und östlichen Energiesysteme in Europa. Im Zeitunterschied erlaubt dieser Verbund, fünf bis sieben Prozent an installierter Leistung einzusparen.
Das Werk sollte im Gebiet Kaliningrad gebaut werden. Erfolgreiche Verhandlungen mit der DDR und Polen, eine Leitung durch ihr Territorium zu legen. Ging alles andere auch so glatt? Keineswegs. Gromyko mischte sich ein.
»Alles, was West-Berlin betrifft, hat in erster Linie politischen Charakter, dann erst technisch-ökonomischen. Durch die Verpflichtung, die Stadt ständig mit Energie zu versorgen, binden wir uns die Hände. Und wenn die Situation sich ändert? Es ist doch überhaupt nicht unsere Aufgabe, die Lebensfähigkeit West-Berlins zu stärken. Wer hat sich das ausgedacht und beinahe durchgesetzt?«
Der Außenminister war inzwischen schon Politbüromitglied geworden. Fragen der Außenpolitik werden vor diesem Forum geprüft. Resultat – Tableau. Übrigens: Sollten Angaben aus der bundesdeutschen Energiewirtschaft stimmen, war auch Gromykos Bonner Kollege vom Projekt nicht gerade angetan.
Hätte man bei uns ein Kraftwerk vom Typ Biblis gebaut, wäre zehn Jahre später die Katastrophe von Tschernobyl möglicherweise nicht passiert. Diesen Gesichtspunkt legte Akademiemitglied Walerij Legassow dar, der dreimal die Möglichkeit einer Reaktorkatastrophe vorausgesagt hatte. Ich weiß das nicht vom Hörensagen, sondern von ihm selbst. Doch man hatte dem Akademiemitglied nicht glauben wollen. Er galt als Störenfried und schied bald darauf freiwillig aus dem Leben. Oder haben Neider ihn zu Tode gehetzt?
Wladimir Nowikow wollte das Monopol unserer Atombehörde brechen, die

keinen Widerspruch duldete und behauptete, bei uns sei alles besser – Konstruktion, Material und Administrationssystem. Mir lag daran, Nowikow beizustehen. Ich weiß nicht, ob Boris Slawskij, der verdiente Führer der gesamten Atombranche, glaubte, was er referierte, aber Gromykos Obstruktion kam ihm sehr zupaß. Nichts brauchte geändert zu werden. Reaktoren, elektronische und sonstige Ausrüstung konnten, da internationale Konkurrenz fehlte, weiterhin als Nabel der Welterfahrung ausgegeben werden. Es wurde nicht einmal die Frage nach der Notwendigkeit der Vervollkommnung der Ausbildung des Personals gestellt. Sucht man nach einem Beispiel für das schädliche Wirken von Monopolen, kann man in der Tat kaum ein überzeugenderes finden.

Auch zwei andere meiner Initiativen kamen nicht durch. Mir erschienen die Versuchs- und Forschungsarbeiten zum Bau eines Hochtemperatur-Graphit-Uran-Reaktors bei Bielefeld nicht uninteressant. In Verbindung mit der Vergasung von Braunkohle oder eines anderen Produkts, das technologisch Temperaturen von etwa tausend Grad verlangt, verhieß die Novität manche Vorzüge.

Nowikow, der mit mir das Versuchsgelände besichtigte (ich war an diesem Tag wie durch ein Wunder einem schweren Autounfall entkommen), stimmte zu, daß es hier viel zu lernen gab. Auf jeden Fall würde es sich lohnen, wenn unsere Spezialisten bei allen Stufen der Errichtung des Werkes anwesend wären und sich die Arbeitsmethoden der westdeutschen Kollegen zu eigen machten.

Heimgekehrt, trug Nowikow diese Aspekte vor. Als sein Opponent sprach derselbe unerschütterliche Boris Slawskij: Das Projekt sei weder originell noch für uns neu. Ein oder zwei Jahre später wird Slawskij darum ersuchen, einige seiner Mitarbeiter zu ebendiesem Werk abzukommandieren.

Inzwischen haben, wie ich höre, die Deutschen das Kraftwerk wegen »Perspektivlosigkeit« stillgelegt. Also hatten unsere Atomtechniker doch recht? Es kann sein, wenn nur die positive Erfahrung Berücksichtigung verdient und einige andere Faktoren zu verwerfen sind, die in die gegenwärtigen Kalkulationen nicht passen.

Etwa um diese Zeit besuchte mich Herr Hempel, der als einer der ersten im Westen die sowjetischen Dienste in der Urananreicherung annahm. Wir hatten uns kennengelernt, als ich ihm behilflich war – wie übrigens auch anderen Industriellen und Geschäftsleuten der Bundesrepublik

(Grautoff, Grundig, Overbeck, Weiß, die Liste ließe sich beliebig fortsetzen) –, Konflikte und Mißverständnisse mit sowjetischen Partnern beizulegen. Bisweilen kam es vor, daß ein Geschäft sich vorteilhafter gestaltete, als man prognostiziert hatte. Unsere Leute fühlten sich bei so einer Wendung gekränkt. Im Falle Hempel, weil sie ihm im Kontrakt »allzu günstige Bedingungen« eingeräumt hatten. Es kostete Mühe, hier zu schlichten.

Herr Hempel bot durch mich modernste Technologie der Wiederaufbereitung von Uranbrennstäben der Atomreaktoren mit garantierten staatlichen Subventionen für den Aufbau des entsprechenden Unternehmens an, wenn wir einverstanden wären, im Laufe auszumachender Fristen die Lagerung ausgebrannter Brennstäbe aus der Bundesrepublik zu übernehmen.

Auf das erste Telegramm erfolgte keine Antwort. Auf das zweite kam ein schlichtes »nicht interessiert«. Das dritte enthielt die Mitteilung: Die Frage würde geprüft. Der Vorschlag stieß auf Einwände kompetenter Organisationen, die der Auffassung sind, in der Sowjetunion gebe es Atommüll im Überfluß.

Was wahr ist, muß wahr bleiben. An Aufbereitung hatten wir am allerwenigsten gedacht. Wohin mit dem Atommüll? Ins Meer schütten, im »verbotenen« Territorium lagern, in die Erde vergraben oder einpumpen?

Frankreich hat für die Aufbereitung eine Lösung gefunden und erzielt dadurch einen großen, insbesondere wirtschaftlichen Nutzeffekt. Doch fremdes Beispiel ist uns nicht Beweis. Wir halten es nach alter Weise, je einfacher, desto besser.

Durch Oberflächlichkeit, Borniertheit, Nachlässigkeit haben wir großartige Möglichkeiten versäumt. Hier noch ein paar Illustrationen, damit Sie mich besser verstehen.

Zunächst mit Wolf von Mommsen und später unter Beteiligung interessierter Firmen untersuchte ich die Frage, wie Gasfackeln in den sibirischen Erdölgebieten zu löschen wären. Jährlich verbrennen dort Milliarden Kubikmeter Erdgas. Die deutsche Seite war zur Mitarbeit bereit. Das brauchbare Endprodukt sollte jedoch in einer Proportion von annähernd fünfzig zu fünfzig geteilt werden. Vom Standpunkt der Förderer weiß ich nichts, aber unsere Exporteure wollten von der Sache nichts wissen – »es lohnt sich nicht«. Natürlich, »vorteilhafter« ist, es brennen zu lassen, und das geschieht bis heute. Zum Schaden von Natur, Mensch und der eigenen Tasche.

Mit Hilfe der Firma Bison und ihrem Besitzer und Leiter Greten sen. sowie seinen Söhnen versuchte ich, einer haarsträubenden Unwirtschaftlichkeit ein Ende zu bereiten: der Vernichtung von Abfällen bei der Holzverarbeitung zum Beispiel. Jährlich wurden im Gebiet Archangelsk im Frühjahr bis zu einer Million Tonnen Rinde von Nadelbäumen, auch Sägespäne, in die nördliche Düna geschüttet. Sie vergifteten den Fluß und das Weiße Meer. Die Firma Bison beherrscht eine Technologie, Rinde in gutes Baumaterial umzuwandeln. Das Projekt wurde Boris Popow zugeleitet. Er war der Erste Sekretär des Parteigebietskomitees und unterstützte mit Worten diese Initiative. Erfolg: Null. Siebzehn Millionen Mark sind zu teuer. Billiger ist es, alles in die Düna zu schmeißen.

Staatssekretär von Mommsen und ich versuchten, ganz und gar ungewöhnliche Ideen durchzusetzen, die unserem Fiskus einen erheblichen Devisenzufluß beschert, die Bundesrepublik mit zuverlässigen Ressourcen versorgt, das Fundament der Beziehungen zwischen unseren Ländern im ganzen stabilisiert hätten. Unter anderem war die Rede vom Verkauf von noch ungefördertem Erz und ungeschlagenem Holz, mit dem Recht der Bundesrepublik, das von ihr erworbene Eigentum jederzeit nach ihrem Ermessen holen zu lassen, und der Verpflichtung der Sowjetunion, gegen Entgelt Arbeitskraft, Energie und Transport bereitzustellen.

Das Projekt wurde vom Chefideologen der Partei, Michail Suslow, torpediert. Er erschreckte Breschnew: »Das riecht nach Konzessionen. Die Westdeutschen wollen uns mit Hilfe der Botschaft zurück in den Kapitalismus schleppen.«

Aus »ideologischen« Motiven, so ist anzunehmen, wurde auch ein anderer Vorschlag verworfen, den ich mit Berthold Beitz und Max Grundig ausgeheckt hatte. Da ich mich mit meinen offiziellen Appellen an die Regierung schon verbrüht hatte, schaltete ich Nikolaij Tichonow ein, damals Erster Stellvertreter des Vorsitzenden des Ministerrats und wenig später Regierungschef, außerdem den tatkräftigen Leonid Kostandow, der unter Kossygin für Chemie und verwandte Gebiete zuständig war. Der Kern meiner Überlegungen bestand in folgendem: Moderne Technologie ohne modernes Management bringt die Hälfte oder ein Viertel des Effekts. Management darf man nicht als angeborenes Charakteristikum dieses oder jenes sozialen Systems betrachten. Es ist ein unverzichtbares Element der ökonomisch-industriellen Kultur.

Berthold Beitz, Max Grundig, Kurt A. Körber und andere wollten uns bei der Umschulung und Weiterbildung sowjetischer Führungskräfte entsprechend den Erfordernissen der technisch-wissenschaftlichen Revolution helfen. Daraus wurde damals praktisch nichts. Mit ihren »Einschmuggelversuchen« können sie uns nicht in die Marktwirtschaft zerren. Nikolaj Tichonow, dem sein ideologisches Renommée teurer war als die objektiven Merkmale einer funktionierenden Volkswirtschaft, hatte Gegenwind bekommen. Einer aussichtsreichen Idee kann genau wie gutem Wein Lagerung nur nützen, und sie wurde auf die lange Bank geschoben.

Erst Ende der achtziger Jahre kam es zu einem Durchbruch. Und am 26. April 1991 unterzeichneten Kurt A. Körber und ich in Moskau das Abkommen über die Stiftung »Körber-College« zur Managerschulung.

Auch der Vorschlag, die Kräfte beider Seiten zu vereinigen, um die Idee einer Schwebebahn in den Griff zu bekommen, fand in Moskau kein interessiertes Echo. Irgendwo in bürokratischen Winkeln blieben jene Vorschläge von Daimler-Benz stecken oder verschwanden auf Nimmerwiedersehen, die es ermöglicht hätten, unseren Landmaschinenbau zu modernisieren, wie auch Kooperationsprojekte in Werkzeugmaschinenbau, Chemie und Elektronik. Der Mangel an Mitteln und Kapazitäten bei uns war nur die sichtbare Spitze des Eisbergs.

Es wäre nicht gerecht, die gesamte Schuld für das Scheitern der Verknöcherung und Schwerfälligkeit des damaligen sowjetischen Staatsapparats zuzuschieben. Die bundesdeutsche Wirklichkeit liefert im Überfluß Beispiele eigener Verklemmung. Nicht wenige potente Modelle der Zusammenarbeit wurden daher zum Dahinwelken verdammt. Langfristigkeit faßte man als Risiko, nicht als Chance auf und scheute sie. Das Methanol-Projekt wurde nicht in Angriff genommen wegen der »Bedenken« der Autoindustrie und der »Sorge« der Politiker wegen eventueller »Abhängigkeit« von der Sowjetunion.

Kommen Sie nicht voreilig zu dem Schluß, daß mich das Glück bei Wirtschaftsprojekten stiefmütterlich behandelt hätte. Nicht aufgeben, sollte eine Devise sein, allen Enttäuschungen zum Trotz. Manches gelang doch, wenngleich der Koeffizient nutzbringenden Wirkens nicht der darauf verwendeten Energie entsprach.

Meine Beharrlichkeit, die vielen in Moskau überzogen erschien und die kooperative Einstellung der bundesdeutschen Partner gaben grünes Licht für eine Reihe umfangreicher Übereinkommen. Einige brachten der Sowjetunion Millionen-, sogar Milliardenreingewinn. In anderen Fällen gelang es, wichtige Probleme nicht nur ökonomischer Natur zu lösen. Um später nicht darauf zurückkommen zu müssen, sage ich ein paar Worte zum letzteren.

Es ist fast in Vergessenheit geraten, in welch jämmerlichem Zustand sich Mitte der siebziger Jahre die Autobahn Berlin – Helmstedt befand. Mit Schildern auf die Geschwindigkeitsbegrenzung von hundert Stundenkilometern hinzuweisen war überflüssig. Die völlig verkommene Fahrbahn erlaubte es an den meisten Stellen auch bei dringendem Wunsch nicht, schneller zu fahren.

Das Inkrafttreten des Viermächteabkommens und der innerdeutschen Regelungen dazu aktivierte Bonner Bemühungen, mit den DDR-Behörden ein Arrangement zu erreichen: die Autobahn Berlin – Helmstedt sollte saniert werden mit Beteiligung westdeutscher Firmen oder durch Übernahme der Kosten durch den Bund. Ost-Berlin ging auf die Vorschläge nicht ein. Möglicherweise gaben die Vertreter der DDR auch zu verstehen, daß diese Straße einem besonderen Rechtsstatus unterliege und ohne Erlaubnis von Moskau nichts unternommen werden könnte. In der Sowjetunion aber war man es gewöhnt, mit kleiner Geschwindigkeit bei großer Rüttelei zu fahren.

Wenn man unter Sowjetunion eine Gruppe von Generalen und Andrej Gromyko versteht, so waren sie tatsächlich nicht dafür. In Gesprächen mit mir argumentierte der Minister so:

»Berlin–Helmstedt ist eine strategische Straße. Daran soll man sich nicht erst in Krisenzeiten erinnern. Wenn den Westdeutschen diese Trasse nicht paßt, steht es ihnen ja frei, andere Verkehrswege zu benutzen.«

Ich hielt dagegen:

»Auf strategisch wichtigen Straßen kann man sich auch in beiden Richtungen bewegen, unter anderem in Krisenzeiten. Außerdem ist eine Straße nicht nur eine Frage der Bequemlichkeit, sondern zugleich ein Argument ›für‹ oder ›gegen‹ das bestehende System.«

Gromyko wich von seinem Standpunkt nicht ab. Also mußte ich mich an Breschnew wenden. Der Liebhaber eines rasanten Fahrstils wies ihm vorgelegte Argumente nicht zurück und gab das Plazet für die Modernisierung der Autobahn.

Reger Verkehr mit den Geschäftsleuten, intensive Diskussionen mit ihnen waren unentbehrlich, nicht nur, um den Wissensdurst zu stillen. Sie trugen auch zur Überprüfung gemeinsamer Vorstellungen, zur Suche nach dem Besonderen hinter dem Gesetz der großen Zahl bei.

In diesem Sinne lieferten mir Zusammenkünfte im engeren Kreis mit Eugen Ponto oder Karl Otto Pöhl, Joachim Zahn oder Max Grundig, Rolf Sammet oder Berthold Beitz, Hans Birnbaum oder Karl Liesen, Egon Overbeck oder den Gretens oft mehr Primärinformationen als akademische Monographien. Diese Pragmatiker behandelten Probleme auf mir ungewohnte Weise. Gewiß, es gibt im Leben nichts Absolutes, doch die Tolerierung des Relativen reicht desto weiter, je gewichtiger und sachbezogener die Kenntnisse sind.

Meine Kollegen, die Journalisten

Lange vor meiner Stationierung in Bonn hatten sich mir Gelegenheiten geboten, mit der bundesdeutschen Presse in nähere Berührung zu kommen. Zu sagen, jeder Kontakt hätte mich begeistert, wäre eine erhebliche Übertreibung. Doch im Vergleich mit der englischen, französischen oder amerikanischen Journalistik zog die deutsche nicht den kürzeren.

Massenmedien sind für Diplomaten unverzichtbar. Die Beobachtungskunst von Publizisten und Journalisten, die angeborene oder erworbene Fähigkeit der Ortung auf, gestatten Sie den wissenschaftlichen Terminus, molekularer Ebene, ist ein besonderes Kapitel. Diese Fähigkeit, obwohl weniger formale Daten zur Verfügung stehen, als sie Diplomaten, Aufklärern, Akademikern zugänglich sind, bringt Orakel hervor. Und schließlich die Folgerichtigkeit. Bei allen angebrachten Vorbehalten, ist den Angehörigen der Journalistenzunft häufiger das Streben eigen, energisch das eigene Ich zu hüten. Ohne Ich ist der Journalist nur ein Fleck, sei er auch ein fetter, der auf der Oberfläche auseinanderfließt.

Selbst wenn sie Ereignisse tendenziös beleuchten, künstlich bald Ängste, bald Jubel provozieren, muß der Beobachter dies als Aufforderung zum Nachdenken verstehen. Was steckt dahinter? Was bewirkt das Eindringen der Elektronik in unser aller Leben? Die Quantität der Färbung jeder

Bewußtseinszelle durch soziale oder politische Pigmente hat eine noch unbekannte neue Qualität erzeugt. Sie kann als anziehende oder abstoßende Mischung dienen, gegen die wir von Natur aus keine Immunität besitzen.

Massenblätter und Fernsehprogramme haben ein nach vielen Millionen zählendes Publikum, wenn nicht Anhängerschaft. Sie überholen an Einfluß selbst die politischen Parteien, gesellschaftlichen Organisationen, Regierungen. Einzelne Figuren werden von den Medien auf ein Piedestal gehoben oder in den Schmutz gezerrt. Sie schaffen Götzen und reißen Geheiligtes in Fetzen. Die Medien nehmen für sich in Anspruch, eine Kontrollinstanz über die Vorkommnisse in sämtlichen Etagen des Hauses zu sein, mit besonderer Vorliebe für Penthouse und Kellerräume.

Aber wer ist berufen, sie selbst zu kontrollieren? Sind es kleine Gruppen, fast schon Sekten? Moderne Mephistos, die das Innere nach außen stülpen, die Schlüssel stehlen, nicht um Geld oder Schmuck zu rauben, sondern Ehre, Name und Seele?

Wenn keine Nachfrage nach ihren Produktionen und Dienstleistungen besteht, wechseln sie die Absteckpfähle, hört man zur Antwort. Formal kann das richtig sein, wenn das Gleichheitszeichen zwischen Freiheit des Wortes und Freiheit des Marktes am Platze wäre und man dabei aus Bequemlichkeit vergißt, daß jede Freiheit die Anerkennung des Rechts des anderen auf die gleiche Freiheit einschließt, einer anderen Person, einer anderen Gruppe, einer anderen Klasse, anderer Nation und Generation.

Das stützende Skelett der menschlichen Zivilisation besteht aus Einschränkungen und Verboten. Jede Epoche verfeinert und vermehrt sie. Um in den USA Pizzas herzustellen, müssen 310 administrative Vorschriften eingehalten werden. Ob sie alle gut und angebracht sind, weiß ich nicht. Unzweifelhaft ist etwas anderes: Um Sensationen zu verursachen, die ein erwähltes Opfer zu Staub zermahlen, ist solche Gewissenhaftigkeit nicht erforderlich. Ist Ihnen ein Irrtum unterlaufen? Kein großes Unglück. Wir drucken Dementi möglichst unauffällig oder zahlen eine Entschädigung. Als ob eine unverdiente zivile Hinrichtung leichter rückgängig zu machen oder zu kompensieren wäre als eine physische.

Fragen Sie sich nicht, weshalb Gifte, Narkotika oder Psychopharmaka nicht frei verkauft werden dürfen? Um harmlose Magen- oder Herztropfen zu bekommen, braucht man ein ärztliches Rezept. Doch hier schlucken wir geistiges Gift, soviel in uns hineingeht. Jung und alt, Tag und Nacht. Um schließlich in die Hände des Arztes zu fallen oder in die der Rechtspflege.

Natürlich gibt es Selbstkontrolle, und ich will sie nicht herabmindern oder in Mißkredit bringen. Aber wie bei jeder Macht steht es auch hier mit der Kontrolle nicht zum besten. Und es ist, glaube ich, unbestritten, daß die Massenmedien zur vierten Macht geworden sind; mehr noch, zu einer wichtigen Reserve jedes Systems und teilweise des Regimes.

Im sowjetischen System hatte die Presse die Funktion eines Triebwerks für Theorie, Denken, Politik. Das Echo des Auslands auf unsere inneren Vorgänge oder außenpolitischen Initiativen (selbst wenn es sich um ein manipuliertes oder verfälschtes Echo handelte) diente in der Stalin-Ära und danach der Rechtfertigung und Lobpreisung des zweiten Teils von Hegels Formel: »Alles Seiende ist vernünftig.« Übrigens hat sich daran bis heute wenig geändert, und zum Besseren schon gar nicht.

Mein Leben lang war ich gegen Spielereien mit Pressestimmen. Vielleicht zum Teil deswegen, weil ich gegen Ende der Stalin-Diktatur wußte, daß manchmal etwa die Hälfte der in *Prawda* und *Iswestija* abgedruckten Meinungen, Enthüllungen, Bedenken aus ausländischen Zeitungen und Zeitschriften von Moskauer Desinformatoren zusammengebastelt war. Als Botschafter sandte ich kein aus Zeitungsausschnitten zusammengeklebtes »Lob der Dummheit« ans Zentrum.

Je genüßlicher Michail Gorbatschow die Weihrauchschwaden einatmete, die ihn jenseits des Eisernen Vorhangs einlullten, desto schlechter standen die Dinge bei uns zu Hause. Meine Versuche, Gorbatschow von der Nutzlosigkeit und Schädlichkeit für ihn selbst zu überzeugen, vor allem von der Schädlichkeit jener Reportagen, die jede Minute seiner Visiten, jede winzige Bemerkung, jede Geste festhielten, hatten eine inadäquate Reaktion zur Folge.

Auslandspresse als Partner für Positionsbestimmungen und als Meinungsmultiplikator – ja. Sie war und bleibt ein wesentliches Element bei der Gestaltung des äußeren und inneren Friedens. Gewiß nicht unbegrenzt und nicht unbedacht. In den Endphasen der Ära Chruschtschow und der Ära Gorbatschow »wurde es den Gedanken eng und den Worten weit«, um einen bekannten russischen Literaturkritiker zu variieren. Was Breschnew angeht, so war seit Mitte der siebziger Jahre seine physische und mentale Verfassung ein offenes Geheimnis. Und dennoch – Interviews des Generalsekretärs, sogar ohne jegliche Individualität, besaßen eine Schutzfunktion beim Tauziehen der verschiedenen Akteure und Fraktionen in der obersten sowjetischen Führung.

Ich weiß nicht, ob ich mich klar genug ausgedrückt habe. In der Sowjetunion gehörte die Außenpolitik nicht zur Prärogative der Regierung und damit des Außenministeriums. Das letzte und entscheidende Wort hatte der Mann, der auf dem Stuhl des Generalsekretärs saß. Gleichgültig in welcher Form es ausgedrückt wurde, hatte es ein anderes Gewicht als das aller übrigen Partei- oder Staatsfunktionäre. Zu Beginn ihrer Herrschaft mußten Chruschtschow und Breschnew gewisse Einschränkungen in Kauf nehmen. Andrej Gromyko, Andrej Gretschko, Jurij Andropow, Michail Suslow, Alexej Kossygin durften sich im voraus mit einer geplanten Veröffentlichung bekannt machen und Änderungen vorschlagen. Aber nur fakultativer Natur.

»Koautoren«, die, wie man bei uns sagte, das Material für den Generalsekretär vorbereiteten, wahrten Loyalität und unterschoben keine Wendungen, die den Ersten in Konflikt mit dem Gesichtspunkt des Außen- oder des Verteidigungsministers gebracht hätten. Traten kontroverse Meinungen auf, wurde die Aufmerksamkeit des Generalsekretärs darauf gelenkt, bevor man den Entwurf den anderen Politbüromitgliedern zur Beurteilung zuschickte. Andererseits hatte eine Publikation in der Auslandspresse wenig Sinn, wenn sie nicht eine oder zwei erkennbare Neuerungen oder wenigstens Modifizierungen enthielt.

Der eine oder andere Leser wird sich erinnern, daß in den fünfziger und sechziger Jahren »respektable Medien« des Auslands höchst ungern sowjetische Führer in ihren Zeitungen zu Wort kommen ließen. Um Aspekte und Positionen zum lesenden Publikum zu bringen, mußte man für viel Geld Werbungsspalten kaufen und aufpassen, daß unsere Texte nicht mit Tabak- oder Jeansreklamen vermischt wurden. Einen respektablen Status in den Medien zu erlangen war meiner Ansicht nach nicht nur eine Prestigesache. Gute Nachbarschaft ohne gegenseitige Nachsicht gibt es wohl nur in der Theorie.

Wann immer und wo meine Interventionen geduldet wurden, habe ich empfohlen, sich nicht in diese erniedrigende Lage zu versetzen. Besser keine Veröffentlichung als Kauf von Reklamespalten. Angesichts des wachsenden Einflusses der Presse auf die praktische Politik, von der öffentlichen Meinung gar nicht zu reden, schwebte mir die Herstellung vernünftiger Beziehungen zu Journalisten und Publizisten verschiedener Orientierung vor.

In den Vereinigten Staaten hält man es für richtig, jene Journalisten zu hofieren, die über das Land Schlechtes schreiben. In der Sowjetunion belohnte man »Schreihälse« und »Kritikaster« nicht. Sie wurden zu unerwünschten Personen, und man verweigerte ihnen das Einreisevisum. Ich finde, man soll sich bei niemandem einschmeicheln, aber sich allen gegenüber korrekt verhalten.

Weder in Moskau noch anderswo mied ich Korrespondenten. Und nachdem im Außenministerium die Betreuung der Beziehungen zum Commonwealth meine Aufgabe geworden war, gestaltete sich der reguläre Verkehr mit britischen Journalisten zum Bestandteil meiner täglichen Arbeit.

Der Umgang mit Presseleuten bereitete mir als Botschafter nicht immer Freude. Es gab genug Journalisten, die in den Beziehungen zur Sowjetunion eine übelwollende Linie einhielten und die Konvention des Modus vivendi, wie sie der Moskauer Vertrag formulierte, verwarfen. Wenn Sie sich bemühten, ein Problem zu zerlegen und dem Gesprächspartner die eigene Einstellung verständlich zu machen, dann saß der in ungeduldiger Erwartung, daß Sie die vor Olims Zeiten bereitete Asche hervorholen und sich aufs Haupt streuen würden.

Lohnte es sich, deswegen Konservativen auszuweichen? Nein. Mit Ausnahme extremistischer Presseorgane, folgte ich Einladungen zu Begegnungen mit Verlegern und führenden Kommentatoren auch nichtliberaler Zeitungen und Zeitschriften, wenn meine Zeit das gestattete.

Franz Burda, eine der Koryphäen, möchte mich kennenlernen. Vortrefflich. Er war eine Persönlichkeit. Aus einem Guß. Sein Erscheinungsbild verband in eigentümlicher Weise das Weltmännische mit Provinzialität, verwegene Ambitionen mit hausväterlicher Umsicht. Franz Burda hat die Tradition der Gründerzeit fortgesetzt, die das deutsche Krähwinkel mit Verspätung erreichte.

Die *Frankfurter Allgemeine* hat sich als Erscheinung auf dem westdeutschen und auf dem internationalen Informationsmarkt konsolidiert. Was ist die Ursache? Wie wird so etwas erreicht? Ich möchte mir einen eigenen Eindruck von dem starken Redaktionskommando verschaffen, in dem jeder ein Solist ist und dennoch alle zusammen ein gut eingespieltes Ensemble bilden.

Die Begegnung mit den Redakteuren fand in einer Villa statt, die früher einer Frankfurter Patrizierfamilie gehörte und mich lebhaft an das Haus des ständigen Vertreters der Bundesrepublik in West-Berlin erinnerte. Der Besuch hinterließ einen zwiespältigen Eindruck.
Unbegründete Nuancen von Arroganz. Es beliebt, den Gesprächspartner durch ein Monokel aus geziemender Distanz zu betrachten. Unausgesprochener Sinn: Für die Russen ist es an der Zeit, ihre originären Rechte zu vergessen, deren temporäre Bedingtheiten längst passé sind. Daraus ergibt sich eine spezifische Deutung der deutschen Frage, die nur allzu bekannt ist. Doch wir brauchen ja unsere Kinder nicht gemeinsam zu taufen. Lassen wir diese Themen. Mich interessierte es mehr, kompetente Beurteilungen der Wirtschaftslage und ihrer voraussichtlichen Entwicklung zu hören. Damit gewann das Gespräch sachlichere Konturen.
Zu den Partnern, mit denen ich regelmäßige Kontakte unterhielt, gehörten die mächtige *Westdeutsche Allgemeine*, Journalisten von der *Süddeutschen Zeitung*, der *Frankfurter Rundschau*, der *Nürnberger Nachrichten*, beider Stuttgarter Zeitungen, eine Gruppe der Kölner und anderer Blätter, *Der Spiegel*, *Die Zeit*, *Stern*, der Konzern Bertelsmann. Und natürlich die geballte Macht des Fernsehens. Am besten waren damals meine Beziehungen zum WDR.
Marion Dönhoff, die »rote« Gräfin. Henri Nannen, noch in reifen Jahren eine Husarenseele. Rudolf Augstein, der glänzende Publizist und Architekt des in seiner Art einmaligen Nachrichtenmagazins. Reinhard Mohn, geizig in Gefühlsäußerungen und unerschöpflich an Ideen, durch die er das Verlagshaus des Großvaters ständig erweitert. Klaus von Bismarck, der im Krieg alle fürstlichen Besitztümer einbüßte, dafür aber eine prachtvolle Familie gewann und – auf Zeit – ein Imperium von Millionen von Fernsehuntertanen, Theo Sommer, Günter Gaus, Sebastian Haffner. Jedem von ihnen wäre ein gesondertes Porträt durchaus gerecht. Vielleicht setze ich mich auch eines Tages daran. Sie waren für mich Kollegen, die Journalisten, Kommentatoren, Verleger. Mit ihnen eigene Erkenntnisse zu teilen machte nicht ärmer, und von ihren Fragen betroffen, sind Sie genötigt, selbst ohne Zeugen und Zugeständnisse zu beichten.
Hier ein Wort gewidmet den beiden Journalisten, die mir am nächsten standen und deren unwandelbares Wohlwollen ich zu schätzen verstehe.
Dr. Marion Gräfin Dönhoff. Im Jahrhundert der Emanzipation wird es erlaubt sein, ihr den Titel »Patriarchin der deutschen Journalistik«

beizulegen. Wenn die Gräfin frei nach Luther erklären möchte: »Hier stehe ich, ich kann nicht anders«, würde dies niemand als Manierismus auffassen.

In den Jahrzehnten unserer Begegnungen und unserer Korrespondenz kam mir nie der Gedanke: »Marion dreht bei.« Mit lebhaftem Interesse reagierte sie auf Ereignisse, die nicht ohne ihr Zutun in Gang gekommen waren. In Einzelheiten und in Wesentlichem präzisierte sie die Vorstellungen von Vergangenheit und Gegenwart. Anders wäre es undenkbar. Doch das Credo, Stein auf Stein zusammengefügt in der Verneinung von Diktatur und Unterdrückung, blieb unwandelbar. Dem Druck der Jahre und den Launen der politischen Moden zum Trotz.

Marion Dönhoff hat immer, wenn nicht eine dezidierte Meinung, so doch unbedingt ihren eigenen Gesichtswinkel. Gott sei Dank, sonst wäre es langweilig. Doch wenn die »Heiterkeit« aufgrund unterschiedlicher Lesarten eine gewisse Grenze überschreitet, weiß die Gräfin sie hinter den politischen Rahmen zurückzuführen, sagen wir, in die Geschichte der Erwerbung eines Aquarells von Nolde oder der wunderbaren Rettung einiger Familienkostbarkeiten.

Vielleicht entstand der Mythos vom Phönix aus der Asche aus einer Erfahrung, die Gräfin Dönhoffs Leben entspricht. Die Welt, in der sie geboren und aufgewachsen ist, brach zusammen. Das Palais, angefüllt mit Kunstwerken, historischen Dokumenten, Traditionen gehört der Vergangenheit an. In wenigen Stunden machte das Feuer den in Generationen für die kommenden Geschlechter gesammelten Reichtum zunichte. Mit alles verschlingendem Feuer beleuchtete der Nazismus seinen Abgang von der Szene.

Die zarte Frau wirft einen Abschiedsblick auf die eigene Gegenwart vom Rücken des Pferdes aus, das sie in ein unbekanntes Morgen trägt, in die Stunde Null. Was hat sie gedacht und empfunden auf diesem Weg? Wir kennen nur die Schlußfolgerung: Was war, ist gewesen, es gilt, das Leben, wie es auch sei, neu zu gewinnen.

Nur auserwählten Charakteren ist es vergönnt, ein derartiges Vermächtnis zu bewältigen. Noch seltener trifft man auf eine Persönlichkeit, die, was sie als Forderung verficht, nicht an andere, sondern an sich selbst richtet, wenn sie zu keiner »Rache«, sondern zur Versöhnung aufruft. Sehr selten werden Worte zu Taten.

Marion Dönhoff zeigt Haltung, wenn sie heute erklärt, daß sie auf die

Ruinen von Friedrichstein fast so philosophisch blicke wie auf die von Pompeji und Herculaneum. Um so überzeugender ist für mich ihr Vorbild, ihre unverfälschte menschliche Größe in der errungenen und aufrichtig angenommenen Schlichtheit.

Rudolf Augstein und ich trafen uns zu einem ersten ausführlichen Gespräch im Frühherbst 1971. Das Redaktionshaus des Nachrichtenmagazins erschien mir fast wie ein Wolkenkratzer. Warum – das weiß ich nicht. Vielleicht lag es daran, daß Bonn damals noch kleinwüchsig war, oder an der Aussicht auf die Stadt, die sich durch die Glaswände vom Arbeitszimmer des *Spiegel*-Herausgebers bot.

Außer Augstein nahmen Günter Gaus, Johannes K. Engel, Fritjof Meyer am Gespräch teil. Die Fragen waren nicht zu originell, wohl aber deren Behandlung. Der »Meister« läßt seine Mitarbeiter die Themen anvisieren und hält sich scharf beobachtend zurück. Dann geht es los: sowjetisch-chinesische Widersprüche. Hat Lin Piao wirklich fliehen wollen, und das Flugzeug havarierte in der Mongolei? Wurde die taktische A-Bombe im Konflikt bei Damansky eingesetzt? Was ist in nächster und mittelfristiger Zukunft zu erwarten? Ein weiterer Schwerpunkt – die Beziehungen der Sowjetunion zu den USA. Schließlich gelangen wir an die deutsche Ost- und die sowjetische Westpolitik. Wie könnten die nächsten Schritte substantiell aussehen? Die Frageliste ist nicht vollständig, zeigt aber, daß der Meinungsaustausch interessant und intensiv gewesen war.

Den zwanzigsten Jahrestag dieser Diskussion begingen Augstein und ich zusammen, jedoch unter einem Stern, der mir ganz und gar nicht in blauem Licht schimmerte. Ich hatte mich von Dr. Vogler in Berlin operieren lassen. Für die Rekonvaleszenz mußte ich mindestens mit zwei bis drei Monaten rechnen. Dennoch nagte größere Sorge an mir: Wird mein Land die Operationen überstehen, denen es ohne Narkose von politischen Chirurgen verschiedener Schulen unterworfen ist? Zweifelhaft, wenn die Operationen Selbstzweck sind und sie der Selbstbestätigung der Akteure dienen. Ein solches Finale hatte ich mir offengestanden nicht vorgestellt, obwohl ich keine Gelegenheit verstreichen ließ, Michail Gorbatschow warnend darauf hinzuweisen, wohin es führt, wenn man sich vor Tatsachen drückt. Hätte man gewußt, wo Sturzgefahr besteht, hätte man Sand gestreut.

Meine Frau und ich hatten uns in das uns wohlbekannte, wie früher wohlgesinnte Hamburg aufgemacht. Kurt A. Körber, dem der gutherzige

Michel Gaißmayer, der Journalist und Promotor künstlerischer Veranstaltungen, von meinen Verlegenheiten erzählt hatte, hatte uns zu Gesprächen über meine weiteren Lebenspläne eingeladen. Seit Ende 1990 erwogen wir mit Körber die Zusammenstellung eines Teams, das die jüngste Geschichte gewissenhaft aufarbeiten sollte. Willy Brandt unterstützte diese Idee aufs eifrigste.
Gemeinsam mit Marion Dönhoff wollte Körber auch für unsere einwöchige Unterkunft in der Hansestadt sorgen, da ergaben sich unerwartete Schwierigkeiten, ein Zimmer zu bekommen. Die Gräfin fragte bei Augstein an, ob *Der Spiegel* behilflich sein könne. Der Herausgeber war sofort bereit und machte mir den Vorwurf, mich nicht zuerst an ihn gewandt zu haben. Traute ich etwa seiner Freundschaft nicht?
Nach dem Gipfel von Reykjavik hatte *Der Spiegel* mir seine Anerkennung ausgedrückt: »Auf Falin ist Verlaß.« Die vier Wörter, mit meinem Namen verbunden, ich verhehle es nicht, waren schmeichelhaft. Sie gehörten jedoch in eine andere Epoche. Die Menschen können dieselben bleiben, aber die Umstände ...
Es hatte einmal geheißen, *Der Spiegel* werde sich nicht von mir abwenden, wenn das Leben zu Hause sich nicht gut einspiele. Dies war unversehens ausgesprochen worden, als ich noch Botschafter in Bonn war, aber ich hatte die Worte nicht vergessen. Das Modell *Spiegel* hielt ich mir in Reserve während meines Konflikts mit Andropow. Versucht man mich in die Knie zu zwingen, dann ...
Die *Iswestija* hatte die Rechte an mir erworben. Bald kam scheinbar alles wieder ins Lot, doch in Gesprächen mit meiner Frau kehrte ich hin und wieder zu diesem Thema zurück: Es sei schade, daß ich mein Schicksal nicht mit dem Hamburger Nachrichtenmagazin verbunden hätte, mit dem einmal parallel eine große Sache angefangen worden war.
Ende der siebziger Jahre wäre solch eine Herausforderung schwer für mich gewesen, aber nicht uninteressant für den *Spiegel*. Heute schüfe es, gleichgültig wie du zu ihr stehst, Unbequemlichkeiten für meine Freunde. Meiner Überzeugung nach ist es mir lieber, in der Hölle zu versinken, als einen Freund in eine peinliche Situation zu bringen, ihm nahezulegen, Entschuldigungen vor sich selbst zu suchen. Verhält man sich anders, läuft man Gefahr, nichts Wertvolles für die Zukunft zu gewinnen und alles zu verlieren, was früher von Bedeutung gewesen war.
Rudolf Augstein verachtet Halbheiten und Rederei. Er bewies, wie sou-

verän ein Mensch in seinen Ansichten und Neigungen sein kann. Das Leben lächelt Ihnen aufs neue zu, wenn jemand zu erkennen gibt, daß es ihm nicht gleichgültig ist, ob Sie vom Winde verweht werden. Der Freund offenbart Ihnen, daß das Gute viele Facetten hat, ein Mensch aber, der sich dem Kummer anderer nicht verschließt, noch mehr.

In einer deutschen Zeitschrift hatte ich vor einiger Zeit gelesen, wegen seines hervorragenden Buches *Jesus Menschensohn* sollte der Publizist Rudolf Augstein in das Triumvirat der bedeutendsten Christusforscher der letzten Jahrzehnte aufgenommen werden. Boris Pasternak hat richtig bemerkt: »Talent – das ist das einzig Neue, das immer neu bleibt.« Hier spiegelte sich ein generelles Faktum: Naturerscheinung, Gesetzmäßigkeit – wie man will. Ein wirklich begabter Mensch ist für vieles begabt. Augstein hatte die Wahl. Er würde sich nicht in die Wissenschaft verlieren. Man lockte ihn in den Landtag und in den Bundestag. Für eine Weile gab er nach, einst hatte er diesen Pfad betreten. Doch in der Kritik, einschließlich der kunsthistorischen, muß man seinesgleichen suchen. Augstein blieb sich selbst treu, so wie er sich selbst geformt hat, und veränderte in gewisser Weise auch seine Umgebung.

Auch ohne den *Spiegel*, mit anderen Worten ohne Augstein, würde die Bundesrepublik nicht zusammenbrechen. Eine Hyperbel wäre kaum am Platze, aber wir haben auch keinen Grund herabzumindern. Ohne Augstein, das heißt ohne den *Spiegel*, hätte die Bundesrepublik zweifellos eine andere Dimension, und sie würde sich selbst anders artikulieren. Demokratie und Bürgerfreiheiten wären weniger deutlich ausgeprägt, die politische Publizistik wäre nicht zu einem besonderen Genre herangereift. *Der Spiegel* und sein Herausgeber konnten sich nicht im nationalen Rahmen abkapseln. Sie sind längst zu internationalen Faktoren geworden. Die Anordnung von Interviews unter anderem führender Vertreter der Sowjetunion auf den Seiten des Nachrichtenmagazins hat einen unveräußerlichen Anteil an der Erneuerung der Beziehungen zwischen unseren Ländern und in gewissem Grade dieser Länder selbst.

Hier liegt auch die Erklärung, weshalb Leonid Breschnew und seine Nachfolger gerade immer Rudolf Augstein und dem *Spiegel* Interviews gaben: Beantwortet man die Fragen verschiedener Presseorgane, wiederholt man sich leicht, aber wir mußten vorankommen.

Übrigens, quod licet Iovi, non licet bovi. Es war 1974 oder 1975. Im Bonner *Spiegel*-Büro wird ein Gespräch über Tendenzen der Entwicklung geführt.

Allgemein global und in der Bundesrepublik speziell. Die Meinungen gingen lebhaft hin und her. Die Hauptsache – Genauigkeit des Ausdrucks. Worte haben oft eine untergeordnete Bedeutung. So tauchten in meinen Kommentaren Formulierungen auf wie »Renaissance des Nationalismus« und ähnliche in diesem Geist. Wenige Tage später erschienen sie im *Spiegel*, ohne verkoppelndes Zwischenstück mit dem Namen Hans-Dietrich Genschers in Verbindung gebracht.
Im Auswärtigen Amt der Bundesrepublik gab man mir zu verstehen, man habe das Material des *Spiegel* mit Verständnislosigkeit und Befremden zur Kenntnis genommen. Es war die sanfteste aller denkbaren Formen, Unzufriedenheit zu äußern. Schade, aber verständlich, daß sich dadurch meine Beziehungen zu Genscher trübten. »Renaissance« war solcher Folgen nicht wert. Unser Umgangston erhielt eine formelle Nuancierung, obwohl die Grundursache dazu tiefer wurzelte – die anfängliche Dynamik der Détente schrumpfte rapide, und die Neuauflage des Gegeneinanders beherrschte informell die Tagesordnung.

»Der Augenblick ist Ewigkeit.«
Goethe, Vermächtnis

Doch kehren wir ins Jahr 1972 zurück. Es begann unter Harnischgerassel im Lager von CDU/CSU und feierte seine letzten Tage im Jubel der politischen Mitte. Den Sozialdemokraten fehlte eine Winzigkeit zur absoluten Mehrheit im 7. Bundestag. Auch die Lage der Liberalen hatte sich gekräftigt. Besseren Lohn für ihre Qualen und Mühen konnten Willy Brandt und Walter Scheel nicht verlangen.
Ende Oktober/Anfang November 1972 hatten Analysen und Umfragen den Gegnern vergleichbare Chancen gegeben. Rainer Barzel konnte zumindest mit der relativen Mehrheit im Bundestag rechnen. Er hatte die Hoffnung nicht aufgegeben, einen Teil der FDP-Wähler an sich zu reißen, und wenn die Liberalen nicht überhaupt an der Fünfprozentklausel scheiterten, so würde ihre Parlamentsfraktion noch anfälliger.
Die Botschaft knauserte nicht mit beunruhigenden Farben, wenn sie das Zentrum über die Situation informierte. Mit dem Motto »ein Potential Vernünftigdenkender mobilisieren« war es uns gelungen, Bewegung in einige schwierige Fragen zu bringen.

Dazu gehörte die Gräberbetreuung der in der Sowjetunion gefallenen deutschen Soldaten. Professor Dr. Willy Thiele, damals Präsident des Volksbundes deutsche Kriegsgräberfürsorge, hatte im April 1972 Kontakt zu mir aufgenommen. Ich beschränkte mich nicht auf Lippenbekenntnisse, sondern unternahm entsprechende Schritte.
Der stärkste Widerstand war vom Verteidigungsministerium zu erwarten. Es zeigte sich jedoch, daß einige andere Ämter sich viel störrischer verhielten. Im Gespräch unter vier Augen warf Gromyko mir vor: »Sie bemühen sich so, weil die Deutschen von Ihren Verwandten wahrscheinlich niemanden umgebracht haben. Ich habe im Krieg meinen Bruder verloren.«
»Ihr Argument trifft auf mich am allerwenigsten zu. Meine Familie vermißt über zwanzig Angehörige, und von keinem weiß ich, wo er begraben liegt. Wir können aber keinen Strich unter die Vergangenheit ziehen, wenn es nicht zur Versöhnung mit den Gefallenen kommt – mit unseren und mit den fremden. Dies veranlaßt mich, auf die Entscheidung dieser Frage, den Normen des internationalen Rechts entsprechend, zu drängen.«
»Kommen wir zur nächsten Frage«, brummte der Minister.
Nein, das werden wir nicht, sagte ich mir. Mein Gewissen läßt es nicht zu. Glauben Sie nicht, daß nur mit deutschen Kriegsgräbern ungebührlich verfahren wird. Bei den eigenen steht es sogar schlimmer. Niemanden außer den Angehörigen und örtlichen Enthusiasten interessiert es, wo und wer von den Soldaten und Offizieren beerdigt wurde. Von Zivilpersonen ganz zu schweigen. Fast durchweg namenlose Massengräber. Wenn wir die Deutschen für ihre Kriegsgräber sorgen lassen, werden unsere zuständigen, kaltherzigen Organe die unsrigen nicht länger so vernachlässigen.
Breschnew kann behilflich sein. In Dingen, die mit dem Krieg zu tun haben, ist er verständnisvoller. Bis zur endgültigen Entscheidung ist es weit, doch im Oktober/November 1972 bekam die Botschaft den Bescheid: Sie können Professor Thiele mitteilen, daß die sowjetische Seite bereit ist, die Friedhöfe von Ljublino und Krasnogorsk bei Moskau, auf denen in Kriegsgefangenschaft verstorbene deutsche Soldaten beigesetzt sind, für den Besuch von Angehörigen zu öffnen. Zwei von 118 000 registrierten Friedhöfen, verstreut vom Polarkreis bis zum Kaukasus. Was bedeuten 678 Gräber gegenüber 1,8 Millionen im Osten beigesetzter Deutscher?

Ich meine, derartig bittere Probleme müssen rasch und in einem Zug gelöst werden. Dennoch, jeder Weg, sei er tausend Kilometer oder ein Dutzend Meter lang, muß mit dem ersten Schritt begonnen werden. Die sowjetische Seite hatte neue Freunde gewonnen, und Willy Brandt, der mit seiner Autorität meine Bemühungen unterstützte, verlor in den Augen seiner Landsleute nicht, weder als Bundeskanzler noch als Parteiführer.

Um Sie nicht zu langweilen, drehen wir die Medaille um. 1972 griff ich ein anderes in der Sowjetunion unpopuläres Thema auf: Rudolf Heß. Lebt man in Moskau, spürt man die Absurdität nicht, den Stellvertreter des Führers als »Märtyrer für den nationalsozialistischen Glauben« zu kanonisieren. Bei einem Besuch im Auswärtigen Amt bat ich in eigener Verantwortung darum, zwei Aspekte zu klären: Ist Rudolf Heß bereit, die Naziverbrechen zu verurteilen und sich von ihnen zu distanzieren? Und kann Garantie dafür geleistet werden, daß Rudolf Heß im Falle seiner Freilassung nicht zum Zentrum neonazistischer Aktivitäten wird?

Staatssekretär Hans-Georg Sachs (er verunglückte bald darauf beim Bergsteigen) übernahm es, mit der Familie Heß zu sprechen. Von ihm bekam ich dann die Nachricht: Der Sohn des Gefangenen nimmt an, daß es ihm gelingen wird, den Vater zu veranlassen, sich von den Naziverbrechen zu distanzieren; und sollte Rudolf Heß freigelassen werden, werde die Familie dafür sorgen, daß er selbst sich politisch nicht betätigt und von niemandem für politische Zwecke ausgenutzt wird.

Ich sprach mit dem Vorsitzenden der DKP, Herbert Mies, über das Thema Heß, um von vornherein den Vorwurf auszuschließen, bei der Entscheidung über das Schicksal des Hauptantikommunisten würden die deutschen Kommunisten übergangen. Herbert Mies war ebenfalls der Ansicht, Heß in Haft zu behalten bringe mehr Schaden und für die Linken entstünden zusätzliche Komplikationen, wenn der Stellvertreter des Führers im Gefängnis stürbe.

So von rechts und von links gerüstet, trug ich meine Frage und meine Überlegungen in Moskau vor. Schweigen. Neuer Bericht. Dasselbe Resultat. Ich warte auf ein Gespräch mit Gromyko, um die Sache zu erhellen. Und sie wurde auf folgende Weise erhellt:

»Vergessen Sie diese Frage. Für uns ist Rudolf Heß die Personifizierung aller Übel des Nazismus. Das Nürnberger Gericht hat ihn zu lebenslanger Haft verurteilt, es ist unangebracht, dem Verbrecher gegenüber Milde

walten zu lassen. Er ist an der Entfesselung der nazistischen Aggression mit Millionen von Opfern schuldig.«
Ich erinnerte daran, daß zum Beispiel Admiral Dönitz aus gesundheitlichen Gründen vorzeitig aus der Haft entlassen wurde.
»Wenn das geschehen ist, dann war das ein Fehler. Jurij Andropow und ich werden dafür sorgen, daß er sich nicht wiederholt.«
»Man darf das Thema Heß nicht auf die Vergangenheit beschränken. Der Neonazismus sucht sich seine Helden im Heute, und für ihn ist Rudolf Heß dies in seiner Eigenschaft als ein für seine Glaubensüberzeugung Eingekerkerter. Sagt Heß aber dem Nazismus ab und verurteilt er dessen Verbrechen in einer uns befriedigenden Form, nützt dies den demokratischen Kräften.«
»Ob Heß abschwört oder nicht, ändert nichts. Er ist nicht wegen seiner Überzeugungen, sondern wegen seiner Verbrechen verurteilt worden. Unsere Position bedarf keiner Revision.«
Erfolgreicher war eine andere meiner Interventionen. In der Wahlkampagne von 1972 kämpften die Gegner um jede Stimme. In der ersten Novemberhälfte war aus den der Botschaft vorliegenden Daten zu entnehmen, daß SPD und CDU/CSU ein Kopf-an-Kopf-Rennen führten, der Einzug der Liberalen in den künftigen Bundestag aber noch nicht gesichert war.
Herbert Mies teilte mir im Gespräch seine Überlegungen und Sorgen mit: »Wenn zur Erhaltung der sozial-liberalen Koalition jene Stimmen fehlen, die für die DKP abgegeben werden können, wird sich der Zorn aller Linken auf die Kommunisten richten. Die SED empfiehlt uns jedoch, unbedingt Flagge zu zeigen.«
»Ich habe das Gefühl, daß viele Anhänger der DKP ungeachtet allem SED-Drängen die Parteien der jetzigen Koalition unterstützen würden. Nehmen wir mal an, das trifft zu. Die DKP bekommt dann nicht die üblichen 0,3 bis 0,5 Prozent, sondern zwei- oder dreimal weniger. Von was für einer Flagge kann man da noch reden?«
»Das heißt, du meinst, wir sollen aus dem Kampf ausscheiden und ...?«
»Wie die Partei zu handeln hat, muß ihre Führung entscheiden. Mein einziger Rat ist, der Situation entsprechend zu handeln. Du und deine Genossen, ihr kennt die Lage besser als irgend jemand sonst.«
Für dieses Gespräch mit Mies hatte ich fürsorglich die ausdrückliche Erlaubnis aus Moskau geholt. Doch da der DKP-Vorsitzende sich des

öfteren davon hatte überzeugen können, daß ich mich in meinen Urteilen nicht hinter Zitaten oder Instruktionen verschanze, würde er nicht unbedingt argwöhnen, daß der Botschafter sich rückversichert hatte. Wie auch immer, die Kommunisten entschlossen sich, aus dem Wahlkampf auszuscheiden, und ließen ihren Anhängern die Freiheit der Wahl.

Diese Geschichte hatte eine Fortsetzung. Auf einer Sitzung des Politbüros des ZK der SED machte Erich Honecker seinem Unmut Luft:

»Falin entzweit die DKP und unsere Partei. Sollte man da nicht an Moskau die Frage seiner Abberufung richten?«

Willi Stoph kühlte den Führer mit einer Gegenfrage ab:

»Und wenn der Botschafter nach Absprache mit Moskau gehandelt hat?«

Natürlich bekam Mies Wind davon. Der Sinn von Honeckers Tirade, wie mir zuverlässig bekannt ist, bestand in folgendem: Wenn die DKP sich anschickt, auf die Russen zu hören, dann sollte man sie vielleicht auf Unterstützung von dort umstellen. Honecker verzieh Mies seinen Eigensinn nicht. Mehrere »innere« Diskussionen, die ihn lahmlegten, hatten ihre Impulse aus Berlin empfangen.

Wenn zwischen Partnern kein Einvernehmen besteht, kostet der Erfolg einen hohen Preis, oder er bleibt ganz aus. In welche Tabelle würden Sie aber Dummheit eintragen, die an Provokation grenzt? Was ich meine? Die Änderung der DDR-Verfassung im Zuge der »Normalisierung« der deutsch-deutschen Beziehungen.

Der im Grundgesetz der Bundesrepublik und in der Verfassung der Deutschen Demokratischen Republik vorhandene Verweis auf ihre gemeinsamen nationalen Wurzeln machte es überflüssig, in jedem Vertragsentwurf den spezifischen Charakter der Beziehungen beider deutscher Staaten herauszuarbeiten. Ich weiß nicht, wer zuerst Zweifel an der Formulierung »zwei Staaten deutscher Nation« vorbrachte und mit welcher konkreten Begründung vorschlug, diese Formulierung aus dem Text der ostdeutschen Verfassung herauszunehmen. Als ich erfuhr, worum es ging, war mein Verdikt eindeutig: Hier ist entweder ein überdimensionaler Dummkopf am Werk oder, was wahrscheinlicher ist, ein heimtückischer Feind.

»Zwei Staaten deutscher Nation« wurde gestrichen. Statt dieser Worte wurde die These von der »ewigen Freundschaft« mit der UdSSR eingefügt. Auf berlinerisch, und ich nehme an, auch in den meisten anderen deutschen Dialekten, kann dieses nur eins bedeuten: »Willste die Einheit und Freiheit, bekämpf die Sowjetunion.«

Nachdem Gromyko mein Telegramm aus Bonn gelesen hatte, geschah nichts. War der Gegenstand zu unbedeutend? Oder war unser Außenministerium in diesen Streich verwickelt, vielleicht indirekt durch die sowjetische Botschaft in Berlin? Oder hatten sie sich etwas aus den Fingern schlüpfen lassen und folgten nun dem arabischen Rat: »Blick Verlorenem nicht nach.« Resultat: Die DDR hatte einen weiteren Schritt vollzogen, nicht zur Abgrenzung, sondern ins Nichtsein.

Gromyko und mich beschäftigte das Thema Einheit weiterhin. Ich fuhr fort zu beweisen, daß, auch wenn man auf der Position zweier Deutschland beharre, es unfruchtbar und nicht opportun sei, den Deutschen staatliche Einheit zu verweigern. Dabei bezog ich mich auf das Heilige Römische Reich Deutscher Nation, auf die Absonderung Österreichs, auf Beispiele des Entstehens anderer Staaten. Fast in allen Fällen erforderte die Einwurzelung der Unabhängigkeit eine Menge Zeit. Eine forcierte Demontage der gemeinsamen Elemente in den Beziehungen zwischen BRD und DDR ergibt nur umgekehrte Wirkungen. Die Franzosen haben das besser begriffen als wir und versuchten ihr Ziel nach Kardinal Richelieus Rezept zu erreichen: wie Ruderer im Boot – mit den Rücken nach vorn.

Häufig gab der Minister sich den Anschein, als hörte er zu, wolle aber in die Diskussion nicht eingreifen. Doch einmal, Ende 1977, gereizt durch mein Argument, wir dürften uns nicht selbst untreu werden und auf die Perspektive eines einigen sozialistischen Deutschland verzichten, fuhr er dazwischen:

»Wir brauchen überhaupt kein einiges Deutschland, auch kein sozialistisches. Uns reicht das einige sozialistische China.«

Nun lagen die Karten offen auf dem Tisch. Endlich war klar, daß der Minister und ich uns hinsichtlich des künftigen Europa von vollkommen verschiedenen Vorstellungen leiten ließen.

Für diejenigen, denen die eben gelesenen Eröffnungen zu herb erscheinen, will ich folgendes nicht verschweigen: Ich hatte normale menschliche Kontakte zur Führung der DKP und ihrem Vorsitzenden. In gegenseitigen Beteuerungen von ewiger Freundschaft sah ich keinen Sinn; zur Regel wurde, das zu sagen, was ich dachte, und keine Dogmen zu melken, von denen man ebensowenig Milch kriegt wie vom Ziegenbock.

Für die altrussischen Ikonenmaler gehörte es sich, auf Tafeln und Fresken nur ein flaches Antlitz erscheinen zu lassen – der Leib verschwand, auf daß der Heilige Geist triumphiere. Wir hatten aber mit der Politik zu tun. Natürlich, das Thema der deutschen Einheit konnte in meinen Gesprächen mit der DKP-Führung nicht abseits gestellt werden.

»Die DKP hat überhaupt keine Zukunft«, betonte ich, »solange sie nicht ein eigenes Programm für die Einheit der Deutschen aufstellt. Und je mehr der Prozeß der Entspannung an Tiefe gewinnt, desto gebieterischer erhebt sich die Forderung nach einem solchen Programm. Es muß sich an den Interessen der Werktätigen der Bundesrepublik orientieren und in ein Europa des garantierten Friedens passen.«

Man brauchte über keine besonderen prophetischen Gaben zu verfügen, um das Wetterleuchten unumkehrbar sich heranschiebender Veränderungen zu erkennen. Tröstet die britische Weisheit: Je höher der Zaun, desto besser der Nachbar? Nein, sie ist veraltet und nützt nichts. Soll man noch am schmalen Sehschlitz des Panzers hocken, damit die Details einen nicht ablenken, die Hauptsache zu sehen? Die nach vorn Blickenden hatten uns so weit vom Hinterland abgetrennt, daß entscheidende Bedrohungen schon längst nicht von außen, sondern von innen lauern. Wir sind zu unseren eigenen Feinden geworden, indem wir den Gegner jenseits des Kordons aufs Korn nahmen.

Was ist Parität? Wie hoch muß man die nötige Latte an real Vorhandenes legen? Wie kommt Sicherheit zustande, wenn sie nicht auf einen militärtechnischen Katechismus zurückgeführt wird? Kann man dem Rüstungswettlauf ein Ende gebieten bei Wahrung einander ausschließender Militärdoktrinen? Hat die Entspannung eine Zukunft ohne Partnerschaft in Sicherheit? Alte und ewig neue Fragen. Auf sie kann man nicht mit Kopfschütteln oder Achselzucken antworten. Wandlungen entstehen nur durch Tatsachen, nichts kann die Tatsachen ersetzen.

Vielleicht erfahre ich vom Verteidigungsminister der Bundesrepublik, Helmut Schmidt, etwas Neues. Er hat mich zum Abendessen in seine Residenz auf der Hardthöhe eingeladen. Die gleiche Auffassung von der Notwendigkeit, sich von schwülstigen Begriffen zu befreien und aufzuhören, einander Angst einzujagen. Übereinstimmung in der Beurteilung der Wichtigkeit und Verantwortungsschwere des Augenblicks. Kürzer: Helmut Schmidt summiert, daß die Normalisierung der Beziehungen zwischen unseren Ländern sich auch auf das Gebiet der Militärpolitik der Sowjetunion und der Bundesrepublik erstrecken soll.

Wenn die Rede auf die NATO kommt, holt man kein überflüssiges Wort aus dem Verteidigungsminister heraus. Aus der Art seiner Fragen und einigen Erläuterungen ist nicht schwer zu schließen, daß Helmut Schmidt sich nicht zwischen Vorgängern oder Zeitgenossen verlieren möchte. Er hat das Bedürfnis, sich in Probleme zu vertiefen, an die man bisher die Bundesrepublik nicht recht herangelassen hatte.

Irgendwo ist nicht Schmidt, der Verteidigungsminister, zu hören, sondern mehr Helmut Schmidt, der bekannte Autor des Buches *Strategie des Gleichgewichts*. Wenn der erste sich den zweiten in der Praxis gut einverleibt, sind Bewegungen nicht ausgeschlossen. Vorwegnehmend möchte ich bemerken, daß Schmidt sowohl als Verteidigungsminister wie auch später als Bundeskanzler versucht hat, einen Teil seiner Ansichten über moderne Verteidigung und – breiter – über Sicherheit zu realisieren. Mir scheint's, Moskau hat diese Möglichkeit erfolgreich verpaßt, statt sie aufzugreifen.

Bei unseren Treffen kam das Thema des Austauschs von Militärattachés auf. Damit würden die Verbindungen der Sowjetarmee mit der Bundeswehr sich gleichrangig gestalten, so wie unsere Beziehungen zu den Streitkräften anderer Länder. Das war eine Sache der nächsten Zukunft. Erst mußte der Moskauer Vertrag ratifiziert werden. Doch der politische Schritt ist bereits getan: Der Kontakt der sowjetischen Botschaft zum Verteidigungsministerium der Bundesrepublik ist geknüpft.

Wenn er das Verteidigungsministerium nicht zugunsten des Wirtschafts- und Finanzministeriums abgegeben hätte, wäre er, so vermute ich, bald nach Moskau gereist; das hätte sich in mancher Hinsicht auf unser militärisches Denken auswirken können und, wer weiß, sogar auf die Vorstellungen des künftigen Bundeskanzlers der Bundesrepublik Deutschland. Der Boden für seine Einladung war bereitet.

Mich verblüffte daher Schmidts Widerstand gegen die Idee eines Moskau-Besuchs seines Nachfolgers auf der Hardthöhe, Georg Leber. Meine Beziehungen zu dem neuen Minister gestalteten sich für den Geschmack mancher unnötig eng. Georg Leber war direkter in der Darlegung seiner Besorgnisse und offener in der Erklärung seiner Vorstellungen, die darauf zielten, die Strategie der Bundeswehr tatsächlich auf Verteidigung auszurichten, und die DDR zusammen mit der Sowjetunion einluden, diesem Beispiel zu folgen.

Unter anderem beschäftigten Leber die »veralteten« Unterrichtsmittel, mit denen das Personal der NVA der DDR und, wie er vermutete, auch das der Sowjetarmee im »Haß auf den Feind« erzogen würde. »Wenn Sie etwas Ähnliches bei der Bundeswehr entdecken, lassen Sie es mich wissen. Ich habe strenge Verfügungen erlassen, die mit der künstlichen Anheizung der Feindschaft zum sozialistischen Osten Schluß machen sollen.«

Mir glückte es, einer von Lebers Initiativen zum Leben zu verhelfen. Allerdings erst fünfzehn Jahre später.

Es war im Jahre 1989. Michail Gorbatschow hatte eine Besprechung in kleinem Kreis anberaumt. In seinem Dienstzimmer befanden sich Alexander Jakowlew, Anatolij Tschernjajew, Georgij Schachnasarow, möglicherweise Eduard Schewardnadse und bestimmt ich.

»Wir haben die neue Militärdoktrin des Warschauer Pakts verabschiedet. Mit den USA stehen wir in Verhandlungen über die Abschaffung der Mittelstreckenraketen. In Wien und Stockholm demonstrieren unsere Delegierten unermüdlich Nachgiebigkeit. Die NATO hat bis heute nichts Vergleichbares getan. Dennoch sieht der Westen gut und schön aus, wir aber waren und bleiben die schlechteren. Unsere Propaganda taugt keinen Pfifferling. Seht euch die Amerikaner an, die kleben sich wie Kletten an ein x-beliebiges Thema und sind davon nicht loszureißen. Und bei uns? Unsere Kommentatoren käuen irgend etwas einen, maximal zwei Tage wieder und lauern auf was Neues. Eure Meinung?«

Alexander Jakowlew ist in Nachdenken versunken. Die Kritik an der Propaganda hat er auf seine Rechnung gehend verstanden. Die Berater des Generalsekretärs beeilen sich auch nicht, etwas von sich zu geben. Ich bitte ums Wort.

»Los, Valentin.«

»Wenn unsere Medien über nichts anderes als über die sowjetischen außenpolitischen Initiativen berichten, wird sich die Situation kaum bessern. Die westliche öffentliche Meinung reagiert nicht auf Vorschläge, sondern nur auf konkrete Handlungen. Und hier, das betrifft auch die Militärdoktrin des Warschauer Pakts, entstand eine Diskrepanz in der Zeit. Die neue Doktrin wurde angenommen, aber Stärke, Bestand, Dislokation der Truppe – alles blieb unverändert, als ob die defensive Verteidigung nicht ihre eigene Spezifik hätte im Vergleich zur offensiven. Gibt es Reserven für die Verringerung der sowjetischen bewaffneten Übermacht im allgemeinen und der in der DDR und anderen Ländern des Warschauer Pakts im besonderen? Das ist die Frage.«

»Du hast vorweggenommen, was ich zur Beratung vorlegen wollte. Welche Richtzahlen stellst du dir vor?«
»Die Volumen sind für mich schwierig zu benennen. Doch wenn die defensive Verteidigung sich der westlichen Richtung nicht verschließt, könnte man – strategische Kräfte und Kriegsmarine ausgenommen – ungefähr ein Drittel der Kampfverbände und der Logistik als Reserve bezeichnen. Rund eine Million Mann. Wenn nur eine Verringerung um Hunderttausend in Frage käme, dann ist es besser zu schweigen, damit kompromittieren wir nur die neue Doktrin. Und noch eine Bemerkung. 1973 bis 1976 führte ich eine Reihe von Gesprächen mit dem damaligen Verteidigungsminister der BRD, Georg Leber. Der Minister betonte die Möglichkeit, mit relativ bescheidenen Mitteln das Vertrauen in die Erklärungen über die defensiven sowjetischen Absichten zu stärken. In der vordersten Staffel unserer Gruppierung in der DDR sind starke Pioniereinheiten mit Pontonbrücken und anderer Ausrüstung zur Überwindung von Wasserhindernissen konzentriert. Die Reduzierung auf einen vernünftigen Stand wäre effektvoller als der Abzug einiger Divisionen aus der DDR, meinte mein damaliger Gesprächspartner. Georg Lebers Überlegungen fanden vor Jahren kein Echo. Vielleicht kann man heute darauf zurückkommen?«
Gorbatschow forderte die Anwesenden auf, sich dazu zu äußern. Jakowlew solidarisierte sich mit meiner Ansicht und sprach überdies von der Notwendigkeit, in den Plan jeder bedeutenden politisch-militärischen Aktion als unverzichtbaren Teil ihre Informationsbetreuung einzubeziehen. Vertrauenswürdige Kommentatoren müßten rechtzeitig über die bevorstehenden Maßnahmen in Kenntnis gesetzt werden, um sich auf deren Erläuterung vorzubereiten, und nicht wie üblich, unüberlegte Glossen von sich zu geben. Dies bezieht sich in vollem Umfang auf die komplexen Verträge, die sich noch im Stadium der Ausarbeitung befinden.
Tschernjajew war derselben Meinung. Am nächsten Tag stellten wir mit ihm für Gorbatschow ein Memorandum zusammen mit dem Vorschlag, alle im Zuge der beabsichtigten Truppen- und Waffenverminderung freiwerdenden Mittel für die Versorgung der demobilisierten Soldaten und die Unterbringung ihrer Familienangehörigen, darüber hinaus für die Verbesserung der sozialen Situation der diensttuenden Soldaten und Offiziere zu verwenden. Mir ist nicht bekannt, warum das Memorandum bei Gorbatschow kein Verständnis fand.

Der Generalsekretär schloß die Besprechung mit den Worten: »Morgen rufe ich das Verteidigungskomitee zusammen. Dort werden wir entscheiden, was ohne Verlust für die Verteidigungsfähigkeit des Landes getan werden kann.«
Es wurde, wie bekannt ist, beschlossen, den Bestand der Streitkräfte einseitig um 500 000 Mann zu verringern, zusammen mit der etatmäßigen Ausrüstung. Beschränkungen in großem Maßstab erfordern laut Gutachten des Verteidigungsministeriums erhebliche Kapitalinvestitionen und Zeit. Es erfüllte mich mit Genugtuung, daß Lebers Appell nun gewürdigt worden war.
Georg Lebers Tätigkeit als Verteidigungsminister endete dem Anschein nach abrupt. An die Version von einem Lapsus der militärischen Abwehr glaubte kaum jemand. Es hatte eine neue Kehre des Wettrüstens begonnen. Neue Konzepte im Pentagon, damit auch in der NATO, waren im Anmarsch. Der bei den Soldaten populäre Leber mit seiner »nichtprovozierenden Verteidigung« paßte nicht mehr.
Mit Hans Apel kam kein vernünftiger Kontakt zustande. Er empfing mich einmal im Verteidigungsministerium mit dem überdeutlichen Hinweis, mir damit einen Gefallen zu erweisen. Später gab es noch ein paar nichtssagende »Guten-Tag-Begegnungen« en passant bei irgendwelchen protokollarischen Veranstaltungen. Was war daraus zu folgern? Entweder störte das Beispiel Leber, oder es reifte unter Beteiligung der Bundesrepublik etwas heran, das die Ostpolitik von Brandt und Scheel gefährdete.

Wie man über sich selbst stolpert

Brandt gehörte zu den ersten, die den Wechsel auf dem politischen Barometer bemerkten. Im Herbst 1973 zitterte die Nadel und schob sich von der Markierung »klar« auf »veränderlich«. Äußerlich kündigte nichts einen Wettersturz auf der nördlichen Halbkugel an. Im Gegenteil: Nach dem Besuch des Generalsekretärs der KPdSU in der Bundesrepublik im Mai und in den Vereinigten Staaten im Juni 1973 hatten sich allem Anschein nach die Horizonte erhellt.
Die amerikanische Administration sprach fast ohne zu stottern die Worte »friedliche Koexistenz« aus, und der Terminus »gleiche Sicherheit« verur-

sachte ihnen kein Sodbrennen. Es wurde sogar ein Abkommen unterzeichnet, das auf gemeinsame (oder parallele) Bemühungen Moskaus und Washingtons zur Verhinderung eines Atomkriegs zielte. Was war denn geschehen?

Der Besuch von Leonid Breschnew in der Bundesrepublik Deutschland 1973 wurde zur Apotheose der sowjetisch-deutschen Annäherung auf der Basis einer grundsätzlichen Wendung – nennen wir sie originäre Konzeption – des Blicks nach Osten, initiiert von der sozial-liberalen Koalition. Wenn man sich in Moskau nicht kleinlich zurückgehalten (»zwei Abkommen, ein Protokoll – das reicht«) und nach politischem Maßstab gehandelt hätte, wären die vertraglichen Fettaugen vielfältiger geworden. Doch bei allen Abstrichen demonstrierten die Verhandlungen in Bonn: Beide Seiten sind auf dem richtigen Weg zu guter Nachbarschaft, die Grenze durch Deutschland, die Europa durchschneidet, soll kein Synonym für Feindschaft bleiben.

In der Politik kann man es selten allen recht machen. In der Bundesrepublik wie westlich von ihr und jenseits des Ozeans erhoben sich Stimmen des Unmuts. Die Lexik war verschieden, der Leitfaden verwandt. Der westdeutsche Staat wurde geschaffen für den Kampf bis zum siegreichen Ende. Die Beziehungen der Bundesrepublik zu den Vereinigten Staaten sowie den anderen Verbündeten der NATO müssen stets den Vorrang vor den Beziehungen zu der Sowjetunion und deren Verbündeten haben. Geht es nach der Hamburger Rechnung, kam dies nicht unerwartet.

Rasch ist das Märchen erzählt, die Tat braucht Zeit. Dreieinhalb Jahre gingen ins Land, bis die Westdeutschen und mit ihnen die Ostdeutschen sich mit dem bei John Foster Dulles entlehnten Bild von der quälenden Umwertung der Werte beschäftigten. Krankheiten drangen pudweise in uns ein, und sie kamen karätig wieder heraus. Auch Voreingenommenheiten.

Bei welchem hohen Staatsbesuch gäbe es keine – wie beim Mond – unsichtbare Seite? Wie muß der Gast empfangen werden? Formal ist er nicht die erste Person im Staat. Wo soll man ihn logieren lassen? Die Residenz des sowjetischen Botschafters ist zu klein. Das Botschaftsgebäude in Rolandseck? Es ihm überhaupt zu zeigen wäre peinlich, ihn dort unterzubringen – undenkbar. Sowjetisches Territorium entfällt also.

Was hatten die Gastgeber anzubieten? Ein Hotel. Die Überlegungen von Prestige und Sicherheit kollidieren. Moskaus Vertreter fühlen vor: Läßt sich nicht etwas auf dem Territorium des Kanzleramtes finden? Dort steht ein Bungalow, den Willy Brandt nicht benutzt. Ich empfehle dringend, weder uns noch den Kanzler in eine unangenehme Lage zu bringen.

Es stellte sich schließlich heraus, daß es in Bonn und Umgebung nichts Besseres gibt als das alte Hotel auf dem Petersberg. Die Hauptstadt der Bundesrepublik trug den Stempel des Provisorischen. Der Empfang Breschnews gab dem Gedanken Nahrung, daß es sich lohnen würde, für etwas Solideres zu sorgen, um nicht länger die Greisin flüchtig pudern und schminken zu müssen, ehe sie auf den Ball geführt wird.

Für den Schutz des Gastes waren zahlreiche Polizeieinheiten aus vielen Bundesländern herangezogen worden. Man behauptete, es sei das größte Polizeiaufgebot dieser Art in der Geschichte der Republik. Unvorhergesehene Situationen ergaben sich trotzdem.

Für eine sorgte Breschnew selbst. Oben auf der Plattform des Petersberger Gipfels wurde ihm ein Mercedes-Cabriolet gezeigt. Das gleiche Modell war als Geschenk für den Gast vorgesehen. Ohne ein Wort zu sagen, setzte sich der Generalsekretär hinters Steuer, ließ den Motor an und fuhr vor den Augen der verdatterten Leibwache die Serpentinenstraße hinunter und, unten wendend, wieder hinauf, stellte den Motor ab, schlug die Tür zu, legte die Hand auf die Motorhaube und sagte:

»Gute Maschine.«

Den Gastgebern und seiner Begleitung hatte Breschnew Minuten der Ungewißheit beschert. Die Straße war auch für professionelle Fahrer nicht einfach. Zum Glück war der Asphalt trocken, es gab keinen Gegenverkehr, und Leonid Breschnew war ein bewährter Fahrer.

Bei einer anderen Gelegenheit war ich der Störer des strengen Reglements. Unsere Wagenkolonne begab sich vom Petersberg hinunter durch die engen Gassen von Königswinter in Richtung Kanzleramt. Den Weg entlang begrüßte eine Menschenmenge den sowjetischen Führer – viele Kinder, Jugendliche, Frauen, ältere Leute. Breschnew knurrte:

»Man hält mich hier wie einen Gefangenen. Niemandem von den schlichten Leuten kann ich die Hand drücken, keinem in die Augen schauen.«

An mich gewandt, sagte er:

»Halt den Wagen an, oder ich mache die Tür auf und springe im Fahren hinaus.«

»Leonid Iljitsch, hier herrschen eigene Klosterregeln.«

Der Generalsekretär, noch finsterer geworden, will prüfen, ob der Türhe-

bel blockiert ist. Für alle Fälle bitte ich den neben dem Fahrer sitzenden deutschen Sicherheitsbeamten, wenn möglich, zu verhindern, daß die Tür von innen geöffnet werden kann.
»Was nuschelst du da auf deutsch?«
»Ich wollte wissen, ob man das Wagendach öffnen kann.«
Breschnew wird munter:
»Bist ein feiner Kerl, sag ihnen, sie sollen es aufmachen. Dann werde ich eben auf diese Weise dem Volk näherkommen.«
Nichts zu machen. Die Tür, so hatte man mir gesagt, war nicht blockiert, und Breschnew war drauf und dran gewesen, sich aus dem Wagen herauszukatapultieren. Ich bitte also darum, das Dach zu öffnen.
Der Generalsekretär erhebt sich zu voller Größe. Die Schultern gereckt. Das Gesicht strahlt. Ein Geschenk für Tagesschauen und Fernsehreportagen. Der Leibwache ist wieder das Herz in die Hosen gerutscht. Aus dem Wagen hinter uns werden mir Zeichen gegeben, damit ich diesen Unfug beende. Ertragt ihn ein Weilchen. Wir haben Königswinter bald hinter uns.
Leonid Breschnew, zufrieden wie ein mutwilliges Kind, sagt:
»Danke schön. Du hast mir einen Gefallen getan. Jedenfalls wird man sich an etwas Nichtgeplantes erinnern. Sonst hüpfe ich von einer Veranstaltung zur anderen, wie aufgezogen.«
Ich bitte, das Dach zu schließen. Bei der Einfahrt in Bonn will Breschnew wieder aufstehen. Ich widerspreche. Wegen der Fahrgeschwindigkeit ist es gefährlich, und außerdem sind wir gleich an Ort und Stelle.
Die Wagenkolonne fuhr auf dem Grundstück des Kanzleramts ein ... Und jetzt öffnete Breschnew die Tür. Die Menge rannte auf den langsam fahrenden Wagen zu. Mehrere Leute griffen gleichzeitig nach Breschnews Hand. Wären die wackeren Leibwächter nicht zur Stelle gewesen, die Menschen hätten ihn aus dem Wagen geholt oder ihm zumindest den Arm ausgerenkt.
Sergej Antonow, unser Sicherheitsvorgesetzter, rügte mich:
»Was fällt dir ein?! Jeder Beliebige hätte Leonid Iljitsch mit einem einzigen Schuß abknallen können, als er im Wagen stand. Und was macht er jetzt? Er schüttelt Hände, wie soll er dann Dokumente unterschreiben?«
»Und das ausgerechnet mir. Du hast ja gesehen, wie er in Rage geriet. Hätte ich das Dach nicht aufmachen lassen, wäre unser Generalsekretär rausgesprungen. Die Tür zu sichern ist schließlich nicht meine Aufgabe.«

Den General Sergej Antonow, der im Kriege mit schweren Brandverletzungen lebend aus seinem Panzer herauskroch, kannte ich beinahe zehn Jahre, und wir verstanden uns gut. Als Verantwortlicher für die Sicherheit des Generalsekretärs verwandelte er sich nicht zum Duckmäuser. Im Umgang mit Menschen, denen er vertraute, scheute er sich nicht, Breschnew und seine Umgebung plastisch zu umschreiben.

Mit den Bevormundern, die in der »Betreuung« Breschnews, richtiger des Generalsekretärs, keine Grenzen kannten, geriet ich noch mehrmals aneinander. Sie sträubten sich und wollten um nichts in der Welt eine Hubschrauberexpedition auf Einladung der Regierung von Nordrhein-Westfalen ins Schloß Berg erlauben. Brandt bat mich, behilflich zu sein:

»Das ist für mich persönlich wichtig. Ich bin im Wort. Es ist auch für Herrn Breschnew wichtig, damit nicht der Eindruck entsteht, er habe wie ein Bär fünf Tage in Bonn herumgesessen, umzingelt von unseren Polizisten und seinen zweihundert Leibwächtern.«

Spät abends betrete ich die Zimmer, die Breschnew vorbehalten sind. Die Zusammenkunft auf dem Venusberg hatte sich tüchtig ausgedehnt. Der Generalsekretär war von der ungezwungenen Atmosphäre in der Kanzlervilla sichtlich angetan. Ihn interessierte das Echo, das sein Besuch ausgelöst hatte.

Wir versorgten Breschnew pausenlos mit Informationen. Andrej Alexandrow und Anatolij Blatow nahmen ihren Dienst sehr genau. Sie stellten für den Generalsekretär die gewohnte tägliche Depeschenration aus aller Welt zusammen. Daher diente seine Frage nach dem Echo mehr der Einführung in ein Gespräch.

»Du hast dich nicht leichthin angepaßt, und ich schätze das. Es ist sehr gut, daß die Deutschen unseren Botschafter achten. Vor meinem Abflug müssen wir uns beraten, wie es weitergehen soll.«

»Zunächst, da ich weiß, daß man Ihnen etwas anderes raten wird, möchte ich eine persönliche Bitte von Willy Brandt vorbringen. Nehmen Sie die Einladung des Ministerpräsidenten von Nordrhein-Westfalen, Heinz Kühn, an. Der Kanzler legt ihr große Bedeutung bei. Er verspricht, daß im Schloß keine Politik serviert wird. Und vom Hubschrauber aus, in dem Sie mit Brandt fliegen werden, können Sie ein kleines Stück der Bundesrepublik besichtigen.«

Breschnew läßt Gromyko, Patolitschew und Bugajew holen. Der Mini-

ster für Luftfahrt ist abwesend. Der Generalsekretär teilt zwei anderen Ministern die Bitte Willy Brandts mit.
»Wie werden wir entscheiden?«
Andrej Gromyko sagt:
»Wir haben schon entschieden. Warum noch einmal von vorn anfangen? Du hast nicht in deutschen Hubschraubern herumzufliegen. Außerdem, das Programm ist ohnedies übervoll.«
Der Generalsekretär ist verwöhnt von der Sorge um ihn, wird aber gereizt, wenn sie in Gängelung ausartet. Ohne Patolitschew das Wort zu erteilen, verabschiedet er die Konferenz kühl:
»Geht schlafen. Wir werden morgen weitersehen.«
Der Außenminister tadelt mich:
»Warum mischen Sie sich in Dinge ein, die außerhalb Ihrer Kompetenz liegen? Wenn Leonid Iljitsch etwas zustößt, wer wird zur Rechenschaft gezogen?«
Mir war nicht bekannt, daß Breschnew sich kürzlich einer Operation hatte unterziehen müssen und die Ärzte vor »Vibrationen« gewarnt hatten. Der Hubschrauber, ohnehin nach sowjetischer Meinung ein »riskantes Transportmittel«, hatte sich in eine gesundheitliche Kontraindikation verwandelt. Das von irgend jemandem ausgedachte und hingeworfene Argument stilisierte Gromyko zum Postulat.
Als ich am anderen Morgen auf dem Petersberg eintraf, erfuhr ich, daß Breschnew Order gegeben hatte zu fliegen. Andrej Gromyko erteilt mir noch einmal eine Rüge, und Breschnews Kommen begrüßt er mit der Tirade:
»Du hattest gestern einen harten Tag, Leonid, ein paar Stunden Erholung hast du wirklich verdient. Dazu noch der Hubschrauber!«
»Hör auf, ich fliege. Wer in Bonn bleiben möchte, bitte sehr.«
Die Episode an und für sich war keine Silbe wert. Es hätte die Welt nicht erschüttert, wäre Breschnew auf den Wunsch der »Wohlmeinenden« eingegangen. Doch die Bevormundung des Generalsekretärs wurde immer drückender. Die zunehmende Nötigung, dazu Mißbrauch von Tranquilizern und Stimulanzien förderten den Persönlichkeitsverfall. Anderthalb Jahre später war der sowjetische Führer bereits in einem Dämmerzustand. Dank der Bemühungen Jewgenij Tschasows und anderer Professoren konnten Besserungsperioden beobachtet werden, doch von Jahr zu Jahr kürzere.

Vor der Ankunft des Generalsekretärs in der Bundesrepublik und während seines Aufenthalts verursachte vor allem West-Berlin das übliche Nervenzucken. Da rettete das Viermächteabkommen nicht immer. Jede Seite zog die Bettdecke zu sich herüber. Vorbehalte wegen Berlin ließen das wissenschaftlich-technische Abkommen, das in den Tagen des Breschnew-Besuchs in Bonn abgeschlossen werden sollte, scheitern. Die Aufteilung, die sich auf West-Berlin bezog, setzten die Experten im Entwurf der gemeinsamen sowjetisch-westdeutschen Erklärung in Klammern. Die Außenminister hätten hier persönlich ihr Urteil abgeben müssen. Staatssekretär Frank aber legte sich quer. Interpunktionszeichen im Abkommen dürfen nicht mit einem Minenfeld gleichgesetzt werden.

Für den folgenden Morgen war die Unterzeichnung der Dokumente angesetzt. Brandt bevollmächtigte Bahr, sich mit Gromyko zu treffen und einen Ausweg herauszufinden. Der Minister empfing Bahr in meiner Gegenwart.

Bahr bemerkte:

»Wir haben an den Verhandlungen teilgenommen, wissen deswegen, welcher Sinn in jedes Wort und jede Bedingung des Berlin-Abkommens gelegt wurde.«

»Die Bundesrepublik war an den Verhandlungen nicht beteiligt«, erwiderte Gromyko.

»Vielleicht habe ich mich nicht exakt ausgedrückt. Die Bundesrepublik war kein unbeteiligter Beobachter bei der Ausarbeitung dieses Abkommens.«

»Die Bundesrepublik hat mit dem Viermächteabkommen nichts zu tun.«

Andrej Gromyko vollzieht die Schließung eines der keinesfalls schlechtesten Kapitel in der sowjetisch-bundesdeutschen Zusammenarbeit in höhnischer Intonation. Weshalb? Will er sich an mir schadlos halten wegen des zustande gekommenen Fluges zum Schloß Berg? Rächt er sich für die Demütigungen, die ihm der Prozeß der Ratifizierung des Moskauer Vertrags beschert hat? Richtet er einen Schutzwall vor unserem – Bahrs und meinem – neuen »Komplott« auf? Möchte er, daß West-Berlin, wie man bei uns sagt, unser »Lieblingshühnerauge« bleibt?

Mir reicht es. Den Besuch werde ich natürlich in gehöriger Form zu Ende führen, doch dann weiterhin die Grillen des Ministers ertragen – das in keinem Fall.

Egon Bahr schwieg. Andrej Gromyko seinerseits beeilte sich nicht, irgendeinen Vorschlag zu machen. Unaufgefordert mische ich mich in diese höchst unerfreuliche Situation ein:

»Vielleicht können Egon Bahr und ich gemeinsam etwas zur Lösung beitragen. Es geht ja nicht um neue Regelungen. Nötig ist doch nur, kapazitativ und konstruktiv die politische Einstellung der Sowjetunion und der Bundesrepublik zu den gültigen Vereinbarungen darzulegen.«

»So-so. Alles, was zu entscheiden ist«, unterbrach mich der Minister, »haben die vier Mächte entschieden. Die angenommenen Beschlüsse sind jetzt einzuhalten. Nichts darüber hinaus ist in die gemeinsame Erklärung einzutragen.«

»Enorm wichtig ist, wie das, was gesagt werden muß, gesagt wird. Sonst würde die Erklärung zu einer Liste erörterter Fragen. Wenn meine Überlegung überflüssig erscheint, um so besser. Ich habe übergenug andere Sorgen.« Langsam verliere ich die Geduld.

»Ich habe nichts dagegen, wenn Sie und Bahr Hand an den Entwurf der gemeinsamen Erklärung legen. Kommt etwas dabei heraus – gut. Wenn nicht, verfahren wir ohne Erwähnung West-Berlins.«

»Ohne eine Westberliner Passage wird es keine gemeinsame Erklärung geben«, wirft Bahr ein. »Ich kann mir nur schlecht vorstellen, wann der Botschafter und ich Zeit finden sollen, um den Berlin-Abschnitt zu konzipieren.«

»Und wofür ist die Nacht da?« fragte Gromyko gallig.

So endete das »inhaltsreiche« Gespräch mit dem Minister.

Ich erinnere mich nicht, ob wir an jenem Abend noch zusammengetroffen sind. Die Einzelheiten unseres Treffens am 21. Mai um sieben Uhr dreißig in Bahrs Büro haben sich mir dagegen eingeprägt. Die Formulierung »strikte Einhaltung und volle Anwendung« (der Berlin-Regelungen) fanden wir beim zweiten oder dritten Anlauf. Bahr rief jemanden an und bat, einen Hubschrauber zu schicken. Die Zeit drängte.

Es ging einigermaßen glatt. Unser Vorschlag fand Franks Billigung. Gromyko kaute die ihm angebotenen Worte durch und nahm sie auch an. Man kann nun den vollständigen Text der gemeinsamen Erklärung drucken lassen und den Zeitpunkt ihrer Unterzeichnung bestätigen.

So wird es sein. Bis dahin warten wir auf den Hubschrauber und tauschen unsere Eindrücke über den Besuchsverlauf aus. Bahr ist der Ansicht, das wichtigste Resultat bestehe in der Festigung des Kontakts, der auf dem menschlichen Vertrauen zwischen Breschnew und Brandt beruhe. Wenn man diesen Faktor kapitalisiere, sei vieles möglich.

»Und was ist mit Ihrem Minister?«

»Persil bleibt Persil. Gromyko bleibt Gromyko, wenn man nicht täglich auf ihn einwirkt. Ihnen und Rush schien es, als spielte ich mich auf, indem ich die unlogische Reaktion meines Ministers voraussagte. Gestern konnten Sie sich davon überzeugen, mit wem es mir leichter fällt, zu verhandeln. Für mich habe ich die Konsequenzen gezogen. Es bestätigt sich immer aufs neue, daß ich nicht nach Bonn hätte gehen sollen. In meiner früheren Funktion war ich für die sowjetisch-deutschen Beziehungen von größerem Nutzen. Heute oder morgen, je nachdem wie es glückt, bitte ich offiziell um meine Abberufung nach Moskau. Die mir übertragene Aufgabe – Ratifizierung der Verträge – wurde erledigt, wenn auch nicht in der allerbesten Weise. Ich habe genug.«

»Willy Brandt und ich haben über Ihre Zweifel gesprochen. Ihre Abwesenheit von Moskau ist spürbar, sogar sehr. Doch wen wird man uns an Ihrer Statt nach Bonn schicken?«

»Ein geheiligter Platz bleibt nicht leer.«

Zeit für den Flug. Zehn bis zwölf Minuten, und wir sind auf dem Petersberg. Das Panorama des Rheins von oben ist jammervoll. Was menschlicher Unverstand ihm angetan hat! Wie von einem Leichenhemd ist er von einer Ölschicht bedeckt, so weit das Auge reicht. Vater Rhein brodelt, er gibt nicht auf. Doch was kann er gegen die vereinte Zügellosigkeit der vier Nationen an seinen Ufern tun?

Unterzeichnung der Abkommen. Nachdem er schon mit seiner kalligraphisch deutlichen Handschrift seinen Namen gesetzt hatte, fragte der Generalsekretär in meiner Anwesenheit Andrej Gromyko:

»Ich habe nicht darauf geachtet, wie es im Abkommen heißt: für die Regierung oder für die Sowjetunion?«

»Alles ist korrekt, Leonid, beunruhige dich nicht.«

Breschnew beunruhigte sich nicht grundlos. Die Verträge verfolgten Juristen des Auswärtigen Amtes wahrscheinlich sogar im Schlaf. Aber, wer weiß, warum, sie waren nicht darauf gekommen, daß der Gast weder als Generalsekretär noch als Mitglied des Präsidiums des Obersten Sowjet der UdSSR das Recht hat, ohne besondere Vollmacht »im Namen der Regierung«, wie es in Dokumenten hieß, aufzutreten. Dies nebenbei zur Frage von Breschnews Auffassungsgabe.

Am Abend gibt der Generalsekretär ein Essen zu Ehren Willy Brandts. Es werden viele Gäste kommen, doch nicht alle, die es sich gewünscht hätten, konnten geladen werden. Vor allem die Prominentesten von den Deutschen verschaffen sich nörglerisch Gewißheit darüber, an welchen Tisch, mit welchen Nachbarn sie plaziert werden. Zum Beispiel war es Franz Josef Strauß nicht genehm, daß der DKP-Vorsitzende Herbert Mies seinen Platz zu nahe dem seinen hatte, es könnte ihm den Appetit verderben. Empfänge bereiten immer viel Scherereien. Man soll aus dem Essen keinen Kult machen, raten berühmte russische Satiriker. Hier stilisierte man das Essen zu höherer Politik.

Tagsüber sind wir laut Programm uns selbst überlassen. Gromyko lud mich zum Lunch ein. Da habe ich ihn, seine Majestät Zufall, um Klarheit zu schaffen. Der Minister, vom Druck befreit, ist in ausgeglichener Stimmung. Er berührt keine heiklen Themen, erinnert sich an seine Verhandlungen mit Bahr und Scheel und philosophiert über Wetter, Natur und Menschheit. Bis zum Servieren des Tees.

»Der Besuch scheint ja gelungen zu sein«, sagt er. »Natürlich, die Bundesrepublik steht nicht einzig da in der Welt, doch ein schicklicher Tonus in den Beziehungen zu ihr ist wünschenswert, sogar sehr. Besonders in der europäischen Richtung unserer Politik. Der Moskauer Vertrag hat die Basis geschaffen. Von allein geht die Sache aber nicht voran. Man muß auch in Zukunft mit Versuchen rechnen, die Bundesrepublik vom richtigen Wege abzubringen. Hier zählen wir auf die energische Hilfe der Botschaft.«

»Ich bin ganz Ihrer Ansicht. Der Prozeß der Erneuerung unserer Beziehungen zur Bundesrepublik ist kompliziert und langwierig. Einstweilen wird mehr beabsichtigt als getan. Der Besuch bestätigt, daß man in schnellerem Tempo vorankommen kann als bisher, und es wäre sündhaft, dies nicht zu nutzen. Ich glaube, daß es im Interesse der, wie Sie es ausdrücken, ›energischen Hilfe seitens der Botschaft‹ liegt, in Bonn den Botschafter zu wechseln. Die mir bei meiner Stationierung erteilten Aufträge habe ich nach Maßgabe meiner Fähigkeiten erfüllt, und ich bin überzeugt, daß die Sache nur gewinnt, wenn sie von jetzt an ein anderer Diplomat weiterführt.«

»Ich weigere mich, Sie zu verstehen. Die Beziehungen zur Bundesrepublik sind im Aufschwung. Das Gipfeltreffen eröffnet neue Möglichkeiten. Was soll diese Stimmung? Ich verstehe Sie nicht.«

»Aus meiner Sicht ist es durchaus nicht schlecht, wenn ein neuer Botschafter von seinem Vorgänger keine verlotterten Angelegenheiten übernehmen muß. Mich leitet keine Stimmung, sondern nüchterne Kalkulation und Sorge um die Sache. Überdies habe ich auch private Pläne, bei denen Zeit nicht von zweitrangiger Bedeutung ist.«
Andrej Gromyko fragt nicht, auf welche Pläne ich anspiele. Es kann sein, daß sie ihm zu Ohren gekommen sind, denn ich hatte kein besonderes Geheimnis aus meinem Wunsch gemacht, den diplomatischen Dienst zu verlassen. Aber daß der Botschafter eine derartige Demarche ausgerechnet während der Visite des Generalsekretärs unternimmt, ist taktlos. Was geschieht, wenn er sich unmittelbar an Leonid Breschnew wendet und sein Rücktrittsgesuch mit schädlichen Kommentaren versieht?
»Ich bin mit Ihnen entschieden nicht einverstanden. Doch da Sie die Frage gestellt haben, werden wir sie prüfen.«
Der Minister durchlebte Minuten der Fassungslosigkeit, als am anderen Morgen, während auch Patolitschew bei ihm weilte, der Generalsekretär zu mir sagte:
»Dieses Mal reicht die Zeit nicht, um auch die Mitglieder der Botschaft zu begrüßen. Danke du ihnen in meinem Namen für ihre Arbeit. Wir sehen ja, wie ihr hier alle Hände voll zu tun habt. Vielleicht hast du irgendwelche Fragen, bei denen ich helfen kann.«
Der Minister fraß mich mit den Augen. Starr vor Erwartung: Werde ich Argumente für einen Botschafterwechsel vortragen oder nicht? Mir war nicht nach Theater zumute. Das Versprechen, mein Anliegen zu prüfen, hatte Gromyko mir ja gegeben. Wir werden uns nicht in grellem Mißton trennen. Deshalb greife ich ein ganz anderes Thema auf:
»Die Mitarbeiter der Botschaft werden sich sehr über Ihre Anerkennung freuen. In allen Abteilungen unserer Vertretung haben wir tüchtige und gewissenhafte Leute. Sie arbeiten tatsächlich, ohne nach dem Lohn zu fragen.«
Ich legte eine kleine Pause ein und fuhr dann fort:
»Sie, Leonid Iljitsch, sind es gewohnt, daß Botschafter die Bitte nach Anpassung der Gehälter an die steigenden Preise vorbringen. Ich möchte darum bitten, die Gehälter der Mitarbeiter nicht zu senken.«
»Und wieso das?«
»Irgend jemand hat irgendwann die Gehälter in beinahe allen Auslandsvertretungen an den amerikanischen Dollar gebunden. Die deutsche

Mark wird aufgewertet, dementsprechend verringert man uns hier die Gehälter in deutscher Währung, als ob vom Dollarkurs die Verbraucherpreise in der Bundesrepublik abhingen. Es gibt auch noch andere bürokratische Glanzstücke. Seit 1926 ist der Lohn insgesamt an den sogenannten Budget-Satz gebunden. Zwei Monate im Jahr durchstreifen zwei Mitarbeiter der Botschaft und der Handelsvertretung die Geschäfte, um festzustellen, wieviel Galoschen, lange Unterhosen und so weiter kosten. Viele der aufgelisteten Waren sind im Handel nicht mehr aufzufinden, doch das stört Moskauer Bürokraten nicht. Andererseits, Ausgaben für Bücher, Zeitschriften, Kino, Museen, Fernsehen sind überhaupt nicht vorgesehen. Rasieren – einmal wöchentlich erlaubt. Baden noch seltener. Medikamente, Brillen – außerhalb des Kostenplans. Regelrecht Steinzeit.«

Breschnew traut seinen Ohren nicht:

»Du machst schlechte Witze!«

»Nein, er berichtet korrekt«, unterstützt Gromyko mich.

»Wenn das stimmt, machen wir uns ja zum Gespött. Weshalb?«

»Das Außenministerium und das Außenhandelsministerium haben mehrmals versucht, diese verkrustete Ordnung zu sprengen, aber der Finanzmin...«

»He, ein schrecklicheres Ungeheuer als das Finanzministerium gibt's wohl nicht? Binnen eines Monats ist mir persönlich ein Vorschlag vorzulegen. Sauerei. Sie sind in der Regierung nicht imstande, Kleinigkeiten zu regeln. Alles schieben sie nach oben.«

Anderthalb Monate später war die Berechnung der Gehälter von sämtlichen Auslandsvertretungen umgestellt. Die meisten profitierten davon, manche hatten Verluste. Aber Zuschläge und Betrügereien, die sich wie Rost einfressen und andere Laster nähren, haben sich verringert.

Mit der Bearbeitung meiner Rücktrittsabsicht beeilte Gromyko sich nicht sonderlich. Er hätte es zwar ausnutzen können, daß ich mir im Sommer 1973 die Wirbelsäule brach, und mich krankheitshalber in den Ruhestand schicken können. Andrej Andrejewitsch wollte mir aber keinen Schlag unter die Gürtellinie versetzen.

Weshalb nahm ich mir nicht selbst die Medizin zum Bundesgenossen? Darauf antworte ich ohne Beschönigung: Die Ärzte waren bereit, mir Invalidität zu attestieren. Mit einem solchen Status ist man in der Sowjetunion erledigt. Die Wissenschaft und alle anderen Bereiche aktiver Tätigkeit sind für den Invaliden gesperrt. Mit 47 Jahren fertig?! Ich mußte erst einigermaßen gesund werden und dann meine eigene Sache wieder in Angriff nehmen.

Gromyko erhielt von mir regelmäßig Erinnerungen daran, daß meine Bitte um Entlassung nicht zurückgezogen worden war. 1974 (nach dem Rücktritt von Willy Brandt als Bundeskanzler) und in den folgenden Jahren bei verschiedenen Anlässen und auch ohne Anlaß. Der Sekretariatschef des Ministers, Wassilij Makarow, legte ihm meine Briefe vor, und Gromyko ordnete stets dasselbe an: keine Antwort.

Gut, versuchen wir es anders. Im Sommer 1975 setzte ich Breschnew davon in Kenntnis, daß ich meine weitere Anwesenheit in Bonn weder für nötig noch für nützlich hielte. Er nahm die Mitteilung gelassen auf. Wahrscheinlich hatte der Außenminister ihm doch etwas erzählt.

»Und wie denkst du dir deine Zukunft?«

»Wenn ich bestimmen darf, fällt meine Wahl auf die Wissenschaft.«

»Nikolaj Inosemzew ging in die Wissenschaft, Georgij Arbatow auch, und jetzt du. Da sitzt ihr schön warm, habt keinerlei Verantwortung. Wir werden uns was anderes ausdenken.«

Im Jahr darauf wurde das Gespräch mit dem Generalsekretär über meine Zukunft ausführlicher und konkreter. Boris Piotrowskij hat mir angeboten, ihm als Direktor der Leningrader Eremitage nachzufolgen. Der Generalsekretär hatte für die Künste, insbesondere die bildenden, nichts übrig, hielt sie für Spielerei und Tand. Er wies daher die Idee mit der Eremitage zurück und versprach mir fest, mein Problem zu lösen, gleich nachdem ich seinen zweiten Besuch in der Bundesrepublik arrangiert hätte. Danach fragte er:

»Und wie ist dein Verhältnis zu Gromyko?«

»In wenigen Worten schwer zu charakterisieren. So, als ob ich mir nichts Besseres wünschen könne, aber auch so, als ob ...«

»Rückkehr ins Außenministerium taugt nicht für dich. Verabreden wir es so: Nach meiner zweiten Reise in die Bundesrepublik berufe ich dich ab und schlage dir selbst eine Arbeit vor.«

»Einverstanden. Doch ehe über mein Los entschieden wird, hätte ich gern eine Andeutung darüber.«

Nachdem ich 1978 Leonid Breschnew auf dem Flugplatz Köln-Bonn begrüßt hatte, fuhr ich im selben Wagen mit Gromyko zum Wasserschloß Gymnich, das die Gäste beherbergen sollte. Der Generalsekretär ist unterrichtet, daß ich auf meiner unverzüglichen Abberufung beharre. So

kann es nicht schaden, mein Verlangen auch dem Außenminister ins Gedächtnis zu rufen.
»Sieben Jahre Bonn, das ist mehr als genug. Wenn ich die Arbeitsstunden zähle, kämen wenigstens vierzehn Jahre heraus.«
Der Minister ist in gelockerter Stimmung:
»Die Dekabristen saßen länger.«
»Ich bin bereit, in Sibirien den Rest abzusitzen.«
»Da Sie nun mal so halsstarrig sind, werden wir uns entscheiden. Andere haben's nicht so eilig. Anatolij Dobrynin ist seit zwei Jahrzehnten in den Staaten und hat sich nie beschwert. Moskau ist ohne ihn nicht verwelkt.«
»Bei Anatolij Dobrynin liegt der Fall klar. Washington kann ohne ihn nicht auskommen.«
Als ich am zweiten Tag des Besuchs mit Breschnew allein war, sagte ich zu ihm:
»Sie sind ein Mann des Wortes. 1976 haben Sie mir fest versprochen, mich nach Ihrem zweiten Besuch in der Bundesrepublik aus dem diplomatischen Dienst zu entlassen. Ihre Berater haben Ihnen wahrscheinlich gemeldet, warum mein Wunsch, das Arbeitsgebiet zu wechseln, so ernsthaft ist wie eh und je.«
»Ich halte mein Versprechen. Dazu brauche ich keine Berater, die mich erinnern. Rechne damit, daß die Frage entschieden ist.«
Seit einem halben Jahr hatte ich Breschnew nicht gesehen. Die Verschlechterung seines Befindens war deutlich zu erkennen. Häufiger als früher geriet er in Erregungszustände, und die Leute seiner Umgebung, einschließlich Gromyko, bemühten sich, ihm dann nicht unter die Augen zu kommen. Weit über seine Jahre ein alter Mann, Führer einer Großmacht, hatte er sich mit der Gesellschaft von Leibwächtern und Bediensteten zu begnügen.
Ihm zu widersprechen war aus medizinischen Gründen nicht angebracht. Man mußte alles hinter seinem Rücken tun und den richtigen Augenblick abpassen, um sich Breschnews formales »gut« zu sichern. Nahte die Stunde einer Veranstaltung, munterte er sich mit den Resten seines Willens auf, las die von Andrej Alexandrow und Anatolij Blatow vorbereiteten Papiere. Auch für die im Laufe eines Gesprächs sich ergebenden Fragen hielt man Antworten parat.
Breschnew spürte dunkel, wie plump die Kreuzung des Schattentheaters mit dem Maskentheater war, und nach jeder derartigen Begegnung erreg-

te er sich mehr, um danach in Apathie zu verfallen, fast möchte ich sagen, in Depression. Aber solange Könige leben, sind sie unsterblich.

Anfangs war es mir rätselhaft, weswegen Gromyko mich gern mit dem Generalsekretär zusammenkommen ließ. Früher hatten meine Kontakte zu Breschnew heftige Eifersucht bei ihm erregt. Jetzt sollte ich als Blitzableiter dienen. Aus menschlichen wie aus politischen Motiven war es mir unmöglich, mich dem zu entziehen. Ohne Seelenmassage war es noch schwieriger, Breschnew zur Erfüllung ihn drückender Pflichten zu bewegen. Wollte ich aber unseren Gesprächen politische Färbung verleihen, erschien der Minister ungerufen:

»Ermüden Sie Leonid Iljitsch nicht!«, oder: »Machen Sie ihn nicht konfus!« Und so weiter.

Über Mittelstreckenraketen werde ich später berichten. Jetzt nur eine Kleinigkeit am Rande: Im Programm war Breschnews Besuch in Helmut Schmidts Heimatstadt Hamburg vorgesehen. Ich wandte mich an den Generalsekretär:

»Leonid Iljitsch, die Hamburger sind ein eigenwilliges Volk. Sie nehmen keine Orden an. Und wer sich dort ansiedelt und Orden besitzt, trägt sie nicht. Halten Sie es nicht für zweckdienlich, diese Tradition zu beachten? Ich glaube, die Hamburger würden die Geste zu schätzen wissen.«

»Fragen wir doch unseren Oberhofzeremonienmeister Gromyko.«

Der Außenminister weiß nichts Besseres zu antworten als:

»Die haben ihre Traditionen, wir die unseren. Du, Leonid, brauchst dich doch nicht zu genieren, deine ehrlich verdienten Auszeichnungen vorzuzeigen?«

Breschnew trug zu dieser Zeit auf seiner breiten Brust eine ganze Ikonenwand und zog damit endlose Spöttelei auf sich. Dmitrij Ustinow und Konstantin Tschernenko als Anstifter, Gromyko, Andropow und Suslow als Mitspieler schoben ihm ständig neues Klimperzeug zu. Unterhalte dich damit, und stör nicht!

Was geschah im Sommer und Herbst 1973, das den Untergang der Entspannung bedingte, noch ehe sie ihre Potenzen deutlich hatte zeigen können? Ich habe nicht den Ehrgeiz, eine homogene Analyse zu geben oder so zu tun, als sei mir alles bekannt gewesen. Meine Meinung wird eine unter anderen sein, die ich jedoch bereit bin zu verteidigen.

Fragen wir zunächst allgemein: Können Verträge ein zuverlässiger Indikator des Zustands internationaler Beziehungen und im besonderen ihrer

Perspektiven sein, wenn sie als Manöver zur Camouflage einer Konfrontation ausgeklügelt sind? Sagen Sie nicht vorschnell, daß die Antwort in der Frage enthalten ist. Wenden wir uns den Zeugnissen des ehrenwerten Architekten der Nixon-Politik zu.

Die Entspannung wurde laut Henry Kissinger von drei verschiedenkalibrigen Interessen auf den Plan gerufen:

1. »Taktische Überlegungen«, verbunden mit dem Streben, die Sowjetunion zu überspielen, soweit die USA nicht imstande waren, rasch genug ihre strategischen Programme voranzubringen, und es erforderlich schien, irgendwie den »sowjetischen Zuwachs« zum Stillstand zu bringen, ohne »ständige Übereinkünfte« abzuschließen, welche die Modernisierung des amerikanischen Arsenals begrenzen würden.

2. Die Notwendigkeit, den Druck der amerikanischen Friedensanhänger zu vermindern.

3. Eine Atomkatastrophe zu verhüten.

»Unter dem Deckmantel der Entspannung wurde unsere Politik faktisch vorangetrieben«, schreibt Kissinger zehn Jahre später, »die darin bestand, den sowjetischen Einfluß im Nahen Osten zu reduzieren und, wenn möglich, auszuschalten.«

Der ehemalige Sicherheitsberater und Minister Kissinger erhebt nicht den Anspruch auf erschöpfende Vollständigkeit. Vieles von dem, was er ausklammerte, erfahren wir von amerikanischen Militärs, Diplomaten, Wissenschaftlern. Gewiß, auch hier in Fragmenten. Doch sie reichen aus, um zu einem unerfreulichen Schluß zu kommen.

Die Lobeshymnen auf friedliche Koexistenz, auf Partnerschaft und – auf dem Gipfel der Entspannung – auf gegenseitige Sicherheit hatten die USA nicht ein Jota vom Gewalteinsatzkonzept entfernt. Ein integrierendes Element dieser Politik war Treulosigkeit. In ihrer Variabilität wetteifert die amerikanische Politik mit dem Grippevirus. Für sie war der Atomfriede (ich verweise auf das Buch *Wurzeln des Krieges* von H. Holling und Koautoren) kein stabiler, dauerhafter Zustand, sondern ein »Waffenstillstand ohne Konfliktbereinigung«. Nixon verwandelte den Kalten Krieg in einen Kalten Frieden, in dem die USA weiterhin in Kategorien des »Sieges« denken sollten.

Wem alles gleichgültig geworden ist, der ist nicht subjektiv. Moskau war Ende der sechziger, Anfang der siebziger Jahre der Spannungen müde. Es suchte nach Erholung und nahm die aus Washington kommenden Signale gern auf. Eine Atomkatastrophe verschlingt alle, ihre Vorbeugung obliegt der gemeinsamen Sorge beider Supermächte. Der Apfel hat uns verführt. Wir wußten nicht, daß er im Unterschied zum biblischen Apfel durch und durch wurmstichig war.

»Unter dem Deckmantel der Entspannung ...«, bekennt Kissinger. Die Entspannung ist aber keine Schaufensterpuppe, kein greller Balkentitel in einer Zeitung. Sie ist ein System von internationalen Verpflichtungen. Diese Verpflichtungen sind zu erfüllen und nicht mit der eigenen Schande zu beflecken. Die USA handelten den gemeinsamen Deklarationen zuwider, in denen unter anderem festgelegt ist: beiderseitiger Verzicht auf militärische Überlegenheit, wie es das Abkommen über Begrenzung strategischer Angriffswaffen, der Vertrag über Raketenabwehr, das Abkommen zur Verhinderung eines Atomkrieges forderten.

Liest man Kissingers Memoiren, fragt man sich wieder und wieder: Weshalb demonstriert er sich als so unaufrichtig, doppelzüngig und tükkisch? »Man kann dem anderen kein Bösewicht sein, ohne sich selbst gegenüber zum Schuft zu werden«, heißt es bei Pasternak. Ich weigere mich auch heute noch, zu glauben, daß im Augenblick der Unterzeichnung etwa des Abkommens zur Verhinderung eines Atomkriegs der Sicherheitsberater des amerikanischen Präsidenten so gedacht hat, wie er es Jahre später niederschrieb: Die Sowjetunion brauchte eine Geste, und die USA gaben ihrem inständigen Bitten nach, ohne dem Abkommen irgendwelche Bedeutung beizumessen, und nicht in der Absicht, sich von ihm leiten zu lassen.

Als der gewichtige Band *Jahre im Weißen Haus* erschien, vertiefte ich mich nicht zuerst in jene Seiten, in denen der Autor das Entstehen der Berlinregelungen behandelt und aus anderem Anlaß mir ein paar Zeilen widmet, sondern speziell in den Abschnitt, der die Verhinderung eines Atomkriegs betrifft. Das hatte seinen Grund.

Wenn man im Krankenhaus liegt, unbeweglich im Streckbett, ziehen einem allerlei Gedanken durch den Kopf. In den ersten Wochen war es mir nicht einmal erlaubt zu lesen, wegen einer Gehirnerschütterung als Zugabe zum Wirbelsäulenbruch. Es blieb mir nur übrig, mich an allerlei zu erinnern.

Ich ging jedes Detail des Breschnew-Besuchs in der Bundesrepublik durch und verglich ihn mit seiner daran anschließenden Reise in die USA. Verschiedene Maßstäbe. Das war offensichtlich. Doch die Wechselbeziehung der Ereignisse lag ebenfalls zutage. Gestern gab die Bundesregierung durch den Abschluß der Ostverträge das Entwicklungstempo der Standpunkte des Westens an. Heute ergriffen die USA die Initiative. Das Abkommen zur Verhinderung eines Atomkrieges könnte zur Wende in der gesamten Weltentwicklung werden. Es stellt in seinem Kern die Politik der Stärke in Frage.

Nach den gemeinsamen Statements des Jahres 1972, daß ein Atomkonflikt katastrophale Gefahren für die gesamte Menschheit birgt, erschien die Unterzeichnung des Abkommens irgendwie logisch. Stutzig machte die Schnelligkeit der Veränderungen. Doch wenn die Sowjetunion reif dafür ist, sagte ich mir, warum soll man an der Fähigkeit der USA zweifeln, sich über die Distel des Kalten Krieges zu erheben?

Womöglich war dies für die Amerikaner schwieriger. Die Politik der Stärke ist schließlich die Visitenkarte der USA. Die Überwindung der extremen Unterdrückungsform im Innern – der Sklaverei – erforderte einen verheerenden Bürgerkrieg. Jetzt stand das Primat der Stärke in Frage, überdies in der konzentriertesten atomaren Ausgabe. Wird Nixon genug Pulver und Mut haben, das Dogma von der amerikanischen Exklusivität zu erschüttern?

Mich dünkt, daß Nixon an diesem Abkommen gescheitert ist. Die nachträglichen Erklärungen – »die Russen haben so inständig darum gebeten«, es wäre peinlich gewesen, ihnen das Abkommen zu verweigern, das Abkommen verpflichtet wie ein Kuß die USA zu gar nichts – sind schlechter Ton oder miserable Politik. Oder beides zusammen. Zu solchen Erklärungen kam es als Reaktion auf die auswärtige Kritik an dem Abkommen (besonders der französischen Kritik) und auf die Empörung der Konservativen im eigenen Hause. Um die Situation zu retten, begann die Administration alles über Bord zu werfen, was ihre Hände brannte oder stach.

Eine konkretere Form erhielten – nach unseren Unterlagen – die neuesten Konzeptionen zur Führung begrenzter Atomkriege (»chirurgische Schläge«, »Guillotinierung des Gegners«) ... Die Herstellung von Marschflugkörpern und ballistischen Mittelstreckenraketen größerer Reichweite wurde forciert mit dem Kalkül, sie in Europa zu stationieren. Die Einbeziehung operativer nuklearer Waffen in den Abrüstungsprozeß sowie die Einbeziehung von Kriegsmarine- und Luftfahrtsystemen der vorgeschobenen Basierung wurde immer problematischer. Die Wiener

Verhandlungen (MBFR) waren zu Ergebnislosigkeit verdammt. Im offenkundigen Verstoß gegen den ABM-Vertrag entwickelte und experimentierte man mit »Elementen« zur Bekämpfung von Raketenwaffen.

Der neue bewaffnete Konflikt im Nahen Osten hatte unbestreitbar äußerst negative Auswirkungen auf die gesamte Entspannungspolitik, auf die Beziehungen der USA wie auch anderer NATO-Staaten zur Sowjetunion. Im Weißen Haus wußte man ganz genau, daß die Moskauer Führung alles, was von ihr abhing, daransetzte, um Sadat vom Sprung über den Suezkanal abzuhalten. Sie scheute sich nicht einmal davor, die Zusammenarbeit mit Ägypten aufs Spiel zu setzen. Und wie reagierte Washington? Antisowjetische Hysterie in der Presse, als stünde Moskau hinter den Ereignissen. Und im stillen wartete man darauf, daß Sadats Abenteuer scheitern würde, mit militärischen und politischen Folgen, die ein Gambit mit Kairo gestatten könnten.

Während verlustreiche Kämpfe im Gange waren und die Ölkrise die Welt in Panik versetzte, wandte Breschnew sich an Nixon mit dem Appell: USA und Sowjetunion sollten zur politischen Beilegung des Konfliktes ihre Kräfte vereinigen, um die dauerhafte politische Regelung zustande zu bringen. Wenn nötig, dann auch mit Druck auf ihre etwaigen Freunde. Aus Washington kam keine Antwort. Jedenfalls ist mir eine solche nicht bekannt.

Eine friedliche Regelung, ohne Vertreibung der Sowjetunion aus dieser Region? Das paßte nicht in den Kontext. Man begann die »Diplomatie der kleinen Schritte«. Vorausgegangen war ihr, oder begleitet wurde sie von der Drohung, zum »Atomknüppel« zu greifen.

Die Israelis erlaubten den ägyptischen Generälen, ihre Truppen tief in die Wüste eindringen zu lassen, kesselten sie ein und unternahmen einen Vorstoß auf Kairo. Sadat, der noch gestern alle unsere Ratschläge kategorisch zurückgewiesen hatte, flehte Moskau jetzt um Hilfe an: Ägypten ist schutzlos, seine Hauptstadt ist gegen Angriffe völlig ungedeckt, werft Luftlandetruppen herüber. Das Kommando der Sowjetarmee versetzte – für den Fall, daß die politische Führung sich dahingehend entscheidet – einen Teil der Luftlandeverbände in Bereitschaft. Die USA alarmierten daraufhin ihre rund um die Erde stationierten strategischen Truppen.*

---

* Um der Gerechtigkeit willen ist zu erwähnen, daß das Weiße Haus in verständlichen Ausdrücken Tel Aviv erklärte, warum die Israelis nicht übertreiben dürften.

Dem Abkommen zur Verhinderung eines Atomkriegs war schon auf der ersten Strecke die Luft ausgegangen.

Ihre feierlichen Deklarationen mißachtend, drohten die USA auch den arabischen Ländern, wenn jemand vorhätte, die Erdölhähne im Nahen und Mittleren Osten zuzudrehen, notfalls zur Atomwaffe zu greifen. Die gesamte Region wurde zur Sphäre amerikanischer »vitaler Interessen« erklärt. Zum erstenmal seit zwanzig Jahren sprach man wieder vom Gebrauch von Atomwaffen gegen nicht atomar gerüstete Staaten.

Wenn man den Kommentaren westeuropäischer Politiker glauben kann, hatte der Westen bei der Festlegung seiner Entspannungskonzeption versäumt, die Problematik der Dritten Welt gründlich durchzuarbeiten. Nach dem verhältnismäßigen Absinken der Kriegsgefahr aber gewann die Konkurrenz um den Markt der Entwicklungsländer, um Energie- und Rohstoffquellen eine neue Dimension. Der Dritten Welt wurde (wie einst unter John F. Kennedy) der Status einer »Chefsache« zugesprochen. Verschiebungen in der sozialpolitischen Kräftegruppierung zum Schaden der Atlantischen Gemeinschaft und ihrer Freunde waren ebenso inakzeptabel wie Verschiebungen in Europa. Natürlich, Wechsel mit umgekehrten Vorzeichen waren zu ermuntern und zu begrüßen.

Der Mitbegründer der sozial-liberalen Koalition, Walter Scheel, schwankte. Ich gehe nicht das Risiko ein, zu behaupten, daß dieses Schwanken vielleicht schon früher begonnen hatte, doch Ende 1973 erklärte mir der Minister in einem Anfall von Offenheit:

»Ich ziehe Harmonie der Uneinigkeit vor. Das ist wohlbekannt. Die Sozialdemokraten irren jedoch, wenn sie meinen, daß ich im Namen der Harmonie alles dulde. Es gibt Grenzen, jenseits deren eine Zusammenarbeit mit ihnen undenkbar werden kann.«

Das Gespräch fand im Restaurant »Aragwi« statt. Scheel wünschte, an dem freien Abend sich an der georgischen Küche zu delektieren. Der Moskauer Teil seines Besuchs war irgendwie farblos verlaufen. Zudem hatte Leonid Breschnew gemurrt:

»Das Außenministerium verfügt über meine Zeit und oktroyiert mir den Empfang jedes Außenministers, der in Moskau weilt. Ich entscheide in Zukunft selbst, mit wem ich mich wann treffen will. Scheel habe ich erst kürzlich getroffen und alle anstehenden Fragen mit ihm erörtert.«

Dem Gast kann man dies nicht so direkt kolportieren. Scheel, der als erster die neue Anordnung zu spüren bekommen hatte, fand ohnehin, daß

der sowjetische Führer sein Interesse auf Brandt konzentriere und ihn, den für die Außenpolitik Verantwortlichen, brüskiere. Die Kränkungen, die sich im Verlauf der Verhandlungen über den Moskauer Vertrag und das Berlin-Abkommen angehäuft hatten, waren noch nicht verwunden. Zugegeben, auch unsere Seite, der Botschafter nicht ausgeschlossen, hatte schablonenhaft die sowjetische Monokultur, Entscheidungen zu fällen, auf den deutschen politischen Acker übertragen.
Der Restaurantdirektor bat mich in sein Büro. Anruf von Breschnew. Der Generalsekretär fragte, ob Scheel sehr verstimmt sei, daß ihre Begegnung aus dem Programm gestrichen wurde. Er bat, den Außenminister seiner Hochachtung zu versichern, und versprach, bei der nächsten Gelegenheit den Dialog mit Scheel fortzusetzen.
Ich übergab die Grußbotschaft in bestmöglicher Form. Scheels Stimmung hellte sich etwas auf, doch nicht so weit, um nicht dem Wunsch zu unterliegen, über den Sinn des Lebens im allgemeinen und des politischen im besonderen zu diskutieren. Der Minister bezweifelte die Konzeption einer Erneuerung der Beziehungen zu Osteuropa nicht, war aber mit ihren praktischen Ergebnissen nicht zufrieden. Es konnte der Eindruck entstehen, daß nach Anerkennung der Grenzen und der DDR sowie der Ungültigkeit des Münchener Abkommens von Anfang an die Sowjetunion und einige ihrer Verbündeten sich von ihren Komplexen befreit fühlten und weitere Entwicklungen gelassen verfolgten. Irren Sie sich nicht, gab der Gast zu verstehen, aber die Klammern habe er nicht aufgehoben.
Man muß Gewißheit gewinnen, wohin die Zeiger sich neigen, und nicht vorschnell die Obrigkeit alarmieren, die Koalition sei leck. Scheel aber schien zu meinen, ein Warnruf gewönne an Gewicht, wenn er mit Gedankenpunkten endet. Auf dem Weg nach Leningrad und in der Stadt selbst sprachen wir über die unterschiedlichsten Themen, nur nicht über Effektivität von Politik. Oder wollte Scheel mir andeuten, daß er sich mit dem Gedanken trug, die operative Politik mit der repräsentativen zu vertauschen?
Auf dem traditionellen Dreikönigstreffen der Liberalen Anfang Januar 1974 tauchte in der Rede des Innenministers Hans-Dietrich Genscher die Sowjetunion nicht einmal in der Zahl der möglichen Partner der Bundesrepublik auf. Von der potentiellen Freundschaft, die uns zwei Jahre zuvor so freigiebig verheißen worden war, nicht ein Laut. Der Kurs des

Bonner Schiffs richtete sich nach den westlichen Leuchtfeuern. Die östlichen Feuer markierten hauptsächlich Anzeichen von Gefahren.
Ich hielt es für notwendig, Moskaus Aufmerksamkeit auf diese Akzentverschiebung zu lenken, da Genscher seine Überlegungen als künftiger Vorsitzender der FDP präsentiert hatte. Scheel würde möglicherweise Heinemanns Nachfolger als Bundespräsident werden.
Das Jahr 1974 wartete mit großen Veränderungen auf. Der Guillaume-Skandal veranlaßte Willy Brandt zum Rücktritt. »Watergate« vernichtete die politische Karriere Nixons. Beim Nennen dieser beiden Namen wird klar, daß durch ihr Ausscheiden die politische Marschroute sich ändern mußte. Offen blieb, wann und wie.
Als Brandt einmal Informiertheit über ganz interne Angelegenheiten der DDR bekundete, schloß er nicht aus, daß die ostdeutschen Fischer irgendwelche Bonner Geheimnisse herausangeln könnten. Diese Erwähnung behielt ich für mich. Auch dich hört man überall und aller Orten, wähle deine Worte, wenn du nicht zum Schweigen verdammt bist. Von der Existenz eines Beamten namens Guillaume hatte ich nichts gewußt. Erst als ich sein Foto in den Zeitungen sah, erkannte ich, daß dieser Mann mich ein- oder zweimal im Vorzimmer des Bundeskanzlers aufmerksam betrachtet hatte, als ich die Schwelle zu Brandts Zimmer überschritt.
Meine erste Reaktion: Jemand will Brandt politisch erledigen. Wenn es stimmt, wie gemeldet worden war, daß Guillaume schon Wochen vor seiner Verhaftung merkte, daß er beschattet wurde, warum tauchte er dann nicht unter oder floh in die DDR? Weder die damaligen noch die späteren Erklärungen über das Risiko einer solchen Variante waren aus meiner Sicht plausibel.
Herbert Wehner steuerte sofort auf Brandts Rücktritt los. Damit zeigte er als erster Flagge. Wer waren der oder die anderen? Aus Berlin meldete sich Honecker. Indem er sich auf das Wohlwollen und das Vertrauen, das Brandt für Botschafter Falin hege, bezog, bat er mich, unverzüglich mit dem Kanzler Kontakt aufzunehmen, ihn davon abzubringen, das Vorgefallene zu dramatisieren. Anfrage aus Moskau: Was könnte unsererseits getan werden?
Brandt nahezulegen, der DDR-Führung Ablaß zu erteilen, hieße, Feuer gegen uns selbst heraufzubeschwören. Ihm Ratschläge geben? Das ist unangebracht, er hat nicht um Rat gebeten, und überdies haben wir kein genaues Bild. Nicht abträglich wäre ein persönliches Schreiben von

Breschnew, in dem er seine unveränderliche Sympathie für Brandt ausdrückt und seine Bereitschaft erklärt, auch künftig Beziehungen zu ihm zu unterhalten, egal welche Entscheidung der Bundeskanzler treffe.
Während wir noch überlegen, erklärt Willy Brandt die Niederlegung seiner Vollmachten als Regierungsoberhaupt. Der Rundfunk meldet den Rücktritt um Mitternacht. Ich fahre in die Botschaft, gebe ein Fernschreiben auf. Es müßte ein zweites über meinen eigenen Rücktritt folgen. Doch das würde Befremden auslösen. Ich werde etwas anderes tun; von meiner Absicht, Bonn zu verlassen, soll Brandt als erster verbindlich erfahren. Ich nehme ein Blatt Papier und lasse ausströmen, wie mir zumute ist. In ein Kuvert damit und in die SPD-Baracke geschickt.
Das Schreiben Breschnews kam am folgenden Tag. Der Generalsekretär bedauerte das Vorgefallene tief. Er versicherte, die sowjetische Seite habe nichts von der Existenz dieser Zeitbombe geargwöhnt, sonst hätte sie empfohlen, sie zu entschärfen. Brandts Beitrag zur Normalisierung der Beziehungen der Bundesrepublik zur Sowjetunion und zu unseren Verbündeten wurde gebührend gerühmt und der Gedanke, daß es notwendig sei, trotz allem die angefangene Sache fortzusetzen, ausgesprochen.
Brandt empfing mich in der Baracke der SPD. Die Perturbationen der letzten Woche kosteten ihn Jahre. Miterleben weckt Widerhall.
»Man muß dafür sorgen, daß durch das Vorgefallene unsere zwischenstaatlichen Beziehungen nicht leiden. Was die DDR angeht, so ist für mich der Ofen ausgebrannt. Ich werde nicht stören, aber zählt nicht auf mich.«
Er spricht leise, kompromißlos. Der Ofen ist ausgebrannt, strahlt aber noch Hitze aus. Man darf Brandt nicht dafür tadeln, daß er in erster Linie als Mensch gehandelt hat und irgendwo in dritter Linie als Politiker. Schön hätte ich dagestanden, wenn ich Honeckers Bitte nachgegeben hätte!
Der SPD-Vorsitzende setzte die sowjetische Führung davon in Kenntnis, daß die sozialdemokratische Fraktion Helmut Schmidt für das Amt des Bundeskanzlers vorschlagen werde.
»Ich bin überzeugt, daß er imstande sein wird, für die Kontinuität in der Politik zu sorgen. Besonders in der ersten Zeit wird Schmidt die Unterstützung und den guten Willen der sowjetischen Seite brauchen. Ich möchte hoffen, daß sie gewährt werden.«
Am anderen Tag lud Helmut Schmidt mich in seiner Eigenschaft als designierter Regierungschef zu sich. Der künftige, der fünfte Bundeskanz-

ler war geraffter als sonst, sprach in kurzen Sätzen. Ungestüm waren die Gesten, jede Kopfbewegung.

»Unerwartet haben mich neue Pflichten überfallen. Die bisherige Tätigkeit hat mich voll ausgefüllt, und offen gesagt bedaure ich es, daß jetzt andere Dinge viel Aufmerksamkeit verlangen. Doch das Parteipräsidium und die Fraktion haben entschieden, daß ich dort gebraucht werde.«

»Ich glaube, der Zeit nicht vorauszueilen, wenn ich Ihnen gratuliere und Ihnen Erfolg in der neuen politischen Qualität wünsche. Liest man die deutsche Publizistik, erscheint Ihre bevorstehende Wahl zum Bundeskanzler nicht unerwartet. Ein Biograph prophezeite Ihnen diesen Wechsel ausgerechnet für 1974.«

»Danke für die guten Wünsche. Bei vergleichbaren Voraussetzungen ergeben sich Erfolge proportional zu den aufgewandten Energien. Informieren Sie bitte Ihre Regierung, daß meine Bemühungen auf die positive Weiterentwicklung des während der Regierung Brandt/Scheel Erreichten gerichtet sein werden. Welcher Unsinn die Zeitungen in diesen Tagen auch füllt, in Moskau soll man wissen, daß in Bonn nur die Personen, nicht aber die Politik sich ändern. Ich möchte damit rechnen, daß auch die sowjetische Politik sich in ihrem Verhältnis zur Bundesrepublik wegen des Wechsels der Personen nicht ändert.«

»Moskau wird Ihre Worte zweifellos mit Befriedigung zur Kenntnis nehmen. Im Lichte des Vorgefallenen und angesichts der widersprüchlichen Kommentare interessiert vor allem die Frage, wie sich künftig der außenpolitische Kurs der Bundesrepublik gestalten wird. Gewisse offizielle Verlautbarungen haben Moskau schon lange vor der Guillaume-Affäre Stoff zum Nachdenken gegeben.«

Schmidt schlägt vor, ich möge meinen letzten Satz konkretisieren, und malt mit einem türkisfarbenen Filzstift Notizen auf einen Achtelbogen. Dadurch erinnert er an Wassilij Kusnezow, der die Gewohnheit hat, Namen, Themen, Daten auf winzige Zettel zu schreiben und in seiner rechten Jackentasche verschwinden zu lassen.

»Verabreden wir so: Wenn bei Ihrer Regierung oder bei Ihnen selbst Irritationen aufkommen sollten, die zu bereinigen ich in der Lage bin, stehe ich Ihnen zur Verfügung. Und ich bitte meinerseits um das gleiche. Willy Brandt hat mir gesagt, daß Sie planen, nach Hause zurückzukehren. Ein Botschafterwechsel in der augenblicklichen Situation wird ebenfalls Stoff zu Spekulationen liefern. Mir wäre sehr daran gelegen, daß Sie noch eine geraume Zeit bei uns blieben.«

»Es stimmt, daß ich um Befreiung vom diplomatischen Dienst gebeten habe. Doch das geschah schon vor einem Jahr. Meine Pläne stehen daher in keiner Verbindung mit dem Rücktritt von Willy Brandt als Bundeskanzler und von Walter Scheel als Außenminister. Mein Kontakt zu Ihnen hat eine ältere Genealogie als die sozial-liberale Koalition, und ich hoffe, es bestehen keine Gründe, ihn verblassen zu lassen.«

Schmidt stellt fest, daß der sowjetische Botschafter der erste der in Bonn akkreditierten Diplomaten ist, der ihn in seiner neuen Position besucht, sogar noch vor seiner Vereidigung im Bundestag. Das spricht für sich selbst. Er notiert sich meine private Telefonnummer und gibt mir eine Nummer, unter der ich ihn jederzeit erreichen kann, wenn eine dringende Angelegenheit es erfordert.

Am Morgen des nächsten Tages bin ich bei Genscher. Zum erstenmal betrete ich das Territorium, auf dem die verschieden großen, aber durchweg grauen Gebäude des Innenministeriums stehen. Im Laufe von sieben Jahren habe ich nicht herausbekommen, weshalb Regierungsbauten, alte wie neue, in West- und in Ostdeutschland mit wenigen Ausnahmen sich alle so ähnlich sehen und alle von der gleichen Farbe sind. Fügen Sie noch ein bißchen Grün hinzu, schon haben Sie eine Uniform vor sich, in der sich jeder nolens volens als Soldat fühlt.

Mit Hans-Dietrich Genscher war ich seit dem letzten Jahr nicht zusammengetroffen. Äußerlich ist alles wie früher, wenn man das erschöpfte Aussehen des Ministers nicht beachtet. Seine Sorgen und Nöte wünsche ich meinem ärgsten Feind nicht: eigene und anonyme Extremisten. Die Kriminalität verjüngt sich. Das Drogengeschäft sammelt neue Opfer. Es ist nicht einfach, den Glauben an das humane Prinzip zu bewahren, wenn täglich und stündlich eine Lawine von Barbarei und Perversion auf dich niederprasselt.

Der Minister erläutert mir die Veränderungen bei den Liberalen. Walter Scheel wird in Verbindung mit seiner Wahl zum Bundespräsidenten den Vorsitz in der FDP aufgeben. Für diesen Posten kandidiert er, Genscher. Die Ämter des Innenministers und des Parteivorsitzenden lassen sich nicht gut miteinander verbinden, er wird daher auch Scheels Ministersessel übernehmen.

Genscher konstatiert, daß Scheel als Außenminister die Ansichten der

Die UN-Vollversammlung befaßte sich auf ihrer Sondersitzung im Sommer 1967 mit den Folgen des Sechstagekriegs im Nahen Osten. Ministerpräsident Kossygin, der Leiter der sowjetischen Delegation, und Außenminister Gromyko unterhielten intensive Kontakte mit Vertretern arabischer Länder. Hier ein Treffen mit dem stellvertretenden Ministerpräsidenten der Vereinigten Arabischen Republik, Mahmud Fawzi. Anwesend der sowjetische Botschafter bei den Vereinten Nationen, Nikolaj Fedorenko (Mitte), Anatolij Dobrynin, der sowjetische Botschafter in den USA, und Valentin Falin, damals Abteilungsleiter im Außenamt.

Premierminister Harold Wilson, Außenminister George Brown und Valentin Falin beim Abschluß des Staatsbesuchs von Ministerpräsident Kossygin, London 1967.

Moskau, August 1968: Unterzeichnung des Nichtverbreitungsvertrags in Anwesenheit von Ministerpräsident Alexej Kossygin und Außenminister Andrej Gromyko. Es spricht L. Thompson, Botschafter der USA.

Andrej Gromyko im Kreis seiner Stellvertreter und der Mitglieder des Außenamtskollegiums. Das Foto entstand am 18. Juli 1969 anläßlich des 60. Geburtstags des Ministers. Sitzend von links: Wladimir Semjonow, Wassilij Kusnezow, Andrej Gromyko, Semjon Kosyrew und Andrej Smirnow.

Ministerpräsident Alexej Kossygin sowie Andrej Gromyko, Semjon Zarapkin und Valentin Falin im Gespräch mit Bundeskanzler Willy Brandt, Walter Scheel und den Mitgliedern der bundesdeutschen Delegation dreieinhalb Stunden vor der Unterzeichnung des Moskauer Vertrags am 12. August 1970.

Bundespräsident Gustav Heinemann nahm am 12. Mai 1971 das Beglaubigungsschreiben des neuen sowjetischen Botschafters Valentin Falin entgegen. Links Staatssekretär Paul Frank vom Auswärtigen Amt.

Antrittsbesuch des sowjetischen Botschafters bei Bundeskanzler Willy Brandt im Palais Schaumburg am 19. Mai 1971.

Am 18. November 1971 empfing der rheinland-pfälzische Ministerpräsident Helmut Kohl in der Mainzer Staatskanzlei den sowjetischen Botschafter zu dessen Antrittsbesuch. Aktuelle Fragen der politischen Entwicklung und der bilateralen Beziehungen standen im Mittelpunkt des Gesprächs.

Rut Brandt begrüßt im Mai 1973 Andrej Gromyko. Links im Bild: Egon Bahr.

Leonid Breschnew im Gespräch mit der Führung des DGB, Mai 1973.

Unterzeichnung der Schlußdokumente anläßlich des Staatsbesuchs von Leonid Breschnew in Bonn, Mai 1973. Von links nach rechts sitzend: Andrej Gromyko, Leonid Breschnew, Willy Brandt und Walter Scheel.

Zu einem Abschiedsbesuch empfing am 30. August 1978 Bundeskanzler Helmut Schmidt den sowjetischen Botschafter, der bald darauf Bonn verließ.

Nachdem Leonid Breschnew im Oktober 1981 mit Redakteuren des »Spiegel« ein Gespräch geführt hatte, trafen im Hotel »National« in Moskau Rudolf Augstein, Dieter Wild, Valentin Falin, Johannes K. Engel und Nikolaj Portugalow zur Schlußredaktion zusammen.

Ein Treffen im Hause von Berthold Beitz in Essen im Jahre 1981. Anwesend (von links): der Hausherr, Marion Gräfin Dönhoff, Frau Beitz. V. Falin, Frau S. Henle und das Ehepaar Grundig.

Marion Gräfin Dönhoff, Herausgeberin der »Zeit«, und Valentin Falin im Gespräch.

»Nowosti«-Chef Valentin Falin war als erster Repräsentant seines Landes eingeladen, vor der traditionellen Mathiae-Mahlzeit im Rathaus der Hansestadt Hamburg am 26. Februar 1988 zu reden. Hier Falin im Gespräch mit Hamburgs Erstem Bürgermeister Klaus von Dohnanyi und dem Vorstandssprecher der Deutschen Bank, Friedrich Wilhelm Christians.

Ein Treffen von Fachkollegen in Moskau, 1988: der Stellvertretende Außenminister der UdSSR, Anatolij Adamischin, USIA-Direktor Charles Z. Week und Valentin Falin.

Aus Anlaß des 75. Geburtstags von Willy Brandt gab Richard von Weizsäcker am 20. Januar 1989 einen Empfang zu Ehren des Altbundeskanzlers. Hier begrüßt der Bundespräsident in der Villa Hammerschmidt Valentin Falin. Im Hintergrund der französische Staatspräsident François Mitterrand und Willy Brandt.

Am 6. Oktober 1989 begrüßten auf dem Flughafen Berlin-Schönefeld Erich und Margot Honecker den sowjetischen Präsidenten Michail Gorbatschow und seine Frau Raissa. Die Feierlichkeiten zum vierzigjährigen Jubiläum der DDR waren zugleich ein Abschied von diesem Staat.

Der Vorsitzende der Sozialistischen Internationale und Ehrenvorsitzende der SPD, Willy Brandt, kam auf Einladung des ZK der KPdSU am 14. Oktober 1989 nach Moskau. Im Scheremetjewo-Flughafen begrüßte ihn Valentin Falin. In der Mitte: Niedersachsens Ministerpräsident Gerhard Schröder.

Bonn, Oktober 1989: Egon Bahr und Valentin Falin trafen sich im Auftrag ihrer Parteien zu einem fundierten Meinungsaustausch zum Thema friedliche Umwandlungen in Europa.

VEREINBARUNG

Errichtung eines Körber-Kollegs in Moskau
für
Manager-Ausbildung

1.

Zur Aus- und Weiterbildung von Führungskräften der sowjetischen Wirtschaft wird ein Körber-Kolleg in Moskau errichtet.

2.

Die Aufsicht über das Körber-Kolleg für die Ausbildung sowjetischer Manager obliegt einem Kuratorium, dem in gleicher Anzahl Vertreter des öffentlichen Lebens der Bundesrepublik Deutschland und der Union der Sozialistischen Sowjetrepubliken angehören. Dem Kuratorium gehören Kurt A. Körber und Valentin Falin als Gründungsmitglieder an. Die weiteren Mitglieder werden von den Gründungsmitgliedern bestellt.

3.

Das Kuratorium bestellt die Leitung des Körber-Kollegs in Moskau, die für die inhaltliche Gestaltung und organisatorische Durchführung aller Maßnahmen verantwortlich ist.

4.

Die Absolventen des Körber-Kollegs sollen ihren Fähigkeiten und Wünschen entsprechend im Rahmen der deutsch-sowjetischen Wirtschaftsbeziehungen eingesetzt und mit verantwortungsvollen Aufgaben betraut werden.

5.

Die Körber-Stiftung in Hamburg als Träger des Körber-Kollegs und ein Moskauer Bildungsinstitut führen diese Management-Ausbildung durch und sind für die Finanzierung verantwortlich. Dabei ist grundsätzlich davon auszugehen, daß alle Kosten, die in der Bundesrepublik Deutschland anfallen, von der Körber-Stiftung getragen werden. Hingegen werden alle Kosten, die in der Union der Sozialistischen Sowjetrepubliken anfallen, von dem Moskauer Bildungsinstitut übernommen.

Moskau, den 26. April 1991

_____
Kurt A. Körber

_____
Valentin Falin

Mit der Unterzeichnung der Vereinbarung, ausgeführt in der Residenz des russischen Botschafters in Moskau, haben Kurt A. Körber und Valentin Falin einen weiteren konstruktiven Schritt auf dem Gebiet der Managerausbildung sowjetischer Fachleute unternommen.

Anläßlich des 60. Geburtstags von Kurt Steinhausen, dem Leiter von Olympia-Reisen und einem der Pioniere auf dem Gebiet der touristischen und menschlichen Kontakte zwischen der Sowjetunion und der Bundesrepublik, trafen sich im April 1992 in Nümbrecht, dem Gründungsort der Gesellschaft, zahlreiche Gäste, unter ihnen Bundesminister a.D. Josef Ertl und das Ehepaar Falin.

gesamten liberalen Fraktion repräsentierte, genau wie Brandt die Politik der sozialdemokratischen Partei vertrat. Beide Führer wurden zudem im Rahmen der Koalitionsvereinbarung gehalten, die durch die Abgeordneten beider regierenden Fraktionen bestätigt ist, und solange die Vereinbarung in Kraft bleibt, können weder der Kanzler noch der Chef des Auswärtigen Amtes das politische Ruder herumwerfen.

Mit anderen Worten zwar, doch dem Sinn nach annähernd das gleiche, was Helmut Schmidt am Tag zuvor gesagt hatte. Ich höre dem Minister zu, ohne ihn zu unterbrechen.

Auf diplomatischem Gebiet, fuhr Genscher fort, muß vieles neu gefaßt werden. Um nicht vollends in fremde Bewertungen zu geraten, muß man sich hinter die Dokumente setzen. In östlicher Richtung ist er besser informiert, da die Koalitionspolitik hier mit seiner unmittelbaren Beteiligung zustande kam, wovon der Botschafter ja Zeuge ist. Genscher schlägt die Aufnahme enger Kontakte vor, sobald er das Auswärtige Amt übernommen haben wird.

Der Vorschlag wird angenommen. Im Sommer 1974 gab es mehrere »Arbeitstreffen«, bald im Ministerbüro, bald in meiner Residenz. Genscher verhielt sich sicherer und aufgeschlossener, wenn wir zu zweit waren. Etwa im August vergrößerten sich die Pausen zwischen unseren Treffen, sie glichen sich nach und nach dem im diplomatischen Korps üblichen Verkehr an. Irgendwie, vermute ich, rechtfertigten unsere Zusammenkünfte die Erwartungen des Partners nicht, irgendwo entfernten uns die Entwicklungen in der Bonner Politik voneinander, die auch ich nicht untätig verfolgte.

Genscher wurde bald zu einer höchst bemerkenswerten Figur in der internationalen Arena. Es ist gerecht und angebracht, hervorzuheben, daß er, als er die Führung des diplomatischen Fuhrwerks übernahm, es mit seinem dezidierten Credo ausstattete. Es enthüllte sich nicht sofort, gewann nicht in einem Anlauf Kontur. Ich verallgemeinere den Kern, so wie ich ihn damals sah, und überlasse es dem Leser, darüber zu urteilen, wie weit der Minister Kontinuität bewahrt hat.

Der Kampf um die Ostverträge hat die bundesdeutsche Öffentlichkeit gespalten, betonte Genscher bei unseren Zusammenkünften. Und er verstand eine seiner Hauptaufgaben darin, die nationale Einmütigkeit in der Außenpolitik wiederherzustellen.

»Weshalb ist gesamtnationaler Konsens bei lebenswichtigen internationalen Problemen in den USA oder in Finnland möglich? Was hindert die Deutschen daran, ihn zu erarbeiten?«

»Die Sowjetunion würde es als erste begrüßen, wenn die Gesundung der Verhältnisse in Europa aufgrund der bestehenden Realitäten die Unterstützung aller wesentlichen politischen Gruppen in der Bundesrepublik erführe. Das Streben, einzelne Parteien gegeneinander aufzuhetzen, ist uns fremd, besonders wenn es um den Aufbau eines dauerhaften Friedens für alle Europäer geht. Und die Idee einer gesamtnationalen Politik riefe keine Zweifel hervor, wenn klar wäre, auf welcher Basis sie sich bilden soll. Wer soll wem um der nationalen Einmütigkeit willen Zugeständnisse machen? Eines wäre: Die Opposition akzeptiert den Gesichtspunkt der Regierung, den der Wählerwille in den Dezemberwahlen 1972 so deutlich bejaht hat. Ein anderes wäre: Die Regierung bewegt sich auf die Position von CDU/CSU zu. Unweigerlich erhebt sich dann die Frage: auf wessen Rechnung und für wen?«

Genscher ist ein kenntnisreicher Jurist und erfahrener Politiker. Er vermeidet es, über gegenseitige Zugeständnisse zu sprechen. Seiner Ansicht nach ging die CDU aus der Wahlniederlage 1972 erneuert hervor. Selbst Strauß stehe auf dem Standpunkt: »Verträge müssen eingehalten werden.« Es lag im Interesse der Koalition und im Interesse der Beziehungen der Bundesrepublik zur Sowjetunion und zu anderen östlichen Staaten, innerpolitische Streitigkeiten nicht in die außenpolitische Praxis zu übertragen.

Durch die gesamte Konstruktion seiner Urteile gab der Minister zu verstehen, daß Grundlagen für die Zusammenarbeit mit CDU/CSU in der praktischen Politik nicht erst geschaffen werden müßten. Sie existierten längst. Da ist die bekannte Entschließung des Bundestages, die dem Gesetz zur Ratifizierung des Moskauer Vertrags beigefügt worden war. Doch das Wort »Entschließung« fällt nicht. Alles übrige sind Details.

Noch liegen die Texte eines Vertrags oder Gesetzes nicht vor, um die herum man kein Symposium von Interpreten heranholen dürfte. Und nicht nur jede neue Epoche rüstet uns mit anderen Augen zum Lesen des gestern Verfaßten aus, sondern auch jedes neu erworbene Interesse. Wenn die Bundesrepublik beginnt, den Moskauer Vertrag nicht genau aus seinem Text zu interpretieren, und die Sowjetunion dasselbe tut, werden wir verurteilt, lange in der Vorbereitungsklasse zur Wiederholung des durchgenommenen Stoffes zu sitzen.

Der nationale Konsens, der Genscher vorschwebte, zielte, so hatte ich es empfunden, fast vollständig auf die östliche Richtung. Das stimmte nicht ganz. Von der Januardirektive Nixons (1974), die auf eine Intensivierung der Vorbereitungen zum »begrenzten Nuklearkrieg« hinauslief, wußte ich zu der Zeit nichts. Möglicherweise war den NATO-Staaten etwas davon bekannt. Ich bin nicht sicher. Doch die portugiesische Krise stand vor aller Augen.

Das »superdemokratische« Regime Salazars hatte die Atlantisten nicht gestört. Erregung kam auf, als zutage trat, daß nicht einfach Offiziere die Diktatur gestürzt hatten, sondern Offiziere mit linken Überzeugungen. Die Washingtoner Falken plädierten für einen Gegenumsturz mit Unterstützung von außen. Gemäßigte nahmen an, es könnte glücken, die Position der linken Militärs zu untergraben und sie aus der Politik herauszudrängen, indem man vor allem ökonomische Hebel ansetze. Brandt, er war noch Bundeskanzler, nahm es auf sich, die Möglichkeiten der Sozialdemokratie zu nutzen, damit sich durch Lissabons Rückkehr in den Schoß des orthodoxen Atlantismus nicht etwas Ähnliches wie der Prager Frühling vollzöge.

Ich gebe zu, die Angaben konnten ein wenig überzogen sein, doch sie förderten einander widersprechende Gedanken, wenn sie auch den Entspannungsnimbus nicht voll verdeckten. Die Abrüstungsverhandlungen in Wien schleppten sich recht und schlecht weiter, die Vorbereitungsarbeit zur Konferenz über Sicherheit und Zusammenarbeit in Europa weckte manche Hoffnung. Der künftige Vertrag SALT 2 stand auf der Tagesordnung. Im großen und ganzen bestand Grund zu Besorgnis, aber nicht zu Panik.

Aus Moskau kamen Informationen in homöopathischen Dosen und praktisch nichts über unsere Absichten. Die Tatsache, daß die Sowjetunion selbst ein Dutzend neuer militärischer Programme startete, erfuhr ich erst nach meiner Heimkehr im Herbst 1978. SS 20 nicht gerechnet. Von dieser »Wunderrakete« hörten sogar die Kinder, soviel Krawall machte die westliche Propaganda deswegen.

Breschnew erzählte mir, wie er das Abkommen von Wladiwostok (November 1974) über die Grundlagen von SALT 2 durchgepaukt hatte. Unsere Militärs waren eindeutig gegen eine ständige Regelung, die keine Mittel der vorgeschobenen Basierung einschloß. Amerikanische Raketen und Flugzeuge, stationiert auf den Basen rings um die Sowjetunion, erfüllten strategische Aufgaben und besaßen die Merkmale (kurze Anflugzeit, Treffsicherheit aus Höhen unter Radarerkennbarkeit) von Waffen des Erstschlags. Die Sowjetunion, so argumentierten unsere Militärspezialisten, wäre an einen Vertrag gebunden, der die amerikanische Überlegenheit fixiert.

Auf der Politbürositzung bezeichnete der Verteidigungsminister Andrej Gretschko den Vorschlag des Generalsekretärs, die amerikanischen Bedingungen zu SALT 2 zu akzeptieren, als »Hochverrat«. Wenn ein solcher Vertrag geschlossen würde, erklärte Marschall Gretschko, könnten die Militärs für die nationale Sicherheit nicht bürgen.

»Ja, so drückte er sich aus«, empörte sich Breschnew, »Hochverrat! Erst nach Wladiwostok rief er an und entschuldigte sich. Er wäre sozusagen zu sehr in Hitze geraten. Da habe ich ihm aber erwidert: So geht das nicht! Offen nennst du mich einen Verräter und willst die üble Unterstellung klammheimlich zurücknehmen?!«

Breschnew ging nicht näher darauf ein, ob die Auseinandersetzung mit Marschall Gretschko eine Fortsetzung gefunden hatte. Das ist auch nicht wesentlich. Wichtig ist etwas anderes. Im November 1974 verweigerte das Politbüro Breschnew die Vollmacht, eine Vereinbarung mit Gerald Ford einzugehen. Er dürfe sich mit Ford treffen, aber nur, um ihn umzustimmen.

»›Und wenn Gerald Ford unsere Forderungen nicht akzeptiert? Ist dann die Entspannung zu Ende?‹, fragte ich.«, fuhr Leonid Iljitsch fort. »Die Gefährten schweigen, wollen mit den Militärs nicht streiten. Die Zeit drängt. Man muß entweder Washington mitteilen, daß aus der Sache nichts wird, oder hinfliegen und in eigener Verantwortlichkeit handeln. Gut, fliegen wir, dann werden wir sehen. Aus Wladiwostok werde ich noch mal versuchen, die Politbürokollegen zu überzeugen. Und weißt du, ich habe sie überredet, wenn auch mit Mühe.«

Wie Augenzeugen berichten, hat Breschnew ungefähr eine Stunde mit Moskau telefonisch debattiert. Zum Teil in höchst volksnahen Ausdrükken. Die Stimme versagte gelegentlich. Er ärgerte sich fast bis zum Schlaganfall und erzwang die Zustimmung »im Prinzip«. Es war seine letzte politische Frontalschlacht.

Danach gab es eine Serie von tiefen Bewußtseinsstörungen, die Professor Tschasow als »schwere Asthenie« diagnostizierte. Ich merke an, daß Jewgenij Tschasow in seinem Buch *Gesundheit und Macht*, Ausgabe 1992, richtiger und zweifellos aufrichtiger als irgend jemand vor ihm Leonid Breschnew dargestellt hat, den Menschen und Politiker, dessen Sternstunde und die Flugbahn des Absturzes. In zwei Punkten decken sich meine Beobachtungen mit denen des Professors nicht.

Breschnew erhielt übermäßige Dosen von Schlaf- und Beruhigungsmitteln, bevor er Professor Tschasows Patient wurde. Während der Reise zum fünfzehnjährigen Bestehen der DDR, Breschnew war damals Vorsitzender des Präsidiums des Obersten Sowjets, verblüffte es mich, in welchen Mengen der Leibarzt Nikolaj Rodionow ihm Tabletten für die Siesta verabreichte. Ich verhehlte mein Erstaunen nicht und bekam zur Antwort: »Das ist nötig.«

Und was wesentlich erscheint – der unumkehrbare Zusammenbruch Breschnews vollzog sich 1975, möglicherweise nicht in einem einzigen Moment. Der Generalsekretär war im Sommer dieses Jahres so verändert, daß ich nach mehrstündigem Zusammensein den Eindruck gewann, bei ihm seien Gehirndurchblutungsstörungen aufgetreten. Der Ausdruck der Augen hatte sich verändert, war unfreundlich und mißtrauisch geworden, die Unbefangenheit war verschwunden, die Interessen hatten sich verschoben. Bisweilen ließen sich zwar Lichtschimmer beobachten, darin lag das Hauptverdienst der Mediziner. Doch einen Aufschwung gab es nicht mehr.

In einem Memorandum für Michail Gorbatschow äußerte ich meinen Mißmut über die Art, wie Leonid Breschnew und seine Zeit in offiziellen Materialien und in der Propaganda dargestellt werden. Unter anderem wies ich darauf hin, daß Breschnew nach 1975 nur noch nominell Führer der Partei und des Landes war. Effektiv regierten andere. Bei ihnen sollte man wegen der Krise nachfragen. Eine Reaktion auf das Memorandum erfolgte nicht. Denn »unter den anderen« waren Eduard Schewardnadse, Andrej Gromyko, Michail Gorbatschow selbst.

Um Entstellungen entgegenzutreten, ist fairerweise festzustellen: Breschnew verfiel nicht in senilen Schwachsinn. Manchmal stichelte er sogar gegen Liebedienerei. 1978 besuchte er das Museum der 16. Armee in Baku. Sie hatte auf Malaja Semlja bei Noworossijsk die Verteidigung gehalten. Ärgerlich brummte er:

»Nach dieser Ausstellung zu schließen hat die 16. Armee das Schicksal des Krieges entschieden.«

Im November 1981, als ich abgelehnt hatte, als Botschafter nach Japan zu gehen, beriet Breschnew sich telefonisch mit mir über mögliche andere Kandidaten. Er nannte einige Namen mit, aus meiner Sicht, treffenden Charakteristiken. Damals, bei der Vorbereitung seines dritten Besuchs in der Bundesrepublik, interessierten ihn der Zustand der sowjetisch-bundesdeutschen Zusammenarbeit und deren Perspektiven.

»Sie haben nicht auf mich gehört«, brach es aus ihm heraus, als Reaktion auf meine Prognose, daß die Pershing 2 in der Bundesrepublik stationiert werden würde, »versuch du jetzt, die Sache zu korrigieren.«

Was und wo zu korrigieren sei, blieb offen. Ihn hatte der Verfall der Entspannung, seines liebsten außenpolitischen Kindes, gedemütigt, er konnte aber nichts dagegen tun, auch wenn er es gewollt hätte.

Ein paar Bemerkungen zum NATO-Doppelbeschluß

Dies ist der gegebene Ort, Ihre Aufmerksamkeit auf die Geschichte des NATO-Doppelbeschlusses zu lenken. Der Auftrag, die Mittelstreckenrakete Pershing 2 zu bauen, war Ende 1968 der amerikanischen Industrie erteilt worden. Vier Jahre später traten die USA in Kontakt mit der Bundesrepublik und England wegen der Stationierung der Rakete in Europa und der Koordinierung der Bemühungen im Atlantischen Bündnis. Die Verhandlungen mit der UdSSR über Begrenzungen im Bereich strategischer Angriffswaffen hinderten Washington nicht daran, diese vor der Öffentlichkeit verdeckte Aktivität zu entwickeln. Unser Beharren darauf, daß der Prozeß der Abrüstung vorgeschobene Systeme umfassen sollte, war für die Amerikaner ein Argument, ihre Pläne zu forcieren.

In Wladiwostok gab Breschnew sein Einverständnis zur Ausarbeitung des Vertrags SALT 2, in der Erwartung, daß SALT 3 und weitere Verträge bald folgen würden, in denen das Problem der »grauen Zone« seine Lösung finden werde. Die USA wichen festen Verpflichtungen aus, die Qualität und Quantität der Abmachungen zu vervollständigen, und sorgten dafür, daß ihre Verbündeten sich ebenfalls hier nicht engagierten.

Objektiv standen die USA vor der Alternative, entweder die reale militärische West-Ost-Parität zuzulassen, die früher oder später Regelungen über Mittelstreckenwaffen unausweichlich machen würde, oder den Prozeß abzubrechen, soweit er nicht unrevidierbar geworden war. Präsident Gerald Ford zog die zweite Möglichkeit vor. In Anbetracht der bevorstehenden Wahlen 1976 legte er den fast fertigen Vertragsentwurf SALT 2 auf Eis. Die Wahlkampagne 1976 führte der Präsident im Zeichen der Absage an die Détente, der Stärkung der Militärmacht der USA und zusätzlicher Forderungen an die UdSSR.

Ein pikantes Detail: Korrektive im militärpolitischen Kurs der USA, denen unwillig oder freiwillig ihre Verbündeten sich anpassen mußten, wurden anfänglich nicht mit Verschiebungen in der Politik Moskaus motiviert. Die Bezugnahme auf Angola und Äthiopien tauchte erst später auf. Die Trumpfkarte – Ersatz von SS 4 und SS 5 durch SS 20 – wurde erst 1976 in die Hand genommen. Am 17. Januar 1974 zum Beispiel, als Nixon die Präsidialverfügung Nr. 242 (»chirurgische« und ähnliche nukleare Erstschläge) unterschrieb, gab es noch nichts Derartiges.

Jimmy Carter sagte, wie so viele seiner Vorgänger, »A« und behielt den größten Teil des Alphabets für sich. Im Dezember 1976 meldete unsere Botschaft nach Moskau, vom Nachfolger Fords seien Rückfälle in den Kalten Krieg zu erwarten. Die sowjetische Seite versuchte, die Kontinuität zu untermauern. Breschnew betonte in seiner Rede im Januar 1977 in Tula: Das Grundprinzip der künftigen Militärpolitik der UdSSR heißt »ausreichend«. Carter reagierte auf diese Aufforderung nicht. Danach ließen sich unsere Militärs nicht ohne Beihilfe einiger höherer Diplomaten zu Tänzen auf dem Vulkan hinreißen.

Das Thema militärische Sicherheit und ihre möglichen Modelle kam regelmäßig bei meinen Begegnungen mit Helmut Schmidt zur Sprache. Manches in Schmidts Ausführungen war mir aus seinen Überlegungen während der Hardthöhe-Periode bekannt. Doch nicht wenig war neu. Der Begriff »Kriegstheater« taugt für Europa absolut nicht, hier gibt es keine unterschiedliche Lesart. Ohne militärische Entspannung ist keine politische Entspannung lebensfähig. Auch in diesem Gesichtspunkt bestand Einigkeit.

Helmut Schmidt sprach nicht mehr über Partnerschaft in der Sicherheit. Ihm schwebte als mögliches praktisches Ziel eine Senkung des Niveaus des militärischen Gegners vor und als unverzichtbar die Tilgung der Asymmetrie in den Rüstungen, die das Wetter auf dem Kontinent bestimmte. Der Bundeskanzler hielt es nicht für normal, daß die Bundesrepublik, die eine Schlüsselposition in der Strategie der USA und der NATO im ganzen innehat, faktisch von der Regelung strategischer Probleme in der Gleichung West–Ost ausgeschlossen ist. Von daher kam im wesentlichen sein Interesse an den Waffen der »Grauzonen«.

Koordinierung der Fragmente in der Weltentwicklung insgesamt – Europa, Afrika, der Nahe und der Mittlere Osten, der sowjetische »Vorstoß« in Weltmeere und die neue Deutung der Kräftebalance. Banalitäten bezüglich der »Heimtücke« der Sowjetunion gab es nicht, auch nicht die Hinweise auf Ereignisse in Äthiopien und Angola oder im Nahen Osten. Allerdings kann auch niemand den Kanzler verdächtigen, ihn hätte das »Eindringen« des sowjetischen Einflusses in die Sphäre der westlichen Kontrolle gleichgültig gelassen.

Vor der bemerkenswerten Rede im Londoner Institut für strategische Forschungen hörte ich vom Bundeskanzler keine Andeutungen, gar nicht zu reden von den massierten Warnungen, die mit dem Austausch der veralteten sowjetischen Mittelstreckenraketen (MSR) durch die modernen SS 20 verbunden waren. Es sei denn, man faßt das Thema der »Grauzone« und der betonten Notwendigkeit, die Lücken in den damals geführten Verhandlungen zu schließen, als solche Andeutung auf. Urteilt man nach Schmidts eigenen Erklärungen aus der Mitte der achtziger Jahre, war sein Londoner Appell zunächst für Carter und danach für Breschnew bestimmt. Doch in Washington habe man ihn »primitiv« begriffen (Schmidt) – statt das Problem in den Katalog der Verhandlungen mit der Sowjetunion aufzunehmen, empfahlen die USA, amerikanische MSR neuen Typs aufzustellen.

In einem Interview (*Washington Post*, Februar 1983) gab Schmidt zu: »Gegen Ende der Ära Ford/Kissinger kam es in der amerikanischen Politik zu einigen schroffen Wendungen. Ihr Resultat bewirkte in der Öffentlichkeit den Eindruck, es werde beabsichtigt, einen begrenzten Atomkrieg zu führen.«

Delikat formuliert: »Eindruck«. Und warum spricht Schmidt von der Öffentlichkeit? Ihm war besser als dem Mann auf der Straße nicht nur Carters »Neutronenneurose«, sondern auch die Direktive des Präsidenten bekannt, die auf eine Anpassung Europas an Pläne zu realen Atomkriegshandlungen zielte. Ich bin überfragt, ob damals schon die Nuancierung als »Atomkriege geringer Intensität« den Washingtoner Strategen entschlüpft war. Doch auch ohne diese zusätzliche Atomspaltung konnte niemand darüber im Zweifel sein, daß das Wettrüsten in immer höheren Spiralen stieg.

Ich weiß von Schmidt selbst, daß er nach schwierigen Erwägungen und langem Schwanken Carters Idee der »Neutronisierung« des Territoriums der Bundesrepublik bejahte. Der Bundeskanzler mußte seine ganze eindrucksvolle Energie aufwenden, um die Unterstützung des Projekts im Kabinett durchzusetzen. Die Mitteilung aus Washington, Jimmy Carter suspendiere die »Neutronenbombe« und ziehe seine Bitte, diese Waffe in der Bundesrepublik zu stationieren, zurück, war für Schmidt ein Schock. »Ich werde die mir erteilte Lehre nicht vergessen. Ein zweites Mal wird man solche Witzchen mit mir nicht machen.«

Ich glaube nicht, einen Vertrauensbruch zu begehen, wenn ich erwähne, daß die polnischen Kollegen die Information über Carters Abkehr vom Neutronenbombenvorhaben schon einen halben Tag vor ihrer Verkündung erhielten. Angesichts der Wichtigkeit und Dringlichkeit dieser Sache weckte mich der polnische Botschafter Wazlaw Piatkowski mitten in der Nacht und kam extra deswegen zu uns in die Botschaft. Er war einer der kenntnisreichsten und gediegensten Diplomaten in Bonn.

Carter verstand Schmidts Londoner Erklärung so umzudrehen, wie es ihm bequem war, um Bonn an Händen und Füßen zu binden. Aber hatten Breschnew, besser Gromyko, Andropow und Ustinow erkannt, wohin die politische Reise ging?

Mit Dmitrij Ustinow habe ich über die MSR nicht gesprochen, und seine Päckchen kann ich nicht öffnen. Von Andropows Einstellung hörte ich aus zweiter Hand. Er war sowohl pro als auch contra unsere offizielle Linie, die Signale aus der Bundesrepublik mißachtete. Den Standpunkt Gromykos kann ich desto eingehender ausführen, so wie er ihn mir gegenüber dargestellt hat.

Ich hatte dem Minister berichtet:

»Es besteht kein Grund zu glauben, daß Helmut Schmidt blufft. Er bestreitet unser Argument nicht, daß ein sachbezogener Ersatz für veraltete Systeme vorgenommen wird, er ist sogar bereit, dies unter Umständen zu akzeptieren, wenn die neue Qualität und die in ihr verborgene Quantität die bestehenden Kräfteverhältnisse in Europa nicht beeinträchtigt. Von der Erörterung des Themas Mittelstreckenwaffen mit den Bundesdeutschen abzugehen wäre eine Gefälligkeit für jene Kreise in Washington und in der NATO, die gegen gesamteuropäische Sicherheit waren und sind.«

»Sie empfehlen, unsere Raketen gegen Äther auszutauschen?«

»Ich empfehle, dem Auftreten neuer Gefahren für unsere vitalen Interessen vorzubeugen. Wenn ›Äther‹ sich in Pershing 2 verwandelt, ist es zum Verhandeln zu spät.«

»In der Politik gibt es den Begriff ›zu spät‹ nicht.«

Etwa zur gleichen Zeit erlitt ich den üblichen Mißerfolg bei den erneuten Versuchen, dazu aufzufordern, die sowjetische Führung möge abwägen, wie weit unsere Militärkonzeption der geänderten europäischen Lage entspricht. Meine Überlegungen stützen sich insbesondere auf Angaben über Handlungsmodalitäten, die für den Fall regimefeindlicher Unruhen in Polen, in der DDR oder anderen Ländern des Warschauer Pakts in der NATO beraten worden waren.

Die Schlußakte von Helsinki war schon unterzeichnet. Der deklarierte Verzicht auf Einmischung in innere Angelegenheiten fremder Staaten hinderte jedoch nicht, Derartiges zu planen. Man versprach sich viel von der Weiterentwicklung der Methoden, große Menschenmassen in Straßendemonstrationen zu locken und dadurch Chaos in die öffentlichen Ordnungsstrukturen zu bringen. Besondere Aufmerksamkeit wurde der Möglichkeit »friedlicher« Blockade der sowjetischen Truppen gewidmet, um die Unterstützung der verbündeten Regierungen zu unterbinden.

Ich empfahl, die Zahl der Streitkräfte in den Mitgliedstaaten des Warschauer Pakts rapide zu reduzieren und ihre Struktur zu ändern, indem man berücksichtigt, daß die Gewährleistung äußerer Sicherheit effektiv zur Aufgabe vor allem der strategischen Streitkräfte geworden war. Auch dieses Mal setzte ich mich dafür ein, daß die freiwerdenden Kräfte, Mittel und Ressourcen zur Lösung sozialer Probleme und zur Hebung des Lebensstandards der Bevölkerung verwendet werden sollten.

Andrej Gromyko hielt meine Idee für »unzeitgemäß«. Die Situation in den mit uns verbündeten Ländern bedinge seiner Meinung nach, wenn schon nicht Vermehrung der militärischen Streitkräfte und Ordnungskräfte, so doch auf gar keinen Fall ihren Abbau. »Derselben Ansicht«, so betonte er, »ist auch Jurij Wladimirowitsch (Andropow).«

Mit Leonid Breschnew habe ich dieses Thema nicht mehr berührt. Er erhielt keine Detailinformationen. Und hätte ich ein solches Gespräch begonnen, würde er vermutlich als erstes gefragt haben: »Was meinen Gromyko, Andropow und Ustinow dazu?«

Doch die Mittelstreckenwaffen aus dem Spiel zu lassen ging nicht an.

Ich hielt es für unanständig, unter dem Vorwand, seine Gesundheit schonen zu wollen, diese Sorgen vor Breschnew zu verbergen.
Meine Einschätzung kennen Sie schon. Aber es wird Sie die Einschätzung des sowjetischen Führers interessieren. Wundern Sie sich nicht, daß ein mit Krankheit geschlagener Mann in manchen Dingen gesunder urteilte als seine handlungsfähigen Minister.
»Du hast recht. Die USA wollen für Westeuropa mit uns sprechen. Brauchen wir das denn? Du glaubst wirklich, Schmidt hält eine für uns annehmbare Lösung in Reserve?«
»Der Kanzler besteht darauf, daß die Sowjetunion eine Höchstgrenze festsetzt, die sie bei der Entwicklung von SS 20 nicht überschreitet. Fünfzig, hundert oder noch mehr Raketen? Von der Antwort wird Schmidt seine endgültige Position abhängig machen.«
»Weiß Gromyko Bescheid?«
»Natürlich. Aber der Minister befaßt sich nicht mit der Prüfung von Gesichtspunkten, die seinen eigenen nicht entsprechen.«
»Hm-ja.«
Breschnew und ich setzten unseren Dialog bei seinem zweiten Besuch in der Bundesrepublik (Mai 1978) fort. Ich versuchte, dem Generalsekretär den Gedanken nahezubringen, daß die Situation es nicht nur erfordere, sie begünstige sogar gegenseitige Absichtserklärungen. Daß die Fronten nicht unumkehrbar verhärtet waren, zeigt folgende symptomatische Episode:
Drei oder vier Tage vor Breschnews Abflug nach Bonn bekomme ich ein Telegramm des Außenministers: Sie werden beauftragt, mit der bundesdeutschen Seite den endgültigen Text der gemeinsamen Schlußdeklaration, die Breschnew und Schmidt unterzeichnen werden, abzustimmen. Als Grundlage gilt der Entwurf, der Ihnen nachträglich mitgeteilt wird; gehen Sie davon aus, daß wesentliche Abweichungen von dem Entwurf für uns unannehmbar sind.
Ein Blitz aus heiterem Himmel. Bis zu diesem Augenblick hatte die Zentrale mich nicht mit dem leisesten Wort in den Vorbereitungsprozeß der Deklaration eingeweiht. Aus dem Telegramm entnahm ich, daß da etwas entgleist war und der Minister jemanden suchte, der ihm die Kastanien aus dem Feuer holte.
Ich telefoniere mit Botschafter Jürgen Ruhfus, der sich im Kanzleramt mit unseren Angelegenheiten befaßte. Der Botschafter rät vielsagend, ich

solle mich lieber unmittelbar an Schmidt wenden, der allerdings in Hamburg weile. Ich rufe den Kanzler zu Hause an. Er bestätigt, es gebe Komplikationen mit dem Entwurf dieser Deklaration, und lädt mich ein, ihn aufzusuchen, um die entstandene Situation zu besprechen.
Ich schaue mir die Flugverbindungen an. Helmut Schmidt akzeptiert den frühesten Termin. Generalkonsul Valentin Koptelzew holt mich vom Flughafen ab, wir fahren zusammen zu Schmidt. Jedes Böse hat sein Gutes: Dem Programm nach gibt der Bundeskanzler zu Breschnews Ehren ein privates Frühstück bei sich zu Hause. Man wird mich nach dem Wie und Was dieses Hauses fragen.
»Es ist da etwas Unvorhergesehenes passiert. Ich hatte Bahr nach Moskau geschickt, um dort die Schwerpunkte der Deklaration zu erörtern. Er aber verfaßte auf eigene Verantwortung einen Entwurf. Genscher fühlt sich übergangen. Außerdem hat er sachliche Einwände gegen einige Stellen. Ich will mich nicht mit meinem Stellvertreter wegen eines Stücks Papier verzanken, auf das man ohnehin verzichten könnte. Aber natürlich würden Sie mir einen großen Gefallen tun, wenn Sie es fertigbrächten, das Mißverständnis mit Genscher im guten beizulegen.«
Ist Gromyko jetzt drauf und dran zu triumphieren? Er hat mich vor eine schier unlösbare Aufgabe gestellt und kann nun seinen Kollegen im Politbüro sagen: Was ich als einziger wußte, ist nun allen offensichtlich. Dieser Botschafter ist den elementarsten Anforderungen nicht gewachsen. Etwas Ähnliches hatte der Außenminister mit Nikolaj Fjodorenko, unserem ständigen Vertreter bei den Vereinten Nationen, angestellt, auch mit Michail Smirnowskij, unserem Botschafter in Großbritannien, ebenso mit Iwan Iljitschow, als er ihn aus Dänemark abberief, um den Posten für Orlow freizubekommen. Jetzt kam ich an die Reihe.
Ich frage Helmut Schmidt, welchen Gedanken er Bedeutung beimesse, die er in die Deklaration aufgenommen wissen möchte. Der Bundeskanzler war kein Gourmet bezüglich diplomatischer Confiserie. Seine Wünsche sind nicht schlemmerhaft. Doch die Waffensysteme der »Grauzone«, die mit verhandelt werden sollen, will er nicht unerwähnt lassen.
Nun endlich mache ich mich daran, Ihnen die versprochene Episode zu erzählen. Noch eine Minute Geduld.
Von Schmidts Haus aus rief ich im Büro Genscher an: Ich müßte in einer unaufschiebbaren Angelegenheit den Außenminister sprechen und bäte, mir Zeit und Ort zu nennen. Nach wenigen Minuten kam die Antwort:

Heute um zwanzig Uhr in Genschers Haus bei Bonn. Um das passende Flugzeug zu erreichen, müßte ich mich augenblicklich vom Kanzler verabschieden.

»Nein, wir haben unseren Meinungsaustausch noch nicht beendet. Wenn Sie nichts dagegen einzuwenden haben, nehmen Sie die Regierungsmaschine nach Bonn. Die Stunde, die uns auf diese Weise zur Verfügung steht, nutzen wir zur Präzisierung, wo unsere Staaten sich befinden und was vom Besuch Ihres Führers erwartet werden kann.«

Nachdem wir die unglückselige Deklaration beiseite gelegt hatten, beendeten wir unsere Zusammenkunft viel inhaltsreicher, als sie begonnen hatte. Wieder einmal konnte ich mich davon überzeugen, wie notwendig es war, mit Helmut Schmidt unsere Beziehungen in tieferes Fahrwasser zu lotsen, und von nicht geringem Nutzen könnte seine elementare Abneigung gegen müßiges Geschwätz sein. Zur Zeit war Helmut Schmidt offensichtlich geneigt, die Beziehungen zur Sowjetunion nicht mit Worten, sondern mit Taten voranzubringen.

Gromyko hielt Schmidt gegenüber Distanz. Der Kanzler legte einem Zwischenfall offenbar keine Bedeutung bei, den mein Minister nicht vergessen wollte. Anläßlich der KSZE-Sitzungen in Helsinki trafen sich die Staats- und Regierungshäupter auch untereinander. An einem Nachmittag unterhielten sich Helmut Schmidt und Hans-Dietrich Genscher mit Leonid Breschnew und Andrej Gromyko. Leicht ironisch bemerkte der Bundeskanzler, das sowjetisch-deutsche Verhältnis könnte sich viel fruchtbarer entwickeln, wenn »Andrej Gromyko und Alexander Bondarenko ein wenig geschmeidiger wären«.

Breschnew war müde, wartete darauf, daß der offizielle Teil endete und er schlafen gehen könnte. Ihm war nicht nach Scherzen zumute. Und so erwiderte der Generalsekretär auf Schmidts Bemerkung steif: »Andrej Andrejewitsch Gromyko genießt das volle Vertrauen der sowjetischen Führung und repräsentiert deren Position.«

Sagte es, Punkt. Die Kontrahenten knöpften sämtliche Uniformknöpfe zu und machten sich daran, sie spiegelblank zu putzen.

Bis zum Ende seiner Regierungszeit wurde Helmut Schmidt diese Bemerkung nicht verziehen. Gromyko führte ihn auf der Liste seiner Beleidiger und nahm alles, was vom Kanzler kam, voreingenommen auf. Meinem Eindruck nach war er über den Zusammenbruch der sozial-liberalen Koalition nicht besonders betrübt, mit dem auch die Ära Schmidt endete.

Die klärende Aussprache mit Genscher war für mich nicht einfach, doch ich wage zu glauben, sie erlaubte das Angeschwemmte, Zweitrangige in der aktuellen Politik abzutragen. Der Kanzler hatte ihm allem Anschein nach von unserem Gespräch erzählt, davon, wie fassungslos ich selbst über die Geschichte mit der Deklaration war und in welch prekäre Lage Gromykos Anweisungen mich gebracht hatten. Wir vereinbarten, alles, was von uns abhinge, zu tun, um einen würdigen Ausweg zu finden. Genscher bevollmächtigte Staatssekretär Günther van Well, dem Ministerialdirektor Gerold von Braunmühl behilflich war.

Für die Abfassung des neuen Entwurfs brauchten wir ungefähr zwanzig Stunden. Botschaftsrat Walerij Popow und ich waren uns einig, daß unsere westdeutschen Kollegen sich ausgesprochen kooperativ verhielten. Zwei Formulierungen führten wir nicht vollständig aus, weil ich, um ehrlich zu sein, es Gromyko ermöglichen wollte, zu erklären, den letzten Pinselstrich an dem Gemälde habe er angebracht.

Van Well schlug vor, in den Entwurf eine Notiz über die Waffen der »Grauzone« aufzunehmen. Ich gab meine Einwilligung, aber da ich einige Besonderheiten von Gromykos Arbeitsweise kannte, behielt ich mir vor, die Bewilligung dafür aus Moskau einzuholen. Sie wurde erteilt. Doch wenn Sie den Text der Deklaration zur Hand nehmen, werden Sie feststellen – in ihm fehlt die Erwähnung der »Grauzone«. Was war geschehen? Die Bundesregierung hatte die Notiz herausgenommen.

Damals war es für Bonn üblich, bei allen die UdSSR betreffenden Dokumenten die drei Westmächte zu konsultieren. Die USA »empfahlen«, soweit wir wissen, die besagte Notiz zu streichen. Die Vertreter Englands und Frankreichs schlossen sich an. Verhandlungen mit der Sowjetunion über Mittelstreckenwaffen liefen ihren Plänen zuwider, die »Lücken« im globalen strategischen Netz der Vereinigten Staaten zu schließen.

Ich habe nicht herausgefunden, wer in Moskau die Billigung der Notiz über die »Grauzone« durchsetzte. Gromyko sagte nur: »Das Politbüro hat den Entwurf ohne Einschränkung gebilligt.« Vielleicht ging es auch deshalb glatt, weil ich vorsorglich alles Notwendige mit Breschnews Berater abgesprochen hatte.

Die Episode mit der »Grauzone« bot mir Anlaß, in Gesprächen mit Breschnew und Gromyko das Problem der MSR schon in der Bundesrepublik in Angriff zu nehmen. Der Minister war nicht dagegen, soweit er sie kontrollieren konnte, verschiedene Optionen zu wahren. Infolgedessen

stützte ich mich mehr auf die Einengung des Feldes, um manövrieren zu können, als auf wesentliche Argumente, die Gromyko von mir schon gehört hatte. Das Resultat änderte sich nicht. Eine Absonderung der autonomen Interessen der Bundesrepublik begeisterte ihn nicht.
In zwei Anläufen bemühte ich mich, Breschnew aufzurütteln, und berührte dabei seine schwache Seite – die Anhänglichkeit an die Entspannung. Vor dem Frühstück im Hause Schmidt erlaubte ich mir, den Generalsekretär zu dopen.
»Die Situation erinnert an den Vorabend von Wladiwostok. Damals haben Sie die Trägheit durchbrochen und die unter jenen konkreten Bedingungen einzig richtige Entscheidung durchgesetzt. Heute stehen wir vor der Notwendigkeit, einem Abrutschen mit unvorstellbaren Folgen vorzubeugen. Wenn Sie dem Bundeskanzler eine befriedigende Antwort über die Endzahl unserer SS 20 geben, dann bin ich überzeugt, haben wir das Schlimmste hinter uns.«
»Valentin, was bedrängst du mich so? Du mußt Gromyko überzeugen.«
Das war in hoffnungslosem Ton gesagt. Etwa: Siehst du denn nicht, daß ich »für sie« längst keine Autorität mehr bin? Ein Zeus war er nie gewesen, doch jetzt ähnelte er in gewisser Weise Shakespeares König Lear.
Helmut Schmidt hatte die Tür noch längst nicht verschlossen. Der Kanzler gab der sowjetischen Seite noch eine Chance im Sommer 1979, als er auf dem Weg nach Fernost oder auf der Rückreise demonstrativ einen Halt bei Moskau einlegte. Am Flughafen Scheremetjewo empfingen ihn Kossygin und Gromyko. Hauptgegenstand der Unterredung war Nachrüstung. Der Westen war mit der Rüstungsüberlegenheit des Ostens konfrontiert. Helmut Schmidt stellte die Alternative, entweder enthüllt die Sowjetunion, wohin sie die Waagschale drückt, oder die Bundesrepublik unterstützt die prophylaktischen verteidigenden Gegenmaßnahmen der NATO. Die sowjetischen Vertreter spielten das Schweigespiel.
1981 stellte ich, ohne im geringsten dazu bevollmächtigt zu sein, Helmut Schmidt die Frage so: Was erwartet er von der Sowjetunion, welche minimalen Aktionen unsererseits müßten unternommen werden, um den zweiten Teil des schon existierenden NATO-Doppelbeschlusses unaktuell zu machen? Der Bundeskanzler war zu einer Antwort nicht mehr bereit.
»Dafür muß man die USA und andere Verbündete konsultieren.«
Glück muß man haben. Gerade in diesem Augenblick rief General Rogers,

Oberkommandeur der NATO-Truppen in Europa, Helmut Schmidt an. Der Kanzler ließ mich in seinem Zimmer allein. Mit besorgtem Gesicht kam er zurück, doch auf meinen fragenden Blick reagierte er nicht. Vom schönsten Mädchen Frankreichs kann man nicht mehr verlangen, als es hat, sagen die Gallier. Wir waren selbst schuld.

Es hatte keinen Sinn, die Peinlichkeit zu verlängern. Mit dem Hinweis, nach Wiesbaden zu müssen, wo Pastor Niemöller mich erwartete, verabschiedete ich mich von Helmut Schmidt und den Hoffnungen auf Rettung.

In Politik und Diplomatie bedeutet es sehr viel, den glücklichen Augenblick zu erkennen, in dem nicht nur Himmelsleuchten einander nähertreten, sondern auch Sterne verschiedener Größe hier auf Erden. Nicht weniger wichtig ist es für Politiker und Diplomaten, rechtzeitig abzutreten. Das ist viel schwieriger, denn es hängt schon von dir selbst ab. Wenn die Umstände erst drücken, hast du dich mit deinem Abgang verspätet.

Mein Beispiel ist lehrreich. Hätte ich 1973 auf meinem Rücktritt bestanden, könnte ich ruhig, im Gefühl erfüllter Pflicht leben. 1978 war die Zeit gekommen, mich ins Gefängnis zu werfen anstelle des Djaks des Moskauer Großfürsten, der die schlechte Nachricht von der Sonnenwende gebracht hatte. Mir blieb nur übrig, über die Verhinderung von noch Schlimmerem nachzudenken. Die gute Nachbarschaft hatte sich entfernt wie die Fata Morgana in der Wüste: Je näher sie scheint, desto ferner ist sie.

Alles liegt in der Hand der Götter, sagen die Fatalisten. Ich bin nicht ihrer Meinung. Konfrontation ist nicht Schicksal, sondern Wahl. Das beweisen die siebziger Jahre. Konkrete Politik hatte die Entspannung geboren. Sie wurde in die Höhe gehoben, der Mehrheit zur Augenweide. Man warf sie wieder nieder, schlug sie herunter wie die Lerche am Himmel, damit sie ihre Lebensfreude nicht so herausjubeln sollte und keine zu freigebige Veränderung versprach.

Die Entspannung, glaubt man ihren Henkern, hat die in sie gesetzten Hoffnungen nicht erfüllt. Sie erwies sich als zu wenig effektiv. Für das Verständnis des Vorgehenden und des Vorgegangenen wird ein Vergleich – nicht der Positionen der beiden Seiten, sondern der Entwicklung der Standpunkte der einen Seite in verschiedenen Entwicklungsphasen – informativer. Welche Hoffnungen? Waren sie im Augenblick der erklärten Formulierungen der Politik denn nicht gerechtfertigt? Oder gab es in

Geheimfächern und Vorratsschubladen versteckte Kalkulationen? Oder vielleicht elementare Rechenfehler?

Die mangelnde Effektivität in einem für sich genommenen Zeitabschnitt ist noch kein Beweis für generelle Untauglichkeit und Unrichtigkeit, wie ja auch ein sensationeller Sprung in die Höhe oder ein gedankenloser Sprung in den Abgrund nicht als Prämissen für die Einführung irgendeiner allgemeinen Gesetzmäßigkeit gelten können. Um so mehr, als Effektivität in der Politik am häufigsten eine Produktionskategorie von Wünschbarem und Gewünschtem ist.

Die Erzählung von den im Siebengebirge verbrachten Jahren bliebe unvollständig ohne meinen Dank an Josef Ertl und Professor Werner Maihofer, Professor Karl Schiller und Klaus von Dohnanyi, die Wirtschaftsminister Hans Friderichs und Otto Graf Lambsdorff, Gerhard Jahn und Hans-Jochen Vogel, die Ministerpräsidenten der Bundesländer, die Bürgermeister großer und kleiner Städte, Dank an Partei- und Gewerkschaftsfunktionäre, an die Vorsitzenden gesellschaftlicher Organisationen, die mich mit Gastfreundschaft und Aufmerksamkeit geehrt haben, die mir unbürokratisch Unterstützung und Beistand bei der Erfüllung der Botschafterpflichten erwiesen.

Hätte ich bei ihnen nicht Verständnis gefunden, keine Erwiderung auf den guten Willen, in ehrlicher Bereitschaft nützlich zu sein, in Treue zum gegebenen Wort, meine Arbeit hätte viel an Effekt und Anziehungskraft eingebüßt. Die Tatsache, daß die meisten damaligen Partner das Interesse an mir nicht verloren haben, seit ich ganz und gar Privatperson geworden und zu Hause in Ungnade gefallen bin, bestätigt mein Prinzip: Ein Leben ohne Nutzen für andere ist bar jeden Sinnes.

Ehrlich stolz bin ich auf die freundschaftlichen Kontakte, die mir Künstler, Wissenschaftler, Museumsleute gewährten. Und ich bedaure, daß die Amtspflichten mir zuwenig Zeit für meine Herzensneigungen ließen.

Mit roter Tinte ein Wort der Reue und der Dankbarkeit an Heinrich Böll. Reue, weil es mir nicht gelang, seine Briefe zu hüten. Ich bewahrte sie in meinem Dienstsafe auf in der naiven Annahme, dies sei der sicherste Platz. Die Briefe verschwanden in den Augusttagen 1991 zusammen mit anderen mir teuren Dokumenten und Reliquien. Der Verlust mindert die Hinterlassenschaft eines Humanisten und Schriftstellers, und ich trage ungewollt die Verantwortung dafür.

Motiv und Gegenstand eines seiner Briefe war Lew Kopelew, der sich bestimmt erinnern wird, wie er in seinem Briefkasten einen Brief von Heinrich Böll ohne Poststempel fand. Vielleicht waren es sogar zwei. Der Freund aus der Bundesrepublik riet, alles stehen- und liegenzulassen und auszureisen. Böll hatte sich mit der Bitte an mich gewandt, seinen Brief unbemerkt von überflüssigen Augen Kopelew zuzustellen und, wenn möglich, bei der Erteilung der Reisebewilligung behilflich zu sein. Beide Bitten konnten erfüllt werden.

Unser sowjetischer Bürokrat war unglaublich erfinderisch in seiner Arbeitsweise, dem Land und dem System zu schaden. Werke nichtkonformistischer Maler waren auf keiner Ausstellung, in keinem Salon zu sehen, kein Museum kaufte sie an, denn sie galten nicht als »Kunsterzeugnisse«. Versuchten aber Ausländer, die bei einem dieser Maler erworbenen Skizzen oder Bilder mit nach Hause zu nehmen, erhob das Kulturministerium Einspruch, da es »den Kunstfonds des Landes vor Beraubung bewahren« mußte. Häufig konnte ich hier Henri Nannen behilflich sein. Doch zwei- oder dreimal bat auch Böll mich um Beistand.

Er schätzte die Arbeiten von Boris Birger. Die Bilder des in Moskau in Ungnade gefallenen Künstlers hingen in Bölls Kölner Wohnung. Nachdem er als Schriftsteller unserer hohen Obrigkeit von Politik und Literatur die Laune verdorben hatte, fingen die Speichellecker an, ihn wie niemals vorher zu ärgern.

Die Sache mit Birger konnte geregelt werden. Jetzt überschütteten Schneewehen den Weg der Übersetzung von Bölls *Katharina Blum* ins Russische (oder war es der Film?). Unsere »Kulturträger« sträubten sich maßlos. Es half mein »besonderer Kanal«.

Nachdem wir uns kennengelernt hatten, schlug Böll eine Vereinbarung vor:

»Wir werden einander verstehen, wenn wir uns nicht gegenseitig Elogen machen oder schmeicheln. Halten Sie mich für einen Tolstojaner oder so was. Ich war und bleibe ein Gegner jeder Macht, darunter auch der Ihren. Nicht, weil ich gegen Ihre Macht spezielle Einwände in der Politik oder sonstwo hätte. Ich stehe ganz einfach auf der Seite der Schwachen und Unterdrückten, sie sind ausnahmslos in allen Ländern die Leidenden.«

Die Erinnerung an Heinrich Böll mahnt den Autor, seine Erzählungen über die Bonner Jahre zu beenden. In der unvermeidlich fragmentarischen Schilderung fehlen viele Ereignisse. Unverdient mußten Namen wertvoller Menschen ausgelassen werden, ausgelassen, aber nicht vergessen. Das steht außer Zweifel.

Wenn Sie wissen möchten, was man nach Ihrem Tode über Sie sagt, schrieb ein Satiriker, errichten Sie sich zu Lebzeiten ein Denkmal. Doch wenn Sie zu ungeduldig sind und zum Warten keine Zeit haben, setzen Sie sich schleunigst hin und schreiben Sie Ihre Memoiren. Das stammt aus meiner Sammlung von Beobachtungen.

Die riskantesten Erinnerungen – in der Reihenfolge des Anwachsens der Gefahren – sind die aus dem Gebiet der Kunst, der militärischen Verdienste und der politischen Mißerfolge.

Die sowjetische Führung hielt sich siebzig Jahre lang strikt an das Prinzip: Wenn man die Wahrheit aufdeckt, muß man Außenseiter bitten, sich zu entfernen, oder selbst die Wahrheit unterdrücken. Alles oder fast alles blieb geheim. Na gut, wenn es um Quantität und Konstruktion von Raketen, Flugzeugen, Panzern, Kriegsschiffen geht. Aber wo bleibt die Erklärung für den borniertenWiderwillen, der Öffentlichkeit authentische Dokumente zugänglich zu machen, die Licht nicht auf die Verbrechen und Mißstände des Regimes, sondern auf durchaus respektable Entscheidungen werfen.

Zum Beispiel: Im Mai/Juni 1945, also noch vor den Potsdamer Beschlüssen und der Kapitulation Japans, unterschrieb Stalin einen Befehl zur Demobilisierung. Die Entlassung in die Reserve betraf neun Millionen Mann. Der Personalbestand der Streitkräfte wurde auf drei Viertel reduziert. Die Geheimhaltung dieses Befehls ist nie aufgehoben worden, weder 1947 nach seiner Ausführung, noch unter Chruschtschow oder Breschnew. Meine Versuche, ihn in den Jahren der Perestroika aus den Archiven hervorzukramen, blieben erfolglos. Dabei ist er nicht nur wichtig für die Geschichte, er brächte auch Klarheit in die politische Frage, wer wem drohte, wie und warum.

Nehmen wir das fast Unwahrscheinliche an – die sowjetischen Führer von Stalin bis Gorbatschow hatten gewichtige Gründe zu schweigen, so daß nicht einmal die höchste Stufe der Führung die notwendigen Informationen über die wichtigsten Etappen der sowjetischen Politik in Vergangenheit und Gegenwart besaß. Beim Aufblühen der Glasnost in der Sowjetunion entschied die Erste Person und nur sie, wem im Politbüro, im Sekretariat des ZK, in der Regierung wieviel Informationstropfen verordnet wurden. Es gab ohne Zweifel gewichtige Gründe. Nur welche? Wenn Francis Bacon recht hat mit seinem »Der Mensch kann soviel, wie er weiß«, dann ist die Aufteilung der Information in den oberen Rängen in gewissem Grade identisch mit der Verteilung der Macht selbst.

Natürlich, Erkenntnisse, die mit der Macht kommen, haben nicht unbedingt und nicht immer objektives Wissen als Hintergrund. Wenn die Macht als Schiedsrichter der Wahrheit auftritt, verliert sie oft ihren letzten Sinn. Sie stellt Sinnlosigkeit nicht zum Spott aus, sondern zur Verehrung, das Nichtvoraussagbare als Tugend, Echo als Unterstützung.

Viele Leser erinnern sich an die in Europa zu Anfang des Jahrhunderts aufgekommene »Mode des Echos«. In den Alpen und anderswo wurden Vermögen vergeudet auf der Jagd nach Winkeln, Tälern, Spalten, wo das Echo besonders deutlich erschallt und vielmals widerhallt.

In der Sowjetunion wurde die Kultur des politischen Echos gepflegt. *New York Times, Washington Post, Manchester Guardian, Die Zeit, Der Spiegel, Le Monde* oder *Repubblica* veröffentlichen positive Artikel über die Sowjetunion und ihre Führer, oder wir schustern sie zusammen mit Hilfe von Leimtopf und Schere. In Millionenauflage werden solche Elaborate in unseren Zeitungen nachgedruckt. Sehen Sie doch nur, man ist von uns begeistert, beneidet uns um unsere Erfolge, um unsere Staatsmänner. Das ist prachtvoll!

Und wie ging man mit der Kritik um? Das, was »Radiostimmen« rund um die Uhr fünfzehn bis zwanzig Millionen ständigen Hörern erzählten, was Journale und Zeitungen Zehntausenden Lesern in unserem Land nahebrachten, wurde übersetzt, mit dem Stempel »streng geheim« versehen und in versiegelten Päckchen von Kurieren einem kleinen Kreis übergeben. Es konnte vorkommen, daß dieser Kreis aus nur einer Person bestand, dem Generalsekretär.

Monopolisierung der Information und ihrer Erzeugnisse ist vielleicht die schlimmste von allen Arten des Despotismus. Denn selbst die stärksten Scheinwerfer können das Wesen einer Erscheinung nicht erhellen. Doch die unter Stalin eingeführte Ordnung blieb auch in der Epoche des russischen »Vaters der Demokratie«, Gorbatschow, erhalten. Er hütete sie mit der gleichen, wenn nicht gar noch größeren Sorgfalt, Eifersucht und Kleinlichkeit.

Ob die Menschheit wirklich eine Sintflut überlebt hat, ist wissenschaftlich nicht einwandfrei erwiesen. Aber daß die Zivilisation sich verschluckt, ist eine Tatsache. Die Zivilisation geht unter im Sturm von Falsifikationen und Insinuationen. »Das Versagen in der Suche und im Aussprechen der Wahrheit ist ein Mangel, der mit keiner noch so großen Fähigkeit, die Unwahrheit zu sagen, auszugleichen ist.« (Boris Pasternak)

Die Kunst, wenigstens sich selbst nicht zu belügen, ist noch schwieriger und noch riskanter geworden als je zuvor. Sie ist aber das einzige Mittel, von der allgemeinen Lüge nicht erfaßt zu werden.

In der Politik sind die Menschen Primaten. Das Instrumentarium der Gewalt wechselt schneller als irgend etwas sonst, doch die Philosophie der Gewalt scheint erstarrt zu sein. Wie im vierundzwanzigsten Jahrhundert vor unserer Zeitrechnung unter Pharao Phiops I., so klammern sich am Ende des zweiten Jahrtausends unserer Ära die Machthaber an die Begriffe »Verheerung und Befriedung«. Wer ist er, wozu ist der moderne Mensch vorausbestimmt, der mächtiger als die Menschheit geworden ist mit all seiner Vergangenheit, Gegenwart und Zukunft? Wird er der barbarischste aller Barbaren sein, oder wird er das Werk des Prometheus fortsetzen?

Was Sie auch sagen, die größten Despoten sind wir uns selbst gegenüber. Kaum kommt uns ein ungewöhnlicher Gedanke, jagen wir ihn wie einen Bastard davon, bricht er als unberechenbare Aufwallung hervor, zerdrücken wir ihn wie ein lästiges Insekt. Das größte Vergehen der Utopisten war die Absicht, im Menschen den Menschen zu entdecken. Die Schmäher der Utopisten nannten dies »Aufzucht einer neuen Menschengattung«. Und viele schluckten diese Fälschung herunter, ohne sie mit den Zähnen zu prüfen.

Haben Sie sich nie gefragt, wie es kommt, daß kleine Kinder, die kaum ein paar Worte in der Muttersprache zu einem Satz verbinden können, fremdsprachige Altersgenossen ausgezeichnet verstehen? Sie verständigen sich auch mit Jungtieren, die ihnen voll Vertrauen begegnen. Vielleicht deswegen, weil alle Lebewesen gemeinsame Vorfahren haben – die Kinder? Wenn ein Kind die Welt entdeckt, strebt es in der Regel nicht danach, sie zu zerstören oder sie sich zu unterwerfen. Doch bald verblaßt, verwischt sich das von der Natur mitgegebene Positive und verschwindet. Es wird verdrängt und ersetzt von Kanons, jenen Richtschnüren, die nicht einzelne Personen, sondern ganze Epochen ihrer Individualität berauben. Mit anderen Worten: Im Heranwachsen gewinnt das Kind nicht nur, es verliert viel.

Für meine Begriffe verderben den Menschen Reichtum wie Armut, Gefahr wie Sicherheit, Information wie Desinformation. Doch nichts ist mit dem demoralisierenden Einfluß der Macht zu vergleichen. Absolute Macht demoralisiert absolut und unkorrigierbar. Gelingt es, das Kind fernzuhalten vom lasterhaften Kreis der Verführungen, könnte die »neue Gattung« Mensch ihren Anfang nehmen. Man sollte sich nicht etwas Unerhörtes ausdenken, sondern das nicht verderben, womit die Natur uns beschenkt hat.

Seit dem Altertum sind Schäden und Kosten der Zivilisation ein offenes Buch. »Die Ernte der weisesten und schönsten Wahrnehmungen über die menschlichen Sitten ist eingebracht, uns bleibt nur, die Ähren aufzulesen...«, konstatierte Ende des siebzehnten Jahrhunderts Jean de la Bruyère. Daß unsere Welt äußerst unvollkommen ist, davon sind heute die allermeisten Menschen überzeugt. Die Technik, besonders die Kriegstechnik, erlebte in einem knappen halben Jahrhundert die dritte Revolution. Doch wie vor fünftausend Jahren bestimmt irgendeiner für andere, wie sie leben sollen und was sie nicht dürfen. Die Männer entscheiden für die Frauen, seltener umgekehrt, die Alten für die Jungen, »große« Nationen für die »kleinen«, Starke für Schwache. Fremdes Unglück wühle ich mit den Händen hervor. Das eigene verberge ich lieber.

Im Menschen steckt, wie in den von ihm geschaffenen Raketen, das Gefährlichste im Kopf. Glaubt man den Apologeten der Stärke, dann versprechen auch jetzt Rettung – nicht unbedingt Gnade – die Waffen. Den »atomaren Walen« muß man vertrauen, daß sie die Erde weiterhin tragen. Das Laser- oder das infrarote Auge kann aus dem Kosmos die Ordnung auf ihr aufrechterhalten. Es bedrückt sie am allerwenigsten, daß die Hauptopfer der Kriege, von Robotern geführt, die Völker würden. Und das letzte Wort der Technik kann die Menschheit sogar nicht zu hören bekommen. Dialektik des Augenblicks liegt im schroffen Wechsel der Beziehungen zwischen Erwünschtem und Gegebenem. Statt die Vernunft zu den überragenden Höhen in sich selbst hinaufzuführen, späht der Mensch nach solchen im Gelände oder auf der militärpolitischen Karte. Damit ein neuer Stern im All entdeckt werden kann, braucht man vervollkommnete Teleskope. Um Gefahr dort zu erkennen, wo gestern noch Zusammenarbeit wärmte, genügt es, die Augen vor den Tatsachen zu verschließen. Die

Menschheit ist ewig, solange ihr Denken in Bewegung bleibt; solange das Denken stündlich und minütlich mahnt, daß die Menschheit nicht ewig ist. Solange es nicht zur dauernden und beständigen Regel wird, vor dem Handeln zu denken. Denken – das heißt die Folgen jeder Entscheidung vorauszuberechnen, bis zum Horizont und sogar noch über die Grenzen des Sichtbaren hinaus.

Im Unterschied zu früheren Generationen sind wir materiell dafür ausgerüstet, nicht raten oder uns von Gefühlen leiten lassen zu müssen, sondern im voraus zu wissen. Alles, was vorgestern oder gestern war, ist so veraltet, wie alles, was wir heute tun und sagen, nicht Eichmaß für morgen und übermorgen sein kann. Das Morgen gibt eigene Antworten und stellt neue Probleme. Es ist sinnlos, Rezepte für die Ewigkeit auszudenken.

»Der ausgesprochene Gedanke ist Lüge.« Doch Schweigen kann fast gleichbedeutend mit Verrat sein. Die nicht ausgesprochene Warnung vor Gefahr ist ein Verbrechen vor allem an den Nachkommen. Wir programmieren ihre Zukunft ohne ihre Erlaubnis, binden sie, indem wir ihnen Waffen als Stafette weitergeben, an die unser Denk- und Lebensbild gewöhnt ist.

Die Aufgabe für den Politiker sieht anders aus: Er hat die Bedürfnisse der Entwicklung in die Sprache des Handelns und des Lebens selbst zu übertragen. Er darf nicht zulassen, daß Nichtbeachtung der heutigen Möglichkeiten die Probleme von morgen unlösbar macht. Nicht für alles findet sich sofort das genaue Wort beziehungsweise ein Begriff. Am kompliziertesten ist es, den Ort der nationalen Interessen im internationalen Koordinatensystem zu lokalisieren. Entideologisierung der Außenpolitik durch Beziehungen zwischen den Völkern statt Beziehungen zwischen den Staaten? Der Gedanke ist märchenhaft, aber momentan nicht allzu vielversprechend.

Mir paßt natürlich nicht weniger als den anderen der Aphorismus: »An das Gute zu glauben, ist viel einfacher, als das Schlechte nicht zu tun.« Es könnte sehr abträglich sein, jeden Gedanken deutlich auszusprechen. Zeitweise muß man sich bewußt unklar ausdrücken, um sich der Wahrheit nach und nach zu nähern, ohne jene aufzuscheuchen, die sich das Recht angemaßt haben, alle und fast jeden von Pontius zu Pilatus zu treiben.

1972 fragte mich der Präsident des Nationalen Olympischen Komitees der Bundesrepublik, Willi Daume, was mir an den Olympischen Spielen in

München gefallen und was mir mißfallen habe. Ich äußerte daraufhin meine Zweifel an der Richtigkeit der Konzeption der olympischen Wettkämpfe als solche. Sie wurden in eine Fortsetzung der Konfrontation der Nationen umgewandelt und heizen Nationalismus an. Nötig wäre aber, mit Hilfe der Spiele zum Gegenteil durchzudringen. Wie wäre das zu machen? Man sollte die Wettkämpfe nach Altersgruppen organisieren und für die Dauer der Spiele alle nationalen Mannschaften auflösen. Diesen Gedanken wiederholte ich fünf Jahre später auf einer Sitzung des Internationalen Olympischen Komitees. Mit demselben negativen Resultat.

Nennen Sie es, wie Sie wollen – Pazifismus, Romantik, Idealismus. Sie kommen schon im Sport damit nicht durch, aber hier ist hohe Politik. Es heißt, als Erwachsener begreift man mehr und fühlt weniger. Ich bin nicht sicher. Aus Bonn kehrte ich nach Moskau mit dem geschärften Gefühl dafür zurück, daß beide Seiten sich lossagen müssen von der Doktrin der gegenseitigen garantierten Vernichtung zugunsten der Doktrin garantierten gemeinsamen Überlebens. Heute und in Zukunft sollte in der Politik nicht die Erreichung der Balance der Kräfte, sondern die Balance der Interessen zum Generalnenner werden.

Dazu aber ist eine Konversion des gesamten Denkens erforderlich, nicht nur Kriegsökonomik. Dazu muß die Politik sich der verlorenen Moral zuwenden. Moral im Sinne Tolstojs, der drei Arten unterschied: Moralisch ist, was meinem Ich nutzt. Das ist die Moral der Steinzeit. Moralisch ist, was jenem Kreis nutzt, zu dem ich gehöre. Das ist die Moral des Barbarentums. Moralisch ist, was der gesamten Menschheit nutzt. Das ist menschliche Moral.

Und wenn Ihnen Goethe näherstehet, wende ich mich ihm zu: »Wenn die Tugend nicht in Sicht ist, so ergreift man die Macht.«

Dann, so bemerkt der amerikanische Schriftsteller und Publizist Stiv Kohen treffend, bleibt nur übrig, die Macht als gefundene Tugend darzustellen. Manchen, schließe ich, gelingt dies sogar, den meisten aber nicht.

Berlin und weiter
mit Aufenthalten und Umsteigen

Im Sommer 1950 war das Studium am Institut für Internationale Beziehungen absolviert. Sechsunddreißig Stunden Bahnfahrt: durch das Smolensker Land, durch Weißrußland und Polen, die sich von den Kriegserschütterungen noch nicht im geringsten erholt hatten. Dann Frankfurt/Oder. Stumm, aus leeren Fensterhöhlen blickt die Stadt auf die Ankommenden und Durchfahrenden. Sie hat eigene Sorgen und Nöte. Anderthalb Stunden später sind wir in Berlin. Woran soll man beim Anblick der Stadt denken, die als Delinquent viergeteilt worden war? Wahnwitz kehrt als Wahnwitz dorthin zurück, von wo er ausging, um weiter zu walten und die Beute einzuheimsen? Ist die Kriegslust bei Siegern und Besiegten erloschen?

Nach Berlin kam ich mit einer Menge Zweifel – an mir und an anderen. In der Kindheit drücken sich Zweifel gewöhnlich im wißbegierigen »Warum« aus. Im reiferen Alter verwandelt sich Wißbegier in sensiblere Reaktionen auf Sinnlosigkeiten, Ungerechtigkeiten, Widersprüchlichkeiten. Für die gibt es keine Grenzen.

Den Wahnsinn der Gewalt darf es nicht mehr geben. Niemals mehr. Aber was soll man tun, wenn der Krieg nicht zu Ende ist, nur sein Gesicht verändert hat? Am 25. Juni 1950 war der Kalte Krieg in das grausame koreanische Gemetzel übergegangen. Wer hatte es entfesselt? Und warum? Wie groß ist die Gefahr, daß der nichtnukleare in einen nuklearen Konflikt umschlägt? Es gibt keinerlei Gewißheit, nicht einmal für den nächsten Tag. Offizielle und offiziöse Versionen, von beiden Seiten verbreitet, überzeugten häufig vom Gegenteil des Gemeldeten. Besonders wenn eine Möglichkeit bestand, den propagandistischen Schaum wegzublasen und den Realitäten nahezutreten.

Der erste Schuß kam aus Nordkorea. Weshalb hatte der Süden ihn so herausgefordert? Wie konnten die Ereignisse und Erwartungen der Strategen des Kalten Krieges als »lückenlos gelungen« zueinander passen, jener Strategen, die gleichzeitig intensiv mehrere Kriegsschauplätze vorbereiteten, nicht zuletzt europäische? Wenn es Zufälligkeiten und Kongruenzen im Übermaß gibt, ist das schon Tendenz, wenn nicht Gesetzmäßigkeit. Wie konnte Stalin sich so blamieren? Seine Aufklärer lieferten erstklassige Informationen, genug, um festzustellen, daß man in Korea einen Scheideweg betrat.

Ähnliche Fragen widersprachen – bei »richtiger Einstellung«, versteht sich – nicht dem Begriff ideologischer Reinheit. Über keinen Gegenstand, über keine Wahrheit kann man sich vollständig äußern, ohne auf zwei einander widersprechende Beurteilungen zu stoßen. In seinem Testament für die Erben ging Marx weiter als Hegel: »Alles ist dem Zweifel unterzuordnen.« In unserer Zeit ließ sich inoffiziell präzisieren: alles, außer den Worten des »Hausherrn«. (Damit war Stalin gemeint.)

Aber: Ein Mitarbeiter des Berliner Instituts für Zeitgeschichte erzählte mir, er sei im selben KZ mit Stalins Sohn gewesen; er kannte Einzelheiten über den Haftaufenthalt von Jakow Dschugaschwili und konnte genau den Ort seines Todes angeben. Ich berichtete meinen Vorgesetzten davon mit der Empfehlung, das Zentrum zu informieren. Das Telegramm erreichte seine Bestimmung. Da keine Antwort kam, wurde ein zweites Telegramm abgeschickt mit dem Hinweis darauf, daß es um die Gesundheit des Zeugen schlecht bestellt sei. Man gab uns zu verstehen, es werde keine Antwort erfolgen.

Das weckte Protestgefühle. Wie kann jemand, der nicht fähig ist, dem eigenen Sohn Vater zu sein, die Rolle des Vaters der Völker beanspruchen? Da stimmte etwas nicht. Zuviel Unnatur war in ihm selbst und in seiner Umgebung. Der Stalinsche Most hörte auf, in mir zu gären. Ich wollte Klarheit für mich selbst gewinnen, ehe ich mich den Formalitäten für die Aufnahme in die Partei unterzog.

Es war das zweite Mal, daß ich zögerte: Während des Krieges, als Dreher in einer Werkzeugmaschinenfabrik, war ich dem Aufruf zum Eintritt in die Partei nicht gefolgt. Ich konnte nicht heucheln, und dennoch hätte ich es tun müssen. Daß mir ausnahmslos alles gefiel, wollte ich nicht sagen, und präzisieren, was mir nicht gefiel, durfte ich nicht. Dann hätte man mich unweigerlich nach »Volksfeinden« in unserer Familie befragt. Der Vetter meines Vaters wurde 1937 aus seinem dörflichen Haus abgeholt und verschwand spurlos. Wir erfuhren nicht einmal, wessen man ihn beschuldigte. Der Schwager meiner Mutter, Bauleiter einer großen Verteidigungsanlage bei Chabarowsk, wurde zu zehn Jahren Freiheitsentzug »ohne Recht auf Korrespondenz« verurteilt wegen »Spionage für Japan«. Erst 1956 erfuhren wir, daß der Onkel schon im selben verfluchten Jahr 1937 hingerichtet worden war.

In den Jahren 1937/38 bangten die Eltern und ich vor jeder neuen Nacht – wird die strafende Hand an unsere Tür pochen? Und am Tage half ich dem Vater, die gesammelten Werke von Nikolaj Bucharin, Leo Trotzkij und anderen »gefährlichen« Autoren aus seiner Bibliothek ins Kesselhaus zu tragen, wo sie verbrannt wurden.

Was also hätte ich auf die Frage nach den »Volksfeinden« sagen können? Sollte ich sie verdammen und mich selbst verraten? Konnte ich sie verteidigen, ohne zu wissen, was man ihnen als Schuld angelastet hatte? Heutzutage ist es sehr einfach. Ganz besonders für die Superorthodoxen von gestern, die in den Archiven herumwühlen. Sie entledigen sich ihrer Gewissensbisse mit Hilfe »ökonomischer Denkweise« im Sinne von Avenarius oder Mach. Sie lösen Probleme, indem sie die Plus- und Minuszeichen wechseln. Sie bleiben so dieselben Orthodoxen, nur eben mit umgekehrtem Vorzeichen.

Mir ist nicht die Gabe eigen, am Klang eines Römers feststellen zu können, wer welchen Wein vor einem Dutzend Jahren aus ihm getrunken hat. Sachliches Wissen und Erfahrung zu sammeln, stand mir noch bevor.

Von den Partnern meines Berlinaufenthalts nenne ich vor allem Willi Stoph, damals Leiter der Wirtschaftsabteilung im ZK der SED, ferner Karl Schirdewan, Paul Verner, Franz Dahlem und Otto Nuschke. Mit ihnen traf ich häufiger zusammen als mit anderen Spitzenfunktionären, und ihre Haltung ermöglichte informelle Gespräche. In der Atmosphäre des alles durchdringenden Mißtrauens und der Lockspitzelei gediehen Keime des Vertrauens nur mühsam und waren oft nicht lebensfähig. Ich glaube, es war Bürgermeister Friedensburg, der, daran verzweifelnd, eine vernünftige Sprache mit den sowjetischen Partnern zu finden, bitter erklärte: »Die Russen brauchen Sklaven, keine Freunde.«

Das mag für manche Vertreter zutreffen, sie brauchten aber nicht unbedingt Russen zu sein. Jedenfalls gilt es nicht für alle und keineswegs für die Mehrheit. Kriecherei ist mir im Innersten zuwider. Und gerade in dieser Zeit eignete ich mir die Offenbarung an: Wenn du einen Freund haben willst, sei du ihm Freund.

Auf Berlins Prachtstraße Unter den Linden war der Oper gegenüber ein großes Plakat mit dem Porträt eines in den vierziger Jahren bei uns populären Schriftstellers angebracht. Unterschrift: »Es lebe Ilja Ehrenburg, der beste Freund des deutschen Volkes.« Ganz klar – ein Beispiel des fröhlich-giftigen Berliner Humors. Das begreift doch jeder: Einen »besseren Freund« kann man gewiß nicht finden, als jenen Mann, der den ganzen Krieg über gerufen hatte: »Wo du einen Deutschen triffst, schlag ihn tot!« Jeden Deutschen, wahllos.

Eigenartig, daß dieses Plakat offenbar niemanden störte. Ich wandte mich an die Politabteilung in der sowjetischen Kontrollkommission:

»Stört Sie denn dieser höhnische oder sarkastische Hochruf auf Ehrenburg wirklich nicht? Das da ist noch schlimmer, als zu Ehren eines Parteiereignisses Wilhelm Pieck einen gynäkologischen Stuhl zu schenken.«

»An diesem Plakat sind schon klügere Leute als Sie vorübergefahren, niemand hat es beanstandet«, antwortete mir der dreizentnerschwere Oberst.

Gerade solche Förderer der »Freundschaft« waren erpicht darauf, jede ostdeutsche Stadt mit einer Stalinstraße, einem Majakowskijweg auszuzeichnen. Den Opernthreatern flickten sie den Namen Gorkij oder einen anderen von der Sorte an. An Stelle des Stadtparks erschienen wie in Magdeburg »Friedhöfe für sowjetische Staatsangehörige«.

Im nächsten Jahr, 1951, fiel ich mit einem anderen Vorschlag krachend durch. Ost-Berlin bereitete sich auf die Weltjugendfestspiele vor. Man solle doch aufhören mit den Beteuerungen ewiger Freundschaft, so war meine Idee, und sich statt dessen gemeinsam mit den Deutschen in Sonntagseinsätzen beim Bau der Sport- und Freizeitanlagen beteiligen. Unsere jüngeren Mitarbeiter versauerten ohne körperliche Betätigung, und unsere Soldaten wären froh, aus den Kasernenmauern herauskommen und junge Deutsche kennenlernen zu können.

»Sind Sie sich im klaren, wohin das führt? Die moralische Sauberkeit bereitet uns sowieso schon genug Kopfschmerzen. Ihnen reicht es an Kontakten zur örtlichen Bevölkerung nicht? Meiner Meinung nach sind es viel zu viele.«

Der Oberst forderte einen Ausweis von mir an. Wahrscheinlich sah er in mir ein subversives Element. Wie konnte ich wissen, daß die Polit-Hohepriester einen in seiner Absurdität einzigartigen Befehl ausgearbeitet hatten, den Wassilij Tschuikow, der Vorsitzende der Sowjetischen Kontrollkommission, gedankenlos flugs unterschrieb. »Über die Einführung des Okkupationsregimes für sowjetische Bürger«. Weder vorher noch nachher hat das Völkerrecht etwas Ähnliches gekannt.

Doch es ist Zeit, mich meinen dienstlichen Angelegenheiten zuzuwenden.

Im Frühherbst 1950 versammelten sich »Linke« aus ganz Deutschland in Luckenwalde. Außer Kommunisten und Verfolgten des Naziregimes kamen Gewerkschafter, Sozialdemokraten, Pazifisten und Studenten. Im Präsidium saß die politische Spitze der SED, angeführt von Pieck, Ulbricht, Grotewohl. Grund der Veranstaltung: Die Remilitarisierung der Bundesrepublik. Echte Sorge um die Zukunft der Deutschen, die man auf Konfrontation mit dem Osten hetzte, hatte die Teilnehmer zusammengeführt.

Derartige Konferenzen, Meetings, Versammlungen gab es, nach dem offiziellen Beschluß, die Bundesrepublik zur Hauptbühne der NATO-Aktivitäten in Europa zu verwandeln, eine Menge. Quer durch alle Bevölkerungsschichten wurden erbitterte Debatten geführt um das »Deutscher, was nun?«.

Aus den verschiedenartigsten Protesten, Zweifeln, aus Entrüstung entstand die »Ohne uns«-Massenbewegung, die in Bonn und Washington viel Kummer hervorrief. Die Zusammenkunft in Luckenwalde verdiente keine gesonderte Erwähnung, wenn nicht ...

Wir waren kaum nach Karlshorst zurückgekehrt, als der Politberater Wladimir Semjonow unsere Gruppe antanzen ließ.

»Warum haben Sie nicht über das außerordentliche Vorkommnis in Luckenwalde berichtet? Ihrer Meinung nach soll ich darüber durch Moskau erfahren?!«

»Was für ein Vorkommnis soll das sein?«

»Das wird ja immer schöner! Wilhelm Pieck hat dazu aufgerufen, das antinationale Regime Adenauer zu stürzen. Und die Vertreter der sowjetischen Kontrollkommission haben davon nichts vernommen. Die Nachricht ist bis zu Stalin gedrungen, er hat sich aufgeregt, und Sie werden erst begreifen, wenn die Kanonen donnern.«

»Piecks Rede enthielt die These von der Notwendigkeit, die Remilitarisierung unbedingt zu verhindern. Und wenn es keine andere Wahl gebe, vor der außerparlamentarischen Absetzung der Regierung Adenauer nicht zurückzuschrecken. Die Anwesenden – wir sind Zeugen – haben diese Worte nicht als Aufruf zum Handeln aufgefaßt, schon gar nicht zum sofortigen.«

Semjonow verlangte von jedem von uns dreien, nach den eigenen Notizen Piecks Rede wiederzugeben. Die Aufzeichnungen in zwei Notizbüchern stimmten fast wörtlich überein. Das dämpfte den künstlichen oder echten Zorn Semjonows ein wenig. In dieser Zeit konnte man niemals sicher sein: Produziert sich der selbstsichere politische Emissär Moskaus, oder meint der Neununddreißigjährige es ernst?

»Verfassen Sie schleunigst ein Telegramm an den Genossen Stalin. Geben Sie die Worte Piecks so wieder, wie Sie sie eben referiert haben. Und schreiben Sie sich hinter die Ohren: Genosse Stalin muß alles, was es Neues in den Entwicklungen hier gibt, von uns erfahren und nicht von Außenseitern. Uns reichen die Komplikationen in Fernost.«

Komplikationen mit der Bundesrepublik paßten Stalin nicht. Konflikte mit dem Westen wegen der Bundesrepublik erst recht nicht. Stalin wärmten weiterhin Hoffnungen, Träume, Illusionen und was auch immer, daß die Deutschen keine Lust haben würden, jemanden zu bedienen, vielmehr ihre Zukunft selber in Ordnung bringen wollten. Diese Hoffnungen, dafür gibt es genug Indizien und Beweise, verließen den Diktator bis zu seinem Ende nicht.

Später, als die Rangunterschiede zwischen Wladimir Semjonow und mir weggefallen waren und aufgrund gemeinsamer Kunstinteressen sogar eine persönliche Nähe entstand, kamen wir selten auf die Jahre 1950/51 zurück und wenn, dann nur selektiv; unangenehme oder für die damalige Obrigkeit wenig schmeichelhafte Momente wurden ausgelassen. Erstaunlicherweise tauchte in unseren Gesprächen auch nie der Koreakrieg auf. Daher bin ich nicht in der Lage, zu beurteilen, ob Semjonow von der Genesis dieses Krieges etwas wußte.

Nach glaubwürdigen Angaben hat Stalin lange geschwankt, ob er Kim Il-Sung den Präventivschlag sanktionieren sollte. Zum entscheidenden Auslöser wurde die Meldung der Militäraufklärung, die der amerikanischen Administration die Absicht zuschrieb, Syngman Rhee im Kriegsfall ausgedehnten Beistand zu gewähren: Waffenhilfe und Berater, Luft- und Marineunterstützung, aber kein Eingreifen in Bodenoperationen. Gezielte Desinformation? Wer weiß? Als das Kriegsgeschehen eine unvorhergesehene Wendung nahm, schickte Stalin den Chef der Hauptaufklärungsabteilung (GRU) nach Fernost: »In der Nähe des Konfliktgebiets wird er besser sehen können.«

Die Abfassung politischer Telegramme für Stalin stellte ein besonderes Genre dar. Unser erster Entwurf wird verworfen. Auch der zweite. Um keine Zeit zu verlieren und um uns Analphabeten eine Lehre zu erteilen, nimmt Semjonow selbst ein Formular und führt routiniert aus:

»... Die Versammelten begrüßten begeistert Piecks Worte über die brüderliche Freundschaft mit der Sowjetunion ... Stürmischer Applaus folgte jeder Namensnennung des Genossen Stalin ...«

Unser Text hatte also viel zuwenig Nektar enthalten. Ob die Bienen ihn in irgendeinen Korb trugen, spielte keine Rolle. Wäre der Adressat von den honigtriefenden Reden übersättigt, hätte er die Begeisterung eingedämmt. Vielleicht würden dann die Machtträger auch nicht aus ihren Sesseln aufspringen, wenn Stalin sie anrief.

Ungefähr um dieselbe Zeit ließ man mich an der Ausarbeitung der Erwägungen der Sowjetischen Kontrollkommission für die Außenministerkonferenz der osteuropäischen Länder in Prag teilnehmen. Sie war einberufen worden, um eine Antwort auf die New Yorker Entscheidung der drei Westmächte vom 19. September 1950 zu geben, die offen bestätigte, was die Amerikaner und Engländer hinter unserem Rücken getan hatten: Sie hatten formell dem Potsdamer Abkommen und anderen Vorschriften eine Absage erteilt. Auch nach vierzig Jahren wird man beim Durchlesen nicht müde, über die Zweideutigkeit zu staunen, mit denen das New Yorker »Communiqué über Deutschland« gespickt ist. Zum Beispiel: »Verteidigung der Freiheit Europas«. Des ganzen oder eines Teils des Kontinents? Wenn eines Teils, dann welchen? Freiheit wessen und wovon?

In einigen amerikanischen Regierungsdokumenten jener Zeit wurden innere Veränderungen in den europäischen Ländern, die nicht einmal als Resultat sowjetischer Einmischung oder Förderung auftraten, sondern »objektiv« den Interessen der Sowjetunion entsprachen, als »unannehmbare Bedrohung« bezeichnet. Die Erlangung »technischer Fähigkeiten« auf der sowjetischen Seite zur Abwehr amerikanischer Angriffe wurde als »Aggression« und »Casus belli« ausgegeben. Wenn Angriff die beste Verteidigung ist, so war die Bezugnahme auf die Notwendigkeiten der Verteidigung die beste Begleitmusik für die eigene offensive Strategie.

Den drei Westmächten war kein glücklicherer Gedanke eingefallen, als

die Wiederbewaffnung der Bundesrepublik und die Legalisierung ihres Alleinvertretungsanspruchs in der internationalen Arena zusammenzuspannen. Erläutert man das Communiqué aus sich selbst heraus und nicht mit einer »interpretierenden Bemerkung«, die Adenauer zur Kenntnis gebracht wurde, so verbieten sich im Kampf für die »Freiheit Deutschlands« keine Mittel und Methoden, ausgenommen ... »neutrale«.
Unsere Erwägungen zur Konferenz in Prag wurden aufmerksam aufgenommen, und die von uns vorgeschlagenen Formulierungen zur Erklärung (21. Oktober 1950) spiegeln sich in ihrem Text.*

Etwa Anfang November 1950 nahm ich an einer Begegnung mit Gustav Heinemann teil. Er hatte erst kurz zuvor die Adenauer-Regierung verlassen aus Protest gegen die deutsche Remilitarisierung, mit der die »Chance einer friedlichen Lösung für Deutschland« vertan wurde. Moskau interessierte sich ungemein dafür, was am Rhein wirklich geschah, wie die Disposition der Kräfte in der Regierung, im Bundestag, in den außerparlamentarischen Kreisen sich darstellte. Was kann wann getan werden, damit eine Zuspitzung nicht zu einer Vorkriegssituation in Europa wird? Der bekannte Kirchenmann Probst Heinrich Grüber kam zu Hilfe: Er nahm Kontakt zu Heinemann auf und übertraf noch seine Zusagen, indem er den ehemaligen Minister nach Karlshorst brachte. Hier, in einer Villa, die außerhalb des abgeriegelten Geländes, »Klein-Kreml« genannt, lag, fand die Begegnung statt.
Von der Sowjetischen Kontrollkommission waren zwei Mitarbeiter anwesend: Major Kratin, vor dem Krieg Biologe in Leningrad, und ich. Nebenbei, die Mitarbeiter unserer Unterabteilung setzten sich zur Hälfte aus Offizieren zusammen, in den höheren Positionen waren sie sogar in der Überzahl. Drei oder vier Wochen nach dem Treffen mit Heinemann wurde

---

* Die Erklärung enthielt den Appell an die vier Mächte, die Gültigkeit der Prinzipien von Potsdam zu bestätigen, dann die ungehinderte Entwicklung der zivilen Zweige der deutschen Wirtschaft zu gewähren. Man schlug die unverzögerte Unterzeichnung eines Friedensvertrages vor Wiederherstellung der staatlichen Einheit Deutschlands vor, Abzug der Besatzungstruppen im Laufe eines Jahres nach Friedensschluß vom deutschen Territorium, Schaffung eines »gesamtdeutschen Verfassungsrats« mit umfangreichen Vollmachten.

Dieser Arbeit verdankte ich es, daß mir sehr »vertrauliche Aufgaben« übertragen wurden. Unter anderem hatte ich den Auftrag, die »Informationsbriefe« von Hjalmar Schacht zum Vortrag zu übersetzen. Aus irgendeinem Grund wurden diese Briefe sehr hoch geschätzt und an Stalins Sekretariat weitergeleitet.

Kratin eilig aus Berlin abberufen, im Interesse seiner »eigenen Sicherheit«. Was man dem Major unterstellte, wußte ich nicht. Es ist auch möglich, daß ihm gar nichts geschah. Zwei andere Offiziere wurden zum Beispiel aus der Abteilung entfernt, weil sie sich in einer Buchhandlung in West-Berlin einige in der Schweiz herausgegebene Bücher über den Zweiten Weltkrieg bestellt hatten.
Die Endfassung der Gesprächsaufzeichnung hatte Kratin mir nicht gezeigt. Im Rohentwurf war zuviel eigene Zutat enthalten gewesen, worauf ich ihn aufmerksam gemacht hatte. Ich werde das Treffen so skizzieren, wie es sich mir im Gedächtnis eingeprägt hat.
Gustav Heinemann benahm sich schlicht und unvoreingenommen. Nichts zeugte davon, daß man eine noch gestern leitende Persönlichkeit eines Staates, einen ehedem einflußreichen Minister vor sich hatte, der sein Scherflein zur politischen Wetterkarte Europas beigetragen hatte. Der Protest gegen die Remilitarisierung wurde ausgesprochen, und zwar demonstrativ, doch die Zukunft der Bundesrepublik, so Heinemann, verliert sich im Unbestimmten. Das eigene politische Morgen ergibt sich aus keiner Kalkulation. Im Unterschied zu den meisten anderen, die Unsicherheit und Mangel an Überblick hinter Redseligkeit zu verstecken suchten, war der Gesprächspartner karg mit Erläuterungen zu Adenauers Denkart und ließ sich ungern auf Prognosen ein.
Ja, das Interesse der USA daran, menschliches westdeutsches Potential und Ressourcen in die militärischen Planspiele der NATO einzubeziehen, war für die Schaffung der Bundesrepublik ausschlaggebend gewesen. Hätte die Berlin-Blockade nur ein klein wenig länger gedauert, hätte die Remilitarisierung bereits am Tage der Gründung des neuen Staates begonnen, und zwar unter dem Motto »Selbstverteidigung der Deutschen«. Das klappte nicht, bedeutete aber keineswegs, daß die Wiederbewaffnung damit hinfällig geworden wäre. Ein neuer Vorwand wurde gebraucht. »Sie haben ihn mit Korea kreiert.« Ohne Koreakrieg könnte es vielleicht glücken, die Anhänger der Wiederbewaffnung zu überrumpeln. Hätte diese Möglichkeit nicht bestanden, wäre er, Heinemann, in die Regierung Adenauer überhaupt nicht eingetreten.
Nein, er rechnete nicht damit, daß noch andere Minister seinem Beispiel folgen werden. Dazu wäre in jedem Fall eine realistische Alternative zu dem Beschluß der drei Westmächte in New York nötig. Ob die Sowjetunion dazu bereit sei, dafür kann im Westen niemand einstehen. Der Bundestag

wird in der gegebenen Etappe Adenauer keine größeren Schwierigkeiten bereiten, obwohl in allen Fraktionen Abgeordnete vorhanden sind, die sich Rechenschaft über die Bedeutung des Augenblicks ablegen.
Er, Heinemann, hat ein Warnsignal gegeben. Wer Ohren hat zu hören, der höre. Aus den Tatsachen Konsequenzen zu ziehen, ist Sache jedes einzelnen. Das ist eine Frage der politischen Überzeugung und des Gewissens. Was sein Gewissen angeht, so möchte Heinemann in nächster Zeit sich der Arbeit der evangelischen Kirche zuwenden, die als einzige durch die Spaltung noch nicht lahmgelegt war.
Kratins Versuche, Heinemann zu veranlassen, Details aus der Entscheidungsprozedur über die Remilitarisierung in den Verhandlungen zwischen den drei Westmächten und Bonn sowie im Kabinett Adenauer wiederzugeben, blieben erfolglos. Heinemann seinerseits interessierte sich für die Pläne der Sowjetunion und der DDR unter den neuen Gegebenheiten. Als ihm klar wurde, daß wir nichts Bemerkenswertes darüber zu berichten hatten, sah er auf die Uhr und stellte fest, daß die vereinbarten anderthalb Stunden abgelaufen waren und es Zeit für ihn war, sich zu verabschieden.
Hat unser Gespräch mit Heinemann in Inhalt und Ton bei Grotewohls Brief an den Bundeskanzler irgendeine Rolle gespielt? Ich nehme an, es war ihm nicht abträglich. Adenauer war faktisch eingespannt in die Diskussion über die Bedingungen des Einbeziehens der Deutschen selbst in die Entscheidung der sie betreffenden Probleme. Nachdem das Haupt der Regierung der DDR die prinzipielle Bereitschaft erklärt hatte, die von Bonn erhobenen Forderungen zu prüfen, verfiel der Bundeskanzler in arrogante Rhetorik.
Bundestagspräsident Hermann Ehlers machte damals deutlich, daß er Adenauers Linie nicht gutheiße. Er trat für die Fortsetzung eines »Dialogs über den Eisernen Vorhang hinweg« ein. Breite Schichten in Ost und West, bemerkte Ehlers, seien unzufrieden mit der Bonner Reaktion auf Grotewohls Appell.
Hat sich danach etwas geändert? Zum Schlechteren vielleicht. Zum Besseren bestimmt nicht.
Man kann dazu ohne Übertreibung behaupten, daß gegen Ende des Jahres 1950 die Mehrheit der Deutschen in Ost und West nicht glücklich damit war, daß Deutschland in das Wettrüsten einbezogen wurde, ebensowenig mit Adenauers Obstruktion hinsichtlich der deutsch-deutschen Kontakte.

Die Handlungsweise Bonns führte dazu, daß der Graben zwischen der DDR und der Bundesrepublik sich zum regelrechten Abgrund entwickelte.

In diesem Sinne besaßen Grotewohls Briefe ihre Legitimation, unabhängig von der Bewertung der ersten Wahlen nach der Gründung der DDR, die auf allen Ebenen stattgefunden hatten: in Volkskammer, Landtagen und Kommunen. Wären die Wahlen nicht nach den Einheitslisten der Nationalen Front durchgeführt worden, hätte die SED in den meisten Städten dreißig bis vierzig Prozent der Stimmen erhalten können, auf dem Lande weniger, jedenfalls nirgendwo die Hälfte. Die törichten, wenn auch manchmal realen 99,7 Prozent provozierten Ablehnung und Widerstand sogar dort, wo es nicht hätte sein müssen.

Die Rede Grotewohls vor der Volkskammer, in der er für die SED die führende Funktion im System der Macht proklamierte und dies mit den Wahlergebnissen vom 15. Oktober 1950 verknüpfte, war ein Selbstbetrug, der, anders konnte es nicht sein, den Betrug anderer einschloß. Als Augenzeuge kann ich bestätigen, daß die Ausrufung der SED zur Staatspartei ihre Partner in der Nationalen Front überrumpelte. Aufschlußreich war es, die Gesichter von Otto Nuschke, Johannes Dieckmann und anderen zu beobachten. Ich erwartete, daß sie irgendwie Empörung, mindestens Unverständnis zeigen würden. Doch eine stärkere Reaktion als Schulterzucken gab es nicht.

Ungewollt mußte ich an das Gespräch mit Heinemann denken und an seine Skepsis hinsichtlich eines offenen Widerstands in den Bonner oberen Etagen gegen Adenauers Politik. Disziplin ist bei den Deutschen eine zweite Religion. Staatsdisziplin ist beinahe ein absolutes Heiligtum.

Die SPD und vor allem Kurt Schumacher machten dem offiziellen Bonn keine übermäßigen Schwierigkeiten. Da die Bildung einer oppositionellen Fraktion innerhalb der sozialdemokratischen Partei mißglückt war, versuchte die Führung der SED, eine linksdemokratische Strömung ins Leben zu rufen, die, wie man phantasierte, unter den Sozialdemokraten, speziell den Intellektuellen, Sympathisanten gewinnen könnte. Ich war nach Kyritz zur Gründung einer solchen Gruppe eingeladen worden. Sie sollte sich »sozialdemokratische« oder »sozialistische Aktion« nennen. Von der SED-Führung sprach Franz Dahlem auf der Gründungsversammlung.

Diese Veranstaltung erinnerte an ein Liebhabertheaterstück, das nicht die geringste Chance hat, im politischen Repertoire zu bleiben. Es lohnt nicht, sich dabei aufzuhalten, daß die SPD durch ihr Ost-Büro eine rechtzeitig eingehende Information über Anschläge auf ihre eigene Domäne erhielt und so die Möglichkeit hatte, sie im Keim unschädlich zu machen.

In gewissem Grade sah sich die DDR nicht nur vor die Frage nach der Ausrichtung ihrer Politik gestellt, sondern auch nach der Natur des ostdeutschen Staates. Die Zielsetzung war in größeren Zügen vorausbestimmt, sie ergab sich aus den Potsdamer Beschlüssen mit ihren Grundforderungen, kompromißlos und unabänderlich Nazismus und Militarismus auszurotten, das wirtschaftliche und soziale Leben zu demokratisieren. Es genügt die kleine Tautologie, die Beifügung »Volks-« zu Demokratie vorzunehmen, und schon stehen Sie mit einem Bein im Sozialismus.

Sollte die DDR hinter den Osteuropäern zurückstehen? Wer sollte Schiedsrichter bei Streitigkeiten innerhalb der DDR-Führung sein?

Dieses Thema – Wesen der Deutschen Demokratischen Republik – wurde auch auf der »wissenschaftlich-theoretischen Konferenz« der Mitarbeiter der Sowjetischen Kontrollkommission diskutiert. Der Stellvertreter des politischen Beraters, Iwan Iljitschow, tilgte sämtliche Zweifel: »In der DDR wurde die volksdemokratische Staatsordnung errichtet«, erklärte er in seinem Schlußwort, »danach ist zu leben.« Es stand fest, wenn auch nicht übermäßig rechtlich, wissenschaftlich und theoretisch belegt. Und nicht ganz so, wie man im »Großen Kreml« darüber dachte.

Einen besseren Theoretiker des Marxismus als Stalin kannte man damals nicht. Schließlich hatte er eigenhändig in das Vorabexemplar seiner Kurzbiographie, von Iwan Pospelow und anderen vorbereitet, geschrieben: »Stalin, das ist der Lenin von heute.« Er glaubte fest daran, daß es Aufgabe der Theorie sei, die Praxis zu bedienen. Und wenn die Praxis mit Widersprüchen belastet ist? Dann kann auch die Theorie sich nicht als Nonne gebärden.

Das ist Ihnen doch klar? Nicht besonders? Auch Wilhelm Pieck war es nicht allzu klar. Gleichaltrig mit Adenauer war für ihn die Zeit nicht mehr fern, in der er nur noch Repräsentationsaufgaben im Schloß Niederschönhausen wahrnehmen konnte. Unbehaglich fühlte sich Walter Ulbricht. An den Sozialismus zu glauben und unprätentiös seine Treue zu ihm zu bekunden, ist erlaubt. Aber es darf keinerlei soziale Spaltung

Deutschlands von oben geben, solange der »Theoretiker« Stalin nicht anders entscheidet. Und vielleicht kommt er gar nicht zu einem derartigen Schluß?

Die Perspektive, den Sozialismus in der DDR aufzubauen, als Antwort auf die Stärkung der Oligarchie in der Bundesrepublik und als Reaktion auf die Remilitarisierung Westdeutschlands war für den sowjetischen Diktator ein wirkungsvoller Hebel zur Beeinflussung der öffentlichen Stimmung. Das Sozialismusgespenst »ja oder nein« war der Goldbarren im komplizierten Tauziehen Stalins mit den drei Westmächten.

Nein, Adenauer hatte nicht falsch vermutet, daß auf der geplanten Viermächtekonferenz die Sowjetunion vorschlagen könnte, Deutschlands Einheit in einem entmilitarisierten, neutralen Staat wiederherzustellen. Am 10. Februar 1951 wandte sich der Kanzler kategorisch gegen eine solche Spielart der Wiedervereinigung. Sie berge, unterstellte Adenauer, im Kriegsfall große Gefahren für das deutsche Volk (keiner der beiden Blöcke würde den Status der Neutralität Deutschlands achten), desgleichen im Frieden (Deutschland wäre verloren, geriete es ins Spannungsfeld der Sowjetunion, und damit wäre ganz Europa zum Untergang verdammt).

Man braucht Adenauers Mahnung nicht für bare Münze zu nehmen. Doch hinter diesem Zweckpessimismus steckte ein Programm, das nicht zufällig auf einer fast wissenschaftlichen Versammlung verkündet wurde – im Auditorium Maximum der Universität Bonn. Dies zu negieren würde bedeuten, einer der Gründe für die Fruchtlosigkeit der Präliminarkonferenz, die in Paris im Palais Rose vom 5. März bis zum 21. Juni 1951 tagte, bliebe unberücksichtigt, und die Historie mit der berühmten sowjetischen Note vom 10. März 1952 bliebe unverständlich.

Die offizielle westliche Legende erzählt, daß die stellvertretenden Außenminister der Sowjetunion, der USA, Großbritanniens und Frankreichs ohne Ergebnis auseinandergingen, weil die Minister die Frage des Atlantischen Bündnisses und der Schaffung amerikanischer Militärstützpunkte in Europa und im Nahen Osten auf der Konferenz nicht behandeln wollten. Über sowjetische Truppen in Deutschland, Polen und Ungarn waren sie gerne bereit zu sprechen. Truppenstationierung der drei Westmächte dagegen ginge die Sowjetunion nichts an, da es sich bei diesen Streitkräften nicht um »Okkupationstruppen« handle.

Der Außenminister von Großbritannien zerriß im April 1951 die Tradition des nebligen Albion, indem er sich überdeutlich ausdrückte: Die Diskussion über Rechtmäßigkeit und Unrechtmäßigkeit einzelner Beschlüsse und Erklärungen der Vergangenheit sei unfruchtbar; es sei nicht zweckmäßig, das deutsche Volk und die vier Mächte an einen Gedankengang zu binden, der zum Zeitpunkt der Kapitulation maßgebend war; es sei unumgänglich notwendig, die Gegebenheiten in Ost- und Westdeutschland zur Kenntnis zu nehmen und in Zusammenarbeit mit dem deutschen Volk den Grundstein zum Aufbau eines neuen, demokratischen Deutschland zu legen.

Ich glaube, *Die Welt* überschrieb einen ihrer Kommentare: »Selbst Andrej wußte nichts zu sagen.« Dies etwa der Inhalt: »Gestern fand im Palais Rose die bisher kürzeste Sitzung statt. Sie dauerte ein paar Minuten. Niemand ergriff das Wort.« Auch Gromyko nicht, der die Sowjetunion auf der Präliminarkonferenz vertrat. Und was sollte man auch sagen, wenn uns nahegelegt wurde: Alle früheren Verpflichtungen und Beschwörungen sind Quatsch. Was gewesen war, ist längst passé.

Das Wort »Neutralisierung«, auf Deutschland angewandt, erklang im Palais Rose nicht. Es ging um die deutsche Nichtbeteiligung an der militärischen Ost-West-Konfrontation, um die Verminderung der Konfrontation als solcher.

Der Gedanke, Deutschland aus diesem Konflikt herauszunehmen, zog viele Deutsche an. Mir fiel eine umfangreiche Dokumentation über Diskussionen in die Hand, die führende Mitglieder der FDP, teilweise auch der SPD, der Gewerkschaften und einflußreicher Industriekreise geführt hatten. Franz Blücher und ihm nahestehende Kollegen beratschlagten, ob die Liberalen aus der Koalition mit der CDU/CSU ausscheiden sollten, um nicht mitverantwortlich zu werden für eine Politik, die bewußt in Richtung Spaltung steuerte. Theodor Heuss mußte große Anstrengungen darauf verwenden, die FDP von »riskanten Manövern« abzubringen.

Der erste Bundespräsident sah die Deutschen vor ein Dilemma gestellt: Entweder Einheit aus der Hand des Westens – dafür sollte die Bundesrepublik sich selbst im voraus und dann das geeinte Deutschland de facto in die Militärstruktur der NATO und des »freien Europa« integrieren lassen. Oder Einheit von sowjetischen Gnaden, die vielleicht nur um den Preis weitgehender »Neutralisierung« zu erkaufen war. Da aber die drei Westmächte eine deutsche »Ungebundenheit« kategorisch ablehnten, wäre die Annahme des sowjetischen Modells nutzlos und nur mit langfristigen Komplikationen im Westen verbunden.

Im Rückblick kann man nur staunen über die Kaprizen der Geschichte. Als die Kommunisten 1948 Bonn als provisorische Hauptstadt der Bundesrepublik ablehnten, verlangten sie statt dessen Berlin als Regierungssitz. Als um die Jahreswende 1949/50 ein neutraler Geist als mögliche Lösung aufkam, widersprach ihm als erster und scharf Walter Ulbricht, denn: Neutralisierung bedeutet »Selbstaufopferung« des deutschen Volkes und der Nation auf Verlangen des »Monopolkapitals«.

Oder: Adenauer forderte Anfang September 1949 in einem Interview mit dem *Manchester Guardian* den raschen Abschluß eines Friedensvertrags der Bundesrepublik mit den Westmächten, da man auf Friedensregelungen unter Teilnahme der Sowjetunion lange werde warten müssen. Sprach's, und das Wort Friedensvertrag verschwand damit aus seinem Wortschatz.

Im November 1951 kreierten die USA, England und Frankreich einen neuen Begriff: »frei vereinbarte [zwischen Deutschland und seinen ehemaligen Gegnern – aus dem Text ging nicht hervor, ob unbedingt alle Gegner gemeint waren] Friedensvertragsregelungen«. Nach dem erfolgreichen Experiment, mit Japan den San-Francisco-Vertrag zu schließen, von dessen Ausarbeitung die Sowjetunion ausgeschlossen worden war, testeten sie nun, ob nicht auch in Europa etwas Ähnliches zu erreichen sei.

All das zu beobachten, war hochinteressant. Nahm man Geheimdokumente zu öffentlichen Reden und Communiqués hinzu, erkannte man, was sich hinter einem Wort oder seiner Abwesenheit verbarg, scheinbare Alogismen und absichtliche Reduplizierungen bekamen andere Konturen. Der Beschluß zur Wiederbewaffnung bildete die Grundlage, den Kriegszustand mit Deutschland für beendet zu erklären, und zwar ohne einen Friedensvertrag zu schließen. Gesamtdeutsche Wahlen nicht vor, sondern nach der Spaltung. Erinnerungen an die Viermächteverantwortlichkeit für Deutschland als ganzes nach formeller und faktischer Zerstörung der rechtlichen, politischen und so weiter Basis für reale Zusammenarbeit der ehemaligen Alliierten. Die USA, Großbritannien und Frankreich wollten die Konfrontation, suchten sie, sie war ernsthaft beabsichtigt, und zwar auf lange Zeit.

Sie, verehrter Leser, haben sich wahrscheinlich innerlich darauf vorbereitet, unter verschiedenen Gesichtswinkeln die sowjetische Note vom 10. März 1952 zu betrachten. Man nennt sie öfter »Stalin-Note«, doch ist

in Vergessenheit geraten, daß Andrej Gromyko sie in Moskau den diplomatischen Vertretern der USA, Englands und Frankreichs überreichte.
Zu Beginn der Notenkorrespondenz, die sich bekanntlich bis zum 25. September hinzog, wurde ich ziemlich krank. Aus den Akten und Gesprächen mit den sowjetischen Betreuern dieser strategischen Aktion kenne ich deren Grundriß und die ungefähren Grenzen des möglichen Stalinschen Standpunkts.
Die Initiative vom 10. März kann man nur verstehen, wenn man sie im Kontext der prinzipiellen westlichen Beschlüsse liest, die Bundesrepublik aus dem System der Regelungen der Jahre 1943 bis 1945 endgültig auszugliedern, das zum Fundament der Nachkriegsfriedensordnung hatte werden sollen. Die Führung der Sowjetunion stand vor der Notwendigkeit, sich aus mehreren Übeln das kleinste auszusuchen.
Das Interesse an dem ostdeutschen Wirtschaftspotential war gewichtig. Vom primitiven »Raubt soviel ihr könnt«, wie Stalin es im März 1945 formuliert hatte, war man längst zur Nutzung der laufenden Produktion und Arbeitsteilung übergegangen. Doch dieses Interesse sollte man zurückstellen vor Gewinnen auf dem Gebiet der Sicherheit. Die Idée fixe – eine gute Nachbarschaft Deutschlands und der Sowjetunion löst das Sicherheitsproblem unserer Länder von Westen her – hatte Stalin zum Pakt mit Hitler 1939 veranlaßt, und die Erfahrung des Krieges bestärkte ihn noch in diesem Aberglauben.
Verlieren wir den Zeitpunkt nicht aus den Augen: Die Drohung eines Präventivatomangriffs der USA, mit dem Moskau seit 1946 wie mit einer Realität rechnete, hatte sich abgeschwächt. Als Gegner mit konventionellen Waffen notierte man die Amerikaner nicht sehr hoch, es sei denn, die Drecksarbeit in den vordersten Linien taten andere. In Europa hatten amerikanische Generalstabsakten den Deutschen die Rolle der »Königin auf dem Schlachtfeld« zugedacht. Ohne sie würde der »Dropshot« keinen starken Eindruck machen.
Noch mehr: Die Sowjetunion war selbst zur Atommacht geworden. Einige Dutzend Bomben standen den Streitkräften zur Verfügung; erfolgreich entwickelten sich die Vorarbeiten zur Herstellung der Wasserstoffbombe, ebenso ihrer interkontinentalen Träger. Beeindruckende Resultate erzielte das Konstruktionsbüro Mjassischtschew. Für die Stationierung schwerer Bomber baute man Flugplätze auf der Tschuktschen-Halbinsel. Irgendwann wird uns die Möglichkeit gewährt, an Hand von Akten

festzustellen, wie weit die Schaffung des sowjetischen Potentials für einen eigenen Erstschlag gediehen war. Hier möchte ich lediglich bemerken: Der Diktator starb zur rechten Zeit.

Einer der Hauptzweifel, die in Moskau beim Meinungsaustausch über die Note vom 10. März 1952 zur Sprache kamen, betraf den ungewissen Ausgang der gesamtdeutschen Wahlen. Der Einfluß der systematischen Bearbeitung der Öffentlichkeit war evident. Kann man für die Wiedervereinigung eintreten, wenn bei den Wahlen die Konservativen die parlamentarische Mehrheit erringen und nicht etwa die Sozialdemokraten? Im Gespräch mit Pietro Nenni, dem Führer der italienischen Linkssozialisten, versicherte Stalin, die Vereinigung werde unbedingt zustande kommen, wenn eine Schlüsselvoraussetzung erfüllt würde: ein Friedensvertrag, der einen für die UdSSR annehmbaren militärischen Status Deutschlands festlegt.

Dies war uns aus Nennis Worten bekannt. Meine Bemühungen, eine Notiz darüber aus Stalins Privatarchiv zu bekommen, glückten nicht. Walerij Boldin* versicherte mir, sie sei nicht erhalten, wenn es sie überhaupt gegeben hätte. Seine Mitarbeiter fanden nur das Telegramm, in dem mitgeteilt wird, was Nenni zu Journalisten über diese Unterredung mit Stalin gesagt hat. Auf den Text hatte der Diktator nur seine Initialen geschrieben zum Zeichen, daß er es gelesen hatte. Das war alles.

Aus den Aufzeichnungen von Pieck, Ulbricht, Grotewohl und anderen KP-/SED-Führern aber, die diese Problematik in mehreren Anläufen mit Stalin erörtert hatten, kennen wir heute die definitive Antwort auf die Frage, was möglich gewesen wäre und was nicht. Stalin hatte noch vor der Potsdamer Konferenz (4. Juni 1945) erklärt, warum er gegen die Zerstükkelung Deutschlands auftreten werde, und bestätigte den Standpunkt im Januar 1946: Zerstückelung bedeute Schwäche und führe zur »ungeteilten Herrschaft Amerikas« auf dem Weltmarkt; die Folgen seien, nach seiner Auffassung, Ausbeutung, neuer Revanchismus und neuer Krieg. Er wolle die »Aufrichtung eines antifaschistischen, demokratischen Regimes, einer parlamentarischen Republik« des westlichen Typs, einen »demokratischen Weg« zum Sozialismus, weil in Deutschland »die Lage ganz anders« sei als in Rußland.

---

* Leiter der allgemeinen Abteilung des ZK der KPdSU und später Bürochef von Präsident Gorbatschow.

Nach dem Londoner Beschluß, Deutschland zu spalten, erklärte Stalin im Juli 1947 seinen SED-Gesprächspartnern: »In der Frage der Einheit Deutschlands müssen wir schrittweise weiterkommen. Wir müssen weiterkommen allen Widerständen zum Trotz. Nur dürfen wir uns nicht der Illusion hingeben, daß der Kampf, der um diese Einheit zu führen ist, schnell gewonnen sein wird. Er kann fünf, sechs oder sieben Jahre dauern. Deutschland braucht seine Einheit und seinen Friedensvertrag. Erst dann ist der Kampf um einen dauerhaften Frieden gewonnen. Darauf kommt es entscheidend an.« Diese Position bildete die Grundlage der Note vom 10. März 1952, sie wurde auch nach Abschluß des Notenwechsels nicht aufgegeben. Hinzuzufügen ist, daß Stalin nicht gegen amerikanische Präsenz in Deutschland war, sondern sehr dafür.

Das Resultat der sowjetischen Frühjahrsinitiative 1952 konnte als Minimum eine Konföderation sein. Da die planwirtschaftliche Struktur in der DDR unterentwickelt war, würde dies unweigerlich zur Formierung eines gesamtdeutschen Markt-, Finanz-, Transport- und Technologieraumes führen. Die Koordinierung der Rechtsnormen und der administrativen Regeln wäre nur eine Frage der Zeit, und von da aus wäre es nur noch ein halber Schritt zur vollen Einheit.

Nicht wenige Anzeichen weisen darauf hin, daß die Ernsthaftigkeit der Absichten, die hinter der Note vom 10. März standen, in den westlichen Hauptstädten und vor allem in Bonn durchaus begriffen wurde. Einige Informationen gelangten von Ost-Berlin an den Rhein. In Bonn wußte man genau, daß die SED-Führung von der Note im nachhinein in Kenntnis gesetzt worden war. Inhalt und Text der Note waren mit Ost-Berlin nicht vorsorglich abgesprochen. Stalin wollte freie Hand haben bei der Formulierung der eventuellen Lösung.

Adenauer versuchte, jede beliebige Antwort auf die sowjetische Note von einer Reihe von Vorbedingungen abhängig zu machen. Der Fuchs hat hundert Märchen im Kopf, sagt man bei uns, und alle handeln vom Hähnchen. Adenauers Märchen hieß Oder-Neiße-Linie.

Hinter den Kulissen entwickelte der Bundeskanzler eine für sein Alter geradezu beneidenswerte Aktivität, um es auf keinen Fall zu Viermächteverhandlungen kommen zu lassen. Wenn der Westen sich erlaubt, auf Verhandlungen einzugehen, welche die Alternativlosigkeit der Integration Deutschlands in das Atlantische Bündnis in Frage stellen, dann, so behauptete Adenauer, könne die öffentliche Meinung der Bundesrepublik außer Kontrolle geraten. Vor allem störten ihn die sowjetischen Vorschläge als Grundlagen für einen Friedensvertrag.*

Von einer Neutralisierung Deutschlands stand in der Note keine Silbe, und das ist kein Zufall. Wie der damalige sowjetische Außenminister Andrej Wyschinskij erläuterte, würde eine aus freien Wahlen entstandene gesamtdeutsche Regierung das Recht haben, Beziehungen und Bündnisse mit anderen Staaten einzugehen, soweit diese Bündnisse nicht den Prinzipien der Vereinten Nationen widersprechen. Auf diese Weise würde vom geeinten Deutschland weniger erwartet als militärische Neutralität vom Typ Schweiz oder Schweden.

Wie und mit welchen Argumenten Adenauer auf die Positionen der drei Westmächte einwirkte, und warum diese »nachgaben«, beschreibt Rolf Steininger in seinem Buch *Eine vertane Chance. Die Stalin-Note vom 10. März 1952 und die Wiedervereinigung*. Der Autor zieht vormalige Geheimakten heran, die für sich sprechen. Ich will anmerken, daß der sowjetische Diktator Zugang zu den meisten dieser Akten nicht erst nach Jahrzehnten, sondern schon Tage nach ihrem Entstehen hatte. Als ich das Buch *Die Stalin-Note* las, stieß ich immer wieder auf mir seit langem bekannte Fakten, Daten, Sujets und bedauerte gelegentlich, daß das eine oder andere Detail ausgelassen worden ist.

---

* Moskau schlug vor:
1. Deutschland wird als einiger, unabhängiger, demokratischer und friedliebender Staat wiederhergestellt.
2. Sämtliche Besatzungstruppen müssen spätestens ein Jahr nach Inkrafttreten des Friedensvertrags aus Deutschland abgezogen werden.
3. Allen unter deutscher Rechtsprechung stehenden Personen müssen die Menschenrechte und Grundfreiheiten gewährt werden.
4. Den demokratischen Parteien und Organisationen muß volle Betätigungsfreiheit eingeräumt werden.
5. Organisationen, die gegen Demokratie und Frieden sind, unterliegen dem Verbot.
6. Den ehemaligen Angehörigen der Wehrmacht und der NSDAP sollen grundsätzlich die gleichen Rechte gewährt werden.
7. Deutschland verpflichtet sich, keinerlei Koalitionen oder Militärbündnisse einzugehen, die sich gegen irgendeinen Staat richten, der mit seinen Streitkräften am Krieg gegen Deutschland teilgenommen hat.
8. Zum Zwecke der Selbstverteidigung wird es Deutschland gestattet, eigene nationale Streitkräfte zu besitzen und auch die dafür notwendigen Kriegsmaterialien herzustellen.
9. Die Grenzen Deutschlands sollen so bestehenbleiben, wie sie in den Potsdamer Beschlüssen festgelegt worden sind.
10. Die Entwicklung der zivilen Wirtschaftszweige unterliegt keiner Begrenzung.

Adenauers sture Haltung trennte CDU/CSU von der SPD. Der Vorschlag der Sozialdemokraten, die Regierung der Bundesrepublik solle nur solche Vereinbarungen unterzeichnen, die den Deutschen gestatten, zu beliebiger Zeit Verhandlungen mit den vier Mächten über eine friedliche Wiedervereinigung selbst zu initiieren, wurde von der Koalitionsmehrheit im Bundestag abgelehnt. Erich Ollenhauer, der bald darauf Kurt Schumacher im Parteivorsitz nachfolgte, beschuldigte den Kanzler, er setze die Einheit hinter sein eigentliches Ziel – rasche Eingliederung um jeden Preis in die im Westen bestehenden Strukturen – und baue auf die amerikanische »Politik der Stärke«.

Am 23. September 1952 übergaben die Westmächte in Moskau ihre vierte Antwortnote. Der Abschluß eines Friedensvertrags war in unsichtbare Ferne gerückt. Alles kam im wesentlichen darauf an, eine Methode der Eingliederung der DDR in die Bundesrepublik zu konstruieren. Die reale Chance, die Entwicklung auf eine gewaltlose Ebene zu lenken, war verworfen und verschmäht worden.

Zwei Tage später nannte Erich Ollenhauer drei Varianten zur Lösung der deutschen Frage, die für die Sozialdemokraten unannehmbar seien: Sowjetisierung Deutschlands; Anerkennung des Status quo; Anschluß der sowjetisch besetzten Zone mit Gleichschaltung an die in der Bundesrepublik bestehenden gesellschaftlichen Verhältnisse. Die politische und ökonomische Gestaltung eines vereinten Deutschland sollte ausschließlich Aufgabe eines neuen, frei gewählten Parlaments sein. Das war im Grunde genommen der Anfang einer anderen Bonner Ostpolitik.

Der neue SPD-Führer trat für baldige Verhandlungen mit den vier Mächten ein und verwarf Adenauers Politik der vollendeten Tatsachen, die mit dem provisorischen Charakter der Bundesrepublik nicht vereinbar seien. Vollendete Tatsachen waren auch im Verlauf der Notenkorrespondenz geschaffen worden. Am 26. Mai 1952 hatten Dean Acheson, Anthony Eden, Robert Schuman und Konrad Adenauer in Bonn den »Deutschen Vertrag« unterzeichnet. Am folgenden Tag setzten die Außenminister von Frankreich, Italien, Belgien, der Niederlande, Luxemburg und der Bundesrepublik in Paris ihre Unterschriften unter den Vertrag über die Schaffung einer »Europäischen Verteidigungsgemeinschaft«. Das war, wenn man nicht auf Formen schwört, die eigentliche Antwort des Westens auf die sowjetischen Vorschläge.

Die Regierung der UdSSR hätte hier einen Punkt setzen können. Seit dieser Zeit war die Vereinigung Deutschlands möglich, wenn man die Kapitulation des Reiches mit der Kapitulation der Sowjetunion austauschte. Angenommen, die Engländer und Franzosen, die Adenauer so energisch für den Separatismus begeistert hatten, hätten daran gedacht, mitzumachen.

Mir war die verborgene Welt des Diktators nicht schlechter vertraut als den meisten anderen. Schon deswegen möchte ich keine Simplifizierungen anbieten und behaupten, mit der Wiedervereinigung wäre alles glatt gegangen, wären die drei Westmächte Verhandlungen auf der Basis der sowjetischen Note vom 10. März nicht ausgewichen. Stalin würde nichts auslassen, um ein Maximum zum sowjetischen Vorteil herauszuschlagen. Mit bloßem Weihrauch wäre der wohlduftende Westen nicht davongekommen.

Die Kontrolle der vier Mächte über Deutschland wurde nicht in Erwägung gezogen. Die Sowjetunion war bereit, den deutschen Wünschen nach Souveränität und Gleichberechtigung entgegenzukommen, und zwar viel weiter als zum Beispiel Frankreich oder England. Die sowjetische Seite würde nicht widersprechen, wenn Deutschland die Verpflichtung in bezug auf die Militärblöcke als einen einseitigen freiwilligen Akt im Rahmen eines Friedensvertrags auf sich genommen hätte.

Doch profilierend und ausschlaggebend blieb für die sowjetische Führung in jener Zeit die Frage: Wahrt die UdSSR ihren Einfluß auf die Prozesse in Deutschland so weit, daß dieser Staat oder sein Territorium auch in der Zukunft keine Quelle der Bedrohung der sowjetischen Sicherheit darstellt?

Zwei Forderungen blieben für Moskau unabdingbar: Anerkennung der bestehenden europäischen Grenzen und Nichtbeteiligung an einem nicht theoretischen, sondern ganz realen Krieg gegen die Sowjetunion, der zur Beschwichtigung als Kalter Krieg stilisiert wurde.

Deutschlands Stellung im System der Weltkoordinaten war von den drei Westmächten schon im Frühling 1947 besiegelt worden. Man darf sich nicht auf die Ereignisse in Prag berufen, die ein Jahr später stattfanden, oder auf die Berliner Blockade, die anderthalb Jahre danach begann. Anfang 1947 waren die Westmächte mit der Sowjetunion, was Deutschland anbelangte, eher zufrieden. Der Kontrollrat konstatierte in seinen Berichten, daß in der sowjetisch besetzten Zone die Entmilitarisierung, die Entnazifizierung, die Bodenreform so durchgeführt werden, wie die

alliierten Verfügungen es verlangen, und dies erheblich konsequenter als in den drei westlichen Zonen.
Was war geschehen? Die Politik der USA und ihrer Freunde hatte sich geändert. Feinde in der Politik wachsen nicht wie Unkraut von selbst. Die müssen gemacht werden. Und sie wurden gemacht.
Auf die Note vom 23. September 1952 zu antworten, hatte die sowjetische Regierung keine Veranlassung. Wiederholung war hier nicht die Mutter der Weisheit. Mir ist unbekannt, welche militärpolitischen Beschlüsse nach dem 25. bis 27. Mai 1952 in Moskau gefaßt wurden. Daß solche verabschiedet worden waren, darüber kann es nicht zweierlei Meinung geben. Die Möglichkeit eines Auswegs in letzter Minute schloß man nicht aus. Interesse an einer dauerhaften politischen Lösung bestand. Auch dies unterliegt keinem Zweifel.
Ende 1952 stellte ich zum Vortrag bei Stalin eine Analyse der Stimmungen in der FDP und konkret des »Middelhauve-Plans«* zusammen. Der Adressat wurde zu der Schlußfolgerung hingelenkt, daß die Führung der Bundesrepublik nicht monolithisch sei und daß einige Ansatzpunkte für die Entwicklung der Friedensinitiative vom 10. März bestünden.
Genau wie von anderen Materialien des Informationskomitees wußte ich nicht, ob Stalin diesen Text je zu Gesicht bekommen hat. Wahrscheinlich nicht. Doch die Tatsache, daß sein Sekretariat Interesse an dem Thema bekundet hatte, sprach für sich.

Poststalinismus – eine Herausforderung für Ost und West

Unmittelbar nach dem Tod des Diktators erhielt das Informationskomitee den Auftrag, eine Analyse der SPD-Positionen zur deutschen Frage anzufertigen. Die Sozialdemokraten vom Schlage Kurt Schumachers erfreuten sich in Moskau keiner besonderen Sympathie. Um etwas Positives über sie vorzubringen, mußte man schon die Dienste Äsops in Anspruch nehmen. Mein Gutachten empfahl, das ideologische Prisma nicht ausschlag-

---

* Eine Gruppe um den damals bekannten liberalen Politiker Friedrich Middelhauve erstellte einen Plan zur Überwindung der Spaltung Deutschlands unter Berücksichtigung der legitimen Interessen aller vier Großmächte.

gebend zu machen. Hinsichtlich der Wahlaussichten der SPD ergaben sich überhöhte Bewertungen – niemand bei uns sah die Möglichkeit der Juni-Ereignisse von 1953 voraus.

Das Gutachten erregte Aufmerksamkeit. Nach Berijas Meinung war es an einigen Stellen zweideutig und »nötigte die Mitglieder des Politbüros, sich die Köpfe zu zerbrechen«. »Wenn Sie nicht klar und deutlich schreiben können, dann schreiben Sie überhaupt nicht«, tadelte er meinen Chef Iwan Tugarinow. Berijas Interesse an derartigen Recherchen war nicht platonischer Natur. Er bereitete den Boden für die Fortsetzung der diplomatischen Offensive vom März 1952. Entsprechende Anweisungen wurden von Berija bereits Ende April 1953 erlassen, das heißt einige Wochen vor den Juni-Ereignissen in der DDR.

Molotow fand, die Fehltritte der Sozialdemokraten in der Vergangenheit seien in unserer Analyse zu nachsichtig beurteilt worden. Molotow war ein skrupulöser Leser. Manchmal gab er Anordnungen, wie auf dieses oder jenes Material zu reagieren sei. Zum Beispiel ließ er eine negative Äußerung über Kurt Schumacher, die von einem KZ-Mithäftling stammte, in die Presse lancieren. Nachrichtendienstliche Angaben von 1945 aus amerikanischen Quellen über Willy Brandt (»Macht sich unter jüngeren Sozialdemokraten durch seine Fähigkeiten bemerkbar und hat eine politische Zukunft. Man muß auf ihn achten.«) waren nur mit den Initialen Molotows verziert. In Ermittlungen, die ihm vorgelegt wurden, suchte er zuerst nicht etwa nach Neuem, sondern nach dem Fehlen von längst bis zur Banalität Bekanntem.

1957 verlor Molotow nach dem Zerwürfnis mit Chruschtschow sein Außenministeramt. Andrej Gromyko, sein Erster Stellvertreter, bemerkte trocken: »Jetzt wird es leichter zu arbeiten.« Dabei war wahrscheinlich nicht nur Molotows Halsstarrigkeit, sondern auch seine Gewohnheit gemeint, in ungeheizten Räumen zu konferieren. Manchem anderen verging sofort das Stottern, das dem Sprachdefekt des ehemaligen Chefs des diplomatischen Amtes ähnelte. Mit anderen Worten: Molotows Abgang blieb nicht ohne gewichtige Folgen.

Wie ein Gewitter aus heiterem Himmel wurden die Ereignisse aufgenommen, die im Juni 1953 die DDR erschütterten. Es ist durchaus möglich, daß die Idee der Arbeitsnormenerhöhung für die Bauarbeiter in Berlin von sowjetischen Beratern stammte. Es ärgerte viele »sowjetische Freunde«, daß der Lebensstandard der »Besiegten« zwei- bis dreimal so hoch war wie der der »Sieger«. Also mußte man dafür sorgen, daß der Gürtel enger geschnallt wurde.

Als weit schwieriger erwies sich jedoch, die Realität im Licht der Juni-Geschehnisse zu erkennen. Man griff nach den bequemsten Strohhalmen: hinterhältige Anschläge des Feindes, konterrevolutionäre Heimtücke, unentwickeltes gesellschaftliches Bewußtsein, militanter Nationalismus.

Das konnte für die Propaganda genügen. Bei inneren Diskussionen aber, unter Ausschluß der Presse, gab es bemerkenswerte Pendelausschläge. Berija, assistiert von Malenkow, sah sich in der Ansicht bestätigt, die sowjetischen Positionen in der DDR seien nicht zu halten, man müsse die Republik zu den günstigsten Konditionen loswerden. Zu welchen? Nicht einmal mich wollte man, als ich viele Jahre später Sekretär des ZK der KPdSU war, in dieses Geheimnis einweihen. Aus indirekten Angaben schließe ich, daß man neben einem akzeptablen militärischen Status Deutschlands die großen ökonomischen Vorteile im Auge hatte.

Chruschtschow kämpfte 1953 um die Führerschaft in der Sowjetunion, und ihm kamen die Anlässe gelegen, ideologisch im rechten Licht zu erscheinen. Wenn seine Widersacher erklärten, die DDR könne nicht verteidigt werden, so beschuldigte er diese Panikmacher des Verrats am Sozialismus. Die erste offensichtliche Krise des Sozialismus wurde in einen Prolog zum forcierten Vorrücken des Sozialismus umfunktioniert.

Der Korrektheit halber muß vermerkt werden, daß die sowjetische Regierung nach den Junitagen die Besonderheiten der Lage der DDR im sozialen Konflikt mit der Bundesrepublik einräumte. Die Zahlungen für den Unterhalt der sowjetischen Truppen in der DDR wurden stark gesenkt. Die Reparationserhebungen wurden eingestellt. Die Sowjetunion verzichtete zugunsten der DDR auf den größten Teil ihres Vermögens auf deutschem Territorium.

Plötzlich erinnerte sich die DDR-Führung daran, daß es vornehmste Staatsaufgabe ist, sich nach den Bedürfnissen seiner Bürger zu richten. Daher verkündete sie »den neuen politischen Kurs« mit dem Ziel, in der DDR wirtschaftliche und kulturelle Bedingungen zu schaffen, die den Interessen der Mehrheit der westdeutschen Bevölkerung entsprachen. Wollte man den gleichzeitig vorgebrachten Vorschlägen zu gesamtdeutschen Bemühungen um freie Wahlen in ganz Deutschland und einem

baldigen Friedensschluß Glauben schenken, dann hätte man sie als Signal für den Wunsch auffassen können, Vernunft anzunehmen.
Die Wirklichkeit sah leider düster aus. Die Jagd auf die Schuldigen begann. Man wollte sie dingfest machen. Aber wo hat man jemals gesehen, daß höchste Würdenträger sich selbst verfolgen? Da gibt es zum Glück die zweite und dritte Garnitur in der Hierarchie und, verständlicherweise, die Liberalen. Karl Schirdewan war zum Dorn im Auge geworden. Es wird nicht mehr lange dauern, bis alle, die in Deutschland aktiv Widerstand gegen Hitler geleistet haben, von der effektiven Macht ausgeschlossen sein werden und die Hetze gegen »politisch Entartete« und »Liquidatoren« im ideologischen Aktiv der SED und in der Intelligenz angekurbelt wird.
Die Ereignisse am 16. Juni und an den darauffolgenden Tagen waren eine ernste Warnung. Die DDR-Führung verwandelte mit unserer Hilfe die Warnung in den Anfang vom Ende. Frag Gott nicht nach dem Weg zum Himmel, er zeigt dir den schwersten. Politiker fragen auch nicht.
Es war zu erwarten, daß die System- und Staatskrise in der DDR in der Bundesrepublik eine Menge Reminiszenzen hervorrufen würde. Für die extremen Konservativen waren die Ereignisse in der DDR dem Reichstagsbrand vergleichbar. Es fielen zwar nicht Worte wie »Fingerzeig Gottes«, aber die antikommunistischen Wogen schlugen an Höhe und Wucht alle früheren Rekorde. Adenauer wandte sich am 21. Juni 1953 an die USA, England und Frankreich mit einem Appell, »die unerträglichen Zustände in der Sowjetzone zu beenden ..., dem deutschen Volk seine Einheit und Freiheit zurückzugeben.« Wie? Der erloschene Disput darüber, wer zuerst da war, die Henne oder das Ei, entbrannte mit neuer Kraft.
Am 15. Juli 1953 überreichten die Westmächte der sowjetischen Regierung eine Note mit dem Vorschlag, im September desselben Jahres eine Konferenz einzuberufen zur Erörterung (a) der Organisation freier Wahlen in der Bundesrepublik, der »Sowjetzone« und Berlin und (b) der Bildung einer »freien gesamtdeutschen Regierung«, ausgestattet mit »Handlungsfreiheit« bei der Lösung von Problemen in der Innen- wie Außenpolitik. Für die Begriffsstutzigen war speziell der Vorbehalt gemacht, daß die Entscheidung dieser Fragen den »Diskussionen« über einen Friedensvertrag vorhergehen solle.
Im Informationskomitee sprachen wir uns unter anderem dafür aus, daß

die Sowjetunion soviel Selbstachtung gelernt haben sollte, von niemandem diplomatische Dokumente anzunehmen, in denen die DDR als »Besatzungszone« geführt wird. Ich weiß nicht, ob Tugarinow diese Empfehlung Molotow präsentiert hat, jedenfalls belebte sich der Notenwechsel wieder.

Von meinem Gesichtspunkt aus war es in diesem Moment grundsätzlich wichtig – trotz der Krise in der DDR und der Meinungsverschiedenheiten innerhalb der sowjetischen Führungsspitze –, unsere prinzipielle Zustimmung zur Vereinigung Deutschlands zu bekräftigen unter der Bedingung gleicher Einstellung der vier Mächte zu den gegenseitigen Rechten und Interessen. Vom Westen erforderte dies ein Minimum an Wirklichkeitssinn und eine gute Portion Flexibilität statt des Anspruchs »alles auf einmal«. Die Bundesrepublik konnte man verdächtigen, sie verstünde es nicht, sich nach der Decke zu strecken, nicht aber England und Frankreich. Indem sie sich den Anschein gaben, Eier auszubrüten, waren Paris und London vor allem darum besorgt, sie in Windeier umzuwandeln.

Wußte der Westen von den Streitigkeiten in der sowjetischen Spitze? Von der Verwirrung in der SED-Führung? Zweifellos. Über die Absichten Berijas, »die DDR preiszugeben«, berichtete die Presse ausreichend, nachdem der »sowjetische Himmler« (Stalin hatte auf der Konferenz von Jalta den westlichen Teilnehmern Berija so vorgestellt) verhaftet worden war. Warum spielte der Westen lässig eine gute Karte aus? Die Bündnisklausel, auf die in Moskau niemand zu verzichten bereit war, störte.

Winston Churchill tanzte aus der Reihe. Der greise Premier fragte einmal im engeren Kreis: Überwiegen die Vorteile der politischen und wirtschaftlichen Zugehörigkeit ganz Deutschlands zum Westen nicht die Unkosten, die aus der wachsenden militärischen Konfrontation in Europa entstehen? Hatte man früher darüber streiten können, ob Stalin für die Wiedervereinigung gewesen war, um der NATO-Strategie Paroli zu bieten, so würden die neuen Führer der UdSSR, wie Churchill annahm, sich wohl kaum einer Vereinbarung zu angemessenen Bedingungen entziehen, besonders nicht vor dem Hintergrund der Instabilität Ostdeutschlands.

Der überaus erfahrene Churchill räumte die Möglichkeit militärischer Neutralität für ganz Deutschland ein mit Garantien, die ein Minimum an gegenseitigem Einvernehmen der vier Mächte voraussetzten. Anstelle der Europäischen Verteidigungsgemeinschaft, zu der England nicht gehörte und von der es nicht entzückt war. Der Premier wollte mehr Übersicht haben.

Der Koreakrieg hatte die Erkenntnisse bezüglich der eventuellen Umwandlung eines konventionellen Konflikts in einen nuklearen erweitert, und man darf den in dieser Etappe entstandenen Wunsch Londons nicht unterschätzen, die Zusammenarbeit mit Washington auf »konstruktive« Weise zu vervollständigen. Ein Wunsch, der auch durch Englands Eintritt in den »Atomklub« bekräftigt wurde. Die amerikanische Sprache als ein englischer Dialekt wäre nicht so unbequem wie eine britische Politik als Dialekt der amerikanischen. Wenn Adenauer 1956 erklärte, die Interessen Europas und der USA deckten sich nicht immer nahtlos, weshalb konnte dieser Gedanke den viel erfahrenen Politikern an der Themse nicht drei Jahre früher kommen?

Winston Churchill wurde von seinem eigenen Außenministerium blamiert. »In keinem Fall« – bezeugen Diplomaten ihre Meinung schriftlich. Bei der vom Premier vorgeschlagenen Wendung würde die Entente cordiale der Bündnispartner einen Infarkt erleiden. Die Nichteinbeziehung der Bundesrepublik in das NATO-System würde die Bemühungen aus den Jahren 1946/47, das rechtliche, ideologische und politische Erbe der Anti-Hitler-Koalition zu demontieren, zunichte machen. Von Rüstungsausgaben frei, würde Deutschland eine ernsthafte wirtschaftliche Bedrohung für England werden. Kürzer: Das Licht im Fensterchen erlosch, kaum daß es entzündet war.

Der Notenaustausch 1953 endete mit der Übereinkunft, am 25. Januar 1954 eine Konferenz der vier Außenminister in Berlin zu eröffnen. Wer Supergenauigkeit liebt – die USA, England und Frankreich akzeptierten die sowjetischen Vorschläge von Zeit und Ort am ersten Tag des neuen Jahres.

Das Informationskomitee erhielt den Auftrag, seine Erwägungen für Molotow auszuarbeiten. Nicht zum ersten- und auch nicht zum letztenmal stimmten unsere Ansichten mit denen des Außenministeriums nicht überein.

In unserer Analyse führte ich aus: Nach den Juni-Ereignissen in der DDR sind die drei Westmächte ihre Zweifel los, ob gesamtdeutsche Wahlen den Anhängern einer Integration des vereinigten Deutschland in die militärpolitische Struktur des Westens Oberwasser geben oder nicht. Infolgedessen muß man mit einer offensiven Linie von USA, England und Frankreich in den Verhandlungen rechnen und mit der Möglichkeit einer optisch riskanteren Taktik.

Die 3. Europa-Abteilung des Außenministeriums sprach sich strikt gegen diese Schlußfolgerung aus. Ihrer Meinung nach würde es keinerlei wesentliche Veränderungen in der Haltung der drei Westmächte geben. Die Zuversicht, die England, Frankreich und die USA durch die Krise in der DDR erlangt hatten, nannten sie »Mutmaßung«, und sie sorgten dafür, daß unsere Ausarbeitung nicht zu Wjatscheslaw Molotow gelangte.

Ein oder zwei Tage vor Eröffnung der Berliner Konferenz geriet ein westliches internes Dokument der sowjetischen Seite in die Hand. Es entschied den Streit zwischen dem Informationskomitee und dem Außenministerium. Unsere Analyse und das westliche Material enthielten übereinstimmende Akzente in der Beurteilung der Juni-Ereignisse, sogar gleichlautende Formulierungen.

Auf der Berliner Konferenz wurde der Eden-Plan aus der Taufe gehoben. Es genügt, die in ihm erhobene Forderung, die Regel der Einstimmigkeit der vier Mächte durch Mehrheitsbeschluß zu ersetzen sowie die sowjetische Idee eines Referendums in Deutschland – Integration ins NATO-System oder Friedensvertrag mit Wiedervereinigung – zu erwähnen, damit nicht der leiseste Zweifel bleibt, daß weder die eine noch die andere Seite Übereinstimmung im Sinn hatte. Es war klarer als klar, daß nicht organisatorische Hürden den Weg zu Vereinbarung versperrten, sondern die Unvereinbarkeit der Ziele.

Wortgeprassel bildete die Antwort auf jede Idee der anderen Seite, was immer sie auch beinhaltete. So wurde unser Vorschlag, alle Besatzungstruppen abzuziehen, mit dem Argument abgeschmettert, das bedeute, Westdeutschland der »Willkür der Volkspolizei« preiszugeben und zugleich das gesamte System der westlichen Verteidigung, der atomaren, versteht sich, zu zerstören.

Was hat dies mit einer Friedensregelung für Deutschland nach den Ereignissen des Zweiten Weltkrieges zu tun? – werden Sie fragen. Moskau antwortete: nicht das geringste.

Den Gedanken der kollektiven Sicherheit, ich muß es gestehen, trug der sowjetische Außenminister etwas ungeschickt vor. Aber in den Augen des Westens verdiente die Idee selbst nur Verunglimpfung. Der Vorschlag wurde »eine Art Monroedoktrin« für Europa genannt. Waren die Schwüre vergessen, Vorkriegsfehler nie zu wiederholen? Seien wir doch nicht naiv, ein neuer Krieg war im Gange mit sichtbaren und unsichtbaren Fronten. Und – à la guerre comme à la guerre.

Es stimmt nicht ganz, daß die Berliner Konferenz gar nichts gebracht hätte. Möglicherweise haben Sie bemerkt, daß die Westmächte die Existenz einer ostdeutschen Regierung entdeckten, die DDR seltener »Zone« nannten und in ihren Entwürfen Ostdeutschland und Westdeutschland formell als fast gleiche Wesen erschienen. Schlichen sie sich an die Zweistaatlichkeit heran?

Trotz aller Versuche, eine konstruktivere Alternative zu kompromittieren, entstand sie doch als Vision – Europa als eine Gemeinschaft von Partnerstaaten, eine Gemeinschaft, die die USA einschloß, und weniger vom Militarismus unterjocht. Als erste zeigte sich die Sowjetunion bereit, die Möglichkeit einer Verkoppelung der NATO mit einem gesamteuropäischen Sicherheitssystem anzuerkennen. Aus der Andeutung entstand die Bereitschaft der Sowjetunion, dem Atlantischen Bündnis beizutreten. Die Erklärung vom 31. März 1954 wurde im Westen als Aprilscherz aufgefaßt.

Mit weniger als nichts endet in Berlin die Beratung der österreichischen Frage. Molotow knüpfte sie mit Seemannsknoten an die deutsche Frage, was meinem Eindruck nach John Foster Dulles nicht betrübte. Die amerikanischen Politiker nutzten die Verhärtung der sowjetischen Position zur Wiederaufnahme des Dialogs mit Wien über die Spaltung Österreichs mit sofortigem Eintritt des »freien« Teils Österreichs in die NATO (oder in die Europäische Verteidigungsgemeinschaft).

Das Informationskomitee verfertigte für die oberste Leitung ein Gutachten über die Pläne zur Zerstückelung Österreichs und über die Reaktion darauf in den regierenden österreichischen Kreisen. Im Unterschied zu den Westdeutschen lehnten die Österreicher es ab, solchen Initiativen Vorschub zu leisten. Julius Raab und andere gaben massivem Druck nicht nach. Wie lange würden sie standhalten? Das blieb unklar.

Eine Aufforderung zum Nachdenken über Plus und Minus der eigenen Politik? Vergessen wir nicht, daß das Informationskomitee de jure zum Außenministerium gehörte. Unsere Analyse bestätigte, daß die von Molotow geprägte Medaille eine Kehrseite hatte.

Der Herbst 1954 erstickte in diplomatischer Hitze. Nach dem Beschluß der französischen Nationalversammlung, angenommen in der Nacht vom 30. zum 31. August, war die Erörterung des Vertrages über die Europäische Verteidigungsgemeinschaft auf »unbestimmte Zeit« verschoben worden. Wir schufteten ununterbrochen, sammelten Neuigkeiten aus verschiedenen Hauptstädten, angelten nach Nuancen, sei es auch nur in Worten, wenn schon nicht in Ansätzen.

Adenauer forderte unverzüglich neue Verhandlungen mit den USA und England, um die Pläne zur Integration zu retten. Ollenhauer schlug – zur Lösung der deutschen Frage im Rahmen eines umfangreichen europäischen Sicherheitssystems – zu diesem Ziel ebenfalls eine neue Viermächtekonferenz vor. Der Kanzler war kategorisch gegen eine Viermächtekonferenz im Augenblick des »Auftretens von Rissen in der Front der freien Völker«.

Es war ein angemessener Zeitpunkt, den sowjetischen Vorschlag zur Durchführung einer Konferenz über Fragen der europäischen Sicherheit unter Beteiligung der USA aufzugreifen. Er wurde am 24. Juli 1954 in einer Note an die Westmächte formuliert. Am 4. August sprach sich die sowjetische Regierung dafür aus, daß die vier Außenminister sich im August oder September treffen und auch die Beratungen in der deutschen Frage wieder aufnehmen sollten.

In Washington, London und Paris zeigte man für diese Schritte kein Verständnis. Die drei Westmächte und die Bundesrepublik kamen überein, vor der Ratifizierung der Pariser Verträge, die am 23. Oktober 1954 unterzeichnet werden sollten und die Aufnahme der Bundesrepublik direkt in die NATO vorsahen, nicht in neue Verhandlungen mit der Sowjetunion einzutreten. Egal was Moskau noch vorzuschlagen geneigt sei.

Das Informationskomitee mußte immer wieder die Materialien über die Position der Westmächte und der Bundesrepublik durchsieben, ob sich nicht doch irgendwelche verborgenen Möglichkeiten finden ließen. Die von Chruschtschow stammende Anweisung forderte, die sowjetische Position geschmeidiger zu gestalten. Je flexibler unsere Haltung wurde, desto mehr verhärtete sich die westliche Linie.

Am 13. November sandte die sowjetische Regierung an dreiundzwanzig europäische Staaten, auch an die USA, eine Note mit dem Vorschlag, zum 29. November 1954 eine Konferenz in Moskau oder Paris einzuberufen, um in Europa ein kollektives Sicherheitssystem zu institutionalisieren. Die Note hob besonders hervor, daß bezüglich der Erörterung der deutschen Problematik diese Konferenz nur vor der Ratifizierung der Pariser Verträge sinnvoll sei.

Die Antwort der Westmächte war negativ und traf nicht früher und nicht später als am 29. November ein. Vorher hatte der französische Regierungschef Pierre Mendès-France einen Versuchsballon steigen lassen, nicht um eine Lanze zu brechen. Die UdSSR sei frei, eine eigene Verteidigungsorganisation im Osten aufzubauen (lies: unter Teilnahme der DDR), und nach Abschluß der Ratifizierungsprozedur in den westlichen Ländern könnten die großen Vier zusammenkommen.

Mehr Kopfzerbrechen bereitete die Reaktion der neutralen und bündnisfreien Länder. Das Komitee hatte dieser Reaktion nachzuspüren. In der hohen Kunst, ein Nein in etwas Ähnliches wie ein Ja zu verpacken, erwiesen sich die Finnen als Meister. Beim besten Willen kann ich ihr Glanzstück nicht aus dem Gedächtnis rekonstruieren. Hier wurde so blumig von den Vorzügen der kollektiven Sicherheit gesprochen, daß einem schließlich die Tränen kamen, »lichten Angedenkens«.

Auf die Anfrage des Außenministeriums, wie die Finnen zu verstehen seien, ob sie nun kämen oder nicht, erklärte Tugarinow, indem er buchstäblich vom Text ausging: »Wenn noch jemand von den Neutralen sich entschließt, in Moskau zu erscheinen, dann könnte es sein.« Doch es fanden sich keine Kühnen unter den Neutralen.

Nach der Moskauer Konferenz, die im eigenen Kreis vonstatten gegangen war und auf der die Absicht verkündet worden war, eine osteuropäische Verteidigungsorganisation aufzubauen, falls das Pariser Vertragswerk ratifiziert würde, übte die Sowjetunion starken Druck auf die drei Westmächte aus. Paris und London wurden vorgewarnt: Wenn die Pariser Verträge ratifiziert werden, kündigt Moskau die Verträge mit Frankreich (vom 10. Dezember 1944) und Großbritannien (vom 26. Mai 1942).

In diesem Kontext kam es für mich ziemlich unerwartet, daß Chruschtschow am 15. Januar 1955 den Vorschlag zu unverzüglichen Verhandlungen der vier Mächte veröffentlichen ließ, in deren Mittelpunkt das Problem gesamtdeutscher Wahlen stehen sollte. Die Durchführung von Wahlen und die Wiederherstellung der Einheit Deutschlands wurden als notwendige Voraussetzungen für den Abschluß eines Friedensvertrags anerkannt, was seit 1950 die westliche Forderung war. Weiter wurde der Gedanke vorgebracht, Deutschland in ein Militärbündnis einzubeziehen, das gegen keinen Staat gerichtet war und als Basis zur Gestaltung einer kollektiven Sicherheit dienen könnte. Die sowjetische Seite erklärte sich bereit, im Interesse der Lösung der deutschen Frage ihre Beziehung zur Bundesrepublik zu normalisieren.

Hätte man diese Position in Berlin vorgetragen, wäre es vielleicht doch möglich gewesen, einen Preis in Form der Entspannung zu gewinnen? Heute erscheint mir diese Vermutung zweifelhafter als im Januar 1955. Aber weder damals noch später konnte ich mir die Frage beantworten: Wie hätte Chruschtschow sich verhalten, wenn die Westmächte und die Bundesrepublik mit Ja reagiert hätten? Er ging ein gewaltiges Risiko ein. Um für die Geschichte zu demonstrieren: Die Sowjetunion hat alles in ihrer Macht Stehende getan? Oder um der These Glaubwürdigkeit zu verleihen: Die Obstruktion des Westens verhinderte das Einvernehmen, das durchaus erreichbar gewesen wäre?

Einiges könnte doch anders werden

Am 5. Mai 1955 traten die Pariser Verträge in Kraft. Die Bundesrepublik wurde Mitglied der Westeuropäischen Union und der NATO. Der Dichter Rassul Gamsatow sandte einmal in der Sitzungspause eines Parteikongresses seiner Frau ein Telegramm:

»Ich sitze im Präsidium, das Glück jedoch ist nicht gekommen.«

So etwas Ähnliches hätte auch der Bundeskanzler eingestehen können. Er hatte zwar erreicht, wohin es ihn zog, aber war er glücklich? Die Spaltung des Landes wurde um ein Vierteljahrhundert verlängert.

Stellen wir uns selbst eine Reihe unangenehmer Fragen: Was gewann die Sowjetunion, als sie im Februar 1954 die österreichische Frage zubetonierte? Hätte Moskau nicht im Winter 1955, sondern schon ein Jahr früher, oder besser sogar unmittelbar nach Stalins Tod, mit Wien Verhandlungen aufgenommen, würden für die sowjetische Politik Tatsachen sprechen, die überzeugendsten aller Argumente.

Die Gerüchte verstummen nicht, daß die Inkonsequenz unserer Handlungen der Jahre 1953–1957 durch die Konkurrenz zwischen Molotow und Chruschtschow verursacht wurde. Keine sachliche Diskussion und Koordination, sondern ein Tauziehen. Streit bringt Kluge einander näher und entzweit die Dummen. Wie sollen wir entscheiden, wer wer ist, wenn die Geheimnisse in den Korridoren der Macht so sorgfältig gehütet werden? Eins steht fest: Mit systematischem Denken kam unsere Außenpolitik selten in Berührung. Subjektivität, Impulsivität, Amateurverhalten können in der Außenpolitik sehr eindrucksvoll sein, aber nicht harmlos. Wie kommen wir alle weiter?

Am 10. Mai 1955 forderten die drei Westmächte die Sowjetunion zu neuen Verhandlungen auf: Zunächst Zusammenkunft der Regierungschefs; sie, so wurde vorgeschlagen, sollten die Grundlage für die dann nachfolgende Konferenz der Außenminister schaffen. In zwei Momenten haben wir dem Westen das ihm Zukommende gegeben. Natürlich ging es um einen neuen Anfang, den man allein den Regierenden aufbürden sollte. Das deutsche Problem wurde auf dem Gebiet der Vereinigung vor allem zur Sorge der beiden deutschen Staaten, auf dem Gebiet der Sicherheit zur Sorge der beiden stärksten Militärblöcke. Die Demarkationslinie verlief zwischen den Blöcken durch Deutschland. Sie war nicht so sehr eine Staatsgrenze wie eine Frontlinie des nuklearen Gegeneinander.

Ehe der westliche Vorschlag beantwortet wurde, rief die Sowjetunion mit einer Reihe osteuropäischer Staaten und der DDR zu einer Sicherheitskonferenz in Warschau auf. Hier wurde als Antwort auf die Pariser Verträge am 14. und 15. Mai 1955 der Vertrag über Freundschaft, Zusammenarbeit und gegenseitigen Beistand unterzeichnet. Die Formalisierung der östlichen Verteidigungsgemeinschaft entstand – das ist symptomatisch für das Verständnis der Entwicklung der deutschen Probleme und unserer Position – nicht nach dem Abschluß des Brüsseler Pakts (WEU), nicht nach der Institutionalisierung des Nordatlantischen Bündnisses und seiner Ausdehnung auf Griechenland und die Türkei, sondern in Verbindung mit dem vollständigen und endgültigen Bruch der USA, Englands und Frankreichs mit dem Erbe der Anti-Hitler-Koalition, ihren Zielen und ihren Prinzipien und der Einbeziehung der Bundesrepublik in die NATO.

Ein nicht unwichtiges Element bei der Herstellung der neuen Situation bildete die Note der sowjetischen Regierung vom 7. Juni 1955, die sie über die sowjetische Botschaft in Paris dem dortigen Botschafter der Bundesrepublik überreichen ließ. Sie enthielt die Einladung an Bundeskanzler Konrad Adenauer zu einem Besuch in Moskau, »um die Herstellung diplomatischer und Handelsbeziehungen zwischen der Sowjetunion und der Bundesrepublik zu besprechen und die damit zusammenhängenden Fragen zu erörtern«. Dieser Note war eine Reise von Anastas Mikojan in die

Bundesrepublik vorausgegangen, an deren Vorbereitung das Informationskomitee mitbeteiligt gewesen war.

Vom Gipfeltreffen in Genf (18. bis 23. Juli 1955) lohnt es, folgendes zu berichten: Nach sowjetischer Ansicht sollte hier endgültig Klarheit gewonnen werden, ob in puncto Remilitarisierung beider deutscher Staaten eine Rückentwicklung im Bereich des Möglichen liege. Bei negativem Befund verlor die Prüfung aller Modelle für gesamtdeutsche freie Wahlen jeden Sinn.

Präsident Eisenhower begriff den Kern der Unterschiede in der Betrachtungsweise richtig. Er äußerte zu dem sowjetischen Vorschlag: »Die amerikanische und die sowjetische Seite gehen von einem engen Zusammenhang zwischen der Wiedervereinigung Deutschlands und der europäischen Sicherheit aus. ›Der einzige Unterschied‹ besteht darin, daß die Sowjetunion darauf beharrt, das Sicherheitsproblem vor der deutschen Frage zu regeln, die USA betrachten dagegen die Wiedervereinigung Deutschlands als Voraussetzung für die Wahrung der europäischen Sicherheit.«

Als Ergebnis der Erörterung wurde eine medusenhafte Direktive angenommen, die festsetzte, daß »die Regelung der deutschen Frage und die Wiedervereinigung Deutschlands im Wege freier Wahlen im Einklang mit den nationalen Interessen der europäischen Sicherheit durchgeführt werden sollen.«

Staatsmänner aus der Sowjetunion, den USA, Großbritannien und Frankreich trugen optimistische Mienen zur Schau. In diesem Augenblick konnten sie eine gewisse Befriedigung erfahren. Jede Seite hatte das nach ihrem Kalkül Erwünschte erreicht. Walter Lippmann stellte dazu fest: »Die Genfer Konferenz hat die deutsche Frage entwertet und den Zwang, sie zu lösen, vermindert.«

Das Informationskomitee erhielt etwa ein Jahr lang keine weiteren Aufträge mehr, Modalitäten der Wiedervereinigung Deutschlands zu eruieren. Bestenfalls sprach man noch von Mitteln zur Annäherung und von Formen der Gemeinsamkeit zweier Staaten mit »verschiedener Struktur«, die gegensätzlichen militärpolitischen Blöcken angehören. Zum erstenmal schimmerte in den internen Analysen und Diskussionen der Begriff »Konföderation« auf, und zwar in zwei Spielarten: als Stufe zum Einheitsstaat und als Etappe zum endgültigen Abgrenzen, wenn eine gemeinsame Politik in Fragen der Sicherheit nicht erreichbar erscheint.

1954 wäre das Informationskomitee fast an der Affäre John beteiligt worden. Eines frühen Morgens rief Iwan Tugarinow mich zu sich: »Gestern nacht ist der Chef der bundesdeutschen Spionageabwehr in die DDR übergelaufen. Molotow hat mir befohlen, hinzufliegen und mit ihm zu sprechen. Haben wir Material über dieses Amt und über Otto John?«
»Über das Amt für Verfassungsschutz wird sich etwas finden. Dokumente über John sind spärlich, wenn man davon absieht, daß er an der Vorbereitung des Attentats auf Hitler beteiligt war.«
»Was läßt sich diesen Dokumenten entnehmen, das für ein Gespräch nützlich sein könnte?«
»Erlauben Sie, daß ich einige Dossiers und ein paar Bücher durchblättere und Ihnen dann meine Überlegungen referiere.«
Mein Bericht war nicht sehr umfangreich. In Otto Johns Biographie gab es genügend Nebelflecken. Wem stand er im Juli 1944 näher, den Engländern oder den Amerikanern? Mit uns hat er jedenfalls weder damals noch später Kontakt gesucht. Läßt sich hier eine Parallele ziehen zum Rücktritt Heinemanns vom Posten des Innenministers? Auch das war ja 1950 eine Überraschung gewesen. Doch John macht nach allen uns verfügbaren Angaben nicht den Eindruck eines nachdenklichen Intellektuellen. Natürlich, John weiß viel. Wenn er in die DDR überlief, um Adenauer zu ärgern, mußte das dem Kanzler wie ein Alptraum erscheinen. Doch wenn es nur ein Besuch ist, dann lassen sich darauf keine Luftschlösser bauen.
Tugarinow verbrachte einige Tage in Berlin. Nach seiner Rückkehr berichtete er von seinen Eindrücken, die er im Gespräch mit John gewonnen hatte. Zugegen waren bei Tugarinows Bericht Timofej Kuprikow, Lew Mendelewitsch, Andrej Kowaljow, Alexej Nesterenko (die drei Letztgenannten wurden später Botschafter).
»Wie John in die DDR geriet? Für ihn selbst wohl eher zufällig. Ich habe nicht den Eindruck, daß ein Konflikt zu Hause, in der Bundesrepublik, ihn nach Ost-Berlin geführt hat. Ja, er stimmt zu, daß der Kanzler die Einheit Deutschlands der Wiederbewaffnung der Bundesrepublik geopfert hat, daß Adenauer absichtlich die Chancen zur Annäherung der Positionen, die UdSSR und DDR ihm boten, ungenutzt gelassen hat. John bestätigt, daß Adenauers Linie und sein Führungsstil eine Menge Unzufriedenheit geweckt haben, sogar in der CDU. Aber beachten Sie: Er stimmte zu, bestätigte, widersprach nicht, teilte aber selbst fast nichts Konkretes mit. Unser Gespräch wurde in allgemeinen Ausdrücken geführt.«

Nachdem Tugarinow unsere Fragen beantwortet hatte, faßte er zusammen:
»Es sieht so aus, als habe John nicht vor, in der DDR zu bleiben. Zu einer Zusammenarbeit mit uns, die über Gespräche über graue Vergangenheit oder das Wetter hinausgeht, ist er nicht geneigt. Seinen DDR-Vormündern bezeigt er keine besondere Sympathie. Ich bezweifle, daß die Freunde in ihm einen Antifaschisten nach unserem Verständnis wachrütteln können. Er ist ein Mensch mit festen, konservativ gefärbten Ideen.«
Sagte Tugarinow dies schon in Kenntnis all der abenteuerlichen Umstände, unter denen John die Grenze überquerte? Meiner Erinnerung nach bekam das Informationskomitee das einschlägige Material hierzu erst später; doch möglicherweise hatte Tugarinow während seines Aufenthaltes in Berlin schon etwas erfahren.
Eine interessante Episode: die Arbeit an einem ganz anderen Lebenslauf. Zur Vorbereitung des Adenauer-Besuchs hatten wir seine politische Biographie niederzuschreiben. Jahre eines langen, nicht unproblematischen Lebens werden Ihnen auf den Buckel gepackt. Allein an Erklärungen Adenauers gibt es mehr als Bücher von Friedrich Nietzsche oder Hermann Sudermann. Dann die Artikel von Verehrern oder Widersachern.
Bulyschew schrieb die erste Skizze. Ich war beauftragt, den Text zu »politisieren« und den Umfang auf die Hälfte zu reduzieren. Schließlich befaßte sich Lew Mendelewitsch damit, daß Ganze zu kondensieren, den Kleinkram herauszupressen. Hundert Seiten – weniger war nicht möglich.
So umfangreiche Ausarbeitungen hatte das Informationskomitee bisher noch nie der obersten Leitung geschickt. Unser Vorgesetzter war unschlüssig gewesen, ob er an einem Sonnabend den Politbüromitgliedern die Adenauer-Biographie auf den Tisch legen sollte. Der Effekt übertraf alle Erwartungen. Anastas Mikojan sagte zu mir, das Material über den Kanzler lese sich wie ein Roman. Die Politbüro- und Regierungsmitglieder hätten während der Lektüre miteinander telefoniert und beratschlagt, wie die bevorstehenden Verhandlungen am zweckmäßigsten zu führen seien.
Das Ereignis selbst, der erste Besuch eines Regierungschefs der Bundesrepublik in Moskau (9. bis 13. September 1955) ist von beiden Seiten detailliert geschildert worden. Darum hier nur einige Striche.
Daß sich etwas Außergewöhnliches vollzog, bekamen alle mit. Die Bundes-

republik hatte die Möglichkeit erhalten, in unmittelbaren Kontakt mit der Sowjetunion zu treten. Die Notwendigkeit, Vermittler einzuschalten, war entfallen. Von nicht geringer Bedeutung war auch die Tatsache, daß Adenauer nicht jenseits des Kordons um Erlaubnis zur Aufnahme diplomatischer Beziehungen mit Moskau nachgesucht, sondern sich damit begnügt hatte, die Westmächte lediglich zu informieren.

Das bedeutet absolut nicht, daß Adenauer seinen Ideenvorrat erneuert hätte. Möglicherweise läßt sich sogar etwas Gegenteiliges bezeugen. Es war ihm gelungen, den drei Westmächten im wesentlichen seinen Standpunkt aufzuzwingen. Jetzt hatte er nichts dagegen, etwas Ähnliches in bezug auf die Sowjetunion zu unternehmen.

Nein, er führte keine Verhandlungen für die USA, England und Frankreich; mehr noch, Adenauer lehnte es ab, in zweiseitigen sowjetisch-deutschen Dialog zu treten, denn die Wiederherstellung der deutschen Einheit war eine »Verpflichtung der Vier«. Ihm genügte es, Marksteine des Möglichen und des Unannehmbaren zu setzen.

Tief symbolisch erwies sich das Finale. Für den Abschlußabend des Adenauer-Besuchs wurde im Bolschoj-Theater *Romeo und Julia* gegeben. Es erklang Prokofjews wunderbare Musik. Als der Vorhang sich senkt, bricht Applaus los. Und dann findet das Beispiel von Montague und Capulet eine Fortsetzung in der Regierungsloge: Bundeskanzler Konrad Adenauer streckt Ministerpräsident Nikolaj Bulganin die Hand hin. Als Zeichen der Beendigung einer fruchtlosen, gefährlichen Feindschaft? Wird es zur wirklichen Versöhnung kommen, und wann?

Das Nachwort zu den Verhandlungen, das der Kanzler anflickte, versprach alles mögliche, nur keine Ruhe. Das, was er bei den unmittelbaren Begegnungen mit Bulganin und Chruschtschow nicht aussprechen konnte oder wollte, legte er nun in einem einseitigen Brief an den Vorsitzenden des Ministerrates der UdSSR dar: Die Herstellung diplomatischer Beziehungen bedeutet nicht die Anerkennung des bestehenden territorialen Status, ebenso nicht den Verzicht auf den Anspruch, in internationalen Angelegenheiten im Namen aller Deutschen aufzutreten. Die sowjetische Seite verwarf diese beiden Positionen grundsätzlich, sandte aber den Brief nicht an den Autor zurück.

Die Aufnahme diplomatischer Beziehungen – niemand täuschte sich hier – war die Ouvertüre zu einem vielteiligen Werk, dem ein endloser Notenwechsel bevorstand. Die bundesdeutsche öffentliche Meinung nahm die

Eröffnung des neuen Kapitels in den sowjetisch-deutschen Beziehungen zurückhaltend auf. Die genetische Spezifik des Bonner Staates durchdrang seine offiziellen wie seine inoffiziellen Strukturen.

Ablehnung, Zurückhaltung, Mißtrauen begegneten dem sowjetischen Vertreter auf Schritt und Tritt. Alle, die das Gebäude der Botschaft oder der sowjetischen Handelsvertretung betraten, wurden fotografiert oder auf andere Weise notiert. Nicht jeder Deutsche wagte es, sowjetischen Diplomaten – nicht einmal bei offiziellen Empfängen – auf Hörweite nahe zu kommen.

Der Botschafter Walerjan Sorin hielt es ein halbes Jahr aus. In der finnischen Sauna wechseln Schwitzbad und eisige Güsse. Ihre Bonner Spielart behandelte den sowjetischen Diplomaten nur mit Kühle. Man beschloß, für diesen hochkarätigen Vertreter, der Chruschtschows Vertrauen genoß, sei es besser, nach Moskau zurückzukehren.

Der neue Botschafter Andrej Smirnow stand meiner Ansicht nach seinem Vorgänger in nichts nach, an Konzentration und Charakterfestigkeit übertraf er ihn sogar noch. Mehrere Bonmots werden Smirnow zugeschrieben. Ehe er nach Bonn kam, war er in Österreich akkreditiert gewesen; auf die Frage nach seinen ersten Eindrücken am Rhein erwiderte er: »Worin liegt der Unterschied? In Wien bedeutet Strauß Walzer, in Bonn bedeutet Strauß Marsch.«

Wie auch immer, Smirnow lebte sich nur schwer in der Bonner Atmosphäre ein. In unseren Beziehungen zur Bundesrepublik dienten Worte viel zu lange allem möglichen, nur nicht dem gesunden Menschenverstand. Sie gaben alle Schattierungen von Feindseligkeiten wieder, aber fast nie appellierten sie an höhere Gefühle.

Wen traf mehr Schuld an diesen unfruchtbaren Gefechtsübungen? Jede Seite auf ihre Art. Das Fazit ist gesetzmäßig. Nach der Aufnahme diplomatischer Beziehungen machten wir hauptsächlich in gegenseitigen Beleidigungen Fortschritte, dafür aber direkt, ohne Vermittler.

Wahrscheinlich muß man sich erst nach Herzenslust aussprechen, Seelenschlacke abstoßen, am eigenen Leibe spüren, wohin Böses führen kann, ehe man sich die Frage stellt: Wie soll es weitergehen? Ist es nicht Zeit, die Haut zu wechseln? Politik ist keine Beschäftigung für schwache Nerven. In Adenauers Umgebung wurde es allmählich unruhig. Das Gesamtbild änderte sich nicht durch das taktische Manöver des Kanzlers, der im Herbst 1956 die Sowjetunion eingeladen hatte, mit der Bundesrepublik in einen zweiseitigen Gedankenaustausch über die Vereinigung Deutschlands in Anbetracht der Unergiebigkeit der Viermächteverhandlungen zu treten. Einladen – schön und gut, doch die alten Ideen hatten sich noch fester eingehakt. Das Manöver war nicht gedacht, um zu einem Einvernehmen mit der Sowjetunion zu kommen, sondern um im eigenen Land Unzufriedenheit einzudämmen. Das gelang nicht.

Finanzminister Fritz Schäffer begab sich nach Ost-Berlin, um mit der DDR-Führung deutsch-deutsche Modelle des Einvernehmens zu erörtern. Das erhoffte Treffen kam nicht zustande. Anscheinend lag ein Mißverständnis vor. Schäffers Gesprächspartner waren keine Politiker von Rang, sondern Markus Wolf und ein sowjetischer Mitarbeiter. Die Chance eines grundlegenden Vorgesprächs war verpaßt. Oder?

Im liberalen Lager wehte ein frischerer Wind. Erich Mende trieb einen Plan voran, der meiner Auffassung nach zu einem wichtigen Ausgangspunkt werden konnte: zunächst Einvernehmen der Vier über den militärischen Status eines vereinigten Deutschland, dann praktische Schritte zur Wiedervereinigung. Thomas Dehler schlug vor, die Frage des künftigen militärpolitischen Status Deutschlands einem Referendum zu stellen.

Die Sozialdemokraten erhärteten auf ihrem Parteitag im Juni 1957 die Position, daß eine Wiedervereinigung ohne Verzicht des Westens wie des Ostens auf die Pläne, Deutschland in ihre Militärblöcke einzubeziehen, nicht erreichbar sei. Erich Ollenhauer setzte sich nachdrücklich für eine konstruktive Überprüfung der Modelle zur kollektiven Sicherheit in Europa ein. Die bundesdeutschen Sozialdemokraten fanden kräftige Unterstützung bei britischen Labour-Leuten, einflußreichen amerikanischen Politikern (Senator Hubert Humphrey) und Diplomaten (George F. Kennan), indirekt auch bei Winston Churchill.

Uns im Informationskomitee verblüffte das Mißlingen der SPD-Versuche, eine gemeinsame Sprache mit den Freien Demokraten zu finden. Auf die Frage, wie sich dies erklären lasse, konnte ich keine definitive Antwort geben.

Im neuen Jahr stellte Walter Ulbricht die Idee der Konföderation als Vorstufe zur Vereinigung Deutschlands aufgrund freier Wahlen zur öffentlichen Diskussion. Später untermauerte er diese Idee in seiner Rede vor dem Plenum des ZK der SED, und Ende Juli 1957 war sie zum offiziellen Regierungsprogramm der DDR geworden.

Ich hatte den Auftrag, alles Material dazu zu sammeln und zu erforschen.

Eigentlich war, wie Sie schon wissen, Fritz Schäffer der Stammvater der Konföderationsidee. Ihn hatte das Beispiel Österreichs zu diesem mutigen Schritt bewegt. Anfänglich wurde die initiierende Rolle des bayerischen Politikers nicht offenbart. Man überließ ihm ein ausgedehntes Manövrierfeld, um Parteifreunde und Geschäftsleute für seine Idee zu gewinnen.

Ob Enttäuschung der Grund war oder das Bestreben, die Fürsprecher – die ehrlichen Anhänger der Einheit – abzuwimmeln, jedenfalls diente Adenauers grobes Nein auf Ulbrichts Vorschlag zum Anlaß, die mit Schäffer vereinbarte Vertraulichkeit zu brechen. Auch wir hatten uns zu Vertraulichkeit verpflichtet. Doch sie wurde von Ulbricht ohne vorherige Absprache mit uns zurückgezogen. Etwas anderes ist mir nicht bekannt.

Das einzige ernst zu nehmende Echo aus Bonn auf die Idee einer Konföderation wurde der »Ollenhauer-Plan«. Es gab Berührungspunkte, doch im ganzen war er eher ein Gegengewicht. Wir führten Ollenhauers Vorschlag, den Herbert Wehner, Carlo Schmid und Willy Brandt weiterentwickelt hatten, unter der Bezeichnung »Deutscher Plan der SPD«.

Mein Gedächtnis souffliert, es war schon 1958, als uns Nachrichten erreichten, Dulles verwerfe die Konföderation als Zwischenstufe nicht. Er habe Adenauer empfohlen, mehr Flexibilität an den Tag zu legen. Vor der Anziehungskraft der Bundesrepublik kann die DDR im Rahmen einer Konföderation nicht standhalten, war sein Argument. Adenauer gab nicht nach: »Die Konföderation ist für die Ostdeutschen nur ein Mittel, die Anerkennung der DDR zu erreichen.«

Die Gesprächspartner blieben sehr unzufrieden miteinander. Des Kanzlers Eigensinn beschleunigte nach dieser Information das Abrücken der USA von der ultimativen Forderung »Freie Wahlen«. In einigen bedeutenden amerikanischen Zeitungen erschien ein Kommentar, der die Zweckmäßigkeit einer Anbetung freier gesamtdeutscher Wahlen anzweifelte. Journalisten hielten Robert Murphy, den stellvertretenden Außenminister der USA, für den Autor. Im Januar 1959 sprach man sogar vom Murphy-Plan, der an die Idee der Konföderation mit Verlegung der Hauptstadt nach Berlin und Herstellung offizieller Beziehungen zwischen beiden deutschen Staaten anknüpfte.

In welcher Weise hier der Tonus verdichtet oder verschoben ist, können die westlichen Archive aufklären. Unbestreitbar ist jedoch die Erklärung von John Foster Dulles (13. Januar 1959), daß es außer freien Wahlen noch andere Möglichkeiten gebe, er sich aber nicht auf Spekulationen einlassen wolle.

Konföderation – eine weitere von der Regierung Adenauer ungenutzte Chance. Greife ich zur Methode des Gegenbeweises, kann ich sagen, daß die Sowjetunion nicht unbedingt begierig war, sich auf Erörterungen über praktikable Varianten der Konföderation einzulassen, obwohl sie sie von Zeit zu Zeit der Ordnung halber erwähnte.

Dornen des politischen Lebens.
Ein Diplomat wider Willen

In Kürze noch zwei für mich aus mancherlei Gründen wichtige Beispiele aus dem Leben des Informationskomitees:

Lew Mendelewitsch, Michail Senin und ich hatten ein Memorandum über Jugoslawien vorzubereiten. Etwa hundert Seiten Text, zwei Teile: sozialökonomische Struktur und Politik. Die wichtigsten Folgerungen: Die Verteufelung Jugoslawiens erfolgte nicht wegen seiner »Entartung«. Es waren Pawel Judins* Berichte über Titos »Abweichungen«, die unseren Diktator wild gemacht hatten.

Das Politbüro schloß sich den Einschätzungen des Informationskomitees an. Es wurden Schritte eingeleitet, um unsere Beziehungen zu Jugoslawien zu normalisieren. Von einer Wiederbelebung der früheren Freundschaft konnte man leider nicht einmal träumen.

Für mich und meine nächsten Kollegen kann ich sagen, daß der Bruch mit Jugoslawien Ende der vierziger Jahre eine schwere Enttäuschung war. Unser Land schuldet in vieler Hinsicht den jugoslawischen Völkern Dank. Nicht nur weil Titos Partisanen den ganzen Krieg hindurch mehr Hitlersche Divisionen banden als bis zum Juni 1944 jeder andere der mit uns verbündeten Staaten. Im schwierigsten Jahr 1941 verzögerten die Jugoslawen – und die Griechen – durch ihren tapferen Widerstand gegen den Aggressor den Überfall auf die Sowjetunion um sechs Wochen, womöglich um die verhängnisvollen sechs Wochen, die den Ausgang der Schlachten jener Zeit entschieden.

---

* Chefredakteur der Wochenzeitung *Für dauerhaften Frieden, für Volksdemokratie!* mit Sitz in Belgrad.

Ende Juni 1957 wurden das Land und die Partei von einer Nachricht überrascht: Die parteifeindliche Gruppe Wjatscheslaw Molotow, Georgij Malenkow, Lasar Kaganowitsch ist entlarvt worden. Einzelheiten wurden nicht ausgeplaudert. Nehmen Sie es als pure Wahrheit: Oppositionelle, die an Stalins Verbrechen beteiligt waren, wollten die Entstalinisierung anhalten. Alle Parteiorganisationen mußten Molotow und die anderen verurteilen, indem sie den Beschluß der Vollversammlung des ZK der KPdSU guthießen.

Auf der Parteiversammlung des Informationskomitees ergriff ich das Wort:

»Im vergangenen Jahr haben wir erfahren, wer Stalin war. Die Gesellschaft ist noch kaum wieder zu sich gekommen, da wird mitgeteilt, daß Stalin Komplizen hatte. Was wird man uns morgen oder übermorgen erfahren lassen? Die Sache gewinnt nicht, wenn man die Wahrheit in Raten verabreicht. Dann wird die Partei von einer Krise in die nächste taumeln. Sollte man nicht anders vorgehen? Nämlich unverzüglich klarstellen, wer an den Gesetzwidrigkeiten und Verbrechen, die unter Stalin verübt wurden, beteiligt war, und bis zur Feststellung der persönlichen Schuld des einzelnen alle aus Partei-, öffentlichen und staatlichen Posten entfernen. Unabhängig von der eingenommenen Position.«

Weiter sprach ich von der Notwendigkeit, in den führenden Organen der Partei regelmäßig den Stab auszuwechseln, und äußerte noch andere Ketzereien. Die Versammlungsteilnehmer applaudierten zustimmend.

Am nächsten Tag wurde ich ins Parteikomitee zitiert. Major Judkin als geschäftsführender Sekretär (ein Teil der Mitarbeiter des Informationskomitees kam aus dem Verteidigungsministerium und einer Reihe anderer Behörden und hatte daher militärische Ränge) erklärte:

»Sie begreifen wahrscheinlich, wie Ihr gestriges Auftreten beurteilt wird – Demagogie. Sie schlagen eine Säuberung in der Partei vor. Und die Forderung ›unabhängig von der eingenommenen Position‹ ist mehr als zweifelhaft. Ich führe einen Auftrag aus und empfehle Ihnen, darüber nachzudenken.«

Darüber nachzudenken versuchte ich 1958, als Georgij Puschkin mir anbot, mit ihm in die neu gegründete Informationsabteilung des ZK zu gehen. Der Parteiapparat war für mich vollkommen unüberschaubar. Das Schlimmste, was einem damals passieren konnte: Man wirbt Sie zur Mitarbeit am Staraja Ploschtschad an, und im letzten Moment wird Ihnen die Unbedenklichkeitsbescheinigung verweigert. Mit dem Vermerk »nicht vertrauenswürdig« aus einem so hohen Haus, wie es das ZK der Partei war, konnten Sie nicht einmal einen anständigen Platz auf dem Friedhof, geschweige denn eine ordentliche Arbeit bekommen. Und auf meinem Konto stand »obrigkeitsfeindliche Demagogie«.

Georgij Puschkin war selbst unter nicht ganz gewöhnlichen Umständen in den Parteiapparat geraten. Nach dem XX. Parteikongreß mit der Verurteilung Stalins rollten die Wogen der Entlarvungen auch in den europäischen Volksdemokratien. Walter Ulbricht sagte zu Puschkin, der den Posten des sowjetischen Botschafters in Berlin innehatte:

»Auch in der SED hat es Personenkult gegeben, den Pieck-Kult.«

Wilhelm Pieck lebte schon seit einer Weile jenseits von Zeit und Raum. Doch auf Fotos mit ausgewählten ausländischen Gästen machte sich sein fotogenes Gesicht recht gut.

Unser Botschafter äußerte sein Befremden gegenüber der von Ulbricht organisierten Verfolgung der alten Garde. Daraufhin verlangte der Erste Sekretär des ZK der SED Puschkins Abberufung »im guten«. Die sowjetische Führung wollte keinen Streit, doch mit der Versetzung des Botschafters in eine Position, die dem Ministerrang entsprach, gab sie zu verstehen, daß sie das Verhalten Puschkins billige und den »Materialien« über den Botschafter, die aus Berlin hinterhergeschickt worden waren, keinen Glauben schenkte.

An die Arbeit mit Puschkin habe ich nur gute Erinnerungen. Ich werde Ihnen eine Geschichte erzählen, die für uns beide zum Rubikon wurde.

Im Spätsommer 1958 kam Chruschtschow eine Erleuchtung: Wir tanzen Ringelreihen um die Vereinigung Deutschlands, reden auf die Westmächte und auf die Bundesrepublik ein, aber die zieren sich und treiben den Preis hoch. Unterdessen liegt das Beil unter der Bank. West-Berlin wartet auf seine Stunde.

Es gibt keinen Buchstaben, kein Komma aus den früheren Viermächtevereinbarungen, die von den Westmächten nicht aufgehoben oder verletzt worden wären. Aber was West-Berlin betrifft, da verlangen sie, daß alle Regelungen vom Kriegsende und aus der Nachkriegszeit ausnahmslos in Kraft bleiben, sogar noch erweitert werden. Diese Ungleichgewichtigkeit ist nicht länger zu ertragen. West-Berlin soll zur »freien, entmilitarisierten Stadt« erklärt, das Besatzungsstatut aufgehoben und die Besatzungstruppen abgezogen werden. Die UdSSR wird ihre Vollmachten zur Betreu-

ung der Außenverbindungen West-Berlins den Behörden der DDR übergeben, auf deren Territorium die Stadt liegt. Die vier Mächte, beide deutsche Staaten oder die UNO haben den neuen Status zu garantieren.
Etwa im September 1958 erhielt unsere Abteilung den Auftrag, die Idee »Freie Stadt West-Berlin« einzuschätzen. Georgij Puschkin wußte, wer der Autor dieser Idee war und beeilte sich nicht mit dem Verdikt. Die drei Westmächte werden die Idee abweisen. Wenn man versucht, sie zu zwingen, wird unweigerlich die schärfste Krise ausbrechen. Greift man zu Gewalt, um Truppentransporte nach oder aus Berlin zu verhindern, wird ein bewaffneter Konflikt die Folge sein. Hier gibt es keine Divergenz. Welcher Art könnten die Gegenvorschläge der Westmächte sein? Kompromisse oder Ultimaten?
Doch in welcher Form sollten wir unsere Erwägungen und Zweifel vorlegen? Am besten im persönlichen Gespräch des Abteilungsleiters mit Chruschtschow. Es wird ein Termin für die Audienz anberaumt. Timofej Kuprikow und ich warten an unseren Arbeitsplätzen auf Puschkins Rückkehr.
Er kommt erstaunlich schnell zurück. Chruschtschow, nachdem er gehört hat, daß seine Idee nicht durchschlagen wird, wollte keine Einzelheiten hören. Unsere Prognose, eine einseitige Abschaffung der bestehenden Praxis provoziere einen bewaffneten Konflikt, erklärte er für »Unsinn«.
»Die Führer der USA sind nicht solche Idioten, sich wegen Berlin zu schlagen. Wenn wir sie mit Gewalt aus der Stadt vertreiben, werden die Amerikaner deswegen keinen Krieg entfesseln.«
Überlegungen zu Kompromissen anzuhören, lehnte Chruschtschow ab – er habe keine Zeit. Interesse und Zeit für die Abteilung hatte er von da an nicht mehr. Wir schickten unsere Ausarbeitungen zu den Sitzungen des Politbüros, erledigten Aufträge der ZK-Sekretäre Muchiddinow, Kiritschenko und anderen. Im Februar 1959 fragte Chruschtschow die Kollegen aus der Parteispitze:
»Existiert eigentlich die Abteilung Puschkin noch?«
»Ja, sie existiert.«
»Ist das denn richtig? Geht's nicht auch ohne?«
Wer wird dem Führer wohl widersprechen? Natürlich geht es ohne. Der Beschluß zur »Auflösung der Abteilung« wird verabschiedet.
Weshalb hat Chruschtschow unsere Abteilung nicht sofort auseinander-

gejagt, nachdem Puschkin die Tür hinter sich geschlossen hatte? Dadurch wäre die übermäßig subjektive Motivierung deutlich geworden.

Das Schicksal ist eine launische Dame. Nicht ohne meine Beteiligung war die Informationsabteilung des ZK entstanden, die dazu ausersehen war, Politik nach streng überprüften Daten »zu erden«. Und ich verhalf ihr auch zu ihrem Ende. Später, nachdem ich gegen meinen Willen im Außenministerium eingestellt worden war, mußte ich mich, zusammen mit anderen Kollegen, versteht sich, weiter plagen, damit aus Chruschtschows keckem Schwung etwas Vernünftiges wurde.

Im Außenministerium erwarteten mich viele Entdeckungen. Frühere Erfahrung hatte mir eingegeben: Erkunde Furten, bis du ans tiefe Wasser kommst. In der Politik bedeutet das: Halte dich vor allem an Dokumente. Ich wollte wissen, wo sich die Dokumentation der Europäischen Konsultativen Kommission, des Kontrollrats und seiner Organe befindet, die sich unter anderem auf die Aufteilung in Besatzungszonen und die Institutionalisierung des Viermächteverwaltungsmechanismus beziehen. Einzelne Dokumente oder deren Fragmente lagen in verschiedenen Ordnern und sogar in verschiedenen Abteilungen des Ministeriums. Es fehlte jegliches System ihrer Erfassung. Jeder Diplomat vom Attaché bis zum Botschaftsrat konnte seine Dossiers nach eigenem Gutdünken führen. Regeln für die Übergabe eines Referats von einem Bearbeiter zum anderen existierten nicht. Ein Chaos sondergleichen.

Wo sind die Dokumente des Kontrollrats aus der Anfangsperiode seiner Tätigkeit, speziell die Erlasse darüber, wie die Handlungen der Zonenbehörden zu koordinieren seien? Ich habe sie zum Teil gelesen, als ich in Berlin arbeitete. Einiges hatte ich auch schon in der Hand gehabt, als ich in meinen letzten Studiensemestern die Dienstbibliothek des Außenministeriums benutzte, und auch später bei Untersuchungen im Informationskomitee.

Niemand im Außenministerium weiß Bescheid. Vielleicht, bekomme ich zur Antwort, befinden die Dokumente sich gar nicht bei uns. Ein Teil der Dokumentation des Kontrollrats geriet ins Verteidigungsministerium oder ins Zentrale Staatsarchiv. Hier in der Abteilung stehen ein paar Aktenschränke, die nach dem Umzug des Außenministeriums vom Kusnetzkij Most auf den Smolenska-Sennaja Ploschtschad noch nicht aufgeräumt sind. Vielleicht sind sie dort.

Gut. Hat das Außenministerium irgendwas geschrieben, Kollationierungen, Aktenübersichten, Regesten und so weiter, kurz vor der Forderung, West-Berlin in eine freie Stadt umzuwandeln? Ja, es hat. Ein paar Varianten der Note, öffentliche Erklärungen, Gedächtnisprotokolle von Gesprächen. Ist das alles? Im Grunde ja. Ein deprimierendes Bild. Müssen wir denn in allen übrigen Fällen auf die Vorsehung bauen?

Die westlichen Diplomaten zerbrechen sich die Köpfe, warum Moskau nicht den einen oder anderen für die Westmächte unbequemen Präzedenzfall hervorkehrt, Dokumente, Argumente. 1947 zum Beispiel war in den Akten des Kontrollrats festgehalten worden: Berlin ist der Standort der Viermächteorgane und zugleich Hauptstadt der sowjetischen Zone. Ganz Berlin. Die Initiatoren dieser Aufzeichnung waren Briten; sie hatten sich das ausgedacht, um einen Fühler in den Ostteil der Stadt auszustrecken und, wenn das glückte, ins östliche Deutschland. Hätten die drei Westmächte etwas Vergleichbares in der Hand gehabt, das die Zuordnung West-Berlins zum Territorium der Bundesrepublik rechtfertigen könnte, würden sie mit der Sowjetunion auch gar nicht darüber sprechen. Sie benutzten viereinhalb Jahrzehnte lang die Luftkorridore aufgrund der Empfehlung einer Verwaltungsbehörde, die nicht, wie es hätte sein müssen, vom Kontrollrat bestätigt worden war.

Von der oben erwähnten Notiz hatte weder 1958 noch 1959 irgend jemand etwa gehört. Als ich in einem Gespräch mit Gromyko diese Tatsache erwähnte, knurrte der Minister:

»Warum haben Sie mir dieses Dokument nicht gezeigt, ehe wir unsere Note vom 27. November 1958 expediert haben?«

»Ich arbeite erst seit März 1959 im Außenministerium. Die Nichterwähnung der Notiz vom Kontrollrat schien mir anfänglich ein taktisches Verfahren zu sein. Ich kam gar nicht darauf, daß derart fundamentale Daten dem Außenministerium unbekannt sind.«

Dies gab den Anlaß zu einer Empfehlung, ein Zentralregister einzurichten zur Aufbewahrung und Systematisierung aller offiziellen Dokumente. Nach Computer roch es bei uns noch auf Jahrzehnte nicht. Der Minister gab Anweisung an die historisch-diplomatische und an die vertragsrechtliche Verwaltung, die Bearbeitung von Dokumenten »zu verbessern«, »sich anzustrengen«, »sorgfältig achtzugeben«.

Oder: Unvergessen ist der endlose Streit der Experten um die Demarkation der Grenze zwischen der DDR und der Bundesrepublik an der Unterelbe. In den sechziger Jahren hatte ich Akten angefordert zur Bestätigung der westlichen Version, daß Vereinbarungen vorlägen. Sie waren nicht zu finden, weder im Außenministerium noch sonstwo. Irgend jemand erinnerte sich daran, daß auf die Bitte eines englischen Offiziers, genehmigt von seinem sowjetischen Kollegen, höchstens im Rang eines Obersten, die Grenze an einem Teilabschnitt nicht im Fahrwasser, sondern am rechten Elbufer festgesetzt wurde.

Wie werden wir vorgehen? Wenden wir uns doch an die britischen Diplomaten. Zur Überprüfung der Sachlage war es notwendig, die vorhandenen kartographischen Materialien zu vergleichen, auf denen der vereinbarte Grenzverlauf zwischen West- und Ostdeutschland eingezeichnet war.

Die beiden deutschen Staaten waren bisher nicht in einen direkten Dialog über die Grenzmarkierung getreten. Die Anfrage hatte auch nicht den Schatten von etwas Außergewöhnlichem. Doch als ich (im ersten Anlauf) in der 3. Europa-Abteilung arbeitete, wollten die Engländer uns die Kopie nicht leihen, und das Original blieb uns vorenthalten.

Wenn diese Kleinigkeiten Sie nicht ermüden, erzähle ich Ihnen ein Beispiel, das teilweise auch mich betraf. Vierseitige Verhandlungen. Die Experten präzisieren die sowjetischen Ansprüche auf Vermögen in West-Berlin. Es geht um einige Grundstücke, die vor dem Krieg Eigentum der UdSSR gewesen waren. Der Vertreter der USA fragt unseren Delegierten, ob den Westmächten eine vollständige Liste übergeben worden sei oder ob noch Ergänzungen kämen. Die Liste ist vollständig, lautete die Antwort. Die Amerikaner nahmen an, daß die sowjetischen Diplomaten sensibel genug waren. Sie wollten die ohnehin heikle Frage nicht komplizieren, da die Forderungen nach dem sowjetischen Vermögen in West-Berlin sich auf ehemaliges Eigentum Litauens, Lettlands und Estlands bezogen. Für die USA war alles, was das Baltikum anging, ein heißes Eisen.

Der Grund für die Zurückhaltung auf unserer Seite lag in unserer Aktenführung und dem Fehlen der Koordination mit den Republikbehörden. Niemand erinnerte sich an dieses baltische Sujet, doch Überlegungen hoher Politik haben hier zum Glück nichts zu suchen.

Mein Debüt im Außenministerium der UdSSR fiel in die Zeit der Vorbereitungen für die Viermächteaußenministerkonferenzen in Genf (11. Mai bis 20. Juni und 13. Juli bis 4. August 1959). Es waren die ersten politischen Gipfelveranstaltungen, auf denen Vertreter der DDR (Lothar Bolz) und der Bundesrepublik (Wilhelm Grewe) anwesend waren. Ich nahm an der ersten Phase der Konferenz teil.

Als Augenzeuge erfuhr und hörte ich viel, auch Essentielles zur Sache. Die handelnden Personen, Gromyko eingeschlossen, bekamen neue Konturen. Weder Lehrbücher noch Monographien können das lebendige Leben ersetzen, selbst wenn es durch eine Menge Konventionen vom natürlichen Leben abgegrenzt ist. Denn wenn das Kleid der Ahnen Schamhaftigkeit war, ist die Konvention der Anfang des Betrugs.

Ich befreie den Leser von der Chronologie des Geschehens in diesem selten gleichmäßigen Genfer Sommer. Statt dessen werde ich einiges Ihnen fast Unbekannte erzählen, das sich von den überwiegend abschätzigen Urteilen über diese Konferenz abhebt.

Betrachten wir die Diskussionen nicht von der verengten Fragestellung aus, ob sie unterschriftsreife Übereinstimmung brachten, sondern unter dem Gesichtswinkel der Evolution in der Politik der vier Seiten. Verwerfen wir die nutzlose und schädliche Methode, aufzuzählen, wer wem mehr nachgab. Stellen wir die Frage so: Kam es zu einer Annäherung der Vorstellungen, oder entfernten die Partner sich noch mehr voneinander? Gromykos Antwort, in akkuraten Formulierungen im Zweiergespräch oder in Gegenwart Anatolij Kowaljows zum Ausdruck gebracht, war eindeutig: Im Juli 1959 zeichnete sich die Basis einer praktischen Vereinbarung über West-Berlin ab, vielleicht einer Interimslösung, die aber den Boden für eine politische Vereinbarung in absehbarer Zukunft vorbereitete. Jede der vier Mächte vertrat ihre eigene Auffassung der Perspektiven, doch es hatten sich Verbindungsknoten gebildet, und bei ausgeglichener Führung der weiteren Verhandlungen könnte West-Berlin aus der Hand der vier Mächte einen neuen Status erhalten, nicht ohne Folgen für die deutsche Landschaft im ganzen.

Unerwartet gerieten durch ein hereinstürmendes persönliches Moment die Genfer Verhandlungen in den Leerlauf. Chruschtschow hatte erfaßt: Eine glückliche Lösung ist in Sicht. Wer, wenn nicht er, konnte die Fettschicht von seinem donnernden Ultimatum nehmen und gleichzeitig dessen Anrüchigkeit übertünchen?

Am 7. Juli 1959 lud Chruschtschow Präsident Eisenhower nach Moskau ein und sich selbst in die Vereinigten Staaten. Frol Koslow, der zweite Mann in der Parteiführung (und der erste Trunkenbold), wird über den Ozean geschickt. Richard Nixon kommt zur Eröffnung der amerikanischen Ausstellung nach Moskau. Am Schlußtag der Genfer Konferenz hatte die sowjetische Regierung das Ultimatum faktisch zurückgenommen, solange die Verhandlungen weitergehen, wird West-Berlins Status nicht geändert.

Im September 1959 fand die berühmte Entdeckung Amerikas durch Nikita Chruschtschow statt. Und umgekehrt entdeckte Amerika Chruschtschow. Es sah so aus, als triumphiere das Prinzip des Gewaltverzichts; alle internationalen Probleme sollen auf friedlichem Wege gelöst werden. Bei der Berlin-Regelung speziell ist es notwendig, »im Einklang mit den Interessen aller Betroffenen sowie im Interesse der Aufrechterhaltung des Friedens« zu handeln. Für die Verhandlungen wird kein zeitliches Limit gesetzt, sie sollen aber auch nicht künstlich in die Länge gezogen werden. Der Weg zum Gipfeltreffen und zum Lorbeerkranz, mit dem Chruschtschow sich schon von den dankbaren Zeitgenossen geschmückt sah, schien geebnet zu sein.

Zwei Jahre später lernte ich unsere Numero 1 gut genug kennen, um guten Gewissens sagen zu können: Er war eine Persönlichkeit. Die Natur hatte nicht geknausert, als sie ihm den Passierschein zum Leben gab. Hätte Chruschtschow eine gute Schulung gehabt, die, ohne seine Individualität zu zerstören, in ihm strenge Begriffe von Disziplin und Kultur entwickelt und ihn gelehrt hätte, Wunsch und Wirklichkeit nicht zu verwechseln, dann hätte er nicht nur eine deutliche, sondern auch eine qualitativ bessere Spur in der Geschichte hinterlassen. Unter gleichen Bedingungen, muß man einschränkend sagen. Ein Mensch, der in den Mitteln skrupulöser und wählerischer war, hätte das Höllenklima des Stalinismus nicht überlebt.

Die Stärke des Politikers Chruschtschow darf man wahrscheinlich nicht von seiner menschlichen Unvollkommenheit trennen. Besonders wenn man in Rechnung stellt, in welcher Zeit er wirkte. Das ist in keiner Weise eine Entschuldigung, nur eine Erklärung. Und wenn ich schreibe »Zeit«, beziehe ich das nicht auf Rußland oder Deutschland allein. Die vierziger, fünfziger, sechziger Jahre haben die Moral aufs Schafott geschleppt, haben ihr das Stimmrecht in jedem beliebigen Winkel der Erdkugel verweigert.

Und doch: Seine Bauernschläue hätte Chruschtschow davor bewahren sollen, zweimal den gerissenen westlichen Politikern ins Garn zu gehen. Dazu hätte es nichts weiter gebraucht als ein bißchen Selbstkritik. Und gerade dieses bißchen hat ihm gefehlt. »Wenn man etwas nicht darf, aber sehr gerne möchte, dann ist es erlaubt.« Das läßt sich auf vieles anwenden.

Zu Chruschtschow paßte es wie sein maßgenähter Schuh, mit dem er in der UN-Vollversammlung auf den Tisch schlug.

Doch die Dinge entwickelten sich nicht so, wie man im September gemeint hatte. Die Ansätze von Vertrauen gingen verloren. Es fehlte nur noch ein Funke. Und dieser Funke blitzte auf.

Am 1. Mai 1960 wurde im Rayon Swerdlowsk am Ural ein amerikanisches Aufklärungsflugzeug abgeschossen. Die Amerikaner entschuldigten sich bei der Sowjetunion nicht, vielmehr begründete Präsident Eisenhower den Anspruch auf das »Recht«, auch in Zukunft das sowjetische Territorium zu erkunden, mit Erfordernissen der »nationalen Sicherheit« der USA.

Auf dem Vorbereitungstreffen zur Konferenz der Großen Vier am 16. Mai 1960 in Paris »versprach« Eisenhower, es werde keine amerikanischen Aufklärungsflüge über sowjetischem Territorium mehr geben, und schlug vor, dieses Konfliktthema nicht zum Gegenstand der Konferenz selbst zu machen. De Gaulle und Macmillan unterstützten ihn. Chruschtschow bestand auf einer Entschuldigung. Der amerikanische Regierungschef lehnte das »Ultimatum« ab. Die Konferenz platzte.

Damit waren die Anstrengungen von fast zehn Jahren zunichte gemacht. Gromyko, wie ich beobachten konnte, litt an dem Geschehnis. Offen konnte er die Vernünftigkeit des »Ausschimpfens« nicht anzweifeln, doch seine Enttäuschung, daß die Hoffnungen auf eine »große Konferenz« in Paris die »kleine« in Genf zugrunde richteten, verbarg der Minister kaum. Mitte der sechziger Jahre modifizierte er seine Beurteilung zu einer Beschuldigung:

»Nikita Sergejewitsch hat in seiner Gier, als erster Diplomat zu gelten, die Entwicklung deformiert, nachdem er die Genfer Konferenz gesprengt hatte.«

Mir scheint, daß Chruschtschow im nachhinein auch keine besondere Freude daran gehabt hat, sich mit Eisenhower herumzuzanken. Nachdem er sich ein wenig abgekühlt hatte, versprach das Haupt der sowjetischen Regierung, bis zum Beginn des nächsten Jahres an der bestehenden Situation in Deutschland nichts zu ändern. Danach, so schlug er vor, solle eine Gipfelkonferenz einberufen werden. Vom Präsidenten der USA wurde keine Entschuldigung mehr verlangt, »sein Bedauern« auszudrücken reiche aus.

Die Sitzung der Parlamentarier vom Rhein an den Ufern der Spree gab

Anlaß zu scharfen Tönen und zur Einführung einer restriktiven Besuchsordnung der Hauptstadt der DDR für Westberliner. Ihnen wurde verboten, mit bundesdeutschen Pässen das Territorium der DDR zu betreten. Man konnte die Vorboten des kommenden Erdrutschs schon erkennen: Die »reaktionäre« Bundesrepublik und die »fortschrittliche« Deutsche Demokratische Republik bekamen Abgrenzung zum Geschick – Abgrenzung nach ideologischen, politischen, sozialökonomischen und blockgebundenen Vorzeichen.

Zweimal an der Schwelle zur Katastrophe

Wahlen in den USA. Der neue amerikanische Präsident hieß John F. Kennedy. Nicht uninteressant war auch sein Außenminister Dean Rusk. Klarheit über die Pläne der beiden bestand nicht. Kurz vor dem Wechsel der Administration hatte Chruschtschows Prahlerei im Gespräch mit dem amerikanischen Botschafter Foy Kohler (»Wenn Sie wollen, zeige ich Ihnen, was Sie nach Washington schreiben«) uns den Verlust eines ergiebigen Informationskanals eingetragen.
Die Präsidentschaftswahlkampagne ging als Turnier von Bodybuildern vonstatten. Kennedy versprach, amerikanische Stärke in entschlossenem Handeln in Europa, Südostasien, Zentral- und Lateinamerika zu materialisieren. Wie ein Falke schreien und probeweise das erste blaue Taubenei legen? Das ging einfach nicht.
Ich selbst erhielt von Kennedy keinen einheitlichen Eindruck in Wien am 3. und 4. Juni 1961: selbstbewußt, energisch, intelligent. Chruschtschows Methoden wie: »Ich bin älter als Sie. Da werden Sie es doch nicht für unpassend halten, wenn ich Ihnen aus meiner Lebenserfahrung den Rat gebe...« verschlugen bei Kennedy nicht. Derartiges ließ er an sich ablaufen, und ungerührt lenkte er das Gespräch in eine unpolitische Sphäre: »Gibt es eine Erklärung dafür, warum die Produktivität des Hornviehs in der Sowjetunion weit hinter dem amerikanischen Index zurückbleibt?«
»Ich habe viele Länder bereist und bin zu der festen Überzeugung gelangt, daß man Kühe füttern sollte«, erwiderte Chruschtschow schmunzelnd.
Komplizierter war es, eine vernünftige Auslegung der Situation im Zentrum Europas zu finden und – das Wichtigste – sich so einzustellen, daß die Normalisierung gerechtfertigte Interessen aller Seiten berücksichtigt. In

den ersten hundertdreiunddreißig Tagen seiner Präsidentschaft kostete Kennedy nicht nur das berauschende Gift der Macht. Er brachte es auch fertig, sich daran zu verbrennen.
Eine Stufe zum Treffen mit Chruschtschow in Wien sollte die Landung der »Brigade 2506« in der Schweinebucht sein.
Kennedy hatte vor, einen neuen Stil zu prägen – eine Legierung von Entschlossenheit und Effektivität. Und das nicht irgendwo, sondern in der »Hauptrichtung der Konfrontation mit dem Sozialismus, im Kampf um die Dritte Welt«. Schon am 21. Januar 1961 erhielten Kuba und Vietnam den Status »Chefsache« in der Prioritätenskala der Kennedy-Administration. Und hier, statt »Ich kam, sah und siegte«, Reinfall und Skandal. Statt eines Trumpfes, den er gegen Chruschtschow ursprünglich auszuspielen gedachte, mußte er 1100 Söldner, die in Fidel Castros Gefangenschaft geraten waren, gegen Traktoren auslösen.
Kennedy gab in Wien im Gespräch mit Chruschtschow zu, daß er den Befehl gegeben hatte, Kuba anzugreifen. Es entstand der Eindruck, daß die USA, nachdem sie in der Schweinebucht badengegangen waren, klüger geworden wären. Es blieb bei diesem Eindruck.
Im Arsenal der amerikanischen Politik und Diplomatie liegen immer »ablenkende« Erklärungen parat, Nebel- und andere Vorhänge. Der Präsident gab mit keiner einzigen Andeutung preis, daß der Rückzug aus dem schiefgegangenen Abenteuer ein neues ankündigte. Damit dieses nächste Abenteuer glückte, wurde beschlossen, es nun mit vereinigten Landtruppen, Kriegsmarine und Luftwaffe der USA auszuführen. Die für den November 1961 angesetzte Operation erhielt den Codenamen »Mongus«.
Ich erinnere nicht deshalb daran, um der einen Seite Vorwürfe zu machen und die andere reinzuwaschen. Meiner Ansicht nach war Kennedy im Juni 1961 äußerst eingeengt bei seiner Suche nach einem Kompromiß. Er hätte einen Friedensschluß der Sowjetunion mit der DDR unter Bedingungen, die faktisch die Rechte der Westmächte auf West-Berlin bestätigten, zur Kenntnis nehmen können. Der neue Präsident war nicht scharf auf die Wiedervereinigung Deutschlands.
Chruschtschow stand vor einem Dilemma – entweder das Kleine und im ganzen Formale als »Ausgleich« anzunehmen, der ihm die Hände band, oder auf die Spannung zu setzen, die eine Möglichkeit bot, etliche militärische Pläne zu realisieren, und Argumente für einseitige »Verteidigungsmaßnahmen« auch im Interesse der verbündeten DDR lieferte. Der sowje-

tische Regierungschef kam nach Wien mit dem festen Entschluß – entweder Vereinbarung, die die amerikanische Politik der UdSSR gegenüber vorausschaubar und annehmbar machte, oder Gleichstellung mit dem Westen im Unrecht, fremde Rechte zu negieren.

In gewissem Sinne konnte man den Einsatz auf einen »kalten Winter«, den Kennedy beim Abschied Chruschtschow voraussagte, als einen Kompromiß bezeichnen. Aus verschiedenen Gründen kam die Spannung beiden Seiten gelegen.

Wien öffnete die Schleusen für den Berliner Mauerbau in der Nacht vom 12. zum 13. August 1961, für die Ziehung des Trennungsstreifens längs der Grenze zwischen DDR und Bundesrepublik nach dem 29. September, für eine gewaltige Serie von Atomversuchen, gekrönt in der UdSSR von der Explosion der 57-Megatonnen-Sprengladung über Nowaja Semlja. Ob wir es zugeben oder nicht, es war eine gemeinsame Niederlage der östlichen wie der westlichen Politik.

Äußerlich brachte der 13. August Bewegung in die Kontakte der Großmächte hinsichtlich der deutschen Problematik. Kennedy empfing Gromyko, Gromyko traf sich mit dem britischen Premier Macmillan. Es wurde vereinbart, den »sondierenden Meinungsaustausch« fortzusetzen. Im Zusammenhang mit diesen Treffen konnte man Chruschtschows Verzicht auf die Forderung sehen, den deutschen Friedensvertrag bis zum 31. Dezember 1961 abzuschließen.

Doch in welchen Zusammenhang soll man die Aktionen der Amerikaner am Sektorenübergang Friedrichstraße stellen? Sie starteten am 21. Oktober 1961 mit der erklärten Absicht, für das Recht auf freien Zugang nach Ost-Berlin zu »demonstrieren«. Als unmittelbarer Beobachter der internen Vorgänge bestätige ich, daß uns schließlich nur noch Sekunden und Meter von einem Unglück trennten.

Eiliger Ruf in den Kreml, wo der XXII. Parteikongreß tagte. Gromyko, Iljitschow und ich wurden in Chruschtschows Arbeitszimmer geführt. Er war schon dort und sprach mit Marschall Iwan Konjew. Außerdem waren der Verteidigungsminister Roman Malinowskij und der Erste Stellvertreter des Generalstabschefs Semjon Iwanow anwesend.

Chruschtschow wiederholte für uns:

»Es gibt Meldungen, daß die Amerikaner in Berlin eine Kraftprobe planen. Sie wollen mit gepanzerten Bulldozern die Grenzsicherungen der DDR einrennen. Die Frage lautet: Entweder erfahren die Amerikaner eine Abfuhr, oder wir verlieren die Kontrolle über die Situation. Ich habe beschlossen, Marschall Konjew als Oberkommandierenden der sowjetischen Streitkräfte in die DDR zu senden. Er ist mit umfangreichen Vollmachten ausgestattet. Wenn die Amerikaner ihre Panzer in Ausgangsposition bringen, werden wir die unseren in volle Gefechtsbereitschaft setzen. Wenn die amerikanischen Maschinen beginnen, die Grenzabsperrung abzutragen, befehle ich, scharf zu schießen.«

Er wandte sich an Malinowskij und Konjew mit der Frage: »Habe ich etwas ausgelassen? Das Wichtigste, das Diplomaten wissen sollten, scheint gesagt. [Die Marschälle bestätigen es.] Wir werden kein Geheimnis daraus machen, daß Konjew die operative Leitung übernimmt. Im Gegenteil, wir werden laut darüber berichten. Konjews Charakter ist gut bekannt. Sein Erscheinen in der DDR wird schon einige Hitzköpfe abkühlen. Und Sie, die Diplomaten, sollten sich auf beide Spielarten vorbereiten. Es ist notwendig, der Öffentlichkeit zu erklären, daß wir den Konflikt nicht suchen. Er wird uns vielmehr aufgedrängt. Und außerdem sollen die Freunde sicher sein, daß wir sie nicht Mann gegen Mann mit den USA allein lassen. Sie haben keinen Grund, nervös zu werden.«

Iljitschow, Iwanow und ich werden entlassen, um die erteilten Aufträge auszuführen. Chruschtschow, Gromyko und die beiden Marschälle erörtern noch etwas im engsten Kreis. Von Konjew erfuhr ich, daß es dabei nicht um Abschwächungen ging. Gleichzeitig wurde betont, daß man sich vor Eröffnung einer heißen militärischen Phase davon überzeugen müsse, ob die Amerikaner uns den Fehdehandschuh wirklich hingeworfen haben. Gromyko sollte mittels diplomatischer Kanäle die Amerikaner über die sowjetische Entschlossenheit, Gewalt mit Gewalt zu beantworten, in Kenntnis setzen.

Bis zu einer Panzerschlacht kam es, wie bekannt, nicht. Politiker und Diplomaten zogen die Panzer auseinander. Man kann die Chronik auf verschiedene Weise lesen. Mir brachten die letzten zehn Tage des Oktober 1961 die engste Berührung mit dem realen Krieg in Mitteleuropa seit 1945. Zweihundert Meter und eiserne Nerven trennten uns vom Nichtwiedergutzumachenden.

Ebben gab es auch zu dieser Zeit, nicht nur Flut.

Ende 1961 wurde ich beauftragt, ein Schreiben in Form eines »Nonpapers« vorzubereiten, das Bundeskanzler Adenauer übermittelt werden sollte. Der Minister wies mich an:

»Vertrauen Sie dem Papier Ihre intimsten Gedanken an. Bringen Sie alles vor, was die regierenden Kreise der Bundesrepublik an den Entwicklungsperspektiven in Europa interessieren kann, skizzieren Sie den Platz, den die sowjetisch-westdeutschen Beziehungen im künftigen friedlichen Europa einnehmen können. Man braucht nicht alles zu wiederholen, was bei uns von Note zu Note mitgewandert ist. Wir werden Nikita Sergejewitsch direkt vortragen. Wie er es angeordnet hat.«

Ich schrieb so, wie ich damals dachte. Mein Hauptaugenmerk galt der Ausdruckskraft in der Logik der Beurteilung und der Unbefangenheit der Grundgedanken. Nicht die Position des Richters, sondern die des beunruhigten Nachbarn, der sich voll guten Willens als Partner anbietet.

Zum erstenmal in jener Zeit wird in einem sowjetischen diplomatischen Dokument das Recht jedes einzelnen Volkes hervorgehoben, das Gesellschaftssystem, das seiner Ansicht nach am besten zu ihm paßt, selbst zu bestimmen, ferner die Notwendigkeit, »allgemein menschliche Ziele zu verfolgen«, militärische Rivalität durch wirtschaftlichen Wettbewerb zweier Systeme zu ersetzen, sich beiderseits loszusagen von Gewaltanwendung, von »Zurückdrängung« sowohl des Kapitalismus wie des Sozialismus.

Viele Stellen in dem Nonpaper wirken heute naiv. Die Prognosen über die Lebensfähigkeit der sozialistischen Länder und die Potenzen ihrer Wirtschaft rufen ein Lächeln hervor. Ein bitteres oder ein schadenfrohes, je nach der weltanschaulichen Sympathie. Aber das Nonpaper war ja nicht für die Geschichte geschrieben, sondern für eine konkrete spannungsgeladene Situation. Bis zum neuen politischen Denken verging noch ein Vierteljahrhundert, und bis zu Michail Gorbatschows Reden in der UNO dauerte es noch länger.

Mein Entwurf wies nur kleine Kratzer von des Ministers blauem Bleistift auf. Chruschtschow ließ den Text ohne Korrekturen passieren. Offenbar übte die für Adenauer bestimmte Logik einen gewissen Effekt auch auf meine Obrigkeit aus.

Am 27. Dezember 1961 bat Iwan Iljitschow den Botschafter der Bundesrepublik, Hans Kroll, um seinen Besuch. Wie sie sich ohne Dolmetscher verständigen konnten, weiß Gott allein. Der Botschafter verließ unseren Abteilungsleiter ziemlich bald wieder. Sein Verhalten, die Eile, mit der er in seine Botschaft zurückstrebte, verkörperten das Ungewöhnliche des Vorgegangenen.

Hans Kroll war eine bemerkenswerte Figur im Moskauer diplomatischen Korps. Ich hoffe nicht, jemanden zu kränken, wenn ich sage, daß Kroll zu den interessantesten ausländischen Vertretern gehörte. Vielleicht auch deswegen, weil er sich nicht als Delegierter von Partei- und Koalitionsdogmen verstand, sondern als Vertreter der Nation. Von Zeit zu Zeit gab er uns Rätsel auf.

Frühstück in der Botschafterresidenz. Von uns waren Wladimir Semjonow, einige andere Diplomaten und Mitarbeiter des Außenhandelsministeriums eingeladen.

Alles wie immer. Der Anlaß – Meinungsaustausch über Handels- und Wirtschaftsfragen – lieferte die Thematik für die Gespräche und auch für die Witze bei Tisch. Plötzlich, vor dem Dessert, sagte Hans Kroll statt des traditionellen englischen »Gentlemen, the Queen«:

»Ich habe in diesem Jahr meinen Urlaub noch nicht festgelegt. Wäre Locarno nicht der richtige Ort?«

Die Gäste verstanden dies als Anspielung auf Rapallo. Ich bin bis heute nicht ganz sicher, ob Kroll nicht auch Rapallo gesagt hat. Die westdeutschen Tischgäste verzogen die Gesichter, die sowjetischen schwiegen wie Partisanen beim Verhör. Das Urlaubsthema wurde nicht weiter entwickelt.

Ein anderes Mal entschloß Kroll sich zu weitgehender Offenheit in einem Zimmer, in dem, wie er vermutete, die Stimme des Rufers gehört wurde:

»Die Neurüstung wird die Spaltung Deutschlands endgültig festschreiben. Könnte man nicht die Atomwaffen gegen die Einheit tauschen? Jede Seite bekäme das Ihre.«

Die »Freimütigkeiten« des Botschafters fing man auch in Bonn auf. Nachdem seine Widersacher eine Meldung in der *Welt* lanciert hatten über die Versuche »oft erwähnter Beamter, sich die Gunst der Sowjetunion zu erkaufen«, wurde Kroll an den Rhein gerufen »zur Ermahnung«. 1962 sandte die Bundesrepublik einen neuen Botschafter nach Moskau.

Kehren wir zum Nonpaper zurück. Adenauer hielt es nicht für erforderlich, den Westmächten davon Mitteilung zu machen. Das taten an seiner Stelle die »Informanten« der Verbündeten, die im Kanzleramt und im Auswärtigen Amt saßen. Unmut wurde laut. Ich war zu dieser Zeit auf einer Reise nach Rumänien und Bulgarien, wo ich in Chruschtschows Auftrag die Zustimmung der dortigen Führungen für unsere weitere Linie in den deutschen Angelegenheiten einholen sollte. Das Gespräch mit

Gheorghiu Dej (Januar 1962) war übrigens auch deshalb bemerkenswert, weil er den heranreifenden Konflikt mit Mao Tse-tung aufdeckte und sich dafür aussprach, die Öffentlichkeit zu Hause und jenseits der Grenzen rechtzeitig zu informieren.

Einerseits war es amüsant, diese Spekulationen um das Nonpaper zu vernehmen. Andererseits kam Besorgnis auf. Geplant als »stille Diplomatie« und Aufforderung zu uneitler Selbstanalyse wurde das Nonpaper fast zu einer zweiten Ausgabe des »Komintern-Briefs«* stilisiert.

Die Westmächte taten so, als hielten sie die Information Adenauers nicht für »erschöpfend«. Sie verlangten nach »geheimen Anlagen«. Bis heute wird für möglich gehalten, daß es Ergänzungen gegeben hat. Nur den Autor des Nonpapers hätte man als Anlage liefern können, und der würde unter Eid aussagen: »Ich gestehe, ich bin gar nicht daraufgekommen, Geheimnisse zu verfassen.«

Was sollte Bonn tun? Die aufgekommenen Verdächtigungen der Freunde im Westen sind am leichtesten zu beheben, wenn man die Gegensätze zu den Feinden im Osten aufbauscht. So wie man Wald- und Steppenbrände mit Gegenbränden löscht.

Das Memorandum der Bundesregierung vom 21. Februar 1962 als Antwort auf das Nonpaper enttäuschte nicht so sehr durch seine Form. Man braucht schließlich nicht unbedingt zu einem hohen Stil Zuflucht zu nehmen, um einen originellen Gedanken auszudrücken. Gemeinheiten kann man genausogut in Knittelversen von sich geben. Die Bundesrepublik reagierte nicht auf die Einladung, sich auf der Brücke oder auf dem Floß zu treffen, statt über einen Cañon hinwegzurufen. Das war aufschlußreich. Besonders in diesem Augenblick, als Washington und Moskau in einen äußerst interessanten Kontakt miteinander getreten waren.

Chruschtschow schüttelte nur den Kopf, nachdem ihm das Bonner Memorandum vorgetragen worden war. Wollen die Westdeutschen in kurzen Hosen gehen? Trotz des kalten Winters? Na ja, wer das mag.

Die Sowjetunion und die USA führten einen zweiseitigen Meinungsaustausch über die deutsche Problematik auf der Ebene der Regierungshäupter. Mir war nicht bekannt, woher der unmittelbare Impuls kam,

---

* Eine von weißrussischen Emigranten hergestellte Fälschung, die von den britischen Konservativen zum Anheizen des psychologischen Krieges gegen Sowjetrußland benutzt wurde und zum Abbruch der diplomatischen Beziehungen geführt hat.

der Kennedy veranlaßte, eine persönliche Botschaft an Chruschtschow zu richten. Ich brachte die Wendung des Präsidenten zum brieflichen Verkehr und die gewählte unpolemische Form in Zusammenhang mit dem glücklichen Ausgang der Konfrontation in Berlin.

Im November (möglicherweise doch erst im Dezember) 1961 war aus dem Kreml ein Anruf gekommen, ich solle um elf Uhr bei Chruschtschow erscheinen. Im Arbeitszimmer des Vorsitzenden des Ministerrates befanden sich der Stellvertretende Außenminister Wassilij Kusnezow, Chruschtschows Berater Wladimir Lebedew, Oleg Trojanowskij und seine Stenotypistin Nadja.

Nikita Chruschtschow erzählte erst von seinen Eindrücken auf einem Treffen mit Atomphysikern, die von Versuchen mit der 100-Megatonnen-Bombe abrieten, und schilderte in diesem Zusammenhang seinen Disput mit Andrej Sacharow:

»Ich habe ihm empfohlen, sich auf die Physik zu konzentrieren, mit Politik befassen wir uns selber.«

Atempause: »Das Wort hat das Außenministerium.«

Wassilij Kusnezow referierte über die laufenden Angelegenheiten:

»Albanien hat sich an uns mit der Bitte gewandt, es trotz der Unstimmigkeiten in unseren Beziehungen und den Vorkommnissen im Warschauer Pakt nicht aus dem Rat für gegenseitige Wirtschaftshilfe auszuschließen. Ich glaube, man kann Albanien entgegenkommen.«

»Wa-a-a-s?« fuhr Chruschtschow auf. »Sonst nichts? Jagt sie mit dem Dreckbesen davon, daß kein Hauch übrigbleibt. Haben Sie verstanden? Sonst noch was?«

Weiter hatte Kusnezow nur Kleinigkeiten. Oder er hielt sich mit Rücksicht auf die Stimmung des Vorsitzenden von der Präsentation größerer Probleme zurück.

Es zeigte sich aber, daß Chruschtschow durchaus guter Stimmung war. Er wollte nur rasch zu dem Gegenstand übergehen, der ihn beschäftigte. Ein anderes Mal hätte Albanien mehr Glück gehabt, doch jetzt: Rums! Und Schluß mit der Mitgliedschaft im COMECON.

Chruschtschow setzte die Brille auf, nahm aus der vor ihm liegenden Mappe ein Papier heraus und las laut vor:

»Sehr geehrter Herr Vorsitzender ...«

Beim zweiten Absatz wird klar, daß wir mit einem Schreiben des Präsidenten der USA bekannt gemacht werden. Nikita Sergejewitsch hat den

Text offenbar schon mehrmals gelesen. Wichtigere Stellen markiert er durch die Stimme oder das Tempo.

Während Chruschtschow liest, mache ich mir Notizen und kann mir am Schluß nicht genau vorstellen, wie viele Seiten der Präsident für die Niederschrift seiner Überlegungen gebraucht hat. Kurz ist das Schreiben nicht. Inhaltsreich – zweifellos. Chruschtschow hatte sofort den Kern erfaßt. Dieser Brief kann den Anfang zu etwas Wesentlichem signalisieren.

Langsam nimmt er die Brille ab, ordnet die Blätter und legt sie in die Mappe. Er überlegt einen Augenblick, dann sagt er:

»Mir ist, als hätte er das selbst verfaßt ... Nicht wie sein Vorgänger ... Rasch hat der Mann sich die Erbschaft vom Halse geschafft.«

»Sie aber auch«, bemerkt Trojanowskij.

Pause. Aufmerksamer Blick auf den Berater.

»Mag sein.«

Chruschtschow fährt fort, mit den gleichen Intervallen nach jedem Satz:

»Vor uns haben wir ein Programm ... Was dahinter steckt? ... Das wird die Zeit zeigen ... Wir werden antworten, und zwar so, daß wir uns nicht blamieren ... Ich werde gleich ein paar Gedanken diktieren. Betrachten Sie sie aber nicht als Heilige Schrift ... Schmeißt Überflüssiges raus, fügt Kluges hinzu. Und keinen alten Kram wiederkäuen.«

Drei oder vier Tage arbeitete ich am Entwurf des Antwortschreibens. In einem Punkt übertraf es Kennedys Brief – im Umfang. Chruschtschow, als er das gewichtige Produkt in Trojanowskijs Hand sah, fragte:

»Wieviel?«

»Zwanzig Seiten«. Er seufzte:

»Gräßlich viel. Lies vor.«

Als der Berater zur abschließenden Höflichkeitsformel kam, sagte der Regierungschef:

»Lang. Aber was rauszunehmen, wäre schade. Gib her, Oleg, ich unterschreibe.«

Die Antwort auf Kennedys erstes Schreiben war nach einem von jedem normalen Gesichtspunkt aus seltsamen Verfahren vorbereitet worden. Gut, daß ich draufgekommen war, mir beim Vorlesen Notizen zu machen. Denn weder die Übersetzung und erst recht nicht das Original bekam ich zu sehen. Gromyko bezog sich darauf, daß es nicht sein Dokument sei, versprach aber, beim Vorsitzenden danach zu fragen. Idiotische Konspira-

tion. Nachdem ich Oleg Trojanowskij den Entwurf geschickt hatte, meldete ich meinen Vorbehalt an:
»Wenn ich das nächste Mal nicht den Text bekomme, auf den ich antworten soll, werde ich überhaupt nichts schreiben.«
Trojanowskij war erstaunt:
»Sie hätten mich doch bloß anzurufen brauchen. Übrigens ist dem Minister auch eine Kopie zugegangen.«
Sie möchten natürlich lieber den Inhalt der Korrespondenz erfahren, die bis zum Sommer 1962 geführt wurde, als die Begleitumstände der Zusammenstellung unserer Antworten. Zum Teil kann ich dieses Interesse befriedigen. Zum Teil deswegen, weil es nach dreißig Jahren nicht leicht ist, die Dynamik in der Entwicklung der Positionen beider Seiten wiederherzustellen, die, wie es zuweilen schien, fast zum gegenseitigen Verständnis geführt hätte.
Die grundlegenden Parameter und der materielle (in der Substanz) unausgesprochene Sinn waren durch Kennedys Startbrief gegeben: Balance der Interessen und nicht »Tausch des Gartens gegen einen Apfel«; unter Berücksichtigung früherer alliierter Regelungen Zurkenntnisnahme und Formalisierung neuer Realitäten, insbesondere für West-Berlin.
Unsere Reaktion: Im Prinzip – ja. Doch Versuche, den einen die Rechte zuzusprechen, den anderen die Pflichten aufzuerlegen, sind zum Scheitern verurteilt. Für die Sowjetunion kommen nur Verhandlungen unter Gleichen in Betracht.
Ins Zentrum des Meinungsaustauschs rückte West-Berlin. Es gab keine grundsätzlichen Einwände gegen die Abschaffung des Besatzungsregimes, wenn in der Stadt symbolische Kontingente auswärtiger Truppen unter der UN-Flagge stationiert werden. Es war nur das »Detail« zu klären, wer diese Kontingente stellen sollte. Die USA waren selbstverständlich für die militärische Präsenz der Westmächte. Die juristische Basis für die Aufrechterhaltung der Verbindungen West-Berlins mit der Außenwelt müssen geändert werden, dürfen sich aber nicht verschlechtern. Die Umwandlung der Stadt in eine selbständige politische Einheit ist nicht ausgeschlossen.
Letzteres erscheint unserer Seite nicht ganz glaubwürdig. Es kontrastiert zu sehr mit Adenauers Ansichten. Daher die Frage: Wie verhält man sich am Rhein zu den erörterten Modellen? Die Zustimmung Bonns braucht Ihre Sorge nicht zu sein, lesen wir als Antwort.

Ende des Sommers sank die Intensität des Meinungsaustauschs auf der Ebene Kennedy – Chruschtschow, wie auch auf der von Gromyko und Thompson, Dobrynin und Dean Rusk, Oberst Bolschakow und Robert Kennedy. Damals war mir nichts von zwei Abenteuern bekannt – der Stationierung sowjetischer Atomwaffen auf Kuba und parallel dazu forcierten Vorbereitungen der USA zu einem »Vernichtungsschlag« gegen das Fidel-Castro-Regime, die ein halbes Jahr vor Chruschtschows Entschluß, militärisch auf der Insel Fuß zu fassen, unabhängig voneinander begonnen hatten. Ich erinnere: Der Anfang der Kennedy-Chruschtschow-Korrespondenz fällt in den November/Dezember 1961. Zur selben Zeit bestätigte der Präsident die »Operation Mongus«. Ein zufälliges Zusammentreffen? Aber erlauben Sie mal! An »Mongus« arbeiteten Kennedys nächste Berater – die Generäle Taylor, Lemnitzer, Maclown, der stellvertretende Verteidigungsminister Johnson und natürlich Robert Kennedy, der Bruder des Präsidenten. Allein im CIA bereiteten etwa vierhundert Mitarbeiter den Überfall auf Kuba vor.

War die Korrespondenz ein Tarnmantel für »Mongus«? Oder war sie mit der Idee verwandt, West-Berlin gegen Kuba zu »tauschen«? Wußte Chruschtschow von den Anti-Kuba-Plänen der USA? Darüber wurden in meiner Gegenwart keinerlei Gespräche geführt. Hier zu mutmaßen, halte ich nicht für angebracht.

Ließ sich das sowjetische Regierungshaupt auf den Meinungsaustausch ein, um in Kennedy nicht nur den Glauben an eine friedliche Koexistenz nach dem Prinzip der Gleichheit zu wecken, sondern auch an die Gleichheit der Prinzipien? Wenn die Prinzipien wirklich die gleichen sind, dann rechtfertigt die Stationierung amerikanischer Raketen in Italien, England und vor allem in der Türkei das Erscheinen ähnlicher sowjetischer Waffensysteme in der Nachbarschaft der USA. Basen auf Kuba – sind sie vorzugsweise ein militärisches oder ein politisches Argument?

Washington enthielt sich der Antwort auf diese Frage. Die Korrespondenz über die deutsche Problematik galt bis in die letzte Zeit als geheim. Weshalb eine derartige Zurückhaltung? Von uns Sündern war kaum etwas anderes zu erwarten. Auf dem Gipfel der Macht und der Glasnost schloß Gorbatschow nicht nur die Außenwelt, sondern das Politbüro, das Sekretariat des ZK der Partei, die Regierung des Landes und das Parlament von wichtigen Informationen aus. Aber die Amerikaner? Sie sind doch so offenherzig! Oder ist, je weiter das Tor geöffnet wird, desto enger der Einlaß?

Die letzte Arbeit für Chruschtschow schrieb ich im Juni/Juli 1963. Dann zog mich eine nervöse Erschöpfung für mehr als ein halbes Jahr aus dem Verkehr. Diese Arbeit betraf Kuba. Oleg Trojanowskij und ich sollten eine Rechtfertigung formulieren, die der Ministerpräsident ans Politbüro schicken wollte. In dem kurzen Diktat aus dem Süden, wo er zur Erholung weilte, fand sich nicht die leiseste Andeutung von einer Wechselbeziehung zwischen dem Kuba-Unternehmen und den deutschen Angelegenheiten. Symptomatisch erschien etwas anderes: Die Erläuterung des Einzelakts wurde ein halbes Jahr nach der schwersten Krise und nicht einige Monate vor ihrem Beginn gegeben.

Ich hoffe, meine Ausführungen machen manches von dem Unverständlichen, das in Moskau entstand und sich »im Namen und Auftrag von Partei und Regierung« des sowjetischen Volkes vollzog, verständlicher. Sowohl vor der politischen Geburt Chruschtschows wie nach seiner Kreuzigung, wie auch in der Ära der Glasnost. Im Machtsystem, nicht im nominalen, sondern im realen, hat sich wenig geändert. »Kommunistische Diktatur«? Erstens: Legierung zweier politischer Antagonismen kann es nicht geben. Zweitens: Es war die Diktatur einer Person über eine nach vielen Millionen zählende Partei. So verwandelte sich die Diktatur des Proletariats in eine Diktatur über das Proletariat. Ich werde einige Gedanken hierzu äußern, wenn wir die Ufer der Perestroika erreichen.

Einstweilen halte ich folgendes fest: In den widerspruchsvollen, vielschichtigen, in mehreren Anläufen angebahnten zweiseitigen Kontakten mit dem Ziel, entsprechend der Januar-Version (1963) des State Department »eine Basis für vernünftige Verhandlungen in der Berlin-Frage zu suchen«, reichten auf beiden Seiten Weitsicht, guter Wille und Vertrauen nicht aus. Zehn Jahre nach Stalins März-Note erwiesen sich die deutschen Interessen wieder als Gefangene der sowjetisch-amerikanischen Konfrontation. Über den Rahmen der »Sondierungen« hinaus gedieh nichts.

Nach Kennedys Machtantritt tastete Washington vieles ab. Etwa: Wie würde Moskau auf einen Überfall von »Luftstreitkräften Nationalchinas« auf nukleare Objekte in der Volksrepublik China reagieren? Würde der mit Peking 1951 geschlossene Bündnisvertrag in Kraft treten? Oder:

Wie kann man in Anbetracht zum Beispiel der Entkolonialisierung die politische Wetterkarte der Erde beurteilen? Wo gibt es amerikanische Hochdruck- und sowjetische Tiefdruckgebiete und umgekehrt?

Am kubanischen Rand des Bermudadreiecks wurden die Vereinigten Staaten und die Sowjetunion nüchtern. Kennedy hielt eine Rede in der Universität Washington: Die Vereinigten Staaten können nicht nach ihrem Gusto die Welt verändern; sie müssen lernen, im Einklang mit ihr zu leben. Der Sowjetunion wurde die Revision des Umgangs mit ihren Interessen und der amerikanischen Position im Kalten Krieg versprochen. Insgesamt schwebte Kennedy eine Korrektur der ultimativen Politik der USA vor, welche die andere Seite vor ein Dilemma gestellt hatte: Demütigung oder Atomkrieg.

Unsere Beurteilung der Rede des Präsidenten, die Chruschtschow vorgetragen worden war, lief darauf hinaus, daß eine Trennung von den Machtdogmen schwierig sein und Kennedy teuer zu stehen kommen werde. Doch es wäre niemandem in den Sinn gekommen, daß so etwas wie die Tragödie von Dallas geschehen könnte. Möglich, daß ein direkter Zusammenhang hier auch gar nicht besteht.

Das am 5. August 1963 in Moskau abgeschlossene Atomstoppabkommen, das Kernwaffenversuche in der Atmosphäre, im Weltraum und unter Wasser verbot, war im gegebenen Augenblick wohl das optimal Gute, das in jedem Bösen steckt. Es bleibt nur tief zu bedauern, daß die Vertragspartner die Prestigearithmetik nicht der politischen Mathematik unterordneten. Kennedy bestand auf acht bis zehn Inspektionen jährlich vor Ort. Chruschtschow war mit drei bis fünf einverstanden. Ohne sich ernsthaft um eine Annäherung der Standpunkte zu bemühen, boten diensteifrige Vermittler ein Danaergeschenk an: das Verbot nicht auf unterirdische Versuche auszudehnen. Es hätte sehr gut sein können, daß das Nuklearproblem, vorausgesetzt die Vertragsverpflichtungen wären erfüllt worden, heute anders aussähe.

Unter deutschem Gesichtswinkel markierte das Testverbot auch eine gewisse Entwicklungsetappe. Die DDR wurde dadurch ohne formale Anerkennung mit den Großen der Welt in diesen juristischen Raum einbezogen. Ich übertreibe nicht, wenn ich feststelle, daß die »sondierenden Kontakte« der Jahre 1961/62 den Boden für die Einnahme dieses Passes vorbereiteten. Eine nicht sehr dicke Fettschicht ist besser als gar keine.

Von außen ist es schwer vorstellbar, mit welch kuriosen Angelegenheiten ich in der 3. Europa-Abteilung zu tun hatte. Da schickte das Innenministerium eine grob gezimmerte Kiste mit der Begleitnotiz: »Zuständigkeitshalber werden dem Außenministerium Zahnprothesen von Wehrmachtsangehörigen, die für Kriegsverbrechen verurteilt wurden, überstellt ...«

Diese Wehrmachtsangehörigen waren längst nach Deutschland zurückgekehrt. Die Prothesen trugen keinen Hinweis auf ihre Eigentümer. Was soll man mit diesem Nachklang der gedankenlosen Ausführung einer herzlosen Instruktion tun? Ich schickte die Kiste ans Innenministerium zurück mit der Empfehlung, sich mit dem Roten Kreuz in Verbindung zu setzen. Der Beamte gestand mir am Telefon, die Prothesen seien 1955 vergessen worden; erst jetzt, fünf Jahre später, sei man zufällig auf die Kiste gestoßen; sie hätten gedacht, das Außenministerium interessiere sich vielleicht dafür.

Weiße Flecken im Gedächtnis und Zerstreutheit sind sehr menschliche Phänomene. Ein Erster Botschaftssekretär bat einmal um einen Termin. Er erscheint zur vereinbarten Zeit. Kaum haben wir uns begrüßt, als der Gast streng und in strammer Haltung mit leicht theatralischer Stimme sagt:

»Ich habe den Auftrag, Ihnen ...«

Seine Hand taucht in die Aktenmappe, kramt darin herum, aber das gesuchte Papier kommt nicht zum Vorschein. Das Gesicht des Botschaftssekretärs rötet sich, er putzt seine Brille und sagt kaum hörbar:

»Ich habe sie vergessen, die verbale Note.«

»Worum, verzeihen Sie, geht es?«

»Ich sollte Ihnen einen Protest erklären ...«

»Nun ja, für einen Protest ist es nie zu spät. Wenn es Sie erleichtert, tun wir so, als hätten Sie ihn erklärt; ich verhalte mich ihm gegenüber reserviert. Welches ist der Anlaß des Protests?«

»Wenn Sie gestatten, schicke ich ihn mit der Post.«

Diese konfuse Geschichte habe ich weder in einer Gesprächsnotiz festgehalten, noch irgend jemandem davon erzählt, bis zu dem Tag, an dem dieser Erste Botschaftssekretär, inzwischen zum Botschafter avanciert, seinen Abschiedsabend gab und sich an den Tisch setzte, an dem ich mich mit mir bekannten Gästen unterhielt.

»Erinnern Sie sich noch an unsere erste Begegnung?« fragte ich ihn.

»So viele Jahre ist das her, aber jedesmal, wenn ich mich an jenen Abend erinnere, überläuft es mich heiß und kalt. Danach habe ich lange Zeit Wert darauf gelegt, Ihnen ja nicht unter die Augen zu kommen.«
Wir lachten herzlich.
Schlimmer ist es, wenn Militärs ihr Gedächtnis verlieren. Noch dazu nicht auf dem eigenen Territorium. Und mit den Folgen müssen sich dann die Diplomaten auseinandersetzen.
Kaum jemandem werden konkrete Assoziationen kommen, wenn ich zwei tragisch endende Verletzungen des Luftraums der DDR durch amerikanische Flugzeuge erwähne. Nach dem zweiten Zwischenfall verlangte Washington Beweise dafür, daß das Flugzeug nicht durch schlechte Wetterbedingungen vom Kurs abgekommen sei (Version der USA), sondern Spionagetätigkeit betrieben habe (sowjetische Erklärung).
Über den Generalstab erfrage ich Einzelheiten. Die abgeschossene Maschine war für Aufklärung ausgerüstet. Beim Absturz waren die Foto- und radiometrischen Apparate zerstört worden. Der am Leben gebliebene Oberstleutnant, der bei uns in einem Krankenhaus lag, bestritt nicht, daß die Besatzung eine Kommandoaufgabe zu erfüllen hatte, doch unter Berufung auf seine Dienstvorschrift lehnte er jede Art von Präzisierung ab.
Ich bat, ein Experiment ausführen zu dürfen. Ich ließ den Film, der in den Kassetten gefunden worden war und als belichtet galt, doch entwickeln sowie die gespeicherten Daten sämtlicher an Bord befindlichen Geräte dechiffrieren.
Am anderen Tag ist mein kleines Arbeitszimmer voll von höheren und hohen Offizieren. Das Experiment ist geglückt. Wir haben großformatige Aufnahmen in der Hand, die elektronische Signale der sowjetischen und der DDR-Luftraumbeobachtungsposten fixieren. Auf meine diesbezügliche Frage kommt die Antwort: Nein, aus dem zentralen oder dem südlichen Korridor lassen sich derartige Daten nicht erbringen.
»Also werden wir die Amerikaner mit den Beweisen bekanntmachen. Welche Aufnahme bringt uns den geringsten Schaden, wenn wir sie der anderen Seite in die Hand geben?«
»Auf keinen Fall dürfen die Aufnahmen an die Amerikaner gegeben werden. Jede von ihnen ist das Leben von ein paar Fliegern wert«, erklärte ein General, der Ranghöchste der Gruppe.
»Das wird Nikita Sergejewitsch entscheiden, er hält diese Affäre unter

Kontrolle. Solange nicht befohlen ist, alles abzugeben, stellen Sie fest, was uns am wenigsten schadet.«

Den Vertretern der USA wurden zwei oder drei Aufnahmen übergeben. Kennedy zog einen Schlußstrich unter den Zwischenfall. Das amerikanische Kommando, das mit »ablenkenden Erklärungen« seinen Oberbefehlshaber irregeführt hatte, erhielt Order, dreißig Meilen Distanz von der DDR-Grenze zu halten. Daraufhin wurde es ruhiger.

Im Januar 1965 trennte ich mich für dreieinhalb Jahre von der 3. Europa-Abteilung. Dem deutschen Problem in seiner europäischen und globalen Projektion war zwar nicht zu entkommen, doch mit den täglichen deutschen Sorgen hatten sich nun andere zu befassen.

Neuer Verantwortungsbereich. Nahostkrieg und Prager Frühling

Wer mir nach dem Verlassen der 3. Europa-Abteilung am meisten fehlte, war ein Gesprächspartner vom Typ des Botschaftsrats Hartlieb. Er war ein ungewöhnlicher Diplomat, ein leibhaftiges Orakel, der Sie mit den Feinheiten der Bonner Küche vertraut machen konnte:

»China erstarkt und wird Ihnen die Rechnung präsentieren. Ihre Hauptsorge wird der Ferne Osten werden. Die Bundesrepublik wartet geduldig, daß die sowjetisch-chinesische Konfrontation Siedehitze erreicht hat, dann wird es von unserer Gunst abhängen, zu wessen Nutzen die Waagschale sich senkt. Dann wird Bonn Ihnen seine Forderungen diktieren. Wir werden ja sehen, ob Sie sie zurückweisen können.«

Das sagte ein Botschaftsrat, kein Portier. Er sollte nicht unbedingt als rechte Hand von Adenauer empfunden werden, aber man darf ihn auch nicht überhören.

Ich lasse nicht nur Details aus, sondern ganze Abschnitte meiner Tätigkeit als Leiter des »Geheimen Rates« beim Minister und als Leiter der 2. Europa-Abteilung (der britischen). Die Bekanntschaft mit den Klassikern der Diplomatie brachte mir neues Wissen und manche Erfahrung. Und nicht nur, wenn man, sagen wir, Ausländer einander gegenüberstellt.

Allerlei lehrt auch ein Vergleich unserer Politiker mit Harold Wilson, Pierre Trudeau, George Brown oder Lord Chalfont, dem ständigen Vize im

Foreign Office Greenhill. Und nehmen Sie das Moskauer Botschaftergestirn aus der britischen Girlande! Jeder zweite war ein Dichter.
Der Arbeit in der 2. Europa-Abteilung verdanke ich die Bekanntschaft mit einer Reihe unserer berühmten Wissenschaftler – Pjotr Kapitza, Nikolaj Semjonow, Michail Lawrentjew, Mstislaw Keldysch, um nur einige zu nennen. Kapitza besuchte ich zu Hause und in seinem Institut und hörte von ihm einiges über seine Reibereien mit Stalin, Berija und den übrigen. Es gab Diskussionen, an denen sich auch ein anderer Nobelpreisträger, Nikolaj Semjonow, beteiligte, beispielsweise ob Kriege auf der leidgeprüften Erde enden werden, wenn es gelingt, der kontrollierten Kernfusion als Energiequelle Herr zu werden.
Obwohl ich nur kurze Zeit in der britischen Abteilung arbeitete, hätte ich bedeutend mehr tun können, wenn es (a) keine Ablenkungen auf die Probleme des Nahen Ostens und in der ČSSR und (b) nicht die unglückselige Rivalität in der sowjetischen Führung gegeben hätte.
Auf Gromyko wirkte sein britischer Kollege George Brown wie das rote Tuch auf den Stier. Nicht weil zu den unabdingbaren Accessoires des Ministers eine rote Krawatte und rote Socken gehörten. Während der Englandreise mit Chruschtschow, bei der es zu grellen Unstimmigkeiten mit den Labour-Leuten kam, hatte sich irgend etwas in meinem Minister festgekrallt. Und dann hatte Brown bei seinem ersten Besuch in Moskau einen ebenso unbefangenen wie ungeschickten Versuch gemacht, informelle Beziehungen herzustellen. Er begrüßte meinen Minister in der Residenz des britischen Botschafters mit dem fröhlichen Ausruf:
»Andruschka!«
Der Gast versteinerte. Mit fast erfrorener Stimme korrigierte er:
»Wenn Sie sich nicht offiziell, aber dennoch in höflicher Form an mich wenden wollen, müssen Sie Andrej Andrejewitsch sagen.«
Für einen Nichtslawen ist es leichter, Vergil im lateinischen Original auswendig zu lernen, als mit russischen Eigennamen zurechtzukommen. George Brown griff den zweiten Teil des Vaternamens in der familiären Form auf:
»Andrejitsch.«
Gromyko korrigierte ihn nicht mehr. Sein Credo, in Metall gegossen: George Brown ist eine Unperson. Die Verhandlungen waren zum Scheitern verdammt. Dieser Engländer erhält keine trockene Brotrinde aus Gromykos Hand.

Kossygin-Reise nach England. Nicht zuletzt dank Browns Mitarbeit verliefen die Verhandlungen überaus positiv. Alexej Kossygin ist konkret, klar und sachlich. Den Engländern gefällt, daß er nichts von einem Poseur hat.
Anruf aus Moskau:
»Alexej Nikolajewitsch, wir haben deine Rede vor dem Parlament gehört. Kam gut heraus, die Visite läuft nicht schlecht. Aus Gründen, die ich dir in Moskau erkläre, ist es wichtig, beizeiten anzuhalten.«
Dies war dem Sinne nach Breschnews »Rat«. Der Vorsitzende des Ministerrats greift Probleme auf und löst sie, von denen, wie in der bekannten Parabel vom französischen Notarius, ganze Generationen von Diplomaten sich ernähren. Nicht alle werden sich erinnern. Also:
Ein mit allen Wassern gewaschener Notarius bittet seinen Sohn, einen ganz jungen Notarius, ihn bei Gericht in der Verhandlung eines Vermögensstreits zu vertreten. Abends erkundigt sich der Vater, wie die Sitzung verlaufen ist.
»Ich begreife nicht, warum der Prozeß geführt wurde. Innerhalb einer Stunde hatten wir uns alle geeinigt.«
»Ach, du lieber Gott! Mein Vater hat von dem Fall gelebt, der Vater meines Vaters hat damit seine Kanzlei zum Erblühen gebracht. Dich, deine Schwestern und Brüder habe ich mit den Einkünften aus diesem Prozeß großgezogen. Was hast du da bloß angestellt?«
Breschnews Anruf verdarb Kossygin die Laune für die ganze restliche Reise und noch auf Jahre hinaus. Man hat ihm eingetränkt, Außenpolitik sei nicht Sache des Premiers. Befassen Sie sich mit Buchhaltung, mit Staatsbegräbnissen, mit Feuerlöschen. Die Außenpolitik aber, sozusagen eine fundamentale Würde, ist dem Generalsekretär vorbehalten. Allenfalls gemeinsam mit dem Außenminister.
Man war auch mit mir nicht zufrieden. Er versteht seine Sache. In Chequers hat George Brown sogar zu seinen Füßen auf dem Teppich gesessen. Das glückt wirklich nicht jedem!
Einem echten Diplomaten aber sind seine beiden Ohren dafür gegeben, daß er mindestens mit einem auf Signale von ganz oben lauscht. Die besten Noten wurden in der ehemaligen Sowjetunion einem Diplomaten zuerkannt, der beweisen konnte, daß die Sonne nicht im Osten aufgeht, sondern im Norden, wenn man vom Süden aus hinaufstarrt.
Seit Mai 1967 waren meine Zeit und ich zwiegeteilt. Vor dem Mittagessen

gehörte ich dem britischen Commonwealth, danach pumpte der arabische Osten den Saft aus mir heraus – wie aus dem Sand das Öl. Krieg stand bevor. Zusammen mit Analytikern des Generalstabs und des KGB unter Beteiligung von Orientalisten von der Akademie der Wissenschaften warnten wir in einem Memorandum, daß der bewaffnete Konflikt, wenn man nicht schnellstens den Druck im Kessel mindere, ausbrechen würde. Gibt es Krieg, wird Israel binnen einer Woche, allenfalls in zwölf Tagen, den Sieg davontragen. Die arabischen Truppen sind weder technisch noch moralisch kriegsbereit.

Das Memorandum war an die politische Führung geschickt worden. Doch Breschnew und andere Spitzenpolitiker weilten nördlich bei Militärmanövern. Sie würden erst am Montag zurückkommen. Unsere Empfehlung, sich schleunigst mit Gamal Abd el Nasser in Verbindung zu setzen und ihn dazu zu bringen, den Golf von Akaba freizugeben, hing fest. Am Sonntag wurde sie für die Geschichte interessant. Israel versetzte mit massierten Luftangriffen vom Mittelmeer aus den ägyptischen Stellungen schwere Schläge.

Das Tempo der Ereignisse bestimmte die krampfhafte sowjetische Reaktion. Politische Entschließungen wurden angenommen: Die UdSSR steht auf der Seite der Aggressionsopfer und bricht die diplomatischen Beziehungen zu dem Aggressor ab. Unbedingt müssen die Vereinten Nationen eingreifen. Die sachliche Zusammenarbeit mit den Vereinigten Staaten ist äußerst wichtig, um so mehr, als in den ersten Stunden des Krieges der ständige amerikanische Vertreter, Botschafter Arthur Goldberg, Forderungen stellte, die im wesentlichen den unsrigen entsprachen: sofortige Beendigung der Kampfhandlungen und Rückzug der Truppen in die Ausgangsstellungen.

Ich wurde zu den von Breschnew einberufenen Sitzungen hinzugezogen. An den Beratungen nahmen in der Regel Kossygin, Podgornyi und Gromyko teil. Wenn es vordringlich um militärische Angelegenheiten ging, erschienen auch der Verteidigungsminister Andrej Gretschko mit seinem Ersten Stellvertreter und der Generalstabschef Matwej Sacharow. Dann konnte es vorkommen, daß der Premier und der Vorsitzende des Präsidiums des Obersten Sowjet nicht anwesend waren.

Am dritten oder vierten Tag, nicht später, kam ein Hilferuf aus Kairo: Macht was ihr wollt, aber rettet uns. Nasser schlug in seinem Telegramm vor, Bündnisbeziehungen einzugehen. Der UdSSR sollen Militärstützpunkte im Gebiet von Alexandria und am Suez oder an jedem beliebigen Ort unserer Wahl zur Verfügung gestellt werden. Der durchgehende Gedanke: Effektive Hilfe sofort, morgen ist es zu spät.

Was können wir tun? Der Bündnisvorschlag und Militärstützpunkte – ein Verzweiflungsakt. Aber Luftbrücken nach Kairo und nach Damaskus sollen eingerichtet werden. Die eine über die Meerengen, die andere über Iran unter Ausnutzung des Vertrags von 1921.

Die iranische Marschroute hätte fast einen Zwischenfall hervorgerufen. Der sowjetische Botschafter in Kairo informierte Schah Reza Mohammed Pahlevi, als unsere Militärtransportmaschinen schon in den iranischen Luftraum eingeflogen waren. Der Schah gab in Gegenwart unseres Diplomaten telefonisch Befehl, keinen Alarm auszulösen, wenn im Norden des iranischen Luftraums ungemeldete Flugzeuge erscheinen. Und wir wurden gewarnt, zur Vermeidung von Mißverständnissen künftig nicht eigenmächtig Rechte auszunutzen.

Die grundlegenden Berechnungen beruhten jedoch auf dem Zusammenwirken mit den Vereinigten Staaten. Botschafter Goldberg aber wich jetzt eindeutig aus. Die Gegenangriffe der Syrer werden abgeschlagen. Jordanien ist als militärischer Faktor aus dem Spiel. Die Erfolge Israels im Felde beeindrucken. Der Appell, die Kampfhandlungen einzustellen, klingt gedämpft, »unverzüglich« wird selten hinzugefügt, und die Forderung, sich auf die Ausgangsstellungen zurückzuziehen, ist gänzlich fallengelassen. Geradezu ein Lehrstück in Opportunismus. All das wird registriert, doch Hoffnung erstirbt auch hier zu allerletzt.

Neuer Hilferuf Nassers: Israelische Panzer am Suez, Kairo ist weder am Boden noch aus der Luft geschützt. Entweder greift die UdSSR in den Konflikt auf seiten Ägyptens ein, oder es ist Schluß.

Breschnew ruft Kossygin, Podgornyi, Diplomaten und Militärs zu sich. Wie werden wir vorgehen? Ein Vorschlag wird diskutiert: Ohne jede Verzögerung muß man soviel Kampfmaterial und Panzerabwehrwaffen, auch Flugabwehrraketen, wie möglich in Flugzeugen nach Ägypten transportieren, gleichzeitig sind alle ägyptischen Offiziere, die in der Sowjetunion ausgebildet werden, nach Kairo zurückzubringen. Die Anwesenden stimmen zu, nur Podgornyi nicht. Wenn einer im Triumvirat »dagegen« ist, wird der Beschluß nicht angenommen.

»Was schlägst du vor, Nikolaj?« fragt Breschnew.

»Nachdenken.«

»Dazu ist keine Zeit. Das siehst du doch!«
»Der Morgen ist weiser als der Abend«, entgegnete Podgornyi, legte seine Papiere zusammen und ging hinaus.
Der Generalsekretär mit gesenkter, sogar ärgerlicher Stimme:
»Was kann man bei so einem Eigensinn tun? Konkrete Ideen hat er nicht. ›Nachdenken‹ ist keine Position. Wir verlieren unwiederbringliche Zeit. Also machen wir folgendes: Die Maschinen werden beladen, und sowie Nikolaj Wiktorowitsch fertig gedacht hat, starten sie.«
Am Morgen, der ja weiser als der Abend sein soll, kam ein Blitztelegramm von unserem Botschafter aus Kairo: Nasser hat einen Herzinfarkt erlitten. Zustand ungewiß. Der Präsident ist in der Ausübung seines Amtes behindert. Die Breschnews Anordnung gemäß schon beladenen Maschinen bleiben am Boden, statt dessen werden per Flugzeug Ärzte für Nasser geschickt.
Vormittags um elf Uhr läßt Breschnew Gromyko mit seinen Beratern zum Staraja Ploschtschad rufen. Der Minister nimmt Alexandr Soldatow und mich mit. Außer uns waren noch die Marschälle Gretschko und Sacharow zur Stelle.
»Das hat gerade noch gefehlt, daß jetzt in Kairo Machtkämpfe ausbrechen. Wenn an Nassers Stelle so ein Niemand rückt wie Amer, verliert Ägypten alles, was es nach der Revolution und dem Zurückschlagen der Dreieraggression gewonnen hat. Und wir großen Strategen! Stoß einen Menschen um, und schon ist alles beim Teufel. Warum stoppen die Amerikaner Israel nicht? Israel führt auch einen amerikanischen Krieg gegen uns. Am Suez haben sie uns schon das Gesicht naß gemacht, jetzt geht's bis zum Nil. So viele Berater haben wir in der ägyptischen Armee, nicht für einen roten Heller haben sie beraten, ebenso wie die Ägypter in unseren Schulen nichts gelernt haben. Statt den Kampf aufzunehmen, katapultieren sich deine Schüler, Matwej, schon wenn sie in der Ferne ein israelisches Flugzeug sichten.«
Mit dem prüden Gretschko stand der Generalsekretär per Sie, er kratzte ihn, indem er den Generalstabschef Sacharow als Zwischenglied benutzte.
»Matwej, gibt es unter den sowjetischen technischen Spezialisten, die den Ägyptern helfen unsere Flugzeuge zu bedienen, ehemalige Piloten?«
»Das muß ich überprüfen lassen.«
»Und wieviel Techniker sind zu den ägyptischen Luftstreitkräften abkommandiert?«

»Das kann ich aus dem Gedächtnis schwer sagen.«
»Matwej, mach mich nicht wild. Weshalb rufe ich euch denn? Der Generalstab ist verpflichtet, die Ausstattung bis ins kleinste zu kennen. Wie kann man sonst wissen, ob wir in der Lage sind, etwas zu tun oder nicht? Israel steckt voller amerikanischer Freiwilliger, auch Flieger sind dabei. Wir kennen sogar die Namen. Geh und stell fest, was wir haben, damit wir nicht erst in Washington nachfragen müssen.«
Nach ein paar Minuten kam Sacharow mit der Meldung zurück:
»Techniker [wenn ich mich nicht irre]: sechsundzwanzig. Keiner davon beherrscht den Umgang mit Flugzeugen des in Ägypten stationierten Typs.«
Weder unsere reale noch unsere symbolische militärische Präsenz als Schutzwall gegen das Vordringen der Israelis zeichnete sich ab. Mit der Lieferung von Waffen und Material erschöpfte sich die sowjetische Hilfe. Die Berater nicht gerechnet. Die ägyptische Armee, von niemandem geführt, brach zusammen. Die Berater halfen nicht, machten nur nervös. Es fand sich ein Mann, der in passenden Ausdrücken die Situation charakterisierte: Nikolaj Jegorytschew, früher Leiter der 9. Hauptabteilung des KGB (Schutz des Generalsekretärs und der politischen Führung insgesamt), war das Haupt der Moskauer städtischen Parteiorganisation. Von der Rednertribüne des Plenums aus erklärte er (dem Sinne nach): Wir prahlen mit unserer militärischen Macht. Aber dem Opfer einer bewaffneten Aggression zur Hilfe kommen – Pustekuchen.
Jegorytschew, Freiwilliger von 1941, wurde daraufhin als Botschafter ins dänische Königreich versetzt, auf daß er dort, den legendären Hamlet-Orten näher, eine weisere Antwort auf die ewige Frage suchen könne: Sein oder Nichtsein?
Außerordentliche Sitzung der UN-Generalversammlung. Ich gehörte zu Kossygins Delegation. Auf dem Weg nach New York Zwischenlandung in Paris. Kossygin und Gromyko statten de Gaulle einen Besuch ab. Mendelewitsch und ich bleiben auf dem Flughafen, um die Rede des Premiers fertig zu schreiben. Bei meinem ersten Besuch dieses wunderschönen Landes sah ich hauptsächlich Gromyko. Beim zweiten Besuch mit Kossygin stießen wir nur mit französischen Polizisten zusammen, denen wir unsere Pässe vorzeigen sollten. Nun ja, wer außer Verbrechern fliegt schon nach Paris, um auf dem Flugplatz hocken zu bleiben?
Die Sondersitzung des Jahres 1967 ist kein Ruhmesblatt in der Geschichte

der Vereinten Nationen. Die USA verrenkten vielen Delegationen nicht nur die Hände. Stellen Sie sich vor, die Araber hätten einen Schlag auf Israels Schlüsselstellungen geführt und einen Teil des Territoriums erobert. Botschafter Goldberg hätte mit seiner Rhetorik das Meer entzündet, um zu überzeugen, daß der Kriegsanstifter und Schuldige am Tod Zehntausender exemplarisch bestraft werden müsse, damit anderen die Lust vergehe. Den Sechs-Tage-Krieg aber hatten Freunde begonnen und triumphal beendet. Das änderte die Sache. Geteiltes Leid ist halbes Leid, geteilter Triumph doppelter Triumph.

Sie verstehen, was ich sagen will. Israel triumphierte über die Araber, die Vereinigten Staaten über die Sowjetunion. Lassen Sie den Film mit der Aufzeichnung der Abstimmung über die Resolutionsentwürfe der Generalversammlung in der Abschlußsitzung ablaufen. Soviel Befriedigung auf den Gesichtern der Staatsmänner, die fest überzeugt sind: Recht hat nicht, wer im Recht ist, sondern der Stärkere. Nebenbei, die besten Eigenschaften eines Menschen, eines Volkes, eines Staates kommen nicht in Augenblicken des Siegesrausches zum Vorschein, sondern in denen der Schwäche. Der eigenen wie der fremden.

Die Versuche, die UNO wenigstens optisch in der Position des Schiedsrichters zu halten, blieben erfolglos. Sie säten nur Feindschaft unter anderem gegen Kurt Waldheim, die für ihn nicht ohne Folgen blieb.

Kossygin traf sich mit Präsident Johnson und verwandte äußerste Mühe darauf, die Amerikaner dafür zu gewinnen, daß die Generalversammlung nicht in Polemik ertrinkt, sondern den Ausgangspunkt langfristiger politischer Regelungen im Nahen Osten schafft. Vergeblich.

Nachdem der Vorsitzende des Ministerrates abgereist war, leitete Gromyko die sowjetische Delegation. Er unterhielt regelmäßige Kontakte zu den arabischen Delegationen und nutzte jedes Gespräch zur Unterstreichung der elementaren Wahrheit, daß es ohne Anerkennung Israels und seines Rechts auf gesicherte Existenz keinen Frieden in der Region geben würde. Der ägyptische Delegierte gab zu verstehen, daß Nasser dies genauso sähe, doch wenn er sich für die Anerkennung des israelischen Staates aussprächen, würde er am nächsten Tag gestürzt oder von irgendwelchen Fundamentalisten umgebracht werden. Die Zeit war noch nicht reif.

Gromyko war bevollmächtigt, je nach Situation selbständig zu entscheiden, wie die Sowjetunion über den proamerikanischen Resolutionsentwurf der Vollversammlung, die der Botschafter Solomon aus Trinidad und

Tobago und eine Gruppe anderer Delegationen vorbrachten, abstimmen würde. Die sowjetische Unterstützung war nicht ausgeschlossen. Die Sache verlief jedoch nach folgendem Muster:

Wir saßen zu dritt – links von Gromyko hatte Soldatow seinen Platz, rechts ich. Der Vorsitzende verkündet den Beginn der Abstimmung. Wer ist dafür? Der Minister überläßt es seinem Stellvertreter, den Knopf am Stimmpult zu drücken und schüttelt den Kopf. Wer ist dagegen? Soldatow drückt gleich den Nein-Knopf. Gromyko flüstert kaum hörbar:

»Weshalb denn? Sie waren voreilig. Man könnte sich auch der Stimme enthalten.«

Noch ein kleines Geheimnis großer Diplomatie. Es gab ein entferntes Echo, als im Herbst der UN-Sicherheitsrat sich mit dem Text der Resolution beschäftigte. Der Minister ließ mich kommen.

»Machen Sie sich mit dem Resolutionsentwurf des Sicherheitsrats zum Nahen Osten vertraut. In ein paar Stunden ist die Abstimmung. Unser ständiger Vertreter erwartet Instruktionen.«

Meines Erachtens fehlte es dem Text an exakter Formulierung. Die beiden Seiten werden die Ungenauigkeit ausnutzen, um von den Regelungen abzuweichen.

»Der Entwurf könnte weniger verschwommen sein. Ich meine aber trotzdem, wenn er für Ägypten annehmbar ist und uns aus Kairo gemeldet wird, daß Nasser nicht dagegen ist, lohnt es für uns nicht, etwas einzuwenden.« So entscheidet Gromyko.

Diplomatie unterscheidet sich von der Wissenschaft vor allem dadurch, daß sie nicht die Wahrheit, sondern eine durchschnittliche Annäherung an sie oder Entfernung von ihr sucht. Opponenten »für«, Partner nicht »gegen«, also brauchbar. Prinzipientreue ist nicht für unsere Trödelmarktepoche.

Mit dieser Resolution plagen wir uns bis heute. Soll Israel »alle [von ihm] besetzten Gebiete zurückgeben« oder nur »besetzte Gebiete«? In der französischen und in der russischen Übersetzung heißt es »alle«, in der anglo-amerikanischen fehlt das Wörtchen. Man kann nach Wahl zurückgeben, indem man vom Terminus »gesicherte Grenzen« ausgeht. Es versteht sich von selbst, daß Politiker die Resolution lesen, und die Blickschärfe der Politiker bestimmt die Politik.

Nun gut. Über den Nahen Osten läßt sich ein umfangreiches Kapitel, auch eine ganze Story an Erinnerungen zusammentragen, wenn man sich auf alle Details einläßt, in allen Winkeln stöbert. Zeit, das Thema zu wechseln.

Frühling 1968. In Moskau, nicht nur in Prag, strahlende Sonne. Verschiedene Anzeichen deuten darauf hin, daß das Wetter uns keinen Streich spielen wird; also kann man die Botschafter und die leitenden Mitarbeiter der Botschaften von Großbritannien, Irland, Kanada, Australien und Neuseeland in das malerische Meschtscherino einladen. Langes Hin und Her mit den Terminen, doch dann hatten wir sie alle unter einem Hut – in der »Butterwoche« wird es sein.

Nach dem Spaziergang im Park und Schneeballspäßen, bei denen sich Lebensalter und Rang leicht ausglichen, nahmen die Diplomaten ihre Plätze an den Tischen ein. Die protokollarischen Umstände waren auf ein Minimum reduziert, bestimmte Plätze waren nur für die Botschafter und ihre Gattinnen vorgesehen. Alle anderen konnten sich Nachbarn nach Sympathie und Interesse wählen.

Wie es sich in der »Butterwoche« gehört, begann die Mahlzeit mit Blini. Mir, dem Hausherrn, wird zuletzt serviert. Ich kam aber nicht einmal mehr in den Genuß eines Krümels, da ein Diensthabender meldete: Sie werden dringend vom Vorzimmer des Außenministers verlangt.

Ich ging zum Telefon:

»Wir verbinden mit dem Minister.«

»Ich weiß, Sie haben eine Protokollveranstaltung für die Botschafter. Aber die Umstände verlangen Ihre Anwesenheit auf der Beratung des ZK. Ich erwarte Sie um vierzehn Uhr im Saal des Sekretariats.«

»Worum handelt es sich?«

»Das erfahren Sie, wenn Sie hier sind.«

»Was soll ich den Gästen sagen? Es wird sie befremden, wenn ich plötzlich abfahre.«

»Reden Sie sich auf ›urgent matters‹ heraus oder irgendwas dieser Art.«

Die Uhr zeigt dreizehn Uhr fünfundzwanzig.

»Beim besten Willen kann ich von Meschtscherino aus nicht in der befohlenen Zeit im Stadtzentrum sein. Die Straße ist spiegelglatt und voller Lastwagen.«

»Tun Sie, was Sie können, die Sache ist sehr wichtig.«

Ich bitte, nach dem Wagen Nr. 22–17 zu suchen und dem Fahrer zu sagen, daß wir in die Stadt fahren.

Dann begebe ich mich zu den Gästen und sage vollkommen ruhig:

»Ich muß Sie leider wegen unaufschiebbarer Dinge, von denen ich soeben erst vom Minister erfahren habe, verlassen. Legen Sie dieser unvorhergesehenen Episode keine Bedeutung bei, um so weniger, als die Angelegenheit, die mich aus Ihrer Gesellschaft reißt, nichts mit den Beziehungen der Sowjetunion zu einem der hier vertretenen Länder zu tun hat. Ich bitte meine Stellvertreter, in Abwesenheit des Leiters ihre Talente besonders strahlend glänzen zu lassen.«

Und nun auf zum Treffen mit Gromyko und etwas mir bis jetzt noch Unbekanntem! Der Fahrer verbrachte Wunder an Geschicklichkeit, verschlang geradezu die Kilometer. Die Milizionäre ließen uns bei Rotlicht passieren, hielten, wo es sie gab, die Reservespur frei. Mit fünf Minuten Verspätung erreichten wir den Staraja Ploschtschad. Da erst verlangte man von dem »rücksichtslosen Fahrer« die Papiere. Ich erklärte dem Hauptmann, daß es sich um einen dringenden Ruf ins Sekretariat des ZK handele.

»Sie, das verstehen wir, werden gerufen, aber mit dem Fahrer werden wir uns selbst befassen.«

Ich gehe in den Sekretariatssaal. Der Minister deutete auf die Uhr. Er kann es nicht leiden, warten zu müssen. Außer ihm sitzen am Tisch: Andropow, Russakow, der Politberater des KGB-Vorsitzenden Wassilij Sitnikow und der Leiter der Beratergruppe der ZK-Abteilung Georgij Schachnasarow. Alle Berechnungen, die ich unterwegs angestellt hatte, Naher Osten und so weiter, sind damit hinfällig geworden. Irgend etwas im sozialistischen Bereich unserer Politik ist passiert – China oder Kuba? Jurij Andropow, Kandidat des Politbüros, nennt als Ranghöchster den Gegenstand der Beratung:

»Die Vorgänge in der ČSSR werden immer besorgniserregender. Der Personenwechsel in Partei- und Regierungsspitze läuft auf eine Änderung des politischen Kurses hinaus. Es droht ein Umsturz der bestehenden Struktur des Landes. Die sowjetische Führung hat sich bisher einer Stellungnahme für die eine oder andere Seite enthalten und es den Freunden überlassen, ihre Angelegenheiten selbst zu regeln. Doch länger können wir uns nicht auf die Rolle des Beobachters beschränken. Auch die Verbündeten des Warschauer Pakts verlangen eine klare Stellungnahme.«

Andropow führte aus, daß eine freimütige Aussprache mit den Genossen Dubček, Černík und den anderen neuen Männern nicht zu vermeiden sei.

Sie müssen begreifen und spüren, daß ihr Handeln die Interessen der gesamten sozialistischen Gemeinschaft und die Verteidigungskraft des Warschauer Pakts aufs Spiel setzt. Alexander Dubček muß dafür sorgen, daß die Entwicklung nicht außer Kontrolle gerät, sonst werden andere Maßnahmen erforderlich.

Den Teilnehmern der Beratung wird aufgetragen, Überlegungen sowie Materialien zusammenzustellen für eine Zusammenkunft von Partei- und Regierungsdelegierten der Warschauer-Pakt-Staaten mit den Führern der ČSSR. Das Treffen soll in einigen Wochen in Dresden stattfinden.

Nach Andropow ergriff Russakow das Wort. Er informierte über Einzelheiten des internen Geschehens in der ČSSR und untermauerte seine Beurteilung mit Folgerungen, die er aus Gesprächen sowohl mit Dubček als auch mit Opponenten des neuen Ersten Sekretärs gezogen hatte. Der Kern dieser Folgerungen: Die Genossen Dubček und Černík sind unaufrichtig. Sie versprechen das eine und tun das Gegenteil, oder sie beherrschen ganz einfach die Situation nicht.

Russakows und Andropows Mitteilungen waren meinem Eindruck nach auch für Gromyko in vieler Hinsicht neu. Daraus resultierten wie in ähnlichen Fällen ziemlich standardisierte Urteile Gromykos – konturlos im Wesen, hart im Ton.

Unser Auftrag lautete: Ausarbeitung eines Konzepts für das Dresdener Treffen; Vorbereitungen zu Anweisungen an die sowjetischen Botschafter der Warschauer-Pakt-Staaten für Gespräche mit den jeweiligen Generalsekretären der Regierungsparteien. Auf unsere Frage nach den Primärinformationen kam die knappe Antwort:

»Was Sie wissen müssen, werden Sie erfahren.«

Na gut, wenn wir uns schon nicht aus erster Hand ein Bild machen dürfen, erfahren wir wenigstens, was zu wissen uns zusteht. Auch nicht schlecht.

Die Vorgänge in der ČSSR wurden in den Kontext der generellen Konfrontation West – Ost gestellt. Man stützte sich darauf, daß die NATO gemeinsam mit den USA ihre Pläne, den Kommunismus zurückzuwerfen, und den eigenen Anspruch auf Hegemonie nicht fallengelassen hat. Kennzeichen: der Krieg in Vietnam, Washingtons Interventionspolitik in Mittel- und Lateinamerika, Nichtanerkennung der DDR. Desintegration der sozialistischen Gesellschaft auf diesem Hintergrund, Unterminie-

rung ihrer Fähigkeit, dem Druck von außen standzuhalten, würde die aggressiven, reaktionären Kräfte ermutigen und eine Normalisierung der Situation in Europa auf der Basis guter Nachbarschaft erschweren.
So waren Pathos und Lexik der von uns vorbereiteten Entwürfe. Appelle an die Solidarität und das Kameradschaftsgefühl, aber einstweilen noch keine Drohung, sich einzumischen oder Gewalt anzuwenden.
An der endgültigen Fassung war ich nicht beteiligt. Aus den Berichten der Kollegen, die die sowjetische Delegation begleitet hatten, erfuhr ich, daß unsere Führung von den Gesprächen mit den Tschechoslowaken unbefriedigt geblieben war. Hinter den Versicherungen von Loyalität und Freundschaft vermutete man das Streben, Zeit zu gewinnen. Eine Schlußfolgerung wurde nicht gezogen, nur ein Schritt darauf zu getan: Die von uns angebotene politische Entscheidungsmethode genügte nicht, möglicherweise reizte sie sogar.
Wie auch immer, ich fiel für eine Weile aus dem Team und wurde bis Ende Juli in keine Kommissionen abgeordnet. Meine Gewohnheit, überflüssige Fragen zu stellen, gefiel offenbar nicht, störte die Harmonie der Zweifelsfreiheit.
Das bedeutet nicht, daß ich nicht im Bilde gewesen wäre.
Tagelang arbeiteten Alexandrow, Blatow und ich intensiv nahe bei Breschnews Dienstzimmer und fischten aus dem Strom der Papiere alle Arten von Nuancen heraus, die bei der Anfertigung von Merkblättern für den Generalsekretär von Nutzen sein konnten. Fast täglich telefonierte er mit Warschau, Berlin, Budapest, Sofia.
Was Sie jetzt lesen werden, geschah in der zweiten Julidekade. Wir hatten uns mit belegten Broten versorgt, die das Mittagessen ersetzten, und waren auf den zu Breschnews Zimmer führenden Korridor gegangen, um uns die Beine zu vertreten. Andrej Alexandrow äußerte, er halte sich zwar vor einer Prognose in Sachen Tschechoslowakei zurück, aber daß er bald eine Gastritis haben würde, daran zweifelte er nicht. Da öffnete sich die Vorzimmertür, der diensthabende Sekretär legte den Finger an die Lippen und sagte dann leise: »Leonid Iljitsch hat Gäste. Er bittet darum, daß sich niemand im Korridor aufhält.«
Anderthalb Stunden später ging Alexandrow auf Erkundung aus und brachte die Nachricht, der Generalsekretär speise mit Dubček und Černík, die gekommen waren, um mit unserem Führer von Mann zu Mann zu reden. Aus dieser Begegnung gewann Breschnew den Eindruck, daß sich

in Prag die Dinge einer Lösung näherten. Oldřich Černík, der im Gespräch den Hauptpart der tschechoslowakischen Seite übernahm, legte einen Plan der Kadererneuerung und der Umbesetzungen vor, der eine durchgehende Säuberung von Partei- und Staatsführung darstellte.

Am nächsten Tag schaute Breschnew einen Augenblick in unser Zimmer. »Was feilt ihr Eremiten immerzu an Formulierungen herum?« warf er hin, »ich fürchte, mit Worten werden wir nicht mehr auskommen.«

Eine neue Wendung des Problems nahte. Eine ungarische Variante wäre jetzt mit einem übergroßen Risiko verknüpft; die Hoffnungen auf Entspannung und das Ende des Wettrüstens müßte man dann begraben, so hatten wir begonnen zu argumentieren.

»Ihr wißt nicht alles«, unterbrach uns der Generalsekretär. Er wünschte offensichtlich keine weitere Diskussion und entfernte sich.

Anfang August rief Gromyko mich:

»Setzen Sie sich mit Pawel Laptjew in Verbindung. Das ist einer von Andropows Beratern. Sie kennen ihn nicht? Dann machen Sie sich mit ihm bekannt.«

Ich kam zum erstenmal in die Etage des KGB-Vorsitzenden – dieser Zeugin zahlloser Tragödien. Laptjews Zimmer war nicht klein, aber vollgestellt mit Schränken, Regalen, Tischen, Stühlen, auf denen in Stapeln und Schichten Bücher, Zeitungen, Dossiers, lose Papiere lagen; das Zimmer erinnerte an den Lagerraum eines Krämers.

»Pal Palytsch«, wie alle ihn nannten, mit dunklen Ringen unter den Augen von ständiger Überarbeitung, war auf einen »schwierigen August« eingestellt.

Er händigte mir einige Entwürfe aus mit der Bitte, sich hier im Zimmer mit ihnen vertraut zu machen.

Zwei bis drei Stunden war jeder mit seiner Arbeit beschäftigt. Mehrmals telefonierte der KGB-Vorsitzende mit Laptjew auf der direkten Leitung. Aus der von ihnen benutzten »Vogelsprache« ließ sich nichts dechiffrieren, nicht einmal die Themen, um die es ging. Als Laptjew nach dem letzten Gespräch mit Andropow den Hörer auflegte, sagte er, wir müßten uns sputen. Wenn ich die Lektüre im großen und ganzen beendet hätte, dann möchte er meine Meinung über die Entwürfe der interbehördlichen Gruppen hören. Es handelte sich um Aufrufe an Tschechen und Slowaken, um Schreiben an die Führer einer Reihe anderer Staaten und schließlich um eine Meldung, die für unsere Öffentlichkeit bestimmt war.

Ich stellte Laptjew die direkte Frage:
»Ist militärisches Eingreifen beschlossene Sache?«
»Nein, ein derartiger Beschluß ist nicht gefaßt. Doch man kann keine der möglichen Varianten mehr ausschließen. Von hier aus müssen wir rechtzeitig auch für den Konfliktfall in seinen verschiedenen Berechnungen Material zusammenstellen.«
Zusatzfrage:
»Sind politische, wirtschaftliche und sonstige gewaltlose Hebel der Einwirkung erschöpft?«
Laptjew, mit der ihm eigenen Vorsicht, sogar mit einer gewissen Glätte:
»Alle Fäden laufen bei Breschnew zusammen. Niemand außer ihm kann die Entwicklung der Dinge für die nächsten vierundzwanzig Stunden voraussagen.«
Ich hielt es nicht für nötig, meine nicht eben hohe Meinung von diesen Entwürfen zu lackieren. Entweder hatte man vor den Autoren die eigentliche Aufgabe verborgen, oder sie hatten sie nicht begriffen. Im voraus verfaßte Aufrufe würden nicht einmal die Freunde überzeugen, die an die Gerechtigkeit der sozialistischen Idee und an die friedliebende Sowjetunion glauben. Was sollen dann die Nichtfreunde und die Zweifelnden sagen?
Ich weiß nicht, in welcher Weise Laptjew meinen Gesichtspunkt weitergegeben hat, aber bis zum 19. August ließ man mich in Ruhe. Dafür wurde ich danach so eingespannt, daß ich mich selbst über meine Ausdauer wunderte.
In dieser Zeit übernahm ich die 3. Europa-Abteilung. Fragen gab es in Hülle und Fülle: Warum geht unsere Seite so polemisch und unkreativ mit den interessanten Ideen und Sondierungen der großen Koalition in Bonn um? Weshalb hat sie faktisch die Fahne der Einheit beiseite gelegt und den Friedensvertrag in den Hinterhof geschoben? Man muß analysieren und nochmals analysieren, aber es ist schwierig, sich des Eindrucks zu erwehren, daß wir über die Perspektiven weder in erster noch in zweiter Linie nachgedacht haben. Oder wir haben vor, einen Eiswein zu ernten, und es fehlt der Frost.
Das direkte Telefon des Ministers: Kommen Sie herüber. Das ist gut. Er ruft gerade zur rechten Zeit an, da kann ich gleich meine Eindrücke loswerden. Gromyko vertraut einem frischen Blick. Doch ich kam gar nicht dazu, überhaupt den Mund aufzumachen.
Ohne Einleitung eröffnete Gromyko mir, ich hätte mich vom nächsten Tag

an als mobilisiert zu betrachten. Mein Arbeitszimmer werde der Salon, in dem der Minister ausländische Besucher empfängt. Ein Nachtlager hätte ich, sollte es Gelegenheit zur Ruhe geben, in meinem Arbeitszimmer. Einstweilen, damit ich genau im Bilde bin, muß ich alle Telegramme dieses Monats lesen und alle Sonderberichte, die an Gromyko persönlich adressiert sind und von deren Existenz niemand wissen soll.
»Ein vielversprechender Anfang«, versuche ich zu ironisieren.
»Keine Zeit für Witze«, fährt der Minister mich an. »Verabreden wir das Nötige. Ich übernachte in der Stadt. Wenn Meldungen kommen, die meine Reaktion erfordern oder die ich unbedingt erfahren muß, rufen Sie an, jederzeit.«
»Zur Orientierung müßte ich wohl wissen, ob ein Beschluß zu Gewaltanwendung gegen die ČSSR gefaßt worden ist.«
»Erstens nicht gegen die ČSSR, sondern gegen eine Gruppe von Politikastern, die das Land vom Kurs der Zusammenarbeit mit uns abbringen wollen. Zweitens sind keinerlei endgültige Entscheidungen getroffen. Das soll – streng vertraulich zu Ihrer Kenntnis – in den nächsten ein oder zwei Tagen geschehen.«
»Ist eine Systemanalyse durchgeführt worden, wie die Außenwelt auf eine gewaltsame Variante reagieren wird? Nach den Publikationen zu urteilen, ist eine besonnene Reaktion nicht anzunehmen.«
»Ovationen erwartet niemand. Aber deswegen werden wir unsere Position nicht aufgeben. Auf die anderen Fragen erhalten Sie Antwort, wenn Sie sich mit den Spezialberichten vertraut gemacht haben.«
Jetzt wäre der Ablauf der schicksalsträchtigen Sitzung im Saal des Sekretariats am Abend des 20. August wiederzugeben. Berater und Experten waren auf der Sitzung nicht zugelassen. Wer dort sprach und was gesagt wurde, weiß ich nicht. Die parallel dazu im Vorzimmer geführte Diskussion unterschied sich inhaltlich, vermute ich, von dem, was nebenan hinter Doppeltüren vorging. Meine Gesprächsteilnehmer waren Wadim Sagladin, jemand aus der Abteilung für Verbindungen mit den sozialistischen Ländern und Wladimir Semjonow vom Außenministerium. Wie ich später hörte, galt er als Experte für Okkupationspraxis. Sagladins und meine Mutmaßungen darüber, was uns Gewaltanwendung kosten würde, stimmten im Kern überein. Jahre der Bemühungen um konstruktivere Beziehungen zwischen Ost und West würden zu Staub zerfallen, die Temperatur auf Null oder darunter sinken.

Gromyko kommt aus dem Saal, gibt mir etwa acht bis zehn Blätter und sagt hastig:
»Das ist die Mitteilung über den Truppeneinmarsch in die ČSSR. Lesen Sie sie aufmerksam. Es darf keine Ungenauigkeit vorkommen. In einer Stunde muß der Text zur TASS.«
Das heißt, es ist soweit. Die Würfel sind gefallen.
Ich lese. Was ist das für ein kompletter Unsinn?! Senator Soundso hat erklärt ... *Washington Post* schreibt ... *Agence France Presse* meldet ... Der tschechische Emigrant, bekannt durch seine reaktionären Neigungen ... Nichts als Publizistik. Und zum Schluß – die verbündeten Staaten haben beschlossen, in Erfüllung ihrer Pflicht den gesunden Kräften zu Hilfe zu eilen.
»Absichtlich denkst du dir das nicht aus«, hieß eine Rubrik in unserer satirischen Zeitschrift *Krokodil*. Das hier ist noch schlechter geworden als der Entwurf, den ich gesehen hatte.
Ich nehme ein leeres Blatt Papier, schreibe rasch ein paar Sätze nieder. Noch ehe ich fertig bin, steht Gromyko hinter mir.
»Sind Sie fertig?«
»Der Entwurf taugt überhaupt nichts, es sei denn, wir wollen uns zum Gespött machen.«
»Das ist kein Entwurf. Es ist eine Entschließung des Politbüros.«
»Um so schlimmer.«
»Was schlagen Sie vor?« fragt Gromyko unsicher.
»Es wird behauptet, daß die Führer der ČSSR sich an uns um Unterstützung gewandt haben. Das sollte der Vorwand und die Begründung sein. Pressespekulationen oder Äußerungen irgendwelcher Parlamentarier haben hier nichts zu suchen. Die USA intervenierten in der Dominikanischen Republik, weil ein namenloser Polizeihauptmann sie dazu aufgefordert hatte. Dies, falls Präzedenzfälle gebraucht werden. Den verabschiedeten Text könnte man unserem Vertreter bei den Vereinten Nationen schicken, damit er ihn bei den Bataillen im Sicherheitsrat verwendet.«
»Geben Sir mir Ihr Konzept. Ich werde berichten. Helfen Sie mir, Ihre Handschrift zu entziffern.«
Ich schreibe noch einige Schlußworte, löse die Abkürzungen auf, füge einen abschließenden Satz hinzu und gebe Gromyko das Papier. Noch immer verlegen, verschwindet er hinter der Doppeltür, die ein Angehöriger der Schutzwache ihm geöffnet hatte. Rasch kehrt der Minister zurück:

»Ihr Vorschlag ist akzeptiert. Da ist noch was. Schreiben Sie einen Appell an Präsident Ludvík Svoboda. Nein – nein«, korrigiert er sich, »Thesen eines Appells von Ludvík Svoboda an seine Mitbürger. Berücksichtigen Sie den Charakter des Präsidenten und seine Ausführungen, die heute aus Prag eintrafen.«

Von den führenden Politikern der ČSSR imponierte mir Svoboda durch seine Haltung ganz besonders. Er schwankte nicht, tat nicht so, als gehe in der Tschechoslowakei nichts vor, war aber nicht bereit, nach Entschuldigungen auch der Sowjetunion gegenüber zu suchen. Die Hauptthese Svobodas: »Unter keinen Umständen Gewalt in die Sache bringen; alles, was beliebt; in keinem Falle aber eine militärische Intervention. Die würde die Sympathien des Volkes für Rußland zerschlagen.« Seine Schlußfolgerungen und seine Einschätzungen entsprachen meinen Empfindungen, sie waren getragen von der Sorge um das politische Erbe und um die Zukunft.

Kaum habe ich die Anfangssätze, die für mich stets am schwierigsten zu formulieren sind, geschafft, sehe ich den Minister auf mich zukommen:

»Die Notwendigkeit der Thesen für Svoboda entfällt einstweilen. Fahren Sie ins Außenministerium und warten Sie dort auf mich im Vorzimmer.«

Mit seinem gesamten Auftreten macht Gromyko deutlich, daß er über Näheres weder sprechen kann noch will.

Der Minister kam gegen elf Uhr abends. Ich sah die letzten Telegramme und Fernschreiben durch, trug auf meinem Notizblock die wichtigsten Punkte der Mitteilungen vom KGB ein, um sie für meinen Bericht parat zu haben. Alexander Sacharowskij, Leiter der 1. Hauptabteilung des KGB, informierte mich stündlich über die Situationsentwicklung in Prag. Andropow hatte ihn als Verbindungsmann zum Außenministerium eingesetzt. Kontakte zu anderen Behörden zu unterhalten, gehörte zu meinen Aufgaben.

Gromyko horcht mehr in sich hinein als auf meinen Vortrag.

»Ist das alles? Nun ja, natürlich. Sie haben es vermutlich erfaßt, in der Nacht beginnt der militärische Teil der Aktion.«

»Um wieviel Uhr?«

Er wahrt die Konvention, schaut auf die Uhr und sagt, die Stimme senkend:

»Buchstäblich in ein paar Stunden.«

Man kann nicht sagen, daß Gromyko begeistert war. Auch seine Arbeit wird entwertet. Seit zehn Jahren Außenminister, hat er vieles, was von ihm abhing, und so gut er es konnte, getan, um Pfade von der Konfrontation zu gegenseitigem Verständnis glattzutreten.

»Verbleiben wir so«, fuhr Gromyko fort, »Sie als ›verantwortlicher Diensthabender‹ im Ministerium nehmen alle Telefonanrufe und Depeschen entgegen, die an mich gerichtet sind. Wenn ich mit einigen Papieren fertig bin, schalte ich mich ab, übernachte hier, im Erholungsraum. Tauchen unvorhergesehene Momente auf, wecken Sie mich.«

Von Sacharowskij erfuhr ich, daß in Prag um Mitternacht die Krisensitzung der tschechoslowakischen Führer stattfinden werde. Es geht um die Entscheidung, ob man die Warschauer-Pakt-Staaten zu Hilfe rufen soll, »die Bedrohungen der Konterrevolution« abzuwehren. Die Zahl der Befürworter des Hilferufs entspricht fast der der Gegner. Bei dieser Konstellation ist alles möglich.

Vierundzwanzig Uhr am 20. August. Sacharowskij berichtet, daß sich alles wie erwartet entwickelt. Um ein Uhr am 21. August wird er wieder anrufen.

Wozu taugen sich lang hinziehende sechzig Minuten? Ich ließ mir aus der 10. Abteilung (Chiffrierer) Kopien der Anweisungen an die sowjetischen Botschafter bringen. Die Texte weisen Nuancierungen auf, doch Inspiration oder, anders ausgedrückt, Phantasie ist nicht zu spüren mit Ausnahme natürlich des Refrains: Die ČSSR wurde zum Objekt der Umtriebe von Kräften politischer und sozialer Revanche, sie hat um Beistand gebeten, die Bundesgenossen tun ihre Pflicht. Keine Eroberung, keine Okkupation, kein Sturz des Regimes, aber überall »Hilfe«, rot unterstrichen.

Mich interessierte im Augenblick die Geographie des Zirkulars und der Zeitpunkt seiner Ausführung. Die Botschafter und die Chiffrierer waren von der Aktion früher benachrichtigt worden als der »verantwortliche Diensthabende« im Außenministerium. Soll ich mich auch abschalten in Würdigung der unausrottbaren, vergötterten Spiele mit Geheimnissen?

Sacharowskij schweigt, obwohl der Uhrzeiger schon ein Uhr fünfzehn überschritten hat. Ich wähle seine Nummer. Der General berichtet aufgeregt von Komplikationen. Gerade sei aus Prag gemeldet worden, ein Mitglied der Führung habe die Front gewechselt. Die Gegner des Hilferufs sind mit einer Stimme in der Mehrheit. Der vorgesehene Resolutionsentwurf wird nicht zur Abstimmung gelangen.

»Wird die Aktion gestoppt?«

Sacharowskij antwortet:
»Die Operation ist schon im Gange. In Anbetracht der Besonderheiten des Aufmarschs – es herrscht Funkstille, Befehle werden über Feldjäger und Melder gegeben – kann man die Truppen nicht anhalten. Man muß energisch alles dransetzen, um Zusammenstöße mit tschechoslowakischen Streitkräften zu vermeiden.«
Ich präzisiere:
»Welche der verbündeten Staaten nehmen mit Kampfeinheiten an der Operation teil?«
Sacharowskij reagiert so:
»Im Prinzip bin ich hier nicht kompetent. Die militärische Seite ist Sache des Generalstabs. Rumänien hält sich raus. Soweit ich im Bilde bin, sind aus gewissen Erwägungen Einheiten der Nationalen Volksarmee der DDR nicht einbezogen. Ich bin nicht sicher, ob im Augenblick die bulgarische Armee einen gewichtigen Faktor darstellt.«
»Man kann also damit rechnen«, vergewissere ich mich für den Bericht beim Minister, »daß das ursprüngliche Szenarium wegfällt?«
»Wenn nicht alles täuscht, ist von den unangenehmsten Annahmen auszugehen. Die Ausführung des Operationsplans wird sich in der Tschechoslowakei selbst außerordentlich komplizieren. Oldřich Černík, Alexander Dubček, von Josef Smrkovský ganz zu schweigen, werden zur Zusammenarbeit nicht bereit sein.«
Ich begebe mich zu Gromyko. Anscheinend hat er eine ordentliche Dosis Schlafmittel genommen, die ihn aus der irrsinnigen in eine sorglose Welt trug. Ich huste leise. Keinerlei Effekt. Ich sage:
»Andrej Andrejewitsch.«
Er öffnet die Augen, bittet mehr Licht zu machen, fragt, wieviel Uhr es sei. Als er hört: zwei Uhr nachts, fragt er beunruhigt:
»Ist etwas passiert?«
»Ja.«
Ich berichte alles, was ich von Sacharowskij erfahren habe, und teile auch dessen Prognose mit. Gromyko hat den Schlaf schon abgeschüttelt, denkt über etwas nicht Fröhliches nach.
»Auf dem Papier ging alles glatt ... Hat das Komitee [Staatssicherheit] die oberste Leitung verständigt?«
»Diesen Aspekt hat Sacharowskij nicht erwähnt.«
Der Minister möchte wissen, ob Berichtigungen in den Anweisungen für

die Botschafter oder im Text der Mitteilung angebracht worden sind. Und antwortet gleich selbst: Nein, dazu reicht weder die Zeit, noch besteht die Notwendigkeit dazu. Zum Glück enthalten die Anweisungen nichts Konkretes.

»Sie bleiben weiter auf Wache. Ich werde mit jemandem Rücksprache nehmen. Halten Sie mich auf dem laufenden. Morgen [er korrigiert sich], ach ja, es ist ja schon heute, erwartet uns ein heiterer Tag.«

»Ich fürchte, nicht nur heute.«

»Unken Sie nicht.«

Anruf von Sacharowskij:

»Die Truppen haben tschechoslowakisches Territorium betreten. Auf dem Prager Flughafen sind Luftlandetruppen abgesetzt worden. Sie nehmen die wichtigsten Objekte der Stadt unter Kontrolle. Mit dem Verteidigungsminister General Dzúr gelang eine Vereinbarung: Die Soldaten bleiben in den Kasernen, organisierten Widerstand der tschechoslowakischen Streitkräfte wird es nicht geben.«

Ich bitte die Mitarbeiter im Ministervorzimmer, die Radioapparate auf *BBC*, *Radio Freies Europa* und *Deutsche Welle* einzustellen, alle Agenturmeldungen aufzunehmen und mir zu geben. Mit *Gosteleradio* und *TASS* vereinbare ich, daß sie die Sendungen der Massenmedien in der ČSSR selbst verfolgen.

Um vier Uhr morgens Moskauer Zeit konnte jeder, der zu dieser Zeit das Fernschreiben von *ČTK* las, erfahren, daß ausländische Truppen aus verschiedenen Richtungen in die ČSSR eingedrungen sind und sowjetische Einheiten Prag besetzt haben. Einige Minuten später kam die Stimme des Sprechers von *BBC* aus dem Äther, die annähernd das gleiche meldete. Danach überflutete ein Strom von Schauder verursachenden Meldungen alle Frequenzen.

Ich gehe zu Gromyko. Er liegt auf dem Diwan. Der Schlaf ist längst verflogen. Sein Gesicht ist erschöpft, in den Augen spiegelt sich unverhüllte Unruhe:

»Wie sieht's dort aus?«

Ich skizziere das Bild. Nach *ČTK* zu urteilen, das nach wie vor funktioniert, sind in Prag nicht alle Schlüsselstellungen unter Kontrolle. Anscheinend gibt es ein paar Rückschläge.

Der Minister wunderte sich, und es ermunterte ihn wohl auch ein wenig, daß der Westen nicht sofort mit massiven Anschuldigungen über uns herfiel. Am Vorabend hatte es viele Spekulationen gegeben, und trotzdem war die NATO vom Einmarsch überrumpelt. Wenigstens hier bewahrheiteten sich die Prognosen, stellte Gromyko fest. Er erhoffte zusätzliche Aufklärung nach Gesprächen unserer Botschafter mit den Präsidenten und leitenden Personen jener Länder, in denen sie akkreditiert waren.

»Besonders nützliche Beschäftigungen werden Sie in den nächsten Stunden nicht haben. Versuchen Sie, die ersten Reaktionen und Kommentare zu systematisieren. Bis zur Morgensitzung des Politbüros, die gewiß stattfinden wird, hätte ich die Zusammenstellung gern«, schloß der Minister das Gespräch mit mir.

Moskau, vier Uhr dreißig. Zeit für die Hähne, ihre Stimmen zu erheben. Telegramme von Botschaftern aus europäischen, asiatischen, afrikanischen Hauptstädten. Ich weiß nicht, ob auch an Peking eine Anweisung ergangen war, wenn ja, wie war die Antwort? In Meldungen wurden Unterschiede gelesen. Beifall vermutete man allerdings von keiner Seite. Ein Staatsmann, vom Botschafter aus dem Bett geholt, war zunächst empört, daß man ihn weckte:

»Die Tschechoslowakei ist ein Teil der Sowjetunion. Mich interessiert es überhaupt nicht, was Sie bei sich zu Hause tun.«

Der sowjetische Botschafter machte klar, daß die ČSSR mit der UdSSR verbündet, aber ein selbständiger Staat ist.

»Dann bin ich mit Ihnen nicht einverstanden. In diesem Fall sind Ihre Aktionen ein Unrecht.«

Ein anderer ausländischer Staatsmann charakterisierte die Vorgänge als »Verkehrsunfall«:

»Je schneller Sie damit fertigwerden, desto weniger Kosten für alle.«

Viele bezweifeln nicht, daß es bei militärpolitischen Konfrontationen wichtig ist, den strategischen Status quo zu schützen, hielten aber die Aktionen der Sowjetunion für übermäßig geradlinig. Fast alle prophezeiten eine lange währende Verdüsterung der internationalen Beziehungen, einen Rückfall in die schlimmsten Kapitel des Kalten Krieges.

Die nächste Politbürositzung fand in Breschnews Zimmer am Staraja Ploschtschad statt. Mein Arbeitsplatz war zur Zeit in seinem Vorzimmer neben einer ganzen Batterie von Telefonen. Das Interesse konzentrierte sich auf den Apparat der Hochfrequenzverbindung. Zwölf Stunden absichtlichen Schweigens oder inhaltslosen Lallens sind beendet. Gegen Morgen hatten sowjetische Funker im Garten der Botschaft ihre eigene

Relaisstation installiert, so daß man nicht auf die als unzuverlässig geltenden tschechischen Leitungen angewiesen war.

Meine Aufgabe bestand darin, Gromyko während der Sitzung mit frischen und nach Möglichkeit vollständigen Informationen über die Vorgänge in der Hauptstadt der ČSSR zu versorgen. Das war notwendig, um Beurteilungen und Beschlüsse der Realität anpassen zu können.

Die Sitzung war etwa um zehn Uhr eröffnet worden, ungefähr um elf Uhr benachrichtigte mich der Operator der Moskauer Regierungsnachrichtenzentrale, daß der Kontakt zu Prag verloren sei. Kurz vorher hatte die Botschaft gemeldet, daß sich am Zaun unserer Vertretung eine empörte Menschenmenge zusammenrotte, hauptsächlich junge Leute. Man registrierte Versuche, das Tor aufzubrechen und in das Botschaftsterritorium einzudringen.

Ich schickte dem Minister eine kurze Notiz. Nachdem er sie den Sitzungsteilnehmern bekanntgegeben hatte, kam er auf der Stelle ins Vorzimmer und sagte in forderndem Ton:

»Verbinden Sie sich, mit wem Sie es für nötig halten, aber stellen Sie umgehend fest, was in der Botschaft und ihrer Umgebung vorgeht. Fragen Sie, welche Hilfe der Botschafter erwartet, wenn eine außerordentliche Situation entsteht.«

Der Generalstab kann keine Angaben machen. Das KGB hängt selbst an der gleichen Leitung, es versucht, auf Umwegen, die Situation zu klären.

Ebenso plötzlich, wie er verstummte, lebt der Apparat wieder auf. Man kann mit Prag sprechen. Der Botschafter ist nicht anwesend. Der Erste Botschaftsrat berichtet, es sei ein Kabel der Stromversorgung abgeschaltet oder durchgeschnitten worden. Die Tschechen weigern sich, bei der Beseitigung des Defekts mitzumachen. Es gab Schwierigkeiten beim Anlassen des Dieselgenerators. Die Botschaft hat bei der Truppe um eine stärkere und zuverlässige fahrbare Stromanlage gebeten.

In Breschnews Arbeitszimmer wird eine neue Notiz geleitet. Eine halbe Stunde später kommt Kyrill Masurow heraus. Er wendet sich freundschaftlich an mich:

»Valentin, warum erschreckst du alle?« Um dann ernsthaft fortzufahren: »Ich heiße jetzt ›Genosse Trofimow‹ und begebe mich nach Prag. Dich will ich einladen, mit mir zu fliegen.«

»Danke für das Vertrauen. Wenn der Minister keine Einwände hat [ich

weiß nicht, ob mein Name im Politbüro erwähnt wurde], bin ich bereit, sofort aufzubrechen.«
»Mit deinem Andrej kommt man nicht klar. Aber ich danke dir für die Bereitschaft, die Lasten mit mir zu teilen.«
Dieser Wortwechsel hatte Folgen. Nach seiner Rückkehr aus der ČSSR und bis in den Dezember wandte er sich regelmäßig mit Bitten an mich. Bis zu seinem Lebensende verband uns eine gute, beiderseitig achtungsvolle Beziehung.
Viel Nervenkrampf kostete die Vorbereitung für den Flug von Ludvík Svoboda und der gesamten politischen Führung der ČSSR nach Moskau. Gewöhnlich sieht man in dieser Reise die Niederlage des Prager Frühlings. Das stimmt wohl, doch damit ist das Bild nicht vollständig. Nicht nur Dubček und Černík wurden zur Verbeugung vor großer Macht genötigt, diese Macht selbst war gezwungen, vor der Kraft des Geistes zurückzuweichen, sich vor ihr zu verneigen.
Was blieb von der ursprünglichen Absicht? Dubček und Černík, die Verkörperungen des »Revisionismus« und der »Abweichung«, blieben im Amt. Ihre Anhänger stellten die Mehrheit in allen Gliedern der Führung. Wie es weitergehen wird, weiß niemand, man muß sich mit dem arrangieren, was ist. Mit der öffentlichen Meinung auch.
Nehmen wir an, Dubček und Černík, Gustáv Husák und andere hätten sich so verhalten wie František Kriegel. Was wäre dann geschehen? Haben Sie diese Variante nicht erwogen? Wir, die Experten wider Willen, schon und rieten Breschnew, nichts Unerträgliches zu tun, jetzt nichts zu überstürzen. Niemand würde dadurch gewinnen. Und wir würden mehr verspielen als die anderen.
Ludvík Svoboda wurde am 23. August mit dem vollständigen Zeremoniell auf dem Flughafen Wnukowo 2 empfangen. Unter den gegebenen Umständen war dies taktlos. Während sowjetische Truppen die Tschechoslowakei »befrieden«, erweisen Paradeeinheiten unserer Armee dem Präsidenten dieses Landes alle Ehren, die einem Staatsoberhaupt zukommen. Milan Klussak, ein alter Bekannter von mir und Svobodas Schwiegersohn, versäumte nicht, mir dies in eindrucksvollen Worten vorzuwerfen, als wir uns im Kreml begegneten. Was konnte ich erwidern? Später werden wir zergliedern, wie wir in diese Situation geraten sind. Jetzt muß der vollständige Zusammenbruch verhütet werden.
Die an Fenster in Badehäusern erinnernden, verschwitzten Gesichter

der sowjetischen und tschechischen Diskutanten, die von Zeit zu Zeit vorübereilten, zeigten, daß es im Sitzungssaal des Politbüros im Kreml heiß herging. Eine Pause wurde angesagt. Sie war dringend nötig, nicht nur, um den Saal zu lüften, auch zur Umschaltung der Stimmungsregister. Das Unangenehmste hatten sie einander gesagt. Es war um die Vergangenheit und zum Teil um die Gegenwart gegangen, jetzt muß man sich im Künftigen suchen.

In der Pause zerfiel der offizielle Dialog der Delegationen in Dutzende von Minidiskussionen. Der Eindruck für Außenstehende: Die Orchestermusiker stimmen oder probieren ihre Instrumente. Und da sondern sich zwei aus der geräuschvollen Menge ab und fangen an, energisch miteinander streitend, im Korridor auf und ab zu gehen. Es sind Breschnew und Dubček. Anschließend unternimmt der Generalsekretär den gleichen Spaziergang mit Černík.

Der zweite Akt der Sitzung spielte sich mit gemeinsamem Protokoll ab. Hätten die Gäste, wenn der Begriff »Gast« angebracht ist, denn eine Wahl gehabt? Ponomarjows Worte: »Wenn ihr heute nicht unterschreibt, dann tut ihr es in einer Woche, wenn nicht in dieser Woche, dann in der nächsten, und wenn nicht in der nächsten, dann in einem Monat«, hatten etwas zu bedeuten.

Nur Kriegel war dagegen; trotz aller Überredungskünste und Drohungen blieb er dagegen. Ich glaube jedoch, daß Dubček und seine Gesinnungsgenossen die Taktik Schwejks anwandten. Sie waren vor vielen, vielen tausend Menschen verantwortlich, die auf den Prager Frühling vertraut hatten. Indem sie Schlimmeres verhüteten, halfen sie, geordnet zurückzuweichen.

Am späten Abend des 23. August gab es im Saal des ZK-Sekretariats eine Arbeitskonferenz. Gromyko, Ponomarjow, Russakow summierten die Ergebnisse der Verhandlungen im Kreml. Ponomarjow unterbrach die Diskussion und bat mit tiefem Seufzer: »Nein, das geht über das Menschenmögliche. Überlassen wir es doch den Jüngeren, die Dokumentenentwürfe bis morgen vorzubereiten. Für uns ist es Schlafenszeit, wenn wir morgen auf den Beinen sein wollen.«

Die Jüngeren, das waren Wadim Sagladin und ich. Mein Kollege hatte das Communiqué zu schreiben, ich den Text des Abkommens über die Truppen. Die Parameter waren gegeben. Es blieb einige Freiheit in der Semantik. So verging meine vierte schlaflose Nacht.

Morgens um acht Uhr war das Dokument beim Minister. Dann ging es an die Vertragsexperten im Außenministerium und im Verteidigungsministerium. Bei jedem Halt wurde etwas hinzugefügt oder gestrichen. Die im militärtechnischen Sinn glänzend durchgeführte Operation weitete die Brust. Härte verdrängte die Behutsamkeit, und Weitsicht wurde vergessen. Der eigenen Bequemlichkeit zuliebe.

Die Reaktion auf den August 1968 in den USA, in England, Frankreich, in den kleineren europäischen Ländern war lehrreich. In unseren Analysen wurden äußere Gesten und reale Handlungen getrennt, letztere wurden mit früheren Schritten in vergleichbaren Situationen und unseren skeptischen Prognosen verglichen. Man nannte uns nicht ins Gesicht hinein Kleingläubige und Sozialpessimisten, und damit mußten wir zufrieden sein.

Alles unter dem Himmel ist bedingt. In der Politik wie im Krieg urteilt man nach dem Endergebnis. Was anscheinend erfolgreich getan wurde, wird zu neuer Realität erhoben. Mit Absicht oder aus Trägheit wird die endgültige Resektion im Streit um Alternativen vollzogen.

Hätte ein Erfolg des Prager Frühlings dem Sozialismus frischen Atem zugeführt? Niemand kann das Ja oder Nein überzeugend beweisen. Bewiesen ist zweifellos etwas anderes: Die Niederlage des Prager Frühlings brachte die Entstalinisierung in der Sowjetunion zum Stillstand, ebenso in der gesamten Gesellschaft, die sich sozialistisch nannte, und verlängerte die Existenz der stalinistischen Ordnung mit der Kluft zwischen Wort und Tat, zwischen Mensch und Macht um zwei Jahrzehnte. Michail Gorbatschow erkannte dies zum Teil, doch erst 1989.

Beweglichkeit in der Vorstellung von Künftigem, Flexibilität und Konstruktivität in der Aufnahme des Neuen spiegeln jedenfalls vollständiger und genauer das verborgene Wesen als Paradeschau militärischer Technik, die geeignet ist, wie ich in einem Dokument schrieb, die Erde sich aufbäumen und den Ozean über seine Ufer treten zu lassen. Die Laster des alten Gewaltdenkens kann man mit keiner hypermodernen Technik kompensieren.

In einem Staat mit stabilem Hinterland, mit im Rahmen seines Systems ausbalancierten sozialen Beziehungen gebührt der Außenpolitik eine wichtige, dennoch nicht übermäßige Rolle. Die Regierenden eines solchen Staates, die sich an seinem Profil und seiner Fasson ergötzen, betrachten sich gewöhnlich im heimatlichen Spiegel, jagen ausländischen nicht nach.

Innere Stabilität ist auch das beste Kraut gegen Neid und die Sucht, andere zu destabilisieren.

Das Suchen nach äußeren Antagonisten führt schneller als alles andere zur Entdeckung innerer Feinde. Es ist natürlich richtig: Lauf und deck dein eigenes Dach, durch ein fremdes regnet's bei dir nicht rein. Richtig, wenn man vergißt, daß der Himmel über uns der einzige für alle ist. Oder – schlag die eigenen, damit Fremde sich vor dir fürchten? Mit den eigenen arrangierte man sich in den sechziger Jahren irgendwie. Ende der siebziger Jahre wurde auch hier vieles anders.

Ich möchte gern glauben, daß der Gipfel militärischen Irrsinns hinter uns liegt, daß Innen- und Außenpolitik künftig keine militante Imperative gestalten werden. Letztere wurden seit geraumer Zeit nicht so sehr vom Blick auf die Nachbarn als potentielle Gegner bestimmt, als durch neue Entdeckungen in Physik, Chemie, Optik, Biologie. Selbst Abrüstungsverhandlungen degradierte man zur Fortsetzung der Konfrontation. Hier war Konvergenz zustande gekommen: Unser System hatte sich die »Errungenschaften« des klassischen Militarismus angeeignet und den militanten Kapitalismus um Erfahrungen des »Kriegskommunismus« bereichert.

Die aktuellen Ereignisse versperrten den Großmächten – die schwersten Sünder seit dem Zweiten Weltkrieg – nicht vollkommen die Sicht. Im selben Jahr 1968 wurde der Atomwaffensperrvertrag abgeschlossen. Der Übergang zum »flexibleren Respons« in der Kriegsstrategie rechtfertigte eine gewisse Flexibilität auch in der Politik.

Ohne auf die außerordentliche Bedeutung des Sperrvertrags einen Schatten werfen zu wollen, möchte ich noch einmal feststellen, daß die Inkonsequenz in der Politik allen zu teuer zu stehen kam. Egal, ob von der tückischsten Asymmetrie verursacht, einer Asymmetrie der polar auseinanderstrebenden Konzeptionen und Doktrinen, oft aus der Luft gegriffen oder von überhitzter Phantasie aufgeworfen, oder von der Politik, die sich auf Opportunismus und Konsumdenken gründet. Die letztere mahnt immer zur Vorsicht. In ihr steckt unweigerlich das Risiko eines plötzlichen Zickzacks oder einer Rückbewegung. Ohne feste Gebote, ohne Dogmen im positiven Sinn ist jede politische Struktur saisonbedingt.

Opportunismus läßt keine Konstanten zu, jene grundlegenden Voraussetzungen wie Balance der Interessen. In seinen besten Varianten läßt er sich zu verteiltem Nutzen verlocken, wenn möglich nicht zu gleichen Teilen.

Aber hat ein Prinzip erst einen Marktwert, ist es schon kein Prinzip mehr. Dann ist es ein Geschäft, am häufigsten mit dem eigenen Gewissen. Und was ist von den gar nicht seltenen Situationen zu sagen, in denen abgewogen wird, ob es einträglicher ist, sein Wort zu halten oder es zu brechen?

MIRV-Köpfe sind eine Strafe, keine Gabe Gottes. Unsere Versuche, Henry Kissinger seinerzeit davon zu überzeugen, schlugen fehl. Es wurde ein »politisches Druckmittel gegen die Russen« gebraucht, und wenig später hatten die Amerikaner es. Es dauerte jedoch zwanzig Jahre, bis beide Seiten zur Besinnung kamen, und es wird weitere Jahre beanspruchen, um zur Ausgangsposition zurückzukehren.

Man gab also zu, daß die Multisprengköpfe eine Fehlkalkulation waren. Schwieriger, fürchte ich, wird es sein, ein anderes Übel zu beseitigen – Mehrladepolitikerköpfe.

Scherer schreibt in seinem Buch *Wahrheiten, Halbwahrheiten und hochtrabende Phrasen in der amerikanischen Zivilisation*: »Die Wissenschaft ist zu kalt für uns, wir ziehen Mythen und Legenden vor.«

War es in der Sowjetunion qualitativ anders? Als ich Andropow empfahl, die Schiedsrichterfunktion für die sowjetische Einstellung zur Rüstungskontrolle nicht der Meinung, sondern dem Wissen zuzusprechen, personifiziert durch maßgebende Gelehrte, wurde mein Ratschlag dem Generalsekretär gar nicht vorgelegt. Man fertigte mich ab: Die Akademie der Wissenschaften darf man nicht in ein paralleles Politbüro umwandeln. Übrigens war diese Idee von Andropow selbst inspiriert. Er hatte den Vereinigten Staaten vorgeschlagen, Wissenschaftler sollten ihr Verdikt über die SDI fällen, das die sowjetische und die amerikanische Regierung zur Kenntnis zu nehmen hätten.

Ein ehernes Gesetz des Bankgeschäfts lautet: »Ihr Geschäft wird niemals besser sein als die Geschäfte Ihrer Klienten.« (Der Präsident der Seattle First National Bank, R. Kuni, in *Business Week*, 29. Oktober 1984.)

Doch wir sind ebensolche ewig Gebenden und Nehmenden, unlöslich mit sichtbaren und unsichtbaren Fäden einer an den anderen gebunden. Wenn sich die Aufklärer und Philosophen vom sechzehnten bis neunzehnten Jahrhundert Rechenschaft ablegten, als der Mensch die Erde nur mit Gedanken umfassen konnte, aber nicht mit den Augen, warum fällt es dann uns so schwer, das friedliche Zusammenleben als unverbrüchliches und universales Gesetz zu adaptieren? Warum zögern wir, einzusehen, daß friedliches Zusammenleben nicht eine Methode ist, jemanden zu besiegen, sondern das einzige übriggebliebene Mittel zum Überleben?

Niemandem und niemals bestreite ich das Recht und die Möglichkeit, klüger und besser zu werden. Keinem Menschen, keiner Nation, keiner Staatsform. Der Kluge, der sich von Vorurteilen befreit, kann keine Enttäuschungen erleben. Selbsttäuschung ist das Los der Unklugen. Bloß klüger zu sein als der Dumme, ist nicht interessant.

Eines aber kann und will ich nicht akzeptieren, die Erwartung eines Partners nämlich, daß sich alle anderen ändern sollen, nur er nicht – nicht seine Politik, nicht seine Weltsicht, nicht seine Moral. Am gefährlichsten sind, meiner Erfahrung nach, nicht die in Gott entschlafenen »Klassiker« und »Autoritäten«, die von ihren Verehrern bis zum Gegenteil mißinterpretiert werden, sondern die munteren Hellseher, die nicht einmal Sterne oder Kaffeesatz brauchen, um in der Zukunft zu lesen. Mit besonderer Leichtigkeit verfügen sie über fremde Schicksale. In ihrem Glauben an die eigene Unfehlbarkeit wetteifern sie mit dem I. Vaticanum, das, wie wir wissen, im Jahre 1870 das Dogma von der Unfehlbarkeit des Papstes verkündete.

Moskau am Ende des Jahrzehnts – Dienst am Olymp

Ein seltener Fall in unserer damaligen Praxis: dem aus dem Ausland heimkommenden Botschafter wird die Wahl seines neuen Arbeitsplatzes überlassen.
Gromyko bietet mir an, sein Stellvertreter zu werden. Ausgeschlossen. Ich muß mir nur einen nicht provokanten Vorwand ausdenken. Das ist übrigens nicht überkompliziert, denn über mein Geschick bestimmt der Generalsekretär.
TASS. Das Amt des Agenturchefs ist für mich fast ein halbes Jahr freigehalten worden. Ministerstellung. Relative Selbständigkeit. Kontakt mit der Staatsspitze. Was braucht man noch? Ich habe es nötig, Nerven und Gedanken in Ordnung zu bringen. Überdies begeistert mich gerade die Nähe zur Führung in ihrer bunt schillernden Pracht nicht.
Eremitage und Wissenschaft mußten schon früher fallengelassen werden. Es blieb also die Abteilung Internationale Information des ZK.
Bei der Sitzung des Sekretariats des ZK, wo es unter anderem um meine Ernennung ging, meinte Michail Suslow plötzlich:
»Beauftragen wir doch Genosse Falin mit der *TASS*-Leitung als Parteiauftrag.«
Tschernenko wandte halblaut ein:
»Leonid Iljitsch ist dafür, daß Genosse Falin im ZK-Apparat arbeitet.«
Suslow:
»Also respektieren wir die Meinung des Generalsekretärs.«
Meine Gesinnung zählt nicht, wohl aber die Meinung von oben.
Nach Schluß der Sitzung nimmt Konstantin Tschernenko mich mit zu sich in sein Büro. Er gratuliert mir zur Ernennung und möchte wissen, wann ich mein neues Amt antreten kann. Mir steht noch bevor, mich zu verabschieden von offiziellen Personen, Partnern, Freunden in Bonn

und dort die Amtsgeschäfte zu übergeben, die Revision der Buchhaltung der Botschaft durchführen zu lassen.

»Müssen wir nicht Gromyko von dem gefaßten Beschluß in Kenntnis setzen? Wie ist das diplomatisch am geschicktesten zu machen?« fragt Tschernenko.

»Von Andrej Andrejewitsch habe ich mich schon verabschiedet. Aber es wäre vielleicht angebracht, daß Genosse Suslow als Leiter des Sekretariats den Minister verständigt.«

»Vorzügliche Idee. Der Minister wird mit Suslow nicht diskutieren wollen, und Michail Andrejewitsch mag nicht viele Worte. Ich werde sofort mit ihm sprechen, ehe er zur Datscha hinausfährt.«

Suslow reagierte ungewöhnlich bereitwillig:

»Sie möchten ihm die Pille versüßen. Einverstanden, ich rufe Gromyko an.«

Tschernenko und ich hatten kaum einige Sätze gewechselt, als Suslow zurückrief:

»Ich habe mit Genosse Gromyko gesprochen. Er zeigte sich darauf vorbereitet, daß Genosse Falin den diplomatischen Dienst zu quittieren wünscht. Er hätte es für angebracht gehalten, wenn Genosse Falin für *TASS* ernannt worden wäre. Die Entscheidung des Sekretariats nahm er zur Kenntnis.«

Tschernenko wandte sich wieder mir zu:

»Du hast nun mit einem halben Auge in den inneren Kreis geblickt und vielleicht bemerkt, wie kompliziert alles ist. Versuch zu begreifen – ist die Bemerkung über *TASS* Gromykos Meinung oder die von Suslow? Ich weiß, in Bonn war es nicht leicht. Hier herrschen eigene Bedingtheiten. Sei vorsichtig, vor allem bei den ersten Schritten. Wenn dir etwas unverständlich ist oder du etwas nachprüfen willst, ruf mich an oder komm. Leonid Iljitsch hat angeordnet, daß ich dir beim Eingewöhnen behilflich sein soll.«

Es ist nie zu spät, das Leben neu zu starten. Dieser Neubeginn sah bei mir so aus: Am Abend zuvor war ich aus Bonn angekommen. Heute packte ich meine Sachen aus, legte das Notwendigste an gut sichtbare Stellen. Am nächsten Tag würde ich mich ins Außenministerium begeben, um mich mit einigen Kollegen zu treffen. Dann waren noch mein Diplomatenpaß und andere Dokumente abzugeben, damit ich nichts schuldig bliebe. Das dürfte bis zu zwei Tage in Anspruch nehmen.

Über das Vorzimmer des Ministers spürt mich Leonid Samjatin auf. Von jetzt an ist er mein Abteilungsleiter im ZK.

»Warum bis du nicht im ZK?«

»Fangen wir erst mal mit ›Guten Morgen‹ an.« Dann weiter: »Nach zwanzig Jahren Dienst im Außenministerium brauche ich ...«

»Erstens ist es nicht mehr Morgen, sondern Tag. Zweitens bist du Mitarbeiter des ZK und hast hier zu sein. Drittens brauchst du nichts persönlich zu erledigen, dafür gibt es Clerks. Wenn du einen Wagen brauchst, schicke ich dir meinen, und dann warte ich auf dich.«

Man hatte mir nicht wenig Warnendes über Samjatin als Boß erzählt. Es hieß, mit Vorgesetzten hätte ich kein Glück. Ich war und bin nicht gewohnt, etwas unkritisch hinzunehmen, das einem Tadel gleichkommt. Muß ich nun auch ihn daran erinnern, daß Höflichkeit und Takt noch nie jemanden ärmer gemacht haben? Oder soll ich ihm zur Einführung mit der Sentenz begegnen: Wenn ein Untergebener die Stimme gegen seinen Vorgesetzten erhebt, ist er ein nervöser Mensch; wenn der Vorgesetzte seinen Untergebenen ausschimpft, ist er ein Flegel.

Ich bin zum zweitenmal in Samjatins Dienstzimmer. Der Hausherr ist unerwartet ausgesprochen freundlich. Nichts mehr von der Gereiztheit am Telefon. Er besteht darauf, den Beamten im Außenministerium klarzumachen, daß mit ihrer Antreiberei Schluß ist:

»Jetzt sind sie von dir abhängig.«

»Was bringt das? Es wäre gut, mit dem Außenministerium zu gedeihlicher Zusammenarbeit zu kommen, andernfalls wird es für die Abteilung schwierig werden.«

»Das Außenministerium soll sich selbst bemühen, zu einer guten Zusammenarbeit mit uns zu kommen. Die Abteilung wird eben erst gebildet und soll sofort ihren Status bekommen, vergleichbar der Internationalen oder der Propagandaabteilung. Vielleicht noch höher rangieren. Wir unterstehen unmittelbar dem Generalsekretär. Das bedeutet etwas.«

Schließlich teilt mir Samjatin mit, weshalb er mich gesucht hat:

»Andrej Alexandrow möchte dich sprechen. Er hat irgendwelche Fragen oder Aufträge.«

Es gibt tatsächlich welche.

»Leonid Iljitsch läßt Ihnen sagen, daß er Ihre Wahl gutheißt. Er hatte es auch erwartet. In ein paar Tagen beabsichtigt der Generalsekretär, den Kosmonauten ihre Auszeichnungen zu verleihen. Er braucht Material für eine kurze Ansprache. Die Zeremonie der Ordensverleihung ist eine passende Gelegenheit, Sie der Öffentlichkeit in Ihrer neuen Position vorzustellen. Und noch etwas: Ende des Monats fährt Leonid Iljitsch nach Baku. Wenn Sie nichts dagegen haben, berufe ich Sie in die offizielle Begleitergruppe.«

Knapp und klar. Als ich schon die Tür geöffnet hatte, sagte Alexandrow: »Ach ja, Leonid Iljitsch überlegt, wen er zum Botschafter am Rhein bestimmen soll. Vorläufig denkt er an Sergej Lapin. Was halten Sie davon?«

»Lapin hat auf mich immer einen widersprüchlichen Eindruck gemacht. Er hat Verstand, vielseitige Interessen, ist gebildet, besitzt eine eigene Meinung und verteidigt sie. Aber sein Charakter! Die Untergebenen stöhnen. Das war immer und überall so. Nicht aus Bosheit macht er aus Menschen nasse Flecken, sondern aus unbezähmbarer Zanksucht. Solange Lapin jemanden über sich hat, halten sich die Konflikte in Grenzen. Aber in Bonn würde er eine Dreifaltigkeit sein – Gott, Zar und Regimentskommandeur. Ich bin auch nicht überzeugt, ob Lapin mit einer Versetzung nach Bonn einverstanden wäre. Als er von Peking zurückkam, diagnostizierte man bei ihm eine lebensgefährliche Erkrankung. Nun gibt er sich lässig. Aber der Schock hat tiefe Spuren hinterlassen.«

»Wenn nicht Lapin, wer dann?«

»Zwei Kandidaten kann ich ohne Zögern nennen. Boris Bazanow* und Anatolij Blatow. Wenn sie nicht für einen anderen Posten vorgesehen sind, lohnt es, sie in Betracht zu ziehen.«

»Blatow wird der Generalsekretär nicht hergeben. Bazanow ist aus familiären Gründen nicht bereit, eine Auslandsmission zu übernehmen. Er hat gebeten, ihn nicht zu benennen.«

Lapin hat den ihm gemachten Vorschlag tatsächlich nicht angenommen, allerdings ohne Bezug auf seine Gesundheit.

So begann mein erster Tag und damit viereinviertel Jahre Arbeit in der Abteilung Internationale Information des ZK. Im ganzen brachten sie nichts wesentlich Neues, Positives im politischen Denken. Vieles von dem früher gewonnenen Kapital war abhanden gekommen. Charakteristisch für diese Zeit wurden die tragischen Konflikte und Entwicklungen in den verbündeten Staaten, die Gärung der Unzufriedenheit in unserem Land.

---

* Damals der Büroleiter des Ministerpräsidenten der UdSSR.

Meine erste Pflicht sah ich darin, den Mitarbeitern zu helfen, sich selbst im Strudel der Fakten zurechtzufinden, ehe sie Redakteure und Kommentatoren mit internem Material bekannt machten. Ziemlich rasch bildete ich mir eine Vorstellung, wer wohin steuerte. Die Menschen waren verschieden. Das war sogar von Nutzen. Etwas anderes mahnte zur Vorsicht – vielen fehlte es an echter Kreativität.

Eine gesonderte Zunft bildeten die Apparat-Nomaden. Jahrzehntelang rotierten sie am innerparteilichen Orbit. Mit ihrer trügerischen Vision von der Welt empfanden sie nie das Bedürfnis, die Brillen zu wechseln oder wenigstens die Gläser zu putzen. Ich sage nicht, daß sie die Mehrheit ausmachten, dennoch waren es mehr als genug.

Einige Zeit verging. Ein Anruf Andropows unterbrach mich bei Routinearbeiten:

»Du willst wohl eigene Politik im ZK betreiben?«

Ich frage, womit ich Unzufriedenheit erregt habe.

»Wir hatten ein Gerichtsverfahren gegen Craig Whitney* eingeleitet. Das Gericht erkannte ihn schuldig, wissentlich falsche Meldungen verbreitet zu haben, und verurteilte ihn zu einer Geldstrafe. Whitney ist von uns in eine Lage versetzt, die ihn dazu drängt, die UdSSR zu verlassen. Und was machst du? Du empfängst ihn im Gebäude des ZK und gibst ein Interview. Wie ist das zu verstehen? Hast du dir das allein ausgedacht oder zusammen mit Samjatin?«

»Samjatin hat damit nichts zu tun. Man muß es aber so verstehen: Für einen konkreten Fehler oder einen Verstoß ist Whitney bestraft worden. Dieser Fehler ist meiner Meinung nach nicht so schwerwiegend, daß es gerechtfertigt wäre, diesen Korrespondenten in einen Feind zu verwandeln und mit ihm alle jene, die die *New York Times* machen. Sie wissen, daß er ein Verwandter von James Reston ist? Und was Reston in den amerikanischen Massenmedien bedeutet, brauche ich Ihnen nicht zu erklären. Ich kenne Whitney von Bonn her; und ich denke nicht, daß ein Gerichtsbeschluß in Tbilissi meine Einstellung zu ihm ändern müßte. Der Kommentar, den Whitney nach dem Gespräch im ZK-Gebäude veröffentlichte, schädigt die sowjetischen Interessen nicht.«

Andropow fauchte unzufrieden in den Hörer, dann beendete er das Gespräch mit den Worten: »Also, paß ja auf!«

---

* Zu jener Zeit Korrespondent der *New York Times* in Moskau.

Ich rufe einen mir gut bekannten KGB-General an, weil ich wissen möchte, woher es kommt, daß sein Vorsitzender sich so verändert hat, und zwar keineswegs zum Guten.

»Er ist nervös. Mit seiner Gesundheit steht es nicht gut. Er ist reizbar geworden und noch mißtrauischer. Dich hat er auf dem Kieker, weil ihm jemand hinterbracht hat, du hättest dich unschön über ihn geäußert. Stimmt das?«

»Barer Unfug! Du kennst doch meine hohe Meinung von Jurij Wladimirowitsch. Und selbst wenn wir irgendwo verschiedener Meinung sein sollten, würde ich das nicht zu Markte tragen, noch dazu in einer seine Eigenliebe verletzenden Verpackung. Wer intrigiert da und weshalb?«

»Weshalb? Das ließe sich leicht ausrechnen. Aber wer? Darüber muß man nachdenken. Und du mußt wissen, Andropow vergißt eine Kränkung nicht so ohne weiteres, einerlei ob er einen konkreten Grund hat, beleidigt zu sein, oder nicht.«

Mein erster persönlicher Kontakt zu Andropow entstand in der schweren Zeit 1956. Das Informationskomitee hatte es übernommen, die Kräfteverteilung während der ungarischen Ereignisse zu analysieren. Andropow war damals unser Botschafter in Budapest und interessierte sich für die Analyse. Später, als er Abteilungsleiter im ZK war, kam es zu häufigeren und inhaltsreicheren Begegnungen.

1961 hatten Dobrynin und ich ein Memorandum über China zusammenzustellen, das Chruschtschow für eine Rede benötigte. Diese Arbeit fand Andropow interessant. Er ließ mich zu einem Gespräch über alles und nichts kommen. Wie es der Fall ist, wenn man wissen will, nicht *was* ein Mensch sich angelesen hat, sondern *wie* er denkt.

So kamen wir auf Musik zu sprechen.

»Welchem sowjetischen Komponisten erkennen Sie die Siegerpalme zu?« Damals siezte er mich noch.

»Prokofjew ist außer Konkurrenz.«

»Und wie stehen Sie zu Schostakowitsch?«

»Gelassener. Die Leningrader Symphonie ist ein Phänomen. Aber in den meisten seiner anderen monumentalen Werke höre ich nicht den Maestro.«

»Aber seine Opern und seine Vokalmusik!« rief Andropow aus.

Am anderen Morgen Anruf bei mir zu Hause:

»Valentin, aber Schostakowitschs Quartette! Die erkennen Sie doch an?«

Jurij Andropow war kein typischer Funktionär. Was seine Intellektualität anbelangt, hob er sich scharf von anderen Mitgliedern der Führung ab. Solange Andropow dritte oder zweite Stellungen innehatte, kam ihm das nicht immer zugute. Die Unanfechtbarkeit der Urteile der Vorgesetzten und das freche Benehmen der Kollegen führten dazu, daß er sich abkapselte.

Andropow, der Mensch und der Politiker, hat sich, meinem Eindruck nach, unter dem Einwirken einiger persönlicher Kataklysmen geformt. Ein Zufall rettete ihn als einzigen aus der Parteileitung der Karelischen Autonomen Republik vor dem Pogrom, der bei der Verfolgung des »Leningrader Falles«* veranstaltet wurde. Er hat es mir selbst erzählt. Dann Ungarn. Die Grausamkeit des Aufstands und seiner Niederschlagung verfolgte ihn bis zum letzten Atemzug. Seine Frau wurde in Budapest unheilbar krank. Wieder hatte er kein Zuhause. Arbeit wurde ihm Zuflucht vor sich selbst.

Die Versetzung ins Komitee für Staatssicherheit nahm er als schwere Bürde auf sich. Er hat viel getan, um aus dem Sicherheitssystem den diabolischen Stalinschen Geist zu vertreiben. Doch in diesem abgeschlossenen, negativ aufgeladenen Raum sich bewegend, veränderte auch Jurij Andropow sich stark.

Mißtrauen, Argwohn, Skepsis erleichtern es niemals, zu gegenseitigem Verständnis und zu Verständigung im weiteren Sinne zu kommen. Und wenn einen Menschen außerdem noch Krankheit zerstört? Und dieser Mensch ist Politiker? Seit der zweiten Hälfte der siebziger Jahre war Andropow an eine künstliche Niere angeschlossen. Als Mann mit nüchternem Verstand war ihm klar, daß sein Leben sich rasch verkürzte.

In den sechziger und siebziger Jahren traf ich regelmäßig mit Jurij Wladimirowitsch zusammen, was mir erlaubte, seine Dynamik zu beobachten. Wie ich schon erzählt habe, gelang es ihm, Gromyko rechtzeitig zu zügeln und dadurch dem Moskauer Vertrag zum Erfolg zu verhelfen. Das meistens konstruktive Gegenwirken Andropows in der Außenpolitik führte später in einer Politbürositzung zu einem offenen Zusammenstoß mit unserem Minister.

Gromyko empfahl:

---

* Eine von Berija und Malenkow arrangierte Affäre, die in den Jahren 1948–1951 zu neuen Massenverhaftungen und Hinrichtungen führte.

»Jeder möge sich mit seinen Angelegenheiten befassen.«
Andropow konterte:
»In der Außenpolitik kennt sich einzig und allein Genosse Gromyko aus.«
Der Vorsitzende des KGB und der Außenminister unterhielten weiterhin sachliche Kontakte, aber die Herzlichkeit schwand aus ihren Beziehungen.
Andropows Einstellung den sogenannten Dissidenten gegenüber verstand ich nicht. Weder im Wesen noch in der Ausführung. Meine Informationen darüber, wie man in analogen Situationen in den entwickelten Ländern handelte, erregten zwar Andropows Interesse, mehr aber nicht.
Als die berühmten Theaterleute Jurij Ljubimow und Georgij Towstonogow bei Hofe in Ungnade gefallen waren, brach ich meine Beziehungen zu ihnen nicht ab. Mstislaw Rostropowitsch stellte 1978 im Gespräch mit mir bitter fest, daß »kein anderer sowjetischer Botschafter« mit ihm, dem Exbürger der UdSSR, verkehren will. Zurück in Moskau, gab ich mir alle erdenkliche Mühe, den Weg zur Versöhnung mit dem großen Musiker und anderen Vertretern aus Kultur und Wissenschaft zu ebnen. Ohne Erfolg. In Gesprächen mit ZK-Sekretären äußerte ich, wir würden uns unserer Landsleute wohl erst dann würdig erinnern, wenn ihre Asche in die Heimat zu überführen wäre.
Die Auseinandersetzung über Whitney deprimierte mich. Wenn mein Verbleib im ZK eigenes und fremdes »Knochenwaschen« bedeutet, wozu brauche ich das? Dasitzen und die proskynetische Hymne singen: »Wie's Ihnen beliebt«? Jeder Schritt, der nicht ohne ein Dutzend Präzedenzfälle und ein paar wuchtige Zitate die Makellosigkeit des »realen Sozialismus« bezeugt, wird als Nackenschlag eingestuft. So etwas kann ich nicht. Es ist zu spät, um mich jedem Geschmack anzupassen. Ich werde eine Gelegenheit suchen, um das Thema »Eremitage« noch einmal aufzugreifen.
Die Bahnreise nach Baku erwies sich wider Erwarten als nicht uninteressant. Unterwegs wurde in jedem großen Zentrum angehalten, um mit den Gebietsobrigkeiten von Partei und Staat zusammenzutreffen. Meine Aufgabe bestand darin, kurze Meldungen an die Presse zu geben. Daher blieb ich neben Breschnew, um mir einzuprägen, was gesagt wurde.

Nachts auf dem Bahnhof von Mineralnyje Wody erlebten wir einen einmaligen Augenblick: Vier Generalsekretäre trafen hier zusammen – Breschnew, Andropow, Tschernenko und Gorbatschow. Sie sonderten sich von der Suite ab. Was war das Thema ihres Gesprächs? Bestimmt war es nichts für die Presse. Von ferne war zu bemerken, daß hauptsächlich der Vorsitzende des KGB sprach und daß seine Mitteilungen die Stimmung des amtierenden Generalsekretärs nicht gerade hoben.

Ankunft in der Hauptstadt von Aserbaidschan. Ein lautes Theater, das sich über Tausende von Hektar erstreckte. Der Generalsekretär am Anfang in Hochstimmung. Beim Abendempfang zu seinen Ehren hatte Leonid Iljitsch sogar Gedichte deklamiert. Andrej Alexandrow mit seinem untrüglichen Gedächtnis hatte ihm souffliert.

Breschnew wird rasch müde, jede Kleinigkeit ärgert ihn dann. Und hier war es Gajdar Alijew, der mit seinen süßen Reden den georgischen Rivalen übertreffen wollte und dem Generalsekretär rhetorische Teppiche ausbreitete, einer blumiger als der andere. Ein paarmal unterbrach der Gast den Hausherrn:

»Genug, Alijew, es reicht.«

Doch der schwelgte in orientalischen Ornamenten. Mit den Worten: »Los, nach Hause, genug für heute!« erhob sich Leonid Iljitsch und begab sich zum Ausgang.

Bei mir liegt das gesamte Material des verstrichenen Tages für *TASS*. Es muß am nächsten Morgen in der zentralen wie in der Republikpresse erscheinen. Tschernenko ruft an:

»Bin ich mit Genosse Falin verbunden?«

»Am Apparat.«

»Leonid Iljitsch hat angeordnet, Alijews Rede um zwei Drittel zu kürzen. Der ganze Schwulst soll raus. Wenn dann keine direkte Rede zustande kommt, muß eben ein Resümee gezogen werden. Achte darauf, daß die Berichte in den Republikzeitungen nicht wesentlich abweichen. Und noch etwas: Erkläre Alijew, warum seine Rede gekürzt wird, gib ihm zu verstehen, daß du im Auftrag des Generalsekretärs handelst. Leonid Iljitsch ist sehr ärgerlich, will aber Alijew nicht kränken.«

Am nächsten Morgen, als sei nichts vorgefallen, ist Alijew in Breschnews Residenz. Der Generalsekretär durchblättert die Zeitungen und bemerkt zu Alijew gewandt, die »*TASS*-Korrespondenten« hätten das Wesen seiner Rede sehr gut herausgebracht, auch die Herzlichkeit der gestrigen

Veranstaltung. Das Ganze sei stellenweise kompakter geworden, die Reportage habe dadurch gewonnen. Listig blinzelt Leonid Iljitsch mir zu und erwartet Alijews Reaktion. Der bläst ins selbe Horn wie sein Gast. Alles in vollem Ernst. Wie auch die Erörterung der folgenden »Kardinalfrage«: Fliegen wir zurück oder nehmen wir wieder den Zug?
»Berater, was werden wir befehlen?« fragte Breschnew uns.
Alexandrow und ich waren für den Flug: Es ist schwül, und in Moskau häuft sich unaufschiebbare Arbeit.
»Ihr versteht nicht zu befehlen. Wir fahren mit dem Zug. Die Arbeit läuft uns nicht davon.«
Damit trennten wir uns. Alexandrow knurrte, wir hätten die Eisenbahn empfehlen sollen, dann könnten wir jetzt bald im Flugzeug sitzen und abends zu Hause sein. Ich fragte ihn, ob Breschnew schon lange das Interesse an richtiger Arbeit verloren hätte. Alexandrow hielt es für besser, darüber erst nach der Rückkehr »zu klatschen«. In den sieben im Ausland verbrachten Jahren hat sich vieles verändert, ja verschlechtert.
Der Rückweg. Im Abteil bei General Jurij Storoschew, Chef der 9. Hauptverwaltung, sitzen seine Kollegen aus den Republiken. Sie klären uns auf über die wahre nationale Situation im Kaukasus. In den ländlichen Gebieten gibt es faktisch zwei Lebensweisen, zwei Autoritäten, zwei Gerichte – offizielle und konfessionell-stammesgebundene.
Auf dem Kalender hatten wir Herbst 1978. Ort der Handlung: Kaukasus, und zwar eine Region, die an den Gau Stawropol angrenzt, in dem Michail Gorbatschow der Erste Sekretär war. Beachten Sie das bitte.
Die Wiederholung der Hofzeremonie bei der Verabschiedung durch die lokalen Führer hatte etwas Komisches und Unnützes. Aber sie wurde penibel genau ausgeführt.
Zu tun gab es in Moskau wirklich übergenug. Schon unterwegs nach Baku wurden die Chiffrierer im Zug kaum mit der Arbeit an den Telegrammen über die »Versöhnung« in Camp David fertig. Die amerikanischen Zauberer hatten Sadat und Begin so fürsorglich bearbeitet, daß diese, als sie einander erblickten, sich küßten wie ein sehnsüchtiges Liebespaar.
Im Iran: Anti-Schah-Revolution. Die USA warfen uns vor, die antiamerikanische Hysterie und die Hetze der Massen gegen amerikanische Bürger anzuheizen.
Afghanistan. Die Wolken verdichten sich. Die mit besten Absichten 1978 begonnenen Reformen zeitigten traurige Resultate. Unsere Berater ver-

gaßen oft, daß wir nicht nur verschiedene Uhrzeiten haben, sondern in verschiedenen Zeitaltern leben. Und wo bleibt die Weisheit der eigenen Führung? Die April-Resolution 1978 hatten höhere und hohe Offiziere, Absolventen westlicher Colleges und Universitäten verfaßt. Viele von ihnen entstammen Adelsfamilien und sind nicht unkultiviert.

In unsere Abteilung gelangt eine detaillierte Information darüber, daß vor allem die USA Waffen und Munition in die Region von Peshawar pumpen, von wo aus Streifzüge nach Afghanistan unternommen werden. Namentlich bekannt sind die CIA-Agenten, die sich mit der Verteilung von militärischer Ausrüstung und Schulung von Kampfgruppen beschäftigen. Unseren Aufforderungen, die Eskalation des Konflikts anzuhalten, wurde aus Washington die stereotype Antwort zuteil: Wir sehen nichts, wir hören nichts, wir wissen nichts.

In Fernost steigt die Temperatur. Die USA testen, wie sie China zu militärischer Zusammenarbeit verlocken können, gegen die Sowjetunion, versteht sich. Die chinesisch-vietnamesische Spannung wird sich bald in einem Krieg entladen.

Angola. Äthiopien – Somalia. Süd-Jemen. Mosambik. Namibia. Libyen – Tschad. Ich will nicht fortfahren. Waffen überall, haufenweise. Darunter auch sowjetische. Gesunder Menschenverstand ist Mangelware. Auf ihn wartet man wie in Oberägypten seit Jahrzehnten auf Regen.

Die Vereinbarung in Wladiwostok mit Gerald Ford, die Systeme der vorgeschobenen Stationierung aus dem Vertragspaket ausgegliedert hatte, zeigte ihren Stachel. Als eine Fehlrechnung erwies sich die Kalkulation, daß die Rahmenvereinbarung rasch zum Vertrag SALT 2 verhelfen würde, dem dann SALT 3 folgen und unbedingt die Mittelstreckensysteme umfassen sollte. Nur ein Sprung nach vorne konnte die Situation retten.

Einen Anlaß dazu schufen Jimmy Carter und sein Außenminister Cyrus Vance. Die neue Administration wich kräftig vom Vertragsentwurf SALT 2 ab, wie er dank gemeinsamer Anstrengungen 1975 zu Papier gebracht worden war. Die von den Amerikanern entworfenen Konturen zeichneten sich durch Unausgewogenheit aus. Das ließ sich nicht übersehen. Übrigens war diese Unausgeglichenheit keineswegs größer als die von 1988/89, als wir uns zum Arrangement entschlossen.

Die sowjetische Seite – lassen wir sie nicht namenlos: Dmitrij Ustinow und Andrej Gromyko – wollte unbedingt vom alten Öfchen aus, wie man bei uns sagt, her tanzen, um den Entwurf von 1975. Und vier Jahre danach unterzeichneten Carter und Breschnew in Wien SALT 2. Ich vermute, daß sie von vornherein annahmen, der Vertrag werde nie regulär in Kraft treten.

Weshalb sonst hätte der Präsident am nächsten Tag erklärt, die USA würden auf ihre Pläne zur Modernisierung vor allem der Mittelstreckenraketen nicht verzichten? Wollte Carter SALT 3 torpedieren? Ohne diese dritte Stufe verlor das ganze Vorhaben für die UdSSR seinen Reiz.

Eine Möglichkeit, etwas zu korrigieren, ich wiederhole es, bot sich durch Helmut Schmidt, der ausdrücklich deswegen im Sommer 1979 in Moskau Station machte. Wir aber taten so, als kämen wir ohne gegenseitiges Verständnis mit der Bundesrepublik aus.

Anfang Dezember 1979 erreichten uns Nachrichten aus der Umgebung des Präsidenten, dieser neige dazu, die Vorlage des SALT-2-Vertrags im Senat hinauszuzögern. General Bernt Scowcroft, Carters und seines Nachfolgers Berater in Sicherheitsfragen, bezweifelte im Gespräch mit mir die Glaubwürdigkeit dieser Information. Der Präsident würde kaum eine derartige Entscheidung ohne seine Sicherheitsberater treffen.

Ich will nicht behaupten, daß die oberen Etagen in Moskau besser unterrichtet waren als die unteren im Weißen Haus. Wie dem auch sei, bei uns schenkte man der Information Glauben. Wie sollte man das auch nicht angesichts der NATO-Entschließung vom 12. bis 14. Dezember 1979, Pershing-2-Raketen in der Bundesrepublik und landgestützte Marschflugkörper in einer Reihe anderer europäischer Länder zu stationieren? Selbst der Doppelbeschluß mußte auf dem Hintergrund der bemerkenswerten Erklärung Carters vom 13. Dezember so ausgelegt werden. Mir scheint, sie ist bis heute nicht ausreichend beleuchtet und bewertet worden.

Womit sollte der Prozeß der Begrenzung und Reduzierung strategischer Nuklearwaffen gekrönt werden? Im Prinzip mit echter Parität. Am 13. Dezember aber brachte Carter die Forderung vor, die USA zur unangefochtenen Militärmacht Nummer 1 zu machen. Einseitig erklärte er weite Gebiete der Welt zur Sphäre »amerikanischer Lebensinteressen« und drückte die Entschlossenheit Washingtons aus, neue militärische Programme zu starten, unabhängig von den Resultaten der geführten Abrüstungsverhandlungen.

Fakt bleibt Fakt: Die meisten Rüstungsprogramme, die unter Ronald Reagan realisiert wurden, starteten unter Carter.

Spielte für die sowjetische Intervention in Afghanistan der Kurswechsel in Washington eine Rolle? Das werden wir wohl nie erfahren. Weshalb hatte Andropow im Spätherbst seinen Standpunkt vom Frühjahr geändert? Als in Herat eine aus Pakistan eingedrungene Einheit eine Meuterei anstiftete, wandten sich Präsident Taraki und sein Premier Amin an die Sowjetunion mit der Bitte um militärische Hilfe. Bei der Beratung in der obersten Führung hatte der KGB-Vorsitzende klar die Position vertreten:

»Ohne jemanden zu fragen, haben sich die Afghanen zur Revolution erhoben. Die haben sie jetzt zu verteidigen. Wenn sie nicht in der Lage sind, ihre eigene Revolution durchzuhalten, heißt das, sie war verfrüht. Politisch, ökonomisch, mit Waffenlieferungen unterstützen – ja, für die Afghanen kämpfen – nein.«

Eine entsprechende Antwort ging funktelefonisch nach Kabul. Wie man uns andeutete, absichtlich auf diesem Kanal, damit die USA, wenn ihnen plötzlich die Lust nicht vergangen sein sollte, fremden Gesprächen zu lauschen, begreifen konnten, wohin der Wind weht.

Gegen Ende des Sommers 1979 neigte sich das Kräfteverhältnis in Afghanistan zuungunsten des Regimes. Das lag nicht nur an der militärischen Kräfteentwicklung. Die Losungen der Aprilrevolution blieben den Volksmassen unverständlich. Was konnten ihnen »Sozialismus«, »Emanzipation«, »Hegemonie des Proletariats« sagen, diesen analphabetischen, unterdrückten, verelendeten Menschen, die neun Zehntel der Bevölkerung, verstreut über vier Fünftel des Landes, ausmachten? Der Wucher wurde abgeschafft, aber man vergaß, ein Ersatzkreditinstitut zu gründen. Land wurde gegeben, aber womit sollte man es bearbeiten, bewässern, bepflanzen? Dafür war auch nicht vorgesorgt worden. Man nahm ihnen auch noch den Mullah weg, der, wenn er schon nicht half, doch tröstete. Ganz Afghanistan war untereinander verfeindet. Nein, vorher war es ruhiger gewesen.

Vor wem und womit sollte man die Revolution verteidigen? Die Frage mußte jetzt kategorischer gestellt werden als im März. Ich diskutierte sie mit Michail Simjanin. Er meinte auch, daß wir hier in ein Abenteuer mit mehr als zweifelhaftem Ausgang hineingezogen würden.

Am 20./21. Dezember rief Andropow an. Er wollte meine Prognose über den NATO-Doppelbeschluß hören. Ich gab ihm in undiplomatischen Ausdrücken mein Urteil über die destruktive Position des Außenministe-

riums. Für Andropow war das keine Neuigkeit, er hakte nach, ob man noch irgend etwas unternehmen könne. Ich antwortete böse:
»Ja, eine Kerze in der Kirche aufstellen.«
»Meinst du nicht, es ließe sich ein Kompromiß finden?«
»Leute, die dazu bereit waren, haben wir vor den Kopf gestoßen.«
»Na schön, wir reden später weiter, wenn du wieder bessere Laune hast.«
Ich bitte Andropow, den Hörer nicht aufzulegen, ich hätte noch eine Frage an ihn:
»Die letzten Entscheidungen, in Afghanistan einzugreifen, sind gründlich abgewogen? Die Engländer sind dort in achtunddreißig Jahren nicht zurechtgekommen und sie führten den Kampf Mann gegen Mann. Die Technik hat sich geändert. Aber die Menschen. Die Menschen in Afghanistan sind dieselben geblieben, und sie leben wie vor hundert Jahren.«
Am anderen Ende der Leitung Stille und dann, in ungewohnt schroffem Ton:
»Woher weißt du, daß beschlossen ist, Truppen nach Afghanistan zu schicken? Was dir bekannt ist, kann ebenso gut anderen zu Ohren kommen, obwohl vom Wesen der Vorgänge bisher nur einige Spitzenleute wissen sollen.«
»Unwichtig, woher. Wichtig ist, daß es stimmt. Wichtig ist ferner, daß jeder Ausländer, der sich in den Bürgerkrieg einmischt, in Afghanistan schlecht aufgenommen wird. Dort duldet man traditionsgemäß Einmischung nur in Gold.«
»Wieso ist es unwichtig, woher du es weißt? Meine Aufgabe als Vorsitzender des KGB ist es, Staatsgeheimnisse zu hüten. Durch ein paar verantwortungslose Schwätzer kann sich alles unendlich komplizieren. Ich warne dich, wenn du auch nur ein Sterbenswörtchen von dem verlauten läßt, was du mit mir besprochen hast, trägst du die Konsequenzen.«
Die Ironie der Situation lag darin, daß ich von dem bevorstehenden dramatischen Angriff von ihm selbst gehört hatte. Das war so gekommen: Tschernenko hatte mich gerufen, mir zwei Entwürfe der allgemeinen Abteilung gegeben und gebeten, sie, wenn notwendig, in seiner Anwesenheit zu redigieren. Ein Entwurf, soweit ich mich erinnere, zog das Fazit aus den Politbürositzungen im auslaufenden Jahr.
Der Summer des Apparates der »ersten« Leitung. Wird der Hörer nicht ganz dicht ans Ohr gehalten, ist jeder im Zimmer unfreiwillig passiver Gesprächspartner.

Andropows Stimme:
»Alles entwickelt sich nach Plan. Man beginnt, Kräfte in den Ausgangsstellungen zusammenzuziehen. Nur das Wetter spielt nicht mit, und die Prognose ist vage. Das kann zu Fristverschiebungen führen. Aus der Luft kann man die angepeilte Stadt nicht erkennen.«
Afghanistan war nicht erwähnt. Doch aus Tschernenkos Antwort: »Ich habe an der Grenze gedient, im Winter sind die Nebel derart, daß Berge und Täler zusammenfließen«, mußte jedem, der ein wenig mit der Biographie des ZK-Sekretärs vertraut war, mehr als klar sein, daß von unserem südlichen Nachbarn gesprochen wurde.
Tschernenko blickte zu mir hinüber. Als ich seinen Blick auffing, legte ich den Finger an die Lippen – kein Laut.
Werden wir weiter die amerikanischen Strategen bedienen? Es geht einem schlecht in den Kopf, daß jemand dies nicht begreift. Oder bist du selbst der Tölpel? Und weißt etwas Entscheidendes nicht, das den Vorgängen – nicht in Afghanistan, sondern drumherum – eine vollkommen andere Dimension verleiht? Die Einbeziehung der USA, Pakistans, Ägyptens, Saudi-Arabiens, des Irans und einer Reihe anderer Staaten in den Konflikt war so massiv, daß beliebige Unterstellungen auftreten konnten.
Möchte sich die UdSSR den indo-chinesischen Präzedenzfall zu eigen machen? Oder erklärt sie die Zone der Länder mit instabilen Regimen längs ihrer Südgrenze zur Sphäre eigener »Lebensinteressen«? Wird der regionale Konflikt sich vertiefen und erweitern?
Ich wußte damals nichts von Ustinows leichtfertig gegebenem Versprechen, bis zum Frühjahr fertig zu werden. »In Afghanistan haben wir keinen Gegner, der in der Lage wäre, gegen uns standzuhalten.«
Die Folgerichtigkeit von Ereignissen verdreht sich im öffentlichen Gedächtnis häufig bis zur Unkenntlichkeit. Das Sichtbare der Erscheinungen, die Verpackung, kann wichtiger werden als ihr Kern. Dafür verwandeln sich Milliarden Dollar, Mark, Francs, Rubel in Myriaden von Klischees, die das Bewußtsein umwölken. Alles Unerwünschte und Unannehmbare schreibt man Herausforderungen und Vergehen der anderen Seite zu.
Verfall der Entspannung, hörte man von überall her, das ist Afghanistan. Ohne Afghanistan wäre alles irgendwie erträglich. Nach und nach wird auch der NATO-Doppelbeschluß als Reaktion auf Afghanistan empfun-

den und als ein Schritt zur Verhütung neuer Afghanistans aufgefaßt werden. Es ist zwar bequemer, aber keinesfalls richtig.

Krankheitsrückfälle stehen an Gefahr selten dem Anfangsleiden nach. Der Kalte Krieg gewann unter Carters Taktstock seine eigene Spezifik. Es gelang nicht, der Sowjetunion eine Niederlage im kriegstechnologischen Wettstreit zu bereiten; da bleibt die Möglichkeit weiter bestehen, sie in der Wirtschaft allgemein und im Konsumsektor im besonderen zu treffen. Ein Handelsembargo für Getreide wird gegen die UdSSR verfügt. Mais wird in Megatonnen abgewogen. »Täglich fünfzig Gramm Fleisch weniger auf den Tisch des sowjetischen Arbeiters« wird einem politischen Sieg gleichgestellt.

Ende 1981 Beratung in der NATO: Wo kann man den sozialistischen Ländern zusätzliches Wettrüsten aufdrängen, um ihre Wirtschaft endgültig kaputtzumachen? Man kam überein, am meisten verspräche wohl eine »Modernisierung der konventionellen Bewaffnung in Europa«. Sie erfordere fünf- bis siebenmal mehr Mittel als die Nuklearrüstung. Der Boden für die Transformierung der amerikanischen »Armee 2000« ins atlantische »Vofa« wird vorbereitet.

Was man auch sagt, der Eintritt in die achtziger Jahre war in vieler Hinsicht verhängnisvoll.

Aufwühlende Ereignisse in Polen. Ich fertige eine Analyse an. Ihr Leitmotiv: Die polnische Wirklichkeit enthüllt Prozesse, die in unterschiedlichem Grade in allen sozialistischen Ländern heranreifen. Die Bewegung Solidarność ist eine Glocke auch für uns. Um über die Vorgänge bei den Nachbarn Klarheit zu gewinnen, muß man tief in die Vorgänge an der Basis der Sowjetunion eindringen. Nur wenn man der Massenunzufriedenheit zu Hause den Nährboden entzieht, kann man hoffen, den anderen zu helfen, die ihre zu überwinden.

Der Abteilungsleiter ist einverstanden. Mit der Analyse in der Tasche eilen wir zu Tschernenko. Der liest nach der ersten Seite nicht weiter.

»Sie haben mir nichts gezeigt. Ich habe nichts gesehen. Vernichten Sie das da. Wir sind nicht Polen, bei uns kann etwas Derartiges nicht passieren.« Tschechow hat diese Denkweise verewigt: »Das kann nicht sein, weil es niemals sein kann.« Wieviel sorgloser lebt sich's im Gefühl der Geborgenheit. Wenn dir selbst kein Zweifel einfällt, dann dulde wenigstens Zweifler in deiner Nähe. Oder räume ein, wie die chinesische Weisheit lehrt: Die Welt ist so groß, daß es nichts gibt, was es nicht geben könnte.

Was wird aus dem Land, was wird aus uns allen, wenn Breschnew darauf besteht, daß Tschernenko sein Nachfolger wird? Der Generalsekretär trug sich 1980/81 mit diesem Gedanken, und in einem Gespräch mit Tschernenko – ich berichte eine Tatsache, kein Gerücht – sagte er:
»Kostja, bereite dich darauf vor, meine Sache zu übernehmen.«
Ich schließe nicht aus, daß diese Worte in derselben Zeit auch jemand anders zu hören bekam. An allen Höfen werden solche Spiele getrieben. Doch Tschernenko war Breschnew besonders treu ergeben, es bestand nicht der mindeste Anlaß, ihn zu verdächtigen, am Thron des kranken Generalsekretärs zu sägen. Und das konnte den Ausschlag geben.
Ob Breschnew es selbst erfaßte, oder ob es an den Umständen lag, blieb mir verborgen, jedenfalls konzentrierte er sich schließlich auf Andropow. Optisch wurde der Beschluß, Andropow zum Kronprinzen zu machen, durch dessen Beförderung zum Zweiten Sekretär des ZK der KPdSU im Mai 1982 betont.
Und wieder Winkelzüge. Zum Vorsitzenden des KGB wurde General Witalij Fjodortschuk aus der Ukraine ernannt. Alle sind erstaunt. Alle, die sich über dieses Thema aussprechen möchten. Breschnew, dem nolens volens die Macht aus den Händen entwischt, brauchte an der Spitze dieser Schlüsselposition keinen Politiker, sondern ein Auge auf die Politiker. Wer ist dieser Gast aus Kiew? Ein Opritschnik?*
Urteilen Sie selbst. Ins ehemalige Zimmer von Suslow übergesiedelt, hütete sich Andropow eine Zeitlang davor, hier vertrauliche Gespräche zu führen – vor allem nicht in der Nähe der Telefonapparate. Er erklärte seinen Vertrauten auch die Gründe: Mit dem Wechsel des Vorsitzenden seien auch neue Leute in die Regierungstelefonzentrale gekommen. Andropow schien über die Möglichkeiten dieses Dienstes zur Aufnahme von Informationen im Bilde zu sein.
»Schien« ist nicht das richtige Wort. Andropow hatte in einer bestimmten Etappe Geschmack an »technischen Mitteln« zur Erkundung fremder Seelen gefunden und eine unkritische Einstellung dazu entwickelt. Hier konkrete Beispiele:
Anruf des Vorsitzenden des KGB:
»Falin, arbeitet in deiner Abteilung ein Portugalow?«

---

* Eine besondere Elitetruppe Iwans des Schrecklichen, gegründet zur Brechung des Widerstands des alten Bojarentums.

»Ja.«
»Glaubst du, es ist richtig, daß er bei dir arbeitet?«
»Fragen dieser Art sind bis jetzt nicht entstanden.«
»Aber bei mir schon. Meine Leute haben im Restaurant ein Gespräch Portugalows mit einem Deutschen aufgenommen. Ich habe mich mit der Aufzeichnung bekannt gemacht. Portugalow ist nicht unser Mann.«
»Erlauben Sie, daß ich die Aufzeichnung auch lese?«
»Bitte sehr, ich schicke dir den Text.«
»Nein, Jurij Wladimirowitsch, ich brauche die Originalaufzeichnung. Ich vermute, das Gespräch wurde auf deutsch geführt.«
»Wieso, macht das einen Unterschied?«
»Und was für einen! In der Übersetzung kann man die eigene Mutter nicht wiedererkennen.«
»Ich ziehe die Frage zurück. Nur, sag deinen Mitarbeitern, sie sollen sich für offenherzige Gespräche andere Orte als ausgerechnet Restaurants aussuchen.«
Etwa zur gleichen Zeit wurde ich unfreiwilliger Zuhörer noch eines Gesprächs, das Andropow führte, diesmal mit Michail Simjanin:
»Michail Wassiljewitsch, kennst du ...?« (Er nannte den Namen eines Mannes, der jetzt Botschafter ist.)
»Ja, natürlich.«
»Wir haben beschlossen, ihm und seiner Frau die Reisepässe zu entziehen. Stell dir vor, kürzlich war in einer Gesellschaft die Rede davon, daß einzelne unserer Dissidenten sich in der Emigration gar nicht schlecht etabliert haben. Da erklärt doch dieses Subjekt: Ein kluger Mensch kann im Westen nicht verkommen. Sich selbst zählt er wahrscheinlich auch zu den Klugen. Nimm das zur Kenntnis, es kann sein, daß man dich um Fürsprache bittet.«
Damals wurde auch mir eine Mine untergeschoben. Aus den USA war ein bekannter Gelehrter gekommen. Die amerikanische Botschaft bat darum, ihn in unserer Abteilung zu empfangen. Was interessiert den Professor? Wie funktioniert eigentlich die höchste Stufe der Macht? Hervorragend. Gibt es eine Möglichkeit zu erklären, wie zwar nicht immer, doch im Prinzip akzeptable Entscheidungen trotz krankheitsbedingten Ausfalls des Ersten getroffen werden können?
Wie ich später hörte, erregten die Kenntnisse, die der Professor aus unserem Gespräch geschöpft hatte, die Aufmerksamkeit der Administra-

tion in Washington, und bei uns wurde eine KGB-Mitteilung an die politische Leitung geschickt: »Die Amerikaner versuchen den Mechanismus auszuspionieren, nach dem in der Sowjetunion staatliche Entscheidungen getroffen werden.« Mein Name war nicht direkt erwähnt, doch nachdem ich die Kopie der Mitteilung gelesen hatte, war nicht schwer zu erraten, daß ich zum Handlanger fremder Spionagedienste werden sollte. Gab es eine Verbindung zwischen dem Mißtrauen, das sich in Andropow eingenistet hatte, und dem nachdrücklichen Vorschlag, ich solle als Botschafter nach Japan gehen?

Beim ersten Gespräch, das der ZK-Sekretär Iwan Kapitonow mit mir führte, brachte ich drei Einwände dagegen vor: 1. Meine Mutter ist krank, und meine Schwiegermutter ist leidend. 2. Ich kenne Sprache und Kultur des Landes nicht. 3. Ich halte bei der Unbeweglichkeit unserer Einstellung Japan gegenüber einen Verbleib in Tokio für sinnlos.

Es half nichts, das Politbüro hatte beschlossen, mich hinzuschicken. Und wäre nicht Breschnew gewesen, der nach einem Gespräch mit mir, in dem ich sagen konnte, wie ich wirklich gestimmt war, den Beschluß revidierte, hätte ich in ein Land jwd fliegen müssen. Wer weiß, ob ich mich nicht selbst von der Fortüne abwandte, die mir zu dieser Zeit lächelte. Während meiner Arbeit im ZK habe ich mein persönliches Glück gefunden. Und durch meine dezidierte Haltung eine Wende zum Besseren im beruflichen Dasein versäumt?

Nach dem unproduktiven Gespräch über Afghanistan im Winter 1979 war mir, ehrlich gesagt, die Lust vergangen, irgendwelche neuen Ideen Andropow zur Beurteilung vorzulegen. Die offiziellen Kontakte blieben erhalten. In der Regel ergriff Andropow die Initiative, es ging durchweg um heikle Themen.

Meistens blieb nach solchen Gesprächen ein Bodensatz zurück. Es tat mir leid um den Menschen. Kommt seine Zeit oder ist sie schon vorüber? Wenn man die Ökonomie beiseite läßt, in der Kossygin ihn weit überragte, war er einen Kopf größer als die übrigen und moralisch besser als die meisten. Es tat mir auch leid um mein Land. Jurij Andropow näherte sich dem Gipfel der Macht, als ihm die Abschiedsstunde vom Leben nahte. Krankheit verzehrte seine Persönlichkeit.

Georgij Arbatow und Alexandr Bowin[*] bemühten sich nach Andropows

---

[*] Seit 1991 russischer Botschafter in Israel. Vorher ein politischer Beobachter bei *Iswestija*.

Rückkehr an den Staraja Ploschtschad darum, ihm einige Nägel in seiner Einstellung mir gegenüber zu entfernen. Im Oktober 1982 kam es zu zwei Gesprächen, inhaltsreich genug, um bei ihnen innezuhalten.

Doch zuvor der äußere Eindruck von dem Mann, den ich etwa vier Monate nicht gesehen hatte. Er war sehr verändert. Meine nicht ausgesprochene Frage las er mir von den Augen ab.

»Die Ärzte haben mir geraten abzunehmen. Ein Pud bin ich schon losgeworden. Als ob das was nützte.«

Die Blässe des Gesichts konkurrierte mit dem Grau der Haare. Ungewohnt war der magere Hals, den der viel zu weit gewordene Hemdkragen umschloß. Der Kopf wirkte dadurch noch größer. Auch seine Augen waren anders geworden. Sie lächelten nicht einmal, wenn er einen Scherz machte.

Die Nachdenklichkeit war nicht aus ihnen gewichen, doch Sorge und Trauer überschatteten alles andere.

»Wir haben zwanzig bis fünfundzwanzig Minuten zur Verfügung«, sagte Andropow statt einer Begrüßung.

Ich legte ihm einige Fragen vor, die der Sanktion des ZK-Sekretärs bedurften oder ihm doch zur Kenntnis gebracht werden mußten. Zwei Themen ließen sich nicht umgehen: Afghanistan und Polen.

Auf meine Bemerkung:

»Wir sind in Afghanistan versackt, das erleichtert den Amerikanern, ihre Pläne in anderen Regionen der Welt voranzutreiben«, reagierte Andropow lakonisch:

»Denk nach, was man hier in Bewegung bringen kann. Washington ist im Begriff, uns Nicaragua zum Tausch für Afghanistan anzubieten. Da beißen wir nicht an.«

Andropow interessierte es mehr oder er hielt es für passender, mit mir über Polen zu sprechen. Im Krieg, sagte Andropow, mußte man eine Plattform der nationalen Übereinstimmung in Polen schaffen. Man ging nach dem gewohnten Schema vor, das für die Polen noch weniger taugte als für andere.

Ich umriß die These, daß Polen kein Einzelfall sei. Hier zeigten sich bloß die für alle europäischen sozialistischen Länder typischen Krisenerscheinungen am schärfsten.

Andropow sah auf die Uhr. Anderthalb Stunden waren schon vergangen.

»Wir haben alle Limits überschritten, sind aber nicht am Ende. Ich schlage vor, wir treffen uns übermorgen wieder. Für mich wären die mittelfristige außenpolitische Prognose und auch deine Überlegungen hinsichtlich unserer internen Angelegenheiten interessant.«

Am festgesetzten Tag, wenn auch nicht zur festgesetzten Zeit (der Sekretär hatte eine außerplanmäßige Konferenz, nach den Teilnehmern zu urteilen, über Afghanistan) war ich wieder in Andropows Zimmer. Er war viel freundlicher, stand auf, begrüßte mich mit Handschlag, bot Tee an.

»Leg los, was hast du dir ausgedacht?«

Die Situation ist geeignet, sich Sorgen über den Zustand der Gesellschaft, über das organisatorische und ideelle Niveau der Partei zu machen. Große Töne über monolithische Einheit werden geredet, während alles zur Desintegration tendiert. Dann sagte ich wörtlich:

»Sie reisen in die ČSSR, nach Polen, in die DDR. Dort kommen junge Menschen und ältere Leute zusammen, jemand stimmt ein Lied an, alle kennen Wortlaut und Melodie, sie singen gemeinsam. Und wie ist es bei uns? Auf Kongressen müssen wir den Text der ›Internationalen‹ verteilen, ohne Vorlage können Parteimitglieder sie nicht singen. Die Desintegration beginnt schon im Kindergarten und setzt sich in Schule und Universität fort. Man kann über Gleichheit und Gerechtigkeit faseln, soviel man will. Doch wenn alle mit studentischen Aufbaugruppen ins Neuland oder ins ›Nichtschwarzerdegebiet‹ fahren, ausgenommen die Kinder vom Minister oder ZK-Abteilungsleiter, dann sind zwei Semester in moralischer und ideologischer Hinsicht verloren.«

Andropow unterbricht mich:

»Ich kann deine Beobachtungen mit einer eigenen Erfahrung bereichern. Bald nachdem ich ins KGB eingetreten war, ordnete ich an, daß Jungen und Mädchen erst mit neunzehn Jahren in unsere Lehranstalten aufgenommen werden. Das half. Vorher konnte ich mich kaum retten vor Elternanrufen. Alle hielten ihre Kinder für die geborenen ›Tschekisten‹, die nach Beendigung der Oberschule unbedingt im KGB tätig werden sollten. Fahr bitte fort.«

»Ich komme zum Formalismus. Alle haben sich in Vollstrecker verwandelt, die operative Leitung fehlt. Im Sekretariat werden tausenderlei Fragen besprochen, darunter wichtige für den Fortschritt in konkreten Wirtschaftszweigen, aber nur ja kein Wort über die eigentlichen Aufgaben und Angelegenheiten der Partei. Die Struktur des ZK-Apparates kopiert die Struktur des Ministerrates. Vor dem XXVI. Parteikongreß habe ich versucht, über Tschernenko auf die Verkantung und die Notwendigkeit, sie zu beseitigen, Einfluß zu nehmen, ohne Erfolg.«

»Warum regt sich das Sekretariat nicht darüber auf«, entwickle ich meine Gedanken, »womit das Volk geistig gefüttert wird? Radio und Fernsehen verhalten sich bei uns so, als besäßen sie ein Monopol auf den Äther. Mit der Übererfüllung der Pläne auf dem Papier oder Fernsehschirm füllen wir die Ladentische nicht, nur die Leute ärgern sich kräftiger. Was bringt die Menschen am meisten auf? Der Zustand im Gesundheitswesen, das Wohnungsproblem, die Situation der Frauen, die Jugendpolitik. Im Apparat des ZK beschäftigen sich der Gesellschaft völlig unbekannte Instrukteure damit. Sport wurde der Propagandaabteilung unterstellt und wird dementsprechend betreut.«

Andropow unterbrach meinen Monolog:

»Hältst du es für richtig, daß die Abteilung Wissenschaft sich mit der Oberschule befaßt?«

Ich frage zurück:

»Wann hat das Sekretariat sich mit dem Zustand der Oberschule beschäftigt oder im Plenum eine Frage nach der Jugend gestellt?«

»Was die Jugend betrifft, kann ich bestimmt sagen: in den Jahren 1937 oder 1938. Einige deiner kritischen Bemerkungen habe ich mir gemerkt. Die Initiative für Änderungen kann nicht von mir allein ausgehen. Wechseln wir das Thema. Was erwartet uns Unangenehmes in der Außenpolitik?«

Ich wiederhole, daß die Stationierung amerikanischer Mittelstreckenwaffen in Europa sich jetzt nach ihren Herstellungsfristen richtet. Es sei Zeit, darüber nachzudenken, wie auf die sich ergebende qualitativ neue Situation zu antworten sei. Ich bezweifle auch die Zweckmäßigkeit eines Gromyko-Besuchs in der Bundesrepublik, solange klare Vorstellungen darüber fehlen, wie es in Bonn weitergehen soll, nachdem die Liberalen den Koalitionspartner gewechselt haben.

»Da ist noch eine heikle Frage«, fuhr ich fort, »1983 ist der 40. Jahrestag von Katyn. Genauer gesagt, es ist vierzig Jahre her, seit Katyn in einen Gattungsbegriff umgewandelt wurde. Wenn man sich auf dieses traurige Jubiläum vorbereitet, muß man unbedingt anhand des Archivmaterials mehr Klarheit schaffen. Als Minimum: (a) Was haben Stalin und Berija den Polen 1941 bis 1943 erklärt, und was hat Chruschtschow 1956 Gomulka gesagt? (b) Was ist aus den NKWD-Archiven in Smolensk,

Charkow und anderen Orten geworden, die den Deutschen zum Teil in die Hände gefallen und geeignet sind, die sowjetische Version des Vorgefallenen anzuzweifeln? (c) Was haben die Polen selber an Neuem festgestellt, und was kann nicht mit Wiederholung der Argumente von 1943 entkräftet werden? Wenn man dem Gerücht glauben kann, hat Chruschtschow Gomulka vorgeschlagen, Stalin für Katyn verantwortlich zu machen. Ohne Grund hätte er so einen Vorschlag wohl kaum gemacht.«
»Das ist eine ernste Frage. In einem Punkt hast du gewiß recht: Die Polen werden dieses Datum nicht übergehen.«
»Katyn gibt uns Anlaß, den Polen gegenüber ein analoges Problem aufzurollen. Was wurde aus den Zehntausenden von sowjetischen Kriegsgefangenen, die unter Marschall Jósef Pilsudski 1920/21 verschwanden? Wohin sind sie geraten? Unsere Seite hat merkwürdigerweise an der Aufklärung ihres Schicksals bis heute kein Interesse gezeigt.«
»Ich werde mich beraten lassen und dir dann Bescheid geben. Schreib mir zusammenfassend auf, was du im ersten Teil unseres Gesprächs über die Jugend gesagt hast, und schick es an mich persönlich.«
An einem der nächsten Tage rief mich Simjanin an:
»Kannst du herüberkommen?«
»Jederzeit.«
»Dann jetzt gleich, solange wir beide noch nicht in der Arbeit eingeschnürt sind.«
Simjanin ist klein, schmächtig, beweglich wie Quecksilber. Einen großen Teil des Krieges hat er als Partisan in Weißrußland gekämpft. Von der Parteiarbeit geriet er in die Diplomatie. Als Botschafter in Vietnam arbeitete er energisch daran, daß dieses Land von seinem Roten-Khmer-Drama verschont blieb. Viele Jahre war er *Prawda*-Redakteur. Wir kennen uns seit 1964.
»Jurij Wladimirowitsch«, sagte er, »hat einen persönlichen Auftrag für dich. Es geht um vierzig Jahre Katyn. Man muß sich Gedanken machen, wie dieses Problem weiter zu behandeln ist. Setz dich mit Nikolaj Ogarkow [Generalstab] und Filipp Babkow [KGB] in Verbindung, sie sollen dir Angaben besorgen, die man nötigenfalls veröffentlichen kann. Die Sache ist eilig.«
Aus Simjanins Worten ergibt sich, daß Andropow ihn nicht in das Gespräch mit mir eingeweiht hat. Ich muß daher so tun, als sei die Sache neu für mich.

Der Generalstabschef bezweifelt, daß bei ihnen irgend etwas Wesentliches über Katyn archiviert ist. Aber er erteilt die notwendigen Aufträge. Bezüglich der 1920/21 verschwundenen sowjetischen Soldaten wird er in den Archiven stöbern lassen.

Babkow ist bereit, den Auftrag anzunehmen, doch im KGB ist für dieses Teilgebiet Viktor Piroschkow zuständig. Damit kein Mißverständnis entsteht, bittet er um eine Bestätigung.

Ich berichte Simjanin und empfehle zudem, zur Fahndung nach Dokumenten auch die allgemeine Abteilung des ZK und das Außenministerium heranzuziehen.

Dann geschah das lang Erwartete und doch nicht Vorhergesehene: Breschnew starb. Der Führung war nicht nach Katyn zumute. Andropow nahm den Posten des Generalsekretärs ein. Bald darauf, ich glaube am 14. November 1982, rief er an:

»Ich habe deinen Auftrag ausgeführt. Das Politbüro hat die Frage der Zweckmäßigkeit einer Reise Gromykos nach Bonn diskutiert. Der Minister meinte, die Argumente für die Reise wären gewichtig. Keiner wollte mit ihm streiten. Ich beschloß, keine Partei zu ergreifen.«

Was sollte ich sagen? Daß meine Beziehung zu Gromyko dadurch noch wärmer wird? Daß nicht jede Meinung, die vertraulich geäußert wird, autorisiert werden muß? Daß ich noch keine Antwort wegen Katyn habe? Ich begnügte mich nur mit:

»Ich wünsche Ihnen viel Kraft und Ausdauer im Amt des Generalsekretärs. Was Gromykos Reise nach Bonn angeht, tat ich, was mir mein Gewissen eingab.«

Ich ging zu Simjanin. Man sollte die Erforschung der Katyn-Materialien und -Dokumente beschleunigen. Die Zeit drängt. Wenige Stunden später erhalte ich die Genehmigung, mit Piroschkow Kontakt aufzunehmen.

Mit diesem Stellvertreter des KGB-Vorsitzenden wurde ich anno dazumal telefonisch bekannt, nachdem ein Sicherheitsoffizier in Bonn meine Beschattung anzustiften versuchte. Ich lud Piroschkow auf den nächsten Nachmittag ein. Er versprach, »einige Dossiers« mitzubringen.

Am selben Abend aber hatte ich eine Verabredung mit dem Vorsitzenden des KGB, Fjodortschuk. Es ging um ein völlig anderes Thema.

Bei der letzten Begegnung Breschnews mit Babrak Karmal war ich zugegen gewesen. Der Eindruck war deprimierend. Immer tiefer rutschten wir in Afghanistan in einen politischen Sumpf. Aus »Helfern« wurden wir zu Söldnern gemacht. Für wen und weshalb wird das Blut unserer Soldaten und das der Afghanen vergossen? Finden sich denn in ganz Afghanistan keine patriotisch gesinnten Menschen mit moderner Weltsicht, die imstande sind, mit uns zu sprechen, ohne sich in tiefen Bücklingen zu ergehen, und die nicht den Ausländern ihre eigenen Sorgen aufhalsen wollen? Wenn ein orientalischer Potentat zu mir sagt: Ihre Meinung ist mir Befehl, dann glaube ich ihm nicht.

Der neue Vorsitzende des KGB hört zu, gibt aber seine eigene Einstellung kaum preis. Mich interessieren nicht so sehr seine Beurteilungen der Situation, wie Angaben über konkrete afghanische Akteure, die im Lande selbst hohe Achtung genießen. Häufiger als andere Namen stößt der Computer meines Gedächtnisses aus: General Abd el Kadir (ein Partscham-Mann, den Hafisullah Amin im Gefängnis fast zu Tode hatte foltern lassen) und Achmed Schah Masud von der bewaffneten Opposition. General Fjodortschuk fragte, weshalb ich mich ausgerechnet an ihn gewandt hätte. Und ich antwortete nicht weniger direkt:

»An wen hätte ich mich sonst wenden sollen? Im Komitee kommt das gesamte Material zusammen. Bei Ihnen sitzen Brigaden von Analytikern. Sie wissen im Detail, was in und um Afghanistan vorgeht.«

»Ich bin erst seit einigen Monaten im KGB und kann nicht sagen, daß es mir schon gelungen wäre, die Berge von Meldungen, darunter solche der auswärtigen Aufklärung, durchzuarbeiten. Politische Entscheidungen, auf die unser Gespräch hinführt, unterliegen nicht der Kompetenz des Komitees. Ohne Andropow läuft da nichts.«

»Selbstverständlich ist eine Weichenstellung in Afghanistan Aufgabe der politischen Führung, niemand käme auf den Gedanken, an deren Funktion zu rütteln. Doch wenn das Bedürfnis und die Absicht bestehen, irgendwelche Empfehlungen zu geben, muß man zunächst sämtliche Fakten im Zusammenhang untersuchen, das halte ich nicht nur für unser Recht, sondern für unsere Pflicht.«

Der Vorsitzende sagt, über General Kadir habe er schmeichelhafte Äußerungen gehört; doch zu einem endgültigen Urteil ist er nicht bereit. Er schlägt vor, wir sollten uns noch einmal unterhalten, nachdem er seine Experten befragt hat. Ein neues Treffen kam nicht zustande.

Piroschkow brachte keine Dokumente, sondern das Nazi-»Weißbuch« über Katyn und den Bericht der Kommission des Akademiemitglieds Nikolaj Burdenko. Hatte er nicht begriffen, was man braucht? Ich erklärte ihm noch einmal die vom Generalsekretär gestellte Aufgabe und bat ihn, alles, worüber das KGB in diesem Zusammenhang verfügt, zu erforschen.

Nun zog Piroschkow aus seinem Diplomatenköfferchen Kopien von Publikationen mit kurzen Inhaltsangaben in russischer Sprache, die in verschiedenen Jahren in Polen, England und Übersee erschienen waren, außerdem Ablichtungen von Materialien, die beim Nürnberger Prozeß vorgelegt worden waren. Versöhnlich konstatierte ich:

»Es ist sehr gut, daß im Komitee sorgfältig alles registriert und gesammelt wird, was in der Presse erscheint. Wenn man aber die Ausgangsposition nicht kennt, ist es schwierig, etwas zu präzisieren und zu ergänzen. Mit dem Nacherzählen von bereits Bekanntem befassen wir uns nicht. Es gibt da eine Reihe von Fragen, die weder den Polen noch uns selbst beantwortet worden sind. Stalin wußte 1941, daß die polnischen Offiziere nicht mehr am Leben waren. Er wußte es lange vor Erscheinen der Meldung über die Entdeckung des Massengrabes im Wald bei Katyn. Was folgt daraus? Was folgt aus der Erklärung, die Berija 1941 den Polen gegenüber abgab: ›Wir haben einen tragischen Fehler gemacht.‹?«

Zur Antwort bekomme ich von Piroschkow ein unerwartetes Geständnis:

»Im KGB wird ein absolut geheimes Dossier aufbewahrt. Es trägt den Stempel ›Unterliegt nicht der Öffnung‹. Möchten Sie sich dessen Inhalt zuwenden?«

Der Gast hatte mehr gesagt, als er wahrscheinlich zu sagen berechtigt war. Nun wußte ich: Die Dokumente existieren. Sie sind nicht verschwunden. Ein noch strengerer Geheimhaltungsstempel könnte nur lauten: »Vor der Lektüre zu verbrennen«. Da mir die Sitten der Komiteemitarbeiter alter Schule nicht verborgen sind, reagiere ich so:

»Ich kenne das System der Aufbewahrung von Dokumenten im KGB nicht, auch nicht die Regeln ihrer Handhabung. Ich bin daher außerstande zu empfehlen, welche Papiere von wo zu beschaffen sind. Das wäre Ihre Aufgabe in den Grenzen der Vollmachten, die Ihnen erteilt werden könnten.«

Dann bat ich Piroschkow, sich mit seinen Kollegen zu beraten, wie die Anweisungen des Generalsekretärs am besten auszuführen wären. Da mir keinerlei Geheimmaterial zur Verfügung stand, blieb mir nur, mich von unbestreitbaren Tatsachen in ihrer Wechselwirkung leiten zu lassen. Sie regten zum Nachdenken an.

Der erste Besuch Piroschkows war auch der letzte. Am folgenden Samstag brach buchstäblich alles zusammen.
Am Montag rief mich Michail Simjanin an:
»Hast du dich nicht zu tief in Katyn hineingekniet? Halte dich im Rahmen.«
Ob Piroschkow falsch über unser Gespräch berichtet hat? Ist ihm klargeworden, was er ausgeplaudert hat, und will er sich jetzt absichern? Wie sich bald herausstellte, hatte der andere den Stein geworfen, der nun einen Kreis nach dem anderen zog.
Georgij Arbatow rief an:
»Ich muß mit dir sprechen. Ich weiß, daß du morgen nach Genf fliegst. Aber ich muß dich unbedingt vor der Abreise sehen.«
»Muß«, »unbedingt«, und die Stimme klang so besorgt. Gegen Abend fahre ich zu meinem zuverlässigen Kameraden und alten Kommilitonen aus dem Institut für Internationale Beziehungen.
Georgij Arbatow, gewiefter Konspirateur, führte mich in den Saal des Wissenschaftsrats – hier stehen keine Telefone.
»Was hast du mit Katyn vor? Du kannst dir überhaupt nicht ausmalen, wie wütend Jurij Wladimirowitsch auf dich ist.«
»Ich verstehe rein gar nichts. Er hat mir doch den Auftrag gegeben, alles erreichbare Material zu inventarisieren, zu analysieren und festzustellen, ob es eine Begründung für die Stalin, Berija und Chruschtschow zugeschriebenen Äußerungen gibt.«
Nachdem ich den Inhalt meiner Unterredungen mit dem Generalsekretär, Simjanin, Piroschkow und auch mit Marschall Ogarkow zusammengefaßt habe, ist Arbatow perplex.
»Jetzt verstehe ich nichts mehr. Hat er das wirklich vergessen? Am Samstag waren Sascha Bowin und ich bei Andropow. Er fiel über uns her: ›Ihr lobt Falin über den grünen Klee. Aber er? Er will mir ein Bein stellen. Gerade war ... bei mir und erzählte, daß Falin unter Ausnutzung seiner dienstlichen Position eigene Nachforschungen über Katyn anstellt. Diese verdammte Geschichte wird mir als ehemaligem KGB-Vorsitzenden angehängt werden, obwohl ich, als es passierte, noch ein grüner Bengel war. Nein, das lasse ich ihm nicht durchgehen. Wir werden für Falin einen hohen Posten finden, aber im ZK darf er nicht mehr arbeiten.‹«
Wahrscheinlich hatte Andropow den Vorsitzenden des KGB und seinen Stellvertreter eindringlich verhört, obwohl dies aus Arbatows Worten

nicht direkt hervorging. Was den Generalsekretär mehr empört hatte, Katyn oder Afghanistan, wußte ich nicht. Es hieß abwarten.
Ich sagte Georgij Arbatow, es gebe nur ein Mittel, das Mißverständnis auszuräumen: Ich müßte selbst dem Generalsekretär die Sache erklären. Nach meinem Dafürhalten schmückt es niemanden, wenn eine einzige Verleumdung, noch dazu in völlig verdrehter Form, schwerer wiegt als fünfundzwanzig Jahre normaler oder sogar guter Beziehungen.
»Morgen bin ich mit Sascha bei Jurij Wladimirowitsch. Wir werden das Bild zurechtrücken. Den Verleumder darf man nicht ungeschoren lassen«, ereiferte Arbatow sich.
»Spart eure Nerven. Ich will dich und Sascha auf keinen Fall in die Sache reinziehen. Jurij Wladimirowitsch hat sich verändert und nicht zum Besseren, er ist nachtragend geworden. Aber ich wäre dankbar, wenn ihr ihm folgendes sagen würdet: Um alles an seinen Platz zu rücken, reichen fünf Minuten; ich dringe auf eine Zusammenkunft mit ihm.«
Die Audienz wurde mir nicht gewährt. Am 29. Dezember 1982 sagte mir Anatolij Blatow vertraulich, an Gorbatschow sei ein Papier zur Unterzeichnung geschickt worden, das meine Entlassung aus dem ZK enthalte und zugleich meine Ernennung zum Ersten Stellvertretenden Vorsitzenden des Staatlichen Fernseh- und Radiokomitees *(Gosteleradio)*. Ich rief Simjanin an und bat um ein Treffen.
»Stimmt es, daß eine Anweisung für meine Entlassung vorliegt?«
»Ja, das stimmt. Du bist zum Ersten Stellvertreter Lapins ernannt.«
»Andropow kann beschließen, daß ich im ZK arbeiten oder nicht arbeiten soll. Aber womit ich mich nach meiner Entlassung beschäftige, das entscheide ich selbst. Ich gehe in keinerlei Komitees. Jetzt sofort setze ich das Tüpfelchen aufs i.«
»In meinem Leben habe ich vierzigtausend Parteiarbeiter in staatlichem oder anderem Dienst eingesetzt. Nie hat es einen Fehlschlag gegeben.«
»Dann nehmen Sie zur Kenntnis, daß es mit dem vierzigtausendundersten nicht glückt. Schluß. Ich bin kein Eisenbahnwaggon, den man von einem Gleis aufs andere schieben kann. Sie wissen, woher der ganze Klamauk kommt?«
»Jurij Wladimirowitsch hat uns seine Entscheidung nicht erläutert.«
»Im Apparat des ZK hat sich ein Mensch bereit gefunden, eine Form der Denunziation auszuklügeln, in der die mir vom Generalsekretär gestellte Aufgabe über Katyn wie eine gegen ihn gerichtete Mine aussah.«

»Wahrscheinlich hat Jurij Wladimirowitsch dies schlicht vergessen. Kein Wunder bei seiner Überlastung.«

»Möglich. Aber das ändert nichts.«

»Meine dringende Empfehlung, mach keinen Krach daraus. Dir wird eine wichtige Sache angeboten: Rundfunknachrichten fürs ganze Ausland. Siebzehntausend Mitarbeiter. Widersetz dich nicht.«

»Mich kann künftig nur eine Arbeit ohne einen einzigen Mitarbeiter interessieren und mit nur einem – nicht mehr – Vorgesetzten. Wünschenswert ist ein anständiger.«

»Gibt es so etwas?«

»Theoretisch, ja. Politischer Beobachter bei *Iswestija* oder *Prawda*.«

»Versprechen kann ich nichts. Ich werde es berichten, fürchte aber, all das wird oben nicht gefallen.«

»Müßiges Unterfangen, der Obrigkeit gefallen zu wollen. Wichtig sind klare Verhältnisse. Ich werde Mittel finden, selbst Klarheit in meine Beziehung zum Generalsekretär zu bringen.«

Zurück in meinem Zimmer, muß ich als erstes meinen Safe aufräumen, damit nicht ein einziges Papier verlorengeht oder ein überflüssiges, mir unbekanntes auftaucht. Danach Bücher sortieren, die eigenen in Schachteln legen, die Bibliotheksbücher zurückbringen. Konzepte und andere Entwürfe insbesondere zu Katyn vernichten.

Soll ich auf einem Empfang bei Andropow bestehen? Ein direktes Gespräch mit mir wird ihm kein Vergnügen sein. Zugeben, daß er im Unrecht ist, kann er nicht. Das widerspricht seinem Charakter. Auge in Auge mit einem sich eine Ausrede auszudenken, das erlaubt ihm sein Gewissen nicht.

Ich nutze den Apparat ATS-1 aus, solange er noch nicht abgeschaltet ist. Er ist die direkte Leitung zu Andropow.

Ich wähle die Nummer. Andropow hebt ab.

»Guten Tag, Falin hier. Im Augenblick interessiert mich nur die Formulierung meiner Entlassung aus dem ZK. Wenn mir das politische Vertrauen entzogen ist, lege ich nicht nur meine Arbeit in der Abteilung nieder, ich gebe auch mein Mandat in der Zentralen Revisionskommission der Partei zurück und beende meine Abgeordnetentätigkeit im Obersten Sowjet der RSFSR.«

»Wieso wirbelst du so viel Staub auf? Alles Notwendige wird dir Simjanin sagen.«

»Das hat er schon, aber nicht so, wie ich es verlange. Ich will Klarheit haben. Sie glauben einer Verleumdung, weil Sie mir nicht vertrauen. Für nichts gibt's auch kein Gericht.«
»Alles?«
»Nein, nicht alles. Ich habe dem Vaterland gedient. Vierzig Jahre lang. Jetzt werde ich nur noch das tun, was ich selber will. Wenn Sie versuchen wollen, mich zu zwingen, dann bekommen Sie zu hören: ›Sie sind nicht Zar, und ich bin kein Sklave!‹ Das ist alles.«
Dies war mein Abschied vom lebenden Andropow.
Tschernenko ließ mich rufen. Ihm war der Hintergrund völlig unbekannt. Von Katyn hörte er zum erstenmal durch mich.
»Ich werde mit Jurij Wladimirowitsch sprechen. Die ganze Geschichte ist doch aus dem Nichts aufgeblasen.«
»Der Generalsekretär hat selbst zu entscheiden, mit wem er arbeiten will. Sich ihm als Mitarbeiter oder Berater aufzudrängen, ist nicht meine Art. Und nach dem, was ich ihm heute erklärt habe, ist jeder Rückweg abgeschnitten. Aber überzeugen Sie ihn von etwas anderem: Er soll auf die Idee mit *Gosteleradio* verzichten, denn ich werde nicht nachgeben, weder auf Zureden noch unter Druck.«
»Ich will es versuchen. Daß ich dich herbat, hat einen anderen Grund. Das ideologische Plenum steht bevor. Ein komplizierter Moment im Leben der Partei und des Landes. Ich hoffe auf deine Hilfe und Beteiligung bei der Vorbereitung des Referates, das ich halten muß. Arbeite mit Anatolij Blatow zusammen. Er ist im Bilde.«
Ich habe Ihnen, verehrter Leser, schon mitgeteilt, wie und warum Blatows und meine Arbeit verworfen worden war.
Der Abgang aus dem ZK war reichlich demütigend. Ringsum öffnet sich ein Vakuum. Wer gestern noch bemüht war, dir angenehm aufzufallen, versteckt sich heute hinter einer Säule oder tut, als sähe er dich nicht. Zahllose Schachteln mit Büchern. Du hast sie gesammelt und schleppst sie nun selbst fort. So erhielt ich im Januar 1983 einen kleinen Vorgeschmack vom allgemeinen Auszug im August 1991.
Für etwas mehr als drei Jahre wurde ich nun zum zivilen Journalisten. Mehr als hundert Kommentare in der *Iswestija*. Außerdem Zeitschriftenaufsätze. Aktive wissenschaftliche Arbeit.
Es war der kurze und einzige Lebensabschnitt seit 1950, der mir die Möglichkeit bot, mich mit eigenen Dingen abzugeben. Angebote von

außen – ein eigenes Programm im Fernsehen zu gestalten, irgendwelche Pflichten in der Gesellschaft zur Förderung der Beziehungen mit anderen Ländern zu übernehmen, in der Diplomatenakademie zu lehren – lehnte ich ab. Unter das Vergangene hatte ich, ohne zu schwanken, einen Strich gezogen. Eine Ausnahme machte ich nur für ausländische Kollegen, die Moskau besuchten. Auf eigene Auslandsreisen verzichtete ich, solange meine Habilitationsschrift nicht fertig war.

Michail Gorbatschows Machtantritt nahm ich gelassen auf. Es war natürlich begrüßenswert, daß nicht ein Greis das Amt des Generalsekretärs antrat, der bereits außerstande war, sich selbständig zu bewegen, von selbständig denken gar nicht zu reden. Gorbatschows Eröffnungserklärungen waren Frische des Stils und der Gedanken nicht abzusprechen, und die Reise nach Leningrad war sogar dazu angetan, nicht in Skepsis steckenzubleiben.

Doch warten wir ab. Den lautesten Lärm verursachte die Antialkoholkampagne. Meine spontane Reaktion auf diesen Feldzug: Das ist ein Blindgänger, den Emotionen, nicht rationales Kalkül initiiert haben. Die Bemerkung fiel in der *Iswestija*-Kantine in Anwesenheit einiger Redakteure und führte zu einem lebhaften Disput. Sein Ergebnis kann man in die Worte fassen: In der alten Weise darf es nicht bleiben, aber man muß anders vorgehen.

Auch andere Initiativen und Impulse riefen in unserem Kreis Diskussionen hervor. Die *Iswestija*-Leute reagierten temperamentvoll auf jede Veränderung, selbst noch in der Intonation; und gerechterweise ist hinzuzufügen: auch ohne gespielte Begeisterung oder Liebedienerei. Das spiegelte und brach sich in den Seiten der Zeitung, die täglich ungefähr zwölf Millionen Menschen lasen.

Im März 1986 verließ ich schweren Herzens die *Iswestija*-Redaktion. Ich hatte den Überredungskünsten Alexander Jakowlews und Michail Simjanins, auch dem Drängen Jegor Ligatschows nicht standgehalten. Ich gebe zu, daß *Iswestija*-Metamorphosen 1990/91 und meine Sicht der damaligen Situation zu verschiedenen Nennern führen könnten. Diese Vermutung veranlaßte mich, das Angebot des Präsidenten 1990 abzulehnen, die Redaktion der Zeitung zu übernehmen.

Meine Kandidatur für den Vorsitz in der *Agentstwo Petschati Nowosti* (APN) wurde, wie ich annehme, Gorbatschow sechzig Stunden vor der Eröffnung des XXVII. Parteikongresses vorgelegt. Das ging aus einem

Gespräch mit Ligatschow hervor. Als ich merkte, daß der ZK-Sekretär von meinem »großen Zerwürfnis« mit Andropow nur »etwas« gehört hatte, aber nichts Näheres wußte, fragte ich ihn:
»Kann es nicht passieren, daß ich morgen als Vorsitzender von APN bestätigt werde und übermorgen wieder einer Denunziation zum Opfer falle? Ich habe allerlei erlebt. Bei Stalin geriet ich in die Rolle eines französischen Residenten. Bei Andropow wäre ich beinahe mit irgendeiner ›deutschen Mafia‹ verknüpft worden; ich weiß nicht mehr genau, welche Museen und Privatsammlungen der Welt ich nicht ausgeraubt habe. Vielleicht ist es für Ihre Sicherheit und meine Ruhe besser, jemand anderen ins Auge zu fassen, in dem der Wunsch glüht, APN zu leiten? Mich locken Ämter nicht. Sie bringen nur Hast und Sorgen.«
Ligatschow erwiderte mit ernster Miene:
»Alles, was wir über Sie wissen müssen, ist uns bekannt. Mit Ihrer Hilfe haben wir in das Vergangene Klarheit gebracht. Am Nachmittag werde ich Michail Sergejewitsch die Kaderfragen vorlegen. Über alles weitere werden Sie meine Mitarbeiter informieren.«
Sie informierten. Der Generalsekretär hat an meiner Kandidatur festgehalten. Nun wurde mir ein Gastausweis für den Parteikongreß ausgeschrieben. Die Verwaltungsangestellten, die mich im Januar 1983 fast wie einen Pestkranken verabschiedet hatten, waren nun von ausgesuchter Dienstbeflissenheit und Höflichkeit. Rehabilitierung? Wird niemand von dir Beweise verlangen, daß du kein flüchtiger Zuchthäusler bist? Lohnt die Rehabilitierung das Risiko und die Nervenbelastung, die unvermeidlich sind in einem Milieu, in dem Eitelkeit und Habsucht regieren?

Perestroika –
Absicht, Verwirklichung, Ergebnis

So viele Autoren – so viele Gesichtspunkte und Veranlagungen. Ihre Stimme erheben die Politiker, die an der Wiege des Neubeginns gestanden und ihrer Vision den anziehenden und verheißungsvollen Namen »Perestroika« gegeben hatten.

Nikolaj Ryschkow, der ehemalige Vorsitzende des Ministerrats der UdSSR, veröffentlichte eine Buch-Beichte. Sie heißt *Perestroika: Die Geschichte des Verrats*.

Jegor Ligatschow, von 1985 bis 1990 der zweite Mann in der Parteiführung, überschrieb seine Beobachtungen und Reflexionen mit *Das Rätsel Gorbatschow*. Als er das Buch in einer Pressekonferenz vorstellte, löste er dieses Rätsel selbst: »Gorbatschow hat die Partei und das Volk verraten, er betrat den Weg des Antikommunismus und des Liquidatorentums, er verriet die Sache des Marxismus-Leninismus, indem er dem Kapitalismus den Weg in unser Land öffnete.«

Der stellvertretende Vorsitzende des Nationalitätenrats des Obersten Sowjet der UdSSR, Boris Olejnik, trat mit einem Pamphlet hervor: *Fürst der Finsternis*. Eine fast mystische Interpretation Gorbatschows als Luzifer, der herabgesandt war, jedes Gute in Böses zu verwandeln.

Alexander Jakowlew machte in seinem Buch *Die Lawine* nicht auf halbem Weg halt. Für ihn bedeutet das Vorgegangene eine Absage an Lenin und den Bolschewismus, an Marx und seine »Utopie«. Denn, so unterstellt der »Architekt der Perestroika«, die Projektion dessen, was es »in der Natur nicht gibt«, kann nicht Wissenschaft sein. In der Natur aber existiert keine Gerechtigkeit. Ergo: Es ist illusorisch, an einen »Aufbau der Gesellschaft in sozialistischer Gerechtigkeit und Gleichheit des Menschen zu glauben«.

Eduard Schewardnadse, schenkt man seinen Erklärungen aus dem Jahre 1992 orthodoxen Glauben, hatte sich innerlich längst vor Beginn der offiziellen Perestroika auf eine Perestroika eingestellt. »Die Wahrheit des Sozialismus« verblaßte für ihn, als er in der Funktion des Ersten Sekretärs der Kommunistischen Partei Georgiens darauf brannte, Dirigent jenes Chores zu werden, der den Steuermann (Breschnew) lobpries, der das Volk »in die Höhe, in den reinen Himmel zu den klaren Gipfeln des Kommunismus hob«. Heute hat sich das Wort »klar« in »gespenstisch« verwandelt, wie Eduard selbst jetzt als Georgij vermarktet wird.

Auf die Offenbarungen des Hauptheldes der Perestroika wird man nicht mehr lange warten müssen. Einigen Symptomen zufolge liegt die größte Schwierigkeit, die Gorbatschow zu bewältigen hat, in dem Dilemma, wie es profitabler ist, sich selbst zu porträtieren: »Ich habe dich geboren, ich habe dich auch umgebracht«, mit Anspielung auf die Perestroika, oder »Ihr habt mich geboren und ich habe euch zunichte gemacht«, gemeint sind die Partei und die sowjetische Staatsmacht.

Der Exgeneralsekretär der Partei und der Expräsident der Sowjetunion, die mit seiner unermüdlichen Hilfe auch das Epitheton »ehemalig« erhielt, kennzeichnet die Sozialdemokratie als sein nächstes ideologisches Biwak. Ein anderer hätte, entgegen der Jakowlewschen Kritik am Marxismus gesagt, das Sein bestimmt das Bewußtsein. Als die Meldung von dieser traumhaften Metamorphose auf die Seiten des *Spiegel* drang, war mein erster Gedanke – ob Gorbatschow nicht im Auge hat, auch die Sozialdemokratie von innen zu zersetzen.

Im Unterschied zu denen, die zugunsten neuer Modefarben alles Frühere negieren und verachten, ist mir vieles nach wie vor unklar. Zeitlebens war ich nirgends so erfolgreich wie im Anhäufen von Fragen und Zweifeln. Sie betreffen alles und jedes, den Sinn des Lebens eingeschlossen. Das erklärt im wesentlichen meine Allergie gegen Ultraorthodoxe und Hurrapatrioten. Egal aus welchem Brutkasten. Zu allen Zeiten ging von ihnen die Negation der Einsicht in Erlebtes aus und damit die Negation der Bewegung zu einer höheren Qualität.

Stalinismus oder Sozialismus – was stand zur Disposition?

Möglicherweise hat die Stunde für eindeutige Folgerungen noch nicht geschlagen, die deuten sollten, weshalb die erklärten Absichten, die so viele rosige Hoffnungen geweckt haben, und die Ergebnisse des Versuchs, den »realen Sozialismus« zu reformieren, so polar auseinanderklafften. Es ist unproduktiv und hinterlistig, sich zu bemühen, die Kompliziertheit des Vorgegangenen und des Vorgehenden auf ideologische oder beliebige andere, einzeln herausgegriffene Kategorien zurückzuführen. Jede von ihnen hat ihre Rolle gespielt, aber, einzeln aufgegriffen, erschöpft sie die Sache nicht.

Denjenigen, denen die Erfahrung der Perestroika ein willkommenes Argument für die These ist, Gorbatschows Experiment habe bewiesen, daß die Reformierung des Sozialismus in der Tat unmöglich sei, kann man leicht die Laune verderben. Dazu genügt die direkte Frage: Gab es etwa ein Kind, das mit dem Bade ausgeschüttet wurde?

Welche Gesellschaftsordnung existierte in der Sowjetunion? Existierte – nicht wie sie sich nannte. Was hatten denn Michail Gorbatschow, Alexander Jakowlew und andere Perestroika-Väter vor, umzubauen? Das Ufer des gelobten Landes bezeichneten sie als »humanen Sozialismus«, geschmückt mit allen Einrichtungen der Volksherrschaft. Schön. Aber von welchem Ufer stießen sie ab? Wie breit, wie tief, wie schnell war das Wasser, das beide Ufer trennte? Sie nahmen sich nicht die Zeit, die eigenen Augen zu öffnen, als sie begannen, den anderen blauen Dunst vorzumachen.

Finden Sie die objektive Antwort auf diese Fragen, und Sie gelangen an den Kern oder nähern sich ihm zumindest. Die Männer der Perestroika redeten über den künftigen Sozialismus in seiner optimalen Form, die dem heutigen Stand der Produktivkräfteentwicklung und der politisch-rechtlichen Kultur entspricht. Sie blieben aber mental Gefangene und Untertane der Umstände, die mit dem Sozialismus nicht mal verschwägert waren.

Taktisch hatte die Losung Perestroika eine Rechtfertigung, sie half, breite Massen auf die Seite des neuen Kurses zu ziehen. In strategischer Hinsicht aber führte diese Losung eher in die Irre. Der Eindruck war, die Perestroika sorge für Kontinuität. Sie sollte aber im Gegenteil eine Auseinandersetzung werden. Keine Überführung der alten Quantität in eine höhere Qualität, sondern neue Qualität, die auch eine andere Quantität schafft.

Diesen Gesichtspunkt brachte ich im Sommer 1986 auf einer Konferenz vor, die Gorbatschow, Ligatschow, Jakowlew und andere Parteiführer mit

Chefredakteuren, führenden Kommentatoren, Schriftstellern und Politologen abhielten.

»Die Chinesen«, betonte ich, »haben Maos Hinterlassenschaft in drei Jahren bewältigt. Die Kulturrevolution erhielt die einzig richtige und prinzipientreue Bewertung: militaristisch-feudale Diktatur. Uns sind dreißig Jahre nicht ausreichend, um mit Stalin fertig zu werden und über ihn und den Stalinismus die ganze Wahrheit zu sagen. Solange wir mit der Vergangenheit nicht abrechnen, werden wir nicht imstande sein, voranzuschreiten.«

Gorbatschow und Ligatschow unterbrachen mich:

»Man kann nicht gleichzeitig für die Zukunft arbeiten und sich in eine Auseinandersetzung mit der Vergangenheit versenken.«

»Das soll und muß man aber.«

Witalij Korotytsch:

»Recht hat er!«

Michail Gorbatschow:

»Man darf den Karren nicht so vollpacken, daß der Gaul zusammenbricht.«

Ich beharrte auf meiner Ansicht:

»Man kommt nicht vorwärts, wenn ein Bein in der Vergangenheit steckenbleibt.«

Später bat Gorbatschow mich, meine Überlegungen zu dem Thema Trennung vom Stalinismus zu Papier zu bringen. Ich schrieb meine »Norm«, etwa zwanzig Seiten. Das Skelett dieser Position war schon lange fertig. Vor und dann während des XXVII. Parteikongresses (1986) legte ich Jakowlew nahe, er solle die Annahme der sogenannten »neuen Redaktion« des Parteiprogramms verhindern oder wenigstens nicht die Stetigkeit herausarbeiten. Erfolglos.

In meiner Niederschrift entwickelte ich einige, wie mir schien, wichtige Leitsätze. Stalinismus ist nicht einfach nur Personenkult, sondern ein System von Ansichten, Machtstrukturen und Praktiken, die mit marxistischen Vorstellungen von Sozialismus und den demokratischen Idealen des Oktober unvereinbar sind. Nur der entschiedene Bruch mit der Stalinschen Ideologie, die in allen Zellen unserer staatlichen und gesellschaftlichen Ordnung nistete, machte den Weg frei zur sozialistischen Perestroika, zur demokratischen Umwandlung, zum Triumph des Gesetzes. Das Wesen der sich im Lande vollziehenden Prozesse darf nicht von Charaktereigenschaften – guten oder schlechten – des Generalsekretärs abhängig sein, und auch nicht von den kleinen Funktionären und »Tischvorstehern«. Auf jeder Ebene darf Macht nur eine Macht auf Zeit sein.

Hat Gorbatschow die Niederschrift gesehen? Ja, er hat sie auch seinen Assistenten vorgetragen, nicht ohne beifällige Kommentare. Doch nehmen Sie den Bericht des Generalsekretärs im November 1987 zum siebzigsten Jahrestag der Oktoberrevolution: Allen äußeren Unbilden und der Stalinschen Diktatur zum Trotz wurde der sozialistische Aufbau in der Sowjetunion nie unterbrochen. Man braucht nur Demokratie, Glasnost, Ordnung hinzuzufügen, und das System kommt in Schwung wie ein frischgeöltes Uhrwerk.

Die Perestroika wurde erneut als Weiterentwicklung der »sozialistischen Umwandlungen« von Stalin bis Breschnew, von Lenin bis Tschernenko proklamiert, und das in dem kritischen Moment, als ihr die letzte Chance gewährt war, Scheuklappen abzulegen. Vielleicht war es sogar zu spät. Die Abgrenzung vom Stalinismus, von seinem grausamen Wesenskern, hätte zum Prolog der Perestroika werden müssen, zum ideellen und moralischen Herzensanliegen des XXVII. Parteikongresses. Sie wurde es nicht.

Statt dessen nahm man Chruschtschows Stafette auf. In der »neuen Fassung« des Parteiprogramms fehlten zwar das forsche Versprechen, in zwanzig Jahren den Kommunismus unter Dach und Fach zu bringen, und andere ähnlich geartete »Kleinigkeiten«. Doch was hätte sich geändert, wenn sie nicht ausgelassen worden wären? Da das festgesetzte Datum zum Rendezvous mit dem Kommunismus, das Jahr 1981, schon verstrichen war, hätte man vortäuschen können, er sei »in den Hauptzügen« fertig und nun käme seine Ausstattung an die Reihe. Oder aber es würde beschlossen, von dem nächsten, sagen wir Montag an, den »realen Sozialismus« als »realen Kommunismus« (als Variante: den »entwickelten Sozialismus« als »unterentwickelten Kommunismus«) anzuführen. Wir waren ja gewohnt, auf dem Kopf zu stehen. Längst hatte man bei uns vergessen, daß man weniger auf das Echo lauschen sollte, als vielmehr auf den Laut, der das Echo hervorbringt.

Chruschtschow brauchte drei Jahre, um in sich das Zittern vor dem Schatten des Diktators zu überwinden und den Delegierten des XX. Parteikongresses heimlich unter dem Deckmantel der Nacht mitzuteilen, was für ein Verbrecher Stalin gewesen war. Vor dem XXII. Parteikongreß war

Chruschtschow drauf und dran, bis in die unteren Kreise der Stalinschen Hölle zu graben und die zusammengestellten Daten über die unter Stalins Herrschaft begangenen Verbrechen der Öffentlichkeit zu übergeben. Ich schreibe dies in Kenntnis des Sachverhalts, denn ich hatte einer der Arbeitsgruppen bei der Durchsicht deutscher Dokumente über die »Tuchatschewskij-Verschwörung« geholfen. Es blieb bei der Absicht. Chruschtschow hatte dafür seine Gründe.

Der Hauptgrund: Chruschtschow war kein Mensch, der bereit ist, mit sich abzurechnen. Indem er die Wahrheit über sich selbst von sich schob, blieb ihm nichts anderes übrig, als Stalin zu frisieren.

Was aber hinderte Chruschtschows Nachfolger, parallel mit ihrer Kritik am Voluntarismus des Stalinerben, gewissenhaft und ehrlich das Erbe selbst zu inventarisieren? Breschnew setzte die Entstalinisierung keineswegs fort, sondern hemmte sie, und nach der Niederknüppelung der Prager Häretiker glitt er in Neostalinismus. Jurij Andropow kam als Generalsekretär der Partei nicht mehr dazu, das »Phänomen Stalin« anzutasten, wenn man voraussetzt, daß er geneigt war, es zu tun. Nach anderthalb Jahrzehnten als Vorsitzender des KGB war Andropow objektiv durchaus in der Lage, dem Stalinismus eine genaue Diagnose zu stellen. Konstantin Tschernenko gelangte auf den höchsten Posten dank seiner politischen Impotenz. Hier stimme ich dem postsowjetischen Alexander Jakowlew zu:

»Tschernenko war das schrille Signal für die Katastrophe des Systems, für seine Lebensunfähigkeit.«

Jakowlew versäumte allerdings zu bemerken, daß dieses Signal mit Gorbatschows Hilfe gesetzt worden war, der im Politbüro für Tschernenko gestimmt hatte.

Wir wollen die Ruhe der Dahingeschiedenen nicht über Gebühr stören. Die Lebenden haben das Wort. Sie rieben sich die Augen erst, nachdem ihnen alle Ämter entzogen waren. Liest man ihre neuesten, vor Leidenschaft glühenden Enthüllungen, kann man sich nur verwirrt fragen: Wer waren sie eigentlich, die heutigen Selbstzertrümmerer, die Widerleger der sozialen Hirngespinste, die Entlarver der »Unmenschlichkeit des staatlichen Atheismus«? Auf was schwuren sie, als sie mir »politische Abweichung« vorwarfen, zum Beispiel als ich ein Interview mit Boris Jelzin und den Nachruf auf Viktor Nekrassow in den *Moskowskije Nowosti* veröffentlichen ließ?

Was haben sie eigentlich gedacht und was gefühlt, untätig zusehend, wie nationale Heiligtümer zerstört wurden, in dem Moment, als es noch nicht von Nutzen war, sich für sie einzusetzen? Wer von ihnen schloß sich 1979/80 meinen Versuchen an, die Geburtskirche in Moskau zu retten, in der die Gebeine von Pjereswet und Osljab ruhen, den Helden der Schlacht auf dem Kulikowofeld (1380), in der die Tataren besiegt wurden? Was unternahmen sie 1986 nach meinem Appell, den tausendsten Jahrestag der Christianisierung Rußlands als Nationalfeiertag zu begehen? Ein Jahr verstrich. Ich schrieb ein Memorandum (vorsorglich, inoffiziell mit Patriarch Pimen und anderen hohen Geistlichen koordiniert) an den Generalsekretär. Es fand Zustimmung. Erst dann kam es zur nötigen Bewegung, die gestattete, die Feierlichkeiten des Milleniums würdig zu begehen. Ich wurde sogar von Jakowlew in Schutz genommen vor einigen übereifrigen »Atheisten«. Die gaben sich schließlich damit zufrieden, den Vorsitzenden des Staatskomitees, Chartschew*, der konfessionelle Angelegenheiten betreute und mit mir zusammen handelte, von seinem Posten zu vertreiben.

In der Politik, in der Ideologie, in der Musik wie auch in der Medizin ist neben der Korrektheit, der richtige Zeitpunkt von ausschlaggebender Bedeutung. Man kann das Zaudern, das Hin und Her, das Schwanken bei der Ausarbeitung tiefgreifender Wirtschaftsreformen zwar erklären, akzeptieren kann ich es nicht. Zögern, das der Kenntnis von Turbulenzen entsprang, die der Mehrheit verborgen waren – bedingt ja. Doch wo bleibt die Erklärung dafür, daß man am Geburtstag der Perestroika nicht eingestehen wollte, nicht laut verkündete: Das Stalinsche Joch war keine »spezifische Phase« des Sozialismus. Nichts ist widernatürlicher als der Begriff »Stalinsches Modell des Sozialismus«, denn Stalin und Sozialismus sind schlicht unvereinbar. Die Spielerei mit »entwickelt«, »real« und anderen Definitionsklaubereien sind den Versuchen verwandt, Unwiderrufliches zu widerlegen: Stalin wirkte als die absolute Negation des Sozialismus in der Theorie wie in der Praxis.

Um über Stalin und die Summe seiner Taten, Standpunkte und Dogmen das Urteil zu fällen, bedarf es keiner übermenschlichen Auffassungsgabe. Dazu wäre nur ideelle Aufrichtigkeit und Ehrlichkeit im Dialog und erst

---

* Ich sorgte dafür, daß Chartschew nicht in den Ruhestand versetzt, sondern wieder in den diplomatischen Dienst aufgenommen wurde. Er wurde zu unserem Botschafter in den Vereinigten Arabischen Emiraten ernannt.

recht mit sich selbst erforderlich. Wir alle haben es so gern, herauszukriegen: »Wer ist wer?« Schlechter steht es mit der Untersuchung: Wer bin ich, warum bin ich da, wofür bin ich da? Wie Tolstoj fragte. Das ist zu klären, bevor man sich mit seinen Theorien an den Nächsten vergreift.

Sie können mit Recht einwerfen: Und was ist mit der Gesellschaftswissenschaft? Diese wurde bei uns Ende der zwanziger, Anfang der dreißiger Jahre zerschlagen und gedemütigt. Soziologen, Philosophen und Volkswirtschaftler konzentrierten ihre Aufmerksamkeit nicht mehr auf Tatsachen, sondern auf »Klassiker«-Zitate und die Aussprüche ihrer Statthalter. Die Staatsbürgerkundelehrer waren in ihrer Mehrheit von Primärinformationen abgeschnitten. Sie wurden von einem Saftgemisch verschiedenen Kaloriengehalts genährt, das unter Aufsicht der ideologischen Chefköche zubereitet worden war.

Die Perestroika brachte etliche Bewegung auch in dieses Gebiet, anfangs tastend, dann lawinenartig, wie es beim Ausschlagen eines Pendels von einer extremen Stellung in die andere geschieht. Ohne das Gewünschte als Wirklichkeit auszugeben, will und kann ich feststellen, daß die uniformierte, offizielle Ideologie niemals die tatsächlichen Geistesrichtungen in der Gesellschaft ausschöpfte. Man muß schon über unbändigen Eigendünkel verfügen, um sich einzubilden, man könnte mittels eines Bannfluchs über andere philosophische Strömungen und der Ausrottung ihrer Vertreter den Menschen das Denken verbieten oder sie zwingen, »von da bis da« zu überlegen. Der geringste Erfolg war in dieser Beschäftigung den Adepten des Stalinismus ohne Stalin vergönnt.

Die früheste und meiner Meinung nach treffendste Definition des »Phänomens Stalin« in der KPdSU gehörte Michail Rjutin. In seinem im August 1932 geschriebenen Manifest hieß es:

»Der echte Leninismus befindet sich jetzt in der Illegalität, erscheint als verbotene Lehre. Damit ist die ganze Tiefe der theoretischen Krise in der Partei charakterisiert.« Weiter lesen wir: »Stalin hat den Leninismus unter dem Banner des Leninismus erschlagen, die proletarische Revolution unter der Flagge der proletarischen Revolution und den sozialistischen Aufbau unter der Flagge des sozialistischen Aufbaus.«

Vergleichen Sie Rjutins Verurteilung mit den palliativen Formulierungen des XX. Parteikongresses und mit den vagen Bewertungen in den ersten fünf von nicht ganz sieben Jahren der Perestroika. Tun Sie das bitte, dann erhellt es fast alles.

Rjutin hatte darin recht, daß Ende der zwanziger, Anfang der dreißiger Jahre Stalin die konterrevolutionäre Wende im Lande vollzog oder, richtiger, vollendete. Gleichzeitig machte Stalin die Partei mundtot, die die Oktoberrevolution ausgelöst hatte. Unbeantwortet läßt Rjutin die Frage, wie und wann es zu solchen Fehlentwicklungen und Entstellungen kam. Meine Vorstellungen unterscheiden sich von denen Alexander Jakowlews aus dem Jahre 1992, mit denen er der sozialistischen Idee das Lebensrecht faktisch verweigert. Ebenso fremd ist mir die Apologie der Prämisse vom »kontinuierlichen sozialistischen Aufstieg«, die bis in die jüngste Zeit auch unter Jakowlew als dem obersten Ideologen offizielles Dogma war.
Nach meiner Wahl zum ZK-Sekretär (Juli 1990) veröffentlichte ich in der *Iswestija ZK KPSS* (Nachrichten des ZK der KPdSU) einen Artikel, in dem meine Position zu Stalin und meine Ansichten über das Schicksal des Sozialismus in unserem Land klar und deutlich ausgeführt wurden. Gorbatschow sprach damals noch von der »Stalinschtschina« (Stalintum) als Verirrungen und Abweichungen innerhalb der Grenzen sozialistischen Suchens.
Über Meinungen zu streiten, ist sinnlos und in gewisser Weise schädlich. Fruchtbarer sind die Diskussionen auf der Basis von Fakten über Fakten. Trotz Überspitzungen, wie sie jeder Revolution eigen sind, hören Fakten nicht auf, Fakten zu sein.
Die Oktoberrevolution war keine Verschwörung, keine sektiererische Umwälzung. Ihre demokratische Struktur wurde in der Zeit des Geschehens selbst von ihren eingefleischtesten Gegnern nicht bestritten. Unannehmbar und provozierend erwiesen sich für die Widersacher die »plebejische Wendung« der Demokratie, die »antimilitaristische« und »sozialgerechte« Richtung der ersten programmatischen Dokumente des Oktober, nicht aber das Regime und die neue Struktur der Macht.
An die Macht gelangte eine »Mehrparteienregierung«. Bolschewiki und Sozialrevolutionäre bildeten eine Koalition, die die Einheit der Interessen von Arbeiterklasse und Bauernschaft verkörpern sollte. Ihr Bündnis war das Unterpfand für die Vorbeugung eines Bürgerkriegs. Mit den beiden großen Parteien arbeiteten unterschiedliche Gruppen von Menschewiki, Anarchisten und ukrainischen Sozialisten zusammen. Die Streitkräfte Sowjetrußlands führten nichtparteigebundene aktive Offiziere. Die Oberbefehlshaber, Obersten der ehemaligen Zarenarmee, Wazetis und Kamenew, waren parteilos, unter zwanzig Frontkommandierenden gab es nur

drei Bolschewiki, von hundert Armeekommandeuren waren dreiundachtzig keine Kommunisten.

Die Regierungskrise und der Zusammenbruch der Anfangskonstruktion waren nicht Folge von Streitigkeiten über die sozialökonomische Zukunft, sondern der Weigerung der Sozialrevolutionäre, dem Frieden von Brest (März 1918) zuzustimmen. Als Protest gegen das »kaiserliche Diktat«, das Lenin hinnahm, schieden sie aus dem Rat der Volkskommissare aus. Dem folgte ein offener, bewaffneter Kampf gegen die Bolschewiki, was im Juli 1918 das Verbot der Partei der Sozialrevolutionäre bedingte.

Wie einer der wütendsten Feinde des Oktober, der britische Generalkonsul Bruce Lockhart, bezeugt, nahm die Mehrheit der Bevölkerung die sozialen Veränderungen in Rußland gelassen und sogar mit Sympathie auf. Angst um persönliche Sicherheit und Besitz bereiteten vielmehr die kriminellen Elemente und die Anarchisten. Das blieb so bis zum Herbst 1918, als sich mit dem Beginn des Bürgerkriegs und der ausländischen Intervention alles änderte, zu der »wir«, fügt Lockhart in falscher Bescheidenheit hinzu, »beigetragen haben«.

Borgen wir seine Terminologie, so »trugen« die imperialistischen Großmächte dazu »bei«, daß die Oktoberrevolution, die sich bis in den September/Oktober 1918 unter aktiver Einbeziehung breitester Massen in die politischen Prozesse überwiegend friedlich entwickelte, in eine blutige Schlacht entartete.

Formal waren auch die Interventen nicht gegen sozialökonomische Reformen, die sich in jener Phase nicht von gesamtdemokratischen Ideen trennen ließen. Der amerikanische Truppeneinsatz im Gebiet Archangelsk war nach offizieller Version der »Besorgnis« zu verdanken, die kaiserlichen deutschen Heere bedrohten Petrograd. Nach Fernost waren sie »unter dem Eindruck von Gerüchten« marschiert, daß deutsche Kriegsgefangene bei Irkutsk meuterten.

Ach, immer diese »ablenkenden Erklärungen«! Die Amerikaner zeigten sich sogar bereit, Rußland zu verteidigen und das Revolutionäre anzuerkennen. Sie würden auch mit wirtschaftlicher Hilfe nicht geizen, hatte Wilson gesäuselt, wenn die Bolschewiki sich bereitfänden, den Krieg gegen Deutschland bis zum siegreichen Ende fortzusetzen.

Hätte Lenin auf Woodrow Wilson gehört, der Freundschaft und Beistand für ein Kriegsbündnis gegen das kaiserliche Deutschland versprach, wäre dann ein Happy-End in Sicht gewesen? Hätte man dann den Bolschewiki die Überhitzung der Demokratie verziehen, die dem Außenminister Robert Lansing (übrigens ein Onkel von John Foster Dulles) gar nicht gefiel? Überlassen wir anderen das Raten. Ich greife einige Tatsachen aus der Chronik des Vergangenen heraus, um den schlichten Gedanken hervorzuheben: Urteilen Sie nicht über das Ende vom Anfang her und nicht vom Finale her über den Anfang.

Im Herbst 1918 verwandelte sich das in der neuesten Geschichte erste Regime »direkter Demokratie«, unter dem fast alles nicht »im Namen« der Mehrheit gewählt und beschlossen wurde, sondern unter Beteiligung der Mehrheit selbst, in den »Kriegskommunismus«. Das sollte nur ein vorübergehendes Abweichen vom Oktoberprogramm sein, das sich an der konsequenten Einengung der Staatlichkeit zugunsten der Volksherrschaft orientierte. In der Tat ist jedoch nichts dauerhafter als ein Provisorium. Das mit Hilfe der »klassischen Demokratien« erzwungene Abgehen von der anfänglichen Generallinie wurde zur Absage und sogar zur Verleugnung der grundlegenden ideellen und moralischen Bestandteile der Oktoberrevolution. Sie verstand sich zunächst nicht als totaler Umsturz früherer Erfahrung, sondern als höhere Stufe von Demokratie, Freiheit der Persönlichkeit und Freiheit der Völker.

Der Kriegskommunismus, notwendig geworden durch das Zusammentreffen äußerer und innerer Faktoren, verwandelte sich aus einem Mittel zur Rettung in eine Existenzform. Mit eigener Philosophie, spezifischen Institutionen, einem anderen Aufbau der Macht, der Beziehungen zwischen den sozialen Gruppen und Klassen, Nationen und Völkerschaften. Lenins Neue Ökonomische Politik (NEP) wich vorübergehend vom schweren Schritt des Kriegskommunismus ab, der Keime des Sozialismus unter dem Motto des sozialistischen Aufbaus niedergestampft und ausgerodet, auch physisch Träger der sozialistischen Idee unterdrückt und vernichtet hatte. Die NEP-Zeit überlebte Lenin um drei bis vier Jahre.

Für mich ist im Herbst 1918 der sozialistische Prozeß im sowjetischen Rußland abgerissen. Ein Versuch, Schritt für Schritt die Normen und Bedingungen für soziale, nationale, menschliche Gerechtigkeit als herrschende Moral und unbeirrbar ausgeübte Praxis zu schaffen, scheiterte. Die Perestroika verhieß, den zerschnittenen Faden neu zu knüpfen. Mit einer solchen Verheißung entflammte sie die Begeisterung der Massen. Indem sie diese Hoffnung verriet, richtete sie sich selbst und öffnete der Konterrevolution Tür und Tor.

Jeder Tag, jede Stunde Verzögerung der Absage an Stalin als dem Antipoden des Sozialismus war ein Verbrechen an der sozialistischen Alternative oder, wem das lieber ist, an der sozialistischen Utopie. Entweder Disqualifizierung des Stalinismus als volksfeindliche Diktatur und Verrat an der sozialistischen Idee oder Abkehr vom Sozialismus. Die Väter der Perestroika versäumten es, rechtzeitig klarzustellen, welche Vergangenheit unsere Gesellschaft verwirft. Dieses »Versäumnis« am Beginn des Neuen bedingte die meisten Sackgassen und Fehlschläge der Perestroika und im wesentlichen auch ihr Ende.

Hier ist vielleicht angebracht zu konstatieren, daß die Perestroika-Männer, die mit der überreifen Aufgabe – Trennung vom Stalinismus – nicht fertig wurden, die Gesellschaft dem Totschlag auslieferten, die mit dem Sozialismus schwanger ging. Sie überließen es den Gegnern des Sozialismus, die antistalinsche Wende vorzunehmen, rüsteten sie mit einfachen und einleuchtenden Argumenten aus: System und Ordnung mit der KPdSU in der Qualität eines Rückgrats, wie sie bis 1991 bestanden, wären zu Neuem unfähig, ihr Platz wäre auf dem Müllhaufen.

Man spekulierte sogar, die Perestroika-Politik sei ein verborgenes Produkt des Antikommunismus. Eine Art Trojanisches Pferd sowjetischer Zucht. Die Experten »in Zivil« nahmen es auf sich, noch vor dem Zusammenbruch der Sowjetunion Gorbatschow, Schewardnadse, Jakowlew gezielter »verräterischer Tätigkeit« zu bezichtigen. Hätten sie damals die »autobiographischen« Publikationen des Expräsidenten und seiner ideologischen Gesinnungsgenossen zur Hand gehabt, würden sie den »Verrat« sogar beweisen. Denn ihre philosophische Umorientierung führt heute alle drei zu Cäsars Ausspruch: »Auch du, Brutus!« Nimmt man die jüngsten Druckerzeugnisse für bare Münze, so war ihre Orthodoxie der achtziger Jahre nur die Tarnkappe für eine Antidenkweise. Hätte ich das rechtzeitig erkannt! Lern' zeitlebens, stirb als Narr.

Chruschtschow konnte den Stalinismus nicht überwinden. Nur selten gelingt es einem Politiker, über seinen eigenen Schatten zu springen. Gorbatschow aber hatte die einem Politiker nicht oft bescherte Gelegenheit, zu erklären: Stalinismus war meine Sache nicht. Immer wieder frage ich mich, warum er diese Gelegenheit nicht nutzte.

Sofern Sie den Wunsch haben, bis zum Grundwasser zu graben, fassen Sie sich in Geduld. Mit grobem Mahlgut ist es hier nicht getan. Michail Gorbatschow ist eine recht komplizierte, vielschichtige Persönlichkeit.

Hätte er sich nicht der Politik verschrieben, hätte das Theater sein Feld sein können. Eines von Pop-art, nicht unbedingt ein künstlerisches.

Herbstplenum des ZK der KPdSU 1987. Boris Jelzin erklärt, unerwartet für alle außer für den Generalsekretär, seine Absicht, aus dem Politbüro auszuscheiden. In der etwas wirren – verständlich durch die Erregung – Begründung sprach Jelzin speziell über die Entstehung eines neuen Personenkults, den Gorbatschow-Kult. Den einfachen Parteimitgliedern wurde erst beinahe vier Jahre später gestattet, sich mit dem stattgefundenen Dialog über den »Kult« bekanntzumachen. Das ist schade. Wer nachdenken möchte, dem sagte der Dialog viel.

Gorbatschow wies den Vorwurf zurück, er habe einen Kult seiner Person gefördert. Es sei um Festigung der »Autorität« gegangen, um sonst nichts. Kult der Persönlichkeit wäre nach Gorbatschows Auslegung nicht gespendetes Lob, sondern ein ganzes System des Mißbrauchs der Macht, der Ungesetzlichkeit und so weiter. In Abwesenheit solcher Ungesetzlichkeiten und Verbrechen wäre jede Diskussion über den Kult überflüssig.

Ich vermerkte für mich: Den Personenkult stilisiert man zu einem Schutzschirm für die Weigerung, mit dem Okkultismus Schluß zu machen. Heißt das, wir gehen nicht über den XX. Parteikongreß hinaus? Kommt es nicht nur von der Zurückhaltung fremden Meinungen gegenüber, sondern von ihrer Ablehnung, daß meine Bemühungen, die Wahrheit in ihre Rechte einzusetzen, im Sande verliefen?

Nach der Erhebung Gorbatschows auf den Posten des Generalsekretärs ertappte ich mich bei dem Gedanken, daß sich wieder unbeschränkte Macht in der Hand eines einzelnen Menschen konzentriert. Es tat mir nicht leid um das »Triumvirat«, das Chruschtschow gefolgt war, auch nicht um die Machtlosigkeit der scheinbaren Allmacht Andropows und Tschernenkos. Wie vielen anderen auch erschien mir Machtkonzentration sogar als notwendig, um den Widerstand der Konservativen zu brechen, um einen energischen Start zum Angriff auf breiter Front zu entfalten, um für die Folgerichtigkeit der Etappen zu sorgen.

Erst hegte ich keine übertriebenen Erwartungen. Genau beobachten und sich nicht beeilen mit den Schlußfolgerungen. Vieles, wenn auch nicht alles, wurde mit Zustimmung zur Kenntnis genommen, etwa die Fähigkeit, im Gespräch über komplizierte Themen die nötigen Worte und Akzente zu finden, die anfängliche Bereitschaft zuzuhören, die Gesichtspunkte anderer nicht gleich abzublocken. Hinter der sicheren Haltung und, wie es schien, der Logik der Ausführungen wollte ich durchdachte frühere Erfahrung spüren, wie auch eine wohlüberlegte Konzeption für viele Schachzüge im voraus. Anders dürfte es nicht sein. Hoffnungen, Sympathien und Euphorie sind ein zu wackeliger Boden für große Vorhaben.

Im zweiten Jahr hob Gorbatschow die Perestroika auf die Ebene »Revolution in der Revolution«. Hinreißender Geist, in dem Führer und Massen sich von neuem finden konnten. Doch gerade diese Glasnost machte es noch schwieriger, die Schande zu verbergen. Es mehrten sich die Anzeichen, daß besonders in den inneren Angelegenheiten die Perestroika einem Wanderer ähnelte, der sich im Nebel nicht recht zu orientieren vermag. Die Revolution in der Revolution endete, ehe sie recht in Schwung kam; an ihre Stelle trat die endlose »Improvisation in der Improvisation«.

Michail Gorbatschow, so bemerkt Alexander Jakowlew 1992, war »nicht vorhersehbar. Nie konnten wir erkennen, was er im Sinn hatte.« Heute ist genausowenig vorauszusagen, wie er seine eigene Vergangenheit deuten wird.

Im Moment der Sterilität in entscheidender innenpolitischer Richtung ging die Sprengladung los, die der Stalinschen Organisation der Macht innewohnte: Die Krise der Person offenbarte sich als Krise des Systems. Das, was anfangs der Perestroika in ihrer originären Idee Erfolg versprach, wurde zu ihrem Verhängnis. Das, was bei jedem gesellschaftlichen System – die auf eine Person zugeschnittene Staatsführung – ein großes Risiko birgt, wucherte im sowjetischen Fall mit dem Zusammenwachsen von Basis und Überbau, mit der Verwandlung der Wirtschaft in ein Werkzeug der Politik ins Extrem. Die Kehrseite dieser erzwungenen wechselseitigen Abhängigkeit: Die politische Katastrophe zog die Wirtschaft in den Abgrund. Das volkswirtschaftliche Modell war total diskreditiert. Damit rissen die integrierenden Bande ab, die – gut oder schlecht – eine relative Stabilität des gesamten multinationalen Gebildes gestützt hatten.

Auf dem Gipfel seiner Omnipotenz beklagte Gorbatschow, daß er 1985 nur vage gewußt hatte, wie jammervoll die Kondition des Landes war. Die mangelhaften Kenntnisse sollen ihn daran gehindert haben, die unermeßlichen Schwierigkeiten richtig zu packen.

Unsere Statistik spiegelte ohne weiteres ein durchaus annäherndes Bild, speziell in der Volkswirtschaft. Aus einem Instrument zur Evidenz, Kontrolle und Regelung entartete sie zu einem Make-up für das kranke und trostlose Antlitz der Gesellschaft.

Wenn der Generalsekretär aber den ermunternden statistischen Berichten Glauben schenkte – um so schlimmer für ihn. Er hätte es nicht tun dürfen und brauchte es nicht, da allwöchentlich auf seinem Schreibtisch hochgeheime Zahlen über Schäden und Mängel in allen Lebensgebieten landeten, die übrigens ohne die statistische Aufbereitung neun Zehntel der Bevölkerung zu spüren bekamen.

Stellen wir die Frage so: Gibt es einen Geschäftsmann, der sich bei gesundem Verstand und klarem Gedächtnis daranmacht, seine Firma gründlich zu sanieren, ohne in die Bilanzen zu schauen, ohne sich Klarheit über die Aktiva und die Qualifikation des Personals zu verschaffen? Erklärungen darüber, daß die Reformen grünes Licht erhielten ohne Vorprüfung der Ausgangsposition, rufen berechtigten Protest hervor, aber kein Mitgefühl mit denen, die, egal wie motiviert, das Alte abzutragen beginnen, ohne sich Klarheit zu verschaffen, wohinein sich das Neue ergießen soll.

Der Wahrheit näher scheint eine andere Interpretation zu sein. Im absurden Theater wurde jahrzehntelang das Stück »Die sowjetischen Elefanten sind die glücklichsten Elefanten der Welt« aufgeführt. In ihm gab es eigene Bedingtheiten und Leidenschaften, launenhafte Primadonnen und steinharte Regisseure, Intrigen auf offener Bühne und hinter den Kulissen. Wenn ein Schauspieler oder Politiker tagaus, tagein sich im Kreis abstrakter Begriffe und Werte dreht, künstliche Luft atmet, mit einem ihm allein vorbehaltenen Löffel ißt, dann beginnt er, von einem bestimmten Augenblick an die Abstraktion für das wirkliche Leben zu halten, und die Wirklichkeit wird zu einer Abstraktion.

Unwissen, das ist spätestens seit Spinoza bekannt, kann weder Entschuldigung noch Begründung sein. Unkenntnis befreit jedoch von den Qualen des Zweifels, wenn es darum geht, Entscheidungen zu treffen beziehungsweise sich solcher zu enthalten. Unkenntnis zusammen mit grenzenloser und unkontrollierter Macht kommt fast einer Naturkatastrophe gleich, insofern Handlungen (oder Unterlassungen) nicht so sehr den Fakten, als vielmehr subjektiven Einfällen und Ansichten entspringen. Das ist immer und überall schlimm. Unzulässig und gefährlich in jedem modernen Staat, in dem alles miteinander verflochten ist. So verflochten, daß jede ungeschickte Einmischung unheilträchtige, lebensgefährliche Komplikationen hervorruft.

Ein endloser Katalog unbequemer Fragen. Beantworten wir sie nicht, werden wir nicht begreifen, was uns zugestoßen ist. Hatte die politische Führung der Sowjetunion 1985 bis 1991 Alternativen, und wenn ja, warum wurden sie verschmäht? War die Transfusion verschiedener Blutgruppen die einzige Heilmethode? Konnte man die prostalinsche Organisation der Allmacht, die Gorbatschow bewahrte und hütete, mit dem demokratischen Geist der Perestroika vereinbaren? Es wird auch nicht stören zu untersuchen, ob die postsowjetische Gesellschaft in ihrem Verfall die Endstation erreicht hat.

Viele, nicht ich allein, haben sich fundamental geirrt, indem sie den kapitalen Widerspruch zwischen den Zielen der Perestroika und den Mitteln, diese Ziele zu erreichen, mißachteten. Der Stalinismus konnte nicht reformiert, er mußte beseitigt werden. Stalinismus als System. Das war für mich offenkundig, dreißig Jahre vor der Perestroika. Die Perestroika fügte noch eine Erfahrung hinzu: Man kann nicht mit Stalinschen Methoden den Stalinismus ausrotten. Die alten Methoden erzeugen Metastasen des Stalinismus.

Das autoritär organisierte Machtsystem vergiftete auch unter Gorbatschow fortwährend jede erquickende Quelle. Doch damit waren unsere Verirrungen nicht erschöpft. Wir hatten den neuen Führer idealisiert, ihn mit Eigenschaften ausgestattet, die er kaum besaß, die Unzulänglichkeiten nivelliert, die im verhängnisvollen Moment der Wahrheit sein echtes Gesicht bestimmten.

Erst wenn der Donner kracht, bekreuzigt sich der russische Muschik. In diesem Sinne bin ich natürlich ein Russe. Die Wahl Michail Gorbatschows zum Allerersten im April 1985 kommentierte ein Parteifunktionär aus Stawropol vertraulich so: Sie haben die Katze im Sack gekauft, sie wird schon noch zum Vorschein kommen.

Spricht so nicht verletzter Ehrgeiz? fragte ich mich damals. Schlimmer, als es gewesen war, kann es nicht werden. Der Optimist könnte korrigieren – es kann auch schlimmer kommen. Hätte er so korrigiert, würde ich ihm nicht geglaubt haben. Persönliche Eindrücke verhinderten, vom neuen Führer schlecht zu denken.

Es mögen oberflächliche Eindrücke gewesen sein, aber ich hatte sie eben. 1975 begegnete ich Gorbatschow zum erstenmal, als er auf einer Reise durch die Bundesrepublik in der Botschaft hereinschaute. Zweierlei gefiel mir an ihm: Der Gesprächspartner stellte keinen von Allwissen ermüdeten Priester dar, wie es so oft bei Gästen aus der Sowjetunion vorkam. Er beeilte sich nicht, meine Überlegungen zu verwerfen, den traditionellen Botschaftsempfang zum »Tag des Sieges« abzuschaffen, die in der Moskauer Zentrale Unwillen erregt hatten.

Als ich Ende der siebziger, Anfang der achtziger Jahre Gorbatschow auf Sitzungen des Politbüros und des Sekretariats beobachtete, festigte sich meine Meinung, daß eine neue Generation in der Führungsetage an Selbstbewußtsein und an Boden gewann und ungeduldig zur Arbeit drängte. Gorbatschow zog sogar schiefe Blicke auf sich, indem er die Idylle des gegenseitigen Verzeihens störte.

Ein konkreter Fall. 1982. Das Sekretariat erörtert den aktuellen Zustand der Energiewirtschaft. Zwei Ministern, Bratschenko und Neporoschnij, muß man die Ohren langziehen. Tschernenko, der der Sitzung präsidiert, schlägt vor, die »Minister-Kommunisten auf die Notwendigkeit größerer Aufmerksamkeit«, »Erhöhung des Anspruchs« und so weiter hinzuweisen. Gorbatschow bittet ums Wort:

»Ich bin damit nicht einverstanden. Zum drittenmal muß sich das Sekretariat mit demselben Problem befassen. Die beiden ersten Besprechungen haben keine Besserung gebracht. Es ist an der Zeit, mit gutem Zureden aufzuhören und die Minister zur Verantwortung zu ziehen.«

Tschernenko und die meisten übrigen Sekretäre sind betrübt. Alles ging doch gemütlich. War dies denn jetzt notwendig?

»Was schlägst du vor, Michail Sergejewitsch?«

»Ich bin dafür, daß wir, wenn irgendeine Frage entschieden ist, auch strikt auf die Erfüllung unserer Resolution achten müssen; wer sich nicht an sie hält, muß sich dafür nach Parteireglement verantworten.«

»Vielleicht können wir so verfahren: Wir warnen die Kommunisten Bratschenko und Neporoschnij zum letztenmal. Hilft das nicht, bestrafen wir sie dann mit aller Strenge.«

Niemand erhebt Einwände. Auch Gorbatschow ist nicht bereit, die Himmel zu stürmen. Immerhin hat er Flagge gezeigt.

Ich muß gestehen, daß mir ein »Kompromiß« im April 1985 ganz und gar nicht gefiel: Gorbatschow als Generalsekretär und Gromyko als Vorsitzender des Präsidiums des Obersten Sowjet der UdSSR. Am meisten ärgerte mich, wie die Sache arrangiert wurde. Damit die Mitglieder des

Politbüros nicht in Zerwürfnis gerieten, sollten die Teilnehmer des ZK-Plenums freiwillig die Narren spielen.

Als Gromyko in der Rolle einer männlichen Hebamme das Rednerpult betrat und mit süßer Stimme Loblieder auf Gorbatschow zu singen begann, bemerkte ich, zu Georgij Arbatow gewandt:

»Der Minister hat doch erreicht, was er wollte. Wenn auch nur die Hälfte.«

Nach Breschnews Tod verlangte Gromyko die Trennung der Ämter Generalsekretär der Partei und Vorsitzender des Präsidiums des Obersten Sowjet. Damit trat er auch Andropow zu nahe, der die Empfehlung nicht vergessen hatte: »Jeder möge sich mit seinen Angelegenheiten befassen.« Gromyko mußte sich mit dem Sessel des Ersten Stellvertretenden Vorsitzenden des Ministerrats zufriedengeben. Aber als Andropows Tod bevorstand, strebte Gromyko nicht mehr und nicht weniger als den Posten des Generalsekretärs an. Ustinow und andere bevorzugten den sterbenden Tschernenko. Besser kein Generalsekretär als Gromyko.

Na ja. Gromyko setzt sich auf den nominell höchsten Staatssessel. Welche Rolle spielt das schon? Aber die Heuchelei! Alle wissen, daß es hier nicht um »Sachinteressen«, wohl aber um eine Reihe von Ambitionen und Intrigen geht. Doch wie in Alexander Puschkins *Boris Godunow* »wahrt das Volk Schweigen«. Kann ein solcher Anfang glücklich werden, verstrickt in Unaufrichtigkeit und Unwahrheit?

1988 erzählte Ligatschow, daß die Beförderung Gorbatschows nicht von vornherein beschlossene Sache gewesen sei. Vor drei Jahren hätte es so ausgesehen, als seien noch andere Prätendenten im Gespräch. Am häufigsten wäre Viktor Grischin genannt worden. Er hätte offenbar nicht nur Hoffnung geschöpft, sondern auch etwas unternommen. Daher, als die Figuren zu einer neuen Partie formiert wurden, sei für Grischin auf dem Schachbrett kein Platz mehr. Gorbatschow als der künftige Generalsekretär hätte irgendwelche Versprechungen geben und sogar schwören müssen. Welche und wem? Verschiedene Gerüchte kamen in Umlauf. Eine vertrauenswürdige Bestätigung habe ich nicht erhalten. Doch das inadäquate Verhalten Gorbatschows, zum Beispiel Ligatschow gegenüber, lieferte Stoff nicht nur zum Erstaunen allein.

Von allen langlebigen Generalsekretären erlangte Gorbatschow die volle Macht des Postens im rasantesten Anlauf. Stalin brauchte mehr als fünfzehn Jahre, Chruschtschow vier, um die Konkurrenten loszuwerden. Breschnew wurde mit seinem Triumvirat innerhalb von zehn Jahren fertig, doch das war ein Pyrrhussieg. Er nutzte schon den anderen. Gorbatschow wurde von der Mehrheit binnen weniger Monate zum unangefochtenen Führer erkoren. Man kann sagen, der Mann hatte Glück. Auf dem Hintergrund jahrzehntelangen Zwielichts im Kreml – schlimmer als Wirren in der Menge sind Wirren an der Spitze – sah Michail Gorbatschow durchaus nicht schlecht aus. Wie Alexander Jakowlew übertraf er an Intelligenz und Gewandtheit die Mehrheit der verbliebenen Führer. Durchaus nicht von zweitrangiger Bedeutung waren der persönliche Charme des neuen Ersten und seine Fähigkeit, ohne in eigener oder in fremder Tasche Stütze zu suchen, auf Fragen zu antworten, über fast jedes Thema diskutieren zu können, von der Rednertribüne aus, in den Couloirs, auf der Straße. Die Mehrheit nahm dies als Zeugnis für eine geordnete Gedankenwelt, für Kühnheit des Wollens. Entwöhnt von der Kommunikation mit den lebenden sowjetischen Göttern, waren die Menschen bereit, an Gorbatschow wie an den Messias zu glauben und mit ihm Berge zu versetzen. Ein wenig irritierte Gorbatschows Neigung, sich mit »verdienten« Funktionären zu umgeben, die die Epoche verkörperten, deren Ablösung bevorstand. Doch es verwunderte nicht so sehr, um sich ernsthaft zu fragen: Wird da wieder das eine gesagt und das andere getan?

In der Innenpolitik mehr noch als in der Außenpolitik bedeutet all das in der Regel nichts. Die Versprechungen, alles umzubauen, vom widerlichen Bürokratismus zu säubern, wetteiferten mit Versprechungen, den Nächsten zu lieben, das Menschliche über alle Dogmen zu stellen. Nicht Skeptikern allein, auch den Sympathisanten, kam immer öfter Kosma Prutkow in den Sinn: »Laß die Fontäne sich ausruhen!«

Es liegt mir fern zu behaupten, das Wortgeklingel sei ein Ablenkungsmanöver gewesen. Eher war es nicht überlegt, in seinen Folgen nicht berechnet. Und das Erstaunliche: Gorbatschow hatte Augenblicke von prophetischer Einsicht.

März 1986. Eben ist der XXVII. Parteikongreß zu Ende gegangen. Der Generalsekretär hält eine Konferenz im »engen« Kreis mit den Chefredakteuren von *Prawda* und *Kommunist*, noch einigen »zentralen« Zeitungen und Direktoren der Presseagenturen. Der axiale Gedanke – Aufklärung der Massen, um sie für die Seite des Perestroika-Programms zu gewinnen. Zweimal betonte Gorbatschow ausdrücklich:

»In keinem Fall darf die Perestroika zerschwatzt werden. Das ist eine echte Gefahr. Wir dürfen es nicht zulassen.«

An wen wandte er sich? An uns, oder wollte er sich selbst warnen? Wer erhöhte in unvergleichlichem Begeisterungstaumel das Wort zur Überzeugung und entwertete Überzeugungen zu Worten? Wer, nachdem ihm schon alles unter den Händen zerronnen war, suchte Zuflucht in Worten, die schließlich niemanden, außer Spöttern, begeisterten? Fast jede Revolution hat ihren Hohlschwätzer, ihren Alexandr Fjodorowitsch Kerenskij*. Er zerredete die Februarrevolution. Zum Kerenskij des Oktober zu werden, war Michail Sergejewitsch verdammt.

Doch das geschah nicht auf einmal. Ich widerspreche ganz entschieden denen, die im nachhinein Gorbatschow Bestrebungen unterstellen, die er anfänglich nicht hatte. Einstweilen hat nichts meine Meinung beeinträchtigt, daß die Geschichte nicht nur Gorbatschow eine Chance bot, die Ecksteine für eine Gesellschaft sozialer Gerechtigkeit zu legen, sondern auch dem Land neue Möglichkeiten in seiner Person. Not und Schuld des Zusammenbruchs liegen auf beiden Seiten.

Gorbatschow beeindruckte durch sein überdurchschnittliches Format – und das nicht nur in hoffnungslos unterdurchschnittlichen Umständen. Er hätte zu einer hervorragenden Persönlichkeit heranwachsen können, wäre er nicht – vernichtend für jeden Politiker – dem Narzißmus verfallen. Endgültig verdarb ihn die Macht. Absolute Macht verdirbt absolut.

Die tückischste aller Versuchungen, schrieb ich in einem meiner Memoranden für Gorbatschow, ist die Versuchung durch die Macht. Nur wenige Auserwählte widerstehen ihr. Ich unternahm einige Versuche, schriftlich und mündlich, ihm zu Bewußtsein zu bringen, wenigstens ein paar Zweifelskörnchen zu säen, inwieweit es für ihn von Nutzen sei, wenn in Fernsehreportagen über seine Reisen innerhalb und außerhalb des Landes jede Silbe, jede Geste, das theatralische Lächeln und Pausieren monumental wiedergegeben würden. »Ein Informationsfeudalismus mit freundlichem Gesicht?« Ich hatte, milde ausgedrückt, kein Verständnis für solche Aktionen.

Aus geringer Entfernung konnte ich beobachten, wie Chruschtschow, danach Breschnew, dann Andropow sich verloren. Schließlich waren sie nur noch imstande, hauptsächlich in Gefühlen und dann vielleicht noch in Krankheiten zu denken. Ob es gefällt oder nicht, beschwichtigt oder

---

* Alexandr Fjodorowitsch Kerenskij war der Vorsitzende des Ministerrats von Rußland vor dem Oktober 1917.

reizt, sie wurden zu Kriterien der Richtigkeit und der Gerechtigkeit erhoben.

Hätten Kollegen in der politischen Führung dem Ersten Sekretär beim ersten Versuch, sich autoritär zu gebärden, einen Dämpfer aufgesetzt und ihm beim zweiten Versuch die Tür gewiesen, dann wäre nach Stalins Tod mit der Idolatrie bei uns Schluß gewesen. Leider waren im System keine Sicherungsmechanismen gegen Willkür von oben eingebaut; und das Bauen auf Anständigkeit ist nichts für die Politik.

Gorbatschow hatte es in wenigen Monaten fertiggebracht, Außen- und Militärpolitik ausschließlich zu seiner Domäne zu machen. Den übrigen Führern wurde bestenfalls eine beratende Funktion eingeräumt. Auf sozialökonomischem Gebiet, dem Hauptbestandteil der Innenpolitik, hatte der Generalsekretär es auch nicht eilig, Machtfunktionen zu teilen. Aber wie demokratisch alles eingerichtet war!

Das Politbüro tagt von früh bis spät. Jeder Punkt der Tagesordnung wird gründlich durchgekaut. Es ist nicht mehr wie am Ende von Breschnews Zeit: fünfzehn bis zwanzig Minuten für zwanzig bis dreißig Probleme. Praktisch jedem Politbüromitglied wird die Möglichkeit eingeräumt, sich auszusprechen. Experten wurden eingeladen, um sich frei, ohne Scheu vor den Erhabenen, zu äußern.

Je lebhafter die Diskussion, je vielfältiger die Schattierungen, desto angenehmer. Es erlaubte dem Vorsitzenden, bei der Zusammenführung der Meinungen seine Linie durchzusetzen. Wenn er jedoch etwas ablehnen wollte, dann war es im allgemeinen ganz einerlei, wie oder was in der Diskussion zum Ausdruck gekommen war.

Wieder ein Vorbehalt: Debüt, Mittelspiel und Endspiel der Partie Gorbatschow unterschieden sich im Stil ganz evident. Am Anfang empfand der Generalsekretär die Notwendigkeit zuzuhören, und er hörte zu. Er gab bereitwillig zu, daß ihm bei weitem nicht alles geläufig war.

Eine Serie von Gesprächen mit Gorbatschow im Zusammenhang mit der Edition eines in Amerika herauskommenden Sammelbandes seiner Reden und später seines Buches *Perestroika*. Zu dem Text des Buches hatte ich einige Dutzend Bemerkungen. Die meisten wurden mit »Dankbarkeit« aufgenommen. Doch wenn Gorbatschow nicht hören wollte, konnte man nicht bis zu seinem Bewußtsein vordringen.

Praktisch zur gleichen Zeit erregte der Flug von Mathias Rust und seine Landung auf dem Roten Platz in Moskau mehr Erstaunen und wirbelte

mehr Staub auf als Walerij Tschkalows Nordpolflug. Was unsere Marschälle und Generäle alles zu hören bekamen, besonders von Gorbatschow und Jelzin! Wie viele Offiziere verloren die Streitkräfte! Es war, als ob ein regelrechter Lokalkrieg tobte.
Am zweiten Tag nach dem Vorfall versuchte ich in der Antwort für eine Hamburger Zeitung der Episode einen weniger dramatischen Ton zu geben: »Man muß Rust dankbar sein; er hat gezeigt, daß unser Luftabwehrsystem nicht unfehlbar ist.« Ich äußerte die Vermutung (die gleichzeitig eine Empfehlung war), der junge Pilot werde bald nach Hause zurückkehren dürfen. Man hörte nicht darauf.
Na schön, ich nutzte die mir offenstehende Möglichkeit, Gorbatschow direkt zu schreiben. Dies ist der Inhalt meines Memorandums: Rust macht den Eindruck eines Menschen, der von einer fixen Idee besessen ist, in der Spätpubertät keine Seltenheit. Es gibt keine ernst zu nehmenden Beweise, daß eine Verschwörung vorliegt oder eine »sorgfältig geplante Provokation«, wie unsere Botschaft aus Bonn berichtet. Im Gegenteil, solide Angaben sprechen dafür, daß Rust im Alleingang gehandelt hat, und zwar ohne die Absicht, der Sowjetunion einen politisch-militärischen Prestigeverlust zuzufügen. Es liegt nicht in unserem Interesse, die Sache zu überspitzen. Besser ist es, diesen Zwischenfall zu nutzen, um das Positivum unserer neuen politischen Philosophie zu demonstrieren.
Ferner wies ich auf die Gefahr hin, daß der weitere Verbleib Rusts in Untersuchungshaft und ein Gerichtsverfahren die Unangepaßtheit Rusts vergrößern würden. Nach einer verspäteten Freilassung könnte diagnostiziert werden, daß er mental nicht ganz der Norm entspricht, und die Verstörung könnte mit seiner Verhaftung in Zusammenhang gebracht werden. Aus diesen und anderen Motiven ist vorzuziehen, Rust von einer medizinischen Kommission mit Beteiligung von Experten aus der Bundesrepublik untersuchen zu lassen oder ihn direkt der bundesdeutschen Justiz zu übergeben, die die Frage der Verantwortlichkeit Rusts aufgrund des ärztlichen Befundes zu entscheiden hat.
Anatolij Tschernjajew teilte meine Meinung. Er bewertete ebenso kritisch das Bemühen unserer Bonner Botschaft, die Affäre zu verdichten. Mein Schreiben wurde dem Generalsekretär vorgelegt.
Am nächsten Tag traf ich mit einer Gruppe Journalisten zusammen, die Bundespräsident Richard von Weizsäcker auf seiner Reise in die Sowjet-

union begleiteten. Das Thema Rust kam zur Erörterung. Mein Kommentar blieb nicht unbemerkt:
»Bald, vielleicht schon in diesen Stunden, wird sich Rusts Schicksal entscheiden.«
Die meisten Anwesenden wollten meine Worte so verstehen:
»Die Freilassung Rusts steht unmittelbar bevor.«
Weder im zeitlichen Sinn noch im Wesen bin ich ein Jota von der Wahrheit abgewichen. Doch überflüssige Genauigkeit wird oft ungenau aufgenommen. Rusts Schicksal wurde tatsächlich entschieden, aber vollkommen anders, als ich gewünscht und erwartet hatte.
Während meiner Unterhaltung mit den Journalisten tagte das Politbüro. Der Vorsitzende eröffnete die Beratung des Rust-Themas mit der Frage, wie und warum Angaben der Ermittlungen, die von Untersuchungsrichtern des KGB geführt wurden, an Außenstehende gelangten. Was abgesehen von den Untersuchungsrichtern allein der Generalsekretär zu wissen hätte, sei dem Vorsitzenden von APN bekannt. »Komplimente« an meine Adresse und zum Teil auch an die des Sicherheitsdienstes wurden mir mitgeteilt, in abgemilderter Form zwar, aber dennoch beeindruckend.
Es hatte sich herausgestellt, daß die Analyse der Untersuchungsrichter und der Gang meiner Überlegungen koinzidierten, ebenso wie die Folgerung, Rust sei nicht zu verurteilen, sondern den bundesdeutschen Behörden auszuliefern. Zugeben, daß objektive Überlegungen unabhängig voneinander zu ähnlichen Ergebnissen führen können? Nein, das wollte Gorbatschow nicht, obwohl es korrekt gewesen wäre, weil ich keine Kontakte mit der Ermittlungsgruppe des KGB unterhielt.
Mit Verspätung begriff ich, daß nicht Mathias Rust im Visier stand. Der Fall Rust lieferte den Vorwand, die sowjetischen Streitkräfte zu zähmen. In der Armee weckte Gorbatschows Kurs nicht wenig Unverständnis und verstecktes Gegenwirken.
Tags darauf, nach der Politbürositzung, rief Jakowlew an. Er wollte wissen, wieso ich »Versprechen über die baldige Freilassung Rusts« verbreitete. Der Generalsekretär hat es sorgfältig vermieden, dem Bundespräsidenten Hoffnungen zu machen. Der Beschluß, die »Affäre Rust« dem Gericht zu übergeben, ist gefaßt.
Ich erwiderte: Versprechungen, daß Rust freigelassen wird, habe ich nicht gegeben. Es wurde lediglich gesagt, daß sein Schicksal vor der Entscheidung stünde. Das Politbüro, von falschen Voraussetzungen geleitet, hat

einen falschen Beschluß gefaßt. Ich habe alles, was von mir abhing, getan, um das zu verhüten.

Jakowlew legte mir »kameradschaftlich« nahe, den Fall Rust nicht mehr zu erwähnen. Der Generalsekretär glaube, auf ihn werde Druck ausgeübt, und reagiere nervös.

Im Frühjahr 1988 konnte ich beim Treffen mit Rusts Eltern in Hamburg mit reinem Gewissen sagen, wie sehr auch ich ihre baldige Vereinigung mit dem Sohn herbeiwünschte. Das einzige, womit die Eltern zu trösten waren, schien die Mitteilung zu sein, daß dem Sohn schonende Haftbedingungen gewährt würden, und die Hauptsache – die Zeit arbeitete für die Freilassung ihres Mathias. Meine Belohnung war ein Usambaraveilchen.

Ein anderer Fall, in dem ich mit Gorbatschow ganz und gar verschiedener Ansicht war, ereignete sich ein Jahr zuvor und betraf die Geheimprotokolle zum sowjetisch-deutschen Nichtangriffspakt 1939. Das ist eine lange Geschichte mit Vorwort und Nachwort.

1968, kurz nach meiner Versetzung in die 3. Europa-Abteilung des Außenministeriums, wurde ich aufgefordert, einem Autorenkollektiv beizutreten, das einen Dokumentarband zusammenstellte: *Die Sowjetunion im Kampf für den Frieden am Vorabend des Zweiten Weltkriegs*. Igor Semskow, damals Leiter der historisch-diplomatischen Abteilung des Ministeriums, und ich wandten uns an Gromyko mit dem Vorschlag, die »Zusatzprotokolle« zu den Verträgen mit Deutschland aus dem Jahre 1939 zu veröffentlichen und damit einen Strich unter die endlosen Diskussionen über die Geheimniskrämerei zu ziehen.

Die Reaktion Gromykos:

»Diese Frage unterliegt nicht meiner Kompetenz, ich muß sie mit dem Politbüro beraten.«

Eine Woche darauf teilte er Semskow, dem er besonders gewogen war, mit, unser Vorschlag sei als »nicht zeitgemäß« eingestuft worden. Gromyko sagte nicht, es gebe keine Geheimprotokolle. »Nicht zeitgemäß«. Punktum.

Wir hielten Rat und vereinbarten: Unser Sammelband bricht 1939 ab. Wir müssen definitive Feststellungen darüber, was war und nicht war, vermeiden.

1978 kam der Gedanke einer erweiterten Neuauflage der Dokumentation ins Gespräch. Dieselbe Autorengruppe. Wieder fragten Semskow und ich Gromyko, der mittlerweile Mitglied des Politbüros war. Er reagierte sofort und kurz: »Nein.« Unser Beschluß: Eine Neuauflage ohne die Protokolle hat keinen Sinn.

Die Zuspitzung der Lage in den baltischen Republiken 1986 veranlaßte mich, kritisch die Frage nach einer rechtzeitigen Vorbereitung des 50. Jahrestages der Ereignisse von 1939 zu stellen. Ich wandte mich mit einem energischen Schriftsatz an Jakowlew. Zusammen mit Lew Besymenskij, Willis Sippols und einigen anderen bekannten Fachleuten trugen wir zugängliche Dokumente und Materialien zusammen, untersuchten sorgfältig die Kopien der Protokolle, die im Westen veröffentlicht waren, und die Geschichte ihrer Herkunft. Ich kommandierte Lew Besymenskij zu diesem Zweck auf eine Dienstreise in die Bundesrepublik. Über unsere Ergebnisse hielten wir Tschernjajew auf dem laufenden.

So oder so, die Frage kam im Politbüro zur Anhörung. Uns, die Anstifter, lud man zur Sitzung nicht ein. Es ist mir deswegen nicht möglich, mitzuteilen, welche Schattierungen das Ja enthielt. Jedenfalls neigten die Redner, von unterschiedlichen Graden der Gewißheit ausgehend, dazu, die Existenz der Protokolle zuzugeben. Darunter auch Gromyko. Einige Mitglieder enthielten sich einer Stellungnahme.

Gorbatschow zog das Fazit: Solange ihm die Originale der Zusatzprotokolle nicht vorlägen, könne er aufgrund der Kopien die politische Verantwortung nicht übernehmen und anerkennen, daß es Protokolle gegeben habe. Also sucht und bringt sie her!

Dies sagte Gorbatschow, nachdem der Leiter der Allgemeinen Abteilung, Walerij Boldin, ihm drei Tage zuvor berichtet hatte: Die Originale werden im Archiv des ZK aufbewahrt. Laut einem Aktenvermerk von Boldin hat er sie dem Generalsekretär auch gezeigt. Doch diese »Einzelheit« kam erst fünf Jahre später ans Licht.

Allerdings deutete schon 1988 ein mir gut bekannter Mitarbeiter der Allgemeinen Abteilung etwas an:

»Wenn man die Archive gründlich durchwühlt, lassen sich die Lösungen für viele Rätsel finden.«

Wie konnte man wühlen, wenn Boldin strengste Weisung hat, niemanden, auch nicht die Mitglieder des Politbüros, in Schußweite an die Archive heranzulassen.

Versuchen wir, beschloß ich für mich, einen Umweg. Auf meine Bitte ließ die historisch-diplomatische Abteilung des Außenministeriums, die das Original des sowjetisch-deutschen Nichtangriffspakts von 1939 aufbe-

wahrte, eine kriminalistische Expertise durchführen, ob der Text des Vertrags und die russische Fassung der Protokolle, in Kopien bekannt, auf derselben Schreibmaschine getippt worden seien. Das Labor des Moskauer Kriminalamtes kam zu dem Ergebnis, daß der Vertrag und die Protokolle schreibtechnisch voll identisch sind und daß eine Fälschung als höchst unwahrscheinlich einzustufen ist.
Bei der nächsten Gelegenheit berichtete ich Gorbatschow vom Resultat der Expertise. Der dritte bei diesem Gespräch war Jakowlew. Wahrscheinlich wird Sie ebenso wie mich in jenem Augenblick die Reaktion des Generalsekretärs schockieren:
»Meinst du, du teilst mir etwas Neues mit?« gab er mit spöttischem Lächeln von sich und eilte in sein Arbeitszimmer. So war das.
»Die Originale befinden sich im ZK-Archiv«, wandte ich mich an Jakowlew, »und Gorbatschow hat sie gesehen. Jetzt sind alle Zweifel aus der Welt.«
Es wuchsen rapide andere Zweifel – an unserem Führer. Selbst die höchsten Organe der Partei und des Staates hatte er absichtlich irregeführt. An welche Entscheidungen, die objektiven Daten standhalten würden, konnte man denken? In welche Beziehung damit sind Demokratie und Glasnost zu stellen? Wir hatten kein Recht zu lügen. Die Wahrheit war unsere einzige Zuflucht. Ich habe keine Mühe gescheut, Gorbatschow immer wieder daran zu erinnern.
Der erste Kongreß der Volksdeputierten der UdSSR (Mai/Juni 1989) schuf eine Kommission, die eine Stellungnahme zum sowjetisch-deutschen Nichtangriffspakt 1939 formulieren sollte. Jakowlew führte den Vorsitz. Ich lag zu dieser Zeit unter den Messern der Chirurgen und wurde in Abwesenheit zu seinem Stellvertreter gewählt. Am dreizehnten Tag nach dem komplizierten Eingriff begab ich mich, wie Jakowlew gebeten hatte, in den Kreml, um an der Gründungssitzung der Kommission teilzunehmen. Eine niemandem nützliche Großtat.
Nicht ohne Mühe und mit Aufwand von gutem Willen wurde ein Projekt verfaßt, dem außer dem ukrainischen Kollegen alle zustimmten, einschließlich Vitautas Landsbergis. Die Verlautbarung sollte etwa um den 20. August veröffentlicht werden, ohne die Sitzung des Deputiertenkongresses abzuwarten. Jakowlew war nicht dagegen, aber:
»Sie verstehen, daß ich hier nicht das letzte Wort habe.«
Alle verstanden. Dafür wurde Jakowlew und mir der Kopf gewaschen. Wir

sollten mit Scheineinwänden den Generalsekretär aus der Feuerlinie ziehen. Warum aber sein Nein?

»Es gefällt mir nicht. Es überzeugt nicht.« – Schluß.

Kein Zureden half. Ihm paßte »die Intonation« der Verlautbarung nicht. Wie muß sie werden? Denkt nach.

Dem Generalsekretär war die Zustimmung entrissen worden für ein Interview der *Prawda* mit Jakowlew, in dem er Stalins Willkür anprangerte, ohne ausdrückliche Bestätigung, daß die Protokolle existierten, und ohne auf ihren Status einzugehen.

Den letzten Teil der Arbeit und des Risikos übernahm ich, indem *Iswestija* mein nicht von Gorbatschow genehmigtes Interview publizierte. Einer unserer verdienstvollen Botschafter signalisierte unverzüglich: »Falin löst ein gefährliches Unternehmen aus!«

An Hand ihrer nicht publik gemachten Verlautbarung bereitete die Kommission für den Volksdeputiertenkongreß eine Entscheidung vor, die Stalins Willkür verurteilte und die Geheimprotokolle zu dem Vertrag von 1939 für ungültig von Anfang an erklärte. In Jakowlews Vortrag waren diese und andere Momente politisch, juristisch und moralisch herausgearbeitet worden. Der Volkskongreß bestätigte den Entwurf mit Stimmenmehrheit, jedoch erst beim zweiten Durchgang, nachdem die Deputierten mit weiteren Beweisen über den Tatbestand bekanntgemacht worden waren. Man hatte sie in Molotows »persönlichem Aktenordner« entdeckt. Und wie verhielt sich Gorbatschow, der diese Plenarsitzung leitete? Er gab nicht preis, daß es in seiner Macht gestanden hätte, das Geheimnis schon längst aufzudecken, verhinderte aber nicht, daß die Abrechnung mit der Vergangenheit durchgeführt wurde. Das Wichtigste war ihm, zu dieser schwierigen Seite der Geschichte keine Stellung zu beziehen. Aus ihr war für ihn persönlich kein Kapital herauszuschlagen.

Etwas Ähnliches traf auch Katyn. Bei einem Besuch in Polen vereinbarte Gorbatschow mit Wojciech Jaruzelski, die »weißen Flecken« in den Beziehungen zwischen beiden Ländern zu beseitigen. Als »weiß« werden traditionsgemäß die dunkelsten und schmutzigsten Kapitel bezeichnet, die auch die allmächtige Zeit nicht aus der Welt schaffen kann. Dazu wurde eine Sonderkommission gebildet. Ihr versprach man Zugang zu unveröffentlichten Dokumenten. Der sowjetische Kovorsitzende, Akademiemitglied Georgij Smirnow, der von meinem Katyner Leidensweg gehört hatte, zog mich zu Rate, wie an die heikle Frage heranzugehen sei.

Smirnow bekam alles zu wissen, was mir bekannt war. Ich wünschte ihm mehr Glück, als mir zuteil wurde. Darüber hinaus legte ich Smirnow nahe, für die Aufklärung des Schicksals der 1920/21 in Polen verschollenen sowjetischen Kriegsgefangenen zu sorgen. Dieser Flecken müßte ebenfalls beseitigt werden. Zehntausende waren im Nirgendwo untergegangen.

Kurz zuvor hatte APN die Vorarbeit zur Herausgabe des Buches *Pamjatj* (»Zum Gedächtnis«) abgeschlossen. Ich habe jedem Politbüromitglied ein Vorausexemplar geschickt. – Überzeugt euch: Der polnische Freund, der Schriftsteller Janusz Przymanowski, hat die Pflichten unserer Institutionen auf sich genommen. Er hat die Grabstätten sowjetischer Soldaten, die im Kampf gegen die Nazis 1944/45 in Polen gefallen sind, identifiziert und zum Teil neu gefunden.

Um Przymanowski bei seiner Arbeit behilflich zu sein, hatten wir von APN, insbesondere Wladimir Miljutenko, uns mit unübertrefflichen sowjetischen Bürokraten und Formalisten herumschlagen müssen. Manchmal schien das Tauziehen mit ihnen einer Folter gleich.

Die gemischte Kommission kam genau an der Katyn-Kurve ins Rutschen. Wieder sitzt Smirnow in meinem Arbeitszimmer:

»Was meinst du, soll man tun?«

»Dem Generalsekretär über Ihre Diskussionen mit den Polen berichten und ihm vorschlagen, die Wahrheit zu sagen.«

»Und worin besteht die Wahrheit?«

»Darin, daß wir bis jetzt die Unwahrheit artikulierten. Nun müssen die Dokumente sprechen.«

Smirnow schrieb an Gorbatschow in diesem Sinn. Eine Antwort erhielt er nicht. Es wurde ihm auch keine Audienz gewährt, um dem Generalsekretär die Situation im einzelnen zu schildern.

Präsident Jaruzelski versäumte keine Gelegenheit, um Gorbatschow daran zu erinnern, wie primär wichtig es sei, die »Unklarheit über Katyn« zu beseitigen. Der polnische Präsident bat mich, ihm behilflich zu sein, den Gang der Entscheidung zu beschleunigen.

»Helfen Sie mir, Michail Sergejewitsch davon zu überzeugen, daß die Jahre das Problem nur akuter machen. Gorbatschow gewinnt durch eine Verzögerung der Untersuchung nichts. Wir alle zusammen verlieren viel. Wenn es Ihnen möglich ist, helfen Sie.«

Nach dem Zusammenstoß mit Andropow hatte ich mir gelobt, mich nicht mehr mit Katyn zu befassen: Mit der Peitsche zerschlägst du keinen Beilrücken. Oder, du bist Herr deines Wortes, hast es selbst gegeben, kannst du es selbst zurücknehmen? Jetzt bittet dich ein hochanständiger Mensch um Unterstützung.

Ich weiß nicht, wie ich mein Selbstbestimmungsrecht gebraucht hätte, wenn nicht der Historiker Jurij Sorja zu meinem Assistenten Valentin Alexandrow gekommen wäre. Sorja war bei Forschungsarbeiten an NKWD-Dokumenten im Zentralen Staatsarchiv auf Papiere von Begleitmannschaften gestoßen, die polnische Offiziere von Koselsk zum Ort ihrer Ermordung transportiert hatten, in den Katyn-Wald. Die Papiere waren mit April und Mai 1940 datiert.

Als der Leiter der Archivhauptverwaltung beim Ministerrat der UdSSR hörte, daß Katyn zum Vorschein gekommen war, ließ er sofort die entsprechenden Akten der Begleitmannschaften in die Abteilung »Sonderaufbewahrung« überstellen. Allen Gelehrten war der Zugang zu diesen Dokumenten verwehrt. Es blieb mir nichts anderes übrig, als meine Dienststellung zu mißbrauchen und offiziell vom Zentralarchiv eine Auswahl der mich interessierenden Dokumente für die Internationale Abteilung des ZK der KPdSU anzufordern. Dann beauftragte ich Sorja, die Namenslisten der kriegsgefangenen Polen, die bei ihrem Abtransport aus Koselsk angefertigt worden waren, mit der Liste der bei ihrer Exhumierung identifizierten Opfer zu vergleichen. Die Übereinstimmung war erschütternd.

Mein letztes Memorandum über Katyn an Gorbatschow: Es liegen unwiderlegliche Indizien vor, daß die Erschießung der polnischen Offiziere ein Verbrechen Berijas und seiner Handlanger ist. Dies muß Präsident Jaruzelski mitgeteilt werden mit dem Ausdruck unseres Bedauerns über das Vorgefallene.

Mit Alexander Jakowlew verabredete ich, auf einer Sachentscheidung Gorbatschows zu bestehen, da er sich sonst noch irgendeinen Winkelzug ausdenken würde. Wir ließen dem Generalsekretär keine Möglichkeit zum Ausweichen.

Dem Präsidenten Jaruzelski fällt keine leichte Mission zu, eine Nachricht hinzunehmen, die jeden ehrlichen und gewissenhaften Menschen mit Schmerz und Empörung erfüllen muß. Was sollte der General denken, der im Krieg halb Rußland mit eigenen Füßen zu durchmessen hatte, bevor er wieder polnischen Boden betrat? Was werden unsere anderen polnischen

Freunde empfinden, nachdem sie erfahren, daß wir sie fünfundvierzig Jahre lang belogen haben?

Nicht lange vor diesem letzten und so tragisch getönten Wiedersehen mit Wojciech Jaruzelski hatte ich eine Begegnung mit dem bekannten polnischen Filmregisseur Andrzej Wajda. Er fühlte sich rasch in meinem Arbeitszimmer heimisch, und wir glitten von der Kultur unmerklich in die Politik. Wenn es um Politik und um die Beziehungen zur Sowjetunion geht, war für jeden Polen sofort Katyn da, bei Wajda sogar unvermeidlich, denn sein Vater wurde in Katyn ermordet. In meinem Safe liegt die Mappe aus dem Zentralarchiv. Die Liste der zum Meuchelmord Verurteilten enthält auch den Namen Wajda, sicher ist es der Vater meines Gastes. Ich habe nicht das Recht, dies mitzuteilen, kann und will ihm aber versichern, daß die Tragödie bald aufgeklärt sein wird.

Etwa einen Monat danach traf ich Wladimir Krjutschkow und erzählte ihm, wieviel Mühe und Nervenkraft die Untersuchung von Katyn mit indirekten Zeugnissen gekostet habe. Dabei hatte das KGB die Akten mit dem Stempel »Unterliegt nicht der Öffnung« verwahrt. Der Vorsitzende des Komitees sagte dazu:

»Wir haben sie noch. Da steht alles drin.«

»Und der Befehl, aufgrund dessen alles ausgeführt wurde? Von wem ist der unterschrieben?«

»Der Befehl ist auch da. Es bleibt nichts anderes übrig, als zu bereuen.«

Kräftig habe ich Krjutschkow zugesetzt. Nach einem, höchstens zwei Tagen hatten Jakowlew und ich Gorbatschow Bericht zu erstatten. Wie mit Jakowlew vereinbart, informierte ich am Schluß den Generalsekretär, daß im KGB Dokumente aufbewahrt werden, die sich auf Katyn, Charkow und Bologoje beziehen. Es muß eine ergänzende Erklärung an Jaruzelski geschickt werden.

»Mir hat Krjutschkow nichts von derartigen Dokumenten gesagt«, erwiderte der Generalsekretär.

Damit war für ihn das Thema erledigt. Und mir hatte er deutlich zu verstehen gegeben, stecke deine Nase nicht in fremde Angelegenheiten. Jetzt interessierten mich vor allem Gorbatschow und seine eventuellen Schritte. Dazu mußte ich mit Krjutschkow reden.

»Wladimir Alexandrowitsch, ist der Generalsekretär nicht im Bilde über die Katyn-Dokumente?«

»Was für Dokumente? Wahrscheinlich haben wir einander nicht richtig verstanden.«

Jetzt schloß sich der Kreis. Dem Vorsitzenden des KGB war der Mund versiegelt mit dem strengen Stempel »Unterliegt nicht der Öffnung«. Ohne einen »Putsch« wäre die ganze Wahrheit vielleicht nicht ans Licht gekommen. In dieser Zeit wanderte die Wahrheit vom Platz, der einmal den Namen Felix Dzierżyńskis getragen hatte, in den Safe des Präsidenten in dem Gebäude, das einst dem Heiligen Synod als Residenz gedient hatte.

Ich versuchte, Ihnen einen Gedanken nahezubringen: Gorbatschow verstand es, auf verschiedene Weise zu lächeln und nicht nur zu lächeln. Er hatte sich vervollkommnet in der Kunst, das Verhalten der Menschen mit Worten zu lenken und aus Worten selbst Tarnnetze zu flechten, in denen er seine Absichten verbarg. Bis er sich so verausgabt hatte, daß nur noch Worte zur Selbsttäuschung übrigblieben.

Die Gestaltung einer Historiographie der »Epoche Gorbatschow« ist meine Sache nicht. Wenn ich mich über den Führer der Perestroika zu äußern hatte, sprach ich stets respektvoll. Aus Achtung und aus Loyalität. Selbst als sich Zweifel einnisteten, trat ich böser Kritik entgegen, so auf der Parteikonferenz in Mogiljow, bei den Treffen mit Aktiven in Odessa und Leningrad, in den Diskussionen der Moskauer Bezirkskomitees (1990/1991). Fragen und Unverständnis vertraute ich nur Kollegen im ZK an, und da auch in offizieller Umgebung, damit mich niemand in die Kohorte der Chamäleons einreihen konnte.

Und heute bin ich weit entfernt von dem Wunsch, den Exgeneralsekretär anzuschwärzen. Darum stelle ich den Gorbatschow der Jahre 1985 bis 1987 auch nicht auf ein Brett mit dem Gorbatschow aus dem politischen Nichtsein, in das er spätestens 1990 sank. Aus demselben Grund setze ich kein Gleichheitszeichen zwischen Außen- und Innenpolitik der Perestroika. Beider Qualität pauschal zu beurteilen, wäre falsch. Das Geschehen läßt sich nicht korrigieren. Und das System, so wie es war, zu beweinen, lohnt sich nicht. Nötig ist, Lehren aus Geschehnissen zu ziehen, um von den Völkern neue Nöte abzuwenden, für die sie nicht verantwortlich sind.

Ökonomische Wirren und der Zerfall des Staates

Bei allen Einschränkungen bezüglich der zweideutigen Position gegenüber dem Stalinismus, der Leichtfertigkeit in der Behandlung ernster Probleme (Antialkoholkampagne, die Beschlüsse über private Geschäftstätigkeit, über die Kooperative usw.), trotz des Ausstreuens nichtgehaltener Versprechungen muß man objektiv zugeben, daß die Führung unter Gorbatschow im ersten Jahr eine tüchtige Vorarbeit für eine Reformierung der Gesellschaft geleistet hat.

Die Menschen begannen, ihre Apathie abzuschütteln. Es schien, als träfe der Wille zur Erneuerung von oben mit dem Widerwillen unten, nach alter Weise zu leben, zusammen. Und dann, anders als bei früheren Anläufen zur Modernisierung des Systems, die nach Stalins Tod und gleich nach Chruschtschows Absetzung unternommen worden waren, hätten die Pessimisten blamiert werden können.

Wenden wir uns den soliden Daten zu. 1985 war der relative und absolute wirtschaftliche Rücklauf gestoppt. 1986 wuchs das Nationaleinkommen um 4 Prozent (gegenüber 3,9 nach Plan), die Arbeitsproduktivität um 4,9 Prozent (Plan 4,1), die Industrieproduktion um 4,2 Prozent oder ein Drittel mehr, als im elften Fünfjahresplan der Jahresdurchschnitt betrug. Trotz aller akuten Disproportionen, Verkantungen, mangelhafter Koordinierung, sogar ungeachtet der Tschernobyl-Katastrophe hatte sich die Wirtschaft belebt. Von 1986 bis 1988 wuchs das Nationaleinkommen um 11,6 Prozent, das Volumen der Industrieproduktion um 13,3 Prozent, die ausgeführte Arbeit im Baugewerbe sogar um 36 Prozent.

Wie und warum kam es zu diesem Aufstieg? Die veränderte Stimmung der Menschen möchte ich besonders hervorheben. Daneben ist der Gerechtigkeit halber festzustellen, daß die Behörden effektiver funktionierten. Selbst die Regierung kommandierte weniger und half mehr. Sie stand nicht stramm, wenn die parteipolitische Spitze versuchte, ihr zu befehlen. Alles auf einmal glückt nicht. Das war auch ohne Experimente klar. Eine Wirtschaft, die von heute auf morgen und noch dazu schmerzlos eine Strukturkrise überwindet, gibt es nicht. Die sowjetische Wirtschaft mußte zunächst überhaupt erst einmal eine Wirtschaft werden. Sie mußte Schluß machen mit allen außerökonomischen Abhängigkeiten und sich den Gesetzen homogener Entwicklung unterordnen.

Auch ich beteiligte mich an der Kritik des kraß zum Ausdruck kommenden Verlustcharakters der sowjetischen Wirtschaft und dem Nachweis der Notwendigkeit größtmöglicher Entfaltung der Ware-Geld-Beziehungen und der Vervollkommnung des Marktmechanismus. 1987 wurde ein entsprechender Beschluß sogar vom Plenum des ZK gebilligt. Aber ...

Westliche Beobachter haben reichlich eigene Sorgen. Die Problematik der sowjetischen Wirtschaft betrachten sie in der Regel vom eigenen Turm. Sonst würde ihnen eine gewisse Tendenz nicht entgehen. 1965 setzte sich Alexej Kossygin energisch für die Renovierung der Wirtschaft ein, und es zeigten sich manche Regungen. Wäre es so auch weiter verlaufen, würde man Kossygin als Wohltäter ehren. Doch der einzige Wohltäter mußte Generalsekretär heißen. Im Idealfall ohne Gefährten.

In der Ägide Nikolaj Ryschkows kam es zu einer Änderung zum Besseren. In der Konzeption der etappenweisen Perestroika der Ökonomie wurde die Handschrift der Regierungsmannschaft sichtbar. Läuft eine Sache, dann behindere jene nicht, die das erreicht haben. Es galt, die positive Dynamik zu stärken, den Umlauf aufzunehmen.

Viel zu einfach. Jeder Erfolg in der Perestroika, selbst der bescheidenste, sollte einen Paten bekommen. Schleunigst rückte dieser Pate in die Hauptposition, unbeirrt, daß er mit dem Kind in einer fremden Sprache verkehrte.

Von allen Arbeitsbereichen, mit denen Gorbatschow in Berührung kam, war er in der Wirtschaft am hilflosesten. Hier gab es bei ihm die eklatantesten Schwankungen und Mißerfolge, die meisten ausgegebenen und nicht eingelösten Wechsel. Völlig haltlos und den Kosten nach am teuersten war seine Linie, die Wirtschaft mit unwirtschaftlichen Methoden umzugestalten. Alle Programme der »Fünfhundert Tage«, ausgedacht, um unerfahrenen Ohren wohlzutun, sind von dieser Provenienz.

Ich will und kann nicht behaupten, daß die Regierung Ryschkow durchweg oder größtenteils positive Noten verdient. Meiner Ansicht nach vertiefte das Gesetz vom 1. Januar 1988 »Über die Leitung staatlicher Unternehmen« die wirtschaftliche Spannung und Zerrüttung des Finanzsystems. Die »Demokratisierung am Arbeitsplatz« mit Wählbarkeit des Managers, mit dem Bruch der wechselseitigen Abhängigkeit von Arbeitslohn und Arbeitsproduktivität, mit dem Mißbrauch des Erzeugermonopols ließen das Element des Marktes bei Abwesenheit des Marktes gebären.

Oder die »Reform« von COMECON, um Ihre Aufmerksamkeit nicht

übermäßig mit Illustrationen zu ermüden. Ohne Zweifel war in dieser Organisation das System des Zahlungsausgleichs äußerst unvollkommen. Die Preisdiskrepanz kostete die Sowjetunion in den achtziger Jahren sechs bis acht Milliarden Dollar jährlich. Dennoch konnte der von Willen bedingte und plötzliche Übergang zum Zahlungsausgleich auf der Basis der harten Währung, die nicht zur Verfügung stand, kein Ausweg sein. Die Internationale Abteilung des ZK hatte eingeladen, das Für und Wider dieser Umgestaltung ins Auge zu fassen. Man wollte uns nicht hören.

Wie schon erwähnt, hatte Gorbatschow bei seinem Debüt die Mehrheit der Partei hinter sich. Bewußt sage ich nicht den ganzen oder fast den ganzen Parteiapparat. Es mag sein, daß in den ersten anderthalb bis zwei Jahren auch der größte Teil des Apparates auf Gorbatschows Seite war. Später allerdings entglitt er dem Generalsekretär. Oder er trat ihn zeitweilig an Ligatschow ab? Und dann gelang es ihm nicht, dieses Zugeständnis rückgängig zu machen?

Schon im Sommer 1986 kursierten Gerüchte über die Möglichkeit einer Umwälzung. Sie wiederholten sich Jahr für Jahr in unterschiedlicher Intensität. Bei mir in der APN und der ZK-Abteilung fragten unter anderem chinesische Korrespondenten an, nicht wegen eines Interviews. Sie wollten von der entstandenen Unruhe berichten und Prognosen über den weiteren Gang der Ereignisse überprüfen.

Als Sprungfedern der Unzufriedenheit wurden am häufigsten die Konservativen in Militär und Partei in den Vordergrund gestellt. Gorbatschow selbst hob den Vorhang. In einer Rede in Taschkent betonte er: Der Apparat ist nicht die Partei.

In der KPdSU brach ein eigener Kalter Krieg aus. Michail Sergejewitsch (Gorbatschow) stritt nicht einfach mit Jegor Kusmitsch (Ligatschow). Der Generalsekretär geriet in den Clinch mit dem »Parteiaktiv«, das im wesentlichen Ligatschow hörig war, um schließlich das Interesse an der ganzen Partei zu verlieren.

Die Entfernung Gorbatschows von der Partei und der Partei von Gorbatschow beschleunigte sich nach der 19. Allunionsparteikonferenz der KPdSU (Sommer 1988). Es ging nicht so sehr um die Reform des politischen Systems als solchem, wie um seine Umstellung. Führen und lenken sollte künftig nicht die Institution in Gestalt einer *Partei*, sondern eine *Einzelperson*, und zwar nicht de facto, sondern de jure.

Noch blieb einige Zeit verborgen, auf welches Regime man zusteuerte. Die Vereinigung zweier Säulen, des Räteprinzips und des Parteiprinzips, sollte Verdacht verscheuchen. Man wollte nicht auf eine Nationalisierung der Parteigebäude und des Parteivermögens anspielen, es ging primär an die Enteigung ihrer Kenntnisse und Erfahrungen in der vertikalen wie horizontalen Führung, anders gesagt – an die Nationalisierung ihrer Kader. Das mißlang im wesentlichen. Ohne Kader blieben die Räte das, wozu Stalin sie degradiert hatte: ein Feigenblatt.

Der Verzicht der Partei auf Macht ohne handlungsfähige Nachfolge bedeutete im Endeffekt Demontage jeglicher Macht, besonders auf mittlerer und unterer Ebene. Ein Vakuum dehnte sich aus. Es füllte sich mit Anarchie, Lokalpatriotismus, Separatismus jeglicher Färbung. Keinerlei Anwachsen der Machtattribute und Vollmachten der ersten Person konnten den Wegfall der Strukturglieder an der Peripherie und im Zentrum kompensieren.

Schlechte Nutzung von schlecht Ausgedachtem vermehrt die Kosten. Die exekutive Macht wurde der Regierung zurückgegeben, die legislative den Räten (Sowjet), die gerichtliche den Gerichten. Mit Verspätung etwa eines halben Jahrhunderts, aber doch getan. Die Kommunistische Partei war jetzt eine politische Organisation und nicht mehr die einzige. Auch keine Tragödie, wenn man nicht in den Kategorien der Bequemlichkeiten allein denkt.

Ein Lossagen der KPdSU von Funktionen, angeeignet während des Kriegskommunismus und ins Absurde gesteigert im Zweiten Weltkrieg, war absolut notwendig und im Interesse auch der Partei. Jedoch anders nach Gedanke und Ausführung. Vielsagend ist hier vielleicht Eduard Schewardnadses Eingeständnis von 1991, das das politische Niveau der Erneuerer im ganzen charakterisiert:

»Uns war klar, daß ein Umbau von Grund auf notwendig ist, doch niemand hatte eine Vorstellung davon, womit zu beginnen sei.«

Unter ähnlichen Umständen raten die Weisen: Beginn bei dir selbst. Die Politiker – das ist das besondere Kennzeichen ihres Stammes – suchen für ihre Versuche Ersatz.

Was störte die Parteiführer, auf eigene Initiative die Streichung des Artikels 6 der Verfassung aufzuwerfen, der die Partei über alle stellte? Weshalb stimmten auf der Sitzung der Volksdeputierten von den ZK-Mitgliedern nur zwei, Arkadij Wolskij und ich, für die Aufnahme eines entsprechenden Punktes in die Tagesordnung? Was träumte noch der Generalsekretär?

Die Entschließungen der Konferenz waren keine bloßen Slogans. Der Apparat der Partei wurde wie die Kirche vom Staat getrennt. Die Internationale Abteilung des ZK war zum Beispiel von der Liste der Empfänger der Telegramme des Außenministeriums gestrichen. Hören Sie wie alle anderen Radio. Wenn Sie das langweilt, schalten Sie den Fernseher ein. In der Reihe für Ferngespräche stand das ZK hinter den kooperativen und privaten Unternehmen, weil es keine Schmiergelder zahlte.

Das Politbüro funktionierte eine Weile weiter, als sei nichts geschehen. Derselbe Außenminister trug weiterhin sich selbst und seinen Kollegen in diesem Forum Telegramme und Depeschen vor. Politbüro und Apparat des ZK hatten begonnen, in verschiedenen Regimen zu leben.

Der Generalsekretär sprach im engen Kreis offen aus, daß er das ZK und den ZK-Apparat als ihm oppositionelle Strukturen empfinde. Seiner Auffassung nach waren auch die Delegierten der 19. Parteikonferenz und des XXVIII. Parteikongresses (1990) ihm »nicht freundschaftlich gesinnt«. Diese Einstellung übertrug Gorbatschow auf die letzte Zusammensetzung des ZK und des Politbüros. Seitdem hatte niemand in der offiziellen Führung der Partei außer dem Ersten einen Zugang zur authentischen Information.

April 1991. Sitzung des Politbüros. Die vierte, höchstens die fünfte seit Juli vergangenen Jahres. Sie kam zustande auf Drängen des Sekretariats und der Parteivorsitzenden einiger Unionsrepubliken. Morgen tagt das Plenum des ZK. Besser, beizeiten Klarheit in Position und Beziehungen zu bringen.

»Was haben Sie?« wirft der überreizte Generalsekretär hin.

»Ich habe den Auftrag der ukrainischen Parteiorganisation, klarzustellen, auf welcher Basis die Verhandlungen über den neuen Unionsvertrag in Nowo-Ogarewo geführt werden«, sagt der Erste Sekretär des ZK der Ukrainischen KP, Stanislaw Gurenko. »Halten Sie, Michail Sergejewitsch, sich an das Votum, das 76 Prozent der Wähler am 17. März [1991] abgegeben haben? Wir, die Mitglieder des Politbüros und Leiter der Republiken, haben keinerlei Informationen, außer Zeitungsmeldungen. Doch aus den Presseverlautbarungen ist kaum etwas zu verstehen.«

»Verstehen Sie denn viel, wenn ich erzähle?«, fragt Gorbatschow streitsüchtig.

»Wir Provinzler können uns natürlich nicht mit denen messen, die hier im Areopag sitzen. Doch ich bin nach Moskau gekommen mit dem eindeutigen Auftrag und bestehe auf einer Beantwortung meiner Frage«, gab Gurenko nicht nach.
»Sie können sagen, daß ich die Ergebnisse des Referendums mit berücksichtige.«
»Dann sollten Sie nicht überrascht sein, wenn ich morgen im Plenum des ZK Ihre Tätigkeit einer scharfen Kritik unterziehen werde«, schloß Gurenko den peinlichen Dialog.
Noch einige andere Mitglieder des Politbüros kamen mit kaum gemilderten, teilweise sogar noch schärferen Erklärungen. Der Generalsekretär rutscht im Sessel hin und her, beschränkt sich auf polemische Bemerkungen, schaut auf die Uhr.
»Gut, die Sache ist klar. Ich trete in Nowo-Ogarewo als Präsident auf. Sie haben Ihre Ansichten geäußert. Jetzt ist es Zeit, ins andere Haus hinüberzugehen, wo uns die Gebietssekretäre erwarten.«
»Ich bin Präsident. Es ist nicht eure Sache, mir Ratschläge zu erteilen, schon gar nicht, mir etwas vorzuschreiben. Generalsekretär bin ich nur in zweiter Funktion.« So interpretierten seine Gefährten im Politbüro Gorbatschows Verhalten. Neue Begegnungen in dieser Zusammensetzung erwartete niemand mehr.
Gehen wir zum Aufgang Sechs hinüber. Der kleine Konferenzsaal ist voll. Körperlich ist zu spüren, wie die Atmosphäre sich erhitzt.
Was hat der Generalsekretär vor? Das Plenum und damit die Partei spalten? Anders läßt sich die Arroganz in Haltung und Ton nicht deuten. Wer sich für die Geschichte internationaler Beziehungen interessiert, wird sich wahrscheinlich daran erinnern, daß nach einer der Sitzungen der Friedenskonferenz von Versailles ein Teilnehmer auf die ihm gestellte Frage, wie die Situation sich entwickele, antwortete:
»Glänzend. In allen Fragen gingen unsere Meinungen auseinander.«
Genauso glänzend verlief die letzte Zusammenkunft des Generalsekretärs mit praktisch allen regionalen Parteiführern. Im Saal gab es schon keine Empörung mehr, nur noch Staunen.
Die Sekretäre von Swerdlowsk und der Schwarzerderegion suchten mich in meinem Arbeitszimmer auf. Sie beschäftigte nur eins: Was ist mit Gorbatschow los? Er provoziert den Konflikt. Soll man die Herausforderung annehmen? Und wann?

Ich erklärte, daß das Sekretariat die gleichen Sorgen quälen. Doch ein Bruch unter den heutigen Bedingungen würde der Sache schaden. Davon ausgehend, mußte jeder selbst bestimmen, was zu tun sei, wie und wann.

Im Plenum kam es zu einem Zusammenstoß. Gorbatschow erklärte seine Bereitschaft, vom Amt des Generalsekretärs zurückzutreten. Für den Vorschlag, diese Frage zu diskutieren, stimmten dreizehn, neun von zehn waren dagegen. Von meinem Gesichtspunkt aus, den ich ausländischen Journalisten und auch Gorbatschow gegenüber äußerte, lag die Bedeutung des Vorgegangenen nicht in dem Ergebnis der Abstimmung. Eine der festesten Traditionen war gefallen, die das Amt des Generalsekretärs über Partei und Gesetz stellte. Für mich war dies ein Zeichen, daß innerparteiliche Demokratie erreichbar ist.

Es ist keine Übertreibung, zu sagen, daß das Sekretariat wegen der Geschehnisse im Lande, in der Partei und um Gorbatschow von Sorgen gepeinigt wurde. Andere können für sich sprechen. Ich wollte mich nicht mit der Lage abfinden, unter den Blinden zu sein, die vom Blinden geführt werden – wie wir es vom Gemälde Pieter Brueghels kennen.

Der Entwurf des Unionsvertrags, der in Nowo-Ogarewo diskutiert worden war, sah vor, die Sowjetunion in eine Konföderation oder eine Gemeinschaft unabhängiger Staaten umzuwandeln. Unterschiede nicht nur in den Gesetzen, auch sozialökonomische und im politischen Aufbau waren zulässig.

Es erhob sich die prinzipielle Frage: Sind für Demokraten demokratische Regeln geschrieben? Drei Viertel der Wähler hatten für die Union, nicht für die Gemeinschaft gestimmt. Waren die sattsam bekannten 99,9 Prozent nötig, um den Willen von unten zur Direktive nach oben werden zu lassen? Die Resultate des Referendums zu anderen Fragen am selben 17. März 1991 – über die Einführung einer Präsidentschaft in Rußland und einer Reihe anderer Republiken – wurden als Anleitung zu unverzüglichem Handeln aufgefaßt. Hatte man gelernt, nicht nur Atome zu spalten, sondern auch den Volkswillen?

Wen repräsentiert auf den Verhandlungen in Nowo-Ogarewo der Präsident der UdSSR? Die KPdSU hatte Gorbatschow auf den Präsidentenposten empfohlen. Er blieb Generalsekretär dieser Partei. Warum ist weder dem Politbüro noch dem Sekretariat noch dem Plenum bekannt, welche Spiele Gorbatschow spielt? Wohin steuert er? Der Vizepräsident

und die Mitglieder der verschiedenen Räte rings um den Präsidenten wußten nichts Konkretes.
Ich hatte möglicherweise mehr Glück als die übrigen. Wollen Sie erfahren, wie das Wort »souverän« für die mögliche Benennung des neuen Staatsgebildes erarbeitet wurde? Im Konferenzraum der Villa Nr. 3 in Wolynskoje befanden sich Gorbatschow, Jakowlew, Petrakow, Schachnasarow und ich. Welcher Anlaß uns hier zusammengeführt hatte, erinnere ich mich nicht mehr. Doch das Gespräch ging wieder um die Schwierigkeit der Verhandlungen mit Boris Jelzin und den Regierungschefs einiger anderer Republiken bezüglich der künftigen Union. Lauter Sackgassen, bemerkt Gorbatschow, angefangen mit der Benennung. »Sozialistisch« wird nicht akzeptiert, für »sowjetisch« muß man noch kämpfen.
Nikolaj Petrakow (noch als Berater des Präsidenten) sagte, man könnte »sozialistisch« durch »souverän« ersetzen, dann bliebe wenigstens die Abbreviatur erhalten. Das gefällt dem Präsidenten offensichtlich.
»Das kann man wohl probieren.«
Ich wies darauf hin, daß das Referendum noch nicht zu Ende sei. Im März habe es in direkter Abstimmung den Willen des Volkes bekundet. Jetzt prüfe es die Bereitschaft der Führer, diesen demokratischen Willen zu respektieren. Gorbatschow beachtete meine Erwägung nicht. Er begann, wie er zu sagen pflegte, dem Wort Souveränität »nachzujagen«. Das Totenamt für den Sozialismus trat in die entscheidende Phase.
Unterstellen wir – nicht die Gemeinschaft, aber die Konföderation. Welche Folgen wird dies für die KPdSU haben? Die Sowjetunion verschwindet. Werden die souveränen, unabhängigen Staaten auf ihren Territorien eine Partei (Parteien) wirken lassen, die von einem Zentrum aus geleitet wird? Das ist zweifelhaft.
Im Juli 1991 stellte ich die Frage im Sekretariat so:
»Informationen aus Nowo-Ogarewo gibt es nicht. Wenn es aber zur Konföderation kommt oder zu einem noch schwächeren interstaatlichen Gebilde, wird auf der Tagesordnung die Auflösung der KPdSU stehen. Wir diskutieren hier mit ernsten Mienen, und vielleicht gibt es uns schon gar nicht mehr? Ich bin nicht mehr in dem Alter, um Laufbursche der Ungewißheit zu sein. Entweder informiert man uns über das, was vorgeht, oder es ist Zeit, daß wir unsere Sitze räumen.«
Natürlich wußte ich, daß die Information über das Sekretariat am selben

Tag Gorbatschow erreichen würde. Von seiner Reaktion auf diese meine Demarche erfuhr ich vom Sprecher des Präsidenten:
»Warum bringt Falin gegen mich einen Stein ins Rollen?« hatte nach den Worten Witalij Ignatenkos der Präsident kurz vor seiner Abreise nach Foros gefragt, das bald darauf weltberühmt werden sollte.
»Andere Ideen kommen ihm nicht in den Kopf? Sagen wir – Präsident wovon und Generalsekretär von welcher Partei ist er schon geworden? Oder hat er für sich schon alles entschieden?« war meine Erwiderung.
Bei fast allen Völkern gibt es das Sprichwort: Sieben starke Männer schieben etwas bergauf, einer allein stößt es bergab. Wie vieler Generationen Blut und Schweiß hat Rußland entstehen lassen, das vierundsiebzig Jahre Sowjetunion hieß? Siebenundzwanzig Millionen sechshunderttausend Mitbürger sind allein im Zweiten Weltkrieg umgekommen, um der braunen Pest Halt zu gebieten, die die gesamte Zivilisation bedrohte, und um die Sowjetunion fortbestehen zu lassen.
Sarkastisch bemerkte ein Demokrat im Obersten Sowjet Rußlands: Was Napoleon, Hitler und die Atombombe, als die USA das Monopol auf sie besaßen, nicht gelungen war, das leistete nebenbei Michail Sergejewitsch Gorbatschow. Er zerstörte ein gigantisches Land. Jetzt schaut er zu, wie Bruder gegen Bruder, Volk gegen Volk wieder mit dem Beil aufeinander losgehen, und versichert, er habe den Menschen die Freiheit geschenkt.
Objektiv, es waren Varianten vorhanden. Doch fast jede konkrete kannte die kritische Masse und den kritischen Moment, nach dem vom Wunsch wenig Nutzen bleibt.
Nehmen wir die nationalen Beziehungen. Wenn Gorbatschow glaubte, das Nationalitätenproblem im Lande ein für allemal gelöst zu wissen, desto schlimmer für ihn. Glaubte er das nicht, dann hatte er kein Recht zu erklären, die Konflikte auf diesem Gebiet hätten ihn überrumpelt. Aus den Unmengen herbeiströmenden Papiers konnte er, auch ohne sie zu lesen, entnehmen, was sich in den nationalen Beziehungen zwischen den Völkern der Sowjetunion abspielte. Wenn man nicht die Augen abwandte.
Für das nationale Problem ist es unmöglich, eine »endgültige« Lösung auszudenken, ebenso wie jemandem für immer Gesundheit zu schenken. Solange eine Nation lebt, ist dieses Problem ein Prozeß. Was gestern und heute richtig gewesen ist, kann morgen durchaus falsch werden. Und außerdem ist besonders für kleinere Völker und für nationale Minderheiten »das Gesetz der großen Zahl« oder »die Methode der Analogie« unan-

nehmbar. Und Versuche, sie durch Anschnauzer zu binden, führen nicht selten von einem vergleichsweise kleinen Leiden zu einer schweren, chronischen Form der Erkrankung.

Auch vor dem Konflikt in Nagornyj Karabach durfte man sich der Muße kaum hingeben – die baltischen Republiken, die von Stalin massakrierten Völker, Nationalismus in Jakutien, Burjatien, Moldawien, die jüdische Emigration.

Der Diktator hatte die in vielen Ecken der Erde erprobte Methode der Assimilierung und Dezimierung in Anspruch genommen.

Die Volkszählung von 1926 ergab die größte Zahl ethnischer Gemeinschaften – 196. Im Lexikon von 1937 wurden mit eigenen Namen 109 Völkerschaften aufgeführt, dazu 56 »übrige«, insgesamt 165. Nach der Volkszählung von 1939 wurde »beschlossen«, die Bevölkerung in 57 Nationen und 58 »übrige« aufzuteilen. In der veröffentlichten Mitteilung wurden 50 der »zahlenmäßig größeren« Nationen aufgeführt. Stalins blauer Traum war es, ein abstraktes Volk zu schmieden mit 15 Dialekten (entsprechend der Zahl der Unionsrepubliken). Und hätte er zwei Leben gelebt, würde Stalin entsprechend seiner Dogmen aus dem Jahre 1912 Nationen zusammengegossen, eingeschmolzen, deportiert haben.

Und nach all diesen Manipulationen versuchte man vorzutäuschen: In der Sowjetunion gibt es kein nationales Problem! Genauso wie es nach der Meinung einer Leningrader Teilnehmerin an der »Fernsehbrücke« mit den USA in der Sowjetunion »keinen Sex gab«.

Wer hat zuerst ein Auge auf die karabachische Landschaft geworfen, und in welchem Jahrhundert? Da kann zwar die Archäologie unsere Kenntnisse bereichern, doch das gibt nichts her für eine gewaltfreie Lösung. Es hilft auch nicht viel, wenn man untersuchte, aus welcher Ecke der Donner in der Perestroika-Periode kam. Silwa Kaputikjan und Sorij Balajan waren dabei, sie reden sich nicht heraus. Aber wenn die beiden jetzt versuchen würden, das Feuer zu löschen, es würde ihnen nicht gelingen.

Dabei hatte es eine Chance gegeben. Für kurze Zeit, aber eben doch. Nach den antiarmenischen Pogromen in Sumgait, auf der Woge der Reue, waren die Aserbaidschaner bereit, als »Übergangsmodell« Nagornyj Karabach administrativ direkt dem Unionszentrum zu unterstellen und die armenische öffentliche Meinung zu befriedigen. Ewgenij Primakow, Stepan Sitarjan und ich empfahlen Gorbatschow dieses Modell.

Für die nationale Problematik war Ligatschow in der politischen Führung

zuständig. Er rechnete mit achtzehn potentiellen Karabachs, die aufbrechen könnten, wenn nur ein einziges Mal die schonende Therapie angewandt würde. So war seine Prognose. Standhalten, und alles kehrt in seine Kreise zurück, forderte Ligatschow. Der Generalsekretär machte sich diese Einstellung zu eigen.
Resultat – ein Selbstschuß. Das Geschwür des irrationalen Nationalismus und der Gewalt breitete sich aus. Rasch entwickelten sich aus den potentiellen Unmuts- und Unruheherden bewaffnete Konflikte. Tausende unschuldiger Menschen wurden erschlagen. Hunderttausende sind auf der Flucht, und dem Wahnwitz schimmert kein Ende.
Ist es nicht zu kostspielig, sich in Eigensinn und Starrköpfigkeit zu verkrampfen? In der Politik muß das »Scheint es« doch eine sachliche, faktische Grundlage haben. Für die Perestroika markiert Nagornyj Karabach den negativen Umbruch nicht als Einzelfall. Was bis dahin als »nationales Programm des Sozialismus« proklamiert worden war und die Erreichbarkeit nationaler Gerechtigkeit in einem Vielvölkerstaat beweisen sollte, lag in Trümmern.
1990 lebten in der Sowjetunion 76 bis 78 Millionen Menschen nicht in Republiken ihres ethnischen Namens. Nach dem Zerfall der Union verwandelten sie sich in Emigranten, gelangten in die Situation des »Gastarbeiters« ohne bürgerliche und politische Rechte. Auch jene, die in dem neuen Ausland schon in der zweiten oder dritten Generation lebten.
Bleibt nur zu hoffen, daß sich keine nationalistische Mutation regt – russischer Fundamentalismus. Er wäre nicht besser als jeder andere. In jeder »Schwarz-« oder »Rothundertschaft«-Ausführung würde er zu einem Fluch für alle.
Mit der Wirtschaft ist es nicht weniger kompliziert. Hier könnte man einen ganzen Traktat mit umfangreichem Zahlenwerk vorlegen. Doch erstens wissen Sie vieles selbst, und zweitens fehlt der Platz. Darum äußerst ökonomisch über die Ökonomie.
Ich beginne mit einer Bemerkung: Die Behauptungen von der »Ineffizienz« des Wirtschaftsmodells, das in der Sowjetunion mal bestand, darf man nicht unkritisch und zu buchstäblich entgegennehmen. Sie gründen sich auf eine Unterschiebung der Begriffe. Ökonomie ist im Gegensatz zur Politik zunächst Wissenschaft, alsdann Kunst. Hier kann man fast alles überprüfen und beweisen, wenn auch post factum. Wieder im Unterschied zur Politik.

Stellen wir die Frage so: Könnte ein Staat mit Marktwirtschaft, egal welcher Schattierung, das zeitgenössische Niveau des Wohlstands aufweisen, wenn er jährlich ein Fünftel seines Nationalprodukts für die Verteidigung ausgibt? Für die USA würde dies eine Steigerung ihrer Militärausgaben auf das Dreifache, für die Bundesrepublik auf das Vier- bis Fünffache, für Japan auf das Zwölffache bedeuten. Nehmen wir nur diesen Aspekt, lassen beiseite die effektive Nutzung beziehungsweise Nichtnutzung der Leistungen der wissenschaftlich-technischen Revolution, der internationalen Integration, der Steuerung der Geldströme, Kontrolle über die Märkte und Rohstoffquellen. Klammern wir aus, warum und wie es zum verfluchten Wettrüsten kam, das meinem Land zum Fluch wurde. Verbleiben wir so: Wir suchen nicht die politisch Schuldigen, sondern erforschen den ökonomischen Kern.

Mir scheint, die Antwort wissen Sie schon. In keinem Wirtschaftssystem kann man einen Kuchen zweimal genießen, erst auf dem militärischen, dann auf dem zivilen Sektor. Ich zitiere die Worte des Präsidenten Franklin D. Roosevelt aus dem Kriegsjahr 1942: »Wettrüsten und gesunde Weltwirtschaft schließen einander aus.« Dieses Statement Roosevelts habe ich in Diskussionen mit Chruschtschow, Gromyko und Gorbatschow ständig angeführt. Einer von ihnen spöttelte sogar:

»Sieh an, Marxist war er nicht, aber er kannte sich aus.«

Schon Anfang der achtziger Jahre irritierte ich die Obrigkeit mit der Empfehlung, man müsse deklarieren, wieviel die UdSSR in Wirklichkeit für die Verteidigung ausgibt:

»Wir betrügen nicht nur andere, sondern das eigene Volk. Indem wir die Wahrheit verbergen, verfallen wir in Propaganda gegen uns selbst: Das System ist schuld daran, daß das Volk schlecht lebt, oder die Exponenten dieses Systems taugen nichts. Zudem laufen wir einer Gefahr entgegen. An der Stelle des amerikanischen Präsidenten würde ich sofort den sowjetischen Vorschlag zur Kürzung der Militärbudgets zu gleichen Teilen oder in absoluten Ziffern aufgreifen. Wir würden uns wie Schlangen winden, wenn Washington erklärte: Einverstanden, die USA kürzen die Verteidigungsausgaben um neunzehn Milliarden Dollar. Den Amerikanern bliebe die ›Kleinigkeit‹ von (damals) etwa hundert Milliarden, und uns? Ein feuchter Kehricht.«

Die gepriesene Glasnost wäre im ökonomischen Kapitel der Perestroika am Platze gewesen. Damit hätte man beginnen sollen. Doch erinnern wir

uns: Wann erlaubte Gorbatschow, die ungefähren Ziffern über sowjetische Militärausgaben den Amerikanern bekanntzugeben und danach erst dem eigenen Parlament? Das war 1990. Vorher kannten diese Zahlen nicht einmal die Mitglieder des Politbüros. Es galt die Sitte, die Chruschtschow einem ausländischen Gast gegenüber so erklärt hatte:
»Darüber wissen nur der Finanzminister und der liebe Gott Bescheid.«
Keine Konversion, keine »entschlossene« und »radikale« Entmilitarisierung der Wirtschaft, keine außerordentliche, intensive Ausarbeitung realistischer Neuerungsprogramme, die die Volkswirtschaft vom Kopfstand auf die Füße stellen würden, aber »Beschleunigung«, »Erhöhung der Effektivität«, »Ordnung«. Mit diesen Slogans tat die Perestroika ihre ersten Schritte. Auch das ist nötig, darüber ist kein Wort zu verlieren. Das größte Defizit, vor allem in den Jahren Gorbatschows, hatten wir auf dem Gebiet von Disziplin und Ordnung. Doch ohne neue Prioritäten führten Beschleunigung, Effektivität und Ordnung ins Niemandsland.
Neunzig Prozent der Grundmittel in der Industrie waren in der Gruppe A und in der Rüstungsindustrie konzentriert worden. Hier arbeiteten achtzig Prozent der Ingenieure und Arbeiter. Nennwert ca. siebzig Prozent der Waren und Dienstleistungen. Für den Konsumsektor, Gruppe B, blieb weniger als vier Prozent der Aktiva übrig.
Das war die Büchse der Pandora, die zu öffnen niemand anstand. Macht, was ihr wollt; aber ohne die Proportionen zu ändern, die die Strategie der politischen Führung festsetzte, konnte es keine Humanisierung der Wirtschaft geben, weder nach kapitalistischer noch nach sozialistischer Manier.
Mir ist jede falsche Tönung zuwider. Einiges wurde unternommen. Für das Gesundheitswesen wurden etliche zusätzliche Milliarden freigegeben. Ewgenij Tschasow hatte darauf bestanden. Man entnahm sie dem Budget des Verteidigungsministeriums. Der Militärsektor wurde mit Bestellungen für die Leicht- und Nahrungsmittelindustrie belastet. Zugunsten des Konsumsektors wurden Pläne für Importkäufe korrigiert. Erfreulich und irgendwie verheißungsvoll erschienen Tendenzen im Wachstumstempo: 1988 überholte Gruppe B die Gruppe A um zwei Prozent. Es war schwierig zu meistern, wenn man berücksichtigt, daß vier Fünftel der Leicht- und Nahrungsmittelindustrie mit ausländischer Ausrüstung arbeiteten.
Die Statistik registrierte Prozente und Teilprozente – Vorboten von Veränderungen. Doch die Situation auf dem Verbrauchermarkt, beim Woh-

nungsbau und im Gesundheitswesen hat sich nicht erholt. Stellt man die glühenden Versprechungen und Erwartungen den gemeldeten Erfolgen gegenüber, waren die letzteren wie Tropfen auf den heißen Stein.
Real und absolut wurden die Militärausgaben erst zum Jahreswechsel 1988/89 gekürzt. Das vierte Perestroikajahr neigte sich seinem Ende zu, ohne ein sachliches und überzeugendes Programm zur Konversion zu präsentieren. Weder ein komplexes noch ein partielles. Solange eine durchdachte Arbeitsweise sich nicht durchgesetzt hat, konnte man leichthin erklären, in zwei oder drei Jahren oder in so und soviel Tagen (solange die Phantasie ausreicht) wird die Rüstungsindustrie für die Bedürfnisse der Menschen zu arbeiten beginnen und kein Moloch mehr sein.
An Intensität der Militarisierung kannte die sowjetische Wirtschaft nicht ihresgleichen unter den großen Nationen. Und wozu der ganze Unfug? Bei allen möglichen und unmöglichen Gelegenheiten wiederholte ich seit den siebziger Jahren, daß wir nicht so sehr gegen die USA wie gegen uns selbst wettrüsten. Die wirtschaftliche Perestroika hätte dem Militarismus Paroli bieten müssen, der zur Ideologie in der Ideologie, zum Staat im Staat geworden war.
Militärisch-industrieller Komplex ist ein Begriff, von Dwight D. Eisenhower geprägt, der rasch weite Verbreitung fand. Für die Sowjetunion paßte er jedoch nur in anderen Dimensionen, wenn man offen und ehrlich sein will und nicht einfach »jeder Schwester einen Ohrring schenkt«. Darum wende ich mich dem Terminus »Staat im Staat« zu und meine nicht die Streitkräfte, nicht die Waffenkonstrukteure, nicht die Waffenschmiede, die Ideen in Metall verwandeln. Ich kenne nicht wenige persönlich und bezeuge ihrem Verstand und der verantwortungsvollen Einstellung der meisten meinen Respekt.
Die verbissensten Militaristen sind in der Regel Zivilpersonen. Militante Zivilisten schreiben den Militärs oft die Art des Denkens und der Handlung vor. Sie sind es vor allem, die Kriege aushecken, »Strategien der Einschüchterung«, der »garantierten Vernichtung«, der »Erschöpfung«, oder wie sie sonst heißen, erfinden. Gerade sie überantworten ganze Länder und Kontinente vollständig dem Militarismus. Armeen erobern nur selten ihre eigenen Völker.
Warum unterschied Gorbatschow nicht zwischen Wünschbarem und unbedingt Notwendigem, zwischen Innerem und Äußerem in der schwierigsten Variante der Konversion, in der es nicht um Kriegsproduktion ging,

sondern um strategisches Denken, Denken nicht nach Etagen des operativen, sondern des politischen Konzipierens?
In Reykjavik – ich lasse Gerechtigkeit widerfahren – sagte er endlich, was schon Chruschtschow anvisiert, aber doch nicht getan hatte: Die Sowjetunion wird, was die Militärtechnologien anbelangt, diesem Herzensanliegen des Wettrüstens, nicht länger in Amerikas Fußstapfen bleiben. So wurde gesagt. Gut. Wann fielen Wort und Tat zusammen? Das ist die Kernfrage.
Auch hier hat Gorbatschow seine Fortüne verpaßt. Er hatte sie. Ohne Zweifel, es gab genug Anlaß, im Zugwind zu frösteln. Auch die Trägheit war zu gewaltig, um per Knopfdruck das Ganze zum Stillstand zu bringen oder umzuleiten. Wie auch immer, es sollte klarer als klar sein: Ohne Entmilitarisierung des Landes im weitesten Sinne und ohne Konversion seiner Wirtschaft mußte man alle Visionen einer Wiedergeburt der Sowjetunion und der Schaffung menschenwürdiger Lebensbedingungen aufgeben.
Ich möchte meinen Gedanken verständlich machen: Die wirtschaftliche Zukunft der Perestroika und auch ihr Schicksal waren gebunden an die Fähigkeit und die Bereitschaft der politischen Führung, eine bürgerliche Heldentat zu vollbringen – den Militarismus in oben angeführter Deutung herauszufordern. Am schwierigsten war es, eine durchaus klare Position zu beziehen, ohne Doppelzüngigkeit, ohne Schwankungen, ohne Versuche, Lebensnöte zu hintergehen.
Auch alles übrige war wichtig, sogar äußerst wichtig. Die Wendung zu Marktmechanismen in der Wirtschaft mit der Ermittlung der Konkurrenz in jeder Weise und der Zerschlagung des Monopols wie auch die Ablösung des Systems der staatlichen Reglementierung, die Überprüfung unter dem Gesichtspunkt wirtschaftlicher Zweckmäßigkeit und des Nutzeffekts der Beziehungen zu internationalen ökonomischen Institutionen. Ohne sie würde die Wirtschaft weiterhin nicht nach ihren eigenen Gesetzmäßigkeiten, sondern von der Gnade der Bürokraten leben.
Doch in der Wirtschaft gibt es auch eine Schwelle der Stabilität. Es wird nicht gelingen, ein Schiff auf den richtigen Kurs zu bringen und über Wasser zu halten, wenn eine kritische Phase der Instabilität überschritten ist. Und die Stabilität kann gar nicht anders als verlorenzugehen, wenn aus dem Produktionssektor in Übermengen für den unproduktiven Militarismus Blut ausgesogen wird. Stabilität kann nicht allein durch die

Ersetzung dirigistischer Methoden durch marktwirtschaftliche hergestellt werden. Schon deswegen nicht, weil der Militarismus auch jedem Markt kontraindiziert ist, ebenso wie der Markt dem Militarismus. In jedem System war und bleibt der Militarismus eine außermarktwirtschaftliche Kategorie.

Hier erhebt sich eine andere Frage: War es 1985 schon zu spät, an eine Sanierung zu denken, war die Zeit dafür schon versäumt? Im November 1990 hatte ich mich an der Ausarbeitung eines »Acht-Punkte-Programms« des Präsidenten beteiligt, das mit Hurra im Obersten Sowjet bestätigt wurde und, was in jener Zeit kaum vorkam, eine gute Presse erhielt. Nach etwa einem Jahr sagte Gorbatschow sich von ihm als »unliberal« los:

»Die Berater haben mich irregeführt.«

Die »Berater«, darunter ich, hatten empfohlen, eine klare Position in Kernfragen, die die Bevölkerung erregten, zu beziehen. Die schonungslose Kritik am Präsidenten im Parlament am 16. November 1990 betrachteten wir als letzte Warnung – Gorbatschow müsse handeln oder zurücktreten. Man durfte die Lage in der Wirtschaft, den Zerfall jeglicher Ordnung, das Wüten der Gesetzlosigkeit nicht als etwas Außerordentliches einschätzen und abwarten, ob jemand anderer etwas unternimmt.

Doch für Gorbatschow ziemte es sich nicht, den »Beratern« die Autorenschaft an den Schlüsselpunkten zuzugestehen. Das Programm sah vor, den Ministerrat durch ein Kabinett zu ersetzen, das unmittelbar dem Präsidenten unterstand, ferner eine Erweiterung der Vollmachten des Föderationsrates, die »Auflösung« des Präsidentenrates und Institutionalisierung eines Sicherheitsrates, die Koordinierung der Tätigkeit der Rechtsschutzorgane. Das waren Gorbatschows Ideen. Die Ausdrücke »Auflösung« und »Institutionalisierung« verwirrten uns, und wir empfahlen, die entworfenen Maßnahmen mit Nikolaj Ryschkow und anderen Kollegen der Staatsführung zu besprechen. Doch der Präsident hörte uns nicht zu. Während er den Entwurf redigierte, verschärfte er sogar einige Formulierungen:

»Sie wollten Entschlossenheit, also zeige ich sie.«

Ich bestehe nicht auf den damaligen Empfehlungen. Ohne dieses Plätschern vom 17. November hätte das Kapitel »Gorbatschow« ein halbes Jahr früher abgeschlossen werden können. Ohne Putsch und all das Drum und Dran. Das Acht-Punkte-Programm beinhaltete einiges, das

Interesse erregte. Es wurden Fristen gesetzt, wann was stattfinden sollte. Zum Beispiel der Aufbau einer Struktur für den Kampf gegen das organisierte Verbrechen oder eines Kontrollhofes, der die Erfüllung der Gesetze und Verfügungen des Präsidenten zu überwachen hatte. Doch es vergingen die verkündeten ein bis zwei Wochen, es verging ein Monat, das Pferd zog nicht an.

Auf dem Kongreß der Volksdeputierten im Dezember 1990 ergriff ich das Wort. In den Mittelpunkt meiner Ausführungen stellte ich die Gesetzlichkeit. Auf dem Präsidenten, so meine Theorie, laste eine doppelte Verantwortung: selbst die Gesetze zu beachten und dafür Sorge zu tragen, daß die Gesetze von allen respektiert werden. Der Sinn war absolut evident. Dem im Präsidium sitzenden Präsidenten gefiel er nicht: Wenn du unfähig bist zu handeln, gib das Amt an einen Fähigen ab.

Noch eine Illusion weniger. Wahrscheinlich eine der letzten. Ich setzte den stellvertretenden Generalsekretär Wladimir Iwaschko in Kenntnis, daß ich am 1. August 1991 nach fünfzigjähriger beruflicher Arbeit in den Ruhestand gehen würde. Vorher hatte ich Kontakt mit Kurt A. Körber aufgenommen und ihm vorgeschlagen, wie schon erwähnt, eine sowjetisch-deutsche Arbeitsgruppe für die gemeinsame Erfassung der Geschichte des Zweiten Weltkriegs zu gründen. Mein Gedanke – die Weiterführung stattgefundener Schlachten auf Buch- und Zeitschriftenseiten aufzugeben zugunsten maximaler Objektivität in der Erforschung der Ereignisse.

Über die Außenpolitik der Perestroika

Die Außenpolitik der Perestroika-Periode war bisher fast ausgelassen. Ich habe sie nicht vergessen, sie kommt zum Schluß. Das ist um so sinnvoller, da sie in der Chronik der Perestroika gesondert dasteht. Die Außenpolitik wurde zur geheiligten Zone Gorbatschows, in allen Erfolgen und Mißerfolgen trägt sie seine Handschrift.

Margaret Thatcher wiederholt gern, daß sie als erste in Gorbatschow, der 1984 Großbritannien besuchte, den künftigen sowjetischen Reformpolitiker erkannt habe. Mir stellt es sich so dar, daß Gorbatschow auf dieser Reise sich selbst in der neuen Qualität erprobte und sich in der Meinung bestärkte – nicht die Götter brennen die Töpfe. Damals hatte Gorbatschow schon vom Gewürz der Macht gekostet, gespürt, daß auf diesem Feld reiche Ernte winkte, und beschlossen, daß unter ihm die Außenpolitik anders werden würde.

Wie? Selbst mit der konzeptionellen Ausarbeitung des Instituts für Weltwirtschaft und internationale Beziehungen, das Alexander Jakowlew leitete, gewappnet, hätte er darauf kaum eine Antwort geben können. Einstweilen wußte Gorbatschow nur eins: Es wird *seine* Außenpolitik sein, orientiert an *seiner* Sicht der Perspektiven, nicht an die Tradition gebunden.

Die neue Politik verlangte nach einem neuen Vollstrecker – *seinem* Außenminister. Selbst wenn Gromyko der Erste Diplomat hätte bleiben wollen, hätte Gorbatschow ihn auf einen anderen ehrenvollen Posten versetzt. Der Sitz am Smolenska-Sennaja Ploschtschad sollte freigemacht werden.

Aus der Zahl der möglichen Gromyko-Nachfolger schloß ich alle Stellvertretenden Minister aus. Auch alle Botschafter. Jakowlew und Georgij Arbatow schienen mir ebenfalls keine realen Prätendenten zu sein, wenn auch gewisse Spekulationen im Umlauf waren. Ein Newcomer war nötig. Ein Neuling ließ sich leichter zu dem Diplomaten gestalten, wie ihn Gorbatschow sich vorstellte.

Mir kam nicht in den Sinn, Parallelen zum Ende der dreißiger Jahre zu ziehen. Damals hatte man Lehrer aus Hochschulen, meistens aus technischen, geholt und sie gleich zu Abteilungsleitern im Außenministerium, Botschaftsräten und sogar zu Botschaftern gemacht. Einige reiften zu bemerkenswerten Persönlichkeiten im diplomatischen Bereich heran.

Der Neuling erwies sich mehr als neu. Eine Qualität Eduard Schewardnadses wird keinesfalls stören – seine Arbeitswut. Schließlich hatte diese Qualität Hans-Dietrich Genscher in gutem Tempo vom Innen- zum Außenminister verholfen. Warum sollte der Innenminister von Georgien sich nicht in den Außenminister der Sowjetunion verwandeln?

Voreingenommen war ich nicht. Da ich ein wenig auf dem laufenden war, welchen Gedanken Gorbatschow in Gesprächen mit Jakowlew »nachjagte«, wünschte ich dem Generalsekretär und seinem außenpolitischen Kommando Erfolg. Vieles in Gorbatschows Gedanken korrespondierte mit Vorstellungen, unrealisierten Absichten und Folgerungen, mit denen ich mich selbst herumgeschlagen hatte. Ich hatte es nicht vermocht oder war nicht durchgedrungen. Rückenwind für andere.

In erster Linie betraf dies das Ausscheiden der Sowjetunion aus dem zermürbenden Rüstungswettlauf. Freunde werden sich an meine eigenartige Rechnung erinnern: ein Panzer mehr – eine Dorfschule weniger, ein Bomber – ein nicht gebautes Krankenhaus, ein Raketenkomplex – eine verlorene Universität, ein schwimmendes Monster »Taifun« – ein Wohnungsbau-Jahresprogramm in Moskau.

1982 entwickelte ich in Gesprächen mit Generaloberst Nikolaj Tscherwow, der im Generalstab für Abrüstungsverhandlungen zuständig war, mein Modell der Parität. Es erinnerte an Überlegungen von Robert McNamara, mit dem ich ein paarmal in Genf zusammentraf. Meine Vorstellungen liefen im wesentlichen auf folgendes hinaus:

Wenn das Kriegsatom eine politische Waffe ist und keine Waffe für den Kriegsschauplatz, dann brauchen UdSSR und USA für ihre »Zurückhaltung« real nur ein paar Hundert strategischer »Warheads«. Alles andere ist überflüssig. Daher lohnt es sich für die Sowjetunion, die Initiative zu ergreifen und Washington vorzuschlagen, in den nächsten drei bis fünf Jahren die Parität nicht nach dem faktisch erreichten Maximum, sondern nach dem pragmatischen Minimum festzuschreiben. Nicht 10000 bis 12000 nukleare Sprengköpfe, sondern nicht mehr als 1000 für jede Seite. Und zwar so, daß USA und UdSSR nach eigener Beurteilung festlegen, welche Systeme und welche Art der Basierung sie in den erwähnten Grenzen unterhalten werden. Unterschiede in der Größenordnung der Sprengsätze sollten berücksichtigt werden, ebenso wie Unausgeglichenheit in anderen technisch-operativen Parametern.

Dieses Modell gehört in eine Reihe mit einigen anderen meiner Phantasien. Von einer habe ich versprochen, Ihnen zu berichten.

Mein Arbeitsort hieß zu dieser Zeit *Iswestija*. Aus alter Gewohnheit riefen mich zuweilen ehemalige Kollegen an. Wadim Sagladin beunruhigte die Verfinsterung der militärpolitischen Situation in Europa und die keineswegs Optimismus erregenden Entwicklungstendenzen in Fernost. Und außerdem die Washingtoner Pläne, das Weltall zu militarisieren. Was könnte getan werden?

Ich setzte Sagladin von dem Eingeständnis in Kenntnis, das Gromyko im Jahre 1972 mir gegenüber gemacht hatte: Wenn es nicht anders ginge, dann wäre die Übergabe West-Berlins an die Bundesrepublik kein zu hoher Preis für die Wende in ihrer Politik. Das war für Sagladin eine Überraschung. War jetzt nicht die beste Zeit, diese Idee aufzugreifen?

Soviel ich gehört hatte, erwog Willy Brandt die Zweckmäßigkeit, das Thema der Friedensregelungen zu aktualisieren. Eine einzige Regelung für beide Staaten oder zwei parallele, in denen die Eigenart jedes einzelnen zum Ausdruck käme. Wie dann mit West-Berlin? Einen dritten Friedensvertrag kann es nicht geben. Aber mit der Ausgliederung West-Berlins wäre die Regelung keine Regelung. Wenn man nun Fakten juristischen Fiktionen vorzöge? Unter der Bedingung jedoch, daß auch die Bundesregierung Verständnis für die sowjetischen Interessen an den Tag legt.

Pershing 2 darf nicht auf westdeutschem Territorium stationiert werden. Frankreich ist seinerzeit aus der militärischen Organisation des Nordatlantischen Bündnisses ausgetreten. Warum sollte dieser Weg für die Bundesrepublik verschlossen sein, noch dazu bei paralleler Lösung für West-Berlin? Die drei Westmächte können ruhig wütend werden. Das wird ihr Problem sein.

Sagladin imponierte mein Gedankengang. Er begann in Gesprächen mit Bundesdeutschen den Boden abzutasten und wollte dann, wie verabredet, ohne Bezug auf mich, diese Überlegungen dem Politbüro unterbreiten.

Die Sache ging schief. Sagladins »Sondierungen« kamen Gromyko zu Ohren. Umgehend erließ er eine Anweisung, die allen, wer es auch sei, verbot, mit wem auch immer das Thema Friedensregelung, gleichgültig in welcher Variante, zu erörtern.

Ich bin etwas abgewichen. Als ich meine Ideen über Rüstung und Abrüstung zusammenstellte, fand ich die Anfangsleiste Gorbatschows nicht zu hoch gelegt, aber doch recht kühn.

Am 15. Januar 1986 tritt Gorbatschow mit der epochalen Erklärung über die etappenweise Entnuklearisierung der Erde auf. Das Copyright an dieser Idee gehörte dem damaligen Chef des Generalstabs, Sergej Achromejew, und dem Ersten Stellvertretenden Außenminister Georgij Kornijenko. Den Marschall kostete sie im Endergebnis das Leben, den Diplomaten seinen Posten.

Wie es üblich war, wurden interessante Ideen zum Vortrag auf dem Parteikongreß gesammelt. Man stellte dem Außenministerium, dem Verteidigungsministerium und den Instituten Aufgaben. Diplomaten wurden in ihrem Schwung durch die Routine gebremst. Ihre Erwägungen beinhalteten keine Sensationen.

Wem als erstem aus dem Tandem Achromejew-Kornijenko die Idee der kompletten Entnuklearisierung einfiel, habe ich in den Gesprächen mit den beiden nicht eruiert, doch daß sie mit Vergnügen zusammenarbeiteten, war nicht zu bezweifeln. Wäre Kornijenko darauf gekommen, die Frucht ihrer Arbeit namenlos den beiden Ministern zu übergeben, oder, noch besser, sie Schewardnadse zu überlassen oder sie mit seiner Visitenkarte dem Ersten zu überreichen, hätte sich für ihn manches anders ergeben. Er kam nicht darauf und wurde unter den »Gromyko-Relikten« ausgebucht.

Gorbatschow solidarisierte sich mit der Vorstellung von Achromejew-Kornijenko und war bereit, mehr noch, er ordnete an, die Idee in ein Lied zu verwandeln, das vor dem Parteikongreß gesungen werden sollte. Jetzt kam Jakowlew zum Einsatz. Die Erklärung vom 15. Januar erregte mit Recht allgemeine Aufmerksamkeit.

Das erste praktische Resultat war die Entlassung Kornijenkos als Stellvertretender Außenminister. Das zweite war die Begegnung auf höchster Ebene in Reykjavik.

Über meine Beteiligung bei der Ausarbeitung des außenpolitischen Teils der Konzeption des neuen Denkens habe ich schon etwas mitgeteilt. Die gesamte Konzeption verlangte, die Politik im Innern auf Gesetz und Fakten, im Äußeren auf Fakten und Recht aufzubauen. Interessenausgleich bildet die Grundlage für Einvernehmen unter den Staaten. Soziale, nationale, menschliche Ausgeglichenheit sind Voraussetzungen zur Verhütung von Konflikten in den Staaten selber, zur Verleihung einer dynamischen Stabilität. Wenn wir nicht alles einzelne zusammenbinden, kommen wir nicht zum Ganzen, verlieren wir das Ganze aus den Augen, wird uns nichts im einzelnen retten.

Es gelang mir, in den Bericht des Generalsekretärs und in sein Schlußwort eine Reihe von Gedanken einzuarbeiten, einige zu skizzieren. An den großen chinesischen Nachbar erging eine ernsthafte Versöhnungsbotschaft. Das Thema der Dritten Welt, des Nord-Süd-Dialogs, wurde bei uns erstmals seriös als globales Problem gewürdigt. Heute könnte ich ihren für die Zivilisation schicksalhaften Charakter noch klarer und vollständiger darstellen. Die endgültige Fassung leuchtete Jakowlew ein. Von seiner Hand stammten prinzipielle Generalisierungen der Besonderheiten der Epoche, die nachdrücklich zu gewaltlosem, politischem Entgegennehmen selbst des Problems der Sicherheit aufforderten.

In etwa zwei Jahren erlangte die Außenpolitik für Gorbatschow Selbstwert und Selbstzweck. Ihr Erfolg hielt den Zusammenbruch fern oder, wie der Generalsekretär vermutlich kalkulierte, er beugte ihm sogar vor. Auf der Jagd nach außenpolitischer Ernte um jeden Preis gerät die Grenze außer Sicht, jenseits der das Einvernehmen mit den anderen zur Abkehr von der eigenen Pflicht wird.

Ehe ich dies mit Tatsachen belege, möchte ich auf die Technologie der Außenpolitik der Perestroika eingehen. Wie trat die Außenpolitik auf, und wodurch unterschied sie sich von der, die Chruschtschow oder Breschnew betrieben haben? Kongruenzen liegen vor. Die Parteihäupter bestimmten das außenpolitische Geschehen. Das Parlament existierte pro forma. Die Regierung? Chruschtschow vereinigte zeitweise in Personalunion den Posten des Ersten Sekretärs und des Vorsitzenden des Ministerrats. Die Regierung konnte nur er selbst ignorieren. Unter Breschnew fügte die Regierung den berühmten drei deutschen »K« ein viertes hinzu: »Kriegführung«. Einiger Funktionen, allerdings ziemlich vager, erfreute sich auch das Politbüro. Formal war es verpflichtet, darüber zu wachen, daß Innen- und Außenpolitik ideologisch nicht aus dem Gleis gerieten, das auf Parteikongressen und Plenen des ZK und im Zweifelsfall durch die »Klassiker« festgelegt war. Formal, weil das Politbüro selbst irregulär in die Sache eingeweiht war.

Jetzt über die Unterschiede. Nikita Chruschtschow benahm sich, wie auf den meisten Gebieten, spontan und impulsiv. Ideologischer Snobismus war ihm nicht übermäßig eigen. Breschnew zog nach 1968 die ideologische Schraube an. Besonders eifrig unter ihm zeichneten sich auf der Jagd nach Andersdenkenden Michail Suslow, Jurij Andropow, Viktor Grischin und Georgij Romanow aus.

In der Chruschtschow-Ära nahm ich an den Politbürositzungen nicht teil. Mir ist daher nur vom Hörensagen bekannt, wie dort diskutiert wurde. Zeuge dagegen war ich davon, daß Chruschtschow unumstößliche Entscheidungen ohne jedes Politbüro traf, und zwar auch solche, die geeignet waren, die Erde in Schutt und Asche zu legen. Das Politbüro hatte nicht den Ersten Sekretär zu kontrollieren, wohl aber die anderen politischen Führer, das Außenministerium und die übrigen Behörden, die mit Außenpolitik zu tun hatten. Es koordinierte deren Tätigkeit und stutzte sie zurecht. Man muß zugeben, daß es bis zu der Vertreibung der »parteifeindlichen Gruppe« um Molotow 1957 etwas anders gewesen war. Molotow hatte sich auf Diskussionen mit Stalin eingelassen und gab auch Chruschtschow nicht leicht nach.

Leonid Breschnew zeigte anfänglich keine außerordentlichen außenpolitischen Ambitionen. Das »Triumvirat« war bis 1968/69 auch keine Chimäre. Es wurde elegant unterhöhlt. Ein Beispiel. Kossygin besuchte eine britische Ausstellung in Moskau zusammen mit Poljanskij und noch einem Politbüromitglied. In der Pressemitteilung formulierten Samjatin und ich: »Alexej Kossygin wurde von Dmitrij Poljanskij begleitet ...« Anruf in der Presseabteilung des Außenministeriums mit Hinweis auf Breschnews Auftrag. Es sei ein grober Fehler unterlaufen: Alle Politbüromitglieder sind gleich. Darum kann nicht eins von einem anderen »begleitet« werden. Alexej Kossygin und Nikolaj Podgornyi sind so wie die übrigen. Der Erste aber ist der Erste.

Bis 1974 einschließlich verliefen die Beratungen im Politbüro überwiegend in sachlicher Atmosphäre. Gelegentlich nahm Breschnew Hindernisse in einigen Anläufen, manchmal überwand er sie gar nicht. Dann war die Gelegenheit hinfällig. Im großen ganzen blieb der Konsens gewahrt. Den Rahmen der gefaßten Entschließungen engte der Generalsekretär nicht ein. Wenn Chruschtschow dem Außenminister nicht gestattete, sich von einem weisungsgebundenen Beamten zu unterscheiden, eignete sich Gromyko unter Breschnew, schon ehe er Politbüromitglied geworden war, das Recht des Interpreten außenpolitischer Absichten und Positionen des Ersten in weitgespanntem Diapason an. Nach 1975, als Breschnew nur noch herrschte, aber nicht mehr regierte, glich das Politbüro Mark Twains Siegel, mit dem in *Der Prinz und der Bettler* die Nüsse geknackt wurden.

Die Perestroika riß das Politbüro aus dem Schlummer. Die Zahl der Beschlüsse verminderte sich, die Diskussionen, wie gesagt, blühten auf. In einer bestimmten Etappe wurde das Politbüro in außenpolitischen Fragen zum Pickwickier-Club. Gorbatschow griff immer häufiger zu Redewendungen wie »Solange ich Generalsekretär bin« oder »Ich lasse nicht zu, daß ...«. Schritt für Schritt vergrößerte sich die Distanz zwischen dem Ersten und allen Nichtersten, die formal gleich blieben.

Noch selbstherrlicher verhielt sich Gorbatschow als Präsident. Der Oberste Sowjet, so erklärte er in einer Plenarsitzung, ist nicht befugt, das Staatsoberhaupt bindende Beschlüsse zu fassen oder seine Handlungen zu kontrollieren. Er sei nur dem Volksdeputiertenkongreß rechenschaftspflichtig. Unter Gorbatschow entstanden die Räte des Präsidenten, der

Föderation und der Sicherheit. Der Präsident konnte sich für deren Meinung vor einem Ereignis interessieren, aber, wenn es ihm so bequemer war, auch erst hinterher. Er konnte auch auf ihre Stellungnahme verzichten und forderte solche überhaupt nicht an.

Als Generalsekretär der Partei unterstand Gorbatschow dem Plenum des ZK und dem Politbüro. Dann zieht er das Pferd. Unter dem Motto der »Demokratisierung« der Partei läßt er sich von den Delegierten des XXVIII. KPdSU-Kongresses zum Generalsekretär wählen. Fazit: Gorbatschow stellte sich über das ZK. Das Politbüro war zu einer Diskussionsrunde degradiert. Statt die Unionspolitik effektiv zu koordinieren, wurde es zum Austragungsort nationaler Ambitionen. Wie in der Fabel *Der Schwan, der Krebs und der Hecht* von Iwan Krylow.

War Gorbatschow damit gedient? Divide et impera? Und völlig unähnlich einer regierenden Partei, die darauf drängte, mit neugegründeten Parteien um die Macht zu kämpfen. Faktisch begann die KPdSU vor dem Zusammenbruch des Staates zu zerbröckeln.

Ich wiederhole zum ungezählten Mal: Gorbatschow war ursprünglich durchaus zweck- und zielstrebig. Die Sterne standen ihm günstig, und er selbst erhob sich sogleich bis zur Offenbarung. Die Sterne verloschen nicht. Ihnen blieb das Los ihres Urhebers erspart.

Abrüstung. Es dürfte nicht beim früheren Wettrüsten bleiben. Von da aus als Imperativ: Man sollte unter neuen Gesichtspunkten den Zugang zur Abrüstung durchdenken. Im ganzen und im einzelnen. Es ist Zeit, für die Verhandlungen über die Abrüstungsproblematik ein positives Ziel zu finden. Bisher waren die Verhandlungen oft Fortsetzung der Konfrontation gewesen. Sie lieferten »Beweise« für die Unmöglichkeit der Übereinstimmung und dienten dem Wettrüsten. Selbst die Idee politischer Lösungen wurde in Frage gestellt, die Zeit der Gewalt wurde verlängert.

Die sowjetischen Arsenale und neuen Programme bewiesen überzeugender als alles übrige, wieviel Überflüssiges noch im Notwendigen war. Denn bis zu einem gewissen Moment hatte noch niemand gewagt, an den »operativ-technischen« oder »global-strategischen« Begründungen der »Verteidigungsbedürfnisse« zu rütteln. Generalstabschef Nikolaj Ogarkow tat dies und war bald darauf kein Generalstabschef mehr. Nikolaj Bajbakow, Vorsitzender von Gosplan, gab Notsignale, aber nicht er hatte zu entscheiden. Nikolaj Inosemzew und noch ein paar andere Wissenschaftler und Praktiker zeigten unter Bezugnahme auf fremde Erfahrung,

wie leicht Stärke zu Schwäche werden kann. Merkwürdigerweise war unter ihnen, ich bemerke das nur nebenbei, keiner der überzeugten »Hyperpazifisten« der Perestroika-Spätzeit. Sie wollten offenbar erst zu Atem kommen.
Zunächst stand bevor, mit dem Begriff »Notwendiges« fertigzuwerden. Hier waren gleichzeitig Häresie und Logik vonnöten. Ein scharfsinniger Franzose hat ein ganzes Buch darüber geschrieben, wie man in einem politischen Bett grundverschiedene Träume träumen kann. Die Logik schrie, daß sich bei uns Wort und Tat nicht verbinden. Aber man wollte sehr lange nicht auf sie hören. Vielleicht hören wir sie jetzt?
Jede der Supermächte besitzt ein Nuklearpotential, das ausreicht, fünfundzwanzig- bis dreißigmal jegliches Leben auf dieser armen Erde auszurotten. Was ändert sich, wenn der Vernichtungsunsinn sich noch verdreifacht oder im Gegenteil, wie Roald Sagdejew und Alexej Kokoschin empfohlen hatten, auf fünf Prozent des erreichten Standes reduziert wird?
Die Menschheit hat die letzte Schlacht schon hinter sich. Man darf nicht kämpfen. In allen beliebigen Zusammenhängen mit allen Motivationen. Unabhängig davon, welche neuen Kriegstechnologien erfunden oder Mittel zu ihrer Anwendung erdacht werden. Die Menschheit hat sich ihrer Unsterblichkeit beraubt. Keine Klasse, keine Gesellschaftsordnung, kein Staat, keine einzelne Nation – der Mensch hat sich von den Naturgesetzen losgerissen und verhöhnt sie. Seine Rettung liegt in der Rückwendung zu sittlichen Werten, in der Einsicht, daß er Teil eines Ganzen ist und eine Zukunft haben kann, wenn er die Zukunft der anderen nicht gefährdet, daß die Beherrschung von Waffen, besonders von Massenvernichtungswaffen, ihn nicht zum Gegner des Gegners, sondern zum Gegner von sich selbst und der gesamten Menschheit macht.
Die Sowjetunion hat als erste Atommacht ihre Bereitschaft erklärt, in den atomfreien Status der überwiegenden Mehrheit der Weltgesellschaft überzuwechseln. Das unvergängliche Verdienst Gorbatschows besteht darin, dem Traum Flügel gegeben zu haben. Die gute Idee von der nuklearen Abrüstung führte zu konkreten Vorschlägen, mit ihnen wandte er sich zuerst an uns selbst, dann an die anderen.
In Reykjavik stolperten, wenn man nach äußeren Kennzeichen urteilt, die Führer der Sowjetunion und der USA an SDI und versäumten so das Glück der Atomfreiheit. Leider ist dieser Eindruck falsch. Es waren die

militärpolitischen und philosophischen Vorstellungen, die nicht zusammenpaßten. Für den Erfolg war die Partnerschaft in der Sicherheit erforderlich, aber die USA und die Sowjetunion lebten im Kriegszustand. Die einen nannten ihn nach alter Gewohnheit Kalter Krieg, andere – so Caspar Weinberger – »Krieg in Friedenszeiten«, in dem die Waffen den »Feind« nicht in primitiven direkten Attacken schlagen, sondern mit technologischem Raffinement.

Auf der berühmten Pressekonferenz in Reykjavik sagte Gorbatschow das Nötige. Die Sowjetunion wird die USA nicht im voraus bedienen, indem sie sich zu Tode rüstet. Im Meinungsaustausch in Island und dann in Moskau verteidigte Gorbatschow mit Nachdruck das Gleichheitsprinzip in der Sicherheit, ohne es der bloßen Arithmetik unterzuordnen. Man kann nicht für jeden fremden Zahn einen eigenen im Vorrat aufbewahren. Es gibt Grenzen.

Der Generalsekretär sah den Dialog mit Reagan unterbrochen, nicht abgebrochen. Aber in diesem Moment war es völlig offen, wie und wann er fortgesetzt wird. Die amerikanische »Null«-Lösung für Mittelstreckenraketen (nicht für alle Gattungssysteme mittlerer Reichweite) betrachtete Gorbatschow als indiskutabel, weil sie für unsere Seite (nach amerikanischer Terminologie) nicht ein »Fenster der Verwundbarkeit«, sondern ganze Tore schuf.

Mit diesen seinen Thesen legte er uns etwas nahe. Was? Na klar. Es wird nicht ausgeschlossen, daß wir uns mit einer Verurteilung von SDI begnügen und dieses Unterfangen als unrealistisch zurückweisen. Doch wenn die UdSSR sich in dieses Abenteuer verwickeln läßt, dann ist sie endgültig verloren.

Es verging eine kurze Zeit, und Gorbatschow informierte uns – er habe beschlossen, unsere »Pioniere« zur Disposition zu stellen unter einigen »festen Bedingungen«. Nach und nach wurden die Bedingungen aufgeweicht, und schließlich gab der Generalsekretär her, worum Reagan gar nicht gebeten hatte – die sowjetischen Mittelstreckenraketen in Fernost und die operativen Raketen in Europa. Die Amerikaner wunderten sich, was das wohl zu bedeuten hätte. Dann fanden sie, was man gratis bekommen kann, muß man nehmen.

Es gelang mir nicht, das Geheimnis zu lüften, was den Wechsel der Windrichtung bei Gorbatschow hervorgerufen hat. Die Militärs bezogen sich auf einen Befehl von oben. Jakowlew sagte:

»Der Generalsekretär kann besser beurteilen, ob wir derartige teure Spielzeuge brauchen.«
»Aber die Werke stoßen sie volle drei Jahre aus, schon zu Gorbatschows Zeiten.«
»Da kann man nichts machen, Trägheit«, parierte Jakowlew. In diesem Augenblick erinnerte er mich an den Pilger Luka in Gorkijs *Nachtasyl*.
Später befaßte man sich ernsthaft mit strategischen Offensivwaffen. Der Traum einer globalen Entnuklearisierung geriet in den Hintergrund. Wenigstens das Verbot der Atomtests, damit wir nicht mit leeren Händen dastünden? Nein, auch das war vom Verhandlungstisch.
Die Wiener Verhandlungen über konventionelle Rüstung, die die Zahl der sowjetischen Truppen in der DDR annähernd so festschrieben, wie ich sie mir 1970 oder 1975 bis 1977 vorgestellt hatte. Das Eis regt sich, freu dich. Es gab einige »aber«. Die Sowjetunion stand vor der Notwendigkeit, die Doktrin und sogar die tragenden Elemente ihres Verteidigungssystems umzugestalten. Die USA und die NATO im ganzen dagegen konnten sich mit leichten Korrekturen in der Staffelung begnügen.
Eine andere Frage: Die Asymmetrie bei Kriegsmarine und Luftwaffe zugunsten des Westens wird immer gravierender. Wie hier weiter? Ziehen wir uns aus der Dritten Welt zurück? Das wäre eine Erklärung. Die USA dürften dann der Meinung sein, daß sie in ihrer »Chefsache« den Sieg davongetragen haben.
Eine weitere Frage: Wenn die Sowjetunion einseitig ihre konventionellen Waffen abrüstet, worin liegt dann die große Weisheit der Formalisierung unseres guten Willens, der unbeantwortet bleibt, aufgrund eines internationalen Abkommens mit Kontrolle, die wir noch bezahlen müssen?
In der interbehördlichen Kommission, die beauftragt war, parallel laufende Gespräche zur Abrüstungsproblematik zu koordinieren und die Auffassungen von Außenministerium und Verteidigungsministerium zu verbinden, flackerten ständig Kämpfe, örtlichen, regionalen und globalen Maßstabs. Mich, obwohl ich allerlei auf internationalen Foren erlebt hatte, erstaunte die Polemik, die Eduard Schewardnadse und der Generalstabschef Michail Moissejew im Munde führten. Der eine erklärte:
»Wenn die Position des Verteidigungsministeriums eingenommen wird, dann laßt Militärs die Verhandlungen mit den USA selbst führen!«
Der andere lehnte die »Verantwortung für die Sicherheit des Landes« ab, wenn die »Kapitulanten-Linie« des Außenamtes Akzeptanz erfährt.

Wie würden sich doch die Dinge entwickeln, wenn die Diplomaten und die Generäle unversöhnt blieben? Die Kommission verfaßte einen Bericht an Gorbatschow, in dem sie dem Oberbefehlshaber vorschlug, als Schiedsrichter zu wirken. Gorbatschow stellte sich meistens auf Schewardnadses Seite, ohne die Gründe zu benennen.

Die interbehördliche Kommission, deren Vorsitzender Lew Sajkow war, hatte darauf zu achten, daß die sowjetischen Delegierten genau die Direktiven zur Verhandlungsführung einhielten. Die schwerstwiegenden Abweichungen erlaubte sich Schewardnadse. Er konnte die Forderung seiner US-Partner annehmen, die von Direktiven nicht gedeckt waren, mit ungefähr folgendem Vorbehalt: »Ich persönlich bin bereit zuzustimmen, werde aber weiter berichten«; »Das erfordert ergänzende Bestätigung« und so weiter, oder auch ohne Vorbehalt. Manchmal »vergaß« er so etwas im Rechenschaftsbericht zum Ausdruck zu bringen. Daher waren die Experten der Kommission genötigt, mit feinem Kamm die Protokolle durchzukämmen und beim Auftauchen von Zweifeln dies und jenes mit Hilfe der Übersetzer oder anderer Kanäle zu präzisieren.

Gorbatschow reagierte auf solche Illoyalität mißbilligend. Meistens aber trauerte er Verlorenem nicht nach. Ginge es nicht um fundamentale Staatsinteressen, könnte man solche Toleranz zu seinen positiven Charakterzügen zählen.

Was hatte Marschall Achromejew gemeint, als er von »bewußter« Geringschätzung des Generalsekretärs und Präsidenten gegenüber den sowjetischen Verteidigungsinteressen mit mir sprach? In seiner nicht adressierten Notiz vom 24. August 1991 schrieb er vor dem Selbstmord: »Ich kann nicht leben, wenn mein Vaterland untergeht und alles vernichtet wird, was ich für den Sinn des Lebens halte.«

Ich kannte Sergej Achromejew gut genug. Wir haben Ende der siebziger, Anfang der achtziger Jahre so manches Dokument gemeinsam erarbeitet. Zum Beispiel speziell im Zusammenhang mit dem einseitigen Verzicht der UdSSR auf Erstschlag mit nuklearen und konventionellen Waffen. Achromejew war gegen ein militärisches Eingreifen in Afghanistan gewesen. Gerade er hatte im Generalstab Alarm geschlagen wegen der NATO-Pläne, der Sowjetunion ein noch zermürbenderes Wettrüsten im High-Tech-konventionellen Bereich aufzuzwingen. Des Marschalls Meinung lautete: So, wie es war, geht's nicht weiter!

Ein Mann der Ehre und persönlichen Ehrenhaftigkeit, offen für Sachdiskussionen, hatte er einen gewichtigen Beitrag zur Modernisierung unserer Militärdoktrin und, ohne Übertreibung, zum Entstehen des neuen militärischen Denkens geleistet. Seine Tragödie gibt zusätzlichen Anlaß zu einer gründlichen Systemanalyse der Perestroika-Zeit.

Die Erzählung über unseren Rückzug aus dem Afghanistan-Krieg möchte ich auf später verschieben. In seiner Ruhmlosigkeit wetteiferte er mit dem Beginn unserer Intervention. Die Politiker, die Ende 1979 direkt oder indirekt an der verhängnisvollen Entscheidung beteiligt waren, waren wie mit Sklerose geschlagen. In ihrem Gedächtnis blieben nur fremde Namen stecken. Desto härtere Worte wählten sie für Urteile über diesen Krieg als Verbrechen, die Äußerungen anderer Art verdrängen sollten. Lieber spät als nie.

Ich vermute, daß Sie einige Fragen haben, die meine Arbeit in der Internationalen Abteilung des ZK der KPdSU betreffen. Nach meinem Konflikt mit Andropow hegte ich keine Gedanken, in die Parteizentrale zurückzukehren. Was zweimal schiefging, kann auch im dritten Anlauf nicht gut sein. An diesem Tag sollte ich hospitalisiert werden, eine Operation stand unmittelbar bevor. Nötiges zum Lesen und ein paar Kleinigkeiten gelangten in den Diplomatenkoffer, aber statt der Ärzte nahm mich Gorbatschow in Empfang:

»Wir haben dich auserwählt als künftigen Leiter der Internationalen Abteilung. Genauer gesagt, es wird deine Aufgabe sein, eine neue Abteilung zu formieren, in der drei gegenwärtige Strukturen zusammengeschlossen werden. Die Partei ist nicht mehr Staatspartei. Das kann nicht ohne Folgen für ihre außenpolitischen Aktivitäten bleiben.«

Die Kuriosität dieses Angebotes bestand auch darin, daß Michail Gorbatschow 1982 die Urkunde über meine Entlassung aus dem Apparat des ZK unterzeichnet hatte. Jetzt wollte er mich gewinnen und einen endgültigen Strich unter frühere Mißverständnisse setzen.

Was gelang und was nicht? Die Antwort gibt ein Vergleich der Abteilung der Jahre 1987/88 mit der von 1990/91. Das Personal schrumpfte auf ein Drittel des früheren Bestandes. Kein Schattenaußenamt und keine Kontrollinstanz mehr über die Tätigkeit der Staatsbehörden sowie gesellschaftlicher Organisationen. Keine Hüterin der Wahrheit in ideologisch bedingter Interpretation. Gewiß, die Ausarbeitung der Analysen und der Vorschläge für den Generalsekretär, Entwicklung eigener Initiativen. Einige hatten konkrete Folgen – unter anderem die Herstellung der

Beziehungen zu Südkorea. Vor allem Pflege und Unterhaltung der Kontakte mit ausländischen Partnern.

Diese Kontakte waren recht rege. Die KPdSU verkehrte regulär mit 208 Partnern – Parteien und Organisationen – im Ausland. Mehr als 115 von ihnen waren liberale, konservative, sozialdemokratische Parteien und ihre Institutionen. Viele, wenn nicht die meisten, nicht-marxistischen Parteien knüpften selbst Kontakte mit uns. Die KPdSU kam ihrem Interesse entgegen.

Mir oblag es unter anderem, die Praxis unserer Beziehungen mit den verwandten und befreundeten Parteien aufs neue zu überdenken. Zwar hatte und hat die Unterstützung politischer und ideologischer Freunde eine tiefverwurzelte Tradition, Jahrhunderte bevor die erste kommunistische Partei entstand. Einige westliche Parteien führen Ausgaben, die mit solcher Unterstützung verbunden sind, in ihren Haushalten. Es gibt Stiftungen verschiedener Natur (vom Staat im wesentlichen subventioniert), bei denen die Unterstützung anonym bleibt.

Und dennoch ergab sich die Frage, wie es bei uns weitergehen sollte. Ich übernahm, wie erwähnt, die Abteilung im November 1988. Für das nächste Jahr galten die alten Regeln. Als Zugabe zu ihnen ging an den Generalsekretär die erste Empfehlung, das Ganze kritisch zu überdenken. Mit ausländischer Hilfe wuchsen in den Jahren der Perestroika ganze »Volksbewegungen« in der Sowjetunion heran. Das ist ein Novum für uns, das eine gründliche Aufarbeitung erfordert. Andererseits wurde die von uns verwaltete »Solidaritätsstiftung« zur Fiktion, weil andere befreundete Parteien als Donatoren ausgefallen waren.

Weil die konkrete Reaktion des Generalsekretärs ausblieb, habe ich im Frühling 1990 als Abteilungsleiter eigenmächtig, bis das Gegenteil beschlossen würde, die etablierte Praxis eingestellt.

Wäre ich rechtzeitig aus der Politik ausgeschieden, bestünde kein Anlaß, dies zu schreiben. Doch wenn ich nicht bis zum Schluß Parteisekretär geblieben wäre, könnte ich nicht in voller Verantwortlichkeit bezeugen, daß die Internationale Abteilung keine Konten bei ausländischen Banken hatte oder Überweisungen durch diese Abteilung auf irgendwelche ausländischen Parteikonten getätigt wurden. Für meine nicht vollen drei Jahre kann ich das garantieren. Ich habe genügend Wissen, zu bezweifeln, daß etwas Derartiges irgendwann vorher praktiziert worden ist.

Viel Aufmerksamkeit beanspruchte während der Arbeit im ZK, wie vorher schon bei APN, die deutsche Problematik. Informationen aus verschiedenen, voneinander unabhängigen Quellen stimmten im kritischen Punkt überein: Die Situation in der DDR destabilisierte sich mit wachsender Geschwindigkeit. Diese Angaben korrespondierten mit Prognosen von Professor Rem Beloussow, der schon Mitte der achtziger Jahre voraussagte, daß die COMECON-Länder Ende des Jahrhunderts an den Rand des ökonomischen Bankrotts mit schwierigen politischen und sozialen Fragen gelangen würden.

1987/88 berichtete ich Gorbatschow und Jakowlev, daß die Verfallserscheinungen in der DDR intensiver und tiefer seien, als bisher angenommen wurde. Nach Meinung einiger Gesprächspartner, die über den Zustand der Republik Bescheid wußten, war der Moment zur Umkehr schon versäumt und die Situation konnte »innerhalb der nächsten drei Monate« außer Kontrolle geraten.

Diese eine Katastrophe verheißenden Informationen wurden nicht als Anstoß zu einer allseitigen Bewertung der Gesamtlage empfunden. Möglicherweise verfügte die Führung über eigene Angaben bezüglich verborgener Tendenzen in der DDR, oder sie empfand meine Information als übermäßig verdichtet.

Mit der gleichen olympischen Ruhe begegnete Gorbatschow Henry Kissingers Gedankengängen. Der ehemalige amerikanische Außenminister prophezeite stürmische Veränderungen in Mittel- und Osteuropa und legte nahe, daß die USA und die Sowjetunion koordiniert und geordnet aus dem Kalten Krieg herausgehen sollten.

Kissinger und ich saßen nebeneinander während Gorbatschows Rede auf der UN-Generalversammlung (Dezember 1988). Er war angenehm überrascht vom Maßstab der politischen und ideellen Änderungen in den sowjetischen Positionen. Sonst, so sagte Kissinger, hätte er George Bush einige andere Empfehlungen für sein Gespräch mit dem Generalsekretär der KPdSU, das am selben Tag stattfinden sollte, gegeben.

»Die Rede Ihres Leaders eröffnet Perspektiven für eine Partnerschaft unserer Länder in der Umgestaltung der West-Ostbeziehungen im ganzen. In beiderseitigem Interesse, damit der Übergang in eine neue Qualität keine elementaren Konfliktformen annimmt, könnten die beiden Mächte die unvermeidlichen Kräfteverschiebungen in ihre globalen Konzeptionen einarbeiten.«

Kissinger äußerte Interesse an einem persönlichen Gedankenaustausch mit Gorbatschow und Jakowlew, um seinen Erwägungen einen praktischen Akzent zu setzen. Ich arrangierte für ihn ein Treffen in New York mit Jakowlew und später ein Gespräch mit dem Generalsekretär. Das katastrophale Erdbeben in Armenien hatte Gorbatschows New Yorker Besuch unterbrochen. Dafür gab es in Moskau die Möglichkeit, gründlicher zu sprechen.

Mehr als drei Stunden verbrachten der sowjetische und der amerikanische Politiker miteinander. Ich weiß nicht, wen Gorbatschow am wenigsten verstand – Kissinger, die Fakten oder sich selbst. Mich verwirrten seine Worte:

»Kissinger hat sich von seinen reaktionären Ideen noch nicht befreit. Er lebt ganz in der Vergangenheit.«

Seltsam, daß das Wesentliche dem Generalsekretär entgangen war. Als Anhänger des Vermächtnisses von Fürst Metternich, »Sag jedem seine Wahrheit«, hatte Kissinger gewiß die Betonungen anders gewählt als im Dezember-Gespräch mit mir. Doch Betonungen ändern nicht so sehr den Gedanken selbst, der meiner Ansicht nach konstruktiv gewesen war.

Drei Jahre später führte der Zufall Kissinger und mich in der Wartehalle des Flughafens Scheremetjewo bei Moskau zusammen. Wir hatten fünfzig Minuten Zeit für Erinnerungen an die jüngste Vergangenheit und ... an die Zukunft. An die Zukunft, sage ich, weil eine verpaßte Chance nicht vergessen geht.

»Gorbatschow hat auf meine Erwägungen nicht reagiert. Die Sowjetunion hatte die Möglichkeit, organisiert neue Positionen zu beziehen, ohne Hast. Im Alleingang konnten sie die Prozesse nicht beeinflussen. Doch sie wollten auch nicht die Verantwortung mit uns teilen. Womit erklären Sie sich die Unlogik im Verhalten Ihres Präsidenten?«

»Wenn ein Politiker sich nicht an realen Vorgängen orientiert, hört er auf, selbst eine Realität zu sein. Die Umstände entwickeln sich seit geraumer Zeit ohne ihn und gegen ihn. Und wenn der Politiker außerdem selbstsüchtig ist? Je weniger ihn andere anerkennen, desto fester glaubt er an sein Horoskop. Sie paßten in dieses Horoskop nicht hinein. Noch schlimmer, Sie drohten seinem Kartenhaus.«

Kissinger wiederholte sein Bedauern, daß seine Überlegungen, »von den besten Absichten diktiert«, falsch aufgefaßt worden waren.

Das Fehlen einer deutlichen Position Gorbatschows beunruhigte uns mehr als die Politiker des Westens. Die Rede vor den Vereinten Nationen oder die in Straßburg brachten seine Worte auf eine hohe Umlaufbahn. Es war jener Fall eingetreten, in dem Worte sofort mündig werden. Sie gehorchen den Eltern nicht und beginnen sofort ihr eigenständiges Leben, in dem die »Vorfahren« nicht einmal immer einen Schlafwinkel finden.

Reise nach China. Sehr gut. Die längste internationale Grenze der Welt, fast sechstausend Kilometer, wird friedlich. Sie kann uns wieder in guter Nachbarschaft verbinden, durch die keiner etwas verliert.

Gorbatschows Voreingenommenheit gegenüber den wirtschaftlichen Veränderungen in der Volksrepublik wirkte störend. Nach seinem Geschmack war alles nicht so, wie es sein sollte. Er wußte und verstand alles besser als die chinesischen Politiker. Auf den Sitzungen des Politbüros prognostizierte Gorbatschow: Die Reformen im chinesischen Dorf stemmen sich schon gegen ihre »natürlichen Grenzen« oder werden es ganz bald tun; in der Industrie geben die Chinesen mehr aus, als sie einnehmen, sie werden bald gezwungen sein, etwas Neues zu suchen.

Die schweren Unruhen auf dem Platz des Himmlischen Friedens fielen mit Gorbatschows Besuch in Peking zusammen. Wahrscheinlich bestätigten sie die Ansicht des sowjetischen Führers: erst politische Reformen, dann wirtschaftliche. Politik liegt ihm näher, denn, davon ist er überzeugt, sie wird mit Reden gemacht, mit Losungen und Konzeptionen. Demokratisierung, Glasnost, Zerstörung aller Tabus funktionieren auch mit leerem Magen. Gewiß, vom Blickwinkel des Satten aus.

Die Ereignisse in Peking gaben mir ein zusätzliches Motiv, daran zu denken, daß die Veränderungen in Osteuropa nicht allein auf die »Spezifik« Polens oder Ungarns zurückgeführt werden dürfen. Die Nachkriegsordnung insgesamt, die Ordnung, die von uns festgesetzt und in nicht eben bester Weise von örtlichen »Freunden« den realen Bedingungen angepaßt worden war, steckte in der Krise. In ihr befand sich das gesamte System der Beziehungen in der »sozialistischen Gemeinschaft«. Man muß sich auf eine Explosion vorbereiten, wenn auch nicht ganz klar ist, wo es zuerst losgeht.

In meinen Vorstellungen sind in der DDR die Kesselwände am dünnsten. Regimefeindliche Auftritte könnten überrollt werden. Doch wohin führt das? Unsere Truppen sollten unbedingt in den Kasernen bleiben. Sogar Neutralität wahrend, retten wir uns nicht vor der Beschuldigung, daß die Sowjetunion auf der Seite der Gewalt stünde. Das einzig Mögliche bleibt, Honecker zu überzeugen: Wenn Veränderungen unabwendbar sind, ist es das beste, sich an ihre Spitze zu stellen.

Der Generalsekretär der SED machte auf dem Weg nach Magnitogorsk in Moskau Station. 1931, vor sechs Jahrzehnten, hatte er am Aufbau des berühmten metallurgischen Kombinats teilgenommen, das inzwischen den Eisenerzberg, dem die Stadt ihren Namen verdankt, verschlungen hat.

Gorbatschow gab Erich Honecker in diplomatischen Worten, aber vollkommen deutlich zu verstehen, daß Reformen unausweichlich seien. Würden sie hinausgezögert, trage die DDR-Führung die Verantwortung für die Folgen.

Honecker sprach zum erstenmal »Perestroika« glatt aus. Es sei nicht ausgeschlossen, meinte er, daß sie für die Sowjetunion passe, doch die DDR lebe unter anderen Bedingungen, die anderes Handeln erforderten. Sie sprachen sich aus. Anscheinend hielt Honecker das Signal für glaubwürdig, Gorbatschow oder Schewardnadse hätten bei ihrem Aufenthalt in den USA Ende 1988 die DDR abgeschrieben. Seine Absicht war, bis zum bitteren Ende standzuhalten.

Unser Generalsekretär ließ seinerseits keinen Zweifel daran, daß es keine Wiederholung von 1953 geben werde. Aus den Verpflichtungen zu gegenseitiger Hilfe war »der innere Feind« herausgefallen.

Wandten wir uns von der DDR ab? Glaubt man Schewardnadse, so hatte die sowjetische Führung die DDR irgendwann im Jahre 1986 abgeschrieben. Allerdings enthüllt Schewardnadse nicht, wen er mit »Führung« meint. Urteilt man nach den zahlreichen Unterredungen mit Gorbatschow und Jakowlew in den Jahren 1986 bis 1990, so teilten sie die Meinung »der Führung« nicht, auf die Schewardnadse anspielt.

Nehmen wir an, daß Schewardnadse die Zukunft so vorschwebte, wie er heute bekundet. Weshalb brachte dann den Minister mein Interview aus dem Konzept, das ich 1987 dem ZDF-Korrespondenten Dirk Sager gab? Die sowjetischen Botschaften in Bonn und Berlin waren instruiert worden, die »private Meinung des Vorsitzenden von APN« zu desavouieren. Oder bitte eine andere Episode. »Und was in hundert Jahren sein wird, das soll die Geschichte entscheiden«, so hatte Gorbatschow in seinem Buch *Perestroika* im Hinblick auf die deutsche Frage geschrieben. Ich empfahl dem Generalsekretär, das Jahrhundert auszulassen. Der Bezug auf die Geschichte genüge. Er akzeptierte diesen Hinweis nicht. Hätte Schewardnadse seine Zweifel hinzugefügt, wäre es dem Generalsekretär leichter gefallen, diese Zeitspanne zu streichen.

Das Interview mit Sager entfachte tatsächlich einen Sturm im Wasserglas. Ich hatte lediglich darauf hingewiesen, daß das Viermächte-Abkommen über Berlin nicht der Weisheit letzter Schluß sei. Meiner Ausbildung nach Jurist, war ich dazu sogar verpflichtet. Seit den Tagen des alten Rom steht fest: »Die schlechteste Entscheidung ist jene, die nicht mehr zu ändern ist.«

Ich fragte den ZK-Sekretär Dobrynin nach seiner Rückkehr aus Bonn, wo auch er mich »dementiert« hatte, ob er denn gelesen habe, was er hätte richtigstellen müssen. Nein, das hatte er nicht. Aber der Botschafter – Anweisung des Ministers ausgeführt – hätte »sehr gedrängt«.

Honecker lud Gorbatschow offiziell zur Feier des 40. Jahrestages der DDR ein. Hinfahren oder nicht? Man muß fahren, raten wir, aber nicht so sehr wegen des Jubiläums, sondern um die gesamte DDR-Führung zu treffen. Denn bisher hatte unser Generalsekretär die Aufklärungsarbeit nur mit dem Ersten der DDR verrichtet. Und jener, wie wir vermuteten, hat seine Kollegen informiert, ohne auf die Bibel oder *Das Kapital* zu schwören, die ganze Wahrheit vorzutragen. Wenn es eine Zusammenkunft mit der gesamten Führung gibt, dann hinfahren.

Dies wäre fast gescheitert. Der Exodus der DDR-Bürger in den Westen via Ungarn, dann Prag und Warschau, die Demonstrationen in Dresden, Leipzig und anderen Städten stimmten nicht feiertäglich, nicht auf Triumph. Doch nicht zu fahren, ging auch nicht. Es wäre eine Anti-Honecker-Demonstration gewesen.

Die Mehrheit sah und erinnert sich: vom Flughafen Schönefeld bis Niederschönhausen bei Pankow waren die Straßen mit Menschen verstopft. Sie begrüßten den Generalsekretär der KPdSU und den Präsidenten der UdSSR mit Plakaten und Zurufen: »Gorbi, Gorbi!« Der Empfang des Führers der Perestroika war zugleich die Absage an Honeckers »Politik der Abgrenzung«. Und der saß im Wagen mit dem sowjetischen Gast und mußte dies über sich ergehen lassen. Auf dem langen Weg sah ich nur ein Plakat, das ein Mann mittleren Alters trug, etwa zweihundert Meter vom Schloß Niederschönhausen entfernt, mit der Aufschrift: »Mach weiter so, Erich!«

Wir wollten nicht in die Demonstrationen hineingezogen werden und führten sie selbst. Weiterhin wurde es nicht leichter. Fackelzug Unter den

Linden. Jungen und Mädchen, Männer und Frauen – vierzigtausend, fünfzigtausend? Aus allen Kreisen der DDR Elite-Aktivisten von SED und FDJ. Und das nicht abreißende »Gorbi, Gorbi!« Honecker stand auf der Tribüne mit steinernem Gesicht. Dem Gast aus Moskau war auch nicht fröhlich zumute.

Erich Mielke, der sich in meiner Nähe befand, stellte die rhetorische Frage:

»Nu, was sagen Sie jetzt, Genosse Falin?«

Wirklich, was sollte ich sagen? Daß es einen 41. Jahrestag nicht geben wird? Oder wenn es ihn gäbe, dann unter völlig anderen Zeichen? Das taugte nichts. Ich antwortete:

»Es gibt einiges zum Nachdenken.«

Versteh' er's, wie er will.

Zurück in Niederschönhausen, ging Gorbatschow mit uns in den Park.

»Was sollen wir tun? Wir können die Leute doch nicht zum Schweigen zwingen. Honecker ist außer sich. Wenn er mit seinen eigenen Parteiaktiven nicht zurechtkommt, kann man sich leicht vorstellen, welche Stimmung unter den Massen herrscht. Irgend etwas haben wir nicht mitbekommen.«

Georgij Schachnasarow und ich meinen, man sollte das Programm einhalten. Morgen vormittag Kranzniederlegung in Treptow, dann Parade, Gespräche mit Honecker und der gesamten Führung. Die Anwesenheit beim Empfang läßt sich verkürzen, dann zurückfliegen. Der Aufenthalt des sowjetischen Gasts in Berlin, dem die Deutschen Achtung zollen, sei eine Art Garantie dafür, daß die Unzufriedenheit mit dem Regime nicht aggressive Formen annimmt, nicht den politischen Rahmen sprengt.

»Sie haben einen rettenden Strohhalm ausfindig gemacht. Gut. Morgen wird sich irgend etwas aufklären. Muß sich aufklären.«

Kranzniederlegung. Im Treptower Park sind viele junge Leute. Hier gibt es keine Gorbi-Gorbi-Rufe, sondern Aufrufe, dazu beizutragen, die Atmosphäre der Republik »zu erfrischen«.

Gleich nach der Militärparade folgt die Unterredung mit Honecker. Günter Mittag ist ebenfalls anwesend. Man gibt uns zu verstehen, daß er wahrscheinlich Honeckers Nachfolger wird. Der Hausherr ist sehr mißgestimmt. Der Festtag war verdorben. Er weiß, was er zu hören bekommt, und ist überzeugt, daß der Gast auch von ihm nichts Neues erwartet. Viel Sinn hat die Begegnung nicht.

Gorbatschow hat sorgfältig überlegt, was er und wie er es sagen will. Es waren präzise Worte, sie hoben die Bedeutung der DDR in der sozialistischen Gemeinschaft in Europa und in der Welt hervor. Und zum Schluß: »Wer zu spät kommt, den bestraft das Leben.« Doch ihr seid ein souveräner Staat. Die SED ist eine unabhängige Partei, und ihr werdet selber bestimmen, wie es weitergehen soll.

Keine Fragen. Alles war schon vorher klar.

Honecker hielt sich an das Leitmotiv: Die DDR-Führung sieht besser, was für die Republik taugt und was nicht. Zieht man alles in Betracht, steht, nach Honeckers Worten, der Lebensstandard in der DDR dem des Westens nicht nach. Die Arbeiterklasse, alle Werktätigen, die Jugend vertrauen der Politik der SED. Schwierigkeiten gibt es, doch die werden von außen eingeschleppt. Mittag nickte zustimmend, er schaltete sich nicht ins Gespräch ein.

Man ging in den Saal nebenan. Hier hatte sich die politische und staatliche Spitze versammelt. Fast komplett.

Unser Generalsekretär gab deutlich, beinahe zu deutlich, wieder, was er eben zu Honecker gesagt hatte, und berichtete optimistisch von Veränderungen in der Sowjetunion, von der Befreiung des gesellschaftlichen Bewußtseins. Irgendwo, an der richtigen Stelle, wechselte er das Thema, sonst wäre diese seine Erzählung keine über uns. Die DDR sah in Gorbatschows Beschreibung auch gut aus. Doch die Schlußfolgerung blieb dieselbe: »Wer zu spät kommt, den bestraft das Leben.« Er sprach fünfzig Minuten, zusammenhängend, überzeugend, emotional. Gorbatschow verstand es, in entscheidenden Momenten sich zu konzentrieren und einen inhaltsreichen, fast druckreifen Text zu liefern.

Die Versammelten warten, was weiter passiert. Grabesstille, sie wird von der leisen Stimme Honeckers unterbrochen. Sie ist etwas höher als gewöhnlich. Er blickt geradeaus vor sich hin, dankt dem Gast für die »Information« über die sowjetische Erfahrung. Dann folgen einige Bemerkungen über die DDR und schließlich der für den Gast bereitgehaltene Teereimer. Ich gebe die Worte aus dem Gedächtnis wieder:

»Kürzlich war ich in Magnitogorsk. Die Stadtverwaltung lud mich zu einer kleinen Exkursion ein, um mir zu zeigen, wie die Leute dort leben. Ich selbst entsagte der Einladung, aber die mich begleitenden Genossen nahmen an der Exkursion teil. Als sie zurückkamen, erzählten sie, daß in den Läden sogar Salz und Streichhölzer fehlen.«

Sagte es und warf den Anwesenden einen Blick zu. Dieser Blick sollte bedeuten: »Und jene, die das eigene Land ins Elend geführt haben, wollen uns belehren.«

Beim folgenden Spaziergang im Schloßpark von Niederschönhausen zog Gorbatschow das Fazit:

»Müssen wir uns auf das Schlimmste vorbereiten? Was uns möglich war, haben wir getan. Was man von uns will, die Unterstützung Honeckers aus der Position der Stärke, wird es nicht geben.«

Schachnasarow und ich nahmen an, daß die Tage des Honecker-Regimes gezählt seien. Naiv genug unterstellten wir, daß im Unterschied zur polnischen und zur ungarischen Arbeiterpartei die SED über gute Reserven bei den mittleren und unteren Funktionären verfüge, über modern denkende, gute Organisatoren. Wenn Honecker und sein Kommando die Zügel locker lassen und keine Elementargewalt die Republik aufpeitscht, kann die Krise noch politisch gelöst werden.

Im Flugzeug, das wir gegen 20 Uhr bestiegen, setzten wir die Diskussion fort.

Der Abschied vom Ehepaar Honecker im Bankettsaal des Palasts der Republik war frostig gewesen, und der Hausherr nahm mit sichtlicher Erleichterung den Vorschlag an, bei den anderen Gästen zu bleiben und Gorbatschow nicht zum Flughafen zu begleiten. Das war gut so, es gab nichts, worüber sie noch hätten reden können. Und ein neues Sujet, das sich zur selben Zeit kundtat, hätte keiner Seite Freude bereitet: Auf dem Alexanderplatz jagten Sicherheitskräfte eine Demonstration auseinander. Die »Strafe für die Verspäteten« begann.

Beim Verlassen des Palasts der Republik hatte mich Egon Krenz angehalten:

»Ihrer hat alles gesagt, was gesagt werden mußte. Unserer hat nichts begriffen.«

»Der sowjetische Gast hat mehr getan und gesagt, als man von einem Gast erwarten kann. Alles andere hängt von Ihnen ab«, erwiderte ich. Nichts anderes war zu erklären, wenn auch im nachhinein mehr als genug Mutmaßungen aufkamen.

Sie haben natürlich bemerkt, daß ich zweimal, wenn nicht dreimal von Gorbatschows festem Entschluß sprach: Welche Wendung die Sache auch nimmt, solange sie internen Charakter hat, werden die sowjetischen Streitkräfte sich heraushalten. Ich teilte den Standpunkt des Generalsekretärs uneingeschränkt und sah keine Notwendigkeit, daraus ein Geheimnis zu machen.

Am 30. September hörte Walter Momper, damals Regierender Bürgermeister von Berlin, dies von mir klar und deutlich: Sowjetische Truppen werden sich in innerpolitische Angelegenheiten der DDR nicht einmischen. Er zitierte meine Worte korrekt in seinem Buch. Diese Anmerkung auch für Liebhaber von »Ungenauigkeiten«.

Honecker verlor die Macht noch im selben Monat. Am 9. November vollendete sich durch die bedingungslose Aufhebung der DDR-Grenzen die Selbstauflösung des ostdeutschen Staates. Seit dem Augenblick benahm sich die Bundesrepublik, als sei sie von allen Verpflichtungen gegenüber der DDR entbunden, und diktierte mit hallender Stimme ihre Bedingungen.

Wie kam es zu dieser Abtragung der Grenzen? War den neuen Führern nicht bewußt, wohinein die Worte mündeten, die Günter Schabowski auf einem Meeting in Berlin ausrief: »Die Grenze ist offen«?

Die bisher so massiv geschützte Grenze als Verteidigungsvorgelände des Warschauer Pakts war aufgehoben. Die sowjetischen Truppen standen vor der vollendeten Tatsache. Die Sowjetunion besaß noch bestimmte Rechte und Verpflichtungen, die teilweise auch West-Berlin betrafen. Welche Rolle spielte die UdSSR in diesem Akt?

Ende November hatte ich Gelegenheit, Hans Modrow und Egon Krenz zu fragen, von wem der Beschluß der Grenzaufhebung gefaßt worden sei. Die Antwort lautete ausweichend: »Das kam eben so.«

Eine entsprechende Frage mit Randbemerkungen stellte ich auch Gorbatschow. Seine Antwort zeichnete sich ebenfalls nicht durch Bestimmtheit aus:

»Wir wissen einen ...«

Später glückte es mir, das Bild im großen und ganzen zu rekonstruieren. Dieses »Das kam eben so« geschah folgendermaßen.

Wjatscheslaw Kotschemassow, unser Botschafter in Berlin, meldete dem Außenministerium:

»Die Führung der DDR will sich über die Möglichkeiten zur Erleichterung im Grenzverkehr mit West-Berlin beraten.«

Der Erste Stellvertretende Außenminister, Anatolij Kowaljow, gab dem Botschafter die telefonische Anweisung, als unsere Antwort auf die gestellte Anfrage mitzuteilen: Die Grenzregelung sei die Angelegenheit der

DDR. Kotschemassow fand die mündliche Anweisung nicht ausreichend und forderte angesichts der Gewichtigkeit des Problems eine schriftliche Instruktion. Moskau schwieg drei oder vier Tage lang. Dann folgte ein Telegramm. Es bestätigte: »Die Grenzregelung ist eine interne Angelegenheit der DDR.«

Wer hat unterzeichnet? Kowaljow oder Schewardnadse? Ein Detail, aber es erhärtete den Präzedenzfall: Gemeinsame Beschlüsse der Organisation des Warschauer Pakts – ob gute oder schlechte, war im Prinzip bedeutungslos – durften nicht einseitig und eigenmächtig aufgehoben werden.

In dieser Zeit gab es schon den Krisenstab bei Gorbatschow, der auf meine Initiative hin geschaffen worden war. Auf der ersten Sitzung, an der Alexander Jakowlew, Eduard Schewardnadse, Dmitrij Jasow, Wladimir Krjutschkow, Anatolij Tschernjajew, Georgij Schachnassarow und ich teilnahmen, stellte Gorbatschow die Frage:

»Was kann man tun? Alle Modalitäten können ins Gespräch kommen außer dem Einsatz unserer Truppen.«

Die Berater des Generalsekretärs sind dafür, daß wir die DDR ihrem Schicksal überlassen und uns damit abfinden, daß das Vereinigte Deutschland der NATO beitritt; man muß mehr daran denken, das eigene Gesicht zu wahren.

Jasow hörte zu. Krjutschkow trug vor, daß in der Republik eine Doppelherrschaft Fuß gefaßt habe. Die BRD und ihre Parteien, von den Massenmedien gar nicht zu reden, führten sich auf dem Territorium der DDR auf, als seien sie da schon zu Hause.

Zusammen mit der DDR ernten wir die Früchte einer kurzsichtigen Strategie, so war meine Meinung. Heute geht es nicht mehr darum, die Vorbedingungen für die Vereinigung als solche aufzustellen. Die inneren Parameter ihrer Zusammenführung werden die Deutschen selber bestimmen. Wir sind im Recht, nicht weniger als jeder andere, unser Wort bezüglich der äußeren Voraussetzungen des Prozesses zu sagen. Sich dem deutschen Willen zur Einheit zu widersetzen, wäre dumm. Doch es ist auch dafür Sorge zu tragen, daß bei der Vereinigung zweier souveräner Staaten die internationalen Verpflichtungen eines jeden einzelnen nicht verlorengehen. Die Vereinigung darf nicht in Widerspruch zu den legitimen Interessen anderer europäischer Staaten und der Friedensordnung in Europa als Ganzem geraten. Dementsprechend sei es nicht richtig,

eine Ausdehnung der NATO-Sphäre auf Ostdeutschland als quasi fatale Unvermeidlichkeit hinzunehmen.
Jakowlew teilt im Grundsätzlichen meine Auffassung. Er ist auch für Handeln und nicht für Kontemplation.
Schewardnadse spart nicht mit Worten, beeilt sich aber nicht, eine eindeutige Position zu fixieren. »Aufmerksam der Entwicklung folgen«, »zielstrebig die Franzosen kontaktieren«, »Erklärungen vermeiden, die uns die Hände binden«. Schwankt er, oder will er erst hören, was Gorbatschow sagt?
Des Generalsekretärs Einstellung aber war nicht so deutlich erkennbar. Die Entwicklung gewinnt eine eigene Dynamik; daß wir uns querlegen, hat keinen Zweck; welches Plus läßt sich aus der Veränderung ziehen? Die Vereinigung Deutschlands soll die NATO nicht an unsere Grenze bringen. Wie ist das zu bewerkstelligen? Man muß darüber nachdenken.
Die Sitzung des Krisenstabs endet in dem Tenor: Alle haben sich gründlich Gedanken zu machen. Wenn man bedenkt, daß dieser Stab in voller Besetzung nur noch einmal zusammentraf, gab es keinen Überfluß an Gedanken, oder man genierte sich, sie über den »Vier-Augen-Rahmen« hinauszubringen.
Ich bin nicht in der Lage, Ihnen mitzuteilen, wie und wo die Direktiven für Schewardnadse ausgearbeitet wurden, warum man dabei die Argumente des Verteidigungsministeriums, von Ausarbeitungen unserer Abteilung gar nicht zu sprechen, unbeachtet ließ. Meine Ansichten über die Ereignisse äußerte ich klar genug in Dialogen mit Vertretern der Bundesrepublik und der DDR, Amerikas, Englands und Frankreichs, bei Zusammenkünften mit Journalisten. Ob mein Standpunkt gerechtfertigt oder im Licht der folgenden Ereignisse falsch war? Ich will niemandem ein Urteil aufnötigen. Eins steht außer Zweifel – ich habe nicht geschwankt.
Vereinigung – ja, Anschluß – nein. Den sozialökonomischen Status des geeinten Deutschlands können und sollen nur die Deutschen festlegen. Äußere, das heißt militärpolitische Bedingungen, welche die Vereinigung begleiten sollten, bestimmen die vier Mächte gemeinsam mit den beiden deutschen Staaten, und zwar noch vor der Zusammenführung von BRD und DDR. Sämtliche Umgestaltungen in Deutschland sollen friedlich verlaufen. Anwendung oder Androhung von Gewalt ist in keiner Form zulässig. Grundlegend für alle Beschlüsse sollte das Prinzip der Interessenbalance aller Seiten sein. Den Deutschen obliegt es, im besonderen

dafür zu sorgen, daß die Sicherheit unserer Truppen nicht verletzt wird. Diese Truppen müssen Deutschland als Freunde verlassen.
Gefiel das allen? Keinesfalls. Einer nannte mich einen »Konservator«. Andere warfen mir »Mangel an Flexibilität« vor oder entdeckten »Lex-Dogmatismus«. Jemand (unter sowjetischen Parlamentariern, wohlgemerkt) bezweifelte die Legitimität unserer Präsenz in Deutschland. Sie und ihresgleichen werden am 9. Mai 1992 fordern, keine Kränze an den Denkmälern der »stalinistischen Fanatiker« mehr niederzulegen und den Feiertag »nicht unseres Sieges« abzuschaffen.
Die Falsifikationen und Unterstellungen schmerzten. Es irritierte und machte stutzig, daß Gorbatschow in meiner Gegenwart sich mit einem Gesichtspunkt definitiv einverstanden erklärte, sein Außenminister aber das Gegenteil davon tat. Ohne daß derselbe Gorbatschow ihn richtigstellte.
Zwei anschauliche Beispiele:
Vereinbarung der Verhandlungsformel: »4 plus 2« oder »2 plus 4«? Der sowjetische Außenminister bekam die »strikte« Anweisung, auf die Version »4 plus 2« zu bestehen. Nicht nur, weil die Verantwortung für »Deutschland als Ganzes« den vier Mächten obliegt und die Bundesrepublik bis in die jüngste Zeit ständig die Bestätigung dieser Verantwortung verlangte. Es galt auch, die Stellungnahme Englands und Frankreichs zu berücksichtigen. Aber das Wichtigste und Grundsätzliche war: Die Formel »4 plus 2« gab die richtigen Prioritäten wieder. An erster Stelle steht die Sicherung des europäischen Friedens; erreicht man eine befriedigende Lösung zu diesem Aspekt – die Lösung des anderen wird nicht auf sich warten lassen.
Eduard Schewardnadse kehrt vom Ministertreffen der sechs Staaten zurück, gebärdet sich wie ein Dschigit hoch auf weißem Roß. Er zeigt sich überaus zufrieden und steckt alle mit neuen Hoffnungen an. Anatolij Tschernjajew bereitet eine Presseerklärung im Namen des Präsidenten vor, in der definiert werden soll, welche Bedeutung den Verhandlungen insgesamt und insbesondere der Formel »4 plus 2« beigemessen wird. Für alle Fälle ruft er Schewardnadse an und liest ihm den Text vor. Der Minister ist sehr einverstanden, doch bittet er um eine »Präzisierung«. Es wurde die Formel »2 plus 4« vorgezogen.
Unmittelbar nach dieser peinlichen Unterredung sprach Tschernjajew mit mir:

»Es ist empörend! Michail Sergejewitsch hat ihm ausdrücklich klargemacht, daß für uns nur die Formel ›4 plus 2‹ in Frage kommt. In den Telegrammen über das Ministertreffen und nach seiner Rückkehr hat er keine einzige Andeutung gemacht, daß er die Direktive nicht befolgt hat. Stellen Sie sich vor, ich hätte nicht Schewardnadse angerufen. Die Presseerklärung wäre in der ursprünglichen Fassung veröffentlicht worden. Intuition hat mir eingegeben – überprüf es. Wissen Sie, was er auf meine Frage: ›Wie kommt das?‹ geantwortet hat?: ›Genscher hat so sehr darum gebeten, und Genscher ist ein guter Mensch.‹«

Einmal kam er ungeschoren davon, man wird ihm auch beim zweiten Mal vergeben. Ohne sich mit irgend jemandem abzusprechen, jedenfalls gab der Präsident nicht zu, daß es mit ihm vereinbart war, zertrennte Schewardnadse siamesische Zwillinge – die äußeren und die inneren Aspekte der Vereinigung. Die inneren Bedingungen können ausgehandelt werden und die Vereinigung als solche kann starten, völlig unabhängig davon, ob und wie die äußeren Aspekte vertraglich geregelt werden.

Die Formel »2 plus 4« trat in Kraft. Nach meinem Dafürhalten geriet die Sowjetunion in eine ausweglose Lage. Wenn wir auf irgendeiner Position zu beharren vermöchten, die Bonn oder die drei Westmächte ablehnen, dann würde es keine »endgültige Friedensregelung« geben, jedenfalls nicht mit unserer Beteiligung. »Finita la comedia« à la Schewardnadse.

Ob dies Gorbatschow im Kopf hatte, als er in der Nacht vor seinem Treffen mit Helmut Kohl im Kaukasus ein langes Telefongespräch mit mir so beendete:

»Ich fürchte, daß der Zug schon abgefahren ist.«

Bis zur Abfahrt des Zuges möchte ich ein paar Worte zum Treffen mit George Bush sagen.

Wir saßen im Weißen Haus an jenem Tisch, der die Stätte vieler gewichtiger Beschlüsse gewesen ist. Mit und ohne Beteiligung ausländischer Gäste. Beide Präsidenten gingen davon aus, daß bald von der weltpolitischen Karte ein Subjekt – die »Deutsche Demokratische Republik« – verschwinden wird. Auf der Weltbühne wird das geeinte Deutschland seinen Platz einnehmen. Offen bleibt die Frage, wie die Rechtsnachfolge aussieht. Wird Deutschland, den Verpflichtungen von Bundesrepublik und DDR entsprechend, Mitglied zweier militärischer Organisationen, oder stellt es sich, diese Verpflichtung ablösend, außerhalb der Blöcke? Die Sowjetunion ist bereit, beiden Möglichkeiten zuzustimmen.

Die USA wollen keine von beiden. Ihr Standpunkt – ganz Deutschland gehört in die NATO und nur in die NATO. Und wenn wir keinen gemeinsamen Nenner finden, was dann?

Gorbatschow schiebt mir einen Zettel zu, auf welchem er mich auffordert, die juristischen, politischen und militärischen Motive zu erläutern, die für die sowjetische Seite eine proatlantische Lösung inakzeptabel machen.

Auf demselben Blatt Papier antwortete ich: »Ich bin bereit.« Gorbatschow nickte mir zu. Dieses Zeichen des Einverständnisses zwischen uns beiden wird heute von manchen amerikanischen Publizisten und Politikern mißinterpretiert: als ob Gorbatschows Nicken den Worten von Bush galt, und als ob ich gegen meinen Präsidenten intervenierte. Das nur nebenbei.

Den Präsidenten der UdSSR hatte ich anscheinend überzeugt. Nun hatte ich dem Präsidenten der USA unseren Standpunkt plausibel zu machen. Die Amerikaner fechten unsere Argumente nicht an; für sie ist Deutschland in der NATO ein Axiom, das keiner Beweise bedarf. Ohne Deutschland gibt es kein Bündnis. Und das amerikanische Verständnis für die Vereinigung der Deutschen entstammt keineswegs altruistischen Regungen.

Doch wenn der Einsatz so hoch ist, sind dann Bewegungen innerhalb der NATO möglich? Unser Präsident meint, George Bush habe noch manche nicht ausgesprochenen Ideen. Zurück in der Residenz, sagte er zu mir:

»Wir beide hatten recht, daß wir nicht auf Eduard [Schewardnadse] gehört haben. Es ist schwierig zu kalkulieren, was es konkret wird, aber bei den Amerikanern gibt's Reservevarianten oder auch Varianten zur Mitgliedschaft Deutschlands in der NATO.«

Zum Juli-Besuch Kohls (1990) schrieb ich ein energisches Memorandum für Gorbatschow. Dieses Treffen ist die letzte und entscheidende Möglichkeit, unsere Interessen wahrnehmen zu lassen. Für Kleinkram ist keine Zeit, aber einige prinzipielle Positionen muß die sowjetische Seite unbedingt halten.

Auf die letzte Runde mit dem Bundeskanzler bereitete sich unser Präsident en passant vor. Der XXVIII. Parteikongreß forderte seine ganze Zeit und Energie. Doch es gab keine Wahl. Kohl war schon unterwegs nach Moskau. Nach der Prügelei die Fäuste ballen? Ich rufe Gorbatschow an und bitte um zehn bis fünfzehn Minuten Zeit für mich.

»Im Augenblick kann ich beim besten Willen nicht. Aber ich verspreche, dich abends anzurufen.«

Aus dem Abend war längst Nacht geworden. In einer Viertelstunde würde der neue Tag beginnen. Das Telefon klingelt.

»Was wolltest du mir sagen?«

»In Ergänzung zu meinem Memorandum halte ich es für meine Pflicht, Ihre Aufmerksamkeit ganz besonders auf drei Momente zu lenken:

(a) Man will uns den Anschluß aufhalsen. Das wird unerfreuliche Folgen haben. Alle moralischen und politischen Kosten – und bei der mechanischen Verschmelzung der beiden grundverschiedenen Wirtschaften, der antagonistischen Sozial- und anderen Strukturen werden solche zweifellos entstehen – werden dann auf die Sowjetunion und ihre ›Kreatur‹ die DDR abgewälzt. Die Übertragung der Rechtsnormen eines Staates auf einen fremden macht alles illegal, was in der DDR sich im Laufe von vierzig Jahren vollzogen hat. Dadurch werden einige hunderttausend Menschen potentiell zu Angeklagten.«

»Verstanden, weiter.«

»(b) Nichtbeteiligung des vereinten Deutschland an der NATO. Das wenigste, worauf bis zum Schluß bestanden werden muß, ist Deutschlands Nichtbeteiligung an einer Militärorganisation (wie Frankreich). Minimum Minimorum – die Nichtstationierung von Nuklearwaffen auf gesamtdeutschem Territorium. Den Umfragen zufolge sind 84 Prozent der Deutschen für die Entnuklearisierung Deutschlands.

(c) Alle Fragen, die unser Eigentum betreffen, insbesondere in der DDR, müssen bis zur Unterzeichnung der politischen Entscheidungen geregelt werden. Sonst werden wir, nach den Erfahrungen mit der Tschechoslowakei und Ungarn zu urteilen, uns in ergebnislose, unsere Beziehungen belastende Debatten verstricken. Unsere Experten sollen lernen, nicht schlechter zu rechnen als die Amerikaner und auch ihre Liste zum Beispiel der ökologischen Schäden aufzustellen, die der Überfall Deutschlands auf die Sowjetunion angerichtet hat, wenn die Deutschen ökologische Aspekte zur Debatte stellen.«

Gorbatschow stellte noch einige präzisierende Fragen, speziell nach dem juristischen Status unseres Eigentums, nach Besonderheiten der Angliederung der Länder der DDR an die Bundesrepublik auf Grund des Artikels 23 des Bonner Grundgesetzes, dann noch nach den Folgen der Nichtbeteiligung des Staates in der Militärorganisation NATO und schloß:

»Ich werde tun, was ich kann. Nur fürchte ich, daß der Zug schon abgefahren ist.«

Wie Sie sich erinnern, wich der Generalsekretär Michail Gorbatschow jeder Art »schwerer politischer Verantwortung« für die Anerkennung von Tatsachen und Geschehnissen, die auf Stalins Konto einzutragen waren, aus. Aber Präsident geworden, entschied er in einem Zug das deutsche Theorem. Zur Verwunderung Kohls, Genschers und der ganzen Welt. Staatliche und andere Institutionen im eigenen Land einbegriffen.

Weder vom Obersten Sowjet oder der Regierung, weder vom Verteidigungs- beziehungsweise Präsidentenrat noch vom Föderationsrat, vom Politbüro oder dem Sekretariat des ZK ganz zu schweigen, hatte Gorbatschow Vollmacht für die von ihm getroffenen Entscheidungen bekommen. Der Präsident hatte dem Parlament, der Regierung, den Räten seine Pläne und Absichten nicht einmal mitgeteilt. Der Präsidentenrat, ausschließlich er, wurde der Ehre für würdig befunden, die in den Verhandlungen mit den Führern der Bundesrepublik erreichten Ergebnisse zu beglaubigen.

Abgesehen vom Inhalt der Nordkaukasus-Vereinbarungen, zu denen man in der Zeitgeschichte lange nach einer Parallele suchen wird, war die Behandlung eines der kompliziertesten Friedensprobleme äußerst anfechtbar und in der Ausführung anstößig. Entschieden wurde für und in der Abwesenheit der DDR, die unser Bündnispartner gewesen war. Man hatte sich nicht einmal die Mühe gemacht, die DDR-Vertreter einzuladen oder sie zu fragen. Die Warschauer Vertragspartner waren nicht konsultiert worden. Die Viermächteverantwortung wurde übergangen, die drei Westmächte wurden vor vollendete Tatsachen gestellt.

Die Sowjetunion und erst recht ihre Erben konnten und können keinen Einfluß auf die Erfüllung der getroffenen Vereinbarungen ausüben. Unter welchem Blickwinkel man die Handlungen von Gorbatschow und Schewardnadse auch betrachtet, sie halten keiner Kritik stand, weder vom Gesichtspunkt der Gesetzlichkeit aus noch von dem der Einhaltung der eingegangenen Verpflichtungen noch von dem der elementaren Pflichten.

Bei meiner letzten Begegnung mit Willy Brandt im Frühjahr 1992 erzählte er mir:

»Als die Honecker-Affäre anfing, fragte ich Helmut Kohl, ob in Archys das Thema der Nichtverfolgung der ehemaligen Führer des souveränen Staates DDR zur Sprache gekommen sei. Der Bundeskanzler, so seine Worte, hat Gorbatschow vorgeschlagen, den Personenkreis zu benennen, gegen den keine strafrechtlichen Verfahren eingeleitet werden sollen. Doch der sowjetische Präsident erwiderte, die Deutschen würden schon selbst mit diesem Problem fertig.«

In diesem Lichte wurde mir Brandts Kommentar verständlicher, den er über Gorbatschows »Unlust«, sich mit mir bei seinem Hamburg-Besuch 1992 zu treffen, abgegeben hatte: »Der ehemalige sowjetische Präsident und Exgeneralsekretär hat kein reines Gewissen.«

Im ersten Augenblick des Treffens in Archys stockte Kohl und Genscher wohl der Atem, nicht aber von der ozonhaltigen Luft. Sie blickten betreten auf den Präsidenten der UdSSR: hatte er einen Witz erzählt? Doch nachdem sich herausstellte, daß Gorbatschow und sein Minister sich ernsthaft in politischem Masochismus ergingen, war es zu klären, ob hier nicht Danaergeschenke dargereicht würden.

In einem irrte sich der Bundeskanzler zweifellos nicht – solche Augenblicke wie in Archys, egal aus welchem Impuls auch immer entstanden, muß man fangen. Sie wiederholen sich nicht.

Die Rundfunkmeldung über das Arrangement im Nordkaukasus bewegte mich, zur Feder zu greifen: Ohne Zögern erkläre ich meinen Rücktritt, und dann sofort zum Rednerpult im Parlament! Ich brauchte nur drei bis fünf Minuten zu reden, um die Volksdeputierten zu lautstarkem Protest zu bewegen.

Ein kluger Heerführer hat nicht zufällig verfügt: Bestrafe einen Untergebenen nicht am Tag des begangenen Fehlers, sonst könnte deine Strafe ungerecht sein. Kühl dich ab. Nicht immer halten Gedanken und Taten der Obrigkeit dem Nachlesen stand.

Vom aufmerksamen Hin-und-herlesen aber besserte sich die Stimmung auch nicht. Der Zug war tatsächlich abgefahren. Zum Andenken hinterließ er einen Abschiedspfiff. Der Oberste Sowjet wird die Leistung von Gorbatschow und Schewardnadse ablehnen, das läßt sich erreichen. Was dann? Mehr als wir schon abgegeben haben ist unmöglich. Versuche, einen Salto rückwärts auszuführen, bringen nichts. Beweisen, daß wir stolz sind? Damit beschäftigte sich das Land, seit Moskau das Dritte Rom genannt wurde.

Oder stilisieren wir Archys zur Visitenkarte unseres »historischen Optimismus«? Wir richten das Land und uns nicht zugrunde, sondern tauschen das Dritte Rom gegen das wolkenlose dritte Jahrtausend ein? Allen Skribifaxen und Kleingläubigen zum Trotz.

Nein, Herr Generalsekretär Manfred Wörner, Sie haben nicht recht, wenn Sie behaupten: »Die NATO hat alle ihre Ziele ohne einen einzigen Schuß Pulver erreicht.« Recht hat gewiß der Generalsekretär Gorbatschow: »Der gesunde Menschenverstand hat triumphiert!« Danke für die Aufklärung. Bisher hatte man irgendwie nicht vermutet, daß »allgemeinmenschliche Werte« identisch mit Atlantismus sind.

Das Angebot, Sprecher für Archys im Obersten Sowjet zu sein, das mir über den Vorsitzenden des Auslandskomitees, Alexandr Dsassochow, gemacht wurde, lehnte ich ab. Man muß sich den Umständen beugen und das Paket der Vereinbarungen ratifizieren. Wie du eine Patience legst, so kommt sie aus. Bei einer Ablehnung würden wir noch mehr verlieren. Meine Aufgabe sehe ich jetzt nicht darin, den Abgeordneten die Brillen zu färben und sie zu überzeugen, daß sie ein diplomatisches Glanzstück vor sich haben. Man muß ihnen beweisen, daß sie gar nicht anders können, als es zu billigen. Wenn auch mit Vorbehalten. Aber das Ratifizierungsgesetz muß das Parlament passieren.

Der Westen hat sich selbst überzeugt, daß in Moskau alles auf den Wink eines Zauberstabs lief. Nicht einmal unter Stalin hatte das so funktioniert. Und gar nicht jetzt – in einer Periode des Verfalls, da die Abgeordneten wie die Gesellschaft insgesamt von Nihilismus und Empörung inspiriert wurden. Fände sich in der Plenarsitzung des Obersten Sowjet jemand, der etwa laut sagen würde, daß in Archys Berijas Pläne verwirklicht worden sind, der schon 1953 die DDR aufgeben wollte (allerdings zu erheblich besseren Bedingungen), das Vertragspaket würde aufs Schafott gebracht mitsamt seinen Autoren.

Daher werden Sie sich nicht ganz vorstellen können, welche Aufregung die Veröffentlichung des vollen Textes der Anklageschrift gegen Berija in den *Iswestija ZK KPSS* hervorrief. Wladimir Iwaschko und ich hatten sorgfältig überprüft, wieso die Zeitschrift zum Berija-Sujet griff, nicht früher, nicht später, genau in diesem Moment und in diesem Kontext. Wiederholt sich nicht die Geschichte mit dem Film *Leutnant Sjedoch*, den 1961 das sowjetische Fernsehen an dem Tag ausstrahlte, als beschlossen wurde, Stalin aus dem Mausoleum zu entfernen und der Erde zu übergeben?

Wir werden die Vereinbarungen von Archys in den Komitees des Obersten Sowjet mit Baderuten auspeitschen. Es ist nicht unbedingt nötig, alles, was schmerzt, zu sagen und zu bekennen, aber in keinem Fall darf man heucheln. Man soll in Komitees Dampf ablassen. Nur dann kann man ins Plenum gehen.

Gesagt, getan. Die Auseinandersetzungen mit dem Außenministerium verliefen sehr gespannt. Als der Hauptemissär vom Smolenskaja-Sennaja Kwizinskij auf der gemeinsamen Sitzung der Komitees für Auslandsangelegenheiten und Verteidigungsfragen seine Argumente »pro« erschöpft hatte, warf er mir gereizt vor:

»Sie mit Ihrem Brief über die deutsche Einheit sind an allem schuld!«

Der Schwächere und der im Unrecht Befindliche suchen nie die Ursache, sondern stets den Schuldigen.

Sonntags gehören ein paar Stunden der Familie. An jenem ging morgens das Telefon:

»Valentin, von jedem anderen hätte ich das erwartet, aber nicht von dir. Was willst du – die Abkommen scheitern lassen? Vor mir habe ich das Stenogramm deiner Rede im Komitee. In Dreck und Staub ziehst du alles. Ich habe mich mit dir doch beraten, faktisch bist du an der Erreichung der Übereinkunft beteiligt gewesen.«

Ich unterbrach Gorbatschow:

»Mit den Vereinbarungen in Archys habe ich nichts zu tun. Dort wurde die schlechteste aller möglichen Varianten gewählt. Ich habe keine Absicht, was schlecht ist, gutzuheißen. Die Umstände verlangen aber, daß der Oberste Sowjet das Paket nicht ablehnt. Wenn Sie mich nicht stören, kann das Gesetz zur Ratifizierung die Mehrheit bekommen. Aber dazu müssen alle Emotionen ausgeschüttet, Diskussionen in den Komitees ausgefochten werden. Und wenn irgend jemand versuchen wird, den Abgeordneten, die in den Komitees reden, einen Zaum anzulegen und dadurch Spannungen und Unzufriedenheit ins Plenum trägt, kann ich für nichts bürgen.«

»Du nimmst eine große Verantwortung auf dich. Paß auf, daß du dich nicht irrst.«

Das Gesetz zur Ratifizierung passierte den Obersten Sowjet mit bequemer Mehrheit. Der Präsident würdigte mich:

»Dein taktischer Plan war offenbar genau kalkuliert. Die Ablehnung des Abkommens hätte unübersehbare Folgen für uns.«

»Sind alle Folgen des Abkommens zu übersehen?« konnte ich mich nicht enthalten zu fragen.

»Die prinzipiellen, die prinzipiellen.«

Im Laufe der Debatten in den Komitees hatte ich die Bedeutung des neuen

sowjetisch-deutschen Vertrags hervorgehoben, der am 10. November 1990 in Bonn unterzeichnet wurde. Wäre keine Begrenzung der Wirksamkeitsfrist eingebaut, verdiente er, als ein wirklicher Friedensvertrag zwischen unseren Staaten geehrt zu werden. Die Billigung des Vertrags, betonte ich, steht dafür, daß der Inhalt des übrigen Pakets nicht verworfen wird. Das war nicht aus Opportunismus gesagt. Der Novembervertrag versöhnte mich in gewissem Grade mit dem Vorhergegangenen.
Sie können fragen, woher ich meine negative Einstellung zu der Konzeption Gorbatschow-Schewardnadse bezog, richtiger: zur Improvisation des Präsidenten, die dem abfahrenden Zug nacheilte.
Wenn die Deutschen so steinreich sind, der homogenen Wiedervereinigung eine kostspielige ideologische und parteipolitische Variante vorzuziehen, die dazu noch soziale Opfer fordert, ist das ihre Sache. Die Völker meines Landes hatten aber das Recht auf eine optimale Lösung ihrer Sicherheitsprobleme. Die bewältigt man nicht durch Deklarationen, daß die Ära Ost-West-Konfrontation vorbei ist. Die Träger dieser Konfrontation auf beiden Seiten sollten in den Ruhestand versetzt werden. Das wäre die Lösung!
Der Ausfall der DDR bedeutete das Ende des Warschauer Paktes und die Zerstörung aller Infrastrukturen unserer Verteidigung in Europa. Die NATO verlor einen »hochgepriesenen« Gegner. Wenn die Drohung, gegen die sie vierzig Jahre lang angekämpft hatte, verschwunden sei, wäre es dann nicht logisch, in vergleichbarem Tempo die Verteidigungsanstrengungen im Westen umzugestalten? Nicht weitere Stärkung – relative und absolute –, sondern ein Übergang zu »defensiver Verteidigung« und intensivem Aufbau eines Systems kollektiver europäischer Sicherheit.
Wenn die Muskeln vorhanden sind, findet sich ein Gegner von selbst. Damit es auf der Erde weniger Feindschaft gebe, sollten sich ausnahmslos alle Arsenale einer radikalen Abmagerungskur unterziehen. Abrüstung auf einer Seite ist kein Ausweg. Sie schenkt höchstens eine Atempause.
Ich stellte mir vor, daß Deutschlands Nichtbeteiligung an der NATO-Militärorganisation und die Nichtstationierung von Nuklearwaffen auf seinem Territorium die USA und den Nordatlantikpakt dazu anregen könnten, ihre eigenen Militärdoktrinen zu modernisieren. Keine Kosmetik, sondern Revision. Gibt man sich den Anschein, tektonische Verschie-

bungen in Europa bestätigten nur die Richtigkeit der früheren NATO-Politik, bedeutet dies im Endeffekt, auf eine »Entwicklung des Erfolgs« zu zielen.

Wieweit muß man dies entwickeln? Einmal wurde das Ziel so formuliert: Desintegration der Sowjetunion, an ihrer Stelle Schaffung eines Dutzend staatlicher Gebilde, von denen jedes wirtschaftlich und militärisch auf Unterstützung von außen angewiesen ist. Und was jetzt?

Ich hatte also triftige Gründe, anzunehmen, daß des Präsidenten und meine Sicht der Zukunft immer weiter auseinandergingen.

Vae Victis

Die Perestroika kam nicht zustande, weder innen noch außen. Ein totalitäres Regime hatte sich in ein autoritäres verwandelt. Das ist gewiß ein Unterschied. Vereinfachungen sind auch hier nicht angebracht. Sie verkomplizieren nur das Wurzelziehen. Unbefristete Macht beanspruchte Gorbatschow nicht. Er war kein Verbrecher, und der Axt unter der Bank zog er das Mikrophon in der Hand vor. Doch das ihm zugemessene Stückchen Zeit wollte er voll auskosten.

Im April 1991, als Gorbatschow mir zum 65. Geburtstag gratulierte, erwiderte ich:

»Bald können Sie mir zu einem interessanteren Jubiläum gratulieren als dem meines Erscheinens auf dieser Welt. Am 1. August wird es ein halbes Jahrhundert, daß ich mich abrackere. Das ist für einen Menschen in der Sowjetunion viel zuviel.«

»Du hast genauso eine Biographie wie ich. Ich saß mit fünfzehn Jahren auf dem Mähdrescher.«

»Das gibt mir zusätzlichen Grund, auf Ihr Verständnis zu zählen.«

»Laß uns bis Jahresende ein neues Programm ausarbeiten, dann werden wir entscheiden.«

Ein Monat früher oder später, macht das einen großen Unterschied? Mir kam der Fehler von zwanzig Tagen teuer zu stehen.

Wenn man der Resolution des Obersten Sowjet glaubt, war ich »Teilnehmer der Verschwörung«. Zwei Jahre lang blieb unaufgeklärt, welcher. Das hinderte nicht, ungeachtet meiner Abgeordnetenimmunität, mein Haus zu durchsuchen. In die Presse lancierte man Gerüchte, Insinuationen, frisierte Dokumente. Jeder Tag, jedes Lebensjahr wurde besudelt.

Fünfundfünfzig Jahre vorher hatte ich all das schon gesehen. Die Massen, die »Schande« schrien, die Hetze in der Presse, die absolute Rechtlosigkeit der Gejagten. Die Stalinschen Jäger der »Volksfeinde« können sich freuen, es gibt Jungholz. Noch fehlt es irgendwo an Raffiniertheit, aber die wird mit der Erfahrung schon noch kommen.

Die Nachricht von »außerordentlichen Ereignissen« erreichte mich im Urlaub auf der Datscha. Schon im Frühling war mit Panzern herumgespielt worden, jetzt verscheuchten sie wohl wieder Demonstranten, dachte ich mir. Wäre es etwas Ernsthaftes, würde man mich wohl in Kenntnis setzen.

Eine Stunde später kam durchs Autotelefon die Meldung: Um zehn Uhr Sitzung des Sekretariats.

Die Hauptstraßen waren mit Panzern verstopft. Auch auf Umwegen ging es nicht schneller. Als ich den Saal betrat, war die Sitzung schon am Ende. Ich bat, für mich zu wiederholen, was vor sich ginge, was mit Gorbatschow sei, warum gerade jetzt ein Ausnahmezustand ausgerufen worden sei.

Antwort des Vorsitzenden, des Politbüromitglieds Oleg Schenin:

»Stellen auch Sie keine Fragen, auf die Sie keine Antwort bekommen.«

Also versuche ich es andersherum: Ich bitte darum, Einzelheiten zu beleuchten. Schenins Reaktion – die außerordentlichen Maßnahmen seien in erster Linie Angelegenheit des Staates.

Einen Ausnahmezustand kann rechtmäßig nur der Oberste Sowjet verhängen. Wann wird er zusammentreten, wenn das überhaupt vorgesehen ist?

Antwort: Die Abgeordneten sind in Urlaub. Früher als in einer Woche wird man den Obersten Sowjet nicht einberufen können.

Notwendig ist ein außerordentliches Plenum des ZK, um die Position der Partei festzulegen.

Reaktion: Gegen die Einberufung eines Plenums ist nichts einzuwenden. Doch die Teilnahme des Generalsekretärs ist nicht sicher.

Nein, ohne den Generalsekretär kann das Plenum nichts klären. Verlegen wir die Erörterung auf eine spätere Stunde.

Das Sekretariat war nicht vollständig. Wladimir Iwaschko hielt sich nach einer Operation im Sanatorium auf, Galina Semjonowa war auf Reisen, Wenjamin Gidaspow hatte man nicht aus Leningrad hergerufen, Andrej Girenko kam fünf Minuten nach mir, man hatte ihn aus dem Krankenhaus geholt. Zwei oder drei andere waren nicht zu finden gewesen.

Niemand ließ ein Wort darüber fallen, daß vor meiner Ankunft der Inhalt eines Telegramms besprochen worden war, das republikanische und Gebietsparteiorganisationen anvisierte, Maßnahmen des Komitees für den Ausnahmezustand zu unterstützen, »soweit sie nicht gegen die Verfassung verstoßen«. Über die Existenz eines solchen Telegramms erfuhr ich erst am Abend des nächsten Tages, dem 20. August.

Wir gingen auseinander. Ich fragte ein Politbüromitglied, wer hinter diesen merkwürdigen Geschehnissen stehe. Eine ausweichende Antwort: »Kommt es Ihnen nicht auch so vor, daß all das nicht nach einem Ausnahmezustand aussieht, sondern wie eine Operette, von Amateuren inszeniert?«

In der Internationalen Abteilung berichtet man mir, daß Professor Spitals, der belgische Sozialist, mich unbedingt sprechen möchte. Er kehrt noch heute nach Hause zurück; auf dem Flugplatz werden ihn die Journalisten bedrängen. Was soll ich ihm sagen?

Der belgische Kollege erwartete mich in meinem Zimmer. Ich verhehle nicht, daß ich erst vor ein paar Stunden aus dem Urlaub zurückgerufen worden bin. Vorläufig habe ich nur ganz allgemeine Eindrücke. Aber:

»Wenn Sie nach der Rolle der Kommunistischen Partei gefragt werden, können Sie berichten, daß die Parteiführung an den ergriffenen Maßnahmen nicht beteiligt ist. Diese wurden vom Staate beschlossen.«

Dieses Gespräch fand am 19. August um halb ein Uhr Moskauer Zeit statt. Der »Verschwörer« Iwaschko wußte von dem, was dann Putsch genannt wurde, nicht mehr als ich. Urteilen wir nach dem literarischen Meisterstück »Kremlverschwörung«, war von der Parteispitze nur Oleg Schenin mit der Vorbereitung und der Durchführung des »Ausnahmezustands« vertraut. Noch ein Sekretär war in der Nacht zum 19. August teilweise eingeweiht worden. Doch das wurde publik erst nach der Abstempelung der Führung als solcher und nach Jelzins Verbot – »zur Entspannung«, wie er argwöhnte – der Tätigkeit der Partei.

Die im Fall »des Putsches« Beschuldigten beschwören, daß es noch einen ZK-Sekretär gebe, der über die Vorbereitung Bescheid gewußt habe: Michail Gorbatschow. Bis zum 18. August, so behaupteten sie, habe der Generalsekretär mit den Putschisten zusammengearbeitet und sei im letzten Augenblick abgesprungen.

Am 23. August hatte ich das letzte Gespräch, telefonisch, mit Gorbatschow. Vorher war ich mit allen anderen aus dem ZK vertrieben worden.

Der Generalsekretär mußte vorgewarnt werden. Eine Reihe ihm vorgelegter Fragen waren unentschieden geblieben, jetzt mußte er selber für den Schutz der Dokumente sorgen.

Gorbatschow ließ zuerst seinen Gefühlen freien Lauf, erzählte von den Tagen, die er als »Gefangener« in Foros verbracht hatte. Danach teilte er mir Nachrichten mit, die er nach seiner Rückkehr aus dem Süden vom Kommandierenden des Militärbezirks über die Einrichtung von Konzentrationslagern für die Gegner seiner Gegner erhalten hatte. Er stand noch unter dem Schock der »Exekution«, der ihn vor einer Stunde der Oberste Sowjet von Rußland unterzogen hatte.

»Hast du es nicht gesehen? In was für eine Lage hat man mich gebracht? Das geht übers Fernsehen durchs ganze Land.«

»Zur gleichen Zeit wurde eine andere Exekution vollzogen – die des ZK-Apparats. Wir durften nicht einmal unsere persönlichen Papiere mitnehmen. Es liegt nicht im Staatsinteresse – Parteiinteressen lassen wir einstweilen beiseite –, daß dienstliche Dokumente ungeschützt bleiben.«

»Ich verstehe. Im Augenblick bin ich kaum imstande, irgend etwas zu tun. Ich werde nachdenken. Vielleicht richtet sich alles. Danke für deinen Anruf.«

Meine Frau möchte wissen, welchen Eindruck ich von dem Gespräch habe. Überfordert von den persönlichen Erlebnissen. Verstört. Doch nach dem Klang der Stimme sprach er fast wie in den besten Zeiten.

Am folgenden Tag erfuhren in der abendlichen Fernsehsendung »Zeit« alle, daß Michail Gorbatschow auf seinen Posten des Generalsekretärs der KPdSU verzichtet hat. Bald darauf erhielten wir die inoffizielle Information, daß die Konfiszierung des ZK-Gebäudes einschließlich aller dort aufbewahrten Dokumente nicht ohne Gorbatschows Wissen vorgenommen worden sei. Im Augenblick meines Gesprächs mit ihm sollte er Nikolaj Krutschina[*] schon verständigt haben, daß er sich von der Partei lossagen will. Wieder ein Spiel?

Gorbatschow beugte das Knie vor dem politischen Konkurrenten Boris Jelzin. Der Form halber begründete Gorbatschow seine Handlungsweise jedoch als Absage an die »Putschisten-Partei«. Mit einer banalen Finte verglich er sich mit dem Monarchen, der sein Königreich für ein Roß versprach.

---

[*] Geschäftsführer des ZK. Beging am nächsten Tag Selbstmord.

Dem, der mich der Subjektivität verdächtigt, kann ich folgende Tatsache mitteilen. Im Januar 1992, am Ende des letzten Tages der Präsidentschaft Gorbatschows, besuchte ihn Professor Alexej Denissow, ein hochgeachteter Parlamentarier aus Leningrad. Denissow war im Auftrag des Präsidenten in Tadschikistan gewesen und wollte Gorbatschow seine Beobachtungen über die Situation in der Republik berichten. Gorbatschow war nicht nach Tadschikistan zumute:

»Es gibt wichtigere Dinge. Der Himmel ist eingestürzt.«

Und es kam das unerwartete Geständnis (in der Wiedergabe Denissows und daher unanfechtbar):

»Wahrscheinlich war ich doch zu voreilig, als ich vom Amt des Generalsekretärs zurücktrat. Die Partei könnte mir jetzt sehr nützlich sein.«

Es schmerzt mich, dies wiederzugeben. Zuviel hatte ich von mir in die Perestroika investiert. Und es gehört nicht zu meinen Gewohnheiten, einen am Boden Liegenden zu schlagen oder einen armen Schlucker zu verhöhnen.

Unkontrollierte und unbeschränkte Macht haben Gorbatschow verdorben. Politisch, moralisch, ideell. Mieczyslaw Rakowski, der spätere polnische Regierungschef, bemerkte vor zwölf Jahren in einem Interview mit Oriana Fallaci:

»Selbst ein Engel sündigt, wenn er mit einer Versuchung, wie die Macht es ist, in Berührung kommt und niemand auf ihn achtgibt.«

Ein paar Worte zum Schluß

Ob mit Michail Gorbatschow oder ohne ihn – Veränderungen wären eingetreten. Anders in Form und Wesen, mit anderen Resultaten und vielleicht mit besseren Perspektiven. Zögern und der Reformierung des Systems ausweichen – einer komplexen, durchgreifenden, tiefgehenden – durfte man nicht länger. Stalinismus und Militarismus hatten seine Pfeiler unterhöhlt, die Lebenssäfte ausgesaugt, ihn reproduktiver Fähigkeit beraubt.

Es gab objektiv nur einen Ausweg aus dem Sumpf, in den unser Land geführt worden war: Bruch mit dem Gewaltdenken. Nach außen und nach innen. Entschlossen und kompromißlos, im ständigen Gedenken daran, daß keinerlei rhetorische Kniffe, keinerlei politische Schnörkel, keinerlei hypermoderne Technologie die Laster der Gewaltphilosophie kompensieren können.

Gibt es Heilung für diese Krankheiten? Wenn ja – welches sind die Mittel und Methoden? Hier wird von einem Staatsmann nicht einfach die Kunst des skrupulösen Begreifens gefordert, sondern eine der seltensten politischen Fähigkeiten: der Wahrheit unentwegt ins Auge zu blicken, den anderen und sich selbst die Wahrheit zu sagen. Und nicht nur zu sagen, sondern nach der Wahrheit zu leben. Das heißt, den Fakten entsprechend und rechtzeitig zu handeln.

Die Perestroika als ein von den Umständen und der öffentlichen Meinung erzwungenes Zugeständnis war im voraus verurteilt. Nur das aus innerer Überzeugung entstandene, konstruktiv orientierte Programm eines kompletten Umbaus des sowjetischen Hauses konnte Erfolg verheißen, aber nicht garantieren.

Nicht Renovierung der Fassade und einiger Räume für feierliche Anlässe oder die Umstellung des Mobiliars, und nicht neue Tapeten oder Dienstvorschriften. Das alles hatten wir schon hinter uns. Unter Andropow und Breschnew, unter Chruschtschow und – wie paradox das auch klingen mag – unter Stalin. Der Erfolg war gleich Null, es konnte auch nicht anders sein, solange der Ausweg aus der Misere nicht Aufklärung, sondern Mystifikation hieß.

Niemand hat der Idee der sozialen, nationalen, menschlichen Gerechtigkeit, der direkten – nicht der symbolischen – Volksherrschaft, sprich – Demokratie, so geschadet wie ihre »Wohltäter« stalinistischer Schule. So wie seinerzeit Inquisition und Gegenreformation dem Christentum. Die Siegespalme auf dem Gebiet des Antikommunismus und des Antisowjetismus müßte man unangefochten Stalin zuerkennen. Doch auch seine Erben haben vor der Geschichte und vor den Nachkommen zu verantworten.

Der Spiegel hat einmal »die traurigste Annonce des Jahres« nachgedruckt: »Verkaufe Brautkleid. Einmal angezogen. Aus Versehen.«

So steht es auch um Marx' Theorie des wissenschaftlichen Sozialismus. Lenin versuchte sie umzumodeln, der russischen Figur das Kleid anzupassen. Ihm war zu Lebzeiten kein besonderer Erfolg beschieden, wenn man das Positive in den Vordergrund rückt. Seine Nachfolger gaben die Theorie in der Gepäckaufbewahrung ab, später dann ins Museum. Sie befaßten sich mit der Praxis, indem sie das Üble früherer Epochen übernahmen und es multiplizierten.

Was folgt daraus? Ich antworte mit den Worten von Dmitrij Mereschkowskij, der einer der leidenschaftlichsten Gegner Lenins war und vor der Oktoberrevolution in die Emigration floh:

»Jeden Sozialismus abzulehnen, um dem russischen auszuweichen (der aus dem deutschen hervorging)«, betonte der Schriftsteller, »ist nichts anderes, als sich kastrieren zu lassen, um der Ausschweifung zu entgehen.«

Vielleicht weil der Rhythmus der Ereignisse nicht so irrsinnig war, gestatteten Staatsmänner der früheren Epochen es sich des öfteren, an die Ewigkeit zu denken. Einigen fiel sogar das Los zu, jene Weisheit zu begreifen, die den Eingang von Tamerlans Grabstätte krönt: »Glücklich der, der diese Welt verläßt, bevor sie auf ihn verzichtet.«

Heute verhält sich die Mehrheit der Politiker so, als hätten sie noch ein zweites Leben in petto. Sie glauben an nichts. Sie glauben auch nicht an die eigene Unfehlbarkeit. Sie finden für alles eine Entschuldigung in irgendeiner höheren Prädestination. Darum meinen sie, wenn zuteil gewordenes Kapital vergeudet ist, daß »ihre wahre Zeit noch vor ihnen liegt«.

Der Rußland fortreißende Tumult hat seine Wurzeln in der Willkür, die jede Gesetzmäßigkeit und jede Konvention verneint. Die Willkür, der das Land früher unter der Flagge der »Entkapitalisierung« unterworfen war, ist unter der Flagge der »Entsozialisierung« nicht geringer geworden. Aufs neue wird alles bis auf den Grund zerstört, um »etwas anderes« einzupflanzen – nicht unbedingt Wirkungsvolleres –, ohne sich zu fragen, was dieser Radikalismus kostet und wer ihn zu bezahlen hat.

Die allererste Sorge eines jeden, der die Verantwortung für die Zukunft meines Landes auf sich nimmt, muß die Konsolidierung der Gesellschaft sein. Das Wort von Andrej Gortschakow, des russischen Außenministers unter Zar Alexander II. und Partners von Bismarck: »Rußland, konzentriere dich!«, ist heute so aktuell wie wahrscheinlich nie in den letzten vierhundert Jahren. Alles Sinnen und Trachten, alle Energien und Anstrengungen müssen sich auf die Wiedergeburt und das Erbauen konzentrieren, auf Versöhnung mit sich selbst und untereinander. Sonst kann Rußland nicht wiedererstehen.

Und man darf das Schicksal nicht in die Schranken fordern mit dem »Je schlimmer, desto besser«. Wie oft haben wir uns davon überzeugt, daß im realen Leben, anders als in Philosophie und Mathematik, Minus und Minus nicht Plus ergibt, sondern Haß, Zwietracht, Konflikte vermehrt. Reichen uns die jetzigen nicht?

Dagegen haben wir ein Defizit an Zeit. Das neue System muß seine Qualität bekunden, muß zeigen, wessen Interessen es spiegelt und wem es dient; es muß beweisen, daß die jetzige Demokratie besser ist als die der Perestroika. Der Marktwirtschaft obliegt es, ohne zu schlingern sich zurechtzufinden und mit aller Kraft zu arbeiten.

Dafür sind die Voraussetzungen vorhanden, denn der Markt als solcher wird nicht bezweifelt. Diskussionen werden hauptsächlich um die Frage geführt, was für ein Markt, ein sozialer (vom Typ des schwedischen oder des deutschen) oder ein »freier«, den die Professoren aus Chicago predigen?

Kann man im Prinzip den Markt deklarieren? Das hängt vom Charakter des Präsidenten oder des Premiers ab. Doch kein wie auch immer gearteter Charakter kann im Nu einen Markt schaffen mit seiner spezifischen Logik und mit seinen Widersprüchen, mit der besonderen Mentalität von Erzeuger und Verbraucher. Um diese Bedingungen herauszuarbeiten, werden Jahre benötigt, möglicherweise die Unterstützung und die Ausdauer einer ganzen Generation. Hinzukommen muß eine noch nicht vorhandene Grundordnung mit strengen und akzeptablen Gesetzen für alle und jeden.

Sackgassen existieren hauptsächlich in den Köpfen der Politiker und der Hohenpriester. Im Leben ist fast jedes Ende ein neuer Anfang. Und Anfang ist Zuversicht. Sie erlaubt, auch im zeitlosen Zustand die Küste des Traumlandes zu erkennen. Vorausgesetzt, daß die eigenen Sorgen und Nöte nicht in Weltschmerz verwandelt, die eigenen Träume nicht fanatisiert, die Glaubensbekenntnisse nicht in neue Dogmen umgeschmiedet werden.

Bildnachweis

Archiv für Kunst und Geschichte: 3 u.
J. H. Darchinger: 8 u.
d p a: 4 o., 4 u., 5, 8 o., 10, 14 u.
Jürgens: 12, 13, 14 o.
Nowosti: 11
Alle anderen Fotos: Privatarchiv des Autors.

Register

A

Abrassimow, Pjotr 80f., 128, 135, 147, 153, 169ff., 173, 175, 184
Achenbach, Ernst 166
Acheson, Dean 312
Achromejew, Sergej 469ff., 477ff.
Adenauer, Konrad 51, 114, 159, 297, 300ff., 305, 307, 310ff., 317, 319, 322, 325, 328ff., 332, 346ff., 348ff., 352
Adshubej, Alexej 30
Alexander II., Zar 507
Alexandrow, Andrej 30, 84, 86, 117, 134, 248, 257, 370, 390, 395f.
Alexandrow, Valentin 447
Alijew, Gajdar 395f.
Allardt, Helmut 73ff., 77, 79, 81, 84, 209
Amin, Hafisullah 399, 411
Andropow, Jurij 37, 40, 50, 55, 102, 111, 124, 136, 187, 211, 227, 258, 277f., 368ff., 371ff., 375ff., 385ff., 391f., 393ff., 399f., 401ff., 411ff., 418ff., 431ff., 446ff., 471, 478, 505
Antonow, Sergej 247
Apel, Hans 244
Arbatow, Georgij 38, 43, 256, 405ff., 413f., 436ff., 467
Aristoteles 14
Augstein, Rudolf 229, 231ff.

Axen, Hermann 53

B

Babkow, Filipp 409
Bacon, Francis 288
Bachmann, Kurt 160
Bahr, Egon 80f., 84, 86, 88ff., 96f., 99ff., 122, 128ff., 135ff., 139ff., 152ff., 158, 160, 167f., 173, 192, 250f.
Bajbakow, Nikolaj 473
Balajan, Sorij 459
Barzel, Rainer 143, 158, 190, 193, 195, 198ff.
Bazanow, Boris 390
Beckers, Wilhelm 192
Beitz, Berthold 221f., 224
Beletzkij, Viktor 80
Ben Bella, Mohammed 33
Berija, Lawrentij 68, 315f., 318, 359, 393, 408ff., 412f., 447, 497
Besymenskij, Lew 443
Birger, Boris 286
Birnbaum, Hans 224
Bismarck, Otto von 48, 507
Blatow, Anatolij 67, 87, 248, 257, 336, 370, 390, 414, 416
Blücher, Franz 306
Böll, Heinrich 285f.
Bogajewskij, Konstantin 102

Bogomolow, Alexandr 154, 214
Boldin, Walerij 443
Bolz, Lothar 339
Bondarenko, Alexandr 30, 48, 126, 154
Boronin, Michail 154, 200
Bowin, Alexandr 405, 413
Brandt, Willy 51f., 62ff., 70, 73, 76, 80,
    99, 113ff., 117ff., 122, 124, 129, 131f.,
    137, 139ff., 160, 165, 176ff., 185,
    190ff., 198f., 201, 206, 232, 234, 236,
    249, 253, 256, 264ff., 315, 332, 469ff.,
    495ff.
Braunmühl, Gerold von 282
Brecht, Bertolt 15, 77
Breschnew, Leonid 37, 54, 67f., 70, 72,
    87, 92, 96ff., 112ff., 117f., 124, 135,
    139, 144ff., 149, 151, 160, 173, 178f.,
    182, 184f., 189f., 210, 221, 226, 233,
    245ff., 257, 264, 266, 271, 273f.,
    276ff., 281, 287, 361ff., 370ff., 380ff.,
    395ff., 398ff., 403ff., 410ff., 423f.,
    436ff., 472, 505
Brown, George 68, 358ff.
Bucharin, Nikolaj 23, 295
Bugajew, Boris 248
Bulganin, Nikolaj 329
Burdenko, Nikolaj 411
Bush, George 480ff., 492ff.

C

Carter, Jimmy 275ff., 397ff., 402ff.
Castro, Fidel 344, 353
Ceaușescu, Nicolae 69, 187
Černík, Oldřich 368ff., 377f., 381ff.
Chalfont, Lord 358
Chruschtschow, Nikita 10, 20, 29f.,
    69f., 118, 120ff., 148, 151, 226, 287,
    315f., 322, 324, 329, 335ff., 340ff.,
    344ff., 346ff., 349ff., 353f., 355, 392,
    408ff., 413ff., 424ff., 431ff., 436ff.,
    461f., 471f., 505
Churchill, Winston 318f., 331

D

Dahlem, Franz 295, 303
Daume, Willi 291
Dean, Jonathan 175
De Gaulle, Charles 342
Dehler, Thomas 331
Denissow, Alexej 504
Descartes, René 21
Dieckmann, Johannes 303
Dimitrow, Georgij 106
Dobrynin, Anatolij 257, 353, 392, 484
Dönhoff, Marion Gräfin 229, 232
Dohnanyi, Klaus von 285
Dsassochow, Alexander 497
Dschugaschwili, Jakow 294
Dubček, Alexander 368ff., 377ff.,
    381ff.
Dulles, John Foster 20, 202, 321, 332,
    429
Dzierżyński, Felix 449
Dzúr, tschechoslowakischer
    General 378

E

Echternach, Jürgen 142
Eckardt, Felix von 214
Eden, Anthony 312
Ehlers, Hermann 302
Ehmke, Horst 143, 160, 194ff., 198,
    200, 203
Ehrenburg, Ilja 296

Eisenhower, Dwight D. 326, 340 ff., 342 ff., 463
Engel, Johannes K. 231
Engels, Friedrich 149
Ertl, Josef 166, 285

F

Fadejkin, Iwan 187, 211
Fallaci, Oriana 504
Fischer, Dirk 142
Fjodorenko, Nikolaj 280
Fjodortschuk, Witalij 403, 410 f.
Ford, Gerald 272, 275, 397
Frank, Paul 103 ff., 107 ff., 115, 209, 251
Franke, Egon 56
Friderichs, Hans 130, 285

G

Gaißmayer, Michel 232
Gamsatow, Rassul 324
Gaus, Günter 229, 231
Genscher, Hans-Dietrich 56 ff., 165, 194, 200, 206, 234, 264 f., 267 f., 280, 467, 492 ff., 496 ff.
Gheorghiu-Dej, Gheorghe 349
Gidaspow, Wenjamin 501
Girenko, Andrej 501
Goldberg, Arthur 361 ff., 365 ff.
Gomulka, Wladyslaw 69, 84 ff., 90, 98, 408
Gorbatschow, Michail 10, 18, 41 ff., 226, 231, 242 f., 273, 287 f., 383, 395 ff., 414 ff., 417 ff., 424 ff., 431 f., 434 ff., 441 ff., 452 ff., 454 ff., 459 ff., 469 ff., 475 ff., 480 ff., 491 ff., 498 ff., 503 ff.
Gorkij, Maxim 476
Gortschakow, Andrej 507
Gradl, Johann Baptist 143

Gredler, Dr., österreichischer Botschafter 200
Gretensen., Ernst 221, 224
Gretschko, Andrej 227, 230, 272, 361 ff.
Grewe, Wilhelm 339
Grischin, Viktor 436, 471
Gromyko, Andrej 20, 27 ff., 31 ff., 34 ff., 40, 51 ff., 56 ff., 61 ff., 66 ff., 72 f., 76 ff., 84 ff., 88 f., 91, 93 f., 96 ff., 99 ff., 105 ff., 111 ff., 118, 122 ff., 125 ff., 131 f., 134, 137, 140, 142, 146 f., 149, 170 ff., 179 f., 183 f., 191, 197, 204 ff., 213, 223, 227, 239, 245, 248, 250 f., 254 ff., 258, 273, 277 f., 281 f., 306 f., 315, 338 ff., 342 ff., 351 ff., 359 ff., 363 ff., 368 f., 371 f., 374 f., 377 ff., 382 ff., 387 f., 393 ff., 410 ff., 435 f., 442 ff., 461 ff., 469 ff.
Grotewohl, Otto 297, 302 f., 309
Grüber, Heinrich 300
Grundig, Max 221 ff.
Guillaume, Günther 265
Gurenko, Stanislaw 454 f.
Gussew, Fjodor 78
Guttenberg, Freiherr von und zu 143

H

Haffner, Sebastian 229
Hassel, Kai-Uwe von 193
Heinemann, Gustav 159, 204, 300 ff., 327
Hempel, Friedrich-Wilhelm 219 f.
Heß, Rudolf 236
Heuss, Theodor 306
Hillenbrand, Martin 59 ff., 169
Hitler, Adolf 308 f.
Honecker, Erich 153, 186 f., 211, 238, 265, 483 ff., 487

Humphrey, Hubert 331
Husák, Gustáv 70, 381

I

Ignatenko, Witalij 458
Iljitschow, Iwan 280, 345 ff.
Inosemzew, Nikolaj 256, 473
Iwanow, Semjon 345 f.
Iwaschko, Wladimir 466, 497 ff., 501 ff.

J

Jackling, R. W. 175
Jahn, Gerhard 285
Jakowlew, Alexandr 42 ff., 242 f., 417 ff., 424 ff., 432 ff., 441 ff., 447 f., 457 ff., 467 ff., 470 ff., 481 ff., 489 ff.
Jaruzelski, Wojciech 445 ff.
Jasow, Dmitrij 489
Jefremow, Michail 186
Jegorytschew, Nikolaj 364
Jelzin, Boris 424 ff., 457 ff., 503
John, Otto 327 f.
Johnson, Lyndon B. 365
Judin, Pawel 333

K

Kádár, János 70
Kadir, Abdel 411
Kaganowitsch, Lasar 334
Kapitonow, Iwan 405
Kapitza, Pjotr 359
Kaplin, Anatolij 200, 332
Kaputikjan, Silwa 459
Karmal, Babrak 410
Karry, Heinz Herbert 165, 212
Keldysch, Mstislaw 359
Kennan, George F. 331

Kennedy, John F. 29 f., 205, 263, 343 ff., 351, 353 ff.
Kennedy, Robert 353
Kerenskij, Alexander 438
Keworkow, Wjatscheslaw 124, 173
Kiesinger, Kurt Georg 52, 57, 61, 143
Kim Il-Sung 298
Kisseljow, Alexander 89
Kissinger, Henry 165, 175, 204, 259, 385, 480 f.
Klodt, Michail 89
Klussak, Milan 381
Körber, Kurt A. 222, 231, 466
Kohen, Stiv 292
Kohl, Helmut 492 ff.
Kohl, Michael 148, 211
Kohler, Foy 134, 343
Kokoschin, Andrej 474
Kolokolow, Boris 113 f.
Koni, Alexandr 18
Konjew, Iwan 346
Kopelew, Lew 285
Koptelzew, Valentin 197, 200, 280
Korf, Willy 217
Kornijenko, Georgij 469
Korotytsch, Witalij 422
Koslow, Frol 340
Kossygin, Alexej 54 ff., 73, 98, 113 ff., 120 f., 125, 176, 283, 360 ff., 364 ff., 405, 472
Kostandow, Leonid 221
Kotschemassow, Wjatscheslaw 488
Kowaljow, Anatolij 34, 43, 104, 191, 334, 340, 488
Kowaljow, Andrej 327
Krenz, Egon 487 f.
Kriegel, František 381 f.

Krjutschkow, Wladimir 448, 489
Kroll, Hans 347f.
Krutschina, Nikolaj 503
Krylow, Iwan 473
Kühn, Heinz 248
Kuni, R. 385
Kuprikow, Timofej 27, 327, 336
Kusnezow, Wassilij 34, 121f., 267, 350
Kwizinskij, Julij 168, 498

L

La Bruyère, Jean de 12
Landsbergis, Vitautas 444
Lansing, Robert 429
Lapin, Sergej 38, 390, 414
Laptjew, Pawel 371f.
Lawrentjew, Michail 359
Lebedew, Wladimir 217, 350
Leber, Georg 241, 243f.
Lednew, Walerij 80, 129
Legassow, Walerij 218
Lenin, Wladimir 423ff., 428f., 506
Leussink, Hans 141
Liesen, Karl 224
Ligatschow, Jegor 417ff., 421ff., 436ff., 452ff., 459
Lin Piao 231
Lippmann, Walter 326
Ljubimow, Jurij 394
Lockhart, Bruce 428
Lunjkow, Nikolaj 213

M

Macmillan, Harold 342ff.
Maihofer, Werner 285
Makarow, Wassilij 100, 256
Makejew, Jewgenij 138

Malenkow, Georgij 334
Malewitsch, Kasimir 15
Malik, Jakow 78
Malinowskij, Radiom 346
Mark Twain 472
Mascherow, Pjotr 111, 204
Masud, Achmed Schah 411
Masurow, Kyrill 380
McNamara, Robert 468
Mendelewitsch, Lew 42, 327, 333
Mendès-France, Pierre 323
Mereschkowskij, Dmitrij 506
Mertes, Alois 205
Meyer, Fritjof 231
Middelhauve, Friedrich 314
Mielke, Erich 485
Mies, Herbert 236ff., 253
Mikat, Walter 205
Mikojan, Anastas 325, 328
Miljutenko, Wladimir 446
Mischnik, Wolfgang 55, 57, 59, 194
Mittag, Günter 485f.
Modrow, Hans 488
Möller, Alex 56
Mohn, Reinhard 229
Moissejew, Michail 476
Molotow, Wjatscheslaw 315, 318, 320f., 324, 327, 334, 445, 471
Mommsen, Ernst Wolf von 218, 220f.
Momper, Walter 488
Murphy, Robert 332

N

Nannen, Henri 229, 286
Nasser, Gamal Abd el 361ff.
Nekrassow, Viktor 424
Nesterenko, Alexej 327

Niemöller, Martin 284
Nietzsche, Friedrich 328
Nikitenko, A. N. 7
Nikolai II., Zar 125
Nixon, Richard 20, 61, 261, 265, 271, 340
Nowikow, Kyrill 78
Nowikow, Wladimir 217 ff.
Nuschke, Otto 295, 303

O

Ogarkow, Nikolaj 409, 413
Olejnik, Boris 419
Ollenhauer, Erich 312, 331 f.
Orlow, Leonid 27, 280
Overbeck, Egon 220, 224

P

Pahlevi, Schah Reza Mohammed 362
Paine, Thomas 83
Pasternak, Boris 233, 260, 289
Patolitschew, Nikolaj 68 f., 181 f., 248, 254
Pegow, Nikolaj 33 f.
Petrakow, Nikolaj 457
Piatkowski, Wazlaw 277
Pieck, Wilhelm 296 ff., 304, 309, 335
Pilsudski, Jósef 409
Piroschkow, Viktor 410 ff.
Podgornyi, Nikolaj 50, 118, 204, 361 ff., 472
Pöhl, Karl Otto 224
Poljanskij, Dmitrij 472
Pomjalowskij, Iwan 197
Ponomarjow, Boris 53, 63, 66, 382
Ponto, Eugen 224
Popow, Boris 221
Popow, Walerij 282
Portugalow, Nikolaj 403

Pospelow, Iwan 304
Primakow, Ewgenij 459
Prokofjew, Sergej 329, 392
Przymanowski, Janusz 446
Puschkin, Alexander 8, 17, 100, 436
Puschkin, Georgij 26 f., 334 ff.

R

Raab, Julius 321
Rakowski, Mieczyslaw 504
Reagan, Ronald 398, 475
Reston, James 391
Rhee, Syngman 298
Richelieu, Kardinal 239
Rjutin, Michail 426 f.
Rodgers, William 59 f.
Rodionow, Nikolaj 273
Rogers, US-General 283
Romanow, Georgij 471
Roosevelt, Franklin D. 461
Rostropowitsch, Mstislaw 394
Rühe, Volker 142
Ruhfus, Jürgen 279
Rush, Kenneth 128, 135, 144 ff., 156, 158, 160, 165, 167, 171 f., 175
Rusk, Dean 343, 353
Russakow, Konstantin 84, 368 f., 382
Rust, Mathias 439 ff.
Ryschkow, Nikolaj 419, 451, 465

S

Sacharow, Andrej 350
Sacharow, Matwej 361, 363 f.
Sacharowskij, Alexandr 375 ff.
Sadat, Anwar el 262
Sagan, Françoise 145
Sager, Dirk 483
Sagdejew, Roald 474

Sagladin, Wadim   373, 382, 468 f.
Sajkow, Lew   477
Sajzew, Iwan   154
Saltikow-Schtschedrin, Michail   68
Samjatin, Leonid   38, 389 ff.
Sammet, Rolf   224
Samotejkin, Jewgenij   92, 95, 179, 182, 184
Sauvagnargues, Jean   175, 201
Schabowski, Günter   488
Schachnasarow, Georgij   242, 368, 457, 485, 487, 489
Schäffer, Fritz   331 f.
Schechtel, Fjodor   89
Scheel, Walter   55, 57 f., 76, 98 f., 102 ff., 105 f., 109 f., 122, 127, 165, 194, 198, 201 f., 205, 234, 263 f., 268
Schenin, Oleg   501 f.
Schewardnadse, Eduard   39 ff., 242, 272, 419, 467, 470 ff., 483 ff., 489 ff., 495 ff.
Schewtschenko, Arkadij   210
Schikin, Gennadij   154, 200
Schiller, Karl   141, 285
Schirdewan, Karl   295, 317
Schiwkow, Todor   70
Schmid, Carlo   130, 332
Schmidt, Helmut   56, 130, 240 f., 258, 266 ff., 275 ff., 280 ff., 398
Schneider, Ernst   216
Schostakowitsch, Dmitrij   392
Schröder, Gerhard (CDU)   65, 141
Schtscherbitzkij, Wladimir   111
Schumacher, Kurt   303, 312, 314 f.
Schuman, Robert   312
Scowcroft, Bernt   398
Selbmann, Eugen   193

Semjonow, Nikolaj   359
Semjonow, Wladimir   29, 52, 57, 78, 122, 134, 297 f., 348, 373
Semjonowa, Galina   501
Semskow, Igor   442
Senin, Michail   48, 333
Sergejew, Rostislaw   32
Simjanin, Michail   399 ff., 409 f., 413 ff.
Sippols, Willis   443
Sitarjan, Stepan   459
Sitnikow, Wassilij   368
Slawskij, Boris   219
Smirnow, Andrej   49, 330
Smirnow, Georgij   445 f.
Smirnowskij, Michail   280
Smrkovský, Josef   377
Sobolew, Alexej   78
Sohl, Hans-Günther   162, 214
Soldatow, Alexandr   34, 363, 366
Sommer, Theo   229
Sorin, Walerjan   143, 330
Sorja, Jurij   447
Spitals, Prof.   502
Staden, Bernd von   107
Stalin, Josef   23, 25, 68, 287, 298 f., 305, 308 ff., 313, 318, 334, 359, 408 ff., 412 f., 424 ff., 430 ff., 436 ff., 445 ff., 472, 497 ff., 506 ff.
Stauffenberg, Claus Graf von   205
Steininger, Rolf   311
Stoessel jun., Walter J.   64
Stoph, Willi   64, 70, 128, 149 ff., 151 f., 238, 295
Storoschew, Jurij   396
Strauß, Franz Josef   66, 185, 203, 253, 270, 330

Stücklen, Richard 198f., 202
Sudermann, Hermann 328
Suslow, Michail 10, 34, 54, 63, 86, 204, 221, 227, 258, 387f., 471
Svoboda, Ludvik 375ff., 381ff.
Swertschkow, Nikolaj 89
Sweschnikow, Mefodij 182

T

Taraki, Nur Mohammed 399
Tarassow, Andrej 148
Thatcher, Margaret 466
Thiele, Willy 235
Thompson, Llewellyn 353
Tichonow, Nikolaj 221
Tokowinin, Awrelij 107, 109
Tolstoj, Leo 17, 33, 106, 426
Towstonogow, Georgij 394
Trojanowskij, Oleg 30, 350f., 352ff.
Trotzki, Leo 23, 295
Trudeau, Pierre 358
Truman, Harry S. 75
Tschasow, Jewgenij 272
Tschechow, Anton 11
Tschernenko, Konstantin 258, 260, 387f., 395ff., 400ff., 408ff., 416ff., 423ff., 431, 435f.
Tschernjajew, Anatolij 242f., 342, 440, 489ff., 491ff.
Tscherwow, Nikolaj 468
Tschkalow, Walerij 440
Tschuikow, Wassilij 297
Tugarinow, Iwan 315, 318, 327f.

U

Ulbricht, Walter 70, 90, 128, 147ff., 152, 173, 297, 307, 309, 332, 335
Ulrich, Franz Heinrich 163f.
Ustinow, Dmitrij 258, 277f., 397, 401, 436

V

Vance, Cyrus 397
Verner, Paul 295
Vogel, Hans-Jochen 285

W

Wajda, Andrzej 448
Waldheim, Kurt 365
Wehner, Herbert 59, 193, 204f., 265, 332
Weinberger, Caspar 475
Weiß, Heiner 220
Weizsäcker, Richard von 440
Well, Günther van 282
Whitney, Craig 391, 394
Wienand, Karl 193
Wilson, Harold 358
Wilson, Woodrow 428
Wischnewski, Hans-Jürgen 212
Wodack, Dr., österreichischer Botschafter 79
Wörner, Manfred 497
Wolf, Markus 331
Wolff von Amerongen, Otto 161ff., 214ff.
Wolskij, Arkadij 453
Wyschinskij, Andrej 311

Z

Zahn, Joachim 224
Zarapkin, Semjon 47, 49, 72, 78, 114, 116, 126

Knaur

Der Zweite Weltkrieg

(3943)

(4810)

(77162)

(4821)

(80052)

(4008)

Knaur

Heinrich Albertz

Foto: Wilfried Becker

(80002)

(3827)

(4820)

Am Puls der Zeit

(3961)

(77057)

(4028)

(4076)

(80011)

(80020)